Art. 3 Abs. 3 Rom I-VO: Inlandssachverhalt und
Auslandsbezug bei der Rechtswahl

Europäische Hochschulschriften Recht

European University Studies in Law

Publications Universitaires Européennes de Droit

Band/Volume **6796**

Julia Lotze

Art. 3 Abs. 3 Rom I-VO: Inlandssachverhalt und Auslandsbezug bei der Rechtswahl

PETER LANG
Berlin - Bruxelles - Chennai - Lausanne - New York - Oxford

Bibliografische Information der Deutschen Nationalbibliothek

Die Deutsche Nationalbibliothek verzeichnet diese Publikation in der Deutschen Nationalbibliografie; detaillierte bibliografische Daten sind im Internet über http://dnb.d-nb.de abrufbar.

Zugl.: Hamburg, Bucerius Law School, Diss., 2023.

H 360
ISSN 0531-7312
ISBN 978-3-631-91275-1
EBOOK 978-3-631-91281-2
E-PUB 978-3-631-91282-9
DOI 10.3726/b21453

Verlegt durch: Peter Lang GmbH, Berlin, Deutschland

info@peterlang.com www.peterlang.com/

Diese Publikation wurde begutachtet.

Meinen Eltern

Vorwort

Die vorliegende Arbeit wurde von der Bucerius Law School – Hochschule für Rechtswissenschaften – als Dissertation angenommen. Die mündliche Promotionsprüfung erfolgte am 5. Juli 2023. Die in dieser Arbeit verwendete Literatur ist auf dem Stand von November 2021.

Ich danke Prof. Dr. Karsten Thorn als Betreuer und Erstgutachter dieser Arbeit. Ferner bedanke ich mich bei Prof. Dr. Bettina Heiderhoff für die Erstellung des Zweitgutachtens sowie die Möglichkeit, am „Programme in European Private Law for Postgraduates“ in Münster und Krakau teilzunehmen.

Die Vollendung dieser Arbeit wäre ohne vielseitige Unterstützung nicht möglich gewesen. Herzlichster Dank gilt Antonia von Treuenfeld sowie meiner Schwester Katrin Lopes für das Lektorat dieser Arbeit. Janusch Krasberg danke ich für inhaltliche Anregungen und wertvolle Diskussionen.

Größter Dank jedoch gebührt meinen Eltern, Dr. Andreas und Hildegard Lotze. Ihre Förderung und Unterstützung haben nicht nur diese Promotion, sondern meinen gesamten Werdegang erst ermöglicht. Ihnen ist diese Arbeit gewidmet, was meine immense Dankbarkeit nur ansatzweise ausdrücken kann.

Berlin, April 2024
Julia Lotze

Inhaltsverzeichnis

Einleitung

Im schuldvertraglichen Kollisionsrecht der Europäischen Union gehört die Rechtswahlfreiheit zu den Themen, mit denen sich Wissenschaft und Praxis in den vergangenen Jahren am meisten beschäftigt haben. Umso überraschender erscheint es, dass eine grundlegende Grenze der Rechtswahlfreiheit bisher kaum Beachtung gefunden hat: Art. 3 Abs. 3 Rom I-VO.

Stellt die Rechtswahlfreiheit in Art. 3 Abs. 1 Rom I-VO einen der „Ecksteine"[1] des schuldvertraglichen Kollisionsrechts dar, findet diese in Art. 3 Abs. 3 Rom I-VO eine bedeutende Grenze. Die Regelung betrifft Situationen, in denen „alle anderen Elemente des Sachverhalts zum Zeitpunkt der Rechtswahl in einem anderen als demjenigen Staat belegen [sind], dessen Recht gewählt wurde", also sogenannte Inlandssachverhalte oder Sachverhalte ohne Auslandsbezug. Liegt ein Inlandssachverhalt vor, „so berührt die Rechtswahl der Parteien nicht die Anwendung derjenigen Bestimmungen des Rechts dieses anderen Staates, von denen nicht durch Vereinbarung abgewichen werden kann", mit anderen Worten findet das einfach zwingende Recht dieses „Einbettungsstatuts"[2] weiterhin Anwendung.[3] Besteht hingegen ein Auslandsbezug, ist den Parteien die kollisionsrechtliche Wahl auch gänzlich unverbundener Rechtsordnungen eröffnet, und sie können so zwingende Regelungen des objektiv geltenden Statuts „abwählen".

Diese Begrenzung der Rechtswahl für Inlandssachverhalte ist „unbestrittener Fixpunkt"[4] der Rechtswahlfreiheit und findet sich rechtsvergleichend in vielen Ausgestaltungen des Kollisionsrechts.[5] Dies ergibt nur Sinn angesichts des Ziels der Regelung. Wäre die Rechtswahlfreiheit stets, d.h. auch in reinen Inlandssachverhalten möglich, könnten Vertragsparteien unliebsamen Vorschriften des objektiv anwendbaren Rechts jederzeit durch Rechtswahl entkommen. Eine

1 Erwägungsgrund 11 der Rom I-VO.

2 Diesen Begriff verwenden etwa: Ferrari/*Ferrari*, Art. 3 Rom I-VO Rn. 52; *Maultzsch*, FS von Hoffmann, 2011, S. 304, 308.

3 Zur genauen Rechtsfolge vgl. unten: Erster Teil, B., III., 3.

4 *Kühne*, RabelsZ 78 (2014), 864, 870.

5 Teilweise finden sich zur Rechtswahl in Inlandssachverhalten keine expliziten Regelungen, da ohnehin nur solche Rechtsordnungen wählbar sind, zu denen eine Verbindung besteht. Siehe rechtsvergleichend zur Behandlung der Rechtswahl in Inlandssachverhalten: *Mills*, Party Autonomy, 2018, S. 470 ff.

Rechtswahlfreiheit ohne diese Begrenzungen wäre „wohl das Ende des zwingenden Rechts",[6] der Staat wäre „faktisch unfähig, überhaupt effektiv zwingendes Recht zu setzen".[7]

Art. 3 Abs. 3 Rom I-VO bewegt sich damit im Spannungsfeld zwischen „der subjektiven Gestaltungsmacht der Parteien und der objektiven Ordnungsfunktion des Zivilrechts"[8] und betrifft damit grundlegende Fragen des Kollisionsrechts. Gleichwohl ist die Frage danach, wie dieses Verhältnis zu definieren ist, wie also ein Inlandssachverhalt von einem Sachverhalt mit Auslandsbezug abzugrenzen ist, weitgehend unklar. Dieser Frage soll die vorliegende Arbeit nachgehen.

I. Englische Rechtsprechung: Santander und Dexia

Welche Brisanz der Auslegung des Art. 3 Abs. 3 Rom I-VO innewohnt, zeigen zwei Entscheidungen englischer Gerichte.[9] In *Santander*[10] und *Dexia*[11] hatten portugiesische Transportunternehmen respektive eine italienische Gemeinde Swap-Geschäfte mit Banken in ihrem jeweiligen Land abgeschlossen. Als sich infolge der Finanzkrise und der damit einhergehenden erwartungswidrigen Entwicklung der Leitzinsen die Zahlungsverpflichtungen aus diesen Swap-Geschäften unvorhergesehen entwickelten, stellten die portugiesischen Transportunternehmen und die italienische Gemeinde Prato jeweils die Zahlungen ein. In beiden Fällen hing die Zahlungsverpflichtung von der Anwendung des Art. 3 Abs. 3 Rom I-VO ab. Nach dem gewählten englischen Recht hatten die Verträge jeweils Bestand, nach portugiesischem bzw. italienischem Recht hingegen standen den Verpflichtungen zwingende Regelungen entgegen.

Auf den ersten Blick erschienen die Verträge als inländisch. Die portugiesischen Transportunternehmen und die Gemeinde Prato hatten die Verträge

6 So zur möglichen Ausdehnung der Rechtswahlfreiheit auf Inlandssachverhalte im Familien- und Erbrecht: *Kühne*, RabelsZ 78 (2014), 864, 871.

7 *Schmitz*, Rechtswahlfreiheit, 2017, S. 259.

8 *Maultzsch*, FS von Hoffmann, 2011, S. 304.

9 Ausführlich zu diesen Entscheidungen: Dritter Teil, C., II., 2.

10 Erstinstanzliche Entscheidung des High Court: *Banco Santander Totta S.A.* v *Transport Companies* [2016] EWHC 465 (Comm); Entscheidung des Court of Appeal: *Banco Santander* v *Transport Companies* [2016] EWCA Civ 1267.

11 Erstinstanzliche Entscheidung des High Court: *Dexia Crediop S.p.A.* v *Comune di Prato* [2015] EWHC 1746 (Comm); Entscheidung des Court of Appeal: *Dexia Crediop S.p.A.* v *Comune di Prato* [2017] EWCA Civ 428.

schließlich mit inländischen Banken in Portugal bzw. Italien verhandelt, abgeschlossen und erfüllt.[12] Gleichwohl ergaben sich bei zweitem Hinsehen verschiedene Möglichkeiten für Auslandsbezüge: Genügte es etwa als Auslandsbezug, dass bei Ausschreibung der Swap-Geschäfte auch internationale Banken um den Auftrag warben? Stellt es einen hinreichenden Auslandsbezug dar, dass die Swap-Geschäfte allgemein auf einem sehr internationalen Markt abgeschlossen wurden? Wie ist es zu bewerten, dass sich die Banken gegen die eingegangenen Verpflichtungen ihrerseits durch Verträge mit ausländischen Banken absicherten?

Letztlich entschied sich der Court of Appeal in beiden Fällen für ein weites Verständnis des Auslandsbezugs, bei dem schon die Verwendung international üblicher Standardverträge als Ausdruck der Teilnahme an einem internationalen Markt einen hinreichenden Auslandsbezug herstellt.[13] Die Reaktionen auf die Entscheidungen belegen die konfligierenden Erwägungen, die bei der Anwendung des Art. 3 Abs. 3 Rom I-VO aufeinandertreffen.[14] Während vor allem Praktiker die Entscheidung guthießen,[15] da die Anerkennung der Gestaltungsfreiheit der Parteien für mehr Rechtssicherheit sorge,[16] sahen andere die Gefahr, dass sich einzelne Wirtschaftszweige weitgehend staatlicher Regulierung im Vertragsrecht entziehen könnten.[17]

II. Stand der Literatur und Rechtsprechung

In der Rechtsprechung gibt es bisher wenige Entscheidungen, die sich mit Art. 3 Abs. 3 Rom I-VO, der Vorgängernorm Art. 3 Abs. 3 EVÜ oder der deutschen Umsetzung der Regel in Art. 27 Abs. 3 EGBGB a.F. auseinandersetzen. In Deutschland war die Norm im Rahmen der sog. *Gran Canaria*-Entscheidungen in den 80er und 90er Jahren wiederholt Gegenstand gerichtlicher Entscheidungen; hierbei ging es jedoch allenfalls am Rande um die Frage, inwiefern der

12 Diese Faktoren betonte der High Court erstinstanzlich in Dexia: *Dexia Crediop S.p.A.* v *Comune di Prato* [2015] EWHC 1746 (Comm) [209].

13 Vgl. hierzu ausführlich: Dritter Teil, C., II., 2.

14 Vgl. ausführlich zur Reaktion in der Literatur: Dritter Teil, C., II., 2., d).

15 Siehe zur Reaktion in der Praxis: Dritter Teil, C., II., 2., d).

16 Vgl. etwa: *Norton Rose Fulbright*, Challenging governing law clauses: New ideas in European public body litigation (https://www.nortonrosefulbright.com/ja-jp/knowledge/publications/c40c64d8/challenging-governing-law-clauses-new-ideas-in-european-public-body-litigation) (geprüft am 30.9.2021).

17 In diese Richtung etwa: *Ostendorf*, IPRax 2018, 630, 632.

Abschlussort eines Vertrags einen hinreichenden Auslandsbezug darstellt.[18] Eine Entscheidung des EuGH zur Auslegung der Regelung ist bislang, auch aufgrund der unterbliebenen Vorlagen in *Santander* und *Dexia*, ausgeblieben.

In der Literatur fanden sich anlässlich der *Gran Canaria*-Entscheidungen ab Anfang der 90er Jahre Arbeiten, die sich auch mit der Handhabung des damaligen Art. 27 Abs. 3 EGBGB auseinandersetzten.[19] Auch in der neueren Zeit ist das Interesse an der Regelung wieder gewachsen. Hierbei wird sie vor allem im Zusammenhang mit Grenzen für Gerichtsstandsvereinbarungen in Inlandssachverhalten gesehen und diskutiert.[20] Auch die Entscheidungen in *Santander* und *Dexia* wurden selbstverständlich in der Literatur erörtert.[21] In der Kommentarliteratur finden sich teils ausführliche Darlegungen dazu, welche Umstände einen hinreichenden Auslandsbezug darstellen und wann ein Inlandssachverhalt gegeben ist.[22]

Während in der Literatur unterschiedliche Meinungen dazu vertreten werden, welche Umstände einen hinreichenden Auslandsbezug darstellen, bleiben die allgemeinen Wertungen, auf denen diese Handhabung beruht, oft verborgen oder ungenau. So heißt es wiederholt, es müsse ein „kollisionsrechtliches Interesse" an einer Rechtswahl geben.[23] Ausreichen sollen jedenfalls solche Umstände, die als Anknüpfungsmerkmale in der Rom I-VO verwendet werden.[24] Das reine

---

18 Vgl. hierzu: Dritter Teil, A., I., 1.

19 Siehe insbesondere: *Mäsch*, Verbraucherschutz, 1993, S. 97 ff.; *Droste*, Begriff der „zwingenden Bestimmung", 1992, S. 94 ff.; vgl. auch: *Backert*, Verbraucherschutz, 2000, S. 71 ff.

20 Siehe ausführlich auch unter Berücksichtigung der Kompetenzgrundlage: *Magnus*, ZEuP 2018, 507 ff.; vgl. auch: *Maultzsch*, FS von Hoffmann, 2011, S. 304 ff.

21 Vgl. etwa: *Mansel*, FS Grunewald, 2021, S. 731, 733 ff.; *Thorn/Thon*, FS Kronke, 2020, S. 569 ff.; *von Hein*, FS Hopt, 2020, S. 1405, 1406 ff.; *Böhle*, ZEuP 2019, 72 ff.; *Avasilencei*, in: Muir Watt/Bíziková/Oliveira u.a. (Hrsg.), Global Private International Law, 2019, S. 457 ff.; *Cuniberti*, in: Muir Watt/Bíziková/Oliveira u.a. (Hrsg.), Global Private International Law, 2019, S. 464 ff.; *Ostendorf*, IPRax 2018, 630 ff.; *Hartley*, FS Kohler, 2018, S. 171, 174 ff.

22 Vgl. etwa: Rauscher/*von Hein*, Art. 3 Rom I-VO Rn. 106 ff.; Staudinger/*Magnus*, Art. 3 Rom I-VO Rn. 138 ff.

23 Vgl. etwa: *Mäsch*, Verbraucherschutz, 1993, S. 97 f.; *Schurig*, RabelsZ 1990, 217, 223 f.

24 Vgl. etwa: *von Hein*, FS Hopt, 2020, S. 1405, 1410; *Thorn/Thon*, FS Kronke, 2020, S. 569, 571 f.; Staudinger/*Magnus*, Art. 3 Rom I-VO Rn. 138 m.w.N.; MüKo/*Martiny*, Art. 3 Rom I-VO Rn. 91.

Interesse der Parteien an der Geltung eines bestimmten Rechts soll hingegen nicht genügen.[25]

Besondere Aufmerksamkeit hat in der Literatur auch die Frage erfahren, inwiefern Art. 3 Abs. 3 Rom I-VO durch die Kombination mit einer Schiedsklausel umgangen werden könne, da Schiedsgerichte nicht an die Anwendung des Art. 3 Abs. 3 Rom I-VO gebunden wären und einer Vollstreckung im Inland nur in Ausnahmefällen der anerkennungsrechtliche *ordre public* entgegenstünde.[26]

III. Ziel und Gang der Untersuchung

Ziel dieser Arbeit soll es sein, der Frage nachzugehen, anhand welcher Wertungen Inlandssachverhalte von solchen mit Auslandsbezug im Rahmen des Art. 3 Abs. 3 Rom I-VO zu unterscheiden sind und diese Wertungen dann auf verschiedene Fallkonstellationen anzuwenden. Hierbei ist angesichts der Vielgestaltigkeit tatsächlich auftretender Sachverhaltskonstellationen sowie dem Spannungsfeld, in dem sich Art. 3 Abs. 3 Rom I-VO bewegt, von vornherein klar, dass sich keine Definition bilden lässt, mit der der Auslandsbezug mit mathematischer Präzision trennscharf definiert werden kann. Allerdings sollen die der Auslegung zugrundeliegenden Wertungen herausgearbeitet werden, um hieraus einen Maßstab zu bilden, der sich von der bisher weitgehend einzelfallorientierten Handhabung der Regelung in der Literatur entfernt. Aus diesem Ziel ergibt sich auch der induktive Gang der Untersuchung.

Im ersten Teil dieser Arbeit soll zunächst das Regelungsgefüge des Art. 3 Abs. 3 Rom I-VO dargelegt werden. Es soll auf die übrigen Tatbestandsmerkmale der Regelung eingegangen werden, sowie auf weitere Regelungen der Rom I-VO und deren Kompetenzgrundlage. Auf diese Darstellungen soll dann im weiteren Verlauf der Arbeit Rückgriff genommen werden.

Im zweiten Teil soll ein Maßstab zur Handhabung des Art. 3 Abs. 3 Rom I-VO entwickelt werden. Den Ausgangspunkt bildet eine Betrachtung der dogmatischen Grundlage der Parteiautonomie. Darauffolgend wird die Norm ausgelegt, wobei ein besonderer Schwerpunkt auf der teleologischen Auslegung liegt. Abschließend soll auf Basis dieser Ergebnisse Art. 3 Abs. 3 Rom I-VO in der

25 Vgl. etwa: MüKo/*Martiny*, Art. 3 Rom I-VO Rn. 91; Beck-OGK/*Wendland*, Art. 3 Rom I-VO Rn. 230.

26 Vgl. *Thorn/Thon*, FS Kronke, 2020, S. 569, 575 ff.; *Kondring*, ZIP 2017, 706; *Kondring*, RIW 2010, 184, 184 ff.; *Ostendorf*, SchiedsVZ 2010, 234, 234 ff.; ausführlich diskutiert die Bindung der Schiedsgerichte an die Rom I-VO in diesem Kontext: *Sommerfeld*, Rechtsflucht, 2021, S. 144 ff.

Dogmatik der Rechtswahlfreiheit verortet und Parameter für die Handhabung der Norm herausgebildet werden.

Im dritten Teil sollen diese Parameter genutzt werden, um für verschiedene Fallkonstellationen zu beurteilen, ob es sich beim jeweiligen Umstand um einen hinreichenden Auslandsbezug handelt. Angesichts der Vielfalt praktischer Vertragskonstellationen kann diese Bearbeitung selbstverständlich keinen Anspruch auf Vollständigkeit erheben. Vielmehr sollen einerseits praktisch besonders häufig auftretende Konstellationen behandelt werden und andererseits solche, die in der Literatur besonders kontrovers diskutiert werden. Wenngleich damit kein „Nachschlagwerk" aller denkbaren Auslandsbezüge entstehen kann, soll die Darstellung den entwickelten Maßstab anwenden, um zu zeigen, zu welchen Ergebnissen eine auf diesen Wertungen basierende Auslegung des Art. 3 Abs. 3 Rom I-VO gelangt.

IV. Thematische Eingrenzung

Aus Ziel und Gang der Untersuchung ergibt sich auch eine thematische Eingrenzung dieser Arbeit. Die Arbeit beschäftigt sich allein mit der Grenze der Rechtswahlfreiheit bei Inlandssachverhalten im schuldvertraglichen Kollisionsrecht.

Hieraus ergibt sich zunächst, dass Ausführungen zur Rechtswahlfreiheit, etwa zu deren dogmatischer Grundlage, nur für den schuldvertraglichen Bereich Geltung entfalten. An verschiedenen Stellen werden jedoch auch Gedanken und Regelungen aus anderen Bereichen herangezogen und deren Übertragbarkeit diskutiert.

Innerhalb der Rom I-VO erfolgt darüber hinaus keine Auseinandersetzung mit Art. 3 Abs. 4 Rom I-VO. Die Norm regelt den sog. Binnenmarktsachverhalt, in dem sich zwingendes Gemeinschaftsrecht gegen die Wahl drittstaatlichen Rechts durchsetzt. Inwiefern der Auslegung dieser Vorschrift ähnliche Wertungen zugrunde zu legen sind wie Art. 3 Abs. 3 Rom I-VO oder ob sich hierbei Unterschiede ergeben, wird nicht behandelt.[27]

Weiterhin setzt sich diese Arbeit nur mit der Auslegung des Art. 3 Abs. 3 Rom I-VO in der derzeitigen Rechtslage auseinander. Eine Diskussion, inwiefern die Regelung *de lege ferenda* abzuändern oder sogar abzuschaffen ist, wird nicht geführt. Der Grund hierfür liegt in der bisher mangelnden Klarheit um die Vorschrift. Eine Diskussion um die Sinnhaftigkeit der Regelung kann nur

27 So verweist Böhle darauf, dass Art. 3 Abs. 4 Rom I-VO anders auszulegen sein könnte, da hier Erwägungen zum Binnenmarkt nicht greifen: *Böhle*, ZEuP 2019, 72, 92 f.

geführt werden, wenn ihr Sinngehalt zuvor bereits ausdifferenziert wurde. Darüber hinaus ergibt sich aus der Fokussierung auf die Auslegung, dass die in der Literatur dargelegte Problematik der (fehlenden) Bindung von Schiedsgerichten an die Anwendung der Regelung vorliegend nicht diskutiert wird.

Erster Teil: Regelungsgefüge des Art. 3 Abs. 3 Rom I-VO

Bevor ein Maßstab für die Auslegung des Art. 3 Abs. 3 Rom I-VO entwickelt werden kann, ist zunächst das Regelungsgefüge zu erläutern. Hierbei sollen, neben den übrigen Merkmalen und der Rechtsfolge des Art. 3 Abs. 3 Rom I-VO, solche Regelungen erläutert werden, die im weiteren Verlauf dieser Arbeit von Relevanz sind.

A. Kompetenzgrundlage, Art. 65 lit. b EG-Vertrag, Art. 81 AEUV

Die Rom I-VO wurde auf Grundlage des Art. 65 lit. b EGV erlassen,[28] der eine Kompetenz für „Zivilsachen mit grenzüberschreitenden Bezügen“[29] statuiert. Diese Formulierung wurde im Wesentlichen[30] in Art. 81 AEUV übernommen, wobei die zuvor geltende Einschränkung, die Maßnahmen müssten „für das reüüüübungslose Funktionieren des Binnenmarktes erforderlich sein“, entfallen ist.[31]

I. Auslegung des „grenzüberschreitenden Bezugs“

Wenngleich es sich bei dieser Kompetenz, auf der sämtliche Verordnungen des Internationalen Zivilprozess- und Privatrechts basieren, um eine zentrale Regelung handelt, stellt *Hau*, der sich ausführlich mit der Begrifflichkeit des „grenzüberschreitenden Bezugs“ in diesem Kontext befasst, fest, dass hinsichtlich der Bedeutung dieser Formulierung wenig Klarheit besteht.[32] Unklar sei, wie mit Blick auf die Kompetenzen Inlandsfälle von grenzüberschreitenden Sachverhalten abzugrenzen seien.[33]

---

28 Erwägungsgrund 2 der Rom I-VO.

29 Art. 81 Abs. 1 S. 1 AEUV bzw. Art. 65 EG-Vertrag.

30 Die Formulierung wurde dahingehend abgeändert, dass nunmehr im Singular formuliert ist: „Zivilsachen mit grenzüberschreitendem Bezug“, vgl. *Wagner*, ZZP 131 (2018), 183, 185 f.; *Hau*, GS Unberath, 2015, S. 139, 150.

31 Vgl. *Wagner*, ZZP 131 (2018), 183, 185.

32 *Hau*, GS Unberath, 2015, S. 139, 139 ff.

33 *Ders.*, GS Unberath, 2015, S. 139, 140.

Der EuGH hat bisher noch keine Anforderungen an den grenzüberschreitenden Bezug herausgebildet. Lediglich in einer aktuellen Entscheidung zur EuZVO führt der EuGH an, diese basiere auf der Kompetenz in Art. 61 lit. c EGV[34] und fordere „[d]ementsprechend [...], dass sie, abgesehen von den ausgeschlossenen Bereichen, in Zivil- oder Handelssachen anzuwenden ist, in denen ein gerichtliches oder außergerichtliches Schriftstück ‚von einem in einen anderen Mitgliedsstaat' zum Zweck der Zustellung zu übermitteln ist."[35]

Auch in der Literatur ist die Handhabung des Merkmals umstritten. Weitgehende Einigkeit besteht dahingehend, dass auch der Bezug zu einem Drittstaat ausreicht.[36] Darüber hinaus erscheint die Handhabung des Merkmals jedoch unklar.[37] Es wird auch darauf verwiesen, dass es sich hierbei letztlich um eine politische Frage handele, über die zwischen Kommission, Parlament und Rat gestritten wurde.[38]

II. Verhältnis zu Art. 3 Abs. 3 Rom I-VO

Augenscheinlich mag die Voraussetzung eines grenzüberschreitenden Bezugs im Rahmen der Kompetenz zu Art. 3 Abs. 3 Rom I-VO einen Widerspruch darstellen, schließlich regelt die Norm reine Inlandssachverhalte. Es ist jedoch zwischen grenzüberschreitenden Bezügen i.S.d. Art. 81 AEUV und Auslandsbezügen bei Art. 3 Abs. 3 Rom I-VO zu unterscheiden. So zieht *Hau* in Erwägung, dass die Rechtswahl in Fällen des Art. 3 Abs. 3 Rom I-VO zwar nicht selbst den hinreichenden Auslandsbezug für die kollisionsrechtliche Wirkung der Rechtswahl schaffen kann. Gleichwohl könne in der Rechtswahl der hinreichende grenzüberschreitende Bezug i.S.d. Art. 81 AEUV liegen.[39] Dementsprechend werde bisher auch die Vereinbarkeit des Art. 3 Abs. 3 Rom I-VO mit dem Primärrecht nicht in Frage gestellt.[40]

---

34 EuGH, Urt. v. 11.11.2015, C-223/14 – *Mican/Domínguez*, Rn. 63.

35 EuGH, Urt. v. 11.11.2015, C-223/14 – *Mican/Domínguez* Rn. 64; siehe hierzu auch: *Wagner*, ZZP 131 (2018), 183, 187.

36 *Ders.*, ZZP 131 (2018), 183, 189 f.

37 Die verschiedenen Positionen in dieser Debatte fasst überblicksartig zusammen: *ders.*, ZZP 131 (2018), 183, 188 ff.

38 *Hess*, in: von Hein/Rühl (Hrsg.), Kohärenz im Internationalen Privat- und Verfahrensrecht der Europäischen Union, 2016, S. 67, 70; *Hau*, GS Unberath, 2015, S. 139, 140 ff.

39 *Hau*, GS Unberath, 2015, S. 139, 154 f.; vgl. auch: *Wagner*, ZZP 131 (2018), 183, 190.

40 *Hau*, GS Unberath, 2015, S. 139, 154.

B. Rom I-VO

Mit Blick auf Art. 3 Abs. 3 Rom I-VO sind innerhalb der Rom I-VO vor allem der räumliche Anwendungsbereich sowie die weiteren Schranken der Rechtswahlfreiheit von Interesse.

I. Räumlicher Anwendungsbereich, Art. 1 Abs. 1 Rom I-VO

Ähnlich wie Art. 3 Abs. 3 Rom I-VO setzt auch der Anwendungsbereich der Verordnung eine Auslandsbeziehung voraus. Gem. Art. 1 Abs. 1 Rom I-VO findet die Verordnung auf solche Schuldverhältnisse Anwendung, „die eine Verbindung zum Recht verschiedener Staaten aufweisen". Wie dieser räumliche Anwendungsbereich auszulegen ist, ist umstritten.[41] Gerade mit Blick auf Art. 3 Abs. 3 ist dieser Streit relevant: Würde man hier hohe Anforderungen an die Anwendung der Verordnung stellen, liefe Art. 3 Abs. 3 Rom I-VO leer.[42]

Teils wird vertreten, der Voraussetzung käme bei der Prüfung des Anwendungsbereichs keine eigenständige Bedeutung zu, da rein innerstaatliche Sachverhalte bereits keine kollisionsrechtlichen Fragen aufwerfen.[43] Der *Giuliano/Lagarde*-Bericht widerspricht jedoch einer solchen Außerachtlassung des Kriteriums. Nach dem Bericht ist es vielmehr *„wichtig darauf hinzuweisen,* daß die einheitlichen Vorschriften des Übereinkommens auf die genannten Schuldverhältnisse *nur* ‚bei Sachverhalten, die eine Verbindung zum Recht verschiedener Staaten aufweisen' anzuwenden sind."[44] Hierbei handelt es sich nach dem Bericht um solche „Sachverhalte, die im Verhältnis zum internen sozialen Leben eines Landes eine oder mehrere Auslandsberührungen aufweisen", es müsse „zu einer Kollision zwischen zwei oder mehr Rechtssystemen" kommen.[45] Dies deckt sich auch mit der englischen und französischen Sprachfassung des Art. 1 Abs. 1 Rom I-VO, die für den Anwendungsbereich „situations involving a conflict of laws" bzw. „situations comportant un conflit de lois" fordern.

Dies könnte dahingehend gewertet werden, dass nur dann ein Auslandsbezug besteht, wenn solche Umstände, die für die Anknüpfung des jeweiligen Vertrags relevant sind, im Ausland belegen sind. Eine solche Interpretation lehnt Generalanwalt *Szpunar* in der Rs. *Vinyls/Mediterranea* jedoch ab. Hierfür führt

---

41 Vgl. *Koch*, FS Magnus, 2014, S. 475, 476 f.

42 MüKo/*Martiny*, Art. 1 Rom I-VO Rn. 86.

43 Palandt/*Thorn*, Art. 1 Rom I-VO Rn. 5; NK-BGB/*Leible*, Art. 1 Rom I-VO Rn. 17.

44 *Giuliano/Lagarde*-Bericht, S. 10.

45 *Giuliano/Lagarde*-Bericht, S. 10.

er die praktischen Probleme an, die eine derartige Vorverlagerung der Anknüpfungsprüfung in den Anwendungsbereich zur Folge hätte.[46] Diese illustriert er an einer Frage: „Findet die Verordnung Anwendung, wenn ein Vermieter vom Mieter Mietzinsforderungen in Zusammenhang mit einem Mietvertrag geltend macht, der im Staat des gewöhnlichen Aufenthalts der Vertragsparteien geschlossen wurde, der Mieter aber Staatsangehöriger eines anderen Mitgliedsstaats ist?“[47] In diesem Fall müsste sodann die Rom I-VO geprüft werden, um zu entscheiden, ob die ausländische Staatsangehörigkeit kollisionsrechtlich relevant ist.[48] Dies verlagert effektiv die Prüfung des anwendbaren Rechts nach der Verordnung schon auf die Ebene des Anwendungsbereichs und verkompliziert damit die Rechtsanwendung übermäßig.[49]

Der EuGH hat letztlich nicht zur Anwendbarkeit der Rom I-VO Stellung genommen und damit keine Klärung in der Frage herbeigeführt.[50] Stattdessen nahm der EuGH, worauf sogleich noch ausführlicher einzugehen ist, eine Spezialität der EuInsVO an und prüfte daher die Vorschriften der Rom I-VO nicht.[51] Generalanwalt *Szpunar* sprach sich dafür aus, die Norm dahingehend auszulegen, dass keine Verbindung zum Recht von mehr als einem Staat erforderlich sei.[52] Dies widerspricht jedoch dem klaren Wortlaut des Art. 1 Abs. 1 Rom I-VO

46 Schlussanträge des Generalanwalts Szpunar, Rechtssache C-54/16 – *Vinyls/Mediterranea*, Rn. 108 ff.

47 Schlussanträge des Generalanwalts Szpunar, Rechtssache C-54/16 – *Vinyls/Mediterranea*, Rn. 108.

48 Schlussanträge des Generalanwalts Szpunar, Rechtssache C-54/16 – *Vinyls/Mediterranea*, Rn. 110 ff.

49 Vgl. Schlussanträge des Generalanwalts Szpunar, C-54/16 – *Vinyls/Mediterranea*, Rn. 99 ff.; eine solche Vorverlagerung der Prüfung hält auch Wilke für unnötig: *Wilke*, Conceptual Analysis, 2019, S. 103 f.; in diese Richtung aber: BeckOK-BGB/*Spickhoff*, Art. 1 Rom I-VO Rn. 33.

50 Der EuGH sah hier die EuInsVO als „lex specialis“ ggü. der Rom I-VO an: EuGH, Urt. v. 8.6.2018, C-54/16 – *Vinyls/Mediterranea*, Rn. 29; diese Entscheidung zum Verhältnis zwischen Insolvenz- und Kollisionsrecht wurde weitgehend kritisiert, siehe: *Thole*, IPRax 2018, 388, 391 f.; *Mankowski*, NZI 2017, 633, 637 f.; *Schulz/Steiger*, EuZW 2017, 692, 697.

51 Siehe hierzu ausführlich: Erster Teil, B., III., a), ee).

52 Schlussanträge des Generalanwalts Szpunar, Rechtssache C-54/16 – *Vinyls/Mediterranea*, Rn. 115.

und ist daher abzulehnen.[53] Auch mit Blick auf die Kompetenzgrundlage in Art. 81 AEUV erscheint diese Lesart zweifelhaft.[54]

Stattdessen ist mit der wohl überwiegenden Literatur davon auszugehen, dass niedrige Anforderungen an den räumlichen Anwendungsbereich zu stellen sind. Ausreichen sollte es in jedem Fall, wenn in Frage steht, welches Recht auf das Vertragsverhältnis Anwendung findet.[55] Dies ist insbesondere dann der Fall, wenn die Parteien ihren Sitz in verschiedenen Staaten haben oder die Durchführung des Vertrages einen irgendwie gearteten Auslandsbezug aufweist.[56] Aus systematischer Sicht muss insbesondere die Wahl eines ausländischen Statuts für die Anwendbarkeit der Verordnung genügen, da Art. 3 Abs. 3 Rom I-VO sonst kein sinnvoller Anwendungsbereich zukäme.[57] Diese Sichtweise findet auch in den Materialien zur Rom II-VO, deren Anwendungsbereich mit Blick auf Erwägungsgrund 7 parallel auszulegen ist,[58] eine eindeutige Stütze. Die Regelung zu Inlandssachverhalten in Art. 14 Abs. 2 Rom II-VO, dem Pendant zu Art. 3 Abs. 3 Rom I-VO,[59] wird wie folgt beschrieben:

---

53 Darüber hinaus stützte sich Generalanwalt Szpunar auf einen Unterschied im Wortlaut von Art. 14 Abs. 2 Rom II-VO, aus dem sich ergebe, dass die Rechtswahl für die Anwendbarkeit der Rom I-VO relevant sei: Schlussanträge des Generalanwalts Szpunar, Rechtssache C-54/16 – *Vinyls/Mediterranea*, Rn. 104; vor dem Hintergrund, dass Erwägungsgrund 15 eine weitestmögliche Angleichung des Wortlauts beider Vorschriften erwähnt, ist diese Lesart sehr zweifelhaft.

54 Zur Herleitung der Erforderlichkeit eines grenzüberschreitenden Sachverhalts aus der Kompetenzgrundlage: *Wilke*, Conceptual Analysis, 2019, S. 105 ff.

55 MüKo/*Martiny*, Art. 1 Rom I-VO Rn. 24.

56 MüKo/*Martiny*, Art. 1 Rom I-VO Rn. 24; zustimmend: Staudinger/*Magnus*, Art. 1 Rom I-VO Rn. 11; das OLG Nürnberg hielt allein den späteren Export des Vertragsgegenstandes ins Ausland für irrelevant, so dass die Verordnung nicht anzuwenden sei: OLG Nürnberg, RdtW 2017, 218, 220.

57 So auch: Staudinger/*Magnus*, Art. 1 Rom I-VO Rn. 10; Rauscher/*von Hein*, Art. 1 Rom I-VO Rn. 21; eine Eröffnung des Anwendungsbereichs der Verordnung aufgrund der Wahl ausländischen Rechts bejahen auch: Ferrari/*Kieninger*, Art. 1 Rom I-VO Rn. 1; MüKo/*Martiny*, Art. 1 Rom I-VO Rn. 24; a.A. mit Verweis auf eine Unvereinbarkeit eines solchen Anwendungsbereichs mit dem Primärrecht: Beck-OGK/*Paulus*, Art. 1 Rom I-VO Rn. 44.

58 Siehe im Detail zum Auslegungszusammenhang zwischen Rom I-VO und Rom II-VO: Zweiter Teil, B., III., 3., a).

59 Siehe im Detail zum Auslegungszusammenhang zwischen Art. 3 Abs. 3 Rom I-VO und Art. 14 Abs. 2 Rom II-VO: Zweiter Teil, B., III., 3., b).

> „Es handelt sich im Grunde genommen um einen Fall mit reinem Inlandsbezug, der nur deshalb in den Anwendungsbereich der Verordnung fällt, weil die Parteien eine Rechtswahl getroffen haben."[60]

Auch muss der Anwendungsbereich der Verordnung schon dann eröffnet sein, wenn die Möglichkeit einer solchen Rechtswahl im Raum steht. Dies ist etwa dann der Fall, wenn der Gebrauch einer fremden Vertragssprache auf eine Rechtswahl hindeutet oder auf ausländische Regelungen Bezug genommen wird.[61]

Abschließend ist darauf hinzuweisen, dass für die Anwendung der Rom I-VO irrelevant ist, ob es sich um einen Gemeinschafts- oder Drittstaatensachverhalt handelt, da die Formulierung des Art. 1 Rom I-VO hier keine Differenzierung vornimmt.[62] Für die Anwendbarkeit der Verordnung ist insofern kein Bezug zum Gebiet eines Mitgliedsstaats erforderlich.[63]

II. Weitere Schranken der Rechtswahlfreiheit

Jenseits der Schranken der Rechtswahlfreiheit für Inlands- und Binnenmarktsachverhalte in Art. 3 Abs. 3 und 4 Rom I-VO[64] finden sich in der Rom I-VO weitere Grenzen der Rechtswahlfreiheit. Im Folgenden sollen diese Regelungen überblicksartig dargestellt werden.[65]

---

60 Dort Art. 10 Abs. 2, siehe: *Europäische Kommission*, Entwurf Rom II-VO, S. 25.

61 Vgl. Staudinger/*Magnus*, Art. 1 Rom I-VO Rn. 12; MüKo/*Martiny*, Art. 1 Rom I-VO Rn. 24; a.A.: OLG Nürnberg, das die Abfassung eines Vertrags in englischer Sprache nicht für ausreichend hielt, um den Anwendungsbereich der Verordnung zu eröffnen. Das Gericht prüfte jedoch hilfsweise das anwendbare Recht: OLG Nürnberg, RdtW 2017, 218, 220.

62 Staudinger/*Magnus*, Art. 1 Rom I-VO Rn. 13.

63 Rauscher/*von Hein*, Art. 1 Rom I-VO Rn. 20.

64 Diese Regelungen bezeichnet als „situative Grenze": *Rühl*, FS Kropholler, 2008, S. 187, 202 ff.; die von Rühl genutzte Terminologie greift auf: *Schmitz*, Rechtswahlfreiheit, 2017, S. 257 ff.

65 Wie im Folgenden differenziert ebenfalls nach den Schutzzwecken, wobei darüber hinaus auch der Schutz Dritter genannt wird: *Arnold*, in: ders. (Hrsg.), Grundfragen des Europäischen Kollisionsrechts, 2016, S. 23, 45 ff.; Rühl hingegen unterscheidet neben den situativen Grenzen zwischen funktionalen und technischen Grenzen: *Rühl*, FS Kropholler, 2008, S. 187, 200 ff.

1. *Schutz strukturell unterlegener Vertragsparteien*

Innerhalb der Regelungen zum Schutz der Beteiligten, speziell von strukturell schwächeren Vertragsparteien, kann zwischen Wirkungs- und Wählbarkeitsbeschränkungen unterschieden werden.[66]

a) *Wirkungsbeschränkungen: Art. 6 Abs. 2 S. 2 und Art. 8 Abs. 1 S. 2 Rom I-VO*

Art. 6 Abs. 2 S. 2 und Art. 8 Abs. 1 S. 2 Rom I-VO schränken die Wirkung der Rechtswahl zugunsten der Verbraucher bzw. Arbeitnehmer ein.[67] Nach diesen Vorschriften darf die Rechtswahl nicht dazu führen, dass dem Verbraucher bzw. Arbeitnehmer der Schutz „entzogen" wird,[68] den ihm die zwingenden Vorschriften des objektiv anwendbaren Rechts gewährt hätten. Es gilt das sog. „Günstigkeitsprinzip".[69] Die Regelungen sollen verhindern, dass zwingende Vorschriften des Arbeitnehmer- bzw. Verbraucherschutzrechtes durch Rechtswahl umgangen werden.[70] Nach beiden Regelungen wirkt die Rechtswahl kollisionsrechtlich; das gewählte Recht ist Vertragsstatut.[71] Die Regelungen haben damit bezüglich des eigentlich objektiv anwendbaren Rechts einen beschränkten kollisionsrechtlichen Gehalt, wie *Michaels* zutreffend feststellt, da sie (auch) dieses zur Anwendung berufen.[72]

b) *Wählbarkeitsbeschränkungen: Art. 5 Abs. 2 Unterabs. 2, Art. 7 Abs. 3 Unterabs. 1 Rom I-VO*

Weitere Grenzen der Rechtswahlfreiheit finden sich in der Rom I-VO für Personenbeförderungs- und Versicherungsverträge in den Art. 5 Abs. 2 Unterabs. 2,

---

66 Diese Terminologie verwendet: *Michaels*, FS Schurig, 2012, S. 191, 196 f.; Rühl hingegen nennt diese Kategorien „überlagerte" und „beschränkte" Rechtswahl: *Rühl*, FS von Hoffmann, 2011, S. 364, 168 ff.

67 Vgl. *Rühl*, FS Kropholler, 2008, S. 187, 201.

68 Diese Formulierung hält Michaels für unglücklich, da sie die Rechtsfolge nicht zutreffend darstellt: *Michaels*, FS Schurig, 2012, S. 191, 197.

69 Siehe zu einzelnen Fragen des Günstigkeitsvergleichs: Beck-OGK/*Rühl*, Art. 6 Rom I-VO Rn. 258 ff.

70 MüKo/*Martiny*, Art. 8 Rom I-VO Rn. 36.

71 Beck-OGK/*Rühl*, Art. 6 Rom I-VO Rn. 254; Ferrari/*Staudinger*, Art. 6 Rom I-VO Rn. 71; *Michaels*, FS Schurig, 2012, S. 191, 198 f.

72 *Michaels*, FS Schurig, 2012, S. 191, 197.

Art. 7 Abs. 3 Unterabs. 1 Rom I-VO.[73] Die Regelungen benennen jeweils verschiedene Rechtsordnungen, die bei Personenbeförderungsverträgen und Versicherungsverträgen über Massenrisiken[74] wählbar sind.

Wie sich aus Erwägungsgrund 32 der Rom I-VO ergibt, sollen die Regelungen ein „angemessenes Schutzniveau für zu befördernde Personen und Versicherungsnehmer gewährleisten."[75] *Michaels* beschreibt diesen „zweistufigen"[76] Mechanismus:

> „Auf einer ersten Stufe bestimmt das Kollisionsrecht, welche Rechte zur Anwendung kommen könnten, auf einer zweiten Stufe bestimmen die Parteien, gewissermaßen per Stichentscheid, welches der Rechte zur Anwendung kommen soll. Eine solche zweistufige Anknüpfung ist zwar ungewöhnlich, aber durchaus interessengerecht: das Kollisionsrecht stellt sicher, dass nur Rechte zur Auswahl stehen, die eine Nähebeziehung haben; die Parteien treffen darunter einen Stichentscheid."[77]

Als Rechtsordnungen, zu denen eine solche Nähebeziehung besteht, sind etwa das Recht des gewöhnlichen Aufenthalts des Versicherungsnehmers[78] oder des Mitgliedsstaats, in dem das Risiko belegen ist,[79] wählbar. Für Lebensversicherungsverträge ist darüber hinaus in Art. 7 Abs. 3 Unterabs. 1 lit. c Rom I-VO eine Wahlmöglichkeit zugunsten des Rechts des Staates, dessen Staatsangehörigkeit der Versicherungsnehmer besitzt, vorgesehen.[80] Bei den Beförderungsverträgen ist etwa eine Rechtswahl zugunsten des gewöhnlichen Aufenthalts des Beförderers oder der zu befördernden Person vorgesehen.[81]

---

73 Vgl. hierzu Rühl, die diese unterschiedlichen Schutzkonzepte für schwächere Vertragsparteien kritisiert: *Rühl*, FS von Hoffmann, 2011, S. 364, 369 ff. m.w.N.; ebenfalls kritisch: *Schmitz*, Rechtswahlfreiheit, 2017, S. 274 ff.; kritisch zur Regelung der Beförderungsverträge: *Nielsen*, in: Ferrari/Leible (Hrsg.), Rome I Regulation, 2009, S. 99, 107; *Mankowski*, IHR 2008, 133, 140.

74 Die Verordnung verwendet diesen Begriff zwar nicht, allerdings wird er in der Literatur vermehrt genutzt, siehe hierzu und zu dem Anwendungsbereich des Art. 7 Abs. 3 Unterabs. 1 Rom I-VO: *Kroll-Ludwigs*, Parteiautonomie, 2013, S. 84; *Fricke*, VersR 2008, 443, 447 f.

75 Erwägungsgrund 32 der Rom I-VO.

76 *Michaels*, FS Schurig, 2012, S. 191, 196.

77 *Ders.*, FS Schurig, 2012, S. 191, 196 f.

78 Art. 7 Abs. 3 Unterabs. 1 lit. b Rom I-VO.

79 Art. 7 Abs. 3 Unterabs. 1 lit. a Rom I-VO.

80 Siehe hierzu ausführlich: Dritter Teil, B., I., 2., a), aa), (1), (a).

81 Art. 5 Abs. 2 Unterabs. 2 lit. a, b Rom I-VO; insbesondere die Wahlmöglichkeit zugunsten des Rechts des Beförderers wird kritisch gesehen: *Nielsen*, in: Ferrari/Leible (Hrsg.), Rome I Regulation, 2009, S. 99, 107; *Mankowski*, IHR 2008, 133, 140.

2. *Schutz öffentlicher Interessen*

Der Durchsetzung öffentlicher Interessen dienen einerseits die Regelungen zur Durchsetzung inländischer und ausländischer Eingriffsnormen sowie andererseits der *ordre public*.[82] Hierbei handelt es sich jedoch nicht spezifisch um Schranken der Rechtswahl, vielmehr greifen diese „Schranken der kollisionsrechtlichen Verweisung“[83] sowohl bei einem objektiv bestimmten Vertragsstatut als auch bei einer Rechtswahl der Parteien.[84]

a) *Eingriffsnormen, Art. 9 Rom I-VO*

Um die kollisionsrechtliche Behandlung von Eingriffsnormen bestehen eine Vielzahl von Diskussionen in der Literatur.[85] Diese sollen vorliegend nicht umfassend nachvollzogen werden, vielmehr soll lediglich überblicksartig die Funktionsweise der Durchsetzung von Eingriffsnormen in Art. 9 Rom I-VO dargestellt werden und auf die Unterschiede zu Art. 3 Abs. 3 Rom I-VO verwiesen werden.

aa) *Begriff der Eingriffsnorm, Art. 9 Abs. 1 Rom I-VO*

In Art. 9 Abs. 1 Rom I-VO findet sich eine Definition des Begriffs Eingriffsnorm, der autonom auszulegen ist.[86] Aus der Definition ergeben sich zwei Voraussetzungen.[87]

Erstens muss es sich um eine Vorschrift handeln, die „ungeachtet des nach Maßgabe dieser Verordnung auf den Vertrag anzuwendenden Rechts auf alle Sachverhalte anzuwenden ist“, also einen internationalen Geltungsanspruch hat.[88] Irrelevant ist hierbei, ob das Vertragsstatut durch Rechtswahl oder mittels objektiver Anknüpfung bestimmt wurde.[89] Nicht ausreichend ist eine lediglich

---

82 *Arnold*, in: ders. (Hrsg.), Grundfragen des Europäischen Kollisionsrechts, 2016, S. 23, 50 f.

83 *Schmitz*, Rechtswahlfreiheit, 2017, S. 290.

84 *Schmitz*, Rechtswahlfreiheit, 2017, S. 290; *Arnold*, in: ders. (Hrsg.), Grundfragen des Europäischen Kollisionsrechts, 2016, S. 23, 50.

85 So etwa die Diskussion um die Berücksichtigung der Eingriffsnormen des Vertragsstatuts: Beck-OGK/*Maultzsch*, Art. 9 Rom I-VO S. 158 ff.; *Hauser*, Eingriffsnormen, 2012, S. 123 ff.

86 Staudinger/*Magnus*, Art. 9 Rom I-VO Rn. 45.

87 Rauscher/*Thorn*, Art. 9 Rom I-VO Rn. 7.

88 Vgl. Ferrari/*Staudinger*, Art. 9 Rom I-VO Rn. 6.

89 Rauscher/*Thorn*, Art. 9 Rom I-VO Rn. 8; *Maultzsch*, RabelsZ 75 (2011), 60, 81.

einfach zwingende Norm.[90] Ein internationaler Geltungsanspruch der Norm kann sich aus dem Wortlaut, einem Zusammenspiel mit besonderen Kollisionsregeln oder mittels teleologischer Auslegung der Norm ergeben.[91]

Zweitens muss die Norm eine überindividuelle Zielrichtung aufweisen, ihre Einhaltung muss „von einem Staat als […] entscheidend für die Wahrung seines öffentlichen Interesses, insbesondere seiner politischen, sozialen oder wirtschaftlichen Organisation, angesehen" werden. Diese Definition ist angelehnt an die Entscheidung des EuGH in der Rs. *Arblade*.[92] Unerheblich ist, ob es sich um eine Regelung des Privatrechts oder des öffentlichen Rechts handelt.[93]

Zur Durchsetzung einfach zwingenden Rechts nach Art. 3 Abs. 3 Rom I-VO besteht daher kein gradueller, sondern ein kategorischer Unterschied.[94] Dieser ist im Kern Konsequenz der Trennung von Kollisions- und Sachrecht.[95] Dementsprechend stellt Erwägungsgrund 37 auch klar, dass „[d]er Begriff ‚Eingriffsnormen' […] von dem Begriff ‚Bestimmungen, von denen nicht durch Vereinbarung abgewichen werden kann', unterschieden und enger ausgelegt werden" sollte.

bb) Durchsetzung der Eingriffsnormen, Art. 9 Abs. 2 und 3 Rom I-VO

Gem. Art. 9 Abs. 2 Rom I-VO finden die Eingriffsnormen der *lex fori* Anwendung, die auch als inländische Eingriffsnormen[96] bezeichnet werden.[97] Demgegenüber regelt Abs. 3 die Berücksichtigung ausländischer Eingriffsnormen. Nach der Vorschrift „kann" den Eingriffsnormen „des Staates, in dem die durch den Vertrag begründeten Verpflichtungen erfüllt werden sollen oder erfüllt worden sind", Wirkung verliehen werden.

Allgemein wird für die Durchsetzung von Eingriffsnormen ein Inlandsbezug gefordert.[98] Diese Voraussetzung ergibt sich bereits aus dem Völkerrecht.[99] Dieses Kriterium soll demnach „exorbitante Anwendungsansprüche" des regelnden

---

90 Rauscher/*ders.*, Art. 9 Rom I-VO Rn. 8.

91 Rauscher/*ders.*, Art. 9 Rom I-VO Rn. 9.

92 Rauscher/*ders.*, Art. 9 Rom I-VO Rn. 10; Staudinger/*Magnus*, Art. 9 Rom I-VO Rn. 46; kritisch hierzu: *Mankowski*, IHR 2008, 133, 146 f.

93 Staudinger/*Magnus*, Art. 9 Rom I-VO Rn. 50.

94 *Michaels*, FS Schurig, 2012, S. 191.

95 *Ders.*, FS Schurig, 2012, S. 191.

96 Vgl. etwa: Staudinger/*Magnus*, Art. 9 Rom I-VO Rn. 80.

97 Siehe für inländische Eingriffsnormen des deutschen Rechts: Rauscher/*Thorn*, Art. 9 Rom I-VO Rn. 34 ff.

98 Vgl. *Siehr*, RHDI 67 (2014), 801, 826.

99 Rauscher/*Thorn*, Art. 9 Rom I-VO Rn. 15; *Schurig*, RabelsZ 1990, 217, 234.

Staates abwehren,[100] hat also nur eine anwendungsbegrenzende Funktion.[101] Unter Geltung des EVÜ fand sich dieses Erfordernis noch ausdrücklich in Art. 7 Abs. 1 EVÜ, der eine „enge Verbindung“ zwischen Staat und Sachverhalt forderte. In der Rom I-Verordnung erfordert Art. 9 Abs. 3 Rom I-VO mit dem Erfüllungsort einen qualifizierten Inlandsbezug. Für inländische Eingriffsnormen gem. Art. 9 Abs. 2 Rom I-VO hingegen ergibt sich der Inlandsbezug bereits aus deren räumlichen Anwendungsbereichen.[102]

Aus diesem Vergleich zwischen der Durchsetzung der Eingriffsnormen des Forums mit denen anderer Rechtsordnungen ergeben sich deutliche Unterschiede, die *Hartley* wie folgt zusammenfasst:

> „The most remarkable feature of the rules laid down in Article 9 is the stark difference in the treatment given to overriding mandatory provisions depending on whether they are provisions of the forum law or foreign law. If the overriding mandatory provisions are those of the court hearing the case, Article 9 (2) could not go further in its support for their application [...] Where, on the other hand, the overriding mandatory provisions are those of a foreign country, the position is very different. [...] The first point is that the court is never obliged to apply foreign overriding mandatory provisions: it may do so if it chooses. The second point is that Article 9 (3) is limited to the overriding mandatory provisions of the place of performance.“[103]

Angesichts dieser Unterschiede wird die Wahl des Forums zu einer entscheidenden Frage für die Durchsetzung von Eingriffsnormen.[104] Es besteht daher die Gefahr, dass Parteien Eingriffsnormen durch eine strategische Ausübung der Gerichtsstandswahl umgehen, indem sie ein Gericht wählen, dessen *lex fori* wenige oder sie nicht betreffende Eingriffsnormen bereithält.[105]

b) Ordre Public, *Art. 21 Rom I-VO*

Wenngleich Art. 21 Rom I-VO wie auch Art. 9 Rom I-VO dem Schutz staatlicher Interessen dient, weist die Regelung eine andere Stoßrichtung auf.[106] Während

---

100 *Schurig*, RabelsZ 1990, 217, 236; vgl. auch: *Fetsch*, Eingriffsnormen, 2002, S. 49 f.

101 Rauscher/*Thorn*, Art. 9 Rom I-VO Rn. 15; vgl. auch: *Sonnenberger*, IPRax 2003, 104, 113.

102 Rauscher/*Thorn*, Art. 9 Rom I-VO Rn. 16.

103 *Hartley*, FS Kohler, 2018, S. 171, 172.

104 *Ders.*, FS Kohler, 2018, S. 171, 172 f.

105 *Cuniberti*, in: Muir Watt/Fernández Arroyo (Hrsg.), Private international law and global governance, 2014, S. 141, 154; *Renner*, Transnationales Recht, 2011, S. 57; vgl. auch: *von Hein*, FS Hopt, 2020, S. 1405, 1414.

106 Rauscher/*Thorn*, Art. 9 Rom I-VO Rn. 31.

Art. 9 Rom I-VO als „Schwert“ der aktiven Durchsetzung der Eingriffsnormen dient, wehrt Art. 21 Rom I-VO als „Schild“ die Anwendung solchen Rechts ab, das mit wesentlichen Grundsätzen des Rechts des angerufenen Gerichts unvereinbar ist.[107] Die Kontrolle bezieht sich hierbei nicht auf die materielle Norm, sondern auf das Rechtsanwendungsergebnis. Zudem muss der Verstoß gegen die öffentliche Ordnung „offensichtlich“ sein. Auch Erwägungsgrund 37 mahnt eine zurückhaltende Handhabung an.[108] Es muss daher ein schwerer Verstoß gegen inländische Wertvorstellungen vorliegen.[109]

Des Weiteren muss der Sachverhalt einen hinreichenden Inlandsbezug zum Gerichtsstaat aufweisen.[110] Die Anforderungen an diesen Inlandsbezug hängen jedoch auch davon ab, wie sehr das Rechtsanwendungsergebnis ausländischen Rechts die inländischen Wertevorstellungen verletzt (sog. Relativität des *ordre public*).[111] Als Faustformel kann formuliert werden: „Je stärker die Inlandsbeziehung ist, umso weniger werden fremdartige Ergebnisse hingenommen, und je schwächer sie ist, umso mehr Zurückhaltung ist bei der Anwendung der Vorbehaltsklausel zu üben.“[112]

III. Art. 3 Abs. 3 Rom I-VO

Fehlt ein Auslandsbezug bzw. liegt ein reiner Inlandssachverhalt vor, „berührt“ die Rechtswahl der Parteien nicht die Anwendung innerstaatlich zwingenden Rechts. Im Folgenden soll zunächst dargelegt werden, zu welchem Zeitpunkt der Auslandsbezug vorliegen muss und welche Regelungen des einfach zwingenden Rechts über Art. 3 Abs. 3 Rom I-VO durchgesetzt werden. Abschließend ist die umstrittene Rechtsfolge der Regelung zu diskutieren.

1. Maßgeblicher Zeitpunkt

Maßgeblich für die Feststellung des Inlandssachverhalts ist ausweislich des eindeutigen Wortlauts der „Zeitpunkt der Rechtswahl“.[113] Nachträgliche

---

107 Rauscher/*Thorn*, Art. 9 Rom I-VO Rn. 31; Staudinger/*Magnus*, Art. 9 Rom I-VO Rn. 9.

108 Staudinger/*Magnus*, Art. 9 Rom I-VO Rn. 17.

109 MüKo/*Martiny*, Art. 6 Rom I-VO Rn. 6.

110 Staudinger/*Magnus*, Art. 9 Rom I-VO Rn. 19; *Siehr*, RHDI 67 (2014), 801, 826.

111 Staudinger/*Magnus*, Art. 9 Rom I-VO Rn. 20.

112 So fasst mit Verweis auf die betreffende Rspr. zusammen: Staudinger/*Magnus*, Art. 9 Rom I-VO Rn. 20.

113 Rauscher/*von Hein*, Art. 3 Rom I-VO Rn. 118.

Veränderungen, wie etwa eine Sitzverlegung[114] oder Vereinbarung eines anderen Erfüllungsortes[115] können daher den Auslandsbezug nicht mehr herstellen.[116] Diese gesetzliche Festlegung entspricht dem Ziel der Verordnung, mehr Rechtssicherheit zu schaffen.[117] Schließlich müssen die Parteien bereits in diesem Zeitpunkt beurteilen können, welche Wirkung ihrer Rechtswahl zukommt, um ihr Verhalten an dem anwendbaren Recht und den sich daraus ergebenden Rechten und Pflichten auszurichten. Würde man die Internationalität des Sachverhalts erst *ex post* etwa im Zeitpunkt einer gerichtlichen Geltendmachung etwaiger Ansprüche beurteilen, wäre diese Planbarkeit für die Parteien nicht gegeben und es würde eine erhebliche Rechtsunsicherheit bestehen.[118]

Nutzen die Parteien die Möglichkeit zur nachträglichen Rechtswahl nach Art. 3 Abs. 2 S. 1 Rom I-VO, ist der Zeitpunkt der Rechtswahl und nicht der des ursprünglichen Vertragsschlusses maßgeblich.[119] Dies gilt auch bei einer nachträglich getroffenen stillschweigenden Rechtswahl, die sich etwa aus einer Schiedsklausel oder Gerichtsstandsvereinbarung ergeben kann.[120] Entsteht ein Auslandsbezug erst nach Vertragsschluss, können die Parteien demnach nachträglich eine Rechtswahl treffen, die dann auch das zwingende Recht des ursprünglichen Einbettungsstatuts abwählt.[121]

2. *Innerstaatlich zwingendes Recht*

Mit den „Bestimmungen [...] von denen nicht durch Vereinbarung abgewichen werden kann" sind die nichtdispositiven Bestimmungen des Einbettungsstatuts gemeint.[122] Sämtliche einfach zwingende Vorschriften des Einbettungsstatuts, die der sachrechtlichen Vertragsfreiheit entzogen sind, werden gegen die

---

114 Beck-OGK/*Wendland*, Art. 3 Rom I-VO Rn. 232.

115 Rauscher/*von Hein*, Art. 3 Rom I-VO Rn. 118.

116 Vgl. Staudinger/*Magnus*, Art. 3 Rom I-VO Rn. 142; so auch für die spätere Syndizierung eines Kredites: *Klumb*, ZBB 2012, 449, 453.

117 Erwägungsgrund 16 der Rom I-VO.

118 So auch Maultzsch, der aus diesen Schwierigkeiten bei Entstehen internationaler Bezüge nach Vertragsschluss jedoch folgert, die Rechtswahl sei allgemein auch bei reinen Inlandssachverhalten als wirksam anzuerkennen: *Maultzsch*, FS von Hoffmann, 2011, S. 304, 318.

119 Beck-OGK/*Wendland*, Art. 3 Rom I-VO Rn. 232.

120 Beck-OGK/*Wendland*, Art. 3 Rom I-VO Rn. 232; Staudinger/*Magnus*, Art. 3 Rom I-VO Rn. 142.

121 Vgl. Rauscher/*von Hein*, Art. 3 Rom I-VO Rn. 118.

122 MüKo/*Martiny*, Art. 3 Rom I-VO Rn. 87.

Rechtswahl der Parteien durchgesetzt.[123] Für diese Regelungen werden in der Literatur die Begriffe *ius cogens*, einfach zwingendes oder innerstaatlich zwingendes Recht genutzt. Im Folgenden soll zur klarstellenden Abgrenzung von international zwingendem Recht der Begriff innerstaatlich zwingendes Recht genutzt werden.

Im EVÜ wurde dies noch mit dem Begriff „zwingende Bestimmungen" umschrieben, der jedoch auch in Art. 7 Abs. 1 EVÜ verwendet wurde, um Eingriffsnormen zu beschreiben.[124] Beide Vorschriften bezeichneten daher mit demselben Begriff unterschiedliche Konzepte. In der Literatur bestand insofern Einigkeit, dass die Vorschriften unterschiedlich auszulegen sind.[125] Es ist daher zu begrüßen, dass in der Rom I-VO dies nun auch durch verschiedene Begriffe zur Geltung kommt.[126] Erwägungsgrund 37 stellt zusätzlich klar, dass zwischen beiden Begriffen zu differenzieren ist.

Wenngleich es sich bei diesen Regelungen zumeist um kodifizierte Gesetze handelt, ist dies keineswegs erforderlich. Vielmehr sind auch Richterrecht oder Gewohnheitsrecht, speziell aus common-law-Ländern, erfasst.[127]

Ebenso handelt es sich bei den Vorschriften zum Unternehmerregress im deutschen Recht um derartiges innerstaatlich zwingendes Recht. Gem. § 478 Abs. 2 S. 1 BGB kann sich der Lieferant auf Vereinbarungen, die von den gesetzlichen Regelungen, die den Regress des Unternehmers privilegieren, abweichen, nicht berufen, „wenn dem Rückgriffsgläubiger kein gleichwertiger Ausgleich eingeräumt wird." Insofern sind zwar abweichende Vereinbarungen möglich. Wie *S. Lorenz* zutreffend feststellt haben damit die genannten Regelungen jedoch „in ihren wirtschaftlichen Ergebnissen zwingenden Charakter".[128] *Schröder* bezeichnet die Regelungen entsprechend als „faktisch zwingende Normen".[129] Insofern

---

123 Ferrari/*Ferrari*, Art. 3 Rom I-VO Rn. 56.

124 *Hauser*, Eingriffsnormen, 2012, S. 29; vgl. auch *Freitag*, in: Leible (Hrsg.), Das Grünbuch zum Internationalen Vertragsrecht, 2004, S. 167, 173.

125 *Hauser*, Eingriffsnormen, 2012, S. 29.

126 Palandt/*Thorn*, Art. 9 Rom I-VO Rn. 1; *Plender/Wilderspin*, European Private International Law, 2020, Rn. 6–063; *Hauser*, Eingriffsnormen, 2012, S. 29 f.; *Mankowski*, IPRax 2006, 101, 109.

127 MüKo/*Martiny*, Art. 3 Rom I-VO Rn. 87.

128 *S. Lorenz*, FS Jayme, 2004, S. 533, 538 f.

129 *Schröder*, Unternehmerregress, 2017, S. 284 f.

besteht Einigkeit dahingehend, dass es sich auch bei diesen Regelungen um innerstaatlich zwingendes Recht handelt.[130]

Der Court of Appeal kam zudem in *Santander* zu dem Ergebnis, dass auch Vorschriften des portugiesischen Rechts über den Wegfall der Geschäftsgrundlage, auf die die vertragliche Risikoallokation jedenfalls Auswirkungen hat, gleichwohl innerstaatlich zwingendes Recht i.S.d. Art. 3 Abs. 3 Rom I-VO darstellen.[131] Unerheblich war auch, dass die Parteien die Anwendung dieser Vorschrift *ex post*, nach Vertragsschluss, hätten ausschließen können.[132] Hierfür spricht, dass ansonsten sämtliche Streitigkeiten über die Anwendung von Vorschriften, über die Parteien einen Vergleich schließen könnten, von der Anwendbarkeit des Art. 3 Abs. 3 Rom I-VO ausgeschlossen wären.[133]

3. *Rechtsfolge*

Mit Blick auf die Rechtsfolge heißt es in Art. 3 Abs. 3 Rom I-VO, dass die Rechtswahl nicht die Anwendung des innerstaatlich zwingenden Rechts „berührt". Diese Formulierung des Ergebnisses lässt jedoch die genaue Wirkung der Norm offen.[134] Unklar bleibt, ob Art. 3 Abs. 3 Rom I-VO die Parteiautonomie nur auf eine Abweichung von den dispositiven Normen *beschränkt*, dieser aber grundsätzlich kollisionsrechtliche Wirkung zukommt,[135] oder bei einem Inlandssachverhalt Art. 3 Abs. 3 Rom I-VO die kollisionsrechtliche Rechtswahl *untersagt*, den Parteien also nur eine materiellrechtliche Verweisung gestattet.[136] Diese

---

130 *Ders.*, Unternehmerregress, 2017, S. 284 f. m.w.N.; *Sendmeyer*, Unternehmerregress, 2008, S. 307; *S. Lorenz*, FS Jayme, 2004, S. 533, 538 f.

131 *Banco Santander* v *Transport Companies* [2016] EWCA Civ 1267 [70]–[74], abweichend aber Lord Justice Longmore in [79]–[80].

132 *Banco Santander* v *Transport Companies* [2016] EWCA Civ 1267 [73]; der High Court hatte dies erstinstanzlich anders gesehen: *Banco Santander Totta S.A.* v *Transport Companies* [2016] EWHC 465 (Comm) [502], der Streit über die betreffende Vorschrift des portugiesischen Rechts wurde dort auch ausführlicher dargelegt, [459]–[508].

133 So argumentiert jedenfalls: *Días*, ZEuP 2019, 603, 618.

134 A.a. Henry, der in Art. 3 Abs. 3 EVÜ bzw. Art. 27 Abs. 3 EGBGB eine ausdrückliche Begrenzung auf die materiellrechtliche Verweisung sieht: *Henry*, Rechtswahl, 2009, S. 146 f.

135 *Schmitz*, Rechtswahlfreiheit, 2017, S. 263; *Michaels*, FS Schurig, 2012, S. 191; *Roth*, FS Spellenberg, 2010, S. 309, 312; so zum EVÜ: *Nygh*, Autonomy, 1999, S. 54 f.; zu Art. 27 Abs. 3 EGBGB: *E. Lorenz*, RIW 1987, 569.

136 So die h.M.: Palandt/*Thorn*, Art. 3 Rom I-VO Rn. 5; *von Hein*, FS Hopt, 2020, S. 1405, 1407; *Kroll-Ludwigs*, Parteiautonomie, 2013, S. 154; *Mansel*, in: Leible/Unberath (Hrsg.), Brauchen wir eine Rom-0-Verordnung?, 2013, S. 241; *Bogdan*, NIPR 2009,

Frage war schon unter Geltung des Art. 3 Abs. 3 EVÜ umstritten und bleibt auch in der Rom I-VO Gegenstand von Diskussionen, wobei sich weiterhin im Wesentlichen die Vertreter der materiellrechtlichen Verweisung und der kollisionsrechtlichen Wirkung gegenüberstehen.[137]

Bei der Annahme einer kollisionsrechtlichen Wirkung ist das gewählte Recht das Vertragsstatut. Neben dem gesamten dispositiven und zwingenden Recht dieser gewählten Rechtsordnung gilt dann kumulativ das zwingende Recht des Einbettungsstatuts.[138] Kommt es hierbei zu Unstimmigkeiten zwischen den beiden berufenen Rechtsordnungen, müssen diese im Rahmen der Anpassung aufgelöst werden.[139] Besitzt hingegen die Rechtswahl bei Art. 3 Abs. 3 Rom I-VO nur eine materiellrechtliche Wirkung, ergibt sich ein anderes Bild: Das Einbettungsstatut wird als Vertragsstatut kollisionsrechtlich berufen,[140] das gewählte Recht gilt als in Ausübung der Privatautonomie einbezogen. Lediglich im praktisch unwahrscheinlichen Fall, dass das Einbettungsstatut keinerlei zwingende Normen bereithält, soll der Rechtswahl ausnahmsweise doch kollisionsrechtliche Wirkung zukommen.[141]

a) Relevanz der Debatte

Bevor die Argumente für die jeweilige Position dargelegt und gewichtet werden, ist zunächst zu untersuchen, inwiefern sich die unterschiedlichen Standpunkte bezüglich der Rechtsfolge im Ergebnis bei der Rechtsanwendung

---

407, 409; *Garcimartín Alférez*, EuLF 2008, 61, 64; so zu Art. 27 Abs. 3 EGBGB: *Mäsch*, Verbraucherschutz, 1993, S. 73; *Droste*, Begriff der „zwingenden Bestimmung", 1992, S. 93; *Sandrock*, RIW 1986, 841, 846.

137 A.A. etwa Kindler, der Art. 27 Abs. 1 EGBGB in solchen Fällen schon nicht für anwendbar hielt, was mit Blick auf die Historie und auch die Regelung für Inlandssachverhalte unvertretbar ist: *Kindler*, RIW 1987, 660, 661.

138 *Maultzsch*, FS von Hoffmann, 2011, S. 304, 308.

139 So mit Blick auf mögliche Unstimmigkeiten bei Wahl des U.C.C. bei einem deutschen Inlandssachverhalt, zwischen dem in den U.C.C. verfolgten prozeduralen Schutz und dem Schutzsystem der §§ 305 ff. BGB: *ders.*, RabelsZ 75 (2011), 60, 67 f.

140 Unklar ist, ob hier Art. 3 Abs. 3 Rom I-VO kollisionsrechtlich auf das Einbettungsstatut verweist, oder ob die jeweils einschlägige objektive Anknüpfung auf das Einbettungsstatut verweist. Zwischen beiden Wegen besteht jedoch im Ergebnis kein Unterschied. Michaels deutet an, Art. 3 Abs. 3 Rom I-VO würde das Einbettungsstatut kolllisionsrechtlich berufen: *Michaels*, FS Schurig, 2012, S. 191, 197 f.

141 Ferrari/*Ferrari*, Art. 3 Rom I-VO Rn. 49; zu Art. 3 Abs. 3 EVÜ: *Philip*, in: North (Hrsg.), Contract Conflicts, 1982, S. 95; MüKo/*Martiny*, Art. 3 Rom I-VO Rn. 92.

überhaupt unterscheiden. Schließlich behaupten verschiedene Stimmen in der Literatur, der Streit könne dahinstehen, da sich die Unterschiede praktisch nicht auswirkten.[142]

aa) Verhältnis zu Art. 6 Abs. 2 S. 2, Art. 8 Abs. 1 S. 2 Rom I-VO

Auswirkungen hätte die Debatte um die Rechtsfolge des Art. 3 Abs. 3 Rom I-VO zunächst für das Verhältnis der Vorschrift zu den bereits erwähnten[143] funktionalen Rechtswahlgrenzen in Art. 6 Abs. 2 S. 2, Art. 8 Abs. 1 S. 2 Rom I-VO. Schließlich setzen diese Regelungen ihrerseits eine wirksame kollisionsrechtliche Rechtswahl voraus.[144] Diese wird als (subjektives) Anknüpfungsmerkmal genutzt. Ergänzend werden dann im Wege der Alternativanknüpfung zugunsten des Verbrauchers auch die zwingenden Normen des potentiellen objektiven Vertragsstatuts berufen.[145] Bei Annahme einer begrenzten kollisionsrechtlichen Rechtswahl als Rechtsfolge des Art. 3 Abs. 3 Rom I-VO gehen die Vorschriften zur Alternativanknüpfung bei Verbraucher- und Individualarbeitsverträgen als *lex specialis* dem Art. 3 Abs. 3 Rom I-VO vor.[146]

Geht man hingegen von der materiellrechtlichen Verweisung als Rechtsfolge des Art. 3 Abs. 3 Rom I-VO aus, ist der Weg zum Günstigkeitsvergleich für Verbraucher- und Individualarbeitsverträge gesperrt.[147] In solchen Fällen würde dann nur Art. 3 Abs. 3 Rom I-VO zur Anwendung kommen; das objektiv anwendbare Recht wäre das Vertragsstatut.[148]

---

142 *Schmitz*, Rechtswahlfreiheit, 2017, S. 264; so zur Vorgängernorm, Art. 27 Abs. 3 EGBGB: *Schurig*, RabelsZ 1990, 217, 222; *Brödermann/Iversen*, Europäisches Gemeinschaftsrecht und internationales Privatrecht, 1994, Rn. 895; *Droste*, Begriff der „zwingenden Bestimmung“, 1992, S. 93.

143 Siehe hierzu oben Erster Teil, B. II., 1., a).

144 Vgl. *Mäsch*, Verbraucherschutz, 1993, S. 95.

145 So zum Verhältnis von Art. 27 Abs. 3 EGBGB und Art. 29 Abs. 1 EGBGB: *ders.*, Verbraucherschutz, 1993, S. 74 f.

146 So zum Verhältnis von Art. 27 Abs. 3 EGBGB und Art. 29 Abs. 1 EGBGB: *ders.*, Verbraucherschutz, 1993, S. 75.

147 *Ders.*, Verbraucherschutz, 1993, S. 75; a.A. Michaels, der den Regelungen als leges speciales Vorrang vor Art. 3 Abs. 3 Rom I-VO einräumt: *Michaels*, FS Schurig, 2012, S. 191, 209.

148 Vgl. MüKo/*Martiny*, Art. 6 Rom I-VO Rn. 68; MüKo/*Martiny*, Art. 8 Rom I-VO Rn. 126 f.; so zur Rechtsfolge im Verhältnis von Art. 27 Abs. 3 EGBGB und Art. 29 Abs. 1 EGBGB: *Mäsch*, Verbraucherschutz, 1993, S. 75; a.A.: Ferrari/*Staudinger*, Art. 6 Rom I-VO Rn. 4.

bb) Gestaltungsfreiheit der Parteien

Ein Unterschied zeigt sich zudem auch mit Blick auf die Gestaltungsfreiheit der Parteien im gewählten Recht. Bei Annahme einer kollisionsrechtlichen Verweisung gilt dieses als Recht, die Parteien sind dementsprechend durch die zwingenden Vorschriften des gewählten Rechts gebunden. Bei Annahme einer materiellrechtlichen Verweisung hingegen gilt das gewählte Recht nur als Vereinbarung zwischen den Parteien, so dass die Parteien auch von in diesem Recht eigentlich zwingenden Regelungen abweichen können.[149]

cc) Verfahrensrecht

Auch im Verfahrensrecht zeigen sich Unterschiede zwischen beiden Ansichten. Bei Annahme der materiellrechtlichen Verweisung wird die Rechtswahl zur „Chiffre“[150] für die Intention der Parteien. Wird bei dieser Sichtweise der Inhalt des fremden Rechts strittig, so geht es um den Inhalt der Parteivereinbarung selbst, es handelt sich mithin um eine Tatfrage.[151] Diese ist dem Beweis durch die Parteien zugänglich. Kommt der Rechtswahl jedoch kollisionsrechtliche Wirkung zu, so wird fremdes Recht als solches angewendet. Das Gericht muss dementsprechend den Inhalt des gewählten Rechts von Amts wegen ermitteln und darf hierbei lediglich unter anderem die Mithilfe der Parteien in Anspruch nehmen.[152]

dd) Rechtswahl in AGB

Die Diskussion um die Rechtsfolge von Art. 3 Abs. 3 Rom I-VO könnte des Weiteren in der praktisch besonders relevanten Konstellation der Rechtswahl in AGB Unterschiede verursachen.[153] Hierauf verwies *Mäsch* unter Geltung des Art. 27 EGBGB a.F. und dem damaligen AGBG.[154] Ob sich solche Unterschiede tatsächlich für das deutsche AGB-Recht der §§ 305 ff. BGB ergeben, soll

---

149 Vgl. *Müller*, Zwingende Normen, 2005, S. 92 f.

150 So zu Art. 27 Abs. 3 EGBGB: *Mäsch*, Verbraucherschutz, 1993, S. 79; vgl. auch: *Basedow*, RabelsZ 75 (2011), 32, 57.

151 So zu Art. 27 Abs. 3 EGBGB: *Mäsch*, Verbraucherschutz, 1993, S. 79.

152 So zu Art. 27 Abs. 3 EGBGB: *Mäsch*, Verbraucherschutz, 1993, S. 80; vgl. auch: *Rühl*, ZEuP 2007, 559, 567 ff.

153 Unter dem alten Art. 27 EGBGB gab es Diskussionen zum Verhältnis zu § 12 AGBG, der den internationalen Geltungsanspruch des AGB-Rechts definierte, siehe hierzu: *Mäsch*, Verbraucherschutz, 1993, S. 81 m.w.N.

154 *Ders.*, Verbraucherschutz, 1993, S. 80 ff.

nachfolgend beispielhaft an der Konstellation untersucht werden, dass in einem deutschen Inlandssachverhalt ein Vertrag abgeschlossen und die Geltung beigelegter AGB vereinbart wird, die eine Rechtswahlklausel zugunsten französischen Rechts enthalten.

(1) Anwendbarkeit deutschen AGB-Rechts

Die Anwendung deutschen AGB-Rechts greift hier unabhängig davon, ob bzgl. Art. 3 Abs. 3 Rom I-VO eine kollisionsrechtliche oder materiellrechtliche Rechtsfolge angenommen wird. Bei Annahme einer materiellrechtlichen Verweisung wäre deutsches Recht Vertragsstatut. Die Bestimmung zur Rechtswahl wäre in ihrer Wirkung lediglich eine weitere Vertragsbestimmung, so dass gem. Art. 10 Abs. 1 Rom I-VO deutsches Recht auf ihr Zustandekommen und ihre Wirksamkeit Anwendung fände.[155] Bei einem kollisionsrechtlichen Verständnis läge eine Rechtswahl vor, die gem. Art. 3 Abs. 5, 10 Abs. 1 Rom I-VO nach dem gewählten Recht, also nach französischem Recht beurteilt werden müsste. Wegen Art. 3 Abs. 3 Rom I-VO würden kumulativ jedoch auch zwingende Vorschriften deutschen Rechts Anwendung finden.[156] In einem deutschen Inlandssachverhalt ist die gerichtliche Anwendung deutschen AGB-Rechts damit unabhängig von der zu Art. 3 Abs. 3 Rom I-VO vertretenen Ansicht sichergestellt.[157]

(2) Einbeziehungskontrolle

Mäsch verweist zunächst darauf, dass die Position zur Rechtsfolge Auswirkungen auf die Einbeziehungskontrolle haben kann.[158]

(a) Möglichkeit zur Kenntnisnahme, § 305 Abs. 2 Nr. 2 BGB

Für die Einbeziehung von AGB ist zunächst ein ausdrücklicher Hinweis sowie eine zumutbare Möglichkeit der Kenntnisnahme erforderlich (§ 305 Abs. 2 BGB).

---

155 Art. 3 Abs. 5 Rom I-VO wäre demgegenüber nicht anwendbar, da es sich nicht um einen Verweisungsvertrag handelt.

156 Alternativ ließe sich dies auch mit Art. 10 Abs. 2 Rom I-VO begründen.

157 Anders gestaltet sich die Lage vor Schiedsgerichten, hier ist eine erhebliche Diskussion darum entstanden, ob eine Abwahl zwingenden Rechts, spezifisch deutschen AGB Rechts, auch in deutschen Inlandssachverhalten mithilfe einer Schiedsklausel möglich wird: *Valdini*, ZIP 2017, 7 ff.; *Ostendorf*, SchiedsVZ 2010, 234 ff.; *Kondring*, RIW 2010, 184 ff.

158 *Mäsch*, Verbraucherschutz, 1993, S. 81 f.

Ist die Rechtsfolge des Art. 3 Abs. 3 Rom I-VO die materiellrechtliche Verweisung, so gilt das gewählte Recht als Teil der Parteivereinbarung, spezifisch als Teil der AGB. Folglich käme auch bezüglich des gewählten Rechts § 305 Abs. 2 Nr. 2 BGB zur Anwendung, der Verwender müsste der anderen Vertragspartei in zumutbarer Weise die Kenntnisnahme ermöglichen.[159] Die Situation ist hier mit der Bezugnahme auf andere externe Regelwerke vergleichbar, etwa den Incoterms. Enthalten die AGB einen Verweis auf die „VOB/B", reicht allein diese Bezugnahme nicht aus, die Kenntnisnahme muss auch bezüglich dieses Regelwerks möglich sein.[160] Gleiches muss erst recht für die Bezugnahme auf ein nicht zugängliches ausländisches Recht gelten. Der Verwender müsste also dem Vertragspartner einen Text des ausländischen Rechts, bei deutscher Verhandlungssprache auch in deutscher Übersetzung, zukommen lassen.[161] Bei der kollisionsrechtlichen Verweisung hingegen käme das französische Recht als Recht zur Anwendung, erforderlich wäre allein die Möglichkeit zur Kenntnisnahme von der Rechtswahlklausel.[162]

Dieser Unterschied mit Blick auf die Kenntnisnahme gem. § 305 Abs. 2 Nr. 2 BGB würde sich jedoch nur beschränkt auswirken. Für zwischen Unternehmern verwendete AGB findet § 305 Abs. 2 Nr. 2 BGB ohnehin gem. § 310 Abs. 1 S. 1 BGB keine Anwendung. Stattdessen gelten hier deutlich niedrigere Anforderungen an die Einbeziehung,[163] so dass sich der Unterschied zwischen den Ansichten zur Rechtsfolge von Art. 3 Abs. 3 Rom I-VO praktisch kaum auswirken würde. Damit würde sich der Unterschied nur bei der Verwendung von AGB gegenüber Verbrauchern auswirken. In der praktischen Handhabung der Regelung durch die Gerichte würden diese jedoch zumeist ohnehin überraschende Klauseln darstellen, wie im Folgenden zu zeigen ist.

(b) Überraschende Klausel, § 305c Abs. 1 BGB

In der Anwendung des § 305c Abs. 1 BGB bzw. der Vorgängerregelungen auf AGB in Vertragsverhältnissen mit Verbraucherbeteiligung war die Rechtsprechung

159 Zum AGBGB: *ders.*, Verbraucherschutz, 1993, S. 82.
160 Vgl. Beck-OGK/*Lehmann-Richter*, § 305 BGB Rn. 237.
161 So zu Art. 27 Abs. 3 EGBGB: *Mäsch*, Verbraucherschutz, 1993, S. 82 f.
162 *Ders.*, Verbraucherschutz, 1993, S. 84.
163 Die Einbeziehung richtet sich dann nach der allgemeinen Rechtsgeschäftslehre: Beck-OGK/*Lehmann-Richter*, § 305 BGB Rn. 301; siehe allgemein zur Einbeziehung von AGB zwischen Unternehmern: *Mann*, BB 2017, 2178 ff.; *Pfeiffer*, IPRax 2015, 320 ff.

bisher sehr streng und stufte Rechtswahlklauseln wiederholt als überraschende Klauseln ein.[164]

Dies wurde zuletzt durch das LG Hamburg in einem Fall bejaht, indem AGB zwischen einem deutschen Verbraucher und einem ausländischen Bezahldienst eine Rechtswahlklausel zugunsten eines drittstaatlichen Rechts enthielten.[165] Zuvor war das OLG Düsseldorf wiederholt gar noch weiter gegangen und hatte im Vertrag zwischen englischen Brokern und deutschen Verbrauchern die Rechtswahl zugunsten englischen Rechts als überraschende Klausel eingeordnet.[166] Dies geschah maßgeblich mit der Begründung, dass englisches Recht einen deutlich geringeren Schutzstandard zugunsten des Verbrauchers enthalte und der Verbraucher „[m]it solchen seinen Interessen zuwider handelnden Klauseln" nicht zu rechnen brauche.[167]

Diese Rechtsprechung wurde in Teilen zu Recht stark kritisiert, liegt doch auch für einen Verbraucher nahe, dass bei einem Vertragsschluss mit einem ausländischen Vertragspartner die Geltung jedenfalls des Heimatrechts dieser Partei möglich ist.[168] Allerdings ist für die hier interessierende Konstellation einer Rechtswahl bei einem Inlandssachverhalts angesichts dieser Rechtsprechung deutlich, dass deutsche Gerichte eine derartige Klausel als überraschend einordnen würden und dieser Bewertung wäre für Inlandssachverhalte auch zuzustimmen.[169] Schließlich vermag ein deutscher Verbraucher in einem Vertrag mit einem deutschen Unternehmer nicht damit zu rechnen, dass die AGB hier eine Wahl zugunsten eines drittstaatlichen Rechts enthalten.

Für Verträge zwischen Unternehmern wäre hier sicherlich eine andere Bewertung gefordert. Schließlich ist in verschiedenen Branchen die Wahl auch unverbundener Rechtsordnungen üblich, was der Annahme einer überraschenden Klausel entgegensteht.[170] Dementsprechend sollten Rechtswahlklauseln

---

164 Siehe hierzu unter ausführlicher Heranziehung der Rspr.: Beck-OGK/*Wendland*, Art. 3 Rom I-VO Rn. 288 m.w.N.

165 LG Hamburg, BeckRS 2014, 19646.

166 OLG Düsseldorf, 115, 117 f.; OLG Düsseldorf, IPRax 1997, 118, 120; OLG Düsseldorf, NJW-RR 1994, 1132, 1132 f.

167 OLG Düsseldorf, IPRax 1997, 117, 117 f.; sehr ähnlich zuvor schon: OLG Düsseldorf, NJW-RR 1994, 1132, 1132 f.

168 Siehe insbesondere: *Thorn*, IPRax 1997, 98, 105; *Mankowski*, RIW 1996, 1001, 1001 f.

169 Bei gänzlich fehlendem oder zu vernachlässigendem Auslandsbezug sieht auch Mankowski in Rechtswahlklauseln überraschende Klauseln: *Mankowski*, RIW 1996, 1001, 1001 f.

170 Im Rahmen des § 305c BGB kommt es auf den Erwartungshorizont der typischen Kundengruppe an: MüKo/*Basedow*, § 305c BGB Rn. 8.

in Verträgen zwischen Unternehmern nur in extremen Ausnahmefällen an § 305c BGB scheitern.

(c) Ergebnis

Im Ergebnis bestehen damit in der Einbeziehungskontrolle keine relevanten Unterschiede zwischen den Ansichten zur Rechtsfolge des Art. 3 Abs. 3 Rom I-VO. Für Unternehmen kommt es auf Unterschiede bei der Handhabung des § 305 Abs. 2 Nr. 2 BGB wegen § 310 Abs. 1 S. 1 BGB nicht an, während für Verbraucher die Einbeziehung einer Rechtswahlklausel ohnehin an § 305c Abs. 2 BGB scheitern würde.

(3) Inhaltskontrolle

Gleiches gilt wohl für von *Mäsch* aufgezeigte Unterschiede in der Inhaltskontrolle: Hier würde bei einer materiellrechtlichen Verweisung der Inhalt französischen Rechts als AGB-Inhalt am Maßstab der §§ 307 ff. BGB geprüft werden.[171] Bei Annahme einer kollisionsrechtlichen Verweisung hingegen würde französisches Recht als Recht und nicht als Vertragsvereinbarung zur Anwendung gelangen und damit nicht am Maßstab der §§ 307 ff. BGB überprüft werden. Allerdings würde sich in diesem Fall ohnehin zwingendes deutsches Recht gem. Art. 3 Abs. 3 Rom I-VO gegen abweichende französische Regeln durchsetzen. Dass dieser Unterschied im Einzelfall große Divergenzen in der Rechtsanwendung verursacht, ist nicht zu vermuten.[172]

(4) Ergebnis

Damit zeigen sich im AGB-Recht zwar kleinere Unterschiede, erhebliche praktische Auswirkungen dieser Differenzen sind jedoch nicht zu befürchten.

ee) Insolvenzrecht

Eine „erhebliche praktische Bedeutung" attestierte Generalanwalt *Szpunar* der Debatte über die Rechtsfolge des Art. 3 Abs. 3 Rom I-VO jedoch im bereits erwähnten Vorlageverfahren *Vinyls/Mediterranea* im Insolvenzrecht.[173]

---

171 So zum damaligen § 9 AGBG und Art. 27 Abs. 3 EGBG a.F.: *Mäsch*, Verbraucherschutz, 1993, S. 84 f.

172 A.A. zur alten Rechtslage: *ders.*, Verbraucherschutz, 1993, S. 84 f.

173 Schlussanträge des Generalanwalts Szpunar, Rechtssache C-54/16 – *Vinyls/Mediterranea*, Rn. 161.

Dem Verfahren lag im Wesentlichen folgender Sachverhalt zugrunde: Vinyls Italia und Mediterranea, zwei Gesellschaften mit Sitz in Italien, hatten einen Schiffschartervertrag abgeschlossen. Dieser enthielt eine Rechtswahl zugunsten englischen Rechts. Auf Grundlage des Vertrages leistete Vinyls Italia zwei Zahlungen. Nachdem über das Vermögen der Vinyls Italia das Insolvenzverfahren eröffnet wurde, focht der Insolvenzverwalter diese Zahlungen an. Mediterranea berief sich gem. Art. 13 EuInsVO 2002 auf englisches Recht, nach dem die Zahlungen nicht anfechtbar wären.[174]

Nach der Vorschrift kann der Gläubiger einredeweise die Anwendbarkeit einer anderen Rechtsordnung als der des Staates der Verfahrenseröffnung[175] geltend machen, wenn er nachweist, dass für die Handlung das Recht eines anderen Mitgliedsstaats maßgeblich ist und die Handlung nach diesem Recht nicht anfechtbar wäre. Die Vorschrift erfasst damit den Fall, dass Insolvenzstatut und Wirkungsstatut auseinanderfallen und schützt den Anfechtungsgegner, in dem sie ihm die Verteidigungsmöglichkeiten des Wirkungsstatuts eröffnet.[176] Die *lex causae* wird damit in begrenztem Umfang kumulativ zur *lex fori concursus* berufen.[177]

Dem EuGH wurden unter anderem Fragen dazu vorgelegt, ob in solchen Fällen die Rom I-VO allgemein Anwendung findet und insbesondere dazu, ob Art. 3 Abs. 3 Rom I-VO hier greifen würde.[178]

Generalanwalt *Szpunar* nahm in seinen Schlussanträgen ausführlich zur Rechtsfolge des Art. 3 Abs. 3 Rom I-VO Stellung.[179] Schließlich müsse die Partei, die sich einredeweise auf Art. 13 EuInsVO 2002 berufe, nachweisen, dass die Rechtshandlung dem Recht eines anderen Mitgliedsstaates unterliegt. Sehe man in einem Inlandssachverhalt die Rechtsfolge der „Rechtswahl" in Art. 3

---

174 Die Vorschrift wurde bis auf die verwiesene Norm unverändert in Art. 16 EuInsVO 2017 übernommen, das Urteil kann also ohne Weiteres auf diese Vorschrift übertragen werden: *Thole*, IPRax 2018, 388.

175 Dieses wäre gem. Art. 4 Abs. 2 lit. m EuInsVO 2002 bzw. Art. 7 Abs. 2 lit. m EuInsVO 2017 eigentlich anwendbar.

176 MüKo/*Kindler*, Art. 16 EuInsVO Rn. 2.

177 MüKo/*ders.*, Art. 16 EuInsVO Rn. 2.

178 Die Rom I-VO war im Ausgangsrechtsstreit zeitlich nicht anwendbar, der EuGH nahm jedoch, mangels Vorlageberechtigung des Ausgangsgerichts für das EVÜ gleichwohl zur Rom I-VO Stellung. Die Vorlagefragen waren daher auch bezugnehmend auf die Rom I-VO formuliert: EuGH, Urt. v. 8.6.2017, C-54/16 – *Vinyls/Mediterranea*, Rn. 22, 41 ff.

179 Schlussanträge des Generalanwalts Szpunar, C-54/16 – *Vinyls/Mediterranea*, Rn. 150 ff.

Abs. 3 Rom I-VO als lediglich materiellrechtliche Verweisung, so sei *lex causae* das Einbettungsstatut.

Spräche man hingegen der Rechtswahl kollisionsrechtliche Wirkung zu, so sei Vertragsstatut das gewählte, hier also das englische Recht. Zwar berufe Art. 3 Abs. 3 Rom I-VO dann auch zwingende Normen des Einbettungsstatus, jedoch nur im Rahmen des Art. 12 Rom I-VO. Diese Regelung bestimmt die Reichweite des Vertragsstatuts.[180] Generalanwalt *Szpunar* führte hierzu aus, die Vorschrift enthalte zwar „keine enumerative Aufzählung der vom Vertragsstatut erfassten Fragen, dennoch stützt sie die in der Kollisionsrechtslehre verbreitete Auffassung, dass das Vertragsstatut für den Inhalt des Vertrags, seine Rechtsfolgen und – mit gewissen […] Ausnahmen – Wirksamkeitsvoraussetzungen maßgeblich ist."[181] Der Anwendungsbereich des Vertragsstatuts reiche jedoch nicht so weit, dass es auch Regelungen des Insolvenzrechts erfasse.[182] Art. 3 Abs. 3 Rom I-VO berufe damit nicht zwingende Normen des Insolvenzrechts des Einbettungsstatuts. Bei Annahme einer kollisionsrechtlichen Verweisung würde damit Art. 3 Abs. 3 Rom I-VO nicht zur Anwendung zwingender Regelungen des Insolvenzrechts führen und da das gewählte Recht die *lex causae* darstellt, könnten diese auch nicht über Art. 13 EuInsVO herangezogen werden. Diese Erwägungen stützen die Ansicht des Generalanwalts *Szpunar*, in der Rechtswahl bei Art. 3 Abs. 3 Rom I-VO lediglich eine materiellrechtliche Verweisung zu sehen.[183]

Der EuGH nahm zur Rechtsfolge des Art. 3 Abs. 3 Rom I-VO keine Stellung, da er ein anderes Verständnis des Verhältnisses der EuInsVO zur Rom I-VO zugrunde legte. Der EuGH sah in der EuInsVO 2002 eine *lex specialis* zur Rom I-VO, so dass Art. 3 Abs. 3 Rom I-VO keine Anwendung fände.[184] Dementsprechend könne die Einrede der Berufung auf die gewählte *lex causae* auch in reinen Inlandssachverhalten geltend gemacht werden.[185] Das Gericht wendete schließlich nur das allgemeine Missbrauchsverbot an.[186]

---

180 Beck-OGK/*Weller*, Art. 12 Rom I-VO Rn. 1.

181 Schlussanträge des Generalanwalts Szpunar, C-54/16 – *Vinyls/Mediterranea*, Rn. 165.

182 Schlussanträge des Generalanwalts Szpunar, C-54/16 – *Vinyls/Mediterranea*, Rn. 165.

183 Schlussanträge des Generalanwalts Szpunar, C-54/16 – *Vinyls/Mediterranea*, Rn. 169.

184 EuGH, Urt. v. 8.6.2017, C-54/16 – *Vinyls/Mediterranea*, Rn. 48 f.

185 EuGH, Urt. v. 8.6.2017, C-54/16 – *Vinyls/Mediterranea*, Rn. 49.

186 Siehe hierzu und zu dem Unterschied zwischen diesem und dem Maßstab des Art. 3 Abs. 3 Rom I-VO: Zweiter Teil, B., IV., 3., a), aa).

Diese Entscheidung wird in der Literatur zu Recht kritisiert.[187] Art. 4, 13 EuInsVO 2002 als *lex specialis* zur Rom I-VO zu bezeichnen, sagt noch nichts über eine Anwendbarkeit des Art. 3 Abs. 3 Rom I-VO aus.[188] Schließlich bestimmt die EuInsVO 2002 nicht, ob Art. 3 Abs. 3 Rom I-VO bei der Bestimmung der *lex causae* zu beachten ist. Aus dem Verständnis des EuGH lässt sich damit weder die Beachtlichkeit der Norm noch deren Nichtbeachtlichkeit begründen.[189]

Neben dieser berechtigten Kritik an der Argumentation des EuGH führt dessen Entscheidung auch zu unsachgemäßen Ergebnissen in der Rechtsanwendung. Das allgemeine Missbrauchsverbot setzt einen weitaus höheren Maßstab, tritt einer Gesetzesumgehung der Parteien also nicht derart effektiv entgegen wie Art. 3 Abs. 3 Rom I-VO.[190] Die Entscheidung des EuGH schafft damit einen erheblichen Anreiz zur Wahl eines ausländischen, anfechtungsfeindlicheren Statuts auch in Binnensachverhalten, um insolvenzrechtliche Vorteile zu erlangen.[191] Dies kann den Schutz der übrigen Gläubiger signifikant beeinträchtigen.

Wenn auch die Entscheidung des EuGH zu kritisieren ist, hat sich der EuGH eindeutig festgelegt. Für die praktische Handhabung des Art. 13 EuInsVO 2002 bzw. Art. 16 EuInsVO 2017 durch europäische Gerichte wird es daher auf die zur Rechtsfolge des Art. 3 Abs. 3 Rom I-VO vertretene Ansicht vorerst nicht mehr ankommen. Zwar ermöglicht auch Art. 9 EuInsVO 2017 die Aufrechnung, wenn diese nach dem für die Forderung maßgeblichen Recht möglich wäre, auch jenseits der *lex fori concursus*. Auch hier wäre die *lex causae* nach dem Internationalen Privatrecht zu bestimmen.[192] Die Entscheidung des EuGH in *Vinyls/Mediterranea*, da ausdrücklich auf Art. 4, 13 EuInsVO 2002 bezogen, schließt nicht aus, dass Art. 3 Abs. 3 Rom I-VO hier greifen könnte. Allerdings wäre insofern in praktischer Hinsicht zu erwarten, dass der EuGH auch hier eine ähnliche Auslegung wählt.

Gleichwohl zeigen die Erwägungen, dass nur die Annahme einer materiellrechtlichen Verweisung als Rechtsfolge des Art. 3 Abs. 3 Rom I-VO grundsätzlich von Art. 3 Abs. 3 Rom I-VO bezweckten Schutz der Umgehung einfach

---

187 *Thole*, IPRax 2018, 388 ff.; *Schulz/Steiger*, EuZW 2017, 692, 696 f.; *Mankowski*, NZI 2017, 633, 637 f.

188 *Schulz/Steiger*, EuZW 2017, 692, 697.

189 So: *Thole*, IPRax 2018, 388, 391.

190 Siehe hierzu unten: Zweiter Teil, B., IV., 3., a), aa).

191 *Schulz/Steiger*, EuZW 2017, 692, 697.

192 Vgl. Uhlenbruck/*Knof*, Art. 9 EuInsVO Rn. 18 f.

zwingenden Rechts in Inlandssachverhalten zu verwirklichen vermag. Bei Annahme der in der Literatur hierzu vertretenen Ansicht, dass die *lex causae* auch im insolvenzrechtlichen Kontext nach den Art. 3 ff. Rom I-VO zu bestimmen ist, würde die Annahme einer materiellrechtlichen Verweisung zu einem umfassenderen Umgehungsschutz führen, wie Generalanwalt *Szpunar* zutreffend dargelegt hat.

ff) Indirekte Rechtswahl in der Rom II-VO

Das im Insolvenzrecht von Generalanwalt *Szpunar* identifizierte Problem findet sich in ähnlicher Form auch an anderer Stelle, wenn auf das Vertragsstatut Bezug genommen wird.

Art. 14 Rom II-VO eröffnet die Rechtswahl auch für außervertragliche Schuldverhältnisse und enthält mit Art. 14 Abs. 2 Rom II-VO eine dem Art. 3 Abs. 3 Rom I-VO vergleichbare Regelung.[193] Doch neben dieser sog. direkten Rechtswahl ermöglicht Art. 4 Abs. 3 Rom II-VO mit der akzessorischen Anknüpfung auch die mittelbare Rechtswahl,[194] also die akzessorische Anknüpfung an das nach Art. 3 Abs. 1 Rom I-VO gewählte Vertragsstatut.

Bei Annahme einer lediglich materiellrechtlichen Wirkung der Rechtswahl im Inlandssachverhalt wäre das Einbettungsstatut Vertragsstatut, so dass eine akzessorische Anknüpfung nur an dieses möglich wäre. Nimmt man hingegen an, dass es sich gleichwohl um eine kollisionsrechtliche Verweisung handelt, wäre das gewählte Recht Vertragsstatut. Über Art. 3 Abs. 3 Rom I-VO fänden zwingende Vorschriften des Deliktsrechts keine Anwendung, da diese nicht vom Umfang der Verweisung gem. Art. 12 Rom I-VO erfasst wären.

Freilich lässt sich einwenden, dass dies auch bei einer kollisionsrechtlichen Sichtweise nicht die zwingende Rechtsfolge wäre. Der Wortlaut des Art. 4 Abs. 3 Rom I-VO räumt dem Rechtsanwender einen Ermessenspielraum ein.[195] So könnten die Wertungen des Art. 14 Abs. 3 Rom II-VO teleologisch auch für Art. 4 Abs. 3 Rom II-VO fruchtbar gemacht werden.[196] Und letztlich könnte

193 Siehe hierzu im Detail unten: Zweiter Teil, B., III., 3., b).

194 Vgl. zu diesem Begriff: *Vogeler*, Rechtswahl, 2013, S. 86 Fn. 56.

195 Ferrari/*Staudinger*, Art. 6 Rom I-VO Rn. 82.

196 Dies ist vergleichbar mit Fällen, in denen eine indirekte Rechtswahl eine Anknüpfung an eine in AGB enthaltene Rechtswahl für das Deliktsstatut ermöglichen würde, was ein Wertungswiderspruch zu Art. 14 Abs. 1 S. 1 lit. B Rom II-VO wäre. Hierbei wird vertreten, die Wertungen des Art. 14 Rom II-VO seien bei der akzessorischen Anknüpfung zu berücksichtigen. Siehe hierzu: NK-BGB/*Gebauer*, Art. 4 Rom II-VO Rn. 37.

auch hier eine allgemeine Missbrauchskontrolle wie im Insolvenzrecht herangezogen werden. Gleichwohl geht mit diesen wesentlich aufwendigeren Wegen auch eine erhebliche Verkomplizierung der Rechtsanwendung einher, nur um die Durchsetzung des innerstaatlich zwingenden Rechts, die Art. 3 Abs. 3 Rom I-VO bezweckt,[197] zu verwirklichen.

gg) Ergebnis

Das Verständnis der Rechtsfolge des Art. 3 Abs. 3 Rom I-VO hat damit praktische Auswirkungen. Beim Verhältnis zu den kollisionsrechtlichen Einschränkungen der Rechtswahl für Individualarbeits- und Verbraucherverträge und dem verfahrensrechtlichen Umgang mit dem gewählten Recht zeigen sich teils erhebliche Unterschiede. Im Insolvenzrecht ist zwar angesichts der Entscheidung des EuGH in *Vinyls/Mediterranea* eine praktische Auswirkung der Unterschiede nicht zu erwarten, allerdings kommt der Debatte um die Rechtsfolge des Art. 3 Abs. 3 Rom I-VO bei zutreffender Betrachtung des Verhältnisses von Internationalem Privat- und Insolvenzrecht durchaus Relevanz zu. Bei der akzessorischen Anknüpfung in der Rom II-VO unterscheiden sich beide Ansichten im Ergebnis wohl kaum, die kollisionsrechtliche Sichtweise würde jedoch eine deutliche Verkomplizierung der Rechtsanwendung nach sich ziehen. Im AGB-Recht hingegen zeigen sich keine nennenswerten Unterschiede.

b) Stellungnahme

Angesichts der praktischen Auswirkungen der Rechtsfolge des Art. 3 Abs. 3 Rom I-VO ist eine Stellungnahme erforderlich.

aa) Historie

Vertreter der kollisionsrechtlichen Sichtweise verweisen oftmals auf die historische, speziell genetische,[198] Auslegung des Art. 3 Abs. 3 Rom I-VO, die hier entscheidend für die kollisionsrechtliche Verweisung sprechen soll.[199]

---

197 Siehe detailliert zur Analyse des Regelungszwecks der Norm: Zweiter Teil, B., IV.

198 Eine terminologische Unterscheidung zwischen der historischen Auslegung im engeren Sinne durch den Vergleich mit Vorgängervorschriften und die sog. genetische Auslegung durch Heranziehung von Gesetzgebungsmaterialien nutzt etwa: *Nehne*, Methodik, 2012, S. 64 ff.

199 Siehe etwa: *Maultzsch*, RabelsZ 75 (2011), 60, 66 f.; zu Art. 27 Abs. 3 EGBGB: *E. Lorenz*, RIW 1987, 569.

Im *Giuliano/Lagarde*-Bericht findet sich zu Art. 3 Abs. 3 EVÜ die Formulierung, die Vorschrift sei das „Ergebnis eines Kompromisses zwischen zwei entgegengesetzten Auffassungen innerhalb der Gruppe".[200] Die sich entgegenstehenden Auffassungen werden sodann wie folgt beschrieben:

> „[E]inerseits wünschten einige Sachverständige, die [...] freie Rechtswahl der Parteien durch einen Zusatz einzuengen, wonach die Wahl eines ausländischen Rechts für sich allein die Anwendung dieses Rechts nicht erlaubt, sofern nicht der Sachverhalt im Zeitpunkt der Rechtswahl eine weitere Auslandsberührung aufweist; andererseits äußerten andere Sachverständige, vor allem die britischen, die Befürchtung, daß ein solcher Zusatz die Freiheit der Parteien allzu sehr einengen könnte, selbst bei Sachverhalten, bei denen ihre Wahl gerechtfertigt erscheine, guten Glaubens erfolge und schutzwürdige Interessen wahren könne. [...] Die Gruppe erkannte die Berechtigung der soeben dargelegten Bedenken an, hielt jedoch an dem Grundsatz fest, daß die Wahl eines ausländischen Rechts durch die Parteien, soweit alle übrigen Teile des Sachverhalts im Zeitpunkt dieser Wahl in einem einzigen Staat belegen sind, die Anwendung der zwingenden Vorschriften des Rechts dieses Staates nicht ausschließen darf."[201]

In der Darstellung der Regelung als Kompromiss sehen *Maultzsch* und *E. Lorenz* ein gewichtiges Argument für das kollisionsrechtliche Verständnis.[202] Schließlich hätte sich bei einem materiellrechtlichen Verständnis eine Seite gänzlich durchgesetzt. *Droste* hingegen misst der Bezeichnung als „Kompromiss" keine derartige Bedeutung bei: „Die jetzige Regelung wurde zwar als Kompromiß bezeichnet, es blieb aber nach Aussage Giulianos im Grundsatz bei dem Ausschluß der Rechtswahl in reinen Inlandsfällen."[203] Insgesamt handele es sich nur um eine „optische Liberalisierung".[204] *Mäsch* hingegen macht geltend, der Passus sei im Kontext der übrigen Materialien zum EVÜ zu verstehen. Aus diesen Materialien ergäbe sich, dass der Kompromiss darin lag, dass die übrigen Delegationen zustimmten, einige von der englischen Delegation in den Verhandlungen vorgebrachten Beispielsfälle als „internationale" anzuerkennen.[205] Da die Materialien, auf die sich *Mäsch* hier stützt, jedoch nicht veröffentlicht wurden, kann dieses Argument nicht nachvollzogen werden.[206]

---

200 *Giuliano/Lagarde*-Bericht, S. 18.

201 *Giuliano/Lagarde*-Bericht, S. 18.

202 *Maultzsch*, RabelsZ 75 (2011), 60, 66 f.; *Nygh*, Autonomy, 1999, S. 54 f.; vgl. auch: *E. Lorenz*, RIW 1987, 569.

203 *Droste*, Begriff der „zwingenden Bestimmung", 1992, S. 93.

204 *Ders.*, Begriff der „zwingenden Bestimmung", 1992, S. 93.

205 *Mäsch*, Verbraucherschutz, 1993, S. 91.

206 Vgl. Reinhart, der für die historische Auslegung des EVÜ nur auf den veröffentlichen Vorentwurf Bezug nimmt: *Reinhart*, RIW 1994, 445, 450.

Neben dem *Giuliano/Lagarde*-Bericht kann auch die im Entwurf des Gesetzes zum Übereinkommen veröffentlichte Denkschrift zum Übereinkommen herangezogen werden.[207] Diese verweist ebenfalls darauf, dass es sich um einen „Kompromiss" zwischen den genannten Ansichten handele, enthält darüber hinaus jedoch auch folgenden Passus:

> „Die *Parteiautonomie* wird hier jedoch durch das Übereinkommen insoweit *eingeschränkt*, als die zwingenden Rechtsvorschriften des Staates, in dem alle (anderen) Teile des Sachverhalts belegen sind, von der Rechtswahl nicht berührt werden [...]."[208]

Aus dieser Aussage lässt sich ableiten, dass auch in Inlandssachverhalten Parteiautonomie bestehen sollte, der Rechtswahl demnach also kollisionsrechtliche Wirkung zukommen müsste. Diese Folgerung ist jedoch nicht zwingend, schließlich wird auch von solchen Autoren, die in der Literatur von der materiellrechtlichen Rechtsfolge ausgehen, Art. 3 Abs. 3 Rom I-VO als „Beschränkung"[209] der Rechtswahlfreiheit bezeichnet. Zudem ist unklar, inwiefern dieser Passus der Gedenkschrift des deutschen Gesetzgebers das gemeinsame Verständnis der Vertragspartner des Übereinkommens wiedergibt, so dass diesem Passus auch nur eingeschränkte Bedeutung zukommen kann.[210] Insgesamt kommt die historische Auslegung damit zu keinem eindeutigen Ergebnis.

bb) Systematik

Systematisch argumentiert *Maultzsch* mit der Stellung des Art. 3 Abs. 3 Rom I-VO im Art. 3 Rom I-VO, welcher die Überschrift „freie Rechtswahl" trägt. Dies deute darauf hin, dass die Vorschrift lediglich die Wirkungsbreite der kollisionsrechtlichen Wahl einschränkt, sie aber nicht insgesamt zu einer bloß materiellrechtlichen umwidmet.[211] Dieses Argument lässt sich jedoch leicht entkräften. Der Begriff der Rechtswahl stellt noch nicht die Wirkung derselben fest. Der Begriff wird, was man mit *Mäsch* als terminologisch ungünstig bewerten mag, für beide Fälle verwendet.[212] Aus der systematischen Stellung der Norm unter dieser Überschrift kann also kein Argument hergeleitet werden.

---

207 Vgl. zur Heranziehung der Materialien zur nationalen Umsetzung bzw. zum Beitritt zum EVÜ: Zweiter Teil, B., II., 1., c).

208 BT-Drucks. 10/503, S. 24 (Hervorhebungen durch die Verfasserin).

209 So etwa: *Kühne*, FS Kegel, 2002, S. 65, 73.

210 Siehe hierzu unten: Zweiter Teil, B., II., 1., c).

211 *Maultzsch*, RabelsZ 75 (2011), 60, 66.

212 *Mäsch*, Verbraucherschutz, 1993, S. 77 f.

Michaels versucht mit einem Vergleich zu den bereits beschriebenen Regeln zu Individualarbeits- und Verbraucherverträgen in Art. 6 Abs. 2 S. 2, 8 Abs. 1 S. 2 Rom I-VO zu argumentieren: Es sei nicht einzusehen, warum bei diesen Vorschriften eine kollisionsrechtliche Wirkung der Rechtswahl angenommen wird, Art. 3 Abs. 3 Rom I-VO aber anders zu behandeln sei.[213] Auch dieses Argument verfängt jedoch nicht. Die Vorschriften zum Verbraucher- und Arbeitnehmerschutz knüpfen alternativ an, es braucht hier also gerade eine (teilweise) kollisionsrechtliche Verweisung auf das gewählte Recht, so weit dieses für den Verbraucher bzw. Arbeitnehmer günstiger ist. Bei Art. 3 Abs. 3 Rom I-VO hingegen handelt es sich nicht um eine alternative, sondern auch bei kollisionsrechtlichem Verständnis allenfalls um eine „gespaltene" Anknüpfung. Die Wirkungsweise der Vorschriften ist damit unterschiedlich, so dass ein Vergleich nicht verfängt.[214]

cc) Telos

Deutliche Vorzüge der materiellrechtlichen Rechtsfolge zeigen sich jedoch in der Rechtsanwendung. Hier führt sie zu sachgerechteren Ergebnissen, die dem Zweck des Art. 3 Abs. 3 Rom I-VO, die Umgehung innerstaatlich zwingenden Rechts zu verhindern, eher gerecht werden.[215] Weiterhin fördert die Annahme einer materiellrechtlichen Rechtsfolge des Art. 3 Abs. 3 Rom I-VO die in der Rom I-VO verfolgten Ziele des Verbraucher- und Arbeitnehmerschutzes sowie der Förderung der Rechtssicherheit.

(1) Verhinderung der Umgehung innerstaatlich zwingenden Rechts

Der Zweck des Art. 3 Abs. 3 Rom I-VO, die Umgehung innerstaatlich zwingenden Rechts zu verhindern, spricht für die Annahme einer materiellrechtlichen Verweisung als Rechtsfolge des Art. 3 Abs. 3 Rom I-VO. Die Annahme einer kollisionsrechtlichen Verweisung würde ansonsten dazu führen, dass die Parteien in der Lage wären, durch die Rechtswahl auch in einem Inlandssachverhalt insolvenzrechtliche Bestimmungen des objektiv geltenden Rechts zu umgehen und zulasten anderer Gläubiger ein anfechtungsfeindlicheres Statut zu bestimmen. Wenngleich aufgrund der Entscheidung des EuGH dieser Differenzierung

---

213 *Michaels*, FS Schurig, 2012, S. 191, 199; so argumentierte für Art. 27 Abs. 3 auch Lorenz mit Blick auf Art. 29 Abs. 1, 30 Abs. 1 EGBG: *E. Lorenz*, RIW 1987, 569.

214 So zu Art. 27 Abs. 3 EGBGB: *Mäsch*, Verbraucherschutz, 1993, S. 86.

215 Vgl. ausführlich zur Herausarbeitung des Zwecks des Art. 3 Abs. 3 Rom I-VO: Zweiter Teil, B., IV.

im Rahmen des Insolvenzrechts in der Praxis bis auf Weiteres keine Bedeutung zukommen dürfte, zeigt diese Konstellation gleichwohl, dass der Zweck des wirksamen Umgehungsschutzes für die Annahme einer nur materiellrechtlichen Verweisung spricht.

Gleiches zeigt sich zudem, wie dargelegt, bei der indirekten Rechtswahl in der Rom II-VO. Zwar besteht hier die Möglichkeit, unbillige Rechtsanwendungergebnisse auch bei Annahme einer kollisionsrechtlichen Verweisung im Rahmen des durch Art. 4 Abs. 3 Rom II-VO eingeräumten Ermessens zu korrigieren, allerdings stellt dies den aufwendigeren Weg dar, um den Umgehungsschutz sicherzustellen.

(2) Arbeitnehmer- und Verbraucherschutz

Als Argument für die Annahme einer kollisionsrechtlichen Verweisung ließen sich jedoch die Ziele des Arbeitnehmer- und Verbraucherschutzes heranziehen,[216] da die Entscheidung zur Rechtsfolge des Art. 3 Abs. 3 Rom I-VO insofern auch Einfluss auf das Verhältnis zu Art. 6 Abs. 2 S. 2, Art. 8 Abs. 1 S. 2 Rom I-VO hat.[217]

Bei einer materiellrechtlichen Rechtsfolge des Art. 3 Abs. 3 Rom I-VO wäre der Weg zu etwaigen günstigeren Verbraucher- und Arbeitnehmerschutzbestimmungen des gewählten Rechts versperrt. Der Arbeitgeber bzw. Unternehmer, der bei einer Rechtswahl im Inlandssachverhalt weitaus weniger schutzwürdig erscheint, erhielte also letztlich das für ihn günstigere Ergebnis, da der Günstigkeitsvergleich nicht eingreift.[218] Der Schutz des Verbrauchers scheint damit für eine kollisionsrechtliche Verweisung zu sprechen.

Doch ein derart pauschaler Verweis auf den Verbraucher- bzw. Arbeitnehmerschutz wäre verfehlt. Die Einschränkungen der Rechtswahlfreiheit sollen verhindern, dass diese strukturell schwächeren Personengruppen Einbußen des ihnen vertrauten Schutzstandards fürchten müssen. Der Günstigkeitsvergleich erhält vor diesem Hintergrund weitgehend die Parteiautonomie und beschränkt diese nur so weit, wie der Schutz von Verbraucher bzw. Arbeitnehmer dies erfordert.[219] In einem reinen Inlandssachverhalt erwartet oder fürchtet der Verbraucher jedoch nicht die Anwendung eines ausländischen Rechts. Daher ist die umfassende Geltung des Einbettungsstatuts in Inlandsfällen auch

216 Diese Schutzzwecke finden sich in den Erwägungsgründen 25 und 35 der Rom I-VO.
217 Vergleiche hierzu bereits: Erster Teil, B., III., 3., a), aa).
218 Vgl. *Mäsch*, Verbraucherschutz, 1993, S. 95.
219 Vgl. *Rühl*, FS von Hoffmann, 2011, S. 364, 373.

für Verbraucher und Arbeitnehmer sachgerecht. Zudem ist der Günstigkeitsvergleich für Verbraucher und Arbeitnehmer nicht nur vorteilhaft, da diese sich im Konfliktfall mit zwei Rechtsordnungen und daraus erwachsenden Anpassungsproblemen auseinandersetzen müssten.[220]

(3) Berechenbarkeit und Rechtssicherheit

Darüber hinaus lässt sich auch das allgemeine Ziel der Verordnung, durch berechenbare Kollisionsnormen mehr Rechtssicherheit zu schaffen,[221] für die Annahme einer materiellrechtlichen Verweisung fruchtbar machen.

Wie bereits eingangs dargestellt, werden bei Annahme einer kollisionsrechtlichen Verweisung sowohl das gewählte Recht als auch das Einbettungsstatut berufen. Bei Annahme einer lediglich materiellrechtlichen Wirkung der Rechtswahl hingegen ist allein das Einbettungsstatut kollisionsrechtlich berufen.

Zu welchen Friktionen dies in der Praxis führen kann, analysiert *Maultzsch* für den hypothetischen Fall der Kontrolle von haftungsbeschränkenden AGB in einem deutschen Inlandssachverhalt, bei dem die Geltung des amerikanischen U.C.C. vereinbart wird.[222] Im deutschen Recht seien die Klauseln im Rahmen der Beurteilung nach §§ 307, 310 Abs. 1 S. 2 BGB an den § 309 Nr. 7 und 8 BGB zu messen.[223] Im amerikanischen Recht hingegen sei nach den relevanten Bestimmungen der U.C.C. zu prüfen, ob die Regelung jeweils „unconscionable" und damit unwirksam ist.[224]

Bei Annahme einer kollisionsrechtlichen Verweisung würden nun beide Regelungen kollisionsrechtlich berufen und zur Anwendung gelangen. Hierdurch entstünde eine Doppelung des Schutzes des Vertragspartners des Verwenders bzw. eine übermäßige Belastung des Verwenders.[225] Zwar ließe sich dieses Ergebnis im Wege einer Anpassung korrigieren, allerdings stellt *Maultzsch* zutreffend fest: „Bereits das Erfordernis einer solchen Anpassung belegt aber, dass die Kombination aus dem kollisionsrechtlich gewählten Vertragsstatut und der parallelen Sonderanknüpfung des ius cogens des Einbettungsstatuts unbefriedigend erscheint."[226]

220 Vgl. *Mäsch*, Verbraucherschutz, 1993, S. 96.

221 Erwägungsgrund 16 der Rom I-VO.

222 *Maultzsch*, RabelsZ 75 (2011), 60, 68.

223 *Ders.*, RabelsZ 75 (2011), 60, 68.

224 *Ders.*, RabelsZ 75 (2011), 60, 68; ausführlich zur Kontrolle von Haftungsbeschränkungen anhand des Maßstabs der „Unconscionability": *Raphael*, Liability, 2011, S. 112.

225 *Maultzsch*, RabelsZ 75 (2011), 60, 68.

226 *Ders.*, RabelsZ 75 (2011), 60, 68.

Nehme man hingegen eine nur materiellrechtliche Verweisung an, wäre das deutsche Recht als Einbettungsstatut und damit auch das deutsche AGB-Recht alleinig kollisionsrechtlich berufen.[227] Die relevanten Regelungen des U.C.C. wären lediglich als Teil der Vertragsvereinbarung heranzuziehen. Kommt es zwischen dem Einbettungsstatut und „gewählten" Recht dann zu Friktionen oder Doppelungen, handelt es sich hierbei um eine Frage der Vertragsauslegung.[228] Im vorliegend von *Maultzsch* gewählten Beispielsfall geht dieser davon aus, dass die Parteien keine Regelungen berufen wollen, die mit dem zwingend geltenden Ordnungsrahmen nicht harmonieren, so dass die Regelungen der U.C.C. zur Klauselkontrolle hier nicht greifen würden.[229]

Wenngleich damit auch bei Annahme einer materiellrechtlichen Verweisung schwierige Auslegungsfragen entstehen können, so ist das Verhältnis zwischen gewähltem Recht und Einbettungsstatut in diesem Fall jedoch klarer definiert. Insofern ist auch mit Blick auf die Berechenbarkeit und Rechtssicherheit im Rahmen der Rechtsanwendung die Annahme einer materiellrechtlichen Verweisung vorzugswürdig. Zudem richtet sich die Vertragsauslegung dann stets an den Bedürfnissen und Absichten der individuellen Parteien aus, was zu sachgerechten Ergebnissen führen sollte.

dd) Ergebnis

Insgesamt kommt die historische Auslegung, auf welche sich die Annahme einer kollisionsrechtlichen Rechtsfolge des Art. 3 Abs. 3 Rom I-VO maßgeblich stützt, zu keinem eindeutigen Ergebnis. Die in der historischen Auslegung herangezogenen Materialien deuten lediglich an, dass von der kollisionsrechtlichen Verweisung ausgegangen werden kann. Für die materiellrechtliche Verweisung sprechen hingegen die deutlich gewichtigeren Argumente. So sprechen die Systematik und teleologische Auslegung für die materiellrechtliche Verweisung. Insbesondere ist in einem auch an Anwenderfreundlichkeit orientierten Internationalen Privatrecht hervorzuheben, dass die materiellrechtliche Verweisung die Rechtsanwendung erleichtert.

227 *Ders.*, RabelsZ 75 (2011), 60, 69.
228 *Ders.*, RabelsZ 75 (2011), 60, 69.
229 *Ders.*, RabelsZ 75 (2011), 60, 69.

Zweiter Teil: Maßstab des Auslandsbezugs

Im zweiten Teil dieser Arbeit soll ein Maßstab zur Präzisierung des Auslandsbezugs im Rahmen des Art. 3 Abs. 3 Rom I-VO gebildet werden, auf dem aufbauend sodann im dritten Teil der Arbeit verschiedene Fallgruppen beurteilt werden.

Den Ausgangspunkt dieses Teils soll zunächst die Untersuchung der dogmatischen Grundlage der Parteiautonomie bilden. Darauffolgend ist Art. 3 Abs. 3 Rom I-VO auszulegen, wobei ein besonderer Schwerpunkt auf der teleologischen Auslegung liegen wird. Die Ergebnisse sollen anschließend genutzt werden, um Art. 3 Abs. 3 Rom I-VO in der Dogmatik der Parteiautonomie zu verorten. Basierend darauf werden dann, zum Abschluss dieses Teils, Parameter zur Bestimmung des Auslandsbezugs herausgebildet.

A. Dogmatische Grundlage der Parteiautonomie

Mit ihrem weltweiten „Siegeszug"[230] im Internationalen Privatrecht hat sich die Privatautonomie vom „negierten Aschenputtel"[231] zu einem Grundprinzip des Kollisionsrechts entwickelt.[232] Die Rom I-VO betont in ihren Erwägungsgründen, die freie Rechtswahl sei einer der „Ecksteine" des europäischen Kollisionsrechts.[233] Doch trotz dieser nahezu weltweiten Anerkennung[234] besteht weiterhin keine Einigkeit zur dogmatischen Legitimation der Parteiautonomie. In der diesbezüglichen Diskussion wird oftmals lediglich auf die Autonomie des Menschen und den Grundsatz „in dubio pro libertate" verwiesen.[235]

---

230 *Spickhoff*, in: ders. (Hrsg.), Symposium Parteiautonomie im Europäischen Internationalen Privatrecht, 2014, S. 29, 30; *Basedow*, RabelsZ 75 (2011), 32.

231 *Mansel*, in: Leible/Unberath (Hrsg.), Brauchen wir eine Rom-0-Verordnung?, 2013, S. 241, 261.

232 Vgl. *Maultzsch*, RabelsZ 75 (2011), 60, 61; so zum europäischen Kollisionsrecht: *Arnold*, in: ders. (Hrsg.), Grundfragen des Europäischen Kollisionsrechts, 2016, S. 23, 24.

233 Erwägungsgrund 11 der Rom I-VO.

234 Ausführlich rechtsvergleichend zur Anerkennung der Parteiautonomie: *Mills*, Party autonomy, 2018, S. 313 ff.; siehe auch: *Symeonides*, Choice of Law, 2014, S. 190 ff.; überblicksartig zur Anerkennung der Parteiautonomie und den wenigen Rechtsordnungen, die diese noch nicht anerkennen: *Basedow*, Open Societies – International Relations, 2013, S. 185 ff.

235 So kritisch zu Ausführungen zur Grundlage der Parteiautonomie: *Basedow*, Open Societies – Conflict of Laws, 2015, S. 164; dem zustimmend: *Michaels*, Party

Die mangelnde Klarheit um das dogmatische Fundament der Parteiautonomie wird teils darauf zurückgeführt, dass die freie, unverbundene Rechtswahl nicht in das traditionelle kollisionsrechtliche System der engsten Verbindung passt.[236] Manche Autoren schlagen vor, die Parteiautonomie sei so anerkannt, dass man aufhören könne, sich damit zu beschäftigen, warum sie anerkannt sein sollte.[237] Dem ist jedoch entschieden zu widersprechen, da nur auf Basis einer dogmatischen Grundlage die Grenzen der Parteiautonomie sinnvoll gezogen werden können.[238]

Man könnte die Rechtswahlfreiheit schlicht damit begründen, dass diese Freiheit gesetzlich in Art. 3 Abs. 1 Rom I-VO normiert wurde. Diese positivrechtliche Anerkennung der Parteiautonomie wird als *äußere* Legitimation bezeichnet.[239] Hiervon zu unterscheiden ist die Frage nach Rationalität und Geltungsgrund der Parteiautonomie, der Frage, *warum* die Parteiautonomie besteht, also nach ihrer *inneren* Legitimation.[240]

Bezüglich dieser inneren Legitimation werden in der Literatur eine Reihe unterschiedlicher Auffassungen vertreten. Im Folgenden sollen diese Ansätze zur Legitimation der Parteiautonomie dargestellt und untersucht werden. Denn nur auf Grundlage der dogmatischen Legitimation kann im weiteren Verlauf dieser Arbeit Art. 3 Abs. 3 Rom I-VO sinnvoll eingeordnet werden.

I. Kollisionsrechtliche Begründung

Teils wird die dogmatische Legitimation in spezifisch kollisionsrechtlichen Erwägungen gesucht und aus dem Prinzip der engsten Verbindung hergeleitet. Diese auch als „Verlegenheitslösung" betitelte Ansicht hat jedoch im Rahmen

---

Autonomy – A New Paradigm without a Foundation, 2013 (http://www.pilaj.jp/data/2013_0602_Party_Autonomy.pdf), S. 3 (geprüft am 30.9.2021).

236 *Michaels*, Party Autonomy – A New Paradigm without a Foundation, 2013 (http://www.pilaj.jp/data/2013_0602_Party_Autonomy.pdf), S. 2 (geprüft am 30.9.2021); *Vogeler*, Rechtswahl, 2013, S. 13.

237 *Ders.*, Party Autonomy – A New Paradigm without a Foundation, 2013 (http://www.pilaj.jp/data/2013_0602_Party_Autonomy.pdf), S. 3 (geprüft am 30.9.2021).

238 So *ders.*, Party Autonomy – A New Paradigm without a Foundation, 2013 (http://www.pilaj.jp/data/2013_0602_Party_Autonomy.pdf), S. 3 (geprüft am 30.9.2021).

239 *Richter*, Parteiautonomie, 2017, S. 51; *Diedrich*, RIW 2009, 378, 379; *Kropholler*, IPR, 2006, S. 295 f.

240 Den Begriff der inneren Legitimation oder inneren Rechtfertigung verwenden in diesem Zusammenhang etwa: *Maultzsch*, RabelsZ 75 (2011), 60, 63; *Neuhaus*, Grundbegriffe, 1976, S. 256.

der Modernisierung des IPR an Gewicht verloren und wird allenfalls noch vereinzelt vertreten.[241]

1. *Herleitung aus Savignys Prinzip der engsten Verbindung*

Die kollisionsrechtliche Deutung geht in Savignyscher Tradition von der Idee der Lokalisierung des Sitzes eines Rechtsverhältnisses aus.[242] Bei grenzüberschreitenden Schuldverträgen käme eine Vielzahl an möglichen Anknüpfungspunkten in Betracht. Daher ergäbe sich für den Gesetzgeber die Schwierigkeit, durch Abwägung eine allgemein gültige Zuordnung von Schuldverträgen zu Rechtsordnungen zu finden.[243] Eine solche allgemeine Zuordnung sei letztlich nicht möglich, da „objektive Anknüpfungsmomente aufgrund ihrer Pauschalierung niemals vollständig der Vielfalt der tatsächlichen Rechtsbeziehungen gerecht werden konnten".[244] Diese Situation wird als „Anknüpfungsverlegenheit" beschrieben,[245] für die die Rechtswahl eine notdürftige Lösung darstellen würde.[246]

Für diese kollisionsrechtliche Herleitung hat *Kegel* den Begriff der „Verlegenheitslösung" geprägt.[247] Die Rechtswahlfreiheit sei eine sachnahe Lösung für die Frage nach einer überzeugenden Anknüpfung von Vertragsverhältnissen.[248] Ihr

---

241 *Kühne*, FS Kegel, 2002, S. 65, 66 f.; für Maultzsch erscheint die begrenzte Rechtswahl im Familien- und Erbrecht immer noch mit diesem Gedanken verbunden: *Maultzsch*, in: von Hein/Rühl (Hrsg.), Kohärenz im Internationalen Privat- und Verfahrensrecht der Europäischen Union, 2016, S. 153, 161.

242 *Maultzsch*, in: von Hein/Rühl (Hrsg.), Kohärenz im Internationalen Privat- und Verfahrensrecht der Europäischen Union, 2016, S. 153, 160; ausführlicher zu dieser Herleitung aus der Lehre Savignys: *Schmitz*, Rechtswahlfreiheit, 2017, S. 85.

243 *Kühne*, FS Kegel, 2002, S. 65, 66 f.

244 So fasst die Ansicht Kegels treffend zusammen: *Schmitz*, Rechtswahlfreiheit, 2017, S. 85.

245 Mit dieser Wortwahl etwa: *Kühne*, Parteiautonomie, 1973, S. 30; *Schmitz*, Rechtswahlfreiheit, 2017, S. 84.

246 Lehmann bezeichnet die Rechtswahlfreiheit als „makeshift": *Lehmann*, Vand. J. Trans. L. 41 (2008), 381, 394.

247 Grundlegend: *Kegel*, Internationales Privatrecht, 1960, S. 208; auch später noch vertreten von Kegel/Schurig: *Kegel/Schurig*, Internationales Privatrecht, 2004, S. 652 f.; diese Begriffsprägung bezeichnet als „unglücklich": *Kühne*, ZVglRWiss 114 (2015), 355, 364 f.; Kegels Ansicht folgen etwa: *Kühne*, FS Kegel, 2002, S. 65, 67; *von Hoffmann*, RabelsZ 38 (1974), 396, 397; siehe auch: *Schmitz*, Rechtswahlfreiheit, 2017, S. 84 m.w.N.

248 Vgl. *Maultzsch*, RabelsZ 75 (2011), 60, 64.

wohne kein „intrinsischer Wert inne“, sie sei vielmehr nur das „geringste Übel angesichts einer unklaren Anknüpfungssituation“.[249] In der „Etikettierung“[250] dieser Ansicht als Verlegenheitslösung schwingt eine gewisse Geringschätzung der Rechtswahlfreiheit mit. *Kühne* stellt sich dem entgegen und betont, der Ansatz orientiere sich richtigerweise an der Suche nach der kollisionsrechtlichen Gerechtigkeit und der dabei zu berücksichtigenden Interessen.[251]

2. *Unvereinbarkeit mit der unverbundenen Rechtswahl*

Mit voranschreitender Anerkennung der Rechtswahlfreiheit hat diese Erklärung zunehmend an Gewicht verloren.[252] Nach der kollisionsrechtlichen Deutung der Rechtswahl als „Verlegenheitslösung“ diente diese lediglich dazu, den Schwerpunkt unter mehreren räumlichen Bezügen zu wählen.[253]

1986 wurde jedoch, basierend auf Art. 3 Abs. 1 EVÜ, Art. 27 Abs. 1 EGBGB a.F. eingeführt.[254] Damit wurde die Rechtswahlfreiheit kodifiziert und gerade auch die Wahl unverbundener Rechte möglich. Dies stellte, wie *E. Lorenz* beschreibt, einen „Funktionswandel“ der Rechtswahl dar.[255] Sie war nun nicht mehr in erster Linie „schwerpunktbestimmend“, sondern „inhaltsbestimmend“.[256] Die Wahl des jeweiligen Rechts konnte sich frei von objektiven Verbindungen an dessen Inhalt orientieren und eröffnete neue Möglichkeiten der inhaltlichen Ausgestaltung von Verträgen.[257]

Kegel hielt auch nach Einführung des Art. 27 Abs. 1 EGBGB an der Verlegenheitslösung fest, obwohl er betonte, dass auch die Wahl eines neutralen Rechts hiernach möglich sei.[258] Die Einführung der freien Rechtswahl führte jedoch zu einem Bedeutungsverlust des kollisionsrechtlichen Legitimationsansatzes.[259] Wenn Art. 27 Abs. 1 EGBGB die Wahl eines Rechts ermöglichte, zu dem

---

249 *Ders.*, FS von Hoffmann, 2011, S. 304, 307.
250 Kühne bezeichnet die Wortwahl Kegels als „das einprägsame Etikett“: *Kühne*, Parteiautonomie, 1973, S. 28.
251 Vgl. *ders.*, FS Kegel, 2002, S. 65, 81 f.
252 Vgl. *Schmitz*, Rechtswahlfreiheit, 2017, S. 90.
253 Vgl. *E. Lorenz*, RIW 1987, 569, 570.
254 Siehe hierzu: Zweiter Teil, B., II., 1., c).
255 *E. Lorenz*, RIW 1987, 569, 570; dies ebenfalls betonend: *Schmitz*, Rechtswahlfreiheit, 2017, S. 88.
256 *E. Lorenz*, RIW 1987, 569, 571.
257 *E. Lorenz*, RIW 1987, 569, 571; vgl. auch *Schmitz*, Rechtswahlfreiheit, 2017, S. 88.
258 *Kegel/Schurig*, Internationales Privatrecht, 2004, S. 652 f.
259 *Schmitz*, Rechtswahlfreiheit, 2017, S. 90 f.

keinerlei objektive Verbindungen bestanden, so musste dies „mehr" sein als die Auflösung einer irgendwie bestehenden Anknüpfungsunsicherheit.[260]

Kühne wendete gegen diese vorgebrachte Kritik an der Unvereinbarkeit mit der freien, unverbundenen Rechtswahl ein, bei der Wahl „neutralen" Rechts handele es sich lediglich um eine „Randkonstellation" der Parteiautonomie, und untermauerte die kollisionsrechtliche Argumentation noch mit praktischen Erwägungen der Rechtssicherheit und Praktikabilität.[261] Dem ist jedoch zu widersprechen, da die mit der unbeschränkten Rechtswahlfreiheit einhergehende Möglichkeit auch zur inhaltlichen Gestaltung zunehmend in den Vordergrund gerückt ist.

Jenseits dieser Argumente wurde auch darauf verwiesen, die Einordnung als reine Notlösung verkenne die besondere Bedeutung, die dem menschlichen Willen in einer dem freiheitlichen Menschenbild verschriebenen Rechtsordnung zugemessen wird.[262] Für *Kühne*, der ebenfalls die Verlegenheitslösung vertrat, stellte dies lediglich eine „mehr oder weniger erwünschte" Begleiterscheinung dar.[263]

Im Ergebnis ist die Verlegenheitslösung nicht in der Lage, die moderne unverbundene Rechtswahlfreiheit zu begründen. Sie ist daher mit der Mehrheit der Literatur abzulehnen.[264]

II. Materiellrechtliche Begründung

Ein Großteil der Literatur spricht sich für die „materiellrechtliche Begründung" aus.[265] Diese begründet Rechtswahlfreiheit und Parteiautonomie in Anlehnung

---

260 Vgl. *Schmitz*, Rechtswahlfreiheit, 2017, S. 91 m.w.N.; *Lehmann*, FS Spellenberg, 2010, S. 245, 247.

261 *Kühne*, FS Kegel, 2002, S. 65, 67; *Kühne*, Parteiautonomie, 1973, S. 28, 33.

262 *Leible*, FS Jayme, 2004, S. 485, 488; vgl. auch: *Mansel*, in: Leible/Unberath (Hrsg.), Brauchen wir eine Rom-0-Verordnung?, 2013, S. 241, 262.

263 *Kühne*, Parteiautonomie, 1973, S. 34.

264 Vgl. *Spickhoff*, in: ders. (Hrsg.), Symposium Parteiautonomie im Europäischen Internationalen Privatrecht, 2014, S. 29, 30; *Mansel*, in: Leible/Unberath (Hrsg.), Brauchen wir eine Rom-0-Verordnung?, 2013, S. 241, 262; *Kropholler*, IPR, 2006, S. 296; *Jayme*, IPRax 1991, 429, 430; *Flessner*, Interessenjurisprudenz, 1990, S. 103; Maultzsch hält diesen Ansatz im Familien- und Erbrecht noch für tragfähig: *Maultzsch*, in: von Hein/Rühl (Hrsg.), Kohärenz im Internationalen Privat- und Verfahrensrecht der Europäischen Union, 2016, S. 153, 161.

265 Vgl. *Richter*, Parteiautonomie, 2017, S. 57 ff.; *Mansel*, in: Leible/Unberath (Hrsg.), Brauchen wir eine Rom-0-Verordnung?, 2013, S. 241, 263; *Wilke*, RIW 2012, 601, 605; *Jayme*, IPRax 1991, 429; in diese Richtung fürs Erbrecht: *Kroll-Ludwigs*,

an die materiellrechtliche Vertragsfreiheit.[266] Die Parteiautonomie stellt sich als „parallele" Erscheinung oder „eigenständige Ergänzung" dar.[267] Teils wird die Parteiautonomie auch als „Bestandteil" oder „Ausschnitt" der materiellrechtlichen Vertragsfreiheit eingeordnet.[268]

Im Folgenden ist daher zunächst zu erläutern, woraus sich die dogmatische Grundlage der Vertragsfreiheit ergibt. Daraufhin ist aufzuzeigen, dass der EuGH die Parteiautonomie in seiner Rechtsprechung bisher noch nicht als Teil der Vertragsfreiheit anerkannt hat, so dass abschließend zu diskutieren ist, inwiefern einer derartigen Herleitung zu folgen ist.

1. Dogmatische Grundlage der Vertragsfreiheit

Ausgehend von einem unterschiedlichen Verständnis der dogmatischen Grundlage der Privatautonomie verorten die jeweiligen Ansichten die Parteiautonomie an verschiedenen Stellen im Mehrebenensystem des Grundrechtsschutzes bzw. der allgemeinen Rechtsprinzipien im europäischen Recht.[269] Im Folgenden sollen diese verschiedenen Begründungsansätze zur Vertragsfreiheit dargestellt werden.

Hierbei ist wegen der *Solange*-Rechtsprechung des Bundesverfassungsgerichts primär auf den von der Europäischen Union garantierten Grundrechtsschutz abzustellen.[270] Nationale Grundrechte hingegen können nur als Grundlage zur Herausbildung allgemeiner Rechtsgrundsätze der Union oder im Falle des Zurückbleibens des unionsrechtlichen Grundrechtsschutzes Wirkung entfalten.[271]

Parteiautonomie, 2013, S. 301; im Kontext der außervertraglichen Schuldverhältnisse: *Vogeler*, Rechtswahl, 2013, S. 14 f.; die materiellrechtliche Begründung ablehnend: *Schmitz*, Rechtswahlfreiheit, 2017, S. 82 f.; *Kühne*, FS Kegel, 2002, S. 65, 66 f.

266 Vgl. etwa *Mansel*, in: Leible/Unberath (Hrsg.), Brauchen wir eine Rom-0-Verordnung?, 2013, S. 241, 263.

267 Vgl. *Maultzsch*, FS von Hoffmann, 2011, S. 304, 306 m.w.N.; *Vogeler*, Rechtswahl, 2013, S. 11.

268 So formuliert etwa: *Kroll-Ludwigs*, Parteiautonomie, 2013, S. 189.

269 Zum Grundrechtsschutz im Mehrebenensystem mit Blick auf die Privatautonomie: *Kroll-Ludwigs*, Parteiautonomie, 2013, S. 191; ausführlich zur Verortung der Privatautonomie im Mehrebenensystem: *Lüttringhaus*, Vertragsfreiheit, 2018, S. 93 ff.

270 Vgl. *Lüttringhaus*, Vertragsfreiheit, 2018, S. 7 ff.; *Richter*, Parteiautonomie, 2017, S. 53.

271 *Kroll-Ludwigs*, Parteiautonomie, 2013, S. 211.

a) Art. 16 GRCh

Die in Art. 16 GRCh garantierte unternehmerische Freiheit bildet gegenüber der Berufsfreiheit in Art. 15 GRCh ein eigenständiges Grundrecht.[272] Während Art. 15 GRCh das Recht umfasst, zu arbeiten und einen frei gewählten Beruf auszuüben, garantiert Art. 16 GRCh die Ausübung einer Wirtschafts- und Geschäftstätigkeit.[273] Gemeint ist damit jede selbstständige wirtschaftliche Betätigung ohne Rücksicht auf Art und Umfang, Rechtsform und Finanzierung des Unternehmens.[274]

Art. 16 GRCh basiert, wie sich aus den Erläuterungen zur Grundrechtecharta ergibt, auf der zuvor ergangenen Rechtsprechung des Gerichtshofs.[275] Dieser hatte in verschiedenen Entscheidungen, auf die die Erläuterungen auch ihrerseits verweisen, die Vertragsfreiheit anerkannt. Zu diesen Entscheidungen zählen etwa *Sukkerfabriken Nykobing*[276] und *Spanien gegen Kommission.*[277] Auch nach Einführung der Grundrechtecharta hat der EuGH etwa in *Alemo-Herron*[278] und *Sky Österreich*[279] entschieden, dass die Vertragsfreiheit vom Schutzbereich des Art. 16 GRCh erfasst ist.[280]

Allerdings erstreckt sich der Schutzbereich des Artikels nur auf unternehmerische Vertragsschlüsse.[281] Zwar mag die Privatautonomie und die in Verbindung damit herzuleitende Rechtswahlfreiheit in der Praxis hauptsächlich von solchen natürlichen wie juristischen Personen wahrgenommen werden, die im Rahmen einer wirtschaftlichen Tätigkeit agieren, gleichwohl kommt die Rechtswahlfreiheit des Art. 3 Abs. 1 Rom I-VO grundsätzlich auch solchen Parteien zu, die den Vertrag nicht im Rahmen einer solchen Tätigkeit abschließen. Diese lediglich „insulare“[282] Geltung wirft die Frage nach einer umfassenden Gewährleistung, mithin einem Auffanggrundrecht, auch für solche Fälle auf.

---

272 *Jarass/Kment*, EU-Grundrechte, 2019, § 21 Rn. 4.

273 *Kroll-Ludwigs*, Parteiautonomie, 2013, S. 244; vgl. auch zum Verhältnis beider Vorschriften: *Jarass/Kment*, EU-Grundrechte, 2019, § 21 Rn. 4.

274 Vgl. Meyer/Hölscheidt/*Bernsdorff*, Art. 16 GRCh Rn. 11.

275 Erläuterungen zur Charta der Grundrechte, C-303/02, S. 7; zur Berücksichtigung dieser Erläuterungen, siehe Art. 52 Abs. 7 GRCh.

276 EuGH, Urt. v. 16.1.1979, Rs. 151/78 – *Sukkerfabriken Nykkobing*, Rn. 20.

277 EuGH, Urt. v. 5.10.1999, C-240/97 – *Spanien/Kommission*, Rn. 99.

278 EuGH, Urt. v. 18.7.2013, C-426/11 – *Alemo-Herron*, Rn. 32.

279 EuGH, Urt. v. 22.1.2013, C-283/11 – *Sky Österreich*, Rn. 42.

280 Siehe auch: *Lüttringhaus*, Vertragsfreiheit, 2018, S. 109 m.w.N.

281 *Richter*, Parteiautonomie, 2017, S. 55; vgl. auch: *Lüttringhaus*, Vertragsfreiheit, 2018, S. 109 f.

282 Mit dieser Wortwahl: *Lüttringhaus*, Vertragsfreiheit, 2018, S. 101.

b) *Unionsrechtliches Auffanggrundrecht*

Zunächst kommt eine Garantie der Vertragsfreiheit insgesamt über die Freiheitsgrundrechte der Art. 6 GRCh oder Art. 5 EMRK in Betracht.[283] Diese stehen jedoch in der Tradition der „habeas corpus" Grundrechte, bezwecken also maßgeblich den Schutz vor willkürlicher Festnahme und Freiheitsentziehung.[284] Sie sind daher gerade nicht im Sinne einer allgemeinen Handlungsfreiheit zu verstehen, über die man eine Gewährleistung der Vertragsfreiheit herleiten könnte.[285]

Auch die Gewährleistung einer allgemeinen Handlungsfreiheit aus der „Freiheit" als Wert der Union Art. 2 EUV ist, wie von *Kroll-Ludwigs* zutreffend dargestellt, letztlich abzulehnen. Es handelt sich hierbei nur um eine politische Leitlinie im Sinne einer Homogenitätsklausel, nicht jedoch um einen materiellen Rechtssatz.[286]

In Betracht kommt jedoch eine Gewährleistung als Grundrecht und allgemeiner Grundsatz des Unionsrechts i.S.d. Art. 6 Abs. 3 EUV. Wie eine von *Lüttringhaus* vorgenommene, umfangreiche rechtsvergleichende Analyse zeigt, zählt die Vertragsfreiheit zum Kernbestand der mitgliedsstaatlichen Rechtsordnungen.[287] Zudem zählt sie auch zum Kernbestand des Unionsrechts sowie des Völkerrechts, welches selbst vom Grundsatz der Vertragsfreiheit beherrscht wird.[288] Damit erfüllt die Vertragsfreiheit die Anforderungen, die der EuGH an allgemeine Rechtsgrundsätze des Unionsrechts stellt.[289] Folglich ist die Vertragsfreiheit als ungeschriebenes Unionsgrundrecht i.S.d. Art. 6 Abs. 3 EUV primärrechtlich garantiert.[290]

---

283 Hohloch leitet die Privatautonomie aus den Art. 4 ff. EMRK her: *Hohloch*, FS Thue, 2007, S. 257, 263.

284 Jarass/*Jarass*, Art. 6 GRCh Rn. 8 f.; *Kroll-Ludwigs*, Parteiautonomie, 2013, S. 248 m.w.N.; mit Begründung und Verweis auf gegenteilige Ausführungen des Richters am EuGH Safjan: *Lüttringhaus*, Vertragsfreiheit, 2018, S. 104.

285 *Kroll-Ludwigs*, Parteiautonomie, 2013, S. 249.

286 *Dies.*, Parteiautonomie, 2013, S. 245 ff.

287 Siehe Lüttringhaus, der die folgenden Rechtsordnungen analysiert: Frankreich, Deutschland, Belgien, Österreich, Vereinigtes Königreich, Spanien, Portugal, Italien, Ungarn, Polen, Litauen, Schweden: *Lüttringhaus*, Vertragsfreiheit, 2018, S. 171 ff.

288 *Ders.*, Vertragsfreiheit, 2018, S. 198 f.

289 *Ders.*, Vertragsfreiheit, 2018, S. 198.

290 *Ders.*, Vertragsfreiheit, 2018, S. 199 ff. m.w.N.

Inwiefern das Unionsrecht eine allgemeine Handlungsfreiheit garantiert[291] bzw. inwiefern eine solche Funktion im Unionsrecht durch den Verhältnismäßigkeitsgrundsatz wahrgenommen wird,[292] ist daher nicht mehr entscheidend, da eine speziellere Garantie gegeben ist.

c) Nationale Grundrechte am Beispiel des Grundgesetzes

Neben diesen europäischen Grundrechten und allgemeinen Rechtsgrundsätzen wird vielfach auch auf die nationalen Grundrechte verwiesen.[293] Hierbei wird insbesondere auf Art. 2 Abs. 1 GG verwiesen, der nach ständiger Rechtsprechung der BVerfG als umfassendes Auffanggrundrecht jedes menschliche Verhalten schützt.[294] In ständiger Rechtsprechung des BVerfG umfasst dies auch die materiellrechtliche Vertragsfreiheit.[295] Hieraus leiten einige Autoren auch einen Schutz der Parteiautonomie über Art. 2 Abs. 1 GG ab.[296] Teils wird mit Blick auf die grundsätzliche Subsidiarität der allgemeinen Handlungsfreiheit auch auf einen vorrangigen Schutz der Privatautonomie durch speziellere Grundrechte verwiesen. In Frage käme etwa Art. 12 GG für Vertragsschlüsse im Rahmen der Berufsausübung.[297]

Da die unternehmerische Freiheit in Art. 16 GRCh und die Vertragsfreiheit als ungeschriebenes Unionsgrundrecht i.S.d. Art. 6 Abs. 3 EUV jedoch kein gegenüber diesen nationalen Gewährleistungen zurückbleibendes Schutzniveau garantieren, ist vorrangig auf die Unionsgrundrechte abzustellen. Im weiteren

---

291 Richter sieht die Vertragsfreiheit im Unionsrecht durch die allgemeine Handlungsfreiheit garantiert: *Richter*, Parteiautonomie, 2017, S. 55 f.

292 Kroll-Ludwigs sieht im Verhältnismäßigkeitsgrundsatz auf Unionsebene eine funktionell der allgemeinen Handlungsfreiheit vergleichbare Garantie, und stellt hierauf für die Vertragsfreiheit ab: *Kroll-Ludwigs*, Parteiautonomie, 2013, S. 254 f.

293 Siehe etwa: *Kroll-Ludwigs*, Parteiautonomie, 2013, S. 211 ff. m.w.N.; *Diedrich*, RIW 2009, 378, 379; vgl. auch: *Jayme*, IPRax 1991, 429.

294 Grundlegend: BVerfGE 6, 32, 36. f.; mit Verweis hierauf auch: *Richter*, Parteiautonomie, 2017, S. 58; *Laufkötter*, Parteiautonomie, 2001, S. 56 f.

295 Siehe etwa: BVerfGE 114, 1, 34; 89, 214, 231; 115, 52 f., siehe auch: Jarass/Pieroth/*Jarass*, Art. 2 GG Rn. 22 f. m.w.N.

296 Vgl. *Junker*, Internationales Privatrecht, 2021, § 6 Rn. 48; *Laufkötter*, Parteiautonomie, 2001, S. 56 f.; *Vogeler*, Rechtswahl, 2013, S. 14 f.; *Kroll-Ludwigs*, Parteiautonomie, 2013, S. 213; *Hohloch*, FS Thue, 2007, S. 257, 263.

297 Zur Diskussion mit weiteren Nachweisen: *Kroll-Ludwigs*, Parteiautonomie, 2013, S. 213.

Verlauf dieser Arbeit wird daher nicht auf die mitgliedsstaatlichen Gewährleistungen eingegangen.

d) Ergebnis

Die Vertragsfreiheit wird in ihrer speziellen Ausprägung für den unternehmerischen Verkehr durch Art. 16 GRCh gewährleistet. Ein umfassender Schutz ist darüber hinaus gewährleistet, da die Vertragsfreiheit als ungeschriebenes Unionsgrundrecht und damit als allgemeiner Rechtsgrundsatz i.S.d. Art. 6 Abs. 3 EUV anzuerkennen ist.

2. Entscheidung des EuGH in der Rs. Unamar

Wenngleich damit die Vertragsfreiheit im Unionsrecht umfassend garantiert ist, ist noch unklar, inwiefern die Parteiautonomie aus einer dogmatischen Parallelität bzw. Verwandtschaft zur Vertragsfreiheit hergeleitet werden kann.

Für *Lüttringhaus* hat der EuGH diese Frage bereits im Urteil zur Rs. *Unamar*[298] entschieden. Der EuGH habe in diesem Urteil die Parteiautonomie als allgemeinen Bestandteil der Vertragsfreiheit anerkannt, so dass auch die Parteiautonomie primärrechtlich garantiert sei.[299] Wie *Schmitz* jedoch nach ausführlicher Analyse des Urteils in verschiedenen Sprachfassungen in ihrer Dissertationsschrift zutreffend feststellt, basiert diese Bewertung auf einem missverständlichen Gebrauch der Begrifflichkeiten.[300] Der EuGH hatte die „Vertragsautonomie" mit der Rechtswahlfreiheit nach Art. 3 Abs. 3 Rom I-VO in Verbindung gebracht. Dies lässt zwar zunächst den Schluss zu, dass der EuGH die Parteiautonomie als Teil der materiellrechtlichen Vertragsfreiheit sieht. Dies wäre jedoch verfehlt, da der EuGH hier mit dem Begriff der „Vertragsautonomie" wohl nicht die materiellrechtliche Vertragsfreiheit meint, sondern die kollisionsrechtliche Parteiautonomie.[301] Damit liegt noch keine eindeutige Entscheidung des EuGH vor.

3. Stellungnahme zur Übertragung auf die Parteiautonomie

Für eine Herleitung der Parteiautonomie aus einer Verbindung zur Privatautonomie werden die Ähnlichkeiten zwischen beiden Rechtsinstituten angeführt.

---

298 EuGH, Urt. v. 17.10.2013, C-184/12 – *Unamar.*

299 Vgl. *Lüttringhaus*, IPRax 2014, 146, 148; siehe auch: *Schmitz*, Rechtswahlfreiheit, 2017, S. 79.

300 *Schmitz*, Rechtswahlfreiheit, 2017, S. 81 ff.

301 *Dies.*, Rechtswahlfreiheit, 2017, S. 81 f.

In beiden Fällen schließen die Parteien einen Vertrag, treffen also eine gemeinsame Gestaltungsentscheidung.[302] Dieser gemeinsame Wille der Parteien ist nur aufgrund seiner gesetzlichen Anerkennung im materiellen Recht oder Kollisionsrecht beachtlich.[303] Auch wird eine parallele Funktion der Rechtsinstitute angeführt: In beiden Fällen soll ein Interessenausgleich durch die autonome Bestimmung der Parteien stattfinden.[304] Ebenso werden die Grenzen der Gestaltungsfreiheit, so Vertreter dieser Ansicht, ähnlich gezogen. Materiellrechtliche Wertungen und Schutzerwägungen, etwa im Verbraucherschutz, werden in ähnlicher Weise im Kollisionsrecht berücksichtigt.[305] Angesichts dieser Parallelen handele es sich daher um zwei Spielarten privatrechtlicher Gestaltungsfreiheit, die auf einem „gemeinsamen Fundament" basieren.[306]

Unabhängig von diesen Parallelen zwischen Privat- und Parteiautonomie wird jedoch auch Kritik an der materiellrechtlichen Begründung geübt, die nachstehend einzuordnen ist.

So wird die materiellrechtliche Begründung teils mit dem Verweis abgelehnt, sie schaffe die Gefahr einer uferlosen Gestaltungsfreiheit der Parteien.[307] Wer von einem individuellen Freiheitsrecht ausgehe, stehe einer Erweiterung der Rechtswahlfreiheit tendenziell offener gegenüber.[308] Dass die materiellrechtliche Argumentation dementsprechend eine Grundlage für eine viel weitere Interpretation der Parteiautonomie schaffe, ist jedoch keinesfalls eindeutig. *Michaels* geht ganz im Gegenteil davon aus, dass die materiellrechtliche Auffassung den Umfang der Parteiautonomie eher restriktiv definiere: Sehe man in der Parteiautonomie eine „Verlängerung" der Privatautonomie, so würde gerade diese Erweiterung einer besonderen Rechtfertigung bedürfen.[309] In jedem Fall vermögen pauschale Verweise auf eine Gefahr der uferlosen Gestaltungsfreiheit nicht zu überzeugen. Schließlich können Grundrechte sowie allgemeine Rechtsgrundsätze, soweit Rechtfertigungsgründe bestehen, beschränkt werden.

302 *Dies.*, Rechtswahlfreiheit, 2017, S. 74.

303 So schon: *Savigny.*, Römisches Rechts Bd. 1, 1840, S. 12; so zu Art. 14 Rom II-VO: *Vogeler*, Rechtswahl, 2013, S. 11.

304 Vgl. *Laufkötter*, Parteiautonomie, 2001, S. 55.

305 Vgl. *Vogeler*, Rechtswahl, 2013, S. 13; *Mansel*, in: Leible/Unberath (Hrsg.), Brauchen wir eine Rom-0-Verordnung?, 2013, S. 241, 263.

306 *Kroll-Ludwigs*, Parteiautonomie, 2013, S. 155; *Laufkötter*, Parteiautonomie, 2001, S. 56.

307 *Schmitz*, Rechtswahlfreiheit, 2017, S. 76.

308 *Dies.*, Rechtswahlfreiheit, 2017, S. 76.

309 *Michaels*, Party Autonomy – A New Paradigm without a Foundation, 2013 (http://www.pilaj.jp/data/2013_0602_Party_Autonomy.pdf), S. 6 (geprüft am 30.9.2021).

Weitere Kritik setzt beim Schutzbereich der Grundrechte an. *Kühne* argumentierte, deutsche Grundrechte könnten nur eine Disposition über deutsches zwingendes Recht begründen.[310] Ebenso könnten europäische Grundrechte nicht zwingendes drittstaatliches Recht überwinden.[311] Dies läge darin begründet, dass deutsche und europäische Grundrechte nur den jeweiligen Gesetzgeber binden, und damit kein Recht der Parteien auf einen vollständigen Verzicht auf die objektive Anknüpfung zuungunsten drittstaatlichen Rechts begründen könnten.[312] Dem wird wiederum entgegnet, eine solche Argumentation würde den Schutzbereich der Grundrechte zu eng verstehen.[313]

Darüber hinaus wird vorgebracht, der materiellrechtliche Ansatz leide auch an einem grundlegenden Defizit. Die Privatautonomie bewegt sich stets in den Grenzen national zwingenden Rechts. Kennzeichnendes Merkmal der Parteiautonomie ist es jedoch, dass die „Abwahl" dieses objektiv anwendbaren nationalen Rechts möglich ist und damit gerade auch das Hinwegsetzen über zwingendes Recht.[314] Normen, die national zwingend sind, werden auf der kollisionsrechtlichen Ebene dispositiv.[315] Dies stelle einen „qualitativen Sprung" dar, den eine Herleitung der Partei- aus der Privatautonomie nicht erklären könne.[316]

Dem ist jedoch entgegenzutreten. Zwar setzt sich die Literatur kaum damit auseinander, wie sich dieser „qualitative Sprung" bei einer gemeinsamen Herleitung von Vertragsfreiheit und Parteiautonomie begründen lässt. Gleichwohl lässt sich dieser mit Blick auf das gemeinsame Fundament erklären. Die grundrechtlich garantierte Vertragsfreiheit wird bei einem Inlandssachverhalt durch das innerstaatlich zwingende Recht beschränkt bzw. dahingehend geregelt, dass dieses sich gegen das gewählte Recht durchsetzt.[317] Diese Ausgestaltung des Grundrechts ist verhältnismäßig, da als entgegenstehender Belang die effektive Durchsetzung nationalen Rechts als Teil staatlicher Souveränität[318] geschützt

310 *Kühne*, Parteiautonomie, 1973, S. 29 f.

311 *Schmitz*, Rechtswahlfreiheit, 2017, S. 75.

312 *Dies.*, Rechtswahlfreiheit, 2017, S. 75.

313 *Kroll-Ludwigs*, Parteiautonomie, 2013, S. 223 f.

314 Vgl. *Lehmann*, Vand. J. Trans. L. 41 (2008), 381, 388.

315 Vgl. *Michaels*, FS Schurig, 2012, S. 191, 194 f.

316 *Kühne*, Parteiautonomie, 1973, S. 29; dem zustimmend: *Flessner*, Interessenjurisprudenz, 1990, S. 100.

317 Im Detail zu dieser dogmatischen Einordnung im Kontext der Frage eines abwehrrechtlichen Verständnisses bzw. der Annahme eines normgeprägten Grundrechts: Zweiter Teil, C., II., 2. und 3.

318 Diese Zielsetzung wird ausführlich erläutert in: Zweiter Teil, B., IV.

wird. Besteht jedoch ein Auslandsbezug, wäre eine derartige Einschränkung nicht verhältnismäßig. Damit verlangt das Grundrecht bzw. der allgemeine Rechtsgrundsatz im Unionsrecht hier nach einer Möglichkeit zur Überwindung des innerstaatlich zwingenden Rechts, mithin nach der Einräumung der Parteiautonomie.

Damit sprechen die strukturellen Ähnlichkeiten zwischen Vertragsfreiheit und Rechtswahlfreiheit für ein gemeinsames Fundament, auf dessen Basis bezüglich der Bindungswirkung innerstaatlich zwingenden Rechts Unterschiede bestehen müssen.

4. *Ergebnis*

Im Ergebnis ist Vertragsfreiheit und damit auch Rechtswahlfreiheit für den unternehmerischen Bereich spezialgrundrechtlich über Art. 16 GRCh garantiert. Eine umfassende Gewährleistung von Partei- und Privatautonomie findet sich im ungeschriebenen Grundrecht der Vertragsfreiheit, die einen allgemeinen Grundsatz des Unionsrecht gem. Art. 6 Abs. 3 EUV darstellt. Im deutschen Verfassungsrecht ist die Parteiautonomie zudem, soweit keine spezielleren Grundrechte greifen, über Art. 2 Abs. 1 GG garantiert.

III. Grundfreiheiten

Neben der materiellrechtlichen Begründung der Rechtswahlfreiheit kommt auch eine Herleitung aus den Grundfreiheiten in Betracht. Die verschiedenen kollisionsrechtlichen Verordnungen der Union dienen der Verwirklichung des Binnenmarktziels (Art. 3 Abs. 3 S. 1 EUV). Dies ergibt sich für die Rom I-VO schon aus den Erwägungsgründen, nach denen die Verordnung das „reibungslose Funktionieren des Binnenmarkts“ ermöglichen soll.[319]

Der Binnenmarkt meint einen „Raum ohne Binnengrenzen, in dem der freie Verkehr von Waren, Personen, Dienstleistungen und Kapital gemäß den Bestimmungen der Verträge gewährleistet ist“ (Art. 26 Abs. 2 AEUV). Diesem Ziel der Europäischen Union dienen die Grundfreiheiten: Die Freiheit des Warenverkehrs (Art. 28, 34, 35 AEUV), die Arbeitnehmerfreizügigkeit (Art. 45 AEUV), die Niederlassungsfreiheit (Art. 49 AEUV), die Freiheit des Dienstleistungsverkehrs (Art. 56 AEUV) und die Freiheit des Kapital- und Zahlungsverkehrs (Art. 63 AEUV). Darüber hinaus werden teils auch das allgemeine Freizügigkeitsrecht (Art. 21 AEUV), das allgemeine Diskriminierungsverbot nach

---

319 Erwägungsgrund 6 der Rom I-VO.

Art. 18 AEUV und die Unionsbürgerschaft als Grundfreiheiten bezeichnet.[320] Diese „Grundfreiheiten ohne Markt“[321] werden vorliegend nicht behandelt, vom Begriff der Grundfreiheiten also nachstehend auch nicht erfasst.

Vermehrt sehen Autoren die Legitimation der Parteiautonomie in diesen Grundfreiheiten.[322] Objektive Anknüpfungen würden Hindernisse für den innergemeinschaftlichen Verkehr von Waren, Dienstleistungen, Arbeitnehmern und Kapital ergeben und daher Beschränkungen der Grundfreiheiten bedeuten. Im Folgenden soll untersucht werden, inwiefern diese Argumentation zutrifft.

Bei dieser Untersuchung bleibt die Niederlassungsfreiheit außer Betracht. Bei dieser stellen sich Fragen der Parteiautonomie in Form der Rechtsformwahlfreiheit. Sie betrifft damit nicht die in Art. 3 Abs. 1 Rom I-VO verbürgte Rechtswahlfreiheit in Schuldverträgen.[323]

1. Räumlich-persönlicher Anwendungsbereich der Grundfreiheiten

Vorab ist bereits festzustellen, dass der räumlich-persönliche Anwendungsbereich nicht in sämtlichen Fällen eröffnet ist, für die die Rom I-VO die Rechtswahlfreiheit eröffnet. Zwischen dem Anwendungsbereich der Grundfreiheiten und dem der Rechtswahlfreiheit ergibt sich insofern eine Divergenz.

Gem. Art. 1 Abs. 1 der Rom I-VO fordert der räumliche Anwendungsbereich der Verordnung lediglich „eine Verbindung zum Recht verschiedener Staaten“. Da die Rom I-VO universale Geltung beansprucht (Art. 2 Rom I-VO), muss es sich hierbei nicht um Mitgliedsstaaten handeln; vielmehr ist auch eine Verbindung zum Recht zweier beliebiger Nicht-Mitgliedsstaaten ausreichend.[324] Die Rechtswahlfreiheit des Art. 3 Abs. 1 Rom I-VO ist damit auch in reinen Drittstaatensachverhalten eröffnet, die keinen Bezug zum Gebiet eines Mitgliedsstaates aufweisen.

---

320 *Ehlers*, in: Ehlers/Becker (Hrsg.), Europäische Grundrechte und Grundfreiheiten, 2014, § 7 Rn. 2.

321 Diese Unterscheidung bildet Klenk heraus und lehnt sich hierbei terminologisch an Wollenschläger an: *Klenk*, Grenzen, 2019, S. 6; *Wollenschläger*, Unionsbürgerschaft, 2007.

322 Siehe insbesondere wiederholt: *von Wilmowsky*, RabelsZ 62 (1998), 1, 3 ff.; *ders.*, Kreditsicherungsrecht, 1996, S. 43 ff.; *ders.*, ZEuP 1995, 735, 736 f.;; siehe auch: *Schmitz*, Rechtswahlfreiheit, 2017, S. 103 ff.; *Kroll-Ludwigs*, Parteiautonomie, 2013, S. 273 ff.; *Freitag*, Produkthaftungsrecht, 2000, S. 362 f.; im deliktsrechtlichen Kontext: *von Hein*, RabelsZ 64 (2000), 595, 609 f.

323 Siehe zu dieser Rechtsformwahlfreiheit von Gesellschaften etwa: *Kroll-Ludwigs*, Parteiautonomie, 2013, S. 278.

324 Vgl. Staudinger/*Magnus*, Art. 1 Rom I-VO Rn. 13.

Bei den Grundfreiheiten hingegen stellt sich der räumliche Anwendungsbereich anders dar. Die Warenverkehrsfreiheit gilt im Hoheitsgebiet der Union und gem. Art. 28 Abs. 1 AEUV für Waren, die sich in den Mitgliedsstaaten im freien Verkehr befinden.[325] Die Dienstleistungsfreiheit garantiert den Marktzugang nur für Angehörige anderer Mitgliedsstaaten.[326] Die Arbeitnehmerfreizügigkeit erfasst ebenfalls nur solche Arbeitnehmer, die die Staatsangehörigkeit eines Mitgliedsstaates haben.[327]

Bei der Freiheit des Kapital- und Zahlungsverkehrs hingegen ist der Anwendungsbereich etwas weiter definiert und verbietet hier gem. Art. 63 Abs. 1 und Abs. 1 AEUV Beschränkungen dieser Freiheiten „zwischen den Mitgliedsstaaten sowie zwischen den Mitgliedsstaaten und dritten Ländern". Dieser weiter gefasste räumliche Anwendungsbereich ist schrittweise gewachsen,[328] und „dürfte vor allem vor dem Hintergrund der engen Verknüpfung der Gewährleistung des freien Kapital- und Zahlungsverkehrs mit der Wirtschafts- und Währungsunion und dem damit verbundenen Bedürfnis, das Vertrauen in die europäische Währung zu stärken, zu verstehen sein".[329]

Insgesamt bleibt der Anwendungsbereich der Grundfreiheiten hinter dem der Rechtswahlfreiheit, die die Rom I-VO einräumt, zurück. Dies gilt vornehmlich für die genannten Drittstaatensachverhalte. Aber auch Sachverhalte, die nur Bezüge zu einem Mitgliedsstaat und einem Drittstaat aufweisen, werden, bis auf die Kapital- und Zahlungsverkehrsfreiheit, nicht von den Grundfreiheiten erfasst. Die Grundfreiheiten vermögen die Rechtswahlfreiheit jedoch nur in solchen Fällen dogmatisch zu legitimieren, in denen sie auch anwendbar sind. Die nachfolgenden Ausführungen zur dogmatischen Legitimation müssen sich dementsprechend auch auf diese Fälle beschränken. Inwiefern diese Differenzierung in der Dogmatik letztlich auch zu einer unterschiedlichen Auslegung des Art. 3 Abs. 3 Rom I-VO führen sollte, wird zum Ende des ersten Teils zu diskutieren sein, da hierbei die im Rahmen der teleologischen Auslegung präzisierte Zwecksetzung des Art. 3 Abs. 3 Rom I-VO miteinbezogen werden soll.[330]

---

325 Grabitz/Hilf/Nettesheim/*Leible/Streinz*, Art. 34 AEUV Rn. 32.

326 Vgl. *Frenz*, Europäische Grundfreiheiten, 2012, S. 954.

327 Siehe: *ders.*, Europäische Grundfreiheiten, 2012, S. 509 ff.

328 Vgl. zu dieser Entwicklung: *Schneider*, Kapitalverkehrsfreiheit, 2018, S. 29 ff.; *Kemmerer*, Kapitalverkehrsfreiheit, 2010, S. 50 ff.

329 *Wunderlich/Blaschke*, IStR 2008, 754, 755.

330 Siehe hierzu unten: Zweiter Teil, C., III.

2. *Grundfreiheiten als Beschränkungsverbote im Internationalen Privatrecht*

Die Grundfreiheiten haben sich im Laufe der Rechtsprechung des EuGH zu Beschränkungsverboten entwickelt. Diese Entwicklung soll vorliegend überblicksartig dargestellt werden, um sodann zu untersuchen, inwiefern die Grundfreiheiten auch Geltung im Internationalen Privatrecht entfalten. Diese Frage bleibt – mangels einer Grundsatzentscheidung des EuGH zum Verhältnis der Grundfreiheiten zum Kollisionsrecht – Gegenstand intensiver Debatten.

a) *Grundfreiheiten als Beschränkungsverbote*

Den Grundfreiheiten werden in erster Linie Diskriminierungsverbote entnommen, die das allgemeine Diskriminierungsverbot des Art. 18 AEUV bereichsspezifisch konkretisieren.[331] Im Zuge seiner Rechtsprechung hat der EuGH die Grundfreiheiten zu Beschränkungsverboten weiterentwickelt.[332] Dies geschah zunächst für die Warenverkehrsfreiheit mit der *Dassonville*-Entscheidung. Der EuGH entschied, dass „jede Handelsregelung der Mitgliedsstaaten, die geeignet ist, den innergemeinschaftlichen Handel unmittelbar oder mittelbar, tatsächlich oder potentiell zu behindern […] als Maßnahme mit gleicher Wirkung wie eine mengenmäßige Beschränkung“ anzusehen ist.[333] Diese zur Warenverkehrsfreiheit entwickelte Formel hat der EuGH mit gewissen Abweichungen auf alle Grundfreiheiten übertragen.[334] So verlange die Dienstleistungsfreiheit die „Aufhebung aller Beschränkungen – selbst wenn diese unabhängig von der Staatsangehörigkeit und unterschiedslos für einheimische und auswärtige Dienstleistungserbringer gelten […], wenn sie geeignet sind, die Tätigkeit des Dienstleistenden, der in einem anderen Mitgliedsstaat ansässig ist und dort regelmäßig ähnliche Dienstleistungen erbringt, zu unterbinden oder zu behindern.“[335] Auch für die Kapitalverkehrsfreiheit entschied der EuGH ähnlich;[336]

---

331 *Ehlers*, in: Ehlers/Becker (Hrsg.), Europäische Grundrechte und Grundfreiheiten, 2014, § 7 Rn. 24.

332 So schon: *Roth*, RabelsZ 55 (1991), 623, 646; siehe zu dieser Entwicklung etwa: *Lippert*, Grenzüberschreitender Sachverhalt, 2013, S. 26 ff.; *Perner*, Privatrecht, 2013, S. 39 ff.

333 EuGH, Urt. v. 11.6.1974, Rs. 8/74 – *Dassonville*, Rn. 5.

334 Vgl. Calliess/Ruffert/*Kingreen*, Art. 36 AEUV Rn. 41 f.; *Lippert*, Grenzüberschreitender Sachverhalt, 2013, S. 28 f.

335 EuGH, Urt. v. 25.7.1991, C-76/90 – *Säger*, Rn. 12.

336 EuGH, Urt. v. 4.6.2002, C-367/98 – *Kommission/Portugal*, Rn. 45.

ebenso erkannte der EuGH in der *Bosman*-Entscheidung die Arbeitnehmerfreizügigkeit als Beschränkungsverbot an.[337]

b) These von der Kollisionsrechtsneutralität der Grundfreiheiten

Bevor eine mögliche Herleitung der Rechtswahlfreiheit aus den Grundfreiheiten diskutiert werden kann, muss zunächst erörtert werden, inwiefern die Grundfreiheiten überhaupt Relevanz im Internationalen Privatrecht beanspruchen können. Der EuGH hat bisher nicht zum grundsätzlichen Verhältnis zwischen Grundfreiheiten und dem Kollisionsrecht Stellung genommen. In diesem „Vakuum" hat sich ein Spektrum unterschiedlicher Ansichten gebildet. Teilweise entnehmen diese den Grundfreiheiten konkrete kollisionsrechtliche Anknüpfungsgrundsätze; auf diese Theorien ist sogleich einzugehen. Eine Ansicht jedoch spricht den Grundfreiheiten schon im Ausgangspunkt jegliche Relevanz für das Kollisionsrecht ab: die These von der Kollisionsrechtsneutralität der Grundfreiheiten.[338] Nach dieser These kommt dem Kollisionsrecht lediglich die Aufgabe zu, über das anzuwendende Recht zu entscheiden. In dieser Funktion sei das Kollisionsrecht nicht in der Lage, in den Schutzbereich der Grundfreiheiten einzugreifen.

Ausgangspunkt dieser Überlegungen ist die ergebnisorientierte Natur der Grundfreiheiten: Ziel der Grundfreiheiten ist es, dass die beschränkende Wirkung beseitigt wird, die den einzelnen Unionsbürger in seinen Rechten verletzt.[339] Ob man in den Grundfreiheiten beeinträchtigt ist, beurteilt sich nach den Vertretern dieser Ansicht nach dem konkreten Rechtsanwendungsergebnis, also nach dem Anwendungsergebnis des materiellen Rechts. Die These von der Kollisionsrechtsneutralität erhebt damit „die ergebnisorientierte Sichtweise zur Beurteilungsmaxime".[340] Diese Idee ist zunächst verständlich: Für den Bürger sind beispielsweise die mit der Anwendung einer Sachnorm verknüpften Kosten, die den Import von Waren unter Umständen behindern, entscheidend.[341] Die

---

337 EuGH, Urt. v. 15.12.1995, C-415/93 – *Bosman*, Rn. 94 ff.; *Ehlers*, in: Ehlers/Becker (Hrsg.), Europäische Grundrechte und Grundfreiheiten, 2014, § 7 Rn. 30.

338 Überblicksartig zu den Autoren, die diese These vertreten sowie zur Judikatur des EuGH: *Körber*, Grundfreiheiten, 2004, S. 435 ff.; vgl. auch: *Rohe*, RabelsZ 61 (1997), 1, 58 f.; vermittelnd: Sonnenberger, der bei einer grundfreiheitswidrigen Sachnorm der sie zur Anwendung berufenden Kollisionsnorm einen „Anteil" an dieser Beschränkung zuspricht: *Sonnenberger*, ZVglRWiss 95 (1996), 3, 22 f.

339 *Schwemmer*, Anknüpfungsprinzipien, 2018, S. 53.

340 *Perner*, Privatrecht, 2013, S. 120.

341 *Roth*, GS Lüderitz, 2000, S. 635, 639.

Literatur stützt sich zudem auf die Rechtsprechungspraxis des EuGH, der die beschränkenden Sachnormen an den Grundfreiheiten misst.[342]

Dieser Ansicht ist gleichwohl entschieden zu widersprechen. Den Grundfreiheiten sind rechtstechnische Kategorien wie Kollisions- und Sachrecht fremd, ihnen können keine Angaben zur notwendigen Regelungsmethodik entnommen werden.[343] Dies führt zu allgemeinen „Verständnisschwierigkeiten“[344] in diesem Bereich.[345] Diese sollten jedoch nicht zu einer pauschalen Ablehnung der Relevanz der Grundfreiheiten für das Kollisionsrecht führen, nur weil dieses auf der ersten Stufe der Rechtsanwendung steht, und erst auf der zweiten Stufe, nach dem maßgeblichen objektiven Recht, das konkrete Rechtsanwendungsergebnis ermittelt wird.

Schließlich können auch geeignete kollisionsrechtliche Gestaltungen zur Beseitigung von Mobilitätshindernissen beitragen.[346] Allein die Tatsache, dass im Ergebnis kein für den Bürger belastendes Rechtsanwendungsergebnis vorliegt, bedeutet nicht, dass die Anknüpfung mit den Grundfreiheiten vereinbar war. Schon die Anwendung ausländischen Rechts an sich kann eine Belastung sein. So kann ein Statutenwechsel auch bei einem „unterm Strich“ gleichen Rechtsanwendungsergebnis etwa aufgrund der damit einhergehenden Transaktionskosten eine belastende Wirkung entfalten.[347] Denn das Kollisionsrecht ordnet gerade die Informationslasten und -risiken hinsichtlich der zur Anwendung kommenden, oftmals für eine Seite unbekannten, Rechtsordnung zu.[348]

Zudem ist auch das Internationale Privatrecht in vielen Fällen gerade nicht sachrechtsneutral, sondern arbeitet auf ein bestimmtes materiellrechtliches Ergebnis hin. Beispiel hierfür sind etwa die Schutzanknüpfungen nach Art. 6 Abs. 1 bzw. Art. 7 Abs. 2 Rom I-VO, die darauf abzielen, dass das Heimatrecht des Verbrauchers bzw. Versicherungsnehmers Anwendung findet.[349] Lediglich

---

342 Vgl. *Schwemmer*, Anknüpfungsprinzipien, 2018, S. 52 m.w.N.

343 *Dies.*, Anknüpfungsprinzipien, 2018, S. 53.

344 *Kohler*, FS Jayme, 2004, S. 445.

345 *Schwemmer*, Anknüpfungsprinzipien, 2018, S. 54.

346 *Dies.*, Anknüpfungsprinzipien, 2018, S. 60.

347 Siehe zu Transaktionskosten im Detail unten: Zweiter Teil, A., III., 4., a), bb), (1), (b).

348 So Roth, der diese Kosten aber mangels Problematisierung durch den EuGH als freiheitenirrelevant einordnet: *Roth*, GS Lüderitz, 2000, S. 635, 639; vgl. schon *von Wilmowsky*, RabelsZ 62 (1998), 1, 2 f.; a.A. Körber, der den Grundfreiheiten die kollisionsrechtliche Relevanz weitgehend abspricht: *Körber*, Grundfreiheiten, 2004, S. 440 ff.; siehe auch: *Perner*, Privatrecht, 2013, S. 118.

349 So auch *Perner*, Privatrecht, 2013, S. 120.

das Sachrecht, nicht aber das auf ähnlichen Erwägungen basierende Kollisionsrecht am Maßstab der Grundfreiheiten zu kontrollieren, wäre daher verfehlt.

Insgesamt wird die These von der Kollisionsrechtsneutralität der Grundfreiheiten daher zu Recht überwiegend abgelehnt.[350]

c) Reduzierung der Grundfreiheiten auf das Herkunftslandprinzip

Im „Vakuum" zum Verhältnis zwischen Grundfreiheiten und dem Kollisionsrecht wird teils auch versucht, das ursprünglich für das materielle Recht entwickelte sog. Herkunftslandprinzip auf das Kollisionsrecht zu übertragen.[351] Die Grundfreiheiten haben demnach nicht nur Relevanz für das Kollisionsrecht, ihnen ist vielmehr auch ein sehr konkreter kollisionsrechtlicher Gehalt zu entnehmen: Es solle stets das Privatrecht des Herkunftslands Anwendung finden. Demnach wäre etwa auf Darlehensverträge das Recht des Darlehensgebers anwendbar und auf Arbeitsverträge das Recht der Herkunft der Leistung, also der Herkunft des Arbeitnehmers.[352]

Schon im Ausgangspunkt sprechen mehrere Argumente gegen die Gleichsetzung der Grundfreiheiten mit dem Herkunftslandprinzip.[353] So ist das Herkunftslandprinzip nicht primärrechtlich garantiert,[354] vielmehr handelt es sich lediglich um ein Prinzip des Sekundärrechts.[355] Vor diesem Hintergrund kann das Herkunftslandprinzip keine Vorgaben zur Auslegung des Primärrechts vermitteln.[356] Zudem enthalten die Grundfreiheiten lediglich eine Zielvorgabe für

---

350 Vgl. schon: *von Wilmowsky*, RabelsZ 62 (1998), 1, 2 f.; Körber lehnt eine derartige „Bereichsausnahme" ab, Kollisionsnormen würden allerdings nur selten an grundfreiheitlichen Anforderungen scheitern: *Körber*, Grundfreiheiten, 2004, S. 435 ff.; siehe auch: *Perner*, Privatrecht, 2013, S. 118; *Roth*, GS Lüderitz, 2000, S. 635, 638 f.

351 Vgl. hierzu: *Schilling*, Binnenmarktkollisionsrecht, 2006, S. 171 ff.; *Körber*, Grundfreiheiten, 2004, S. 444 ff.; *Drasch*, Herkunftslandprinzip, 1997, S. 205 ff.; *Basedow*, RabelsZ 59 (1995), 1, 12 ff.

352 Vgl. *von Wilmowsky*, RabelsZ 62 (1998), 1, 16 f.

353 Siehe hierzu insbesondere: *ders.*, RabelsZ 62 (1998), 1, 11 ff.

354 EuGH, Urt. v. 13.5.1997, C-233/94 – *Bundesrepublik/Parlament*, Rn. 64; vgl. auch: *Schwemmer*, Anknüpfungsprinzipien, 2018, S. 50 f.; *Mankowski*, in: Basedow/Hopt/Zimmermann u.a. (Hrsg.), Handwörterbuch des Europäischen Privatrechts Bd. 1, 2009, S. 825, 826.

355 *Mankowski*, in: Basedow/Hopt/Zimmermann u.a. (Hrsg.), Handwörterbuch des Europäischen Privatrechts Bd. 1, 2009, S. 825, 826; *von Wilmowsky*, RabelsZ 62 (1998), 1, 12.

356 So schon: *von Wilmowsky*, RabelsZ 62 (1998), 1, 12.

die Mitgliedsstaaten, angesichts derer es verfehlt wäre, mit dem Herkunftslandprinzip eine spezifische Methode festzulegen.[357]

Zudem spricht wenig dafür, dass das Herkunftslandprinzip im Kollisionsrecht mit den Grundfreiheiten vereinbare Ergebnisse erzielen würde. Schließlich kann auch die Anwendung des Rechts des Herkunftslandes eine Belastung für den Binnenmarkt darstellen. Dieses könnte, etwa im Vergleich zu dem des Bestimmungslandes, für die Parteien ungeeignete Regelungen enthalten und die von ihnen gewollten Vertragsbestimmungen verbieten. Angesichts solcher Konstellationen vertritt *Basedow* daher, dass zwar grundsätzlich das Recht des Herkunftslandes anzuwenden ist. Ist dieses aber restriktiver als das des Bestimmungslandes, so ist das Recht des Bestimmungslandes anzuwenden; es gilt also ein Günstigkeitsprinzip.[358] *Drasch* hingegen vertritt, es solle eine Möglichkeit zur Wahl des Rechts des Herkunftslandes bestehen.[359]

Doch auch mit solchen Variationen[360] vermag das Herkunftslandprinzip als kollisionsrechtlicher Gehalt der Grundfreiheiten nicht zu überzeugen. Denn auch so können nachteilige Wirkungen für die Ausübungen der Grundfreiheiten bestehen bleiben. So würde das Herkunftslandprinzip verlangen, dass Unternehmen in Grenzregionen auf jeden Arbeitsvertrag das Recht des „Herkunftslandes" des Arbeitnehmers anwenden.[361] Selbst, wenn man nun die Freiheit einräumt, das Recht des Arbeitgebers zu wählen, oder dies von einer Günstigkeitskontrolle abhängig macht, würde dies die Praxis deutlich verkomplizieren.

Ebenso könnte etwa eine niederländische Bank bei der Vergabe eines Kredits an ein deutsches Unternehmen nur niederländisches Recht anwenden. Damit wäre es ihr praktisch unmöglich, zur Risikostreuung ein Konsortium mit ausländischen Banken zu bilden.[362] Denn einen Vertrag nach einem in der Branche unüblichen und ausländischen Banken unvertrauten Recht abzuschließen, wäre mit hohen Transaktionskosten verbunden. Diese müssten einkalkuliert werden und könnten einen prohibitiven Effekt entfalten. Selbst wenn man nun – wie *Drasch* es fordert – die Wahl deutschen Rechts ermöglicht, entschärft dies die Problematik nicht. Auch deutsches Recht wäre nur einem kleinen Kreis der

---

357 Vgl. *Perner*, Privatrecht, 2013, S. 121.

358 *Basedow*, RabelsZ 59 (1995), 1, 16.

359 *Drasch*, Herkunftslandprinzip, 1997, S. 244 ff.

360 Überblicksartig zu diesen Abwandlungen des Herkunftslandprinzips: *Schilling*, Binnenmarktkollisionsrecht, 2006, S. 173 f.

361 Vgl. *von Wilmowsky*, RabelsZ 62 (1998), 1, 17.

362 *Ders.*, RabelsZ 62 (1998), 1, 16.

international tätigen Banken vertraut, für die übrigen wäre das Geschäft weiterhin mit hohen Transaktionskosten belastet. Das Herkunftslandprinzip ist damit schlicht nicht in der Lage, den Binnenmarkt in der von den Grundfreiheiten geforderten Weise zu unterstützen. Es wird daher zurecht überwiegend abgelehnt.[363]

d) Ergebnis

Die Grundfreiheiten dienen der Verwirklichung des Binnenmarkts gerade durch ihre umfassende Wirkung als Beschränkungsverbote. Versuche, das Internationale Privatrecht von dieser Wirkung zu isolieren oder den Grundfreiheiten hier eine anders geartete Wirkung beizumessen, sind daher abzulehnen. Stattdessen müssen die Grundfreiheiten als Beschränkungsverbote auch im Internationalen Privatrecht Geltung beanspruchen. Im Folgenden ist zu untersuchen, inwiefern sich aus diesen Beschränkungsverboten eine Garantie der Rechtswahlfreiheit ergibt.

3. Entscheidung des EuGH in der Rs. Alsthom Atlantique

Kroll-Ludwigs führt an, der EuGH habe bereits entschieden, dass die Rechtswahlfreiheit durch die Grundfreiheiten garantiert sei und bezieht sich hierfür auf die Entscheidung *Alsthom Atlantique*.[364]

a) Sachverhalt

Das französische Unternehmen Alsthom verkaufte und lieferte dem niederländischen Unternehmen HAT 1983 und 1984 zwei Kreuzfahrtschiffe.[365] Die Motoren der jeweiligen Schiffe hatte Alsthom zuvor vom deutschen Zulieferer Sulzer erworben,[366] der diese seinerseits von einem deutschen Subunternehmer bezogen hatte.[367]

Nach Lieferung der Schiffe durch Alsthom an HAT machte letztere verschiedene Mängel, unter anderem bezüglich der Motoren, geltend.[368] HAT und

---

363 Vgl. *Schwemmer*, Anknüpfungsprinzipien, 2018, S. 60 f.; *Kroll-Ludwigs*, Parteiautonomie, 2013, S. 264 m.w.N.; *Klauer*, Verbraucherverträge, 2002, S. 106; *Fetsch*, Eingriffsnormen, 2002, S. 114; *von Wilmowsky*, RabelsZ 62 (1998), 1, 11 ff.

364 *Kroll-Ludwigs*, Parteiautonomie, 2013, S. 273 ff.

365 Schlussanträge des Generalanwalts van Gerven, C-339/89 – *Alsthom Atlantique*, Rn. 2.

366 Schlussanträge des Generalanwalts van Gerven, C-339/89 – *Alsthom Atlantique*, Rn. 2; Sitzungsbericht, C-339/89, Rn. 1.

367 Sitzungsbericht, C-339/89 – *Alsthom Atlantique*, Rn. 1.

368 Schlussanträge des Generalanwalts van Gerven, C-339/89 – *Alsthom Atlantique*, Rn. 2.

Alsthom prozessierten daraufhin aufgrund der in diesem Vertragsverhältnis bestehenden Schiedsklausel in einem Schiedsverfahren, bei dem Alsthom versuchte, möglichen Forderungen haftungsbeschränkende Vertragsklauseln entgegenzuhalten.[369] Auf das Vertragsverhältnis zwischen HAT und Alsthom fand jedoch französisches Recht Anwendung.[370] Im französischen *Code Civil* findet sich bezüglich der Haftung für Mängel folgende Bestimmung:

„Er [der Verkäufer] haftet für die verborgenen Mängel, selbst wenn er sie nicht gekannt hat, es sei denn, er hat in diesem Fall seine Gewährleistungspflicht vertraglich ausgeschlossen [...].“[371]

Diese Regelung wird durch die Cour de cassation dahingehend ausgelegt, dass eine unwiderlegliche Vermutung besteht, dass der gewerbliche Verkäufer den Mangel der verkauften Sache kennt.[372] Haftungsbeschränkungen sind demnach nur unter Unternehmen der gleichen Branche wirksam.[373] Alsthom war vor dem Hintergrund dieser Rechtsprechung nicht in der Lage, etwaige haftungsbeschränkende Klauseln gegen Ansprüche von HAT geltend zu machen.[374]

Bezüglich des Verhältnisses zwischen Alsthom und Sulzer erschien demgegenüber unklar, inwiefern Sulzer und Alsthom als der gleichen Branche zugehörig zu betrachten sind, so dass unsicher war, wie eine Haftungsbeschränkung hier zu beurteilen wäre.[375] Im Verhältnis zwischen Sulzer und dem deutschen Subunternehmer hingegen galt deutsches Recht, wonach der Subunternehmer sich erfolgreich auf Haftungsbeschränkungen berufen konnte.[376] Sulzer wäre demnach nicht in der Lage gewesen, etwaige Regressforderungen an den tatsächlich für die mangelhafte Herstellung verantwortlichen Subunternehmer weiterzureichen.[377]

Alsthom verklagte daraufhin seinen Zulieferer Sulzer und beantragte, Sulzer zu verurteilen, sie bezüglich einer möglichen Verurteilung im Verfahren mit HAT schadlos zu halten.[378] Aus diesem Verfahren resultierte das Vorlageverfahren.

---

369 Schlussanträge des Generalanwalts van Gerven, C-339/89 – *Alsthom Atlantique*, Rn. 2.

370 Schlussanträge des Generalanwalts van Gerven, C-339/89 – *Alsthom Atlantique*, Rn. 2.

371 Art. 1643 Code Civil, die hier zitierte deutsche Übersetzung findet sich in: Sitzungsbericht, C-339/89 – *Alsthom Atlantique*, Rn. 2.

372 Schlussanträge des Generalanwalts van Gerven, C-339/89 – *Alsthom Atlantique*, Rn. 2.

373 Sitzungsbericht, C-339/89 – *Alsthom Atlantique*, Rn. 2; vgl. hierzu auch: *Kroll-Ludwigs*, Parteiautonomie, 2013, S. 273 ff.

374 Schlussanträge des Generalanwalts van Gerven, C-339/89 – *Alsthom Atlantique*, Rn. 3.

375 Schlussanträge des Generalanwalts van Gerven, C-339/89 – *Alsthom Atlantique*, Rn. 4.

376 *Klauer*, Verbraucherverträge, 2002, S. 99.

377 *Ders.*, Verbraucherverträge, 2002, S. 99.

378 EuGH, Urt. v. 24.1.1991, C-339/89 – *Alsthom Atlantique*, Rn. 5.

Sulzer macht geltend, dass die massive Einschränkung von Haftungsbeschränkungen im französischen Recht gegen die Bestimmungen des EWG-Vertrags verstoßen würde. Sie würden Unternehmen in Frankreich besonders stark belasten und damit den Wettbewerb verzerren.[379] Vor diesem Hintergrund strengte Sulzer mit Unterstützung durch Alsthom eine Vorlage der Frage an den EuGH an, um eine veränderte Beurteilung dieser Frage zu erreichen und hiermit Einfluss auf die Beurteilung dieser Klauseln im Schiedsverfahren zwischen Alsthom und HAT zu nehmen und damit letztlich den Regressforderungen durch Alsthom zu entgehen.[380]

b) Entscheidung

Der EuGH entschied letztlich gegen einen Verstoß gegen die Grundfreiheiten, im Kern mit folgender Argumentation:

> „Die in der vorliegenden Rechtssache angeführte Rechtsprechung der französischen Cour de cassation gilt jedoch unterschiedslos für alle dem französischen Recht unterliegenden Handelsbeziehungen und hat weder den Zweck noch die Wirkung, speziell die Ausfuhrströme zu beschränken und somit die nationale Produktion oder den nationalen Binnenmarkt zu begünstigen. *Im übrigen* steht es den Parteien eines internationalen Kaufvertrags *im allgemeinen frei, das auf ihre Vertragsbeziehungen anwendbare Recht zu bestimmen* und so die Unterwerfung unter das französische Recht zu vermeiden."[381]

Aus diesem letzten Satz folgert *Kroll-Ludwigs* im Umkehrschluss, dass eine Versagung bzw. Beschränkung der Parteiautonomie einen potentiellen Eingriff in die Grundfreiheiten bedeuten kann.[382] Ein solcher Rückschluss auf eine Anerkennung der grundfreiheitlichen Garantie der Rechtswahlfreiheit durch den EuGH scheint jedoch vorschnell.[383] Allenfalls deutet der Gerichtshof hier an, dass bestimmte Sachnormen einen Eingriff in die Grundfreiheiten bedeuten können, wenn keine Rechtswahlfreiheit besteht.[384] Damit impliziert der EuGH zwar eine besondere Relevanz der Rechtswahlfreiheit für die Grundfreiheiten und scheint auch für denkbar zu halten, dass die Rechtswahlfreiheit vom

---

379 Schlussanträge des Generalanwalts van Gerven, C-339/89 – *Alsthom Atlantique*, Rn. 3.

380 Zu dieser ungewöhnlichen Vorlagesituation: Schlussanträge des Generalanwalts van Gerven, C-339/89 – *Alsthom Atlantique*, Rn. 2 ff.

381 EuGH, Urt. v. 24.1.1991, C-339/89 – *Alsthom Atlantique*, Rn. 15 (Hervorhebungen durch die Verfasserin).

382 *Kroll-Ludwigs*, Parteiautonomie, 2013, S. 275.

383 Ähnlich zurückhaltend auch: *Freitag*, Produkthaftungsrecht, 2000, S. 370 f.

384 So auch: *Klauer*, Verbraucherverträge, 2002, S. 99 f.

Schutzgehalt der Warenverkehrsfreiheit erfasst ist.[385] Gleichwohl würde man den Gehalt des Urteils überdehnen, wenn man versuchen würde, hierin eine eindeutige Entscheidung des EuGH zur umstrittenen Wirkung der Grundfreiheiten im Kollisionsrecht zu sehen,[386] zumal sich der EuGH hier lediglich obiter äußerte.[387]

4. *Objektive Anknüpfung als Beschränkung der Grundfreiheiten*

Im Internationalen Privatrecht sind objektive Anknüpfungen notwendig, um in sämtlichen Fällen das anwendbare Recht bestimmen zu können. Fraglich ist jedoch, inwiefern ein System rein objektiver Anknüpfungen unter Versagung der parteiautonomen Rechtswahl grundfreiheitenwidrig wäre. Rein objektive Anknüpfungen unter Versagung der Parteiautonomie führen freilich nicht zu einem vollständigen Ausschluss grenzüberschreitender Transaktionen. Auch gelten die allseitig orientierten Kollisionsnormen unterschiedslos, haben mithin also keine diskriminierende Wirkung.[388] Die rein objektive Anknüpfung könnte jedoch grenzüberschreitende Geschäfte erschweren und damit eine Maßnahme gleicher Wirkung, also gleichwohl eine Beschränkung der Grundfreiheiten, darstellen.

Daher ist der Frage nachzugehen, inwiefern eine rein objektive Anknüpfung unter Versagung der Parteiautonomie im Internationalen Privatrecht Belastungen im Sinne der *Dassonville*-Formel verursacht. Lassen sich solche Belastungen nachweisen, dann verlangen die Grundfreiheiten nach der Eröffnung kollisionsrechtlicher Parteiautonomie,[389] soweit kein Rechtfertigungsgrund für eine Versagung der Rechtswahlfreiheit besteht.

a) *Maßstab für Beschränkung der Grundfreiheiten*

Bevor die Wirkung einer rein objektiven Anknüpfung im Einzelnen untersucht wird, soll eingangs der Maßstab für eine Beschränkung der Grundfreiheiten

---

385 Vgl. etwa *Paefgen*, ZEuP 2003, 266, 271; *von Wilmowsky*, RabelsZ 62 (1998), 1, 6.

386 So im Ergebnis auch: *Leible*, FS Jayme, 2004, S. 485, 502, Fn. 134; *Körber*, Grundfreiheiten, 2004, S. 439.

387 Vgl. *Klauer*, Verbraucherverträge, 2002, S. 99; *Freitag*, Produkthaftungsrecht, 2000, S. 371; dass die Äußerung obiter hier gegen die von ihr gezogene Schlussfolgerung spricht, räumt auch Kroll-Ludwigs ein: *Kroll-Ludwigs*, Parteiautonomie, 2013, S. 275.

388 Vgl. *Kroll-Ludwigs*, Parteiautonomie, 2013, S. 270.

389 So formulierte die Frage bereits: *von Wilmowsky*, RabelsZ 62 (1998), 1, 4; vgl. auch: *ders.*, Kreditsicherungsrecht, 1996, S. 43 f.

erläutert werden. Darauffolgend soll dieser in Teilen durch die Inbezugnahme der ökonomischen Analyse weiter präzisiert werden.

aa) Allgemein

Mit der bereits dargestellten Weiterentwicklung der Grundfreiheiten von Diskriminierungs- zu Beschränkungsverboten steht im Mittelpunkt der Beschränkungsdefinition die *Dassonville*-Formel, wonach „jede Handelsregelung der Mitgliedsstaaten, die geeignet ist, den innergemeinschaftlichen Handel unmittelbar oder mittelbar, tatsächlich oder potentiell zu behindern" als Maßnahme gleicher Wirkung anzusehen ist.[390] Adressaten dieses Beschränkungsverbots sind damit „in erster Linie die Mitgliedsstaaten", darüber hinaus sind jedoch auch die Union sowie ihre Organe durch die Beschränkungsverbote der Grundfreiheiten gebunden.[391] Diese Bindung an die Beschränkungsverbote der Grundfreiheiten „spiegelt sich auch in der primärrechtskonformen Auslegung potentiell freiheitsbeschränkender" Regelungen,[392] so dass das Sekundärrecht insofern im Einklang mit den Grundfreiheiten auszulegen ist.[393]

Bei der Feststellung der Beschränkung kommt es auf die Finalität nicht an, weshalb dem Zweck bzw. der Absicht hinter einer Regelung keine Relevanz zukommt.[394] Dass eine Versagung der Rechtswahlfreiheit im jeweiligen Fall nicht auf eine Beschränkung des grenzüberschreitenden Wirtschaftsverkehrs zielen würde, ist dementsprechend unerheblich.[395]

---

390 EuGH, Urt. v. 11.7.1974, Rs. 8/74 – *Dassonville*, Rn. 5.

391 *Leible/Domröse*, in: Riesenhuber (Hrsg.), Europäische Methodenlehre, 2021, § 8 Rn. 10 m.w.N.; so implizit auch Kroll-Ludwigs, die anführt, kollisionsrechtliche Normen des Unionsrechts seien an den Grundfreiheiten zu messen und sodann auf die Dassonville-Formel Bezug nimmt: *Kroll-Ludwigs*, Parteiautonomie, 2013, S. 268 ff.; die Bindung des Unionsgesetzgebers an die Grundfreiheiten wird teilweise auch kontrovers diskutiert, siehe hierzu: *Höpner*, Dürfen europäische Gesetze Grundfreiheiten einschränken? (https://pure.mpg.de/rest/items/item_3293758_1/component/file_3306577/content) (geprüft am 30.9.2021); *Höpner*, Binden die Grundfreiheiten den Unionsgesetzgeber? (https://verfassungsblog.de/binden-die-grundfreiheiten-den-unionsgesetzgeber/) (geprüft am 30.9.2021).

392 *Leible/Domröse*, in: Riesenhuber (Hrsg.), Europäische Methodenlehre, 2021, § 8 Rn. 10.

393 So Kroll-Ludwigs, die dies allerdings aus dem „Prinzip der ‚inneren Harmonie' des Unionsrechts" herleitet: *Kroll-Ludwigs*, Parteiautonomie, 2013, S. 269.

394 Vgl. *Ehlers*, in: Ehlers/Becker (Hrsg.), Europäische Grundrechte und Grundfreiheiten, 2014, § 7 Rn. 96.

395 Vgl. *Kroll-Ludwigs*, Parteiautonomie, 2013, S. 276.

Gleichwohl scheidet für den EuGH eine Beschränkung der Grundfreiheiten dann aus, wenn die Auswirkungen „zu ungewiss und zu indirekt" sind.[396] Wie genau sich diese Rechtsprechung zur *Dassonville*-Formel verhält, bleibt in der Rechtsprechung des EuGH noch unklar.[397] Es lässt sich jedoch dahingehend deuten, dass rein hypothetische, d.h. unwahrscheinliche Kausalverläufe ausscheiden, wobei auch die Wirkungsintensität der Maßnahme zu beachten ist.[398]

bb) Ökonomische Analyse

Mit der *Dassonville*-Formel bieten die Grundfreiheiten einen lediglich vagen Maßstab, schließlich erscheint nur schwer messbar, wann eine Maßnahme den innergemeinschaftlichen Handel „unmittelbar oder mittelbar, tatsächlich oder potentiell" behindern könnte. Um diesen Maßstab deutlicher zu präzisieren, soll auf Maßstäbe der ökonomischen Analyse zurückgegriffen werden.

Allgemein deutet schon das Primärrecht die Berücksichtigung der ökonomischen Analyse für das Europarecht an. Nach Art. 119 AEUV ist die Wirtschaftspolitik „dem Grundsatz der offenen Marktwirtschaft mit freiem Wettbewerb verpflichtet" wodurch gem. Art. 120 AEUV „ein effizienter Einsatz der Ressourcen" gefördert werden soll. Das Primärrecht verpflichtet sich damit dem Ziel der Allokationseffizienz.[399] Die Grundfreiheiten bilden als individuelle Freiheitsrechte einen Teil dieser Wirtschaftsverfassung,[400] die dem objektiven und institutionellen Ziel des Binnenmarktes und damit auch der Effizienz dienen.[401] Solche Stimmen in der Literatur, die die dogmatische Grundlage der Rechtswahlfreiheit in den Grundfreiheiten suchen, nehmen daher zu Recht teils auf Konzepte der ökonomischen Analyse Bezug.[402]

---

396 Vgl. zu dieser Rechtsprechung: *Lippert*, Grenzüberschreitender Sachverhalt, 2013, S. 87 f.; *Ehlers*, in: Ehlers/Becker (Hrsg.), Europäische Grundrechte und Grundfreiheiten, 2014, § 7 Rn. 105.

397 Vgl. Streinz/*Schroeder*, Art. 34 AEUV Rn. 71.

398 *Ehlers*, in: Ehlers/Becker (Hrsg.), Europäische Grundrechte und Grundfreiheiten, 2014, § 7 Rn. 105.

399 *Franck*, in: Riesenhuber (Hrsg.), Europäische Methodenlehre, 2021, § 5 Rn. 18; *Roth*, AcP 220 (2020), 458, 480; *Schwemmer*, Anknüpfungsprinzipien, 2018, S. 110.

400 Vgl. *Franck*, in: Riesenhuber (Hrsg.), Europäische Methodenlehre, 2021, § 5 Rn. 18.

401 *Steinbach/van Aaken*, Ökonomische Analyse, 2019, Rn. 351; *Kroll-Ludwigs*, Parteiautonomie, 2013, S. 258; *Bachmann*, AcP 210 (2010), 424, 430; *Kluth*, AöR 122 (1997), 557, 574.

402 Vgl. etwa unter Erwähnung von Transaktionskosten im Kontext einer grundfreiheitlichen Garantie der Rechtswahlfreiheit: *Schmitz*, Rechtswahlfreiheit, 2017, S. 94; *Kroll-Ludwigs*, Parteiautonomie, 2013, S. 276; die Relevanz von Kosten in der Abgrenzung

(1) Ziele der ökonomischen Analyse im Internationalen Privatrecht

Speziell für das schuldvertragliche IPR hat *Rühl* die Methoden der ökonomischen Analyse dargestellt und analysiert.[403] Im Folgenden sollen zunächst die von ihr herausgearbeiteten Ziele,[404] die von Relevanz für diese Arbeit sind, dargestellt werden, um sodann anhand dieser Ausführungen den Maßstab für die Analyse zu schärfen.

(a) Förderung marktmäßiger Lösungen

Als erstes Ziel in der ökonomischen Analyse des Verhaltens von Individuen formuliert *Rühl* die Förderung marktmäßiger Lösungen.[405]

(aa) Herleitung aus dem Coase-Theorem

Ausgangspunkt des Gedankens der Förderung marktmäßiger Lösungen in der ökonomischen Analyse ist das sog. *Coase*-Theorem.[406] Dieses umfasst zwei Hypothesen. Unter der Annahme, dass sich die Akteure rational verhalten, für das Austauschgeschäft keine Transaktionskosten anfallen und auch keine rechtlichen Hindernisse für das Geschäft bestehen, werden Transaktionen bis zu dem Moment stattfinden, in dem sich die Verteilung der Ressourcen nicht mehr verbessern lässt (Effizienzhypothese). Dies geschieht unabhängig davon, wie die Berechtigungen an den Ressourcen ursprünglich verteilt sind (Invarianzhypothese).[407]

Rational agierende Parteien werden damit unabhängig von der ursprünglichen Zuweisung die Allokation vornehmen, die effizient ist.[408] Da die Parteien grundsätzlich über bestimmte Präferenzen verfügen, wissen sie besser als Dritte, namentlich der Staat bzw. Gesetzgeber, welche Maßnahmen ihren

---

von Inlandssachverhalten zu solchen mit Auslandsbezug deutet an: *Maultzsch*, RabelsZ 75 (2011), 60, 72; zu zusätzlichen Kosten als mögliche Beschränkung der Grundfreiheiten im Kontext des IPR: *Bruinier*, Grundfreiheiten, 2003, S. 119; *Langner*, RabelsZ 65 (2001), 222, 226.

403 *Rühl*, Statut, 2011; siehe auch: *Rühl*, in: Gottschalk/Michaels/Rühl u.a. (Hrsg.), Conflict of laws in a globalized world, 2011, S. 153 ff.

404 Siehe für die umfassende Analyse: *Dies.*, Statut, 2011, S. 195 ff.

405 *Dies.*, Statut, 2011, S. 196 ff.

406 Vgl. *Dies.*, Statut, 2011, 198 ff.; grundlegend: *Coase*, J. L. & Econ. 3 (1960), 1 ff.

407 *Schmolke*, in: Towfigh/Petersen (Hrsg.), Ökonomische Methoden im Recht, 2017, § 5 Rn. 262; vgl. auch: *Schäfer/Ott*, Ökonomische Analyse, 2020, S. 79 f.; *Eidenmüller*, Effizienz, 2015, S. 61.

408 *Rühl*, Statut, 2011, S. 198.

eigenen Nutzen maximieren.[409] Folglich führt, unter den Bedingungen des *Coase*-Theorems, das autonome Handeln der Parteien grundsätzlich zur effizientesten Ressourcenallokation.

(bb) Defizite des Coase-*Theorems und Alternativen*

Die dargestellten Hypothesen des *Coase*-Theorems sind von Voraussetzungen abhängig, die in der Wirklichkeit gemeinhin nicht vorliegen. Dies gilt zunächst für die fehlenden Transaktionskosten, auf die im nächsten Abschnitt einzugehen ist. Darüber hinaus setzt das *Coase*-Theorem voraus, dass sich die Parteien weder strategisch noch quasi-rational verhalten und zudem ihre Entscheidungen beidseitig freiwillig und informiert treffen.[410]

Strategisches Verhalten[411] ergibt sich letztlich daraus, dass die Parteien rational agieren.[412] Sie versuchen, ihren eigenen Nutzen zu maximieren und setzen hierzu sämtliche ihnen zur Verfügung stehende Mittel ein. Hierzu kann es etwa gehören, der Verhandlungsgegenseite relevante Informationen zu verschweigen, diese zu bedrohen oder zu täuschen.[413] Solches Verhalten kann und wird jedoch häufig dazu führen, dass letztlich der Abschluss eines Geschäfts unterbleibt, das beide Parteien bessergestellt hätte, also gerade nicht die effizienteste Ressourcenallokation zustande kommt.[414]

Doch jenseits der Probleme, die sich bei einem rationalen Verhalten der Parteien ergeben können, zeigt sich auch, dass Parteien nicht stets „vollständig rational im Sinne des neo-klassischen Verhaltensmodells, sondern lediglich quasi-rational im Sinne des modernen Verhaltensmodells handeln".[415] Dies kann etwa dazu führen, dass Parteien an der anfänglichen Allokation von Ressourcen festhalten, allein weil es sich um die anfängliche Allokation handelt (sog. *status quo bias*).[416] Ganz allgemein zeigen sich zudem auch in Verhandlungssituationen

---

409 *Dies.*, Statut, 2011, S. 199.

410 *Dies.*, Statut, 2011, S. 200 ff.

411 Ausführlich zum strategischen Verhalten: *Eidenmüller*, Effizienz, 2015, S. 82 ff.; *Rühl*, Statut, 2011, S. 200 ff.; speziell zu Drohungen und Trittbrettfahrern als strategisches Verhalten: *Schäfer/Ott*, Ökonomische Analyse, 2020, S. 83 f.

412 *Rühl*, Statut, 2011, S. 200.

413 *Dies.*, Statut, 2011, S. 200.

414 *Dies.*, Statut, 2011, S. 201.

415 *Dies.*, Statut, 2011, S. 202 ff. m.w.N., siehe zu den Verhaltensmodellen im Einzelnen S. 95 ff.

416 *Dies.*, Statut, 2011, S. 74 f., 203 m.w.N.

die allgemeinen Schwächen der menschlichen Urteilsfähigkeit, namentlich bei der Informationsverarbeitung und Bewertung.[417]

Doch letztlich identifiziert *Rühl* auch, dass selbst in solchen Fällen, in denen Parteien sich weder strategisch noch quasi-rational verhalten, das *Coase*-Theorem Probleme bereitet.[418] Schließlich müssen, um die Voraussetzungen des Pareto-Kriteriums zu erfüllen, die privatautonomen Vereinbarungen auch beidseitig freiwillig und informiert getroffen werden.[419] Insbesondere letzteres bereitet erhebliche Schwierigkeiten, da es in der Praxis nur sehr wenige Transaktionen gibt, bei denen beide Parteien tatsächlich über alle erforderlichen Informationen verfügen.[420]

All diese Defizite des *Coase*-Theorems werfen selbstverständlich die Frage auf, ob die daraus gezogene Schlussfolgerung des Vorrangs privatautonomer Lösungen, in Frage zu stellen ist. Dies fordert jedoch, wie *Rühl* zutreffend feststellt, eine Analyse der Alternativen. Die Alternative zur privatautonomen Regelung ist das Eingreifen des zentralen Regelungsgebers, d.h. des Gesetzgebers. Neben den sog. Interventionskosten, die ein solches gesetzgeberisches Tätigwerden verursacht, ist jedoch viel entscheidender, dass der Regelgeber über die konkrete Transaktion stets weniger weiß als die Parteien.[421] Letztlich ist damit die Wahrscheinlichkeit, dass der Gesetzgeber eine Regelung findet, die das private Verhältnis effizienter regelt als eine privatautonome Verhandlung, gering. Trotz der dargestellten Defizite des *Coase*-Theorems liegt in der Ermöglichung marktmäßiger Lösungen durch die Parteien letztlich, wie *Rühl* treffend formuliert, das „geringere von zwei Übeln".[422]

(cc) Parteiautonomie im Internationalen Privatrecht

Stellen damit, wie soeben dargelegt, privatautonom gefundene Vereinbarungen der Parteien im Grundsatz die effizienteste Lösung dar, erscheint nur folgerichtig, dass solche Stimmen in der Literatur, die sich mit dem Internationalen Privatrecht auseinandersetzen, in der Rechtswahl gemeinhin die effizienteste Lösung sehen.[423]

---

417 *Dies.*, Statut, 2011, S. 204.
418 *Dies.*, Statut, 2011, S. 204.
419 *Dies.*, Statut, 2011, S. 205.
420 *Dies.*, Statut, 2011, S. 205.
421 *Dies.*, Statut, 2011, S. 207.
422 *Dies.*, Statut, 2011, S. 207.
423 Vgl. etwa: *Rühl*, Statut, 2011, S. 435 ff. m.w.N.; *Schäfer/Lantermann*, in: Basedow/Kono (Hrsg.), An Economic Analysis of Private International Law, 2006, S. 87, 92 f.;

Zwar lässt sich auch in diesem Bereich beobachten, dass das Verhalten der Parteien bei der Rechtswahl nicht stets vollständig rational ist oder zu den effizientesten Ergebnissen führt. Dies gilt etwa für solche Fälle, in denen Parteien aus zwei unterschiedlichen Staaten drittstaatliches, also „neutrales" Recht wählen. Zu Recht stellen *Schäfer/Lantermann* für solche Fälle fest, dass hier die höchsten Rechtsinformationskosten anfallen, so dass – wenn die Wahl des Rechts keine anderen Vorteile als seine Neutralität aufweist – die vereinbarte Rechtswahl nicht effizient ist.[424] Darüber hinaus kann auch die principle-agent Beziehung mit den Anwälten der jeweiligen Vertragsparteien zu ineffizienten Rechtswahlklauseln führen. Die beratenden Anwälte haben schließlich ein eigenes Interesse, Mandate nicht durch die Wahl ausländischen Rechts an mit diesem Recht vertrautere, ausländische Kanzleien zu verlieren.[425]

Doch auch im Internationalen Privatrecht stellt sich die Frage nach den Alternativen zur Parteiautonomie, die nur in der Festlegung objektiver Anknüpfungen durch den zentralen Regelungsgeber liegen kann. Hier muss jedoch, wie soeben allgemein dargelegt, davon ausgegangen werden, dass dieser mangels Kenntnis der individuellen Umstände und mangels Möglichkeit, diese einzeln zu regeln, gezwungen wäre, eine pauschale Regelung zu finden, die insgesamt nicht zu effizienteren Ergebnissen führen würde als die Rechtswahl durch die Parteien. Ein Eingreifen des zentralen Regelungsgebers ist allenfalls dort gerechtfertigt, wo, wie beispielsweise im Verbraucherrecht, ein Marktversagen zu befürchten ist.[426]

(b) Reduzierung der Transaktionskosten

Bereits erwähnt wurde die Problematik der Transaktionskosten. Auch wenn um die genaue Definition der Transaktionskosten Unklarheiten bestehen,[427] kann im Grundsatz von Folgendem ausgegangen werden: Transaktionskosten sind solche Kosten, die „für die Anbahnung, die Aushandlung und die Durchsetzung

---

Basedow, in: Basedow/Kono (Hrsg.), An Economic Analysis of Private International Law, 2006, S. 57, 66 f.; *Mankowski*, in: Ott/Schäfer (Hrsg.), Vereinheitlichung und Diversität des Zivilrechts in transnationalen Wirtschaftsräumen, 2002, S. 118, 124 ff.; *O'Hara/Ribstein*, U. Chi. L. Rev. 67 (2000), 1151, 1152.

424 Vgl. *Schäfer/Lantermann*, in: Basedow/Kono (Hrsg.), An Economic Analysis of Private International Law, 2006, S. 87, 96 f.

425 *Basedow*, FS Horn, 2006, S. 229, 242.

426 Vgl. hierzu: *Rühl*, Statut, 2011, S. 443 ff.

427 Vgl. hierzu etwa: *Dies.*, Statut, 2011, S. 210 f. m.w.N.; *Georgeakopoulos*, Law and Economics, 2005, S. 100 ff.

einer auf die Übertragung von Ressourcen, Rechtspositionen und Rechtsgütern gerichteten Vereinbarung“ aufgewendet werden müssen.[428]

Das *Coase*-Theorem geht von der Nichtexistenz der Transaktionskosten aus, bei der dann privatautonome Lösungen stets zum effizientesten Ergebnis führen. Doch obwohl das *Coase*-Theorem von der Nichtexistenz ausgeht, erzielen Geschäfte auch bei Bestehen von Transaktionskosten effiziente Ergebnisse. Dies ist immer dann der Fall, wenn die Transaktionskosten nicht höher sind als der zu erwartende Kooperationsgewinn.[429] Dementsprechend müssen Transaktionskosten möglichst niedrig gehalten werden, um eine effiziente Allokation der Ressourcen zu ermöglichen. Hieraus ergibt sich das Ziel der Senkung von Transaktionskosten, welches *Rühl* ebenfalls als Ziel der ökonomischen Analyse im Internationalen Privatrecht identifiziert.[430]

(aa) Rechtsinformationskosten

Eine im Internationalen Privatrecht besonders relevante Art der Transaktionskosten sind die sog. Rechtsinformationskosten, die aufgewendet werden, um sich über den Inhalt eines (fremden) Rechts zu informieren.[431] So würde etwa ein deutscher Zwischenhändler, der von einem französischen Produzenten ein Produkt bezieht, sich über den Inhalt des nach Art. 4 Abs. 1 lit. a Rom I-VO objektiv anwendbaren französischen Rechts informieren müssen, und hierfür entsprechende Aufwendungen tätigen. Solche Aufwendungen können dazu führen, dass sich das entsprechende Geschäft nicht mehr lohnt, so dass der Zwischenhändler vom Bezug ausländischer Ware absieht. Derartige Effekte wären geeignet, den grenzüberschreitenden Wirtschaftsverkehr zu beschränken.

Teilweise wird jedoch bestritten, dass diese Kosten Beschränkungen der Grundfreiheiten darstellen.[432] *Roth* und *Körber* bringen vor, die mit dem Unterschied der Rechtsordnungen verbundenen Transaktionskosten seien generell nicht relevant.[433] Das Fortbestehen verschiedener Zivilrechte sei schließlich Ausdruck des föderalen Konzepts der Union, so dass Hindernisse, die sich

---

428 *Rühl*, Statut, 2011, S. 210.

429 Vgl. *Eidenmüller*, Effizienz, 2015, S. 64; *Rühl*, Statut, 2011, S. 208.

430 *Rühl*, Statut, 2011, S. 208 ff.

431 Vgl. *Bruinier*, Grundfreiheiten, 2003, S. 118 ff.; zu diesen im Kontext der Rechtswahlfreiheit: *Mankowski*, RIW 2003, 2, 3; diesen Begriff verwendet im Kontext der Grundfreiheiten: *Körber*, Grundfreiheiten, 2004, S. 210.

432 Siehe hierzu etwa: *Holderbaum*, Niederlassungsfreiheit, 2013, S. 86 ff.

433 *Körber*, Grundfreiheiten, 2004, S. 210; *Roth*, GS Lüderitz, 2000, S. 635, 640.

gerade aus diesem System ergeben, keine Relevanz für die Grundfreiheiten hätten. Auch habe der Gerichtshof die mit der Anwendung verschiedener Vertragsrechte verbundenen Kosten bisher nicht problematisiert.[434] Für *Riesenhuber* gehören sie daher zu „den vorausgesetzten und hinzunehmenden Hindernissen des grenzüberschreitenden Verkehrs".[435]

Dem ist zwar im Ausgangspunkt zuzustimmen. Die völlige Rechtsvereinheitlichung würde sicherlich das Binnenmarktziel in optimaler Weise verwirklichen, ist gleichwohl aber nicht Ziel der Europäischen Union und wäre auch nicht von ihren Kompetenzen erfasst.[436] Das Binnenmarktziel ist zwar, die Behinderungen des Freiverkehrs abzubauen, das Gemeinschaftsrecht geht jedoch gerade von der Koexistenz der Rechtsordnungen aus.[437] Auf Basis dessen sind bestimmte, aus Rechtsunterschieden resultierende Hindernisse für den grenzüberschreitenden Verkehr hinzunehmen. Insofern ist *Schilling* zuzustimmen, dass allein „die Unterschiedlichkeit der nationalen Privatrechtsordnungen" keine „grundfreiheitenrelevante Beschränkungswirkung" begründen kann.[438] Die vorliegende Fragestellung ist jedoch eine andere. Schließlich dient die Parteiautonomie und Abkehr von einer rein objektiven Anknüpfung nicht der materiellen Rechtsvereinheitlichung, sondern nur der besseren Koordination der fortbestehenden nationalen Regelungsregime.

Dass die Erhöhung von mit Transaktionen verbundenen Kosten eine Belastung für die Grundfreiheiten darstellen kann, ist grundsätzlich anerkannt.[439] Da auch Rechtsinformationskosten einen solchen prohibitiven Effekt haben können, ist ihnen nicht von vornherein die Relevanz für die Grundfreiheiten abzusprechen. Auch wäre dies gerade mit Blick auf die Parteiautonomie zirkulär, da teils auch die bestehende Rechtswahlfreiheit als Argument vorgebracht wird, um zu begründen, dass die Rechtsunterschiede keine Relevanz für die Grundfreiheiten entfalten.[440]

---

434 *Körber*, Grundfreiheiten, 2004, S. 210: *Roth*, GS Lüderitz, 2000, S. 635, 640.

435 *Riesenhuber*, Europäisches Vertragsrechts, 2003, S. 98.

436 Vgl. *Klenk*, Grenzen, 2019, S. 13; *Holderbaum*, Niederlassungsfreiheit, 2013, S. 79 f.; *Körber*, Grundfreiheiten, 2004, S. 23 f.: *Remien*, Zwingendes Vertragsrecht, 2003, S. 188.

437 *Schilling*, Binnenmarktkollisionsrecht, 2006, S. 228.

438 *Dies.*, Binnenmarktkollisionsrecht, 2006, S. 228.

439 Vgl. *Schilling*, Binnenmarktkollisionsrecht, 2006, S. 227 m.w.N.; für Sicherungsmittel: *Kieninger*, Mobiliarsicherheiten, 1996, S. 154 f.; *Roth*, ZEuP 1994, 5, 23.

440 Vgl. *Riesenhuber*, Europäisches Vertragsrechts, 2003, S. 100.

(bb) *Rechtsunsicherheitskosten*

Des Weiteren erhöht Rechtsunsicherheit die Transaktionskosten.[441] Diese Kosten sollen im Folgenden als „Rechtsunsicherheitskosten" bezeichnet werden.[442] Internationale Transaktionen sind gekennzeichnet von einer „konstitutionellen Unsicherheit", die zum „Internationalen Transaktionsdilemma"[443] führen, bei dem Transaktionen, die für alle Beteiligten vorteilhaft wären, wegen der bestehenden Unsicherheiten nicht zustande kommen.

Bestehen Rechtsunsicherheiten über die mit einem Vertrag verbundenen Rechte und Pflichten, können die Parteien Aufwendungen tätigen, um Rechtssicherheit zu erlangen.[444] Hierbei handelt es sich meist um Rechtsinformationskosten, wenn etwa der soeben beispielhaft herangezogene Käufer seine Anwälte beauftragt, das nach französischem Recht bestehende Gewährleistungsrecht oder die Zahlungsfälligkeit zu klären. Demgegenüber kann der Unternehmer diese Kosten auch scheuen, das mit der Rechtsunsicherheit verbundene Risiko abschätzen und versuchen, dieses einzupreisen.

Beide Möglichkeiten können im Ergebnis dazu führen, dass sich die Ausdehnung der Tätigkeit auf andere Mitgliedsstaaten nicht mehr lohnt, weil die zu tätigenden Aufwendungen oder das einzugehende Risiko den zu erwartenden Nutzen übersteigt und damit die Möglichkeiten des Binnenmarktes nicht ausgeschöpft werden.[445] Gesteigerte Rechtssicherheit steigert hingegen den Wert der Transaktion.[446]

(cc) *Mit der Rechtswahl verbundene Kosten*

Abschließend ist darauf hinzuweisen, dass selbstverständlich auch mit der Vereinbarung einer Rechtswahl Transaktionskosten verbunden sein können.

---

441 *Mankowski*, in: Ott/Schäfer (Hrsg.), Vereinheitlichung und Diversität des Zivilrechts in transnationalen Wirtschaftsräumen, 2002, S. 118, 124.

442 Diese Terminologie verwendet etwa: *Engert*, RW 2014, 301, 312.

443 So Rühl, die sich damit an Formulierungen anlehnt, die von Schmidtchen und Schmidt-Trenz gebildet wurden: *Rühl*, Statut, 2011, S. 29 ff. m.w.N.; *dies.*, J. Priv. Int'l L. 6 (2010), 59, 63 ff.; *Schmidt-Trenz/Schmidtchen*, Territoriality of Law and the International Trade Game: Towards a New Institutional Economics of International Transactions, 2006 (https://www.econstor.eu/bitstream/10419/23084/1/2006-06_NIEIT.pdf), S. 9 ff. (geprüft am 30.9.2021); *Schmidtchen*, RabelsZ 59 (1995), 56, 71 ff.

444 Vgl. *Engert*, RW 2014, 301, 312.

445 Vgl. *Schwemmer*, Anknüpfungsprinzipien, 2018, S. 71; *Körber*, Grundfreiheiten, 2004, S. 45.

446 *Stephan*, Va. J. Int'l L. 39 (1999), 743, 746.

Schließlich werden sich Parteien typischerweise auch über die Inhalte der verschiedenen in Frage kommenden Rechte informieren, was wiederum Transaktionskosten erhöhen kann.

Hierin könnte gar selbst eine Beschränkung liegen, da mit der Rechtswahl eine „Last der Freiheit“[447] verbunden sei. Dem ist jedoch zu widersprechen, schließlich stellt sich die Rechtswahl lediglich als Erweiterung der Handlungsoptionen der Parteien dar.[448] So kann etwa die transaktionskostenintensive Wahl eines ausländischen Rechts, zu dem keine der Parteien einen Bezug hat, gleichwohl effizient sein, wenn dieses inhaltlich die Interessen der Parteien optimal verwirklicht.[449] Ist dies nicht der Fall, können sich die Parteien zur Rationalisierung ihrer Vertragsverhandlung auch auf die objektive Anknüpfung verlassen.[450]

(2) Parameter für Beschränkung der Grundfreiheiten

Die dargelegten Maßstäbe der ökonomischen Analyse können in zweierlei Hinsicht Parameter beitragen, anhand derer sich der Maßstab zur Bestimmung der Grundfreiheiten präzisieren lässt.

Zunächst gilt dies für die Transaktionskosten. Übersteigen Transaktionskosten den zu erwartenden Gewinn der Parteien, werden diese vom Abschluss des jeweiligen Geschäfts absehen. Im Einzelnen wird daher zu untersuchen sein, wie sich die rein objektive Bestimmung des Rechts auf diese Kosten auswirkt, wobei insbesondere Rechtsunsicherheitskosten sowie Rechtsinformationskosten in dieser Betrachtung zu untersuchen sind. Erhöht die rein objektive Anknüpfung diese Kosten, stellt dies eine Belastung des grenzüberschreitenden Wirtschaftsverkehrs dar, so dass die Einräumung der Parteiautonomie zu fordern ist.

Jenseits dieser Transaktionskosten ist zweitens danach zu fragen, inwiefern sich im grenzüberschreitenden Verkehr andere Hindernisse für die Parteien aus einer objektiven Anknüpfung ergeben können. Hierbei ist etwa zu untersuchen, inwiefern die Beschränkung der Gestaltungsfreiheit der Parteien im grenzüberschreitenden Verkehr etwa abschreckende Haftungsdivergenzen verursachen könnte, die Wirtschaftsteilnehmer von der Wahrnehmung der Möglichkeiten des Binnenmarkts abhalten. Bestehen solche praktischen Probleme, ist auf

---

447 So fasst diese Argumentation zusammen: *Körber*, Grundfreiheiten, 2004, S. 417.

448 In diese Richtung im Wettbewerbsrecht: *Reyes y Ráfales*, Warenausfuhrfreiheit, 2017, S. 208.

449 *Schäfer/Lantermann*, in: Basedow/Kono (Hrsg.), An Economic Analysis of Private International Law, 2006, S. 87, 93.

450 Vgl. *Schilling*, Binnenmarktkollisionsrecht, 2006, S. 90.

das dargelegte Ziel der Förderung marktmäßiger Lösungen zu rekurrieren. Die Einräumung privater Gestaltungsfreiheit ist die effizienteste Lösung derartiger Probleme im grenzüberschreitenden Handel. Wo die objektive Anknüpfung also praktische Probleme verursacht, ist ebenfalls die Rechtswahlfreiheit einzuräumen.

b) *Wirkung einer rein objektiven Anknüpfung*

Im Folgenden ist anhand des soeben gebildeten Maßstabs zu untersuchen, inwiefern eine rein objektive Anknüpfung unter Versagung der Rechtswahlfreiheit eine Beschränkung der Grundfreiheiten darstellen würde.

aa) *Rechtsunsicherheit bei objektiver Anknüpfung*

Ein Großteil der Literatur bringt vor, die rein objektive Anknüpfung verursache Rechtsunsicherheit, die grenzüberschreitende Geschäfte empfindlich belasten könne.[451]

Diese Gefahr der Rechtsunsicherheit wurde zunächst damit begründet, dass wegen der variierenden Anknüpfungen in den jeweiligen Mitgliedsstaaten das anwendbare Recht vom angerufenen Gericht abhänge.[452] Dementsprechend seien die Mitgliedsstaaten zur Anerkennung der Rechtswahlfreiheit verpflichtet, um es den Parteien zu ermöglichen, Sicherheit bezüglich des anwendbaren Rechts zu schaffen.[453] Spätestens seit der Vereinheitlichung des Kollisionsrechts in der Europäischen Union verfängt dieses Argument jedoch nicht mehr.[454]

Gleichwohl kann auch die Bestimmung des anwendbaren Rechts in der Rom I-VO von Unsicherheiten geprägt sein. So kann sich etwa die Anknüpfung

---

451 *Richter*, Parteiautonomie, 2017, S. 64; *Maultzsch*, RabelsZ 75 (2011), 60, 64; *O'Hara/Ribstein*, Market, 2009, S. 8; *Leible*, FS Jayme, 2004, S. 485, 502; *Tassikas*, Dispositives Recht, 2004, S. 13; *Mankowski*, RIW 2003, 2, 3 m.w.N.; *Einsele*, RabelsZ 60 (1996), 417, 418; *von Wilmowsky*, Kreditsicherungsrecht, 1996, S. 44 f.; auch Basedow betont die Rechtssicherheit, zieht hieraus jedoch den Schluss auf eine menschenrechtliche Garantie der Rechtswahlfreiheit: *Basedow*, RabelsZ 75 (2011), 32, 57; vgl. auch: *Herkner*, Grenzen, 2003, S. 101 f.

452 Vgl. hierzu auch: *Mankowski*, in: Ott/Schäfer (Hrsg.), Vereinheitlichung und Diversität des Zivilrechts in transnationalen Wirtschaftsräumen, 2002, S. 118, 125.

453 *von Wilmowsky*, RabelsZ 62 (1998), 1, 4.

454 Im Internationalen Kontext, d.h. außerhalb des Binnenmarkts, unterscheiden sich die Kollisionsrechte selbstverständlich weiterhin, so dass dieses Argument etwa in den Entwürfen zu den *Hague Principles on Choice of Law* fruchtbar gemacht wurde: *Haager Konferenz*, Prel. Doc. No. 6, S. VI.

gemischter, atypischer Verträge nach Art. 4 Rom I-VO als schwierig erweisen. Das anwendbare Recht hängt dann von der charakteristischen Leistung nach Art. 4 Abs. 2 Rom I-VO ab oder wird gem. Art. 4 Abs. 4 Rom I-VO über die engste Verbindung bestimmt. Gerade bei komplexen Vertragsgestaltungen kann dies zu Unsicherheiten führen. So werden etwa komplexe Vertragsgestaltungen, bei denen eine charakteristische Leistung nicht auszumachen ist, über Art. 4 Abs. 4 Rom I-VO angeknüpft. Beispiele hierfür sind Joint-Venture Verträge, Kooperationsverträge und komplexe Finanzgeschäfte wie Swap-Geschäfte.[455] Etwa bei Swap-Geschäften wird in der Literatur für die objektive Anknüpfung auf den Ort abgestellt, an dem sich der Schwerpunkt der finanziellen Transaktion, also etwa ein gemeinsamer Erfüllungsort, lokalisieren lässt.[456] Lässt sich ein solcher nicht feststellen, ist auf schwächere, nichtleistungsbezogene räumliche Verknüpfungen abzustellen.[457] Insbesondere bei solchen Transaktionen von wirtschaftlich großem Volumen kann eine derart ungenaue objektive Anknüpfung dem im internationalen Handel besonders starken Bedürfnis an Planungssicherheit nicht gewachsen sein.[458] Darüber hinaus kann für Parteien bei einer Vielzahl möglicher, auch drittstaatlicher, Gerichtsstände auch die Möglichkeit bestehen, dass ein anderes Kollisionsrecht zur Anwendung kommt, welches seinerseits andere Anknüpfungsmomente verwendet und damit die Bestimmung des anwendbaren Rechts weiter verkompliziert.

Mit dieser Rechtunsicherheit geht selbstredend eine Erhöhung der Transaktionskosten einher, die eine empfindliche Belastung darstellen kann. Eine Steigerung der Rechtssicherheit wirkt sich demgegenüber positiv auf den Binnenmarkt aus. Zu Recht ist daher die Steigerung der Rechtssicherheit eines der gesetzgeberischen Ziele im Kollisionsrecht,[459] was auch in den Erwägungsgründen der Rom I-VO zum Ausdruck kommt. Ziel der Verordnung ist es, durch Rechtsvereinheitlichung den „Ausgang von Rechtsstreitigkeiten vorhersehbarer zu machen und Sicherheit in Bezug auf das anzuwendende Recht [...] zu

---

455 Ferrari/*Ferrari*, Art. 4 Rom I-VO Rn. 80; *Magnus*, IPRax 2010, 27, 38; *Garcimartín Alférez*, EuLF 2008, 61, 70; vgl. auch: *Mansel*, FS Grunewald, 2021, S. 731, 744 ff.

456 Beck-OGK/*Köhler*, Art. 4 Rom I-VO Rn. 227.

457 Beck-OGK/*ders.*, Art. 4 Rom I-VO Rn. 227.

458 Dieses Bedürfnis an Planungssicherheit im internationalen Handel betonte schon: *Schmeding*, RabelsZ 41 (1977), 299, 305; ebenso: *Arnold*, in: ders. (Hrsg.), Grundfragen des Europäischen Kollisionsrechts, 2016, S. 23, 34; von Hein rät angesichts der Schwierigkeiten im Rahmen der objektiven Anknüpfung hier zur Rechtswahl: *von Hein*, FS Hopt, 2020, S. 1405, 1406.

459 Siehe hierzu etwa: *Dörfelt*, Gesetzgebungsziele, 2017, S. 23 ff.

fördern".[460] Die Kollisionsnormen sollen zu dieser „Rechtssicherheit im europäischen Rechtsraum beitragen", indem sie „ein hohes Maß an Berechenbarkeit aufweisen".[461] Rechtssicherheit und Vorhersehbarkeit steigern durch die Senkung der Transaktionskosten auch allgemein die Effizienz.[462]

Solche Rechtssicherheit kann mit der Anerkennung der Parteiautonomie geschaffen werden. Die Rom II-VO etwa zieht genau diesen Zusammenhang in ihren Erwägungsgründen: „Um den Grundsatz der Parteiautonomie zu achten und die Rechtssicherheit zu verbessern, sollten die Parteien das auf ein außervertragliches Schuldverhältnis anzuwendende Recht frei wählen können.".[463] Auch bezüglich des EVÜ bzw. der Rom I-Verordnung hob der EuGH in der Rs. *Vinyls/Mediterranea* hervor, dass die Rechtswahl „insbesondere zur Herstellung von Rechtssicherheit bezüglich des auf die vertraglichen Rechte und Pflichten der Parteien anwendbaren Rechts" diene.[464]

Gleichwohl verlangt die Rechtssicherheit keineswegs nach der Einräumung unbeschränkter Parteiautonomie. Selbst wenn der Vertrag, etwa bei einem grenzüberschreitenden Swap-Geschäft, mit einer Vielzahl möglicher Rechtsordnungen verbunden ist, kann Rechtssicherheit dadurch geschaffen werden, dass die Parteien diese Unsicherheit auflösen. Sie müssten dazu lediglich in der Lage sein, zwischen den Rechtsordnungen zu wählen, zu denen der Vertrag eine irgendwie geartete Verbindung aufweist.[465] Auch wenn die wegen der Rechtsunsicherheit steigenden Transaktionskosten damit eine Beschränkung der Grundfreiheiten darstellen, ist als milderes Mittel lediglich die Einräumung einer beschränkten Rechtswahlfreiheit erforderlich.

Für die Betrachtung der objektiven Anknüpfung im Rahmen der Grundfreiheiten ergibt sich damit, dass in solchen Situationen, in denen erhebliche Unsicherheit über das anwendbare Recht besteht, die objektive Anknüpfung eine Beschränkung der Grundfreiheiten darstellen würde und als milderes Mittel die Parteiautonomie zu eröffnen ist. Dies ist dann der Fall, wenn in der Rom I-VO verwendete Anknüpfungsmerkmale gegenüber dem Rest des Vertrags in einem

---

460 Erwägungsgrund 6 der Rom I-VO.

461 Erwägungsgrund 16 der Rom I-VO.

462 *Rühl*, in: Leible/Unberath (Hrsg.), Brauchen wir eine Rom-0-Verordnung?, 2013, S. 161, 170.

463 Erwägungsgrund 31 der Rom II-VO.

464 EuGH, Urt. v. 8.6.2018, C-54/16 – *Vinyls/Mediterranea*, Rn. 45.

465 Eine solche objektive Verbindung zum gewählten Recht fordern eine Vielzahl an Rechtsordnungen, darunter auch die Vereinigten Staaten: *Mills*, Party Autonomy, 2018, S. 360 ff.

anderen Staat belegen sind. Ebenso gilt dies für in drittstaatlichen Rechtsordnungen besonders gebräuchliche Anknüpfungsmomente.

bb) Steigende Transaktionskosten durch Berücksichtigung mehrerer Rechtsordnungen

Bei einer rein objektiven Anknüpfung wird das anwendbare Recht für jeden Vertrag einzeln bestimmt. Bei global agierenden Unternehmen müssen demnach eine Vielzahl verschiedener Rechtsordnungen berücksichtigt werden. Ist ein Unternehmen etwa als Zwischenhändler tätig, kauft also ein Produkt aus verschiedenen Staaten ein, unterlägen sämtliche Verträge gem. Art. 4 Abs. 1 lit. a Rom I-VO dem Recht des Staates, in dem der Verkäufer seinen gewöhnlichen Aufenthalt hat. Mit jedem Staat, aus dem das Unternehmen seine Produkte bezieht, muss sich das Unternehmen auch über den Inhalt des anwendbaren Rechts informieren. Damit steigen mit jeder Rechtsordnung, die berücksichtigt werden muss, die Rechtsinformationskosten.[466] Diese Kosten können einen prohibitiven Effekt entfalten und Unternehmen davon abhalten, Geschäftsbeziehungen mit Vertragspartnern in anderen Ländern einzugehen.

Demgegenüber ermöglicht die Rechtswahl es Unternehmen – eine entsprechende Einigung vorausgesetzt – sämtliche Verträge einheitlich einem Recht zu unterstellen.[467] Eine solche „horizontale" Abstimmung senkt die erwähnten Transaktionskosten und wirkt damit effizienzsteigernd. Durch die konstante Wahl desselben Rechts kann ein Unternehmen Rationalisierungsgewinne erzielen.[468] Die einmal erfolgte, ausführliche Beratung zur geplanten Rechtswahl und Information zum gewählten Recht erspart mehrmalige Suchkosten und aufwändige Beratungen zu fremdem Recht. Es wird nur ein einziges Mal Know-How aufgebaut und dann dauerhaft genutzt.[469] Diese Ausgangsinvestitionen kann das Unternehmen daher leichter amortisieren.[470]

Zwar ist insofern einzuräumen, dass diese Standardisierung aller Verträge eines Unternehmens die Transaktionskosten seiner Vertragspartner auch erhöhen kann. Für die Vertragspartner vermag das zur Wahl stehende Recht unbekannt sein und die vertragliche Vereinbarung könnte dadurch erhebliche

466 *Arnold*, in: ders. (Hrsg.), Grundfragen des Europäischen Kollisionsrechts, 2016, S. 23, 55.

467 *Leible*, FS Jayme, 2004, S. 485, 502.

468 Vgl. *Mankowski*, Interessenpolitik, 2011, S. 19 f.; *Leible*, FS Jayme, 2004, S. 485, 502.

469 *Mankowski*, Interessenpolitik, 2011, S. 20; *ders.*, FS Schäfer, 2008, S. 369, 371.

470 *Mankowski*, Interessenpolitik, 2011, S. 20.

Rechtsinformationskosten verursachen. Haben beide Vertragspartner in diesem Fall eine in etwa gleiche Verhandlungsstärke, so wird der jeweils andere für die Durchsetzung des Wunsches nach dem eigenen, vertrauten Recht etwa mit einem Entgegenkommen bezüglich des Preises oder anderer vertraglicher Regelungen zahlen.[471] Selbstverständlich kann und wird es auch zu Fällen ungleicher Verhandlungsmacht kommen, etwa wenn eine Partei eine besondere Marktmacht innehat und hiermit das für sie vertraute Recht einseitig durchsetzt.[472] Allerdings vermag die Tatsache, dass die Rechtswahl in diesen Fällen nicht zu effizienten Ergebnissen führt, die allgemeine Transaktionskostensenkung der Rechtswahl nicht infragestellen. Schließlich wäre die alternative auch hier das bereits erwähnte Eingreifen des zentralen Regelgebers durch Festlegung objektiver Anknüpfungen. Da dieser jedoch stets weniger über die einzelne Transaktion weiß als die Parteien und pauschale Regelungen finden muss, vermag auch dieser keine allgemein effizientere Regelung als die privatautonomen Verhandlungen der Parteien zu ermöglichen.

cc) Branchenübliche Rechte und Netzeffekte

Die dargestellten Effekte der wiederholten Wahl des gleichen Rechts zeigen sich insbesondere dann, wenn ganze Branchen von nur wenigen oder gar nur einem anwendbaren Recht beherrscht werden.[473]

Durch die Etablierung solcher branchenspezifischen Rechte lassen sich die Transaktionskosten minimieren. Eine gesamte Branche kann sich auf eine einheitliche Rechtsordnung einstellen und ist mit der Anwendung dieses Rechts vertraut.[474] Die Aufwendung in Form von Rechtsinformationskosten lässt sich „als regelungsspezifische Investition" begreifen, die sich mit wiederholter Nutzung leichter amortisiert.[475] Langfristig erlangen die Marktteilnehmer umfangreiche Kenntnisse zu dem anwendbaren Recht. Dies erleichtert den Handel in den betroffenen Branchen.[476]

---

471 *Ders.*, Interessenpolitik, 2011, S. 20.

472 So setzte sich etwa das Bundeskartellamt im Missbrauchsverfahren gegen Amazon bei der Überprüfung der gegenüber Händlern verwendeten AGB auch mit der Rechtswahl zugunsten luxemburgischen Rechts auseinander: Fallbericht des Bundeskartellamts v. 17.7.2019 – B2-88/18, S. 3.

473 Vgl. *Mäsch*, Verbraucherschutz, 1993, S. 108; ausführlich hierzu im Kontext der Finanzmärkte: Dritter Teil, C., II., 3., b).

474 *Ders.*, Verbraucherschutz, 1993, S. 108.

475 *Engert*, RW 2014, 301, 311.

476 Zu diesen indirekten Netzeffekten ausführlich unten: Dritter Teil, C., II., 3., a), aa).

Darüber hinaus steigert die Vereinheitlichung der anwendbaren Rechte auch die Handelbarkeit bestimmter Produkte.[477] So ist an dieser Stelle erneut das Beispiel der niederländischen Bank aufzugreifen, die einen Kredit an ein deutsches Unternehmen vergibt.[478] Versucht die niederländische Bank zur Risikostreuung ein Konsortium verschiedener Banken zu gewinnen, fällt dies deutlich leichter, wenn sämtliche Verträge nach einem den Marktteilnehmern bereits vertrauten Recht abgeschlossen werden können.[479]

Die betreffenden Märkte treiben mithilfe der Rechtswahlfreiheit die Vereinfachung des Handels zudem noch weiter. Sie verwenden weitgehend Standardverträge, wie etwa das Master Agreement der International Swaps and Derivates Association (ISDA).[480] Diese Standardverträge regeln das Verhältnis der Parteien sehr detailliert und enthalten eine Rechtswahlklausel zugunsten einer Rechtsordnung, die dieses Vertragswerk vollumfänglich für wirksam erachtet.[481] Dies ist bei den ISDA-Formularverträgen etwa englisches Recht oder das Recht New Yorks.[482] Die inhaltliche Optimierung der Rechtswahlfreiheit und vom gewählten Recht eingeräumte erweiterte Gestaltungsfreiheit bedingen sich also gerade gegenseitig und schaffen eine weitreichende Vereinheitlichung des Marktes.[483] Die Standardisierung dieser Verträge erleichtert den Abschluss vor- und nachgelagerter Verträge, wie etwa Hedging-Verträge, mit denen sich Banken gegen eigene Risiken absichern.[484]

Diese Wirkungen der Vereinheitlichung der anwendbaren Rechte und der Vertragsformulare lassen sich mithilfe der aus der Wettbewerbsökonomik stammenden Theorie der Netzeffekte erfassen.[485] Das Netzgut ist hierbei das anwendbare Recht bzw. der Standardvertrag, dessen Nutzen von der Zahl der Personen

---

477 Vgl. *Böhle*, ZEuP 2019, 72, 86.

478 Vgl. hierzu schon: Zweiter Teil, A., III., 2., c).

479 Vgl. *von Wilmowsky*, RabelsZ 62 (1998), 1, 5; zustimmend: *Richter*, Parteiautonomie, 2017, S. 455.

480 Vgl. hierzu so wie zu weiteren Beispielen internationaler Standardverträge unten: Dritter Teil, C., I.

481 Vgl. *Böhle*, ZEuP 2019, 72, 95; im Detail zum Funktionszusammenhang zwischen Standardverträgen und anwendbarem Recht siehe unten: Dritter Teil, C., II., 3., b).

482 Vgl. zum Funktionszusammenhang zwischen dieser Rechtswahl und den Regelungen der Standardverträge unten: Dritter Teil, C., II., 3., b).

483 Siehe hierzu ausführlich unten: Dritter Teil, C., II., 3., b) und 5., b), bb).

484 *Avasilencei*, in: Muir Watt/Bíziková/Oliveira u.a. (Hrsg.), Global Private International Law, 2019, S. 457, 460 f.

485 Vgl. *Engert*, RW 2014, 301, 310.

abhängt, die auf dieses Gut zurückgreifen.[486] Indem mit der Verbreitung eines Rechts als branchenüblich und mit der damit im Zusammenhang stehenden Standardisierung der Vertragsverhältnisse die Transaktionskosten, speziell Unsicherheits- und Informationskosten dramatisch gesenkt werden können,[487] erleichtern diese Mechanismen den grenzüberschreitenden Handel in besonderem Maße. Wird diese Möglichkeit den Parteien mit der objektiven Anknüpfung verwehrt, stellt dies eine Beschränkung der Grundfreiheiten dar.

dd) Einschränkung inhaltlicher Gestaltungsfreiheit

Mit der Wahl liberaler Rechtsordnungen im Zusammenhang mit standardisierten Vertragsverhältnissen ist auch bereits die Bedeutung der inhaltsorientierten Rechtswahl angeschnitten. Bei einer rein objektiven Anknüpfung sind die Parteien an zwingende Vorschriften des objektiv anwendbaren Rechts gebunden, dieses ist gerade nicht „kollisionsrechtlich dispositiv".[488] Zwingende Regelungen dieses Rechts können dann der von den Parteien gewollten Vertragsgestaltung im Weg stehen. Demgegenüber erweitert die Eröffnung der Rechtswahl die inhaltlichen Gestaltungsmöglichkeiten der Parteien. Die Rechtswahlfreiheit wird vermehrt funktionell in Verbindung mit der materiellrechtlichen Privatautonomie wahrgenommen, um inhaltlich die besten Ergebnisse zu erzielen.[489]

Gerade diese inhaltliche Optimierung fördert also marktmäßige Lösungen. Die Parteien können die Verträge so gestalten, dass sie am ehesten ihren individuellen Bedürfnissen entsprechen. Sie können gerade das Recht wählen, welches aus ihrer Sicht inhaltlich die besten Normen bereithält.[490] Die Parteien können inhaltlich etwa bestimmte Haftungsregime oder Regeln zum Gefahrübergang als besonders passend erachten. Ist der Inhalt des gewählten Rechts für eine Partei nachteilig, kann dies etwa über eine Anpassung des Kaufpreises kompensiert werden.[491] Neben spezifischen Regelungen kann aber auch die Grundhaltung einer Rechtsordnung eine entscheidende Rolle spielen. So wird etwa englisches Recht oftmals weniger wegen spezifischer inhaltlicher Regelungen gewählt,

486 Vgl. zur Definition der Netzeffekte: *ders.*, RW 2014, 301, 310.

487 *Ders.*, RW 2014, 301, 313.

488 So beschreibt das einfach zwingende Recht: *Michaels*, FS Schurig, 2012, S. 191, 195.

489 Vgl. *ders.*, FS Schurig, 2012, S. 191, 195 f.

490 So schon: *von Wilmowsky*, RabelsZ 62 (1998), 1, 5.

491 Vgl. *Schäfer/Lantermann*, in: Basedow/Kono (Hrsg.), An Economic Analysis of Private International Law, 2006, S. 87, 94; *Rühl*, Statut, 2011, S. 439.

sondern aufgrund seiner „liberalen Passivität", die dazu führt, dass es sich nur selten in das vereinbarte Vertragsgleichgewicht einmischt.[492]

Neben diesen am spezifischen Inhalt ausgerichteten Erwägungen können die Vertragsparteien auch eine Rechtsordnung wählen, in der eine besonders sichere Rechtslage mit Blick auf bestimmte Branchen gegeben ist. Eine solche kann sich etwa aus einer besonders hohen Zahl an Präzedenzfällen ergeben.[493] Dies ist meist an wichtigen Marktorten der Fall. So hat etwa englisches Recht wegen der dominanten Stellung der City of London im Finanzbereich hier eine besonders starke Position.[494] Diese bestehende Rechtssicherheit kann bei der Ermittlung des Rechtsinhalts Transaktionskosten senken und die Prognosesicherheit über den Ausgang möglicher Streitigkeiten erhöhen.[495]

Insgesamt hat damit die Einräumung der Parteiautonomie deutliche Vorzüge für die Parteien. Die Versagung dieser Gestaltungsfreiheit ist in der Lage, den Parteien die inhaltliche Gestaltung des Vertrags zu erschweren, und damit gerade auch grenzüberschreitende Geschäfte zu behindern.

Eine solche Betrachtung könnte allerdings Gefahr laufen, die Rechtswahlfreiheit zu überdehnen. Sieht man in jeder Verweigerung der Gestaltungsfreiheit eine Beschränkung der Grundfreiheiten, fordert dies als Kehrseite eine unbeschränkte Parteiautonomie. Eine solche würde jedoch eine umfassende Abwahl einfach zwingenden Rechts ermöglichen. Dass zwingende Normen auch Ausdruck staatlicher Legislativkompetenzen und damit staatlicher Souveränität sind, vernachlässigt eine solche Betrachtung. Gleichwohl sollten diese Erwägungen nicht schon im Ausgangspunkt dazu führen, eine Beschränkung der Grundfreiheiten zu verneinen, da eine belastende Wirkung durchaus besteht. Solche Erwägungen sind an späterer Stelle zu berücksichtigen, wenn zu diskutieren ist, inwiefern Beschränkungen der Rechtswahlfreiheit verhältnismäßig sein und gerechtfertigt werden können.[496] Zunächst ist damit auch in der Beschränkung der Gestaltungsfreiheit der Parteien eine Beschränkung der Grundfreiheiten zu sehen.

---

492 *Böhle*, ZEuP 2019, 72, 95.

493 So auch: *Richter*, Parteiautonomie, 2017, S. 65.

494 *Richter*, Parteiautonomie, 2017, S. 65.

495 Vgl. hierzu *Mankowski*, RIW 2003, 2, 6.

496 Siehe hierzu: Zweiter Teil, C., I., 4. und II., 3.

ee) Diskrepanzen zwischen anwendbaren Rechten

Bei einer rein objektiven Anknüpfung werden sämtliche Vertragsverhältnisse, soweit die Voraussetzungen einer akzessorischen Anknüpfung nicht vorliegen,[497] separat angeknüpft. Hierdurch kann es bei Verträgen, die auf verschiedentliche Weise miteinander verbunden sind, zu Unterschieden in den anwendbaren Rechten kommen.

Dies gilt vor allem für Vertragsketten.[498] Finden sich etwa in einer Kaufvertragskette verschiedene Verkäufer mit gewöhnlichem Aufenthalt in unterschiedlichen Staaten, so wäre auf diese unterschiedlichen Verträge bei einer objektiven Anknüpfung gem. Art. 4 Abs. 1 lit. a Rom I-VO jeweils das Recht der Staaten anwendbar, in denen die Verkäufer ihren gewöhnlichen Aufenthalt haben. Diese Diskrepanzen können sich etwa bei der Haftung als problematisch darstellen, wenn ein Zwischenhändler seinem Käufer für Produktfehler Schadensersatz leisten muss, hierfür seinerseits, aufgrund abweichender Regelungen, jedoch nicht beim Produzenten Regress nehmen kann.[499]

Diese Situation kann, wie noch ausführlich darzulegen ist, etwa dann entstehen, wenn entlang einer Kaufvertragskette, an deren Ende ein Verbraucher steht, unterschiedliche mitgliedsstaatliche Regelungen zur Anwendung gelangen, die jeweils die Vorgaben der Verbrauchsgüter- bzw. Warenkaufrichtlinie unterschiedlich umsetzen.[500] Findet etwa auf den Anspruch des deutschen Letztverkäufers gegen den deutschen Zwischenhändler deutsches Recht Anwendung, hat der Letztverkäufer einen privilegierten Rückgriffsanspruch. Hat der Zwischenhändler jedoch seinerseits die Ware aus dem Ausland bezogen, kann es zur Anwendung eines anderen Statuts kommen, das für ihn entweder keinen privilegierten Anspruch vorsieht oder diesen dispositiv gestaltet. Darüber hinaus kann hier auf Teile der Vertragskette auch das CISG Anwendung finden, was die Rechtslage weiter verkompliziert und ebenfalls zu Divergenzen zwischen den Haftungsregelungen führen kann. Insofern können bei internationalen Vertragsketten je nach Fallgestaltung unterschiedliche Teile der Vertragskette Regressansprüchen ausgesetzt sein, ohne ihrerseits Regress nehmen zu können. Diese

---

497 Siehe zu den Voraussetzungen der akzessorischen Anknüpfung: Dritter Teil, D., I., 2.

498 Siehe hierzu ausführlich: Dritter Teil, D., II.

499 Diese Gefahr der Regresslücken betonen auch: *Maultzsch*, RabelsZ 75 (2011), 60, 72; *Mäsch*, Verbraucherschutz, 1993, S. 107 ff.

500 Siehe ausführlich zu möglichen Problemen beim Regress in diesem Bereich: Dritter Teil, D., II., 1., a).; zum Regulierungszweck dieser Bestimmungen: Zweiter Teil, B., IV., 1., a), bb), (1), (b).

divergierenden Haftungsregelungen könnten Parteien vom grenzüberschreitenden Bezug von Waren abhalten und motivieren, Waren rein inländisch zu beziehen und zu handeln, da hierbei keine Haftungsdivergenzen möglich sind.

ff) Ergebnis

Die rein objektive Anknüpfung wäre eine Beschränkung der Grundfreiheiten. Allerdings ist noch zu untersuchen, wie Art. 3 Abs. 3 Rom I-VO dogmatisch in die Grundfreiheiten einzuordnen ist. Fest steht schon, dass nicht alle Punkte, in denen die objektive Anknüpfung Geschäfte erschwert respektive die Rechtswahlfreiheit erweiterte Gestaltungsmöglichkeiten und damit Erleichterungen schafft, tatsächlich auf dem grenzüberschreitenden Element an sich beruhen.

c) Wirkung nicht zu indirekt oder ungewiss

Fraglich ist jedoch, ob diese Auswirkungen hinreichend sind, um eine Beschränkung der Grundfreiheiten zu bejahen. Im Beispiel der Rs. *Alsthom Atlantique* lehnte der EuGH letztlich die beschränkende Wirkung der Rechtsprechung der Cour de cassation zum Haftungsrecht ab. Diese hätte „weder den Zweck noch die Wirkung, speziell die Ausfuhrströme zu beschränken".[501] Zwar bezieht sich die Regelung auf die Ausfuhrfreiheit, die der EuGH in seiner Rechtsprechung allgemein einer weniger strengen Kontrolle[502] unterzieht.[503] Gleichwohl fügt sich die Entscheidung auch in die allgemeine Zurückhaltung des EuGH bei der Prüfung mitgliedsstaatlichen Privatrechts am Maßstab der Grundfreiheiten ein.[504]

Grundsätzlich darf die Wirkung einer Regelung nicht „zu ungewiss und zu mittelbar" sein.[505] Wie sich dies zur *Dassonville*-Formel verhält, die schließlich auch mittelbare und potentielle Auswirkungen erfasst, wird aus der Rechtsprechung des EuGH nicht ersichtlich.[506] Eindeutig ist jedoch, dass der EuGH bisher noch nie einen Verstoß einer nicht diskriminierenden privatrechtlichen Regelung gegen die Warenverkehrsfreiheit bejaht hat.[507]

---

501 EuGH, Urt. v. 24.1.1991, C-339/89 – *Alsthom Atlantique*, Rn. 15.

502 *Basedow*, RabelsZ 75 (2011), 32 ff.

503 Mit Verweis auf die Rspr.: *Riesenhuber*, Europäisches Vertragsrechts, 2003, S. 99.

504 Zu dieser Zurückhaltung: *Körber*, Grundfreiheiten, 2004, S. 146.

505 EuGH, Urt. v. 7.11.2011, C-291/09 – *Guarnieri/Eddy*, Rn. 17; vgl. hierzu auch m.w.N. zur Rspr. des EuGH: *Holst*, ZEuS 2017, 333, 342 f.

506 Vgl. *Körber*, Grundfreiheiten, 2004, S. 146.

507 *Heiderhoff*, Europäisches Privatrecht, 2020, § 3 Rn. 56.

Diese Zurückhaltung könnte auch auf die kollisionsrechtliche Ebene durchschlagen. Am Beispiel *Alsthom Atlantique* lässt sich dies illustrieren: Wenn schon die nationale Regelung, die eine Haftungsbeschränkung unmöglich macht, keine beschränkende Wirkung entfaltet, warum sollte diese Wertung nicht auch für die kollisionsrechtliche Regelung gelten, die diese überhaupt zur Anwendung beruft?

Eine solche Übertragung wäre jedoch verfehlt und stünde auch im Widerspruch zum Urteil des EuGH. Schließlich verwies dieser in *Alsthom Atlantique* auf die „[i]m übrigen" bestehende Freiheit der Parteien, das französische Recht durch Wahl eines anderen Status abzuwählen. Die grundsätzliche Zurückhaltung des EuGH bei der Prüfung mitgliedsstaatlichen Privatrechts muss dementsprechend nicht ins Kollisionsrecht übertragen werden.

Aus dem Urteil des EuGH in *Alsthom Atlantique* kann damit nicht der Rückschluss gezogen werden, dass derart negative Auswirkungen einer rein objektiven Anknüpfung zu indirekt oder zu ungewiss wären und daher keine Beschränkung der Grundfreiheiten darstellen würden.

5. *Keine Verkaufsmodalität im Sinne der* Keck-*Rechtsprechung*

Darüber hinaus stellt die objektive Anknüpfung und damit die Versagung der Parteiautonomie auch keine Verkaufsmodalität im Sinne der *Keck*-Rechtsprechung des EuGH[508] dar. Nach der sog. *Keck*-Formel sind solche Bestimmungen keine Maßnahmen gleicher Wirkung im Sinne der *Dassonville*-Formel, die „bestimmte Verkaufsmodalitäten beschränken oder verbieten [...], sofern diese Bestimmungen für alle betroffenen Wirtschaftsteilnehmer gelten, die ihre Tätigkeit im Inland ausüben, und sofern sie den Absatz der inländischen Erzeugnisse und der Erzeugnisse aus anderen Mitgliedstaaten rechtlich wie tatsächlich in der gleichen Weise berühren."[509]

Diese Rechtsprechung betraf ursprünglich die Warenverkehrsfreiheit, ist jedoch auch auf die übrigen Grundfreiheiten zu übertragen.[510] Zwar lässt sich für die Einordnung als Verkaufsmodalität anbringen, dass in der *Keck*-Entscheidung gerade die Preisregelung, und damit einer der zentralsten Verhandlungspunkte zwischen Vertragsparteien, als reine Verkaufsmodalität erachtet wurde.

---

508 Ausführlich zur Keck-Rechtsprechung und Folgeentscheidungen: *Körber*, Grundfreiheiten, 2004, S. 157 ff.

509 EuGH, Urt. v. 24.11.1993, C-267/01, C-268/92 – *Keck*, Rn. 16.

510 Mit Verweis auf die Rspr. des EuGHs: *Walter*, in: Ehlers/Becker (Hrsg.), Europäische Grundrechte und Grundfreiheiten, 2014, § 1 Rn. 49.

Demnach könnte Gleiches erst recht für meist weniger bedeutende Fragen, wie die der Einigung über das anwendbare Recht, gelten.[511]

Eine solche Argumentation lässt jedoch außer Betracht, dass die zweite Voraussetzung der *Keck*-Rechtsprechung nicht gegeben ist. Eine Beschränkung ist nur abzulehnen, wenn die Bestimmung den Absatz inländischer Erzeugnisse und der Erzeugnisse aus anderen Mitgliedsstaaten rechtlich wie tatsächlich in der gleichen Weise berührt. Diese Universalität[512] oder Gleichmäßigkeit der Belastung ist hier jedoch nicht gegeben.[513]

Zwar ergeben sich die mit Blick auf die vertikale und horizontale Angleichung der anwendbaren Rechte erläuterten Vorteile sowie mögliche Vorzüge durch eine inhaltliche Optimierung möglicherweise bei sämtlichen Verträgen. Gleichwohl ist bei inländischen Geschäften die Rechtssicherheit allgemein größer, da das anwendbare Recht feststeht. Damit belastet die objektive Anknüpfung etwa in Bezug auf die Warenverkehrsfreiheit den Import von Waren ungleich höher als den inländischen Handel mit Waren. Demnach liegt keine reine Verkaufsmodalität im Sinne der *Keck*-Rechtsprechung vor.[514] Dies entspricht auch einer wertenden Sichtweise. Die Rechtswahl betrifft den Vertrieb von Produkten gerade im Kern, weil ihre Versagung in der Lage ist, Anbieter in der Entwicklung einer europaweiten und damit dem Binnenmarkt entsprechenden Vertriebsstrategie empfindlich zu behindern.[515]

6. *Ergebnis*

Zusammenfassend stellt damit die objektive Anknüpfung eine Beschränkung der Grundfreiheiten dar. Ein System rein objektiver Anknüpfungen unter Versagung

---

511 So argumentieren auch: *Kroll-Ludwigs*, Parteiautonomie, 2013, S. 276; *von Wilmowsky*, RabelsZ 62 (1998), 1, 10; zurückhaltender zu einer solchen Übertragung: *Lippert*, Grenzüberschreitender Sachverhalt, 2013, S. 30 f.

512 Diese Terminologie verwendet: *Ehlers*, in: Ehlers/Becker (Hrsg.), Europäische Grundrechte und Grundfreiheiten, 2014, § 7 Rn. 99.

513 Mit Blick auf dieses Kriterium hatte der EuGH etwa auch in TK-Heimdient das Vorliegen einer reinen Verkaufsmodalität abgelehnt: EuGH, Urt. v. 13.1.2001, C-254/98 – *TK Heimdienst*, Rn. 25 ff.

514 So auch: *Richter*, Parteiautonomie, 2017, S. 66; *Kroll-Ludwigs*, Parteiautonomie, 2013, S. 276; *von Wilmowsky*, RabelsZ 62 (1998), 1, 10; a.A.: *Klauer*, Verbraucherverträge, 2002, S. 111 f.; Leible differenziert hier und möchte eine Einzelfallbetrachtung vornehmen: *Leible*, FS Jayme, 2004, S. 485, 502.

515 Zu einer solchen wertenden Analyse: *Steindorff*, EG-Vertrag, 1996, S. 103; so mit Blick auf die Rechtswahlfreiheit auch: *Paefgen*, ZEuP 2003, 266, 271.

der Parteiautonomie zielt zwar nicht final auf eine Behinderung des Marktzugangs ab, weist aber dennoch eine den Marktzugang behindernde Wirkung auf.[516] Die Rechtswahl hingegen eröffnet, als milderes Mittel, Möglichkeiten, um den Binnenmarkt zu fördern. Sie fördert die Rechtssicherheit, ermöglicht die inhaltliche Optimierung der Verträge mit Blick auf vertikal und horizontal bestehende Vertragsbeziehungen und erschafft mit der flächendeckenden Standardisierung des anwendbaren Rechts in verschiedenen Branchen neue Marktdynamiken. In dogmatischer Hinsicht ist die Parteiautonomie damit durch die Grundfreiheiten garantiert.[517] Zu Recht wird sie als „Leitmaxime“[518] des Binnenmarkts bezeichnet, die mit diesem in „symbiotischer Beziehung“[519] steht.

Eine solche dogmatische Begründung fügt sich zudem auch in die Erwägungsgründe der Verordnung ein. Diese rekurrieren auf den Gedanken des Binnenmarkts[520] und ordnen die Rechtswahlfreiheit als „Eckstein“[521] eines an diesem Ziel ausgerichteten Systems ein.[522] Diese Betonung der individuellen Freiheit entspricht gerade auch dem wirtschaftspolitischen Konzept der Union, das jedenfalls im Ausgangspunkt auf Liberalisierung und die Freiheit zur Selbstregulierung setzt.[523] Dem Bürger im Sinne dieses Konzeptes das Recht zur Selbstbestimmung einzuräumen, erweist sich mit Blick auf den Binnenmarkt als förderliche Maßnahme. Die Anerkennung der Parteiautonomie zeigt, dass sich dieses liberale Grundkonzept auch im Internationalen Privatrecht der Union findet.[524]

---

516 Unter Aufgriff dieses Kriteriums der Marktzugangsbehinderung: *Kroll-Ludwigs*, Parteiautonomie, 2013, S. 276; zu diesem Kriterium auch: *Herdegen*, Europarecht, 2020, § 15 Rn. 6; *Ehlers*, in: Ehlers/Becker (Hrsg.), Europäische Grundrechte und Grundfreiheiten, 2014, § 7 Rn. 30.

517 So insbesondere wiederholt: *von Wilmowsky*, RabelsZ 62 (1998), 1, 3 ff.; *ders.*, Kreditsicherungsrecht, 1996, S. 43 ff.; *ders.*, ZEuP 1995, 735, 736 f.; siehe auch: *Schmitz*, Rechtswahlfreiheit, 2017, S. 103 ff.; *Kroll-Ludwigs*, Parteiautonomie, 2013, S. 273 ff.; *Freitag*, Produkthaftungsrecht, 2000, S. 362 f.; im deliktsrechtlichen Kontext: *von Hein*, RabelsZ 64 (2000), 595, 609 f.

518 *Kroll-Ludwigs*, Parteiautonomie, 2013, S. 263.

519 *Muir Watt*, ERCL 2010, 250, 255 (Übersetzung durch die Verfasserin).

520 Erwägungsgrund 1 der Rom I-VO.

521 Erwägungsgrund 11 der Rom I-VO.

522 A.A. Arnold, der die Erwägungsgründe heranzieht, um die Parteiautonomie auf dem Gedanken der objektiven Gerechtigkeit zu begründen: *Arnold*, in: ders. (Hrsg.), Grundfragen des Europäischen Kollisionsrechts, 2016, S. 23, 30.

523 *Schwemmer*, Anknüpfungsprinzipien, 2018, S. 67.

524 Vgl. *Basedow*, Open Societies – Conflict of Laws, 2015, S. 5.

IV. Zusammenfassung und Ausblick

In dogmatischer Hinsicht basiert die Parteiautonomie damit auf zwei Säulen. Einerseits fordern die Grundfreiheiten die Einräumung der Rechtswahlfreiheit, wo eine objektive Anknüpfung Hindernisse für die Ausübung der Grundfreiheiten verursachen würde. Andererseits basiert die Rechtswahlfreiheit auch auf der sog. materiellrechtlichen Begründung, da das Unionsgrundrecht der Vertragsfreiheit auch die Rechtswahlfreiheit garantiert.

Wie Art. 3 Abs. 3 Rom I-VO sich in dieser dogmatischen Grundlage einfügt, ist an späterer Stelle zu diskutieren, um auch die Ergebnisse der teleologischen Auslegung in diese Einordnung einzubeziehen.[525] Denn nur wenn der Zweck des Art. 3 Abs. 3 Rom I-VO herausgearbeitet wurde, kann die Regelung in der Dogmatik präzise verortet werden. Im Rahmen dieser Verortung wird dann auch zu diskutieren sein, ob sich der räumliche Anwendungsbereich der Grundfreiheiten in der Auslegung des Art. 3 Abs. 3 Rom I-VO niederschlagen muss, d.h. ob der Maßstab des Auslandsbezugs zwischen Drittstaatensachverhalten und innereuropäischen Sachverhalten unterscheidet.

B. Auslegung des Art. 3 Abs. 3 Rom I-VO

Welcher Maßstab für den Auslandsbezug anzulegen ist, ist durch Auslegung zu ermitteln. Hierbei soll auf die für das europäische Sekundärrecht etablierten Auslegungsmethoden zurückgegriffen werden, wobei insbesondere der teleologischen Auslegung zentrale Bedeutung zukommen wird. Innerhalb der Auslegung werden Argumente, die sich an der Schnittstelle zwischen verschiedenen Methoden bewegen, schwerpunktmäßig zugeordnet, um Wiederholungen zu vermeiden.

In der Auslegung europäischer Rechtsakte sind als gängige Methoden die grammatikalische, historische, systematische und teleologische Auslegung anerkannt.[526] Darüber hinaus ist zu diskutieren, inwiefern es ein allgemeines Gebot im Europarecht gibt, Ausnahmen eng auszulegen, und welche Folgen dies möglicherweise für Art. 3 Abs. 3 Rom I-VO hat.

---

525 Siehe: Zweiter Teil, C.

526 *Riesenhuber*, in: ders. (Hrsg.), Europäische Methodenlehre, 2021, § 19 Rn. 12 ff.; *Nehne*, Methodik, 2012, S. 54.

I. Wortlaut

Der Wortlaut einer unionsrechtlichen Regelung markiert „Ausgangs- und Endpunkt der autonomen Auslegung".[527] Mit Blick auf Art. 3 Abs. 3 Rom I-VO behauptet *Cuniberti*, in der Ausarbeitung der Rom I-VO sei bewusst von einer präziseren Formulierung abgesehen worden, da das Konzept des Inlandssachverhalts als zu komplex für eine positive Definition erachtet wurde.[528] Im Folgenden ist zu untersuchen, ob sich gleichwohl schon erste Schlüsse aus dem Wortlaut ziehen lassen.

1. Allgemein

Zunächst wird auf zwei allgemein zu beachtende Aspekte in der Arbeit mit dem Wortlaut der Rom I-VO eingegangen, um darauf aufbauend in die Analyse des Wortlauts einzusteigen.

a) Behandlung verschiedener Sprachfassungen

Die unionsrechtliche Wortlautauslegung erfordert stets den Vergleich ihrer verschiedenen sprachlichen Fassungen.[529] Im Rahmen der folgenden Analyse ist daher – soweit möglich[530] – auf die verschiedenen Sprachfassungen der Verordnung einzugehen. Die Rom I-VO ist, wie bei Rechtsakten der Union üblich, in 24 Sprachfassungen verfügbar. Diese sind grundsätzlich gleich autoritativ.[531]

Bestehen zwischen den verschiedenen Sprachfassungen Unterschiede,[532] kann daher keiner Sprachfassung besondere Bedeutung zugemessen werden.[533] Man könnte zwar erwägen, der Arbeitssprache ein besonderes Gewicht bei der

---

527 *Nehne*, Methodik, 2012, S. 55; vgl. auch: *Riesenhuber*, in: ders. (Hrsg.), Europäische Methodenlehre, 2021, § 10 Rn. 13; *Zedler*, Mehrsprachigkeit, 2015, S. 261.

528 *Cuniberti*, in: Muir Watt/Bíziková/Oliveira u.a. (Hrsg.), Global Private International Law, 2019, S. 464, 467.

529 EuGH, Urt. v. 6.10.1982, *CILFIT* – Rn. 18; vgl. auch: *Riesenhuber*, in: ders. (Hrsg.), Europäische Methodenlehre, 2021, § 10 Rn. 14 ff.

530 Hierbei ist darauf hinzuweisen, dass die Verfasserin nur Englisch und Deutsch beherrscht. Die Argumente zu den übrigen Sprachfassungen entstammen der Sekundärliteratur und wurden anhand derer überprüft.

531 *Riesenhuber*, in: ders. (Hrsg.), Europäische Methodenlehre, 2021, § 10 Rn. 14.

532 Ausführlich zur methodischen Handhabung von Divergenzen zwischen den Sprachfassungen: *Zedler*, Mehrsprachigkeit, 2015, S. 400 ff.; siehe auch: *Weiler*, ZEuP 2010, 861 ff.

533 *McParland*, Rome I Regulation, 2015, Rn. 3.23.

Auslegung zuzumessen.[534] Dies ist jedoch schon bereits insofern problematisch, als dass diese häufig nicht erkennbar ist und im Laufe des Gesetzgebungsverfahrens oder in verschiedenen Gremien wechseln mag.[535] Zudem wird im Gesetzgebungsverfahren die Vorlage der Kommission jedem Mitglied des Rates und des europäischen Parlaments in seiner Landessprache zur Verfügung gestellt.[536] Von einer Vorrangstellung einer Arbeitssprache kann daher keine Rede sein. Ein solcher Vorrang würde zudem die Gleichwertigkeit der Amtssprachen untergraben.[537]

Darüber hinaus wird diskutiert, ob den Ursprungsfassungen, also den Sprachfassungen, die zum Zeitpunkt des Rechtsakts Amtssprachen der Union waren, besondere Bedeutung zuzumessen ist.[538] Dies ist vorliegend jedoch von bedingter Relevanz, da einzig Kroatien nach der Unterzeichnung der Rom I-VO beigetreten ist. Möglich wäre hingegen, innerhalb der Sprachfassungen nach Mehrheiten zu suchen, also zu analysieren, ob die Mehrheit der Sprachfassungen einen Wortsinn zugrunde legen. Dies wird jedoch vom EuGH abgelehnt.[539]

Sollten sich in der folgenden Wortlautanalyse die Sprachfassungen unterscheiden, steckt der Wortlaut nur die „Bandbreite möglicher Auslegungsergebnisse" ab.[540] Verbleibende Unklarheiten sind dann mittels der übrigen Auslegungsmethoden aufzulösen.[541] Der EuGH stellt hierbei auf die systematische und insbesondere die teleologische Auslegung ab.[542]

---

534 So für staatsvertragliches Einheitsrecht Gruber, der dies jedoch ebenfalls für europäisches Recht ablehnt: *Gruber*, Methoden, 2004, S. 142 f.

535 *Riesenhuber*, in: ders. (Hrsg.), Europäische Methodenlehre, 2021, § 10 Rn. 16; vgl. auch: *Zedler*, Mehrsprachigkeit, 2015, S. 439 ff.

536 *Gruber*, Methoden, 2004, S. 142.

537 *Riesenhuber*, in: ders. (Hrsg.), Europäische Methodenlehre, 2021, § 10 Rn. 16; a.A.: *Zedler*, Mehrsprachigkeit, 2015, S. 442 f.

538 *Zedler*, Mehrsprachigkeit, 2015, S. 438 ff.

539 EuGH, Urt. v. 2.4.1998, Rs. 296/95 – *EMU TABAC*, Rn. 36; EuGH, Urt. v. 9.1.2003, Rs. 275/00 – *Givane*, Rn. 36; EuGH, Urt. v. 20.11.2003, Rs. 152/01 – *Kyocera*, Rn. 32; Weiler weist jedoch darauf, dass EuGH trotzdem in Entscheidungen auf die Mehrheit der Sprachfassungen abstellt: *Weiler*, ZEuP 2010, 861, 873.

540 *Zedler*, Mehrsprachigkeit, 2015, S. 264.

541 *Riesenhuber*, in: ders. (Hrsg.), Europäische Methodenlehre, 2021, § 10 Rn. 18 f.

542 So unter Verweis auf die Rechtsprechung: *McParland*, Rome I Regulation, 2015, Rn. 3.24.

b) Irrelevanz der Wortlautveränderungen gegenüber dem EVÜ

Grundsätzlich gilt bei der historischen Analyse im Unionsrecht, dass eine Veränderung des Wortlauts gegenüber einer Vorgängernorm die widerlegbare Vermutung begründet, dass sich dadurch auch der Regelungsinhalt wandelt.[543]

Ursprünglich lautete die Umschreibung des Inlandssachverhalts im EVÜ wie folgt:

> „Sind alle anderen Teile des Sachverhalts im Zeitpunkt der Rechtswahl in ein und demselben Staat belegen […].“

In der Rom I-VO ergeben sich hierzu einige kleinere Änderungen:

> „Sind alle anderen Elemente des Sachverhalts zum Zeitpunkt der Rechtswahl in einem anderen als demjenigen Staat belegen, dessen Recht gewählt wurde […].“

Auch in der englischen Fassung finden sich kleinere Änderungen. So umschrieb das Übereinkommen den Inlandssachverhalt noch als:

> „[W]here all the other elements relevant to the situation at the time of the choice are connected with one country only […].“

In der Rom I-VO heißt es dagegen:

> „Where all other elements relevant to the situation at the time of the choice are located in a country other than the country whose law has been chosen […].“

Diese Wortlautveränderungen lassen damit zunächst eine Änderung auch des Regelungsinhalts vermuten. Diese Vermutung einer Änderung des Regelungsinhalts entkräftet aber Erwägungsgrund 15 der Rom I-VO:

> „Obwohl keine inhaltliche Änderung gegenüber Art. 3 Abs. 3 des Übereinkommens von 1980 über das auf vertragliche Schuldverhältnisse anzuwendende Recht (‚Übereinkommen von Rom‘) beabsichtigt ist, ist der Wortlaut der vorliegenden Verordnung so weit wie möglich an Artikel 14 der Verordnung (EG) Nr. 864/2007 angeglichen.“

Die Vermutung einer Veränderung des Regelungsinhalts wird damit für Art. 3 Abs. 3 Rom I-VO explizit entkräftet.[544] Erkennbar ist aus den Materialien, dass schon der Vorschlag der Kommission zur Rom I-VO[545] einen gegenüber dem EVÜ leicht abweichenden Wortlaut aufweist. Im Vorschlag findet sich hierzu

---

543 *Borchardt*, in: Schulze/Zuleeg/Kadelbach (Hrsg.), Europarecht, 2020, § 15 Rn. 39 m.w.N.; *Nehne*, Methodik, 2012, S. 65.

544 Vgl. *Bogdan*, NIPR 2009, 407, 409.

545 Vgl. dort Art. 3 Abs. 4: *Europäische Kommission*, Entwurf Rom I-VO, S. 16.

jedoch keine Begründung.[546] Dieser wurde sodann vom Parlament geändert, um den Wortlaut an die Rom II-VO anzugleichen. Mit dieser Wortlautveränderung wurde dann auch Erwägungsgrund 15 hinzugefügt.[547] Warum bereits für den Entwurf zur Rom II-VO[548] und sodann auch für die Rom II-VO[549] ein gegenüber dem EVÜ abweichender Wortlaut gewählt wurde, an den die Rom I-VO sodann angeglichen wurde, ist aus den Materialien zur Rom II-VO nicht ersichtlich. Es wurde wohl schlicht versäumt, den Wortlaut der Rom II-VO insofern mit dem des EVÜ und dem Entwurf zur Rom I-VO abzustimmen,[550] obwohl im ersten Entwurf zur Rechtswahlregelung in der Rom II-VO sogar noch darauf verwiesen wurde, diese sei von Art. 3 Abs. 3 EVÜ inspiriert.[551] Insgesamt ist jedoch angesichts des Erwägungsgrund 15 davon auszugehen, dass inhaltlich keine Unterschiede zwischen Art. 3 Abs. 3 EVÜ und Art. 3 Abs. 3 Rom I-VO bestehen,[552] so dass ungewöhnlicherweise auch der historische Wortlaut Aufschluss über den Regelungsgehalt von Art. 3 Abs. 3 Rom I-VO vermittelt.

2. *Analyse*

Im Folgenden ist der Wortlaut der Norm zu analysieren. Hierbei wird dieser jedoch nicht stückweise in einzelne Begriffe aufgetrennt. Vielmehr sollen verschiedene mögliche Interpretationen des Wortlauts und Anhaltspunkte vorgestellt und mit Blick auf die Formulierung des Art. 3 Abs. 3 Rom I-VO untersucht werden.

a) *Fehlender Verweis auf subjektive Merkmale*

Im Ausgangspunkt fällt zunächst auf, dass Art. 3 Abs. 3 Rom I-VO lediglich auf objektive Umstände abstellt. Es kommt damit gerade nicht auf besondere subjektive Merkmale an. Eine Rechtswahl wider Treu und Glauben oder in Absicht

---

546 Vgl. *Europäische Kommission*, Entwurf Rom I-VO, S. 6.

547 *Europäisches Parlament*, Protokoll Sitzungen v. 28./29.11.2007, S. 5; der Inhalt der Änderungsanträge Nr. 11 und 42 ergibt sich insofern aus: *Europäisches Parlament*, Bericht Rom I, S. 10, 26.

548 *Europäische Kommission*, Entwurf Rom II-VO, S. 40.

549 Vgl. Art. 14 Abs. 2 Rom II-VO.

550 Rauscher/*von Hein*, Art. 3 Rom I-VO Rn. 103.

551 *Europäische Kommission*, Entwurf Rom II-VO, S. 25.

552 *Crawford/Carruthers*, Int'l & Comp. L. Quart. 63 (2014), 1, 6; *Hartley*, FS Kohler, 2018, S. 171, 175; vgl. Rauscher/*von Hein*, Art. 3 Rom I-VO Rn. 102.

der Umgehung des objektiv anwendbaren Rechts ist nicht erforderlich. Treffend wurde von den Beklagten in *Santander* daher aufgezeigt:

> „Art. 3 (3) […] does not depend upon any showing of evasiveness or bad faith in choice of law. […] Instead it reflects a basic sense that if the situation was entirely connected to one country, some aspects of the law of that country have a claim to be applied. […] It is the state of affairs which matters."[553]

Aus welchen Beweggründen die Parteien damit die Rechtswahl vereinbaren, ist für die Beurteilung des Auslandsbezugs im Rahmen des Art. 3 Abs. 3 Rom I-VO nicht von Relevanz.

b) *Erforderlichkeit einer kollisionsrechtlichen Verbindung zu einem bestimmten Staat*

Zunächst könnte man in Erwägung ziehen, als „Elemente des Sachverhalts" ausschließlich solche Umstände zu sehen, die kollisionsrechtlich in der Bestimmung des anwendbaren Rechts Relevanz entfalten können. Dies würde ein enges Verständnis des Auslandsbezugs bedeuten und zu einer weiten Interpretation des Inlandssachverhalts führen.

aa) *Parallele Formulierung zu Art. 1 Abs. 1 Rom I-VO*

Diese Interpretation hatten die beklagten Transportunternehmen in *Santander* vorgetragen und sich auf eine parallele Formulierung in Art. 1 Abs. 1 Rom I-VO gestützt:

> „[T]he presence of the word 'situation' in both Article 1 (1) and Article 3 (3) is relied upon as showing the connection between them and that, in both cases, the 'situation' must be a conflict of laws 'situation', since the same word ought to be given a consistent meaning."[554]

Ebenso wird in der spanischen Fassung in Art. 1 Abs. 1 Rom I-VO und Art. 3 Abs. 3 Rom I-VO, so wie bereits in der spanischen Fassung des Übereinkommens, jeweils der Begriff „situación" bzw. „situaciones" genutzt. Gleiches gilt für die französische Fassung der Rom I-VO; hier wird in Art. 1 Abs. 1 Rom I-VO mit Blick auf die „situations" formuliert und in Art. 3 Abs. 3 Rom I-VO ebenfalls der Begriff „situation" genutzt. Eine solche Argumentation geht bereits im

---

553 *Banco Santander Totta S.A.* v *Transport Companies*, [2016] EWHC 465 (Comm) [372]–[373].

554 *Banco Santander Totta S.A.* v *Transport Companies*, [2016] EWCA Civ 1267 [31].

Ausgangspunkt von einer weitaus engeren Auslegung des Art. 1 Abs. 1 Rom I-VO aus, als dieser Arbeit zugrunde gelegt wurde.[555]

Selbst wenn jedoch angenommen wird, dass Art. 1 Abs. 1 Rom I-VO eine Situation des „Conflict of Laws" fordert, in dem Sinne, dass verschiedene Anknüpfungsmomente auf unterschiedliche Rechtsordnungen verweisen, wäre die Übertragung dieser Auslegung auf Art. 3 Abs. 3 Rom I-VO auf Basis eines parallelen Wortlauts in diesen Sprachfassungen nicht überzeugend. Schließlich ist in anderen Sprachversionen keine parallele Nutzung der Begriffe zwischen Art. 1 Abs. 1 Rom I-VO und Art. 3 Abs. 3 Rom I-VO erkennbar. So wurde etwa im italienischen der Begriff „situazioni" in Art. 1 Abs. 1 des Rom Übereinkommens genutzt, nicht jedoch in Art. 3 Abs. 3 des Rom Übereinkommens. In der Rom I-VO wird der Begriff in Art. 1 Abs. 1 Rom I-VO nicht mehr verwendet, in Art. 3 Abs. 3 Rom I-VO hingegen schon.[556] Auch in der deutschen Sprachfassung wird in Art. 1 Abs. 1 Rom I-VO nicht auf den „Sachverhalt" abgestellt, sondern darauf, dass die vertraglichen Schuldverhältnisse „eine Verbindung zum Recht verschiedener Staaten" haben.

Damit stellt die parallele Verwendung der Begrifflichkeit in einigen Sprachfassungen vermutlich eine rein zufällige Erscheinung dar, eine bewusste und konsequente Verwendung einheitlicher Begrifflichkeiten ist jedoch nicht erkennbar.[557] Damit ist auch ein Auslegungszusammenhang zwischen beiden Vorschriften abzulehnen.

bb) Wortlautvergleich mit Art. 4 Abs. 1 EVÜ, Art. 4 Abs. 4 Rom I-VO

Ein solch enges Verständnis ist zudem auch nicht im natürlichen Wortlaut des Art. 3 Abs. 3 Rom I-VO angelegt, schließlich fordert der natürliche Wortsinn „Elemente des Sachverhalts" nicht offensichtlich ein derart enges Verständnis des Auslandsbezugs.[558] Dieser Eindruck verstärkt sich weiter, wenn man den Wortlaut des Art. 3 Abs. 3 Rom I-VO mit dem von Art. 4 Rom I-VO vergleicht. Dieser Vergleich wurde vom Gericht in *Santander* gezogen:[559]

---

555 Siehe zum in dieser Arbeit vertretenen Verständnis von der Auslegung von Art. 1 Abs. 1 Rom I-VO: Erster Teil, B., I.

556 *Banco Santander Totta S.A.* v *Transport Companies*, [2016] EWCA Civ 1267 [42].

557 Angesichts dieses fehlenden Zusammenhangs wurde das Argument auch zurückgewiesen: *Banco Santander Totta S.A.* v *Transport Companies*, [2016] EWCA Civ 1267 [42].

558 So interpretierte den natürlichen Wortsinn auch der Court of Appeal: *Banco Santander Totta S.A.* v *Transport Companies*, [2016] EWCA Civ 1267 [43].

559 Im Urteil heißt es, dass kein Unterschied zwischen der Auslegung und Zielsetzung von Rom I-VO und EVÜ erkennbar ist, so dass der Richter im Folgenden nicht mehr

„If it had been intended that 'elements relevant to the situation' in Article 3 (3) should be confined to factors of a kind which connect the contract to a *particular country for the purpose of identifying the proper law* in the absence of express choice, the drafter could have used the familiar and simple contracts language of 'close connection', which one finds in Article 4. […] That striking difference is also apparent from other language versions of the Convention, such as the French, Italian and Spanish versions."[560]

Der Wortlaut des Art. 4 Abs. 1 EVÜ, auf den an dieser Stelle verwiesen wird,[561] lautete: „the contract shall be governed by the law of the country with which it is most closely connected". In der Rom I-VO nutzt auch die Ausweichklausel in Art. 4 Abs. 4 Rom I-VO den Begriff „connection": „the contract is manifestly more closely connected with a country". Der Begriff der „connection" bzw. „connected" wird also spezifisch bei der kollisionsrechtlichen Anknüpfung verwendet. In der deutschen Sprachfassung wird hier mit dem Begriff „Verbindung" gearbeitet.[562]

Zwar lautete der Wortlaut in der englischen Fassung des EVÜ noch „where all the other elements relevant to the situation at the time of the choice are connected with one country only", so dass hier immerhin der Begriff „connection" gewählt wurde. Dieser Wortlaut findet sich in der englischen Fassung des Art. 3 Abs. 3 Rom I-VO jedoch nicht mehr.[563] Auch in der deutschen Fassung des EVÜ sowie der Rom I-VO wird nicht mit dem Begriff der „Verbindung" gearbeitet. So formulierte etwa die deutsche Fassung des EVÜ: „Sind alle sonstigen Elemente des Sachverhalts […] in ein und demselben Staat belegen". Hätte man hier in Anlehnung an die kollisionsrechtliche Anknüpfung formulieren wollen, wäre

klar zwischen beidem differenziert: *Banco Santander Totta S.A.* v *Transport Companies*, [2016] EWCA Civ 1267 [49].

560 *Banco Santander Totta S.A.* v *Transport Companies*, [2016] EWCA Civ 1267 [53] (Hervorhebungen durch die Verfasserin). Dieser Teil des Urteils wurde dann auch in *Dexia* zitiert, das Gericht sah sich an diese Entscheidung gebunden: *Dexia Crediop S.P.A* v *Comune di Prato*, [2017] EWCA Civ 428 [126].

561 Im Urteil ist die Rede von Art. 4 Abs. 1 ohne Nennung von Gesetzen, die Verfasserin vermutet jedoch wegen des abweichenden Wortlauts der Rom I-VO, dass hier Art. 4 Abs. 1 EVÜ gemeint ist.

562 Siehe beispielsweise: Art. 4 Abs. 3, 4, Art. 5 Abs. 3 Rom I-VO.

563 Unklar ist daher, warum Martiny auch zu Art. 3 Abs. 3 Rom I-VO vertritt, aus anderen Sprachfassungen ergebe sich, dass es auf die „connection" ankommt: MüKo/*Martiny*, Art. 3 Rom I-VO Rn. 90.

ein passender Wortlaut etwa „Sind alle Elemente mit ein und demselben Staat verbunden“ gewesen.[564] Gleiches gilt für die Rom I-VO.

Bei der ursprünglichen Verwendung des Begriffs „connected“ in Art. 3 Abs. 3 EVÜ handelt es sich also mit Blick auf die übrigen Sprachfassungen wohl um eine Anomalie. Insgesamt zeigt sich, dass keine begriffliche Anlehnung an die kollisionsrechtlichen Anknüpfungen gewollt war. Art. 3 Abs. 3 Rom I-VO ist angesichts dessen also nicht dahingehend auszulegen, dass nur solche Umstände „Elemente des Sachverhalts“ darstellen können, die im Übrigen kollisionsrechtlich relevant wären.

cc) Zwischenergebnis

Für ein restriktives Verständnis des Auslandsbezugs, das ausschließlich solche Umstände als Auslandsbezüge im Rahmen des Art. 3 Abs. 3 Rom I-VO anerkennt, die kollisionsrechtliche Relevanz bei der Bestimmung des Vertragsstatuts entfalten können, liefert der Wortlaut keine Anzeichen.[565] Vielmehr ist der Wortlaut der Regelung gegenüber einer Begrenzung auf derartige kollisionsrechtlich relevante Umstände durch einen Begriff wie „verbunden“ durch die gewählte Formulierung „belegen“ weiter gefasst. Dies spricht dafür, dass jedenfalls solche Umstände einen relevanten Auslandsbezug darstellen, die im Rahmen der Anknüpfung innerhalb der Rom I-VO von Bedeutung sind.

c) Kontrast des Begriffs „Sachverhalt“ zu „Vertrag“

Ein Augenmerk ist auf die Verwendung des Begriffs „Sachverhalt“ in Art. 3 Abs. 3 Rom I-VO zu lenken. Der Begriff „Sachverhalt“ stellt sich als weite Formulierung dar. Im Ausgangspunkt suggeriert der Wortlaut, dass eine Vielzahl an Umständen zum Sachverhalt gehören, und damit einen Auslandsbezug herstellen können. Auch die englische („situation“), italienische („situazione“) und französische („situation“) Sprachfassungen sind dahingehend formuliert.

Diese Breite der Formulierung wird umso deutlicher, wenn man sich mögliche Alternativen vor Augen führt. So hätte der Verordnungsgeber an dieser Stelle auch den Begriff „Vertrag“, bzw. „contract“ verwenden können. Bei der

564 So auch: *Böhle*, ZEuP 2019, 72, 80; a.A. Droste, der im EVÜ in der Verwendung von „localises“ und „belegen“ gerade einen Hinweis auf Anknüpfungspunkte sah und „Verbindung“ als demgegenüber deutlich weiteren Wortlaut einordnete, der etwa auch gedankliche oder wirtschaftliche Verbindungen erfasst: *Droste*, Begriff der „zwingenden Bestimmung“, 1992, S. 96.

565 So im Ergebnis auch: *Czernich*, ZfRV 2013, 157, 166.

Bezugnahme auf den „Sachverhalt“ handelt es sich auch nicht um eine Angleichung an die Formulierung des Art. 14 Abs. 2 Rom II-VO, da bereits Art. 3 Abs. 3 EVÜ gleichlautend formuliert war.[566]

Vor diesem Hintergrund heißt es daher in der, später noch ausführlich zu diskutierenden,[567] Entscheidung *Caterpillar* mit Blick auf den Wortlaut:

> „It is noteworthy that Article 3.3 refers to elements 'relevant to the situation' which is wider than 'elements relevant to the contract' which again is different from 'elements relevant to the 'mandatory rules' of the law of any one country.“[568]

Dieses Wortlautargument wurde auch in *Santander* aufgegriffen und dort als bewusst weite Formulierung verstanden.[569]

In der Tat wird an unterschiedlichen Stellen im Internationalen Privatrecht spezifisch auf den Vertrag abgestellt und auch dahingehend formuliert. So stellen etwa die Haager Übereinkommen 1995 darauf ab, dass ein „internationaler Vertrag“ vorliegen muss, damit die Bestimmungen des Übereinkommens zur Rechtswahl Anwendung finden.[570] Auf diese Regelung wird teilweise verwiesen, da das Haager Übereinkommen von 1955 oftmals als historisches Vorbild des Rom Übereinkommens gesehen wird.[571] Zwar hat das Haager Übereinkommen als nicht-europäischer Rechtsakt in systematischer Hinsicht, worauf noch einzugehen ist,[572] keine Aussagekraft, der Kontrast zu einer für ein anderes, international prominentes Projekt im Kollisionsrecht gewählten Formulierung legt jedoch eine bewusste Entscheidung des europäischen Gesetzgebers nahe.[573]

Noch relevanter für die Auslegung des Art. 3 Abs. 3 Rom I-VO ist jedoch, dass auch die Rom I-VO selbst in verschiedenen Regelungen auf den Vertrag abstellt.

---

566 Dort hieß es: „Sind alle anderen Teile des Sachverhalts im Zeitpunkt der Rechtswahl in ein und demselben Staat belegen“, Art. 3 Abs. 3 EVÜ.

567 Siehe hierzu: Dritter Teil, D., III., 1.

568 *Caterpillar Financial Services Corporation* v *SNC Passion* [2004] EWHC 569 (Comm) [18].

569 *Banco Santander Totta S.A.* v *Transport Companies*, [2016] EWHC 465 (Comm) [396].

570 Art. 1 Haager Übereinkommen 1955.

571 Zu dieser Heranziehung des Übereinkommens kritisch: *Banco Santander Totta S.A.* v *Transport Companies*, [2016] EWCA Civ 1267 [55]. Eine generelle Irrelevanz des „Vorbildrechts“ in der Auslegung behauptet: *Riesenhuber*, in: ders. (Hrsg.), Europäische Methodenlehre, 2021, § 10 Rn. 39.

572 Siehe hierzu: Zweiter Teil, B., III., 1.

573 So befürworten auch Plender/Wilderspin die Heranziehung des Wortlauts des Haager Übereinkommens, um diesen mit dem Wortlaut europäischer Rechtsakte zu vergleichen: *Plender/Wilderspin*, European Private International Law, 2020, Rn. 1–118 ff.

So ermöglicht die Ausweichklausel in Art. 4 Abs. 3 Rom I-VO die Anwendbarkeit des Rechts eines anderen Staates, wenn „*der Vertrag* eine offensichtlich engere Verbindung zu einem anderen als dem nach Abs. 1 oder 2 bestimmten Staat aufweist“.[574] Ebenso stellt die Ausweichklausel in Art. 5 Abs. 3 Rom I-VO auf den Vertrag ab.

Zudem wurde auch eine entsprechende Formulierung der Vorschrift im Gesetzgebungsverfahren vorgeschlagen. Das Max-Planck-Institut hatte auf das Grünbuch der Kommission hin folgende Formulierung für Inlandssachverhalte vorgeschlagen:

> „The fact that the parties have chosen a law *in accordance with paragraph 1*, whether or not accompanied by the choice of a foreign tribunal, shall not, where all the other elements relevant to the *contract* at the time of the choice are connected with one country only, prejudice the application of rules of the *internally mandatory rules* of that country.“[575]

Der Begriff „contract“ ist im Entwurf des Max-Planck-Instituts kursiv als Abweichung zum Rom-Übereinkommen gekennzeichnet. Im Vorschlag des Instituts für Art. 3 Abs. 4 Rom I-VO, also einer Regelung für Binnenmarktsachverhalte, findet sich hingegen folgende Beschreibung des Binnenmarktsachverhalts:

> „*[W]here all the other elements relevant to the situation at the time of the choice are connected with one or more of the Member States*“[576]

Damit erscheint der Entwurf des Max-Planck-Instituts deutlich zwischen dem Sachverhalt bzw. der „situation“ und dem Vertrag bzw. dem „contract“ zu differenzieren. Allerdings widerspricht die Begründung zum Entwurf diesem Eindruck. Dort heißt es zu Art. 3 Abs. 3 Rom I-VO:

> „The rule currently found in art. 3 (3) of the Rome Convention should be maintained. The Institute recommends that its technique be extended to purely internal market cases.“[577]

Damit ergibt sich bezüglich des Vorschlags durch das Institut ein widersprüchliches Bild: Einerseits wählt der Entwurf unterschiedliche, vom Rom

---

574 Art. 4 Abs. 3 Rom I-VO (Hervorhebungen durch die Verfasserin).

575 *Max Planck Institute for Foreign Private and Private International Law*, RabelsZ 68 (2004), 1, 100 (Änderungen zum EVÜ wurden im Rahmen dieses Vorschlags kursiv markiert).

576 *Dass.*, RabelsZ 68 (2004), 1, 101 (hierbei handelt es sich insgesamt um eine Änderung gegenüber dem EVÜ, so dass dieser Passus insgesamt kursiv gedruckt wurde).

577 *Dass.*, RabelsZ 68 (2004), 1, 17.

Übereinkommen abweichende Formulierungen, andererseits soll eine abweichende Formulierung eine Ausweitung desselben Mechanismus für Binnenmarktsachverhalte bedeuten. Damit scheinen die Verfasser des Entwurfs gerade nicht eine spezifische und inhaltliche Differenzierung zwischen den Formulierungen „contract" und „situation" gemeint zu haben.

Der Eindruck, dass mit der Wahl zwischen diesen Begrifflichkeiten nicht unbedingt eine bewusste Entscheidung verbunden ist, besteht auch bei der Rom I-VO. Denn während die Rom I-VO, wie dargelegt, teilweise unterschiedlich formuliert, werden beide Begriffe teils auch vermischt. So hieß es im EVÜ noch, dieses sei bei „vertragliche Schuldverhältnisse bei Sachverhalten, die eine Verbindung zum Recht verschiedener Staaten aufweisen"[578] anwendbar. In der Rom I-VO heißt es demgegenüber, diese fände auf „vertragliche Schuldverhältnisse in Zivil- und Handelssachen, die eine Verbindung zum Recht verschiedener Staaten aufweisen" Anwendung.[579] Damit wird jedenfalls an dieser Stelle die Bezugnahme auf das vertragliche Verhältnis und den Sachverhalt als austauschbar verwendet. Zudem wurde bereits bei der Frage, ob in der Auslegung eine Parallele zu Art. 1 Abs. 1 Rom I-VO besteht, festgestellt, dass in der deutschen und italienischen Fassung die Begriffe „Sachverhalt" beziehungsweise „situazioni" nicht konsequent verwendet werden.[580] Damit kann hier nicht zwingend von einer bewussten Entscheidung des Gesetzgebers ausgegangen werden.

d) Erforderlichkeit der Lokalisierung der Umstände in einem Land

Fraglich ist, ob ein Auslandsbezug auch durch solche Umstände hergestellt werden kann, die nicht in einem Staat lokalisierbar sind. So könnten Umstände, die allgemein auf eine internationale Situation verweisen, der Annahme eines reinen Inlandssachverhalts entgegenstehen. Ein besonders relevantes Beispiel für solche „internationalen" Umstände ist die Verwendung internationaler Standardverträge, wie etwa das ISDA-Standardformular, auf die später im Detail einzugehen ist.[581]

Bei einem Inlandssachverhalt sind „alle anderen Elemente des Sachverhalts in einem anderen als demjenigen Staat belegen", dessen Recht gewählt wurde. Ähnlich hierzu ist auch der englische Wortlaut der Rom I-VO gefasst, der die Wendung „located in" nutzt, ebenso wie die französische Sprachfassung mit

578 Art. 1 Abs. 1 EVÜ.
579 Art. 1 Abs. 1 Rom I-VO.
580 Siehe oben: Zweiter Teil, B., I., 2., b), aa).
581 Siehe hierzu: Dritter Teil, C., II.

„localisés". Der Wortlaut suggeriert damit zunächst, dass „Elemente des Sachverhalts" nur solche Umstände sind, die örtlich lokalisierbar sind, schließlich könnten sie sonst nicht sämtlichst in einem „Staat belegen" sein. Von dieser Interpretation war der High Court im erstinstanzlichen Urteil zu *Dexia* ausgegangen:

> „As to the master agreement, it is true that it is an international standard form, but it does not follow from this, that it is an 'element in the situation' which is connected to a country other than Italy. It is of course designed to promote certainty, but that does not give it a connection to a country other than Italy."[582]

Gleichwohl ist diese Interpretation nicht zwingend. Dass der Wortlaut eine Situation beschreibt, in der alle Elemente des Sachverhalts in einem einzigen Staat lokalisierbar sind, schließt nach dem natürlichen Wortsinn nicht aus, dass Situationen bestehen können, in denen Umstände nicht sämtlichst in einem Staat belegen sind, weil sie schlicht nicht in spezifischen Ländern lokalisierbar sind. *Böhle* führt zutreffend an:

> „Hätten die Verfasser ein enges Verständnis gewollt, so hätten sie dies insbesondere durch eine Formulierung erreichen können, nach der eine kollisionsrechtliche Rechtswahl dann nicht möglich ist, wenn der Sachverhalt keine Verbindung zu wenigstens einem anderen Staat aufweist."[583]

Damit schließt der Sachverhalt jedenfalls nicht aus, dass auch solche Umstände „Elemente des Sachverhalts" darstellen können, die nicht lokalisierbar sind, also keiner ausländischen, sondern einer „internationalen" Natur sind.

e) Relevanzkriterium in englischer Sprachfassung

Würde man die deutsche Fassung „anderen Elemente des Sachverhalts" exakt wörtlich ins Englische übersetzen, müsste diese Übersetzung „other elements of the situation" lauten. Auffallend ist jedoch, dass die englische Fassung hier anders formuliert ist:

> „Where all other elements *relevant to* the situation at the time of the choice [...]."

Dieser Wortlaut findet sich sowohl in der englischen Fassung des EVÜ als auch in der Verordnung. In *Santander* versuchte die Klägerin, BST,[584] hiermit wie folgt zu argumentieren:

---

582 *Dexia Crediop S.P.A* v *Comune di Prato*, [2015] EWHC 1746 (Comm) [211].
583 *Böhle*, ZEuP 2019, 72, 80.
584 Die vom Gericht gewählte Abkürzung für Banco Santander Totta.

> „BST draws attention to the fact that versions of Art. 3 (3) in different European languages including the Portuguese language do not contain the words 'relevant to', referring only to 'all other elements of the situation'. This 'aberration' in the English version is relied on in the context of the contention that the provision is to be read narrowly."[585]

Santander wollte mit dieser Argumentation erreichen, dass niedrige Anforderungen an den Auslandsbezug gestellt werden, respektive der Inlandssachverhalt und damit Anwendungsbereich von Art. 3 Abs. 3 Rom I-VO sehr eng verstanden wird. Der Zusatz „relevant to" sollte damit andeuten, dass möglichst viele Umstände Elemente das Sachverhalts sein können. In diesem Sinne führt auch *Droste* an, es sei kein Zufall, dass die englische Sprachfassung hier „offeneres Vokabular" wähle, wenn gerade die englische Delegation eine liberalere Rechtswahl hatte durchsetzen wollen.[586]

Der Passus „relevant to" lässt sich aber auch genau umgekehrt verstehen. So kann man den Wortlaut hier auch dahingehend verstehen, dass nur bestimmte Umstände Teil des Sachverhalts sind, aber weniger Umstände auch eine tatsächliche „Relevanz" entfalten. So versteht etwa *von Hein* die englische Fassung dahingehend, dass „die fraglichen Elemente ein gewisses kollisionsrechtliches Gewicht haben müssen".[587]

Insgesamt ist damit der Wortlaut im Englischen nicht als Argument für ein bestimmtes Verständnis des Auslandsbezugs zu sehen. In jedem Fall weicht der Wortlaut jedoch ohnehin von den übrigen Sprachfassungen ab, so dass hier wegen der Gleichrangigkeit der Sprachfassungen die Auslegung zu keinem eindeutigen Ergebnis kommt.[588]

f) Die „anderen" Elemente

Die Formulierung „*anderen*" Elemente suggeriert, dass es ein Element bzw. mehrere Elemente gibt, die keinen Auslandsbezug herstellen können. Aus dem sprachlichen Kontext zu Art. 1 Abs. 1 und 2 Rom I-VO lässt sich schließen, dass dieses andere, außer Acht zu lassende Element die Rechtswahl ist. Dies kommt

---

585 *Banco Santander Totta S.A.* v *Transport Companies*, [2016] EWHC 465 (Comm) [354].

586 *Droste*, Begriff der „zwingenden Bestimmung", 1992, S. 96.

587 Rauscher/*von Hein*, Art. 3 Rom I-VO Rn. 107; hierauf verweist im Rahmen seiner Ausführungen zu Art. 14 Abs. 2 Rom II-VO auch: *Vogeler*, Rechtswahl, 2013, S. 375.

588 Auch der High Court hatte dieses Argument verworfen und diesbezüglich noch auf den Wortlaut des von der Beklagtenseite vorgebrachten *Giuliano/Lagarde*-Bericht verwiesen: *Banco Santander Totta S.A.* v *Transport Companies*, [2016] EWHC 465 (Comm) [355].

noch treffender in der englischen Fassung des Rom-Übereinkommens zum Ausdruck:

> „The fact that the parties have chosen a foreign law, […] shall not, where all the other elements relevant to the situation at the time of the choice are connected with one country only, prejudice the application of […] 'mandatory rules'"

In dieser Sprachfassung ist „other" eindeutig grammatikalisch auf „the fact that the parties have chosen a foreign law" bezogen. Dies ist auch logisch schlüssig, da die Parteien sonst mit der Rechtswahl die notwendige Auslandsbeziehung selbst herstellen könnten.[589]

Unklar ist, ob mit der Formulierung „anderen" auch noch die Gerichtsstandsvereinbarung gemeint ist. Letztlich kann diese Frage jedoch dahinstehen. Art. 3 Abs. 3 EVÜ hatte zwar noch klargestellt, dass eine Gerichtsstandsvereinbarung unbeachtlich ist. Dass dieser Passus in der Rom I-VO nicht weiter vorhanden ist, ist mit Blick auf Erwägungsgrund 15 irrelevant. Dieser verweist neben der Klarstellung bezüglich der Wortlautänderung sogar ausdrücklich darauf, dass es irrelevant sei, ob die Rechtswahl „zusammen mit einer Gerichtsstandsvereinbarung getroffen wurde oder nicht".

3. *Ergebnis*

Im Ergebnis zeigt sich aus der Analyse des Wortlauts, dass Gerichtsstandsvereinbarungen und die Rechtswahl selbst keine relevanten Umstände darstellen. Die Norm ist auch darüber hinaus rein objektiv formuliert, es wird nicht auf die Absichten der Parteien bei der Rechtswahl Bezug genommen. Darüber hinaus ergeben sich jedoch wenig konkrete Erkenntnisse. Bemerkenswert ist eher, welche Eingrenzungen der Wortlaut gerade nicht zieht. Der Wortlaut begrenzt sich nicht auf Umstände des Vertrags oder solche, die allgemeine Relevanz als Anknüpfungsmomente in der Rom I-VO aufweisen. Darüber hinaus lässt sich dem Wortlaut auch keine Begrenzung auf solche Umstände entnehmen, die sich in einem Staat lokalisieren lassen, vielmehr erscheint auch eine Berücksichtigung der etwaigen objektiven „Internationalität" eines Sachverhalts möglich.

---

589 Beck-OGK/*Wendland*, Art. 3 Rom I-VO Rn. 230.

II. Historie

Im Rahmen der historischen Auslegung sind die Materialien zum EVÜ sowie zur Rom I-VO auszuwerten.[590]

1. Materialien zum EVÜ

Wegen der damals noch fehlenden Kompetenzgrundlage der Europäischen Gemeinschaft im Bereich des Internationalen Privatrechts wurde das Rom Übereinkommen nicht als europäischer Rechtsakt, sondern als völkerrechtliches Übereinkommen ausgestaltet.[591] Die vorbereitende Arbeitsgruppe sah davon ab, die vorbereitenden Materialien und Protokolle zu veröffentlichen, so dass *travaux préparatoires* nicht als Interpretationsgrundlage dienen können.[592]

a) Entwürfe zum EVÜ

Im veröffentlichten Vorentwurf zum EVÜ[593] findet sich noch keine Regelungen zu Inlandssachverhalten in dem die Rechtswahl regelnden Vorschlag zu Art. 3 EVÜ. Es liegt jedoch nahe, dass sich dies mit der abweichenden Formulierung des Anwendungsbereichs begründen lässt.[594] Gem. Art. 1 des Vorentwurfs ist das Übereinkommen bei „Sachverhalten internationalen Charakters anzuwenden".[595] *Droste* führte an, dass der Grund für diese Begrenzung des Anwendungsbereichs darin lag, dass die Parteiautonomie bei einem reinen Inlandsfall „ihre Berechtigung verliert".[596] Auch *Siesby* ging davon aus, dass der Rechtswahl

590 Teilweise wird dies auch als historische Auslegung im engeren Sinne bezeichnet. Dieser Begriff dient dann der Abgrenzung zur sog. genetischen Auslegung, die den Wortlautvergleich mit vorherigen Fassungen der Norm erfasst: *Riesenhuber*, in: ders. (Hrsg.), Europäische Methodenlehre, 2021, § 10 Rn. 32; *Nehne*, Methodik, 2012, S. 64 ff.

591 *Schmitz*, Rechtswahlfreiheit, 2017, S. 63.

592 Vgl. *Zobel*, Schiedsgerichtsbarkeit, 2005, S. 58; Mäsch hingegen wertet diese aus und nimmt auf unterschiedliche Stellungnahmen der verschiedenen Delegationen Bezug, die im Rahmen der vorliegenden Arbeit nicht überprüft und verwertet werden: *Mäsch*, Verbraucherschutz, 1993, S. 87 ff.

593 Veröffentlicht in: *Kommission der Europäischen Gemeinschaften*, RabelsZ 38 (1974), 211 ff.

594 Vgl. *Mäsch*, Verbraucherschutz, 1993, S. 87; *Droste*, Begriff der „zwingenden Bestimmung", 1992, S. 92 f.

595 *Kommission der Europäischen Gemeinschaften*, RabelsZ 38 (1974), 211.

596 *Droste*, Begriff der „zwingenden Bestimmung", 1992, S. 92.

bei einem reinen Inlandssachverhalt nach dem Entwurf keine kollisionsrechtliche, sondern lediglich materiellrechtliche Wirkung zukomme.[597] Im Entwurf übernahm damit Artikel 1 effektiv die Funktion des späteren Art. 3 Abs. 3 EVÜ. Erwägungen dazu, wann dieser Anwendungsbereich und damit die Rechtswahl eröffnet wäre, finden sich im Entwurf nicht; ebensowenig wurden Erläuterungen veröffentlicht.

b) Giuliano/Lagarde-*Bericht*

Im EVÜ fand sich letztlich die Regelung der Inlandssachverhalte in Art. 3 Abs. 3 EVÜ. Gleichzeitig zum EVÜ ist der *Giuliano/Lagarde*-Bericht veröffentlicht worden. Dieser entfaltet zwar keine bindende Wirkung, gibt jedoch Aufschluss über die Intention der Schöpfer der Konvention und kann als sog. unechte *traxaux préparatoires* herangezogen werden.[598]

aa) Erläuterungen zu Art. 3 Abs. 3 EVÜ

Im *Giuliano/Lagarde*-Bericht findet sich zu Art. 3 Abs. 3 EVÜ im Wesentlichen die Bezeichnung der Regelung als „Ergebnis eines Kompromisses“,[599] welche schon im Rahmen der Rechtsfolge diskutiert wurde.[600] Darüber hinaus trifft der Bericht jedoch keine Aussagen zur Präzisierung des Inlandssachverhalts.

bb) Erläuterungen zu Art. 1 Abs. 1 EVÜ

In *Santander* argumentierten die Beklagten mit einem Gleichklang der Formulierung zwischen Art. 1 Abs. 1 und Art. 3 Abs. 3 EVÜ, aus dem sie eine parallele Interpretation beider Vorschriften versuchten herzuleiten.[601] Auf Basis dieses Gleichklangs sollten dann auch Aussagen aus dem *Giuliano/Lagarde*-Bericht zu Art. 1 Abs. 1 EVÜ herangezogen werden.[602] Hierauf ist jedoch nicht weiter

---

597 *Siesby*, in: Lando (Hrsg.), European Private International Law of Obligations, 1975, S. 206, 207 f.

598 *Zobel*, Schiedsgerichtsbarkeit, 2005, S. 59; in S. 3 Abs. 3 lit. a des Contracts (Applicable Law) Act 1990 wurde im Vereinigten Königreich ausdrücklich festgelegt, dass zur Interpretation der *Giuliano/Lagarde*-Bericht herangezogen werden kann, vgl. hierzu: *Plender*, Rome Convention, 1991, Rn. 2.07.

599 *Giuliano/Lagarde*-Bericht, S. 18.

600 Siehe: Erster Teil, B., III., 3., b), aa).

601 Siehe hierzu bereits: Zweiter Teil, B., I., 2., b), aa).

602 *Banco Santander Totta S.A.* v *Transport Companies*, [2016] EWCA Civ 1267 [31].

einzugehen, da eine parallele Auslegung der Vorschriften, wie bereits erläutert, schon im Wortlaut der Vorschrift keinen Halt finden kann.[603]

c) Materialien zur nationalen Umsetzung bzw. zum Beitritt zum EVÜ

Daneben liegen zum EVÜ Materialien zur nationalen Umsetzung des Übereinkommens vor. Fraglich ist, inwiefern diese zur Auslegung herangezogen werden können. Dies ist jedenfalls insoweit auszuschließen, als sie lediglich die Ansichten nationaler Gesetzgeber wiedergeben. Lassen sich aus den nationalen Materialien jedoch Rückschlüsse auf den gemeinsamen Willen der Vertragspartner ziehen, können sie herangezogen werden.[604]

Der deutsche Gesetzgeber wählte mit dem EVÜ einen Sonderweg und wartete nicht das Inkrafttreten des Abkommens ab.[605] Stattdessen wurden die Bestimmungen mit verschiedenen Änderungen ins EGBGB übernommen.[606] Dem EVÜ wurde dann zwar gesetzlich zugestimmt,[607] das Zustimmungsgesetz sah jedoch vor, dass das EVÜ in innerstaatlichen Sachverhalten keine Geltung beanspruche.[608] Für den deutschen Gesetzgeber hatte dies maßgeblich den Vorteil, schon 1986 über ein kodifiziertes Internationales Schuldvertragsrecht zu verfügen, anstatt das Inkrafttreten des Übereinkommens abzuwarten.[609] Diese Methode und insbesondere die teils erheblichen Änderungen an den Vorschriften bei der Übernahme ins EGBGB stießen auf erhebliche Kritik.[610]

Bedingt durch diese Umsetzung gibt es zu den Änderungen des EGBGB eine Gesetzesbegründung.[611] Die dort vorhandene Begründung zu Art. 27

603 Siehe hierzu bereits: Zweiter Teil, B., I., 2., b), aa).

604 Vgl. *Zobel*, Schiedsgerichtsbarkeit, 2005, S. 59.

605 Siehe hierzu und zu den Gründen für diesen Sonderweg: *Schmitz*, Rechtswahlfreiheit, 2017, S. 60; *Sandrock*, RIW 1986, 841, 842 f.

606 Soergel/*von Hoffmann*, vor Art. 27 EGBGB Rn. 9 ff.; zu den Änderungen im Einzelnen: *von Hoffmann*, IPRax 1984, 10, 10 f.

607 Art. 1 Abs. 1 Gesetz zu dem Übereinkommen vom 19. Juni 1980 über das auf vertragliche Schuldverhältnisse anwendbare Recht.

608 Art. 1 Abs. 2 Gesetz zu dem Übereinkommen vom 19. Juni 1980 über das auf vertragliche Schuldverhältnisse anwendbare Recht.

609 *Schmitz*, Rechtswahlfreiheit, 2017, S. 60; zu weiteren Erwägungen, insbesondere zu der Frage, ob diese Umsetzung auch völkerrechtlichen Anforderungen entsprach: *Sandrock*, RIW 1986, 841, 843 f.

610 Vgl. Soergel/*von Hoffmann*, vor Art. 27 EGBGB Rn. 9 ff. m.w.N.; *Kohler*, EuR 1984, 155, 157; *Max-Planck-Institut für ausländisches und internationales Privatrecht*, RabelsZ 47 (1983), 595, 665 ff.

611 BT-Drucks. 10/504.

Abs. 3 EGBGB, der entsprechend Art. 3 Abs. 3 EVÜ den Inlandssachverhalt regelte,[612] gibt jedoch lediglich den *Giuliano/Lagarde*-Bericht in verkürzter Form wieder und enthält keine weiteren Erkenntnisse.[613] Gleiches gilt – bis auf den bei der Debatte um die Rechtswahl bereits verwerteten Passus – für die Denkschrift.[614]

Im Vereinigten Königreich wurde dem Übereinkommen mit dem Contracts (Applicable Law) Act 1990 Gesetzeskraft verliehen.[615] Zu diesem sind jedoch ebenfalls keine Gesetzesmaterialien öffentlich verfügbar. Österreich, Schweden und Finnland traten der Europäischen Union erst nach Inkrafttreten des EVÜ bei und verpflichteten sich mit ihrem Beitritt zur Europäischen Union auch zum Beitritt zum Übereinkommen.[616] Aus dem Beitrittsübereinkommen ergeben sich jedoch auch keine weiteren Erkenntnisse zur Auslegung des Art. 3 Abs. 3 EVÜ.

Damit lassen sich auch aus nationalen Materialien zur Umsetzung des EVÜ sowie aus dem Beitrittsübereinkommen zum EVÜ keine weiteren Erkenntnisse zur Auslegung des Art. 3 Abs. 3 EVÜ ziehen.

2. *Materialien zur Rom I-VO*

Zum Gesetzgebungsverfahren der Rom I-VO wurden umfassende Materialien veröffentlicht, gleichwohl finden sich in diesen kaum relevante Aussagen zu Art. 3 Abs. 3 Rom I-VO. Unter Umständen erklärt sich dies auch daraus, dass die Regelung ohne inhaltliche Änderungen[617] aus dem EVÜ übernommen wurde.

Neben der Wortlautveränderung, die bereits dargelegt wurde,[618] werden aus den Materialien keine Aussagen von Rat und Parlament zur Auslegung des Art. 3

---

612 Art. 27 Abs. 3 EGBGB unterschied sich im Wortlaut leicht von Art. 3 Abs. 3 EVÜ. So heißt es in Art. 27 Abs. 3 EGBGB etwa: „Ist der sonstige Sachverhalt [...] nur mit einem Staat verbunden“ während Art. 3 Abs. 3 EVÜ formuliert: „Sind alle anderen Teile des Sachverhalts [...] in ein und dem selben Staat belegen“. Da es sich hier jedoch mutmaßlich nur um redaktionelle Änderungen handelt, wird dies nicht weiter behandelt. In jedem Fall wäre diese nationale Gestaltung mit Bezug auf die Auslegung der Rom I-VO als europäischem Rechtsakt ohnehin irrelevant.

613 Vgl. BT-Drucks. 10/504, S. 77.

614 Vgl. hierzu oben: Erster Teil, B., III., 3., b), aa).

615 S. 2 Contracts (Applicable Law) Act 1990.

616 Übereinkommen über den Beitritt Österreichs, der Republik Finnland und des Königreichs Schweden zum Rom Übereinkommen, BGBl. II 1998, 1421; siehe zum Beitritt Österreichs zum EVÜ und zur Umsetzung des EVÜ in Österreich: *Kresbach/Rathkolb*, Schuldvertragsübereinkommen, 1999, S. 28 f.

617 Vgl. Erwägungsgrund 15 der Rom I-VO.

618 Vgl. hierzu bereits: Zweiter Teil, B., I., 1., b).

Abs. 3 Rom I-VO erkennbar.[619] So verweist der Rat in der Annahme des Standpunktes des Parlaments lediglich auf das Grundprinzip der Parteiautonomie, zu Art. 3 Abs. 3 Rom I-VO finden sich keinerlei Aussagen.[620]

In den Materialien zur Rom I-VO gibt es darüber hinaus nur knappe Verweise auf die Zielsetzung der Regelung. So hieß es im ursprünglichen Vorschlag der Kommission zur Regelung, die sich zu diesem Zeitpunkt noch in Art. 3 Abs. 4 fand:

> „Absatz 4 gilt für den Fall einer ‚Gesetzesumgehung', bei der nicht nur die zwingenden internationalen Bestimmungen im Sinne von Artikel 8 Anwendung finden, sondern auch die zwingenden innerstaatlichen Vorschriften. Absatz 5 bezieht sich auf die Umgehung des Gemeinschaftsrechts."[621]

Eine ähnliche Aussage findet sich auch in den Erörterungen des Rats:

> „However, where all other elements relevant to the situation are located in a country other than the country whose law has been chosen, the choice of law *does not allow parties to avoid* the application of provisions of the law of that country which cannot be derogated from by agreement (Article 3(4)) [...]."[622]

Aus den Materialien geht damit eindeutig hervor, dass es sich um eine Vorschrift zur Verhinderung der Rechtsumgehung handeln sollte. Wie genau diese hier erwähnte Zielsetzung präzisiert werden kann, ist in der teleologischen Auslegung zu diskutieren.

3. *Ergebnis*

Insgesamt lassen sich aus der historischen Auslegung damit nur begrenzte Erkenntnisse für die Auslegung der Norm ziehen.[623] Deutlich wird, dass Zweck des Art. 3 Abs. 3 Rom I-VO die Verhinderung der Rechtsumgehung durch die Parteien sein sollte. Darüber hinaus finden sich jedoch in den Materialien keine Aussagen zu Kriterien für den Auslandsbezug oder gar zur Behandlung verschiedener Fallgruppen.

---

619 Auf diese wäre abzustellen, da die genetische Auslegung nur Äußerungen solcher Unionsorgane miteinbeziehen kann, denen nicht nur ein Initiativ- oder Anhörungsrecht zusteht, sondern deren Zustimmung der betreffende Sekundärrechtsakt bedarf: *Nehne*, Methodik, 2012, S. 66.

620 *Rat der Europäischen Union*, Ratstreffen 5.–6. Juni 2008, S. 26.

621 *Europäische Kommission*, Entwurf Rom I-VO S. 6.

622 *Rat der Europäischen Union*, Ratstreffen 19.–20. April 2007, S. 18.

623 So auch: *Klumb*, ZBB 2012, 449, 452.

III. Systematik

In der systematischen Auslegung ist zu ermitteln, welche Erkenntnisse sich aus anderen Regelungen für die Auslegung des Art. 3 Abs. 3 Rom I-VO ziehen lassen.[624] Zunächst ist darauf einzugehen, dass die in der Literatur teilweise zu beobachtende Inbezugnahme internationaler Übereinkommen abzulehnen ist (1.). Die systematische Auslegung ist auf europäische Rechtsakte zu begrenzen, so dass im Folgenden zunächst die übrigen Regelungen der Rom I-VO auszuwerten sind (2.). Darüber hinaus wird auch zu untersuchen sein, welche Erkenntnisse sich aus der Rom II-VO (3.), Brüssel Ia-VO (4.) sowie Verordnungen des Familien- und Erbrechts (5.) für die Auslegung des Art. 3 Abs. 3 Rom I-VO ziehen lassen.

1. Internationale Übereinkommen

Teile der Literatur versuchen, aus dem räumlichen Anwendungsbereich verschiedener Übereinkommen direkte Rückschlüsse auf Art. 3 Abs. 3 Rom I-VO zu ziehen.

So führt *Ferrari* an, ein Vertrag weise dann einen hinreichenden Auslandsbezug auf, wenn dieser „international im Sinne einer den entsprechenden Vertragstyp regelnden Einheitsrechtskonvention ist“.[625] Diesen Verweis auf internationales Einheitsrecht nutzt *Ferrari* etwa bei der Diskussion um die Relevanz der Staatsangehörigkeit bei Art. 3 Abs. 3 Rom I-VO. Er verweist darauf, dass dieser gem. Art. 1 Abs. 3 CISG ausdrücklich keine Relevanz für den Anwendungsbereich des CISG zukäme.[626] Vor diesem Hintergrund könne die Staatsangehörigkeit auch keine Relevanz für Art. 3 Abs. 3 Rom I-VO aufweisen.

Darüber hinaus wird insbesondere auf das UNIDROIT Factoring-Übereinkommen sowie das Leasing-Übereinkommen verwiesen.[627] So kommt es für den Anwendungsbereich des Leasing-Übereinkommens lediglich auf das Verhältnis von Leasinggeber und Leasingnehmer an, die ihren Wohnsitz bzw. ihre Niederlassung in unterschiedlichen Staaten haben müssen.[628] Ob das

---

624 Kritisch gegenüber einer systematischen Heranziehung der Regelungen anderer Rechtsakte: *ders.*, ZBB 2012, 449, 452.

625 Ferrari/*Ferrari*, Art. 3 Rom I-VO Rn. 53.

626 Ferrari/*ders.*, Art. 3 Rom I-VO Rn. 54.

627 Ferrari/*ders.*, Art. 3 Rom I-VO Rn. 53; *Thorn/Thon*, FS Kronke, 2020, S. 569, 575.

628 Vgl. Art. 3 Abs. 1 lit. a UNIDROIT Leasing Übereinkommen. Des Weiteren kann das Übereinkommen gem. Art. 3 Abs. 1 lit. b auch Anwendung finden, wenn auf Kauf- und Leasingvertrag das Recht eines Vertragsstaates anwendbar ist. Siehe auch RIW 1995, 165.

Verhältnis zum Verkäufer einen internationalen Bezug aufweist, ist hingegen nicht relevant.[629] Hieraus ergäbe sich, dass der Auslandsbezug auch im Rahmen des Art. 3 Abs. 3 Rom I-VO in einer Verbindung zu einem weiteren, internationalen Vertrag bestehen könnte. Schließlich müsse allein der Factoring-Vertrag internationale Bezüge aufweisen, um den Anwendungsbereich des Übereinkommens zu eröffnen.[630]

Allein die Tatsache, dass die Übereinkommen einen Umstand als Auslandsbezug anerkennen, hat jedoch für sich genommen keine Aussagekraft für Art. 3 Abs. 3 Rom I-VO.[631] Es handelt sich bei den diskutierten Übereinkommen schließlich nicht um Unionsrechtsakte, die im Rahmen einer systematischen Auslegung herangezogen werden könnten. *Böhle* formuliert zutreffend: „Der Sachverhalt ist nicht deshalb international im Sinne von Art. 3 Abs. 3 Rom I-VO, weil die Einheitsrechtskonvention ihn als international definiert." Vielmehr sei zu fragen, warum Einheitsrecht geschaffen wurde.[632] Der Einführung dieser Übereinkommen liegen zumeist Erwägungen darüber zugrunde, welche Auswirkungen unterschiedliche Regelungen verschiedener nationaler Rechte in diesen Bereichen haben. So heißt es in der Präambel zum CISG, dieses werde in der Meinung geschaffen, „daß die Annahme einheitlicher Bestimmungen [...], dazu beitragen würde, die rechtlichen Hindernisse im internationalen Handel zu beseitigen und seine Entwicklung zu fördern."[633] Diese Erwägungen gleichen solchen, die innerhalb der Grundfreiheiten vorgetragen wurden, da sie auf die praktischen Probleme der Rechtsunterschiede im internationalen Wirtschaftsverkehr rekurrieren.

So genügt etwa nach dem Leasing-Übereinkommen die Internationalität im Verhältnis zwischen Leasinggeber und Leasingnehmer auch für dessen Anwendung im Verhältnis zum Verkäufer.[634] Für die Feststellung des Auslandsbezugs im Rahmen des Art. 3 Abs. 3 Rom I-VO hat diese Definition des Anwendungsbereichs keine Aussagekraft. Hieraus kann nicht hergeleitet werden, dass auch innerhalb des Art. 3 Abs. 3 Rom I-VO die Internationalität eines Vertrags genügt, um einen Auslandsbezug für einen hiermit verbundenen Vertrag zu schaffen.[635]

629 Vgl. *Thorn/Thon*, FS Kronke, 2020, S. 569, 575.
630 *Dies.*, FS Kronke, 2020, S. 569, 575.
631 Vgl. *Böhle*, ZEuP 2019, 72, 87.
632 *Ders.*, ZEuP 2019, 72, 87.
633 Präambel zum CISG.
634 Art. 3 Abs. 1 UNIDROIT Leasing-Übereinkommen von 1980; hierauf verweisen auch: *Thorn/Thon*, FS Kronke, 2020, S. 569, 575.
635 Ausführlich zu Fällen des mittelbaren Auslandsbezugs: Dritter Teil, D.

Allerdings liegen der Festlegung dieses Anwendungsbereichs praktische Erwägungen zugrunde. So ergibt sich bei Leasing-Verträgen das praktische Interesse, sämtliche Vertragsverhältnisse einem einheitlichen rechtlichen Rahmen zu unterstellen, ähnlich wie dies bereits für Vertragsketten diskutiert wurde.[636] Diese Erwägungen wiederum sind maßgeblich bei der Handhabung des Art. 3 Abs. 3 Rom I-VO zu berücksichtigen.

2. *Rom I-VO*

Mit Blick auf die Rom I-VO sind die verwendeten Anknüpfungspunkte, Ausweichklauseln und Möglichkeiten zur beschränkten Rechtswahl von Interesse.

a) *Anknüpfungspunkte*

Schon der Wortlaut des Art. 3 Abs. 3 Rom I-VO geht in seiner Formulierung über eine Beschränkung auf kollisionsrechtliche Anknüpfungsmomente hinaus und deutet damit an, dass jedenfalls diese einen Auslandsbezug herstellen könnten.[637] Für eine solche Interpretation spricht auch die systematische Perspektive, da den Anknüpfungen das Prinzip der engsten Verbindung zugrunde liegt (aa)). Auch wenn den Anknüpfungen teils auch ordnungspolitische Zielsetzungen und Schutzzwecke zugrunde liegen, vermag dies an einer Indizwirkung der Anknüpfungspunkte nichts ändern; ausnahmsweise kann eine Widerlegung der Vermutung in Betracht kommen, wenn dieser spezifische Erwägungen zugrunde liegen, die nicht verallgemeinerungsfähig sind (bb)).

aa) *Prinzip der engsten Verbindung als Vermutungsgrundlage*

Als Grundsatz des Internationalen Privatrechts gilt das Prinzip der engsten Verbindung,[638] das auf Savignys Lehre vom Sitz des Rechtsverhältnisses zurückzuführen ist.[639] Dieses liegt dem europäischen Kollisionsrecht zugrunde, wenngleich hierbei mittlerweile der konkrete Lebenssachverhalt und nicht mehr

---

636 In diese Richtung: *Böhle*, ZEuP 2019, 72, 87; ähnlich Thorn/Thon, die darauf verweisen, die „kollisionsrechtlichen Anwendungsnormen dieser Übereinkommen“ seien „Ergebnis einer kollisionsrechtlichen Interesenanalyse“: *Thorn/Thon*, FS Kronke, 2020, S. 569, 575.

637 Vgl. hierzu: Zweiter Teil, B., I., 2., b).

638 Historisch zum Prinzip der engsten Verbindung: *Hirse*, Ausweichklausel, 2012, S. 141 ff.; *Geisler*, Engste Verbindung, 2001, S. 28 ff.

639 Vgl. *Hirse*, Ausweichklausel, 2012, S. 164 ff.

das abstrakte Rechtsverhältnis der Bezugspunkt ist.[640] Für das schuldvertragliche Kollisionsrecht lässt sich dies exemplarisch und besonders eingängig an Art. 4 EVÜ bzw. Rom I-VO aufzeigen. Art. 4 Abs. 1 EVÜ knüpfte ausdrücklich an das Recht des Staates an, zu dem der Vertrag „die engsten Verbindungen aufweist". In Abs. 2 fand sich die Vermutung, dass es sich hierbei um den Staat des gewöhnlichen Aufenthalts[641] des Erbringers der charakteristischen Leistung handele. Die vertragscharakteristische Leistung diente damit als „Vermutungsregel zur Feststellung der engsten Verbindung".[642] Art. 4 Abs. 5 S. 2 enthielt eine Ausweichklausel für solche Fälle, in denen sich aus der „Gesamtheit der Umstände" ergab, dass der „Vertrag engere Verbindungen mit anderen Staaten aufweist".

Art. 4 Rom I-VO stellt eine Präzisierung dieser Regelung dar. Statt der zuvor bestehenden Generalklausel wählte der Verordnungsgeber im Interesse der Rechtssicherheit die typisierten Anknüpfungen des Art. 4 Abs. 1 Rom I-VO. Auch diesen liegt damit das Prinzip der engsten Verbindung zugrunde.[643] Dass dies weiterhin das grundlegende Prinzip ist, zeigt sich auch an der Korrekturmöglichkeit zugunsten der engeren Verbindung in Abs. 3 bzw. der nachgelagerten Anknüpfung an die engste Verbindung in Abs. 4. Deutlich zeigt sich damit, dass der objektiven Anknüpfung in Art. 4 Rom I-VO das Prinzip der engsten Verbindung zugrunde liegt.[644]

Überträgt man diese Wertung, die den jeweiligen Anknüpfungsregeln der Rom I-VO zugrunde liegen, ergibt sich Folgendes: Wenn ein Umstand vom Gesetzgeber als so gewichtig angesehen wird, dass er typischerweise die engste Verbindung vermittelt, muss dieser erst Recht in der Lage sein, einen Auslandsbezug für die Zwecke des Art. 3 Abs. 3 Rom I-VO herzustellen. Insgesamt kann daher an dieser Stelle für den weiteren Verlauf dieser Arbeit die Vermutung formuliert werden, dass Umstände, die in der Rom I-VO als Anknüpfungspunkte genutzt werden, einen Auslandsbezug herstellen können.[645]

---

640 *Schwemmer*, Anknüpfungsprinzipien, 2018, S. 20 Fn. 69; *Kroll-Ludwigs*, Parteiautonomie, 2013, S. 303 f. m.w.N.

641 Bei Ausübung einer gewerblichen Tätigkeit gem. Art. 4 Abs. 2 S. 2 EVÜ galt hierbei eine Vermutung zugunsten der Hauptverwaltung bzw. Niederlassung. Für Gesellschaften, Vereine oder juristische Personen wurde auf die Hauptverwaltung abgestellt, Art. 4 Abs. 1 EVÜ.

642 *Schwemmer*, Anknüpfungsprinzipien, 2018, S. 191.

643 *Dies.*, Anknüpfungsprinzipien, 2018, S. 191.

644 Vgl. *Magnus*, in: Ferrari/Leible (Hrsg.), Rome I Regulation, 2009, S. 27, 28.

645 Hierbei handelt es sich um die in der Literatur absolut herrschende Auffassung, Gegenstimmen sind nicht ersichtlich, vgl. etwa: Ferrari/*Ferrari*, Art. 3 Rom I-VO

bb) Widerlegung der Vermutung

Zunehmend liegen den kollisionsrechtlichen Anknüpfungen in der Rom I-VO wie im europäischen Kollisionsrecht allgemein jedoch auch ordnungspolitische Ziele zugrunde. Hierzu zählen etwa integrationspolitische Ziele wie die Mobilitätsförderung oder die Steigerung der Effizienz im Binnenmarkt.[646] Dies könnte in Frage stellen, ob auch solche Anknüpfungen, denen diese Erwägungen zugrunde liegen, eine Indizwirkung für Art. 3 Abs. 3 Rom I-VO aufweisen können. Allerdings ist zu beachten, dass diese Ziele nicht zu einer Anknüpfung an ein Recht, zu dem keinerlei Verbindung besteht, führen. *Schwemmer* setzt sich ausführlich mit dem Verhältnis zwischen dem Prinzip der engsten Verbindung und diesen anderen Zielsetzungen auseinander und konstatiert insofern:

> „Daher spielen die integrations- und sozialpolitischen Anknüpfungsprinzipien des Europäischen Kollisionsrechts oftmals nur eine Binnenfunktion im System der engsten Verbindung. Die Suche nach der engsten Verbindung gibt einen Rahmen vor, innerhalb dessen der Gesetzgeber aus mehreren mit dem Sachverhalt eng verbundenen Rechtsordnungen eine Auswahlentscheidung treffen muss."[647]

Insofern führen dann etwa europarechtliche Ziele wie die Mobilitätsförderung oder Steigerung der Effizienz im Binnenmarkt zur „Aufwertung" bestimmter Anknüpfungsmerkmale und zu „Akzentverschiebungen bei der Konkretisierung des Prinzips der engsten Verbindung".[648] Damit sind auch diese Anknüpfungen Ausdruck einer besonders engen Verbindung, so dass die Vermutung insofern nicht widerlegt werden kann.

Jedoch kann es nach *Schwemmer* auch zu einer Durchbrechung des Prinzips der engsten Verbindung kommen, wenn bestimmte Schutzzwecke verfolgt werden.[649] So sei bei der Anknüpfung in Art. 6 Abs. 1 Rom I-VO an den gewöhnlichen Aufenthalt des Verbrauchers[650] ein Recht berufen, bei dem kein erheblicher

---

Rn. 50; MüKo/*Martiny*, Art. 3 Rom I-VO Rn. 91; Rauscher/*von Hein*, Art. 3 Rom I-VO Rn. 107; Staudinger/*Magnus*, Art. 3 Rom I-VO Rn. 138.

646 *Schwemmer*, Anknüpfungsprinzipien, 2018, S. 196 f.; vgl. auch: *Weller*, IPRax 2011, 429, 432 ff.

647 *Schwemmer*, Anknüpfungsprinzipien, 2018, S. 196.

648 *Dies.*, Anknüpfungsprinzipien, 2018, S. 197.

649 *Dies.*, Anknüpfungsprinzipien, 2018, S. 201.

650 Soweit eine Ausübung der gewerblichen Tätigkeit des Unternehmers in diesem Staat gegeben ist (Art. 6 Abs. 1 lit. a Rom I-VO) oder dieser die Tätigkeit auf diesen Staat ausrichtet (Art. 6 Abs. 1 lit. b Rom I-VO).

Bezug zur Leistungserbringung besteht.[651] Gleichwohl vermitteln auch diese Anknüpfungen eine Indizwirkung, da, wie *Schwemmer* ebenfalls zutreffend feststellt, durchaus „gewisse Verbindungen mit dem Sachverhalt“[652] gegeben sind. Da es für Art. 3 Abs. 3 Rom I-VO nicht allein auf die engste Verbindung ankommt, vermittelt auch die Anerkennung dieser schwächeren Verbindung eine Indizwirkung.

Die Vermutung kann jedoch dann widerlegt werden, wenn es sich um spezifische Anknüpfungen für bestimmte Vertragstypen handelt, denen nicht verallgemeinerungsfähige Erwägungen zugrunde liegen. Dies kann beispielsweise bei der Anknüpfung an den Abschlussort bei Versteigerungen gem. Art. 4 Abs. 1 lit. h Rom I-VO gelten, da der Norm besondere Erwägungen zu den Vertragskonstellationen bei Versteigerungen zugrunde liegen könnten.[653] Inwiefern dies jeweils der Fall ist, wird bei den jeweiligen Fallgruppen zu diskutieren sein.

cc) Fazit

Allgemein besteht damit bei solchen Umständen, die in der Rom I-VO als Anknüpfungsmomente verwendet werden eine Vermutung, dass diese auch einen relevanten Auslandsbezug im Rahmen des Art. 3 Abs. 3 Rom I-VO herstellen. Im Einzelnen wird hierbei zu untersuchen sein, ob bestimmten, etwa spezifisch für einen Vertragstyp bestehenden Anknüpfungen Erwägungen zugrunde liegen, die nicht verallgemeinerungsfähig sind.

b) Ausweichklauseln und Auffangregel

Prominent zum Ausdruck kommt das Prinzip der engsten Verbindung, wie bereits erwähnt, auch in den sog. Ausweichklauseln, wie beispielsweise Art. 4 Abs. 3 Rom I-VO.[654] Nach den Ausweichklauseln kommt dann das Recht eines anderen Staates als das des nach den typisierten Anknüpfungsregeln bestimmten zur Anwendung, wenn sich aus der Gesamtheit der Umstände ergibt, dass der Vertrag eine offensichtlich engere Verbindung zu diesem anderen Staat

---

651 *Schwemmer*, Anknüpfungsprinzipien, 2018, S. 201; auch Martiny sieht hierin eine Ausnahme vom Grundsatz der engsten Verbindung: MüKo/*Martiny*, Art. 6 Rom I-VO Rn. 55.

652 *Schwemmer*, Anknüpfungsprinzipien, 2018, S. 201.

653 Siehe hierzu: Dritter Teil, A., I., 1., a), aa), (2).

654 *Schwemmer*, Anknüpfungsprinzipien, 2018, S. 191; vgl. hierzu auch Erwägungsgrund 16; weitere Ausweichklauseln finden sich in Art. 5 Abs. 3 und Art. 7 Abs. 2 S. 2 Rom I-VO.

hat.[655] Funktion der Ausweichklauseln ist es, in solchen Fällen eine Korrektur zu ermöglichen, in denen die typisierte Anknüpfung ausnahmsweise nicht zu der Rechtsordnung führt, zu der auch tatsächlich die engste Verbindung besteht.[656]

Die Ausweichklauseln sind grundsätzlich sehr restriktiv auszulegen, um die Regelanknüpfung nicht auszuhebeln.[657] Dies kommt auch deutlich im Wortlaut zum Ausdruck.[658] Gleichzeitig darf die Norm nicht zu eng ausgelegt werden, damit die starren typisierten Anknüpfungen nicht zu unzuträglichen Ergebnissen führen.[659]

Rechtsprechung und Materialien, die aufzeigen, in welchen Fällen Ausweichklauseln zur Anwendung kommen sollten, sind daher auch bei der Auslegung des Art. 3 Abs. 3 Rom I-VO einzubeziehen. Schließlich zeigen sie, welche Umstände als so gewichtig eingeordnet werden, dass sie die typisierte Anknüpfung auszuhebeln vermögen und die engste Verbindung vermitteln. Diese Umstände müssen jedenfalls auch einen hinreichenden Auslandsbezug für die Zwecke des Art. 3 Abs. 3 Rom I-VO herstellen.[660]

Entsprechendes gilt für die Auffangregel in Art. 4 Abs. 4 Rom I-VO. Diese bestimmt, dass für solche Fälle, in denen das anwendbare Recht nicht in den typisierten Anknüpfungen des Art. 4 Abs. 1 Rom I-VO ermittelt und auch keine charakteristische Leistung gem. Art. 4 Abs. 2 Rom I-VO bestimmt werden kann, das Recht des Staates zur Anwendung kommt, zu dem der Vertrag die engste Verbindung aufweist. Dass bestimmte Umstände in Rechtsprechung und Literatur zur Bestimmung dieser engsten Verbindung herangezogen werden, kann daher als Indiz für eine Relevanz im Rahmen des Art. 3 Abs. 3 Rom I-VO genutzt werden.

---

655 Siehe beispielsweise Art. 4 Abs. 3, Art. 5 Abs. 3, Art. 7 Abs. 2 S. 2 Rom I-VO.

656 Vgl. MüKo/*Martiny*, Art. 4 Rom I-VO Rn. 295; so schon zur Ausweichklausel im EVÜ: BT-Drucks. 10/503, S. 54 f.

657 NK-BGB/*Leible*, Art. 4 Rom I-VO Rn. 71.

658 So heißt es im deutschen Wortlaut, es brauche eine „offensichtlich engere Verbindung", im englischen Wortlaut heißt es, der Vertrag müsse „manifestly more closely connected" mit einem anderen Staat sein.

659 Vgl. MüKo/*Martiny*, Art. 4 Rom I-VO Rn. 294.

660 So zieht etwa von Hein in der Diskussion um die Relevanz der Staatsangehörigkeit bei Art. 3 Abs. 3 Rom I-VO deren Bedeutung im Rahmen der Ausweichklausel heran: Rauscher/*von Hein*, Art. 3 Rom I-VO Rn. 109.

c) *Beschränkte Rechtswahl*

Des Weiteren sind in systematischer Hinsicht auch die Möglichkeiten zur beschränkten Rechtswahl von Interesse. In Art. 5 Abs. 2 Unterabs. 2, Art. 7 Abs. 3 Unterabs. 1 Rom I-VO sind, wie bereits erläutert,[661] für Personenbeförderungs- und Versicherungsverträge verschiedene wählbare Rechte benannt. Der Begrenzung der Rechtswahl auf diese benannten Rechtsordnungen liegen die bereits benannten Schutzzwecke zugrunde.[662]

Schwemmer stellt bezüglich der beschränkten Rechtswahlfreiheit im Familien- und Erbrecht insofern fest, dass die vom Gesetzgeber ausgewählten verschiedenen Rechtsordnungen „auch als Konkretisierung der engsten Verbindung gelten können".[663] Insofern ermögliche der Gesetzgeber nur die Wahl zwischen unterschiedlichen engen Verbindungen. Dies gilt auch für die Rom I-VO. So fasst *Michaels* zusammen: „das Kollisionsrecht stellt sicher, dass nur Rechte zur Auswahl stehen, die eine Nähebeziehung haben; die Parteien treffen darunter den Stichentscheid."[664]

Insofern ist in systematischer Hinsicht miteinzubeziehen, welche Verbindungen dem Gesetzgeber genügen, um hinsichtlich dieser die beschränkte Rechtswahl einzuräumen. Dies ist jeweils auch als Indiz der Relevanz dieser Verbindungen als Auslandsbezug im Rahmen des Art. 3 Abs. 3 Rom I-VO zu werten.

3. *Rom II-VO*

Innerhalb der systematischen Auslegung ist darüber hinaus auch rechtsaktsübergreifend auszulegen.[665]

a) *Auslegungszusammenhang zwischen Rom I-VO und Rom II-VO*

Für die Rom II-VO fordert Erwägungsgrund 7 beider Verordnungen ausdrücklich, dass der materielle Anwendungsbereich und die Bestimmungen dieser Vorschriften „in Einklang" stehen sollten.[666] Dieser Formulierung wird ein

661 Siehe hierzu bereits: Erster Teil, B., II., 1., b).
662 Siehe hierzu bereits: Erster Teil, B., II., 1., b).
663 *Schwemmer*, Anknüpfungsprinzipien, 2018, S. 199.
664 *Michaels*, FS Schurig, 2012, S. 191, 197.
665 *Riesenhuber*, in: ders. (Hrsg.), Europäische Methodenlehre, 2021, § 10 Rn. 22.
666 Siehe Erwägungsgrund 7 Rom I-VO, Erwägungsgrund 7 Rom II-VO. Würdinger ordnet dies wegen der Bezugnahme auf die Erwägungsgründe als teleologisches Argument ein: *Würdinger*, RabelsZ 75 (2011), 102, 117.

allgemeines Konkordanzgebot[667] oder jedenfalls ein Auslegungszusammenhang[668] zwischen beiden Verordnungen entnommen. Ein solcher Auslegungszusammenhang findet auch in der Strukturgleichheit der beiden Verordnungen eine Stütze, denen die gleichen Prinzipien zugrunde liegen: der Grundsatz der Parteiautonomie, das Prinzip der engsten Verbindung und der Gedanke des Schutzes der schwächeren Partei.[669]

Zwar „sollen" die Bestimmungen nur im Einklang stehen, so dass kein Zwang zur einheitlichen Auslegung besteht. Dennoch wird gemeinhin von einer dahingehenden Pflicht ausgegangen, wenn dem kein besonderer Grund entgegensteht.[670]

b) Art. 14 Abs. 2 Rom II-VO

Wie bereits erwähnt,[671] wurde Art. 3 Abs. 3 EVÜ zum Vorbild für eine parallele Regelung zur Rechtswahlfreiheit für außervertragliche Schuldverhältnisse in Art. 14 Abs. 2 Rom II-VO.[672] Im Vorschlag der Kommission hieß es, dass sich die Regelung an Art. 3 Abs. 3 EVÜ „anlehnt".[673] Der Wirtschafts- und Sozialausschuss begrüßte dies, schließlich sei Art. 3 Abs. 3 EVÜ „anerkannter Standard zur Vermeidung von Umgehungen durch Parteien".[674] Die für außervertragliche Schuldverhältnisse gefundene Regelung dient damit demselben Ziel wie Art. 3 Abs. 3 Rom I-VO.[675] Im Gesetzgebungsverfahren zur Rom I-VO wurde Art. 3 Abs. 3 Rom I-VO an die Formulierung des Art. 14 Abs. 2 Rom II-VO angeglichen.[676] Aufgrund dieser engen Verwandtschaft

---

667 *Köck*, Auslegung, 2014, S. 156.

668 MüKo/*Junker*, Art. 1 Rom II-VO Rn. 2.

669 *Köck*, Auslegung, 2014, S. 158 f.; Lein identifiziert diese Prinzipien als Säulen der Rom I-VO, Rom II-VO und der Brüssel I-VO: *Lein*, YPIL Volume 10 (2008), 177, 179 ff.

670 *Würdinger*, RabelsZ 75 (2011), 102, 118; *Leible*, Perspektiven, 2009, S. 47; ähnlich auch Köck im Ergebnis nach einer ausführlichen Analyse des Auslegungszusammenhangs: *Köck*, Auslegung, 2014, S. 186 f.

671 Vgl. hierzu bereits oben im Rahmen der historischen Auslegung: Zweiter Teil, B., II.

672 *Richter*, Parteiautonomie, 2017, S. 369; Lein zieht diese parallele Grenze der Rechtswahlfreiheit auch heran, um die übereinstimmenden grundsätzlichen Prinzipien beider Verordnungen aufzuzeigen: *Lein*, YPIL Volume 10 (2008), 177, 182; vgl. auch: *Europäische Kommission*, Entwurf Rom II-VO, S. 25.

673 *Europäische Kommission*, Entwurf Rom II-VO, S. 24.

674 *Europäischer Wirtschafts- und Sozialausschuss*, Stellungnahme Rom II-VO, S. 5.

675 Siehe sogleich ausführlich zum Zweck des Art. 3 Abs. 3 Rom I-VO: Zweiter Teil, B., IV.

676 Siehe hierzu bereits: Zweiter Teil, B., I., 1., b).

muss zwischen beiden Vorschriften eine parallele Auslegung vorgenommen werden.[677]

Aus der Norm selbst und auch aus ihrem Kontext in der Rom II-VO ergeben sich jedoch, gerade wegen des mit Art. 3 Abs. 3 Rom I-VO übereinstimmenden Wortlauts, keine neuen Erkenntnisse zum Verständnis des Auslandsbezugs. Auch zu Art. 14 Abs. 2 Rom II-VO gibt es bisweilen keine Entscheidung des EuGH zur Auslegung der Bedingungen des Inlandssachverhalts. Daher kann auf die Diskussion um Art. 3 Abs. 3 Rom I-VO lediglich die Literatur zu Art. 14 Abs. 2 Rom II-VO übertragen werden.

4. Brüssel Ia-VO

Neben dem europäischen Kollisionsrecht ist auch eine systematische Argumentation mit dem Internationalen Zivilverfahrensrecht, speziell der Brüssel Ia-VO, in Erwägung zu ziehen.

a) Auslegungszusammenhang zwischen Brüssel Ia-VO und den Rom-Verordnungen

Die bereits erwähnte Auslegungsregel in Erwägungsgrund 7 der Rom I-VO und Rom II-VO verweist ebenfalls darauf, dass der Anwendungsbereich und die Bestimmungen dieser Verordnungen mit denen der Brüssel I-VO übereinstimmen sollen.[678] Eindeutig besteht damit ein Auslegungszusammenhang zwischen Rom I und II-VO und der Brüssel I-VO.[679] Auch der EuGH zog dementsprechend etwa in den zusammen ergangenen Entscheidungen *Pammer/Schlüter* sowie *Alpenhof/Heller*[680] Vorschriften der Rom I-VO heran, um den Begriff des „Ausrichtens" in der Brüssel I-VO systematisch auszulegen.[681] Er stützte

677 So nimmt auch Vogeler für die Auslegung des Art. 14 Abs. 2 Rom II-VO auf Art. 3 Abs. 3 Rom I-VO Bezug: *Vogeler*, Rechtswahl, 2013, S. 374 f.

678 Neben diesem allgemeinen Konkordanzgebot finden sich auch noch besondere Konkordanzgebote in Erwägungsgrund 17 S. 1 Rom I-VO und Erwägungsgrund 24 S. 2 Rom I-VO, siehe hierzu: *Würdinger*, RabelsZ 75 (2011), 102, 118 ff.; vgl. allgemein zu dieser „horizontalen Kontinuität": *Crawford/Carruthers*, Int'l & Comp. L. Quart. 63 (2014), 1, 6.

679 *Würdinger*, RabelsZ 75 (2011), 102, 117 f.; *Lein*, YPIL Volume 10 (2008), 177, 194 f.; *Volders*, YPIL Volume 9 (2007), 127, 128 f.

680 EuGH, Urt. v. 7.12.2010, C-585/08, C-144/09 – *Pammer/Schlüter* und *Alpenhof/Heller*, Rn. 40 ff.

681 Diese Rspr. wertet ausführlich aus: *Köck*, Auslegung, 2014, S. 169 ff.

sich hierbei zwar auf das besondere Konkordanzgebot in Erwägungsgrund 24 S. 2 Rom I-VO,[682] gleichwohl wird dies als allgemeine Anerkennung des Auslegungszusammenhangs gewertet.[683]

Auch für die Brüssel Ia-VO wird ein solcher Auslegungszusammenhang weiterhin allgemein bejaht.[684] Dass Rom I-VO und Rom II-VO eigentlich auf die Vorgängerverordnung verweisen, muss insofern irrelevant bleiben. Schließlich sprechen die gleichen Gründe weiterhin für eine gemeinsame Auslegung. Sämtliche Verordnungen beruhen auf ähnlichen Prinzipien[685] und wurden auf Grundlage der gleichen Kompetenzregelung[686] erlassen.

Gleichwohl ist im Auslegungszusammenhang mit der Brüssel Ia-VO zu beachten, dass das Internationale Zivilverfahrens- und Privatrecht zwar als Teil eines Systems verstanden werden, ihnen jedoch unterschiedliche Ziele zugrunde liegen: Der Schutz des Beklagten und die Möglichkeit mehrerer Gerichtsstände im Zivilverfahrensrecht stehen der Idee des sachnächsten Rechts und der Anwendbarkeit einer Rechtsordnung im Kollisionsrecht gegenüber.[687] Das Internationale Zivilverfahrensrecht orientiert sich zudem an dem Leitgedanken der Verfahrensökonomie und dem Ziel des bestmöglichen Zugangs zu Beweismitteln.[688] Es bestehen damit konzeptionelle Unterschiede zwischen Internationalem Privat- und Zivilverfahrensrecht.[689] Dementsprechend hat der EuGH auch ausdrücklich darauf hingewiesen, dass die angestrebte Kohärenz nicht dazu führen darf, dass Verordnungen entgegen ihrer eigenen Systematik und Zielsetzung interpretiert werden.[690] Die Eigenständigkeit der Rechtsakte und ihre Zielsetzung muss stets im Blick behalten werden.[691]

---

682 EuGH, Urt. v. 7.12.2010, C-585/08, C-144/09 – *Pammer/Schlüter* und *Alpenhof/Heller*, Rn. 74.

683 So jedenfalls: *Köck*, Auslegung, 2014, S. 173.

684 Vgl. etwa: Staudinger/*Magnus*, Art. 1 Rom I-VO Rn. 62; MüKo/*Martiny*, Vorbemerkung Rom I-VO Rn. 27.

685 Auf diese Prinzipien hatte Lein für die Brüssel I-VO abgestellt: *Lein*, YPIL Volume 10 (2008), 177, 179 ff.

686 Auf diesen Umstand hatte etwa Würdinger bei der Brüssel I-VO noch abgestellt: *Würdinger*, RabelsZ 75 (2011), 102, 116.

687 Zu diesen teleologischen Unterschieden zwischen beiden Rechtsbereichen: *Köck*, Auslegung, 2014, S. 121 ff.; *Würdinger*, RabelsZ 75 (2011), 102, 106 ff.

688 *Wedemann*, in: von Hein/Rühl (Hrsg.), Kohärenz im Internationalen Privat- und Verfahrensrecht der Europäischen Union, 2016, S. 182, 193 m.w.N.

689 *Mankowski*, FS Heldrich, 2005, S. 867, 868 ff.

690 EuGH, Urt. v. 16.1.2014, C-45/13 – *Kainz/Pantherwerke*, Rn. 20.

691 MüKo/*von Hein* Art. 3 EGBGB Rn. 161.

b) Auslandsbezug in der Brüssel Ia-VO

Im Internationalen Zivilprozessrecht stellt sich eine mit der Forschungsfrage verwandte Problematik:[692] Wie ist in einem reinen Inlandssachverhalt[693] die Prorogation eines ausländischen Gerichts zu beurteilen?[694] Im europäischen Zivilverfahrensrecht wird diese mit Blick auf Art. 25 Brüssel Ia-VO diskutiert.

aa) Diskussion um den internationalen Bezug in der Brüssel Ia-VO

Ausgangspunkt der Diskussion um die Behandlung von Inlandssachverhalten in der Brüssel Ia-VO ist, dass weder der Anwendungsbereich der Verordnung noch der Wortlaut des Art. 25 Brüssel Ia-VO hier eine Beschränkung auf internationale Sachverhalte vorsieht.[695] Eine Art. 3 Abs. 3 Rom I-VO bzw. Art. 14 Abs. 2 Rom I-VO entsprechende Regelung von Inlandssachverhalten enthält die Brüssel Ia-VO nicht.[696] Würde man streng vom Wortlaut ausgehen, wäre die Brüssel Ia-VO allgemein und insbesondere Art. 25 Brüssel Ia-VO demnach auch in reinen Inlandssachverhalten anwendbar. Die nationalen Zivilverfahrensrechte würden damit faktisch irrelevant, die strengeren Anforderungen des § 38 ZPO an die Gerichtsstandsvereinbarung durch den großzügigeren Art. 25 Brüssel Ia-VO unterlaufen.[697]

---

692 Der Auslandsbezug im Rahmen der Rechtswahl bei der Rom I-VO und Gerichtsstandsvereinbarungen bei der Brüssel Ia-VO diskutieren im Zusammenhang: *Mills*, Party Autonomy, 2018, S. 473 Fn. 42; *Magnus*, ZEuP 2018, 507, 507 ff.; *Hartley*, FS Kohler, 2018, S. 171, 178; *Maultzsch*, FS von Hoffmann, 2011, S. 304, 304 ff.

693 Der Begriff des „Inlandssachverhalts“ wird auch in diesem Kontext wie in der Einleitung definiert genutzt. Dies wird hier lediglich klargestellt, da in der Literatur zum Internationalen Zivilverfahrensrecht unter diesem Begriff teils auch Konstellationen diskutiert werden, in denen zwei Parteien mit Wohnsitz in einem Mitgliedsstaat Gerichte in demselben Mitgliedsstaat für zuständig erklären, so etwa bei: *Danelzik*, Gerichtsstandsvereinbarung, 2019, S. 185.

694 Allgemein zu diesem Streit im Internationalen Zivilverfahrensrecht: *Mills*, Party Autonomy, 2018, S. 222 ff.

695 Dies gilt auch für die Vorgängerregelungen: *Danelzik*, Gerichtsstandsvereinbarung, 2019, S. 186.

696 *Maultzsch*, FS von Hoffmann, 2011, S. 304, 309.

697 Diese unterschiedlichen Maßstäbe der beiden Regelungsregime für Gerichtsstandsvereinbarungen betont: *Magnus*, ZEuP 2018, 507, 513; ebenso mahnt Frauenberger-Pfeiler eine Irrelevanz des autonomen österreichischen Zuständigkeitsrechts in dieser Hinsicht an: *Frauenberger-Pfeiler*, FS Rechberger, 2005, S. 125, 125 f.

Neben diesen weitreichenden Folgen einer solchen Interpretation für den verbleibenden Anwendungsbereich nationalen Zuständigkeitsrechts werden weitere Argumente gegen eine Anwendung der Brüssel Ia-VO auf Inlandssachverhalte vorgebracht. So wird argumentiert, Erwägungsgrund 4 der Brüssel Ia-VO verweise auf das Ziel der Verordnung, die „Vorschriften über die internationale Zuständigkeit [...] zu vereinheitlichen".[698] Zudem basiert die Verordnung auf der Kompetenz in Art. 81 AEUV, welche ihrerseits, wie bereits erläutert,[699] einen grenzüberschreitenden Bezug voraussetzt.[700] *Hau* entkräftet letzteres Argument jedoch mit Verweis darauf, dass es sich bei der Frage, ob einer Gerichtsstandsvereinbarung zugunsten ausländischer Gerichte Wirkung zu verleihen ist, „unverkennbar um eine genuin internationalverfahrensrechtliche Frage" im Sinne der Kompetenzen handele.[701]

Vor diesem Hintergrund vertritt der weit überwiegende Teil der Literatur, dass der Anwendungsbereich der Brüssel Ia-VO auf internationale Sachverhalte begrenzt sei.[702] Methodisch wird hier eine teleologische Reduktion vorgenommen.[703]

Demgegenüber geht eine andere Auffassung davon aus, dass die Brüssel Ia-VO und damit auch Art. 25 Brüssel Ia-VO bei Inlandssachverhalten Anwendung findet und eine internationale Prorogation demnach möglich sei.[704] Hierfür wird maßgeblich angeführt, dass sich eine Beschränkung der Verordnung auf internationale Sachverhalte nicht im Wortlaut findet.[705] Einzelne Regelungen der Verordnung, deren Anwendbarkeit von einem Auslandsbezug abhängen soll, seien

698 So: *Danelzik*, Gerichtsstandsvereinbarung, 2019, S. 188 Fn. 626.

699 Siehe hierzu: Erster Teil, A.

700 *Danelzik*, Gerichtsstandsvereinbarung, 2019, S. 187; so zur Brüssel I-VO: *Maultzsch*, FS von Hoffmann, 2011, S. 304, 311; *Heinig*, Gerichtsstandsvereinbarungen, 2010, S. 107 f.

701 *Hau*, GS Unberath, 2015, S. 139, 154.

702 Vgl. etwa: Rauscher/*Mankowski*, Art. 25 Brüssel Ia-VO Rn. 32; Musielak/Voit/*Stadler*, Art. 25 Brüssel Ia-VO Rn. 1; Saenger/*Dörner*, Art. 25 Brüssel Ia-VO Rn. 6.

703 Vgl. Musielak/Voit/*Stadler*, Art. 25 Brüssel Ia-VO Rn. 1.

704 Vgl. Geimer, der die Regelung auch in reinen Inlandsfällen anwenden will, jedoch nicht auf die örtliche Zuständigkeit: Geimer/Schütze/*Geimer*, Art. 25 Brüssel Ia-VO Rn. 35 ff.; im Rahmen der Brüssel I-VO: *Frauenberger-Pfeiler*, FS Rechberger, 2005, S. 125, 128 ff.; siehe überblicksartig zu Vertretern und Argumenten: *Danelzik*, Gerichtsstandsvereinbarung, 2019, S. 188 ff.

705 Vgl. *Danelzik*, Gerichtsstandsvereinbarung, 2019, S. 186 f.; *Frauenberger-Pfeiler*, FS Rechberger, 2005, S. 125, 126.

auch dementsprechend formuliert.[706] Diese Voraussetzung könne nicht einfach in den Art. 25 Brüssel Ia-VO hineingelesen werden. Teilweise wird auch die Gerichtsstandsvereinbarung selbst als hinreichender Auslandsbezug gesehen.[707]

bb) Rechtsprechung des EuGH zum Auslandsbezug in der Brüssel Ia-VO

Der EuGH verweist für die Erforderlichkeit des Auslandsbezugs auf die genetische Auslegung, speziell auf den *Schlosser*-Bericht zu Art. 17 EuGVÜ, welcher der Vorgänger des jetzigen Art. 25 Brüssel Ia-VO ist.[708] So hieß es im *Schlosser*-Bericht zum Anwendungsbereich des Übereinkommens, dass:

> „[N]ur Verfahren und Entscheidungen betroffen werden, welche Sachverhalte mit internationalem Bezug zum Gegenstand haben […].“[709]

Speziell zur Gerichtsstandsvereinbarung fand sich der Hinweis, dass

> „Artikel 17 […] nur gilt, wenn das zugrunde liegende Geschäft internationale Bezüge aufweist […], was allein durch die Wahl eines Gerichts eines bestimmten Staates keinesfalls hergestellt werden kann […].“[710]

Mit Blick auf diese eindeutigen Aussagen ging der EuGH für das Übereinkommen von Brüssel sowie für die Brüssel I-VO von der Erforderlichkeit eines Auslandsbezugs aus.[711] Da der EuGH diese Rechtsprechung bereits vom Brüsseler Übereinkommen auf die Brüssel I-VO übertragen hat, kann davon ausgegangen

---

706 So mit Blick auf Art. 7 und 8 Brüssel Ia-VO: *Danelzik*, Gerichtsstandsvereinbarung, 2019, S. 189.

707 So *Samtleben*, FS Ansay, 2006, S. 343, 358.

708 So zu Art. 17 EugVÜ und Art. 23 EuGVVO: *Maultzsch*, FS von Hoffmann, 2011, S. 304, 311.

709 *Schlosser*-Bericht, S. 11, mit Verweis auf den *Jenard*-Bericht, in dem es heißt, das Übereinkommen ändere „die in den einzelnen Vertragsstaaten geltenden Zuständigkeitsregeln nur in Fällen mit Auslandsbeziehungen ab. Dieser Begriff ist in dem Übereinkommen nicht näher bestimmt, da die Auslandsbeziehung sich aus den besonderen Umständen des Rechtsstreits ergeben kann, mit dem das Gericht befaßt ist.“: *Jenard*-Bericht, S. 8.

710 *Schlosser*-Bericht, S. 53.

711 Für die Erforderlichkeit beim Brüsseler Übereinkommen: EuGH, Urt. v. 1.3.2005, C-281/02 – *Owusu/Jackson*, Rn. 25. Diese Rechtsprechung wurde dann auf die Brüssel I-VO übertragen und fortgeführt: EuGH, Urt. v. 17.11.2001, C-327/10 – *Hypoteční/Lindner*, Rn. 29 f.; EuGH, Urt. v. 7.2.2013, C-541/10 – *Refcomp/Axa*, Rn. 17; EuGH, Urt. v. 14.11.2013, C-478/12 – *Maletic/lastminute.com*, Rn. 26 f.

werden, dass diese mangels Änderung der wesentlichen Regelungen in der Brüssel Ia-VO auch für diese Geltung beansprucht.

Wenngleich sich der EuGH damit in der Frage des Anwendungsbereichs der Verordnung klar positioniert, ist aus den Entscheidungen noch keine präzise Linie zur Definition des Auslandsbezugs ersichtlich.[712] Grundsätzlich wird darauf abgestellt, dass die „in Rede stehende Situation Fragen hinsichtlich der Bestimmung der internationalen Zuständigkeit der Gerichte aufwerfen kann".[713] In *Owusu* hat das Gericht im Ansatz präzisiert, was hierunter zu verstehen ist, und in *Maletic* erneut hierauf Bezug genommen:

> „Der Auslandsbezug des fraglichen Rechtsverhältnisses muss sich jedoch [...] *nicht unbedingt* daraus ergeben, dass durch den Grund der Streitigkeit oder den jeweiligen Wohnsitz der Parteien mehrere Vertragsstaaten mit einbezogen sind. Die Einbeziehung eines Vertragsstaats und eines Drittstaats z.B. durch den Wohnsitz des Klägers oder eines Beklagten im erstgenannten Staat und den im zweitgenannten Staat belegenen Ort der streitigen Ereignisse kann ebenfalls einen Auslandsbezug des fraglichen Rechtsverhältnisses herstellen."[714]

Neben dieser allgemeinen Formel lassen sich aus der Rechtsprechung auch Erkenntnisse zu einzelnen Konstellationen ziehen. So wurde etwa in *Maletic*[715] dem EuGH die Frage vorgelegt, ob bei zwei eng verbundenen Rechtsverhältnissen der Kläger sich bezüglich beider auf die Geltung der Brüssel I-VO berufen könne, auch wenn es sich bei einem Vertrag um einen, abgesehen von der Beziehung zum zweiten (internationalen) Vertrag, reinen Inlandssachverhalt handele.[716] Der EuGH bejahte die Anwendung der Verordnung für beide Rechtsverhältnisse.[717]

In der Rechtssache *Lindner*[718] hingegen wurde dem EuGH die Frage vorgelegt, ob es für die Anwendbarkeit der Brüssel I-VO ausreiche, wenn einer der Beteiligten Angehöriger eines anderen Mitgliedsstaats sei. Im Ergebnis genügte

---

712 So auch Danelzik, der diese Rspr. ausführlich auswertet: *Danelzik*, Gerichtsstandsvereinbarung, 2019, S. 196.

713 EuGH, Urt. v. 17.11.2001, C-327/10 – *Hypoteční/Lindner*, Rn. 30; ähnlich in: EuGH, Urt. v. 1.3.2005, C-281/02 – *Owusu/Jackson*, Rn. 26.

714 EuGH, Urt. v. 1.3.2005, C-281/02 – *Owusu/Jackson*, Rn. 26; der EuGH hat auf diese Formel aus der Owusu-Entscheidung dann in Maletic verwiesen: EuGH, Urt. v. 14.11.2013, C-478/12 – *Maletic/lastminute.com*, Rn. 26.

715 EuGH, Urt. v. 14.11.2013, C-478/12 – *Maletic/lastminute.com*.

716 Siehe hierzu ausführlich: Dritter Teil, D., I., 3.

717 EuGH, Urt. v. 14.11.2013, C-478/12 – *Maletic/lastminute.com*, Rn. 28 ff.

718 EuGH, Urt. v. 17.11.2001, C-327/10 – *Hypoteční/Lindner*.

dem EuGH in diesem Fall die ausländische Staatsangehörigkeit. Im Ausgangsverfahren war jedoch der Wohnsitz des Beklagten unbekannt gewesen und der EuGH stellte in der Beantwortung der Vorlagefrage sehr spezifisch mit Blick auf die Umstände des Einzelfalls.[719] Daher ist unklar, inwiefern hieraus eine allgemeine Leitlinie gezogen werden kann.[720]

Insgesamt wird damit keine gänzlich präzise Linie zum Auslandsbezug in der Brüssel Ia-VO erkennbar. *Danelzik* fasst insgesamt zusammen, der EuGH lege einen „großzügigen Maßstab" an.[721] Zu Recht wird auf den bestehenden Klärungsbedarf für den Rechtsanwender verwiesen, wenn doch das Ziel der Verordnung die Rechtssicherheit sein soll.[722]

cc) Übertragbarkeit auf Art. 3 Abs. 3 Rom I-VO

Aufgrund des eingangs erläuterten Auslegungszusammenhangs zwischen Rom I-VO und Brüssel Ia-VO vermag es kaum zu überraschen, dass die Frage um den Auslandsbezug als Anwendungsvoraussetzung der Brüssel Ia-VO in Literatur und Rechtsprechung auch mit der Frage um den Auslandsbezug in Art. 3 Abs. 3 Rom I-VO in Verbindung gebracht wird.[723]

(1) Vergleichbarkeit der Fragestellungen

Eine solche Übertragung der Diskussion und möglicherweise auch der betreffenden EuGH Rechtsprechung erfordert jedoch zunächst eine Auseinandersetzung damit, ob es sich hierbei überhaupt um vergleichbare Fragestellungen handelt. Im Fall *Santander*[724] hatte der Kläger versucht, mit portugiesischen Entscheidungen zum Anwendungsbereich der Brüssel I-VO zu argumentieren und diese für die Auslegung des Art. 3 Abs. 3 Rom I-VO fruchtbar zu machen.[725] Die Gegenseite wies diese Übertragung zurück, da es sich hierbei um eine Entscheidung zur Zuständigkeit und nicht zum anwendbaren Recht

---

719 Siehe hierzu ausführlich: Dritter Teil, B., I., 2., a), bb).

720 Kritisch gegenüber einer allgemeinen Relevanz der Staatsangehörigkeit: *Danelzik*, Gerichtsstandsvereinbarung, 2019, S. 196.

721 *Ders.*, Gerichtsstandsvereinbarung, 2019, S. 196.

722 *Ders.*, Gerichtsstandsvereinbarung, 2019, S. 196.

723 So etwa bei: *Hartley*, FS Kohler, 2018, S. 171, 177; *Magnus*, ZEuP 2018, 507, 512 ff.; *Maultzsch*, FS von Hoffmann, 2011, S. 304, 309 ff.

724 Vgl. zu Sachverhalt und Entscheidung in diesem Fall: Dritter Teil, C., 2.

725 *Banco Santander Totta S.A.* v *Transport Companies*, [2016] EWHC 465 (Comm) [377]–[381].

handele.[726] Justice *Walker* wies diese Einwände zurück und verwies darauf, dass dieser Frage in der Brüssel I-VO ähnliche Erwägungen zugrunde lägen, da diese „the rules of jurisdiction in force in each contracting state" verändere, „only where an international element is involved".[727] Dieses Argument spricht jedoch eher gegen eine Übertragung: Der Auslandsbezug dient bei der Brüssel Ia-VO der Abgrenzung von mitgliedsstaatlichem Recht und Unionsrecht, während er bei Art. 3 Abs. 3 Rom I-VO die Grenze zwischen Vertragsfreiheit und Parteiautonomie zieht.

Gleichwohl würde eine solche Betrachtungsweise zu oberflächlich bleiben. Ein Zusammenhang zwischen beiden Fragen wird schließlich erkennbar, wenn die zugrunde liegenden Wertungen herausgearbeitet werden. Art. 25 Brüssel Ia-VO eröffnet mit der Wahl des Gerichtsstandes die verfahrensrechtliche Parteiautonomie,[728] die in mitgliedsstaatlichen Regelungen an engere Voraussetzungen geknüpft sein kann.[729] Damit zieht auch der Anwendungsbereich der Brüssel Ia-VO eine bedeutende Linie für die verfahrensrechtliche Gestaltungsfreiheit der Parteien.

Des Weiteren werden für die Begrenzung der Gerichtsstandsvereinbarungen auf Sachverhalte mit Auslandsbezug ähnliche Erwägungen vorgebracht: Auch mit der Wahl eines ausländischen Gerichtsstands in einem reinen Inlandssachverhalt wird die Sorge vor Rechtsumgehung verbunden.[730] In der Ausübung der Gerichtsbarkeit liegt ein Ausdruck staatlicher Souveränität, die es zu schützen gilt.[731] Wegen dieser wertungsmä-

---

726 *Banco Santander Totta S.A.* v *Transport Companies*, [2016] EWHC 465 (Comm) [380].

727 *Banco Santander Totta S.A.* v *Transport Companies*, [2016] EWHC 465 (Comm) [381], hierbei handelt es sich um Zitat aus der englischen Fassung des *Jenard*-Bericht, S. 8.

728 Vgl. insofern Maultzsch, der das Problem des Auslandsbezugs in diesem Kontext übergreifend als Frage der „Parteiautonomie bei reinen Inlandsfällen im Internationalen Privat-, Prozess- und Schiedsverfahrensrecht" begreift: *Maultzsch*, FS von Hoffmann, 2011, S. 304, 305 ff.

729 Magnus verweist etwa darauf, dass § 38 Abs. 1 ZPO die Gerichtsstandsvereinbarung auf Kaufleute beschränke, Art. 25 Brüssel Ia-VO eine derartige Begrenzung jedoch nicht kenne: *Magnus*, ZEuP 2018, 507, 513.

730 Vgl. *Maultzsch*, FS von Hoffmann, 2011, S. 304, 310 m.w.N.

731 Vgl. *Brand*, GS Šarčević, 2006, S. 35, 40; Maultzsch verweist darauf, die Prorogation berühre auch Souveränitätsinteressen des Staates des gewählten Gerichts: *Maultzsch*, in: von Hein/Rühl (Hrsg.), Kohärenz im Internationalen Privat- und Verfahrensrecht der Europäischen Union, 2016, S. 153, 154.

ßigen Verwandtschaft ist es folgerichtig, beide Fragen in Zusammenhang zu setzen.[732]

(2) Übertragbarkeit der Rechtsprechung des EuGH

Fraglich ist jedoch im nächsten Schritt, inwiefern diese Verwandtschaft auch eine Übertragung der Rechtsprechung des EuGH zum Anwendungsbereich der Brüssel Ia-VO auf Art. 3 Abs. 3 Rom I-VO begründen kann.

Überträgt man die herausgearbeitete allgemeine, noch recht unpräzise Leitlinie des EuGH zum Auslandsbezug bei der Brüssel Ia-VO auf Art. 3 Abs. 3 Rom I-VO, so müsste bei letzterer Vorschrift ein Auslandsbezug jedenfalls durch solche Anknüpfungspunkte hergestellt werden können, auf die die Verordnung selbst abstellt.[733] Damit bestätigt der Auslegungszusammenhang das schon systematisch innerhalb der Rom I-VO[734] und grammatikalisch mit Bezug auf die Regelung[735] gefundene Ergebnis.

Ob die spezifisch in den Entscheidungen *Maletic* und *Lindner* gefundenen Auslandsbezüge übertragen werden können, ist hingegen deutlich komplexer. Dabei kommt es entscheidend darauf an, wie sich hier die eingangs dargelegten teleologischen Unterschiede zwischen Zuständigkeits- und Kollisionsrecht auswirken, inwiefern also den Entscheidungen Wertungen zugrunde liegen, die nicht ins Kollisionsrecht übertragen werden können. So verweist der EuGH etwa in *Maletic* auf den Schutz des Beklagten als Regelungsziel.[736] Die genaue Untersuchung dieser Entscheidungen soll, da diese spezifische Fallgruppen betreffen, an späterer Stelle diskutiert werden.[737]

---

732 Dementsprechend ziehen den Zusammenhang zwischen beiden Fragen: *Mills*, Party Autonomy, 2018, S. 473 Fn. 42; *Magnus*, ZEuP 2018, 507, 507 ff.; *Maultzsch*, FS von Hoffmann, 2011, S. 304, 304 ff.; Hartley schlägt vor, den von ihm für Art. 3 Abs. 3 Rom I-VO entwickelten Maßstab auch auf Gerichtsstandsvereinbarungen zu übertragen: *Hartley*, FS Kohler, 2018, S. 171, 178.

733 Magnus kommt nach einer Diskussion beider Probleme zum Ergebnis, es könnten nur solche Umstände den Auslandsbezug herstellen, die kollisions- oder zuständigkeitsrechtlich relevant sind: *Magnus*, ZEuP 2018, 507, 539.

734 Siehe: Zweiter Teil, B., III., 2., a).

735 Siehe: Zweiter Teil, B., I., 2., b).

736 EuGH, Urt. v. 14.11.2013, C-478/12 – *Maletic/lastminute.com,* Rn. 33.

737 Siehe zu den Maletic: Dritter Teil, D., I., 3.; zu Lindner: Dritter Teil, B., I., 2., a), bb).

5. *Familien- und erbrechtliches Kollisionsrecht*

Im Rahmen der rechtsaktsübergreifenden Auslegung[738] können darüber hinaus auch Verordnungen aus dem Bereich des Familien- und Erbrechts herangezogen werden. Auch in diesen Bereichen setzt sich das Prinzip der Parteiautonomie zunehmend durch.[739] Allerdings wird in diesem Bereich lediglich eine beschränkte Rechtswahl eröffnet, so wie beispielsweise in Art. 22 Abs. 1 Unterabs. 1 EuErbVO zugunsten des Rechts der Staatsangehörigkeit. Die Wahl eines unverbundenen, neutralen Rechts ist im familien- und erbrechtlichen Kollisionsrecht nicht möglich.[740] Insofern besteht für eine dem Art. 3 Abs. 3 Rom I-VO entsprechende Vorschrift keine Notwendigkeit.[741] Gleichwohl könnten Regelungen auch aus diesem Bereich als Indiz herangezogen werden.

Dies gilt einerseits für die dort gewählten objektiven Anknüpfungsmerkmale. Darüber hinaus stellt sich die dort geregelte beschränkte Rechtswahl, wie bereits bezüglich derartiger Wählbarkeitsbeschränkungen in der Rom I-VO geschildert, als Einräumung einer Wahlmöglichkeit zwischen mehreren objektiven Verbindungen dar.[742] Dies gilt, so *Kroll-Ludwigs*, auch im Familien- und Erbrecht, wo der beschränkten Rechtswahl eine „Binnenfunktion“ zukomme: „Ihre Rolle ist beschränkt auf die Auswahl zwischen denjenigen Rechtsordnungen, zu denen eine nach objektiven Kriterien zu ermittelnde enge Verbindung besteht.“[743]

Insofern wird zu diskutieren sein, inwiefern die Eröffnung der Rechtswahl etwa zugunsten der Staatsangehörigkeit in Art. 22 Abs. 1 EuErbVO als Indiz gewertet werden kann. Welche Relevanz die Staatsangehörigkeit in den Verordnungen besitzt und inwiefern sich hieraus Rückschlüsse auf Art. 3 Abs. 3 Rom I-VO ziehen lassen, ist daher an späterer Stelle bei der Behandlung dieser Fallgruppe ausführlich zu behandeln.[744] Hierbei wird jedoch zu beachten sein, dass gerade dieser Bereich zum schuldvertraglichen Kollisionsrecht deutliche Unterschiede aufweist, da im Familien- und Erbrecht gänzlich andere Erwägungen herangezogen werden können.[745]

---

738 Vgl. zur rechtsaktsübergreifenden Auslegung: *Riesenhuber*, in: ders. (Hrsg.), Europäische Methodenlehre, 2021, § 10 Rn. 22 ff.

739 Vgl. hierzu: *Brosch*, Rechtswahl und Gerichtsstandsvereinbarung, 2019, S. 15 ff.

740 Vgl. *Kroll-Ludwigs*, Parteiautonomie, 2013, S. 408.

741 Vgl. *Schmitz*, Rechtswahlfreiheit, 2017, S. 259 f.

742 Vgl. Zweiter Teil, B., III., 2., c).

743 *Kroll-Ludwigs*, Parteiautonomie, 2013, S. 413.

744 Siehe: Dritter Teil, B., I., 2., a), aa), (2).

745 Vgl. hierzu insbes.: Dritter Teil, B., I., 2., a), aa), (2).

IV. Telos

Art. 3 Abs. 3 Rom I-VO setzt innerstaatlich zwingendes Recht gegen die Rechtswahl der Parteien durch und schützt damit die Durchsetzung dieser Regelungen gegen die Parteidisposition. Wie sich aus der historischen Auslegung ergeben hat, soll so eine „Gesetzesumgehung“ verhindert werden,[746] die in der Literatur als „Flucht aus dem eigenen Recht“[747] bezeichnet wird.

Im Folgenden soll untersucht werden, welche Konsequenzen sich aus dieser Zielsetzung für die Auslegung des Art. 3 Abs. 3 Rom I-VO ergeben. Hierzu soll zunächst dargestellt werden, welchen unterschiedlichen Funktionen und Zielen innerstaatlich zwingendes Recht dient. Hierauf aufbauend soll sodann die Funktion des Art. 3 Abs. 3 Rom I-VO als Regelung zur Sicherung staatlicher Rechtssetzungsansprüche im Bereich des innerstaatlich zwingenden Rechts präzisiert werden, um Parameter für die Feststellung des Inlandssachverhalts bzw. Auslandsbezugs herauszuarbeiten.

1. Innerstaatlich zwingendes Recht

Die unterschiedlichen Funktionen und Ziele innerstaatlichen Rechts sollen im Folgenden zunächst dargelegt werden (a)), um hier aufbauend die Bedeutung innerstaatlich zwingenden Rechts als Teil der Wirtschaftsverfassung zu erörtern (b)).

a) Funktionen und Ziele

Allgemein heben Darstellungen des Privatrechts dessen Ermöglichungs- oder Infrastrukturfunktion hervor.[748] Für das einfach zwingende Recht[749] besteht diese in der Aufstellung zwingender Regelungen, die die Voraussetzungen für die „ungestörte und effiziente Entfaltung privatautonomen Markthandelns“

---

746 Siehe zu dieser Formulierung in den Materialien zur Rom I-VO: Zweiter Teil, B., II., 2.

747 Mit dieser Formulierung etwa: Staudinger/*Magnus*, Art. 3 Rom I-VO Rn. 131; Ferrari/*Ferrari*, Art. 3 Rom I-VO Rn. 49; *Schmitz*, Rechtswahlfreiheit, 2017, S. 259.

748 Vgl. *Hellgardt*, in: Möslein (Hrsg.), Regelsetzung im Privatrecht, 2019, S. 121, 124 m.w.N.; *Remien*, Zwingendes Vertragsrecht, 2003, S. 24 m.w.N.; *Wai*, Colum. J. Trans-nat'l L. 40 (2002), 209, 234; *Basedow*, Vertragsrecht, 1996, S. 22; *Böhm*, ORDO 17 (1966), 75, 91; speziell zum Gesellschaftsrecht: *Fleischer*, ZHR 168 (2004), 673, 675 ff.

749 Zu dieser Funktion im Bereich des dispositiven Vertragsrechts siehe: *Cziupka*, Dispositives Vertragsrecht, 2010, S. 21 ff.

schaffen.[750] Es schafft die notwendigen Funktionsvoraussetzungen privatautonomer Rechtsgestaltung, etwa indem es den Vertragsschluss regelt.[751] Gem. Art. 10 Abs. 1 Rom I-VO unterliegen solche Fragen der Einigung ebenso wie solche der materiellen Wirksamkeit zwar dem objektiv anwendbaren Recht, es kommt mithin zu einer einheitlichen Anknüpfung aller Aspekte des Schuldvertrags.[752] Art. 10 Abs. 2 Rom I-VO ermöglicht jedoch eine Korrektur anhand eines Billigkeitsmaßstabs zugunsten des Rechts des gewöhnlichen Aufenthalts einer Partei.[753] Vor diesem Hintergrund ist Art. 3 Abs. 3 Rom I-VO zur Wahrung dieser Funktion einfach zwingenden Rechts nicht in gleichem Maße relevant.

Neben dieser Infrastrukturfunktion verweist *Renner* maßgeblich auf die Schutzzwecke zwingenden Rechts und systematisiert die Regelungen anhand dieser Zwecke.[754] Dagegen abstrahiert *Hellgardt* das Privatrecht nach den zugrundeliegenden Regelungszielen und unterteilt das zwingende Recht in solche Regelungen, die der Regulierung dienen, und solchen, die einen Interessenausgleich bezwecken.[755] Diese unterschiedlichen Funktionen und Zwecke einfach zwingenden Rechts sollen im Folgenden dargestellt werden. Wenngleich zu Darstellungszwecken eine Unterteilung erfolgt, verstehen sich diese nicht als exklusive Kategorien. Vielmehr soll die Aufteilung dazu dienen, verschiedene Aspekte des Verständnisses zwingenden Rechts zu beleuchten. Der Fokus soll hierbei, um die Funktion des Art. 3 Abs. 3 Rom I-VO widerzuspiegeln, auf solche zwingenden Bestimmungen gelegt werden, die vom Umfang der Verweisung nach Art. 12 Rom I-VO erfasst wären, also durch eine Rechtswahl „abgewählt" würden. Hierzu sollen auch vereinzelte Beispiele aufgezeigt werden, wobei insbesondere solche Regelungen zu beachten sind, deren Anwendbarkeit über Art. 3 Abs. 3 Rom I-VO etwa im Rahmen von Gerichtsverfahren streitig wurde.

---

750 So Renner, wenngleich dieser diese Funktionen einerseits als „Marktordnungsrecht" und andererseits als „Funktionsvoraussetzungen" betitelt: *Renner*, Transnationales Recht, 2011, S. 29.

751 *Ders.*, Transnationales Recht, 2011, S. 32.

752 Ferrari/*Ferrari*, Art. 10 Rom I-VO Rn. 16.

753 Vgl. hierzu: MüKo/*Spellenberg*, Art. 10 Rom I-VO Rn. 229 ff.

754 *Renner*, in: Möslein (Hrsg.), Regelsetzung im Privatrecht, 2019, S. 165, 167 ff.; *ders.*, Transnationales Recht, 2011, S. 30 ff.; in diese Richtung auch: *Bechtold*, Grenzen, 2010, S. 14 f.

755 *Hellgardt*, in: Möslein (Hrsg.), Regelsetzung im Privatrecht, 2019, S. 121, 124 ff.; *Hellgardt*, Regulierung, 2016, S. 47 ff.

aa) Schutzzwecke

Renner verweist für das zwingende Recht auf verschiedene „Begründungstopoi", die in den unterschiedlichen Schutzzwecken liegen.[756] Zu nennen sind hierbei vor allem solche Regelungen, die dem Schutz strukturell schwächerer Vertragspartner dienen.[757] Dies gilt vor allem für die Bereiche des Arbeitnehmer- und Verbraucherschutzrecht, welche auch durch den Unionsgesetzgeber besondere Aufmerksamkeit erhalten haben. Da dieser Schutz jedoch mit den Beschränkungen der Rechtswahlfreiheit auf kollisionsrechtlicher Ebene fortgesetzt wird, ist Art. 3 Abs. 3 Rom I-VO insofern von geringer Bedeutung.

Bei längerfristigen Mietverträgen mit Verbrauchern hingegen greift Art. 6 Abs. 2 S. 2 Rom I-VO wegen der Ausnahme in Art. 6 Abs. 4 lit. c Rom I-VO nicht, so dass der materiellrechtliche Schutz hier keine Fortsetzung auf kollisionsrechtlicher Ebene findet. Da es sich bei Mietverträgen jedoch fast ausschließlich um formularmäßige Vereinbarungen handelt, würde eine in einem im übrigen inländischen Mietvertrag enthaltene Rechtswahl ohnehin als überraschende Klausel an der Einbeziehungskontrolle des § 305c Abs. 1 BGB scheitern.[758] Ist dies ausnahmsweise nicht der Fall, könnte jedoch Art. 3 Abs. 3 Rom I-VO zur umfassenden Durchsetzung zwingenden Mietrechts dienen.[759]

Daneben bestehen auch Regelungen mit drittschützendem Charakter, die Dritte vor der Auswirkung von Verträgen bewahren sollen, an denen diese nicht

---

756 *Renner*, in: Möslein (Hrsg.), Regelsetzung im Privatrecht, 2019, S. 165, 167 ff.; vgl. auch: *ders.*, Transnationales Recht, 2011, S. 30 ff.; auch Bechtold verweist auf die zugrundeliegenden Schutzzwecke zwingenden Rechts: *Bechtold*, Grenzen, 2010, S. 14 f.

757 *Renner*, Transnationales Recht, 2011, S. 30 f.

758 Siehe zum Maßstab und der Rspr.: Erster Teil, B., III., 3., a), dd), (2), (b).

759 Bestehen etwaige Auslandsbezüge, stellt sich die Durchsetzung zwingender deutscher Regelungen zum Mieterschutz hingegen schwieriger dar. Dies könnte beispielsweise dann der Fall sein, wenn der Vermieter ein internationaler Immobilienkonzern mit ausländischen Satzungs- und Hauptverwaltungssitz ist. Angesichts der Rechtsprechung zu § 305c BGB wäre hier zu erwarten, dass die Rechtsprechung auch hier eine Rechtswahl als überraschend einordnet (vgl. hierzu bereits Erster Teil, B., III., 3., a), dd), (2), (b)). Im Übrigen könnten zwingende deutsche Mieterschutzvorschriften als Eingriffsnormen durchgesetzt werden. Bader setzt sich ausführlich mit dieser Thematik auseinander und argumentiert insofern für eine Ausweitung des Günstigkeitsvergleichs auch auf Mietverträge sowie Beschränkungen der wählbaren Rechtsordnungen: *Bader*, Koordinationsmethoden, 2019, S. 474 f., 482 ff.

beteiligt sind.[760] Neben diesen spezifischen Schutzzwecken verweist *Renner* in seiner Dissertationsschrift allgemein auf den Schutz einer rechtlich konkretisierten Verhaltens- und Werteordnung.[761] Im deutschen Recht würde dieser Zweck vor allem über § 134 BGB sowie § 138 BGB verwirklicht, da hierüber die Werte des Grundgesetzes Umsetzung im Privatrecht finden.[762]

bb) Regelungsziele

Jenseits dieser spezifischen Schutzzwecke abstrahiert *Hellgardt* das Privatrecht – zwingend wie dispositiv – mit Blick auf die zugrundeliegende Funktion. Neben der eingangs dargestellten Infrastrukturfunktion sieht er weitere Funktionen des Privatrechts vor allem[763] in der Regulierungs- und Interessenausgleichsfunktion.[764] Wenngleich *Hellgardt* diese Funktionen auch für das dispositive Recht fruchtbar macht, soll im Nachfolgenden das zwingende Recht in diese Funktionen eingeordnet werden.

(1) Regulierungsfunktion

Die Regulierung als Funktion des Rechts wird allgemein stark mit dem öffentlichen Recht, speziell dem öffentlichen Wirtschaftsrecht, in Verbindung gebracht.[765] Mit dem Begriff werden etwa staatliche Ge- oder Verbote assoziiert, mit denen der Gesetzgeber in das Wirtschaftsleben eingreift.[766] Verstärkt wird jedoch in neuerer Zeit auch auf die Regulierungsfunktion spezifischer Bereiche des Privatrechts und des Privatrechts allgemein Bezug genommen.[767]

Die Auseinandersetzung mit der allgemeinen Regulierungsfunktion des Privatrechts soll vorliegend nicht ausführlich nachvollzogen werden. Vielmehr soll ein Regulierungsbegriff in Bezug genommen werden, um sodann überblicksartig

---

760 *Renner*, in: Möslein (Hrsg.), Regelsetzung im Privatrecht, 2019, S. 165, 168; *ders.*, Transnationales Recht, 2011, S. 30.

761 *Ders.*, Transnationales Recht, 2011, S. 31 f.

762 *Ders.*, Transnationales Recht, 2011, S. 31 m.w.N.

763 Als Beispiel weiterer Funktionen nennt Hellgardt die Organisationsfunktion: *Hellgardt*, in: Möslein (Hrsg.), Regelsetzung im Privatrecht, 2019, S. 121, 130.

764 Vgl. *ders.*, Regulierung, 2016, S. 20 m.w.N.

765 Vgl. *Lurger*, ZEuP 2018, 788, 796 f.

766 *Hellgardt*, Regulierung, 2016, S. 20; *Lurger*, ZEuP 2018, 788, 796 f.

767 Vgl. insbesondere: *Hellgardt*, in: Möslein (Hrsg.), Regelsetzung im Privatrecht, 2019, S. 121, 122 m.w.N.; *Grundmann*, FS Canaris, 2017, S. 907 ff.; *Poelzig*, Normdurchsetzung, 2012, S. 25 ff.; siehe auch: *Schweitzer*, AcP 220 (2020), 544 ff.; *Bechtold*, Grenzen, 2010, S. 48 ff.; *Wai*, Colum. J. Transnat'l L. 40 (2002), 209, 232 ff.

Beispiele privatrechtlicher Regulierung im Kaufrecht aufzuzeigen und Möglichkeiten der Regulierung von Swap-Geschäften mittels zwingendem Privatrecht zu erörtern.

(a) Regulierungsbegriff

Der Begriff der Regulierung entstammt nicht der deutschen Rechtswissenschaft. Vielmehr handelt es sich um ein sozialwissenschaftliches Konzept, das zunächst im angloamerikanischen Rechtskreis aufgenommen wurde, um sodann in die deutsche Rechtsterminologie im öffentlichen Recht übernommen zu werden.[768] Dementsprechend ist die Bedeutung des Begriffs „Regulierung" keineswegs allgemein definiert.[769] Die folgende Untersuchung soll sich daher an dem von *Hellgardt* für das Privatrecht herausgebildeten rechtstheoretischen Regulierungsbegriff orientieren, der die Regulierung als Funktion des Rechts[770] versteht:

> „Die Regulierungsfunktion [...] bezeichnet den Einsatz von Recht als staatliches Instrument mit einer über den Einzelfall hinausreichenden Steuerungsintention, die auf eine Implementierung politischer Allgemeinwohlziele gerichtet ist."[771]

(b) Beispiel: Regulierung im Kaufrecht

Ausgehend von der soeben genannten Definition untersucht *Hellgardt* insbesondere das Kauf- und Sachenrecht.[772] Letzteres ist für die vorliegende Arbeit nicht relevant.[773] Beim Kaufrecht hingegen sieht *Hellgardt* verschiedene regulatorische Wirkungen. So macht *Hellgardt* geltend, der Vorrang der Nacherfüllung diene mittels einer Verbesserung der rechtlichen Situation des Verkäufers allgemein der Steigerung volkswirtschaftlicher Effizienz.[774] Im Rahmen der Beziehungen zwischen Unternehmern kommt dieser regulatorischen Wirkung jedoch

768 Siehe hierfür Hellgardt, der diese Entwicklung ausführlich nachvollzieht: *Hellgardt*, Regulierung, 2016, S. 20 ff.

769 Siehe zu unterschiedlichen Begriffsverständnissen innerhalb der Hauptsprachen der EU: *Grundmann*, FS Canaris, 2017, S. 907, 909 f.

770 Zum Verständnis dieses Begriffs: *Hellgardt*, Regulierung, 2016, S. 48 ff.

771 *Ders.*, Regulierung, 2016, S. 50; die von Hellgardt gebildete Definition ist damit enger als andere Definitionen, wie etwa die des Gabler Wirtschaftslexikons, auf die Lurger verweist: *Lurger*, ZEuP 2018, 788, 797.

772 *Hellgardt*, Regulierung, 2016, S. 99 ff.

773 Das sachenrechtliche Kollisionsrecht findet sich in den Art. 43 ff. EGBGB, gem. Art. 43 Abs. 1 EGBGB findet grundsätzlich die *lex rei sitae* Anwendung.

774 *Hellgardt*, Regulierung, 2016, S. 101.

nur eingeschränkte Wirkung zu, da das Mängelgewährleistungsrecht zwischen Unternehmern weitestgehend abbedungen werden kann.[775]

Innerhalb der für den unternehmerischen Verkehr zwingenden Regelungen verfolgen die Regelungen zum Unternehmerregress etwa in § 478 BGB Regulierungsziele. Die Vorschrift diente der Umsetzung des Art. 4 Verbrauchsgüterkaufrichtlinie[776] und sieht einen Ausgleichsanspruch des Letztverkäufers, der Gewährleistungsansprüche des Verbrauchers erfüllt hat, innerhalb der Vertragskette vor. Mit der Aufhebung der Richtlinie im Rahmen der Warenkaufrichtlinie[777] findet sich die Regressvorschrift nunmehr mit geringfügigen Änderungen zu digitalen Produkten in Art. 18 der Warenkaufrichtlinie. Augenscheinlich dient die Regelung den Interessen des Letztverkäufers.[778] Allerdings offenbart die Zusammenschau mit den von der Richtlinie verfolgten Zielen, dass diese Stärkung der individuellen Position des Letztverkäufers Allgemeinwohlzielen dient. So hieß es in den Erwägungsgründen der Verbrauchsgüterkaufrichtlinie, diese solle einen „Mindestsockel" für den Verbraucherschutz etablieren.[779] Hierdurch sollte das Vertrauen der Verbraucher in den Binnenmarkt gestärkt werden.[780] Auch die Warenkaufrichtlinie bleibt dem Ziel der Angleichung der Verbraucherrechte[781] zur Stärkung des Binnenmarkts[782] verpflichtet.

Damit regeln die Richtlinien zwar Regressansprüche zwischen Unternehmern. *Schröder* führt jedoch an, auch diesen Regelungen liege der Gedanke des Verbraucherschutzes zugrunde.[783] Ziel des Regressanspruchs sei es, dass die Bereitschaft des Letztverkäufers zur Erfüllung der Gewährleistungsansprüche des Verbrauchers steige, wenn er seinerseits einen Rückgriffsanspruch erhält.[784]

---

775 Dies ergibt sich *e contrario* § 476 BGB.

776 Richtlinie 1994/44/EG des Europäischen Parlaments und des Rates vom 25.5.1999 zu bestimmten Aspekten des Verbrauchsgüterkaufs und der Garantien für Verbrauchsgüter.

777 Richtlinie 2017/771 des Europäischen Parlaments und des Rates vom 20.5.2019 über bestimmte vertragsrechtliche Aspekte des Warenkaufs, zur Änderung der Verordnung 2017/2394 und der Richtlinie 2009/22/EG sowie zur Aufhebung der Richtlinie 1999/94/EG.

778 So zu Art. 4 der Richtlinie 1999/44/EG: *Schröder*, Unternehmerregress, 2017, S. 10.

779 Erwägungsgrund 5 der Verbrauchsgüterkaufrichtlinie; vgl. hierzu auch: *ders.*, Unternehmerregress, 2017, S. 5.

780 Erwägungsgrund 5 der Verbrauchsgüterkaufrichtlinie.

781 Vgl. etwa Erwägungsgrund 3, 5 der Richtlinie 2019/771.

782 Vgl. etwa Erwägungsgrund 1, 2, 7, 70 der Richtlinie 2019/771.

783 *Schröder*, Unternehmerregress, 2017, S. 10 ff.

784 *Ders.*, Unternehmerregress, 2017, S. 11 f.; so auch: *Kölmel*, Regressrecht, 2008, S. 228.

Insofern dient auch die Regelung des Verhältnisses zwischen Unternehmern in den §§ 445a, 445b, 478 BGB mittelbar dem Ziel der Stärkung des Verbraucherschutzes und damit einhergehenden Vertrauen der Verbraucher in den Binnenmarkt.[785] Dieses Ziel stellt, wie *Hellgardt* ausführt, „im EU-Recht keinen Selbstzweck dar; vielmehr setzt der europäische Gesetzgeber starke Verbraucherrechte gezielt als politisches Mittel zur Stärkung und Vollendung des Binnenmarktes" ein.[786]

Tatsächlich lässt sich an der Umsetzung der Richtlinienbestimmung zum Unternehmerregress auch erkennen, wie unterschiedlich sich auch bei einem gemeinsamen, europäisch vorgegebenen, Regulierungsziel die einzelnen Vorschriften zur Förderung dieses Regulierungsziels gestalten.[787] Während das deutsche Recht privilegierende Vorschriften für den Rückgriff entlang der Vertragskette geschaffen hat, ist etwa im italienischen Recht keine Privilegierung von Ansprüchen entlang der Lieferkette vorgesehen sondern stattdessen ein Direktanspruch des Letztverkäufers gegen den Hersteller normiert worden.[788] In Österreich hingegen wurde ähnlich dem deutschen Recht ein Kettenregress vorgesehen, welcher allerdings dispositiv gestaltet ist.[789]

(c) Beispiel: Regulierung von Swaps durch zwingendes Vertragsrecht

Besonders deutlich illustrieren lässt sich das regulatorische Potential vertragsrechtlicher Regelungen bei sog. Zinssatzwaps. *Böhle* beschreibt diese wie folgt:

> „Ein Kreditnehmer zahlt auf einen Kredit bei seiner Hausbank einen variablen, an einem Referenzzinssatz orientierten Zins, würde aber einen festen Zinssatz bevorzugen. Diese Möglichkeit bietet die SwapBank. Sie zahlt dem Kreditnehmer denjenigen Betrag, den dieser an seine Hausbank leisten muss. Der Kreditnehmer verpflichtet sich seinerseits zur Zahlung eines Geldbetrags an die SwapBank, der demjenigen entsprechen würde, den er an seine Hausbank zahlen müsste, wenn in diesem Verhältnis ein fester Zinssatz vereinbart worden wäre. Von dieser Vereinbarung profitieren grundsätzlich

785 *Schröder*, Unternehmerregress, 2017, S. 12; so auch: *Kölmel*, Regressrecht, 2008, S. 228.
786 *Hellgardt*, Regulierung, 2016, S. 110.
787 Siehe insofern rechtsvergleichend zur Umsetzung der Richtlinie in Frankreich und Deutschland: *Salewski*, Verkäuferregress, 2011, S. 40 ff.; rechtsvergleichend mit Bezug auf Österreich und Deutschland: *Schröder*, Unternehmerregress, 2017, S. 41 ff.; überblicksartig zu den unterschiedlichen Umsetzungsvarianten auch: *Dutta*, ZHR 171 (2007), 79, 82 f.
788 *Schröder*, Unternehmerregress, 2017, S. 275 f.
789 *Ders.*, Unternehmerregress, 2017, S. 145 ff.

> beide Parteien, denn so werden komparative Kostenvorteile der anderen Partei bei der Geldaufnahme ausgenutzt."[790]

Swaps werden, worauf im weiteren Verlauf dieser Arbeit noch ausführlich einzugehen ist, weit überwiegend über Standardverträge abgeschlossen.[791] Aufgrund der mit diesen spekulativen Geschäften einhergehenden Gefahren,[792] die zur Finanzkrise 2008 einen Beitrag leisteten,[793] wird in der Literatur vermehrt über Möglichkeiten der Regulierung dieser Instrumente diskutiert.[794] Letztlich handelt es sich bei diesen Derivaten um rein rechtliche, d.h. vertragliche Produkte, die nicht zentral gehandelt werden, so dass die Regulierung des Marktes durch einfach zwingendes Vertragsrecht vielversprechend erscheint. *Seitz* formuliert besonders treffend das Verhältnis zwischen Derivaten und Vertragsrecht: „Recht ist bei ihnen nicht das Mittel zum Transfer von Waren, sondern zu deren Produktion".[795] Diesen engen Zusammenhang hat die Finanzkrise weiter verdeutlicht.[796]

Eine Position in der Debatte um die Regulierungsmöglichkeiten in diesem Bereich formuliert *Pistor*:

> „A good start would be that purely speculative contracts, or wagers, are not enforceable in a court of law."[797]

Diese Rechtsfolge der Nichtigkeit von Swaps aufgrund einer rein spekulativen Natur wurde in *Santander* v *Transport Companies* diskutiert.[798] Die abgeschlossenen Swaps enthielten ein sog. Schneeballsystem, bei dem die zu zahlenden

---

790 *Böhle*, ZEuP 2019, 72, 75.

791 Vgl. hierzu: Dritter Teil, C., II.

792 Zu den Gefahren von Derivaten für die Parteien und den Finanzmarkt insgesamt: *Seitz*, Finanzinnovation, 2020, S. 41 ff.; zum systemischen Risiko: *Fuchs*, Close-out netting, 2013, S. 25 ff.

793 *Kerkemeyer*, Regulierung von Derivaten, 2018, S. 64 ff.; *Möslein*, in: ders. (Hrsg.), Finanzinnovation und Rechtsordnung, 2014, S. 3, 3 ff.

794 Vgl. hierzu insbesondere: *Seitz*, Finanzinnovation, 2020, S. 255 ff.; *Kerkemeyer*, Regulierung von Derivaten, 2018; *Fuchs*, Close-out netting, 2013, S. 143 ff.

795 *Seitz*, Finanzinnovation, 2020, S. 255; vgl. auch: *Möslein*, in: ders. (Hrsg.), Finanzinnovation und Rechtsordnung, 2014, S. 3, 15 ff.

796 *Haar*, FS Köndgen, 2016, S. 251.

797 *Pistor*, Code, 2020, S. 227, vor diesem Hintergrund spricht sich Pistor auch dafür aus, die Rechtswahl zu erschweren (S. 225); dies aufgreifend: *Braithwaite*, Financial Courts, 2021, S. 313.

798 Siehe ausführlich: Dritter Teil, C., II., 2.

Raten immer weiter stiegen, je länger sich die Referenzzinssätze außerhalb der vereinbarten Barrieren bewegten. Als sich angesichts der Finanzkrise die Referenzzinssätze unerwartet entwickelten, wurde dieser „Schneeball zur Lawine“[799] und führte zu Zinssätzen von bis zu 92 %. Vor diesem Hintergrund wurde die Wirksamkeit der Swaps nach portugiesischem Recht diskutiert. Die Transportunternehmen brachten vor, es handele sich bei den Swaps letztlich um eine Wette, welche nach portugiesischem Recht unwirksam sei.[800] Die genaue Anwendung der Regelung sowie die Auslegung der betreffenden Rechtsprechung waren jedoch im Einzelnen umstritten.[801] Das Gericht lehnte die Anwendung der Vorschriften letztlich ab.[802]

Für das deutsche Recht hat sich *Seitz* in seiner Dissertationsschrift ausführlich mit der vertragsrechtlichen Regulierung von Swaps beschäftigt. Diese sind gem. § 99 S. 1 WpHG vom Spieleinwand gem. § 762 BGB ausgenommen.[803] Ebenso käme eine wirksame Regulierung über das AGB-Recht nicht in Betracht. Hier greift allenfalls das Transparenzgebot, so dass die betreffenden Regelungen nur besonders deutlich formuliert sein müssten.[804] Auch eine Sittenwidrigkeit käme nur dann in Betracht, wenn die vertragliche Gestaltung eine Partei von vornherein chancenlos stellt, da die Privatautonomie nach der Rechtsprechung des BGH auch risikoreiche Geschäfte erfasst.[805]

Letztlich zeigt jedoch bereits diese Betrachtung, an welchen Stellschrauben Gesetzgeber im Vertragsrecht drehen könnten, um (Finanz-)Märkte zu regulieren und deren zu Stabilität[806] sicherzustellen.

---

799 *von Hein*, FS Hopt, 2020, S. 1405, 1409.

800 *Banco Santander Totta S.A.* v *Transport Companies* [2016] EWHC 465 (Comm) [413].

801 Siehe hierzu: *Días*, ZEuP 2019, 603, 617 f.

802 *Banco Santander Totta S.A.* v *Transport Companies* [2016] EWHC 465 (Comm) [453]; gegen diese Einschätzung gingen die Transportunternehmen dann nicht mehr vor dem Court of Appeal vor: *Banco Santander* v *Transport Companies* [2016] EWCA Civ 1267 [24].

803 *Seitz*, Finanzinnovation, 2020, S. 285 f.

804 *Ders.*, Finanzinnovation, 2020, S. 303 ff.

805 So unter Verweis auf die Rechtsprechung des BGH: *ders.*, Finanzinnovation, 2020, S. 156 f.

806 Die Funktionsfähigkeit des Kapitalmarkts nennt Hellgardt als ein Regulierungsziel: *Hellgardt*, Regulierung, 2016, S. 170.

(2) Interessenausgleich

Neben dieser Regulierungsfunktion schreibt *Hellgardt* dem Privatrecht eine Interessenausgleichsfunktion zu.[807]

(a) Interessenausgleich als Skala

Die Funktion des Interessenausgleichs unterscheidet sich von der Regulierungsfunktion anhand des Merkmals der Verfolgung von Allgemeininteressen.[808] Regelungen, die dem Interessenausgleich dienen, verfolgen keine darüber hinausgehenden Allgemeininteressen, wie etwa die Stärkung des Binnenmarkts.[809] *Hellgardt* visualisiert Regelungen zum Interessenausgleich bildlich als Punkt auf einer Skala.[810] So bewegen sich etwa Regelungen im Mietrecht zwischen den Interessen des Vermieters und des Mieters, Regelungen im Arbeitsrecht gleichen Interessen des Arbeitnehmers gegen die des Arbeitgebers aus. Auf der Skala können etwa die Voraussetzungen einer Kündigung als besonders liberal oder aber sozial, d.h. zum Schutz des Mieters oder Arbeitnehmers, verortet werden.[811]

(b) Beispiel: Wegfall der Geschäftsgrundlage

Exemplarisch aufzeigen lässt sich die Funktion zwingenden Privatrechts als Interessenausgleich an einer Vorschrift, die ebenfalls in *Santander* relevant wurde: Art. 437 Portugiesischer *Código Civil*. Nach dieser Vorschrift ist bei abnormalen Veränderungen der Umstände die benachteiligte Partei befugt, den Vertrag zu beenden oder Anpassung zu verlangen.[812] Die portugiesische Literatur vertritt hierzu eine grundsätzlich mit dem deutschen Ansatz in § 313 BGB oder dem italienischen Ansatz im *Codice civile* vergleichbare Lösung: Eine Anwendung der Vorschrift kommt nur ausnahmsweise in Betracht, wenn völlig unerwartete, außerordentliche Umstände eintreten, die von dem Vertrag nach seinem Zweck nicht gedeckt sind.[813] Nach der Vorschrift und ihrer Auslegung in

---

807 *Ders.*, in: Möslein (Hrsg.), Regelsetzung im Privatrecht, 2019, S. 121, 126 ff.

808 *Ders.*, Regulierung, 2016, S. 60.

809 Hellgardt nennt die Stärkung des Binnenmarkts als Regulierungsziel im Verbraucherschutzrecht: *ders.*, Regulierung, 2016, S. 110.

810 Unter Verwendung einer Grafik: *ders.*, in: Möslein (Hrsg.), Regelsetzung im Privatrecht, 2019, S. 121, 126 f.

811 *Ders.*, in: Möslein (Hrsg.), Regelsetzung im Privatrecht, 2019, S. 121, 127.

812 Hierbei handelt es sich um eine deutsche Zusammenfassung der englischen Übersetzung im Urteil, siehe hierzu: *Días*, ZEuP 2019, 603, 617.

813 *Ders.*, ZEuP 2019, 603, 618.

der Literatur kamen die Richter obiter[814] zum Ergebnis, dass die Swap-Geschäfte nach portugiesischem Recht unwirksam wären. Nach englischem Recht hingegen waren die Geschäfte wirksam und die Transportunternehmen zur Zahlung der Zinssätze verpflichtet.

Dieses Beispiel zeigt deutlich, dass unterschiedliche nationale Rechtsordnungen den Interessenausgleich im Privatrecht an verschiedener Stelle verorten. Während das portugiesische Recht hier auf der Skala näher an die Interessen des von der Veränderung der Umstände Benachteiligten rückt, sucht das englische Recht einen anderen Ausgleich. Letzteres vermag angesichts der allgemeinen Neigung englischen Rechts, sich nicht in das Vertragsgleichgewicht einzumischen, kaum zu überraschen.[815]

b) Teil der Wirtschaftsverfassung

Die Darstellung der verschiedenen Schutzzwecke und Regelungsziele einfach zwingenden Rechts zeigen die Aufgaben, die diesem Regelungsbereich zukommen. Vor diesem Hintergrund wird auch deutlich, dass es sich beim einfach zwingenden Recht um politische Wertungsfragen handelt.

Betrachtet man die von *Renner* dargelegten Schutzzwecke, liegt bereits eine Wertung darin, welche Interessen schutzwürdig sind. So stellt schon die Anerkennung von Verbrauchern oder Arbeitnehmern als schutzbedürftige Gruppen eine politische Wertung dar, ebenso wie die Ausgestaltung der Regelungen zum Schutz dieser Gruppen. Diese Schutzzwecke weisen einen verfassungsrechtlichen Bezug auf, da eine Pflicht zur Setzung sozialverträglichen Privatrechts teils aus dem Sozialstaatsprinzip hergeleitet wird.[816] Ähnliches gilt für solche Regelungen, die allgemein die Werteordnung schützen, etwa § 134 und 138 BGB. Diese Regelungen, so wie ihrer Auslegung durch die Gerichte,[817] weisen einen verfassungsrechtlichen Bezug auf, da hierüber, wie bereits erwähnt, Wertungen des Grundgesetzes im Privatrecht Berücksichtigung finden.[818]

Richtet man, wie *Hellgardt*, den Blick auf die Regulierungs- und Interessenausgleichsfunktion, so ergibt sich ein ähnliches Bild. Auch die Entscheidung über

814 Die Frage war wegen der Ablehnung des Inlandssachverhalts nicht entscheidungserheblich: *ders.*, ZEuP 2019, 603, 617.

815 Böhle nennt dies „liberable Passivität“: *Böhle*, ZEuP 2019, 72, 95.

816 *Remien*, Zwingendes Vertragsrecht, 2003, S. 26 m.w.N.

817 Zur Berücksichtigung der regulatorischen Wirkung des Privatrechts bei Rechtsanwendung und -auslegung durch Gerichte: *Hellgardt*, Regulierung, 2016, S. 646 ff.

818 Vgl. Zweiter Teil, B., IV., 1., a).

Regulierungsziele ist letztlich eine politische. Besonders deutlich wird dies beim Interessenausgleich: Wo auf der „Skala“ des Interessenausgleichs die Rechtsordnung eine Regelung festsetzt, ist von politischen Überzeugungen geprägt.[819]

Das Privatrecht weist damit eine „politische Substanz und Funktion“[820] auf: ihm liegen Entscheidungen für und über die Vertragsparteien, Dritte und die Gesellschaft als Ganze zugrunde.[821] Kaum zu überraschen vermag es daher, dass erhebliche Unterschiede zwischen den zwingenden privatrechtlichen Regelungen unterschiedlicher Rechtsordnungen bestehen.[822] Angesichts dieser dem zwingenden Recht zugrunde liegenden politischen Wertungen ist es letztlich nur konsequent, die Rolle des zwingenden Rechts als Teil der Wirtschaftsverfassung[823] anzuerkennen. So formuliert *Renner* zutreffend:

> „Zwingende Normen dienen dazu, politische Wertungen rechtlich formulierbar zu machen und diese zu Vertrag und dispositivem Recht, die ihrerseits ökonomische Funktionserfordernisse reflektieren, in Beziehung zu setzen. Die zwingenden Normen des Privatrechts antworten damit auf eine Problematik, die sich als wirtschaftsverfassungsrechtliche kennzeichnen lässt. Ihre Aufgabe ist es, innerhalb des Privatrechts Konflikte zwischen Wirtschaft und Politik als Rechtsfrage formulierbar und entscheidbar zu machen.“[824]

Sind damit zwingende Normen Ausdruck von politischen Wertungsentscheidungen der Legislative, stellt sich die Sicherung der Durchsetzung dieser Normen als Teil der Wirtschaftsverfassung umso mehr als bedeutsamer Aspekt der Souveränität des rechtssetzenden Staates dar.

---

819 *Hellgardt*, in: Möslein (Hrsg.), Regelsetzung im Privatrecht, 2019, S. 121, 127.

820 *Rüthers/Stadler*, BGB, 2020, § 2 Rn. 3.

821 Vgl. *Wai*, Colum. J. Transnat'l L. 40 (2002), 209, 238.

822 Vgl. *Grigoleit*, in: Basedow/Hopt/Zimmermann u.a. (Hrsg.), Handwörterbuch des Europäischen Privatrechts Bd. 2, 2009, S. 1822, 1826.

823 Auf die Geschichte des Begriffs der Wirtschaftsverfassung wird an dieser Stelle nicht weiter eingegangen, verwiesen wird insofern auf: *Renner*, RabelsZ 78 (2014), 750, 752 ff. m.w.N.

824 *Renner*, Transnationales Recht, 2011, S. 36 f.; ähnlich auch Remien, der das Privatrecht als Staatsaufgabe mit verfassungsrechtlichen Bezügen begreift: *Remien*, Zwingendes Vertragsrecht, 2003, S. 23 ff.; das Privatrecht bezeichnet als „materialer Baustein der Verfassungsordnung“: *Rüthers/Stadler*, BGB, 2020, § 2 Rn. 3.

2. *Durchsetzung innerstaatlich zwingenden Rechts über Art. 3 Abs. 3 Rom I-VO*

Art. 3 Abs. 3 der Rom I-VO bezweckt die Verhinderung der Umgehung des innerstaatlich zwingenden Rechts. Teilweise wird hierbei diskutiert, wie die Regelung im Rahmen der ökonomischen Analyse zu bewerten ist. Dies soll zunächst dargelegt werden (a)), um zu zeigen, dass der Zweck der Regelung nicht mit den im Rahmen der ökonomischen Analyse formulierten Funktionen des Internationalen Privatrechts begründet werden kann, so dass dieses keinen Aufschluss über die Auslegung der Regelung geben kann. Vielmehr ist der Zweck der Regelung in den soeben dargelegten Funktionen und Zielen einfach zwingenden Rechts und dem Rechtssetzungsanspruch des Staates zu finden, den Art. 3 Abs. 3 Rom I-VO sichert (b)).

a) Ökonomische Analyse des Art. 3 Abs. 3 Rom I-VO

Das soeben anhand der Schutzzwecke, Regulierungsziele und Interessenausgleichsfunktion systematisierte einfach zwingende Recht wird vermehrt auch am Maßstab der ökonomischen Analyse gemessen und in die durch die ökonomische Analyse formulierten Ziele eingeordnet.[825] So könnten Regelungen, die Auswirkungen des Vertragsverhältnisses auf Dritte einschränken, das Entstehen von externen Effekten verhindern.[826] Regelungen zum Schutz strukturell schwächerer Vertragspartner hingegen vermieden Marktversagen, das ohne schärfere Schutzregelungen aufgrund der asymmetrischen Informationslage zu befürchten wäre.[827]

In der Literatur wird vor diesem Hintergrund diskutiert, wie Art. 3 Abs. 3 Rom I-VO aus der Perspektive der ökonomischen Analyse zu bewerten ist. Diese Diskussion soll vorliegend nachvollzogen werden, wird jedoch zeigen, dass das Ziel des Art. 3 Abs. 3 Rom I-VO nicht mit Parametern der ökonomischen Analyse begründet werden kann.

---

825 Kritisch dazu: *Renner*, Transnationales Recht, 2011, S. 34 f.

826 Vgl. *Wai*, Colum. J. Transnat'l L. 40 (2002), 209, 233 ff.

827 Aus kollisionsrechtlicher Sicht: *Rühl*, Statut, 2011, S. 557 f. m.w.N.; vgl. zum materiellen Recht: *Fleischer*, Informationsasymmetrie, 2001, S. 206 f.; *Schäfer*, in: Grundmann (Hrsg.), Systembildung und Systemlücken in Kerngebieten des Europäischen Privatrechts, 2000, S. 559, 560 ff.; kritisch hierzu: *Renner*, Transnationales Recht, 2011, S. 34 f.

aa) Marktversagen durch externe Effekte

Rühl diskutiert zunächst, ob die Rechtswahl in Inlandsfällen zu Marktversagen führen könne[828] und Art. 3 Abs. 3 Rom I-VO dies im Interesse einer effizienten Gestaltung des Internationalen Privatrechts verhindere.[829] Marktversagen liegt dann vor, wenn Märkte zu einer ineffizienten Verteilung von Gütern führen[830] und kann etwa eintreten, wenn externe Effekte vorliegen, d.h. wenn nicht sämtliche Kosten durch die Parteien getragen werden.[831]

Für die Rechtswahl in Inlandssachverhalten könnten externe Effekte bei Gerichten entstehen. Schließlich führe eine Wahl ausländischen Rechts in Inlandssachverhalten, die mit hoher Wahrscheinlichkeit auch im Inland vor Gericht verhandelt werden, zu einer Belastung der Gerichte, da diese fremdes Recht unter höherem Aufwand anwenden müssten. Gleichwohl stelle sich diese Mehrbelastung der Gerichte als unproblematisch dar, da die hierdurch verursachten Kosten aufgrund der grundsätzlichen Kostentragungspflicht den Parteien aufgebürdet würden.[832] So müssen etwa in England und den Vereinigten Staaten die Parteien den Inhalt des anwendbaren Rechts als Fakt darlegen und beweisen.[833] In Deutschland hingegen ermitteln Gerichte von Amts wegen den Inhalt des anwendbaren Rechts, die hierfür anfallenden Kosten werden jedoch als Gerichtskosten den Parteien auferlegt.[834] *Rühl* stellt insofern fest, dass damit die Parteien die erhöhten Kosten der Anwendung fremden Rechts tragen, so dass insofern keine externen Effekte entstünden.[835]

---

828 Allgemein zum Marktversagen: *Schäfer/Ott*, Ökonomische Analyse, 2020, S. 85 ff.; *Morell*, in: Towfigh/Petersen (Hrsg.), Ökonomische Methoden im Recht, 2017, § 3 Rn. 153 ff.; spezifisch zum Marktversagen im Zusammenhang mit der Parteiautonomie: *Rühl*, in: Gottschalk/Michaels/Rühl u.a. (Hrsg.), Conflict of laws in a globalized world, 2011, S. 153, 177 ff.

829 Vgl. *Rühl*, Statut, 2011, S. 500.

830 *Morell*, in: Towfigh/Petersen (Hrsg.), Ökonomische Methoden im Recht, 2017, § 3 Rn. 153.

831 Vgl. *ders.*, in: Towfigh/Petersen (Hrsg.), Ökonomische Methoden im Recht, 2017, § 3 Rn. 161.

832 *Böhle*, ZEuP 2019, 72, 84; *Rühl*, Statut, 2011, S. 500.

833 *Rühl*, in: Gottschalk/Michaels/Rühl u.a. (Hrsg.), Conflict of laws in a globalized world, 2011, S. 153, 178 f.

834 *Rühl*, in: Gottschalk/Michaels/Rühl u.a. (Hrsg.), Conflict of laws in a globalized world, 2011, S. 153, 178; ausführlich: *Rühl*, ZEuP 2007, 559, 567.

835 *Rühl*, Statut, 2011, S. 500; *Rühl*, in: Gottschalk/Michaels/Rühl u.a. (Hrsg.), Conflict of laws in a globalized world, 2011, S. 153, 179.

bb) Ineffiziente Regulierung oder „race to the bottom"

Art. 3 Abs. 1 Rom I-VO eröffnet den Parteien die freie Rechtswahl. Würde die Regelung wegfallen und die Rechtswahl auch in Inlandsfällen ermöglichen, könnte dies zu ineffizienten Ergebnissen führen. So bringen etwa *Schäfer/Lantermann* an, Vertragsparteien „could opt out of the regulatory system and choose a law with the lowest level of regulatory activity. This would lead to an inefficiently low level of regulation.".[836] Diese Wahl würde insbesondere die Interessen Dritter außer Acht lassen und könne bei asymmetrischen Informationslagen Probleme aufwerfen.[837] Letztere treten jedoch vor allem bei Arbeits- und Verbraucherverträgen auf, wo sich entsprechende Rechtswahlbeschränkungen bereits finden.[838]

Doch auch *Schäfer/Lantermann* folgern hieraus keinesfalls, dass Art. 3 Abs. 3 Rom I-VO aus ökonomischer Perspektive notwendig wäre. Im Gegenteil führe die Regelung letztlich zu ineffizienten Ergebnissen, da sie den Wettbewerb der Rechtsordnungen einschränke.[839] Hinter diesem vor allem mit Blick auf das Internationale Gesellschafts- aber auch Vertragsrecht viel diskutierten Konzept[840] steht der Gedanke, dass bei freier Rechtswahl die Staaten als Anbieter auf einem Markt für Rechtsordnungen auftreten. Für das Vertragsrecht würde so letztlich der Marktmechanismus Staaten zur Anpassung der Regelungen anhalten.[841] *Rühl* schließt sich dieser Kritik an und stellt fest, aus ökonomischer Perspektive stelle sich „die ‚Umgehung' zwingender Bestimmung sogar als wünschenswert dar" um den Wettbewerb der Rechtsordnungen nicht zu behindern.[842]

cc) Bewertung

Art. 3 Abs. 3 Rom I-VO lässt sich damit nicht mit im Rahmen der durch die ökonomische Analyse formulierten Funktionen begründen. Vielmehr wird die Regelung bei Untersuchungen aus dieser Perspektive deutlich kritisiert. So bewertet

---

836 *Schäfer/Lantermann*, in: Basedow/Kono (Hrsg.), An Economic Analysis of Private International Law, 2006, S. 87, 104.

837 *Dies.*, in: Basedow/Kono (Hrsg.), An Economic Analysis of Private International Law, 2006, S. 87, 104.

838 Siehe hierzu: Erster Teil, B., II., 1.

839 *Schäfer/Lantermann*, in: Basedow/Kono (Hrsg.), An Economic Analysis of Private International Law, 2006, S. 87, 105.

840 Siehe beispielsweise: *Kadelbach*, in: ders. (Hrsg.), Wettbewerb der Systeme – System des Wettbewerbs in der EU, 2017, S. 9 ff.; *Rühl*, FS Kirchner, 2014, S. 975 ff. m.w.N; grundlegend: *Kieninger*, Wettbewerb, 2002.

841 *Rühl*, Statut, 2011, S. 439.

842 *Dies.*, Statut, 2011, S. 500 f.

Böhle Art. 3 Abs. 3 Rom I-VO aus ökonomischer Perspektive als „bedenklich".[843] Noch deutlichere Worte findet *Rühl*, die anführt, man könne sich nur damit „[t]rösten, [...] dass die Einschränkungen der Rechtswahl bei Inlands- und Unionssachverhalten nur selten wirklich zum Zuge kommt."[844]

Dem Befund, dass Art. 3 Abs. 3 Rom I-VO nicht mit den durch die ökonomische Analyse formulierten Funktionen des Internationalen Privatrechts greifbar ist, mag durchaus zuzustimmen sein. Wenngleich damit die ökonomische Analyse Parameter bereitstellt, um innerhalb der dogmatischen Legitimation der Rechtswahlfreiheit greifbar zu machen, warum die objektive Anknüpfung eine Beschränkung der Grundfreiheiten darstellen kann, ergibt sich die Zielsetzung des Art. 3 Abs. 3 Rom I-VO als Grenze dieser Freiheit nicht aus den für das internationale Privatrecht formulierten Funktionen und Zielen. Insofern können ökonomische Parameter nicht zur Präzisierung der Zielsetzung der Regelung in der Auslegung beitragen. Allerdings ist der daraus gezogenen negativen Bewertung der Regelung entgegenzutreten. *Rühl* stellt schließlich zu Beginn ihrer Arbeit deutlich fest, dass es auch andere Vorgaben als solche des Internationalen Privatrechts gibt, die bei der Ausgestaltung des Internationalen Privatrechts zu berücksichtigen sind und es sich bei der ökonomischen Analyse nur um eine von vielen Perspektiven handele.[845] Das Ziel des Art. 3 Abs. 3 Rom I-VO ergibt sich aus der Bedeutung innerstaatlich zwingenden Rechts als Teil der Wirtschaftsverfassung, wie nachfolgend zu erörtern ist.

b) Art. 3 Abs. 3 Rom I-VO als Sicherung staatlicher Rechtssetzungsansprüche

Der Zweck der Regelung des Art. 3 Abs. 3 Rom I-VO erschließt sich aus dem Gedanken, was die Rechtswahl ohne diese Regelung ermöglichen würde: Könnten Parteien stets, also auch in Inlandssachverhalten, das anwendbare Recht frei wählen, so könnten sie sich immer über das eigentlich anwendbare Recht und dessen einfach zwingende Vorschriften hinwegsetzen. Durch Wahl eines anderen Rechts wäre stets die Abwahl unliebsamer innerstaatlicher Vorschriften möglich. Als Folge wäre einfach zwingendes Recht nicht mehr zwingend, sondern stünde zur Disposition der Parteien.[846] Staaten würden die Rechtsherrschaft im Privatrecht verlieren.[847]

843 *Böhle*, ZEuP 2019, 72, 84.
844 *Rühl*, Statut, 2011, S. 501.
845 *Dies.*, Statut, 2011, S. 11 f.
846 Vgl. *Schmitz*, Rechtswahlfreiheit, 2017, S. 259.
847 *Dies.*, Rechtswahlfreiheit, 2017, S. 259.

Diese „Flucht aus dem eigenen Recht“[848] soll Art. 3 Abs. 3 Rom I-VO verhindern, wie bereits die historische Auslegung gezeigt hat. Damit wird der Geltungsanspruch innerstaatlich zwingenden Rechts gegen die Parteidisposition geschützt und die Gestaltungsmacht des Staates über das innerstaatlich zwingende Recht als Teil der Wirtschaftsverfassung gewahrt. Art. 3 Abs. 3 Rom I-VO bewegt sich damit im Spannungsfeld zwischen der privaten Gestaltungsmacht und dem staatlichen Rechtsgeltungs- und Regulierungsanspruch. Die Regelung soll im Folgenden zwischen diesen Polen und allgemein im System der Durchsetzung zwingender Normen in der Rom I-VO verortet werden, um die Zielsetzung der Norm präziser herauszubilden und hieraus Parameter für die Auslegung der Regelung zu entwickeln.

aa) Spannungsfeld: Rechtswahl und staatlicher Rechtssetzungsanspruch

Bewegt sich Art. 3 Abs. 3 Rom I-VO im Spannungsfeld zwischen staatlichem Rechtssetzungsanspruch und der Rechtswahl als Gestaltungsfreiheit der Parteien, so hängt die Funktion der Regelung von dem Verständnis des staatlichen Regelungsanspruchs und staatlicher Souveränität insgesamt ab. Wie sich dieses Verständnis im Kontext des Internationalen Privatrechts entwickelt hat, soll daher im Folgenden nachvollzogen werden, um anschließend die Funktion des Art. 3 Abs. 3 Rom I-VO im System des Internationalen Privatrechts und spezifisch in dem System zur Durchsetzung zwingenden Rechts zu beleuchten.

(1) Traditionelle Sichtweise: Rechtswahl als Gefährdung der Souveränität

Während heutzutage die Parteiautonomie kaum noch in Frage gestellt werden kann, sah man in der Literatur vor einem Jahrhundert die Rechtswahlfreiheit noch als schlicht unmöglich an.[849] Die traditionelle Dogmatik des Internationalen Privatrechts ging von der Souveränität der Staaten aus, deren Regelungsanspruch es abzugrenzen galt. Dies kommt treffend in der englischen Formulierung „Conflict of Laws“ zum Ausdruck, die zu Recht als „war like expression“ gesehen wird.[850] Ziel des Internationalen Privatrechts war die Regelung dieser Konflikte zwischen Staaten.

---

848 Mit dieser Formulierung etwa: Staudinger/*Magnus*, Art. 3 Rom I-VO Rn. 131; Ferrari/*Ferrari*, Art. 3 Rom I-VO Rn. 49; *Schmitz*, Rechtswahlfreiheit, 2017, S. 259.

849 Vgl. *Mills*, Rev. crit. DIP 2019, 417, 419.

850 *Lehmann*, Vand. J. Trans. L. 41 (2008), 381, 398.

Aus dieser Perspektive[851] reduziert die Rechtswahlfreiheit notwendigerweise die Kontrolle des jeweiligen Staates über die privaten Rechtsbeziehungen und folglich ein wichtiges Element seiner Souveränität.[852] *Beale* etwa verwies darauf, dass man den Parteien so „permission […] to do a legislative act“ gäbe und zu einem „legislative body“ erhebe.[853] Ähnlich führte *Batiffol* aus:

> „It is certainly shocking to think that the judicial solution of the choice of the applicable law by the parties, as generally understood, would mean that the empire of each law would depend on the parties' will: Such a view appears to be incompatible with the notion that the law exercises binding authority accompanied by coercive sanctions.“[854]

Wären die Parteien mittels der Rechtswahl in der Lage, ihre eigenen Regeln zu bestimmen, entstünde eine Gefahr für die staatliche Souveränität, da sich die Parteien seiner Autorität jederzeit durch eine Vereinbarung entziehen könnten.[855] Das klassische Verständnis des Internationalen Privatrechts geht damit von einem sehr extensiven Verständnis staatlicher Souveränität aus.[856]

(2) Wandel des Verständnisses der Souveränität im Internationalen Privatrecht

Vom traditionellen und auf die Beziehungen zwischen Staaten fokussierten Internationalen Privatrecht hat sich das Verständnis des Rechtsbereichs zunehmend entfernt, und dadurch der soeben dargestellten Skepsis gegenüber der Rechtswahlfreiheit die Grundlage entzogen.[857] Zurückzuführen ist diese Entwicklung im Internationalen Privatrecht auf ein verändertes Verständnis staatlicher Regulierungsansprüche in Zeiten der Globalisierung.

Es vermag kaum zu überraschen, dass die Globalisierung als eine der prägenden Entwicklungen der letzten Jahrzehnte das Verständnis der Souveränität

---

851 Mills bezeichnet diesen Ansatz als „State-Sovereigntist Perspective“: *Mills*, Rev. crit. DIP 2019, 417, 419.

852 *Brand*, GS Šarčević, 2006, S. 35, 36 f.

853 *Beale*, Conflict of Laws, 1935, S. 1079; diese Aussagen greift ebenfalls auf: *Lehmann*, Vand. J. Trans. L. 41 (2008), 381, 390.

854 So übersetzt die Aussage von Batiffol: *Basedow*, Open Societies – International Relations, 2013, S. 128.

855 So fasst diese Argumentation zusammen: *Schmitz*, Rechtswahlfreiheit, 2017, S. 55.

856 Vgl. *Renner*, Transnationales Recht, 2011, S. 58.

857 Basedow hingegen argumentiert gegen die Ablehnung aus Gründen der Souveränität auf Basis eines anderen rechtstheoretischen Verständnisses: *Basedow*, RabelsZ 75 (2011), 32, 41 f.

verändert.[858] *Basedow* sieht in der technologischen Innovation die Hauptantriebskraft dieser Entwicklung, die sich vor allem im verstärkten internationalen Handel niederschlägt, zu einer Zunahme von Direktinvestitionen im Ausland führt und die grenzüberschreitende Migration vorantreibt.[859] Für den Zustand der globalisierten Welt nutzt er, in Abkehr von der geschlossenen Gesellschaft, den Terminus der „open society",[860] die von der zunehmenden Offenheit nationaler Grenzen und gegenseitiger Abhängigkeit der Gesellschaften und Wirtschaftssysteme geprägt ist.[861]

Die Staaten befinden sich im „Sog" dieser Globalisierung,[862] es kommt zu einer zunehmenden wirtschaftlichen „Denationalisierung".[863] Letztlich führt dies zu einer Transformation des Staates, der in der Literatur teils als Verlust staatlicher Autorität behauptet wird.[864] Wenn Wirtschaften zunehmend vernetzt und Handelsgeschäfte nicht mehr als Teil eines nationalen Wirtschaftssystems lokalisierbar sind, verwässert schließlich auch die staatliche Fähigkeit, diese zu regulieren. Zunehmend wird unklar, was dem jeweiligen Wirtschaftssystem zuzurechnen ist. Dies beeinträchtigt entscheidend die Fähigkeit einzelner Staaten, die eigene gesellschaftliche und wirtschaftliche Ordnung zu regulieren.[865]

Wie in dieser durch die Globalisierung herbeigeführten „postnationalen Konstellation"[866] staatliche Souveränität ausgeübt werden soll, ist Gegenstand intensiver Debatten. Teils wird in der Vernetzung der Wirtschaftssysteme eine „Erosion"[867] der Souveränität gesehen. Im Globalisierungsdiskurs gehen die

---

858 *Herdegen*, International Law, 2016, S. 29 ff.

859 *Basedow*, Open Societies – International Relations, 2013, S. 64 ff.

860 *Ders.*, Open Societies – Conflict of Laws, 2015, S. 21 ff.; *ders.*, Open Societies – International Relations, 2013, S. 59 ff.

861 *Mazhorina*, in: Belohlávek/Rozehnalová (Hrsg.), State Sovereignty, 2019, S. 133, 135 f.

862 So formuliert: *Lange*, in: Schimank/Volkmann (Hrsg.), Soziologische Gegenwartsdiagnosen II, 2006, S. 115, 120; hierauf bezugnehmend: *Renner*, Transnationales Recht, 2011, S. 88.

863 Zum politikwissenschaftlichen Konzept der Denationalisierung überblicksartig: *Calliess/Renner*, in: Hartmann/Offe (Hrsg.), Politische Theorie und politische Philosophie, 2011, S. 172, 172 ff.

864 *Hurrelmann/Leibfried/Martens u.a.*, in: dies. (Hrsg.), Zerfasert der Nationalstaat?, 2008, S. 21, 22.

865 *Basedow*, Open Societies – International Relations, 2013, S. 117.

866 Diesen Begriff nutzt Habermas, der sich mit den aus der Gloablisierung für die Demokratie resultierenden Problemen und Entwicklungen auseinandersetzt: *Habermas*, Postnational, 1998, S. 91 ff.

867 *Mrázek*, in: Belohlávek/Rozehnalová (Hrsg.), State Sovereignty, 2019, S. 161, 177.

„Steuerungspessimisten“ davon aus, das Konzept der nationalen Wirtschaft würde bedeutungslos und das Konzept des Nationalstaats hätte ausgedient.[868] Immer deutlicher geht die Staatsforschung jedoch davon aus, dass die Denationalisierung nicht zu einem völligen Bedeutungsverlust des Staates, sondern zu einem grundlegenden Bedeutungswandel desselben führt.[869] Vermehrt wird hierbei auf supra- bzw. internationale Institutionen verwiesen, auf welche sich in Folge der Globalisierung die zuvor vom Staat übernommene Regulierungsfunktion verlagern solle.

(3) Verständnis und Funktion des IPR im Wandel

Die Globalisierung und Entwicklung hin zur „open society“ hat die Rolle des Internationalen Privatrechts neu bestimmt: Wurde es zuvor noch als Randgebiet der verschiedenen Rechtsordnungen gesehen, liegt im Internationalen Privatrecht nun der Schlüssel zum Privatrecht in der globalisierten Welt.[870] Doch nicht nur die Rolle, auch das Verständnis des Internationalen Privatrechts hat sich entschieden gewandelt. Im traditionellen Verständnis des Internationalen Privatrechts, auf dem die bereits dargelegte entschiedene Ablehnung der Rechtswahlfreiheit basierte, standen die Staaten im Mittelpunkt der Betrachtung. Das Internationale Privatrecht war von der Beziehung zwischen diesen Staaten geprägt.[871] Selbst nachdem die kategorische Ablehnung der Parteiautonomie überwunden war, galt diese Gestaltungsfreiheit der Parteien als der staatlichen Souveränität untergeordnetes Instrument.[872]

Zu Recht wird jedoch festgestellt, dass die Parteiautonomie das Verhältnis zwischen staatlichem Regulierungsanspruch und privater Gestaltungsfreiheit im Internationalen Privatrecht entscheidend verändert hat und die zuvor bestehende Subordination des Privaten gegenüber dem Staat aufweicht.[873] Schließlich können die Parteien mittels der Rechtswahlfreiheit „rechtliche Grenzen“

---

868 Zusammenfassend zur Globalisierungsdiskussion und der Position der „Steuerungspessimisten“: *Schader*, Steuerungsfähigkeit, 2006, S. 33 ff.

869 *Calliess/Renner*, in: Hartmann/Offe (Hrsg.), Politische Theorie und politische Philosophie, 2011, S. 172, 173 f.

870 Vgl. *Basedow*, Open Societies – International Relations, 2013, S. 35.

871 *Lehmann*, Vand. J. Trans. L. 41 (2008), 381, 382.

872 *Muir Watt*, ERCL 2010, 250, 258.

873 Vgl. *Muir Watt*, ERCL 2010, 250, 258 f.; *Michaels*, Party Autonomy – A New Paradigm without a Foundation, 2013 (http://www.pilaj.jp/data/2013_0602_Party_Autonomy.pdf), S. 8 f. (geprüft am 30.9.2021).

ungehindert überwinden, was einen „Markt" für das anwendbare Recht entstehen lässt.[874]

Aus diesem Grund fordert *Lehmann* eine Neukalibrierung des Internationalen Privatrechts. Fokus des Rechtsgebiets solle nicht mehr das traditionelle und überkommene Bild der Staaten sein, die um die Anwendung ihres Rechts ringen. Vielmehr solle der Grund für das jeweilige Rechtsanwendungsproblem in den Vordergrund rücken: die rechtliche Beziehung zwischen Privaten.[875] Während das traditionelle Verständnis des Internationalen Privatrechts auch erhebliche theoretische Probleme mit der Anerkennung der Parteiautonomie habe, bilde sie nach diesem Verständnis den Kern eines neuen, modernen Systems des Internationalen Privatrechts.[876] Letztlich stellt diese geforderte Neukalibrierung aber auch eine wechselseitige Beziehung dar: Die Einräumung der Parteiautonomie führt zu einer präsenteren Stellung der Parteien im Internationalen Privatrecht, deren Freiheit sich wiederum aus diesem neuen Verständnis erklären lässt.

Zunächst mag es so erscheinen, als würde sich damit gerade im Internationalen Privatrecht in der Anerkennung der Parteiautonomie eine Erosion der Souveränität und spezifisch des staatlichen Regelungsanspruchs zeigen. Eine solche Sichtweise würde jedoch zu kurz greifen. *Brand* geht für das Internationale Privatrecht allgemein davon aus, dass die Anwendung ausländischen Rechts oder die Anerkennung einer ausländischen Zuständigkeit zwar die Ausübung staatlicher Autorität begrenzt, nicht jedoch eine Schmälerung derselben indiziert:

> „If the proper role of the sovereign is to provide peace and security for those within its territory, then the jealous retention of power to apply one's own law and to hear all cases is not necessarily synonymous with the proper exercise of sovereignty. Nor does the proper recognition of foreign state interests result in 'giving up sovereignty'. [...] The question is ultimately one of proper balance between retention of forum-state regulatory authority and acknowledgement of the equal authority of other states [...]. In other words, it is a question of the proper exercise of sovereignty, not a question of allocations of sovereignty."[877]

Der staatliche Regelungsanspruch fordert damit, wie *Brand* zutreffend feststellt, nicht dessen größtmögliches Verständnis und eine weitestmögliche Ausübung. Vielmehr sollte das Verständnis des staatlichen Regulierungsanspruchs von einem *sachgerechten* Verständnis des staatlichen Rechtssetzungsanspruchs

874 *Muir Watt*, ERCL 2010, 250, 258.
875 *Lehmann*, Vand. J. Trans. L. 41 (2008), 381, 413.
876 Vgl. *ders.*, Vand. J. Trans. L. 41 (2008), 381, 415.
877 *Brand*, GS Šarčević, 2006, S. 35, 40.

geprägt werden. In einer von der Globalisierung und den dadurch vernetzten Wirtschaften geprägten Welt kann die Einräumung der Parteiautonomie wegen der damit einhergehenden Vereinfachung der Wirtschaftsbeziehungen, von denen letztlich auch der Staat profitiert, eine solche sachgerechte Ausübung darstellen.

Allerdings wächst in Debatten um das Internationale Privatrecht das Bewusstsein, dass die weitreichende Einräumung der Parteiautonomie einen Kontrollverlust der Staaten bedeuten kann. Es wird allgemein beobachtet, dass die Parteiautonomie zu einem „Opting out of Regulation“[878] führen kann. *Wai* sieht die weitergehende Anerkennung der Rechtswahlfreiheit im Kontext einer allgemeinen „Internationalist Reform“,[879] die ein „regulatory liftoff“[880] begünstigt. In bestimmten Branchen, wie etwa beim Abschluss der erwähnten Swap-Geschäfte, werden routinemäßig nur noch wenige Rechtsordnungen vertraglich gewählt. So verlieren sämtliche andere Staaten die Möglichkeit, über die dargelegten „Stellschrauben“ des innerstaatlich zwingenden Rechts diese Märkte zu regulieren.[881] Die Debatte um diesen möglichen Kontrollverlust fügt sich auch in eine größere Diskussion um die Politisierung des IPR und die verstärkte Berücksichtigung öffentlicher Interessen.[882]

bb) Funktion des Art. 3 Abs. 3 Rom I-VO: Schutz des staatlichen Rechtssetzungsanspruchs

Art. 3 Abs. 3 Rom I-VO ist vor dem Hintergrund dieser Entwicklungen als wichtiges Instrument im dargelegten Spannungsfeld zu verorten. Schließlich schirmt die Regelung mit der Durchsetzung einfach zwingenden Rechts gegen die Rechtswahlfreiheit diesen Regelungsbereich vor einer Umgehung in Inlandssachverhalten ab und schützt damit vor einem vollumfassenden „regulatory liftoff“.[883]

---

878 *O'Hara*, Vand. L. Rev. 53 (2000), 1552 ff.

879 *Wai*, Colum. J. Transnat'l L. 40 (2002), 209, 219 f.

880 *Ders.*, Colum. J. Transnat'l L. 40 (2002), 209, 209 f.

881 Jenseits des innerstaatlich zwingenden Rechts bestehen auch weitere Möglichkeiten zur Regulierung von Swap-Geschäften, überblicksartig hierzu: *Kerkemeyer*, Regulierung von Derivaten, 2018, S. 233 ff.

882 Siehe hierzu etwa: *Stürner*, Europäisches Vertragsrecht, 2021, S. 612 ff.; *Gebauer/Huber*, in: dies. (Hrsg.), Politisches Kollisionsrecht, 2021, S. VII, VIII ff.; *Stürner*, FS Kronke, 2020, S. 557 ff.; *Roth*, AcP 220 (2020), 458, 458 ff.

883 Diesen Begriff verwendet: *Wai*, Colum. J. Transnat'l L. 40 (2002), 209, 209 f.

Die Norm schützt den Regelungsanspruch nationaler Staaten und setzt zu diesem Zweck deren einfach zwingendes Recht gegen den Willen der Parteien durch.[884] Der Norm liegt mit dem Fokus auf die Durchsetzung souveräner Ansprüche eine Zielsetzung zugrunde, von der sich das moderne Internationale Privatrecht zunehmend abwendet. Diese Prämisse der Norm kommt treffend in einer Formulierung des High Court im *Santander* Urteil zum Ausdruck:

> „Art. 3 (3) […] reflects a basic sense that if the situation was entirely connected to one country, some aspects of the law of that country *have a claim to be applied.*“[885]

Böhle attestiert angesichts dieser Zielsetzung, bei der Norm handele es sich um einen „anachronistischen Störfaktor“ im Internationalen Privatrecht der Postmoderne.[886] Denn in diesem setze der „Staat sein Recht anders als im Absolutismus und zu Zeiten der Nationalstaatengründung nicht als Selbstzweck, sondern im Interesse seiner Bürger durch.“[887] Dem ist teils entschieden zu widersprechen und teils energisch zuzustimmen. Die Gesetzgebung ist im demokratischen System auf den Willensakt der Bürger zurückzuführen. Damit verabschiedet der Staat Recht für die Bürger und setzt es in deren Interesse durch. Allerdings ist es ein fehlgeleiteter Rückschluss, dass es einem überzogenen absolutistischen Herrschaftsanspruch gleicht, wenn der Staat das zwingende Privatrecht auch gegen den Willen solcher Bürger beziehungsweise juristischer Personen durchsetzt, die diesem durch eine Rechtswahl zu entkommen versuchen. Art. 3 Abs. 3 Rom I-VO dient hier nicht der Durchsetzung absolutistischer Herrschaftsansprüche, sondern lediglich des souveränen Anspruchs, zwingendes Privatrecht setzen zu können, das auch tatsächlich effektiv ist. Nur so lässt sich der Anspruch des Staates, die Umsetzung der formulierten Regulierungsziele und Regelungen zum Interessenausgleich auch sicherstellen. Die Umsetzung dieser verfassungsrechtlich geprägten Funktion einfach zwingenden Rechts dient dem Interesse der Bürger. Dies zeigen beispielhaft die angedeuteten Möglichkeiten zur Regulierung von Swap-Geschäften.[888] Auf diesem Gebiet mögen zwingende Regelungen

---

884 Schmitz spricht insofern von einem Schutz von „staatlichen Souveränitätsinteressen“: *Schmitz*, Rechtswahlfreiheit, 2017, S. 262 f.; terminologisch ähnlich verwendet Schurig im allgemein im Kontext des IPR den Begriff der „Rechtsanwendungsinteressen“: *Schurig*, Kollisionsnorm, 1981, S. 21.

885 *High Court of Justice Queen's Bench Division Commercial Court Financial List*, 04.03.2016 (erhältlich in [2016] EWHC 465 (Comm)), 372 (Hervorhebungen durch die Verfasserin).

886 Mit dieser Wortwahl: *Böhle*, ZEuP 2019, 72, 82.

887 *Böhle*, ZEuP 2019, 72, 82.

888 Vgl. Zweiter Teil, B., IV., 1., a), bb), (1), (c).

die Gestaltungsfreiheit Einzelner einschränken, können allerdings dem Interesse der Allgemeinheit an stabilen Finanzmärkten dienen.[889]

Auch wenn in einem von modernen Anknüpfungsprinzipien, dem Prinzip der Autonomie und einem veränderten Verständnis des Verhältnisses zwischen den Privatrechtssubjekten und dem Staat geprägten Internationalen Privatrecht keine grundsätzliche Unvereinbarkeit von Rechtswahlfreiheit und staatlicher Souveränität mehr behauptet wird, ist die Norm gleichfalls notwendig, um das Verhältnis beider zu regeln. Denn, wie gezeigt, sind zwingende Normen als Teil der Wirtschaftsverfassung und politischer Willensbildung Ausdruck staatlicher Souveränität. Die Norm ist daher ein klares Bekenntnis zu einem zu schützenden Kern des souveränen Rechtssetzungsanspruchs, den es gegen private Gestaltungsfreiheit zu schützen gilt. Dieses Ziel hat sich im Gesetzgebungsverfahren gegen solche Stimmen durchgesetzt, die keine Bedingung der Internationalität für die Rechtswahlfreiheit wollten.[890] Mit der Regelung bleibt „the reach of party autonomy […] ultimately in the states' hands".[891]

cc) Kontinuum der Durchsetzung zwingenden Rechts in der Rom I-VO

Mit dieser Funktion fügt sich Art. 3 Abs. 3 Rom I-VO auch in das System der Durchsetzung zwingenden Rechts innerhalb der Rom I-VO ein.[892] Um dieses darzulegen, sollen eingangs völkerrechtliche Mindestvorgaben an das Internationale Privatrecht angerissen werden, um anschließend ein Kontinuum der Durchsetzung zwingenden Rechts in der Rom I-VO herauszubilden.

(1) Völkerrechtliche Vorgaben

Ein Grundprinzip des Völkerrechts bildet die Anerkennung anderer Staaten. Dieser Anerkennung wohnt auch die Anerkennung der Rechtsordnung fremder Staaten inne, welche ihrerseits die Voraussetzung der Anwendung dieser Rechtsordnungen durch die Gerichte anderer Staaten ist.[893] Aus diesem Prinzip

---

889 Jenseits des innerstaatlich zwingenden Rechts bestehen auch weitere Regulierungsmöglichkeiten, überblicksartig hierzu: *Kerkemeyer*, Regulierung von Derivaten, 2018, S. 233 ff.

890 Vgl. zu dieser Auseinandersetzung im Kontext der Rechtsfolge des Art. 3 Abs. 3 Rom I-VO: Erster Teil, B., III., 3., b), aa).

891 *Lehmann*, Vand. J. Trans. L. 41 (2008), 381, 423.

892 Ein „System der Anwendung zwingenden Rechts" beschreibt auch: Rauscher/*Thorn*, Art. 9 Rom I-VO Rn. 24 ff.

893 *Makarov*, in: Seferiados/Streit (Hrsg.), Mélanges Streit, 1939, S. 536, 551.

der Anerkennung einzelstaatlicher Rechtsordnungen und den Prinzipien der Abgrenzung der staatlichen Zuständigkeiten hat *Makarov* grundlegende Mindestanforderungen für das Internationale Privatrecht entwickelt:

> „Als völkerrechtlich geboten muss bei Tatbeständen, die keine Anknüpfung an fremde Rechtsordnungen aufweisen, die Anwendung der Rechtsnormen des betreffenden, für diese Tatbestände ‚einheimischen' Staates betrachtet werden. Falls also der Tatbestand, der rechtlich erfasst werden soll, durch all seine Merkmale an eine bestimmte Rechtsordnung geknüpft ist [...] muss auf diesen Tatbestand diese Rechtsordnung angewandt werden."[894]

Als Kehrseite sei eine Anwendung des einheimischen nationalen Rechts unzulässig, falls der Tatbestand „keine einzige Anknüpfung an die einheimische Rechtsordnung des Richters aufweise".[895] Diesen Folgerungen wohnt der Gedanke inne, dass die Anerkennung einer Rechtsordnung auch die Anerkennung eines dieser innewohnenden Geltungsanspruchs impliziert. Dieser muss jedenfalls dann gelten, wenn der Sachverhalt keinerlei Beziehungen zu anderen Staaten aufweist. Umgekehrt entfaltet eine Rechtsordnung gerade keinen Geltungsanspruch, wenn sie nicht mit dem Sachverhalt verbunden ist.

Zwischen diesen beiden Extremen lässt sich ein Kontinuum bilden: Der Geltungsanspruch des staatlichen Rechts nimmt ab, „je enger der Sachverhalt mit einer anderen ausländischen Rechtsordnung verbunden ist", und nimmt umgekehrt zu, „je größer der Bezug des Sachverhalts zu dieser Rechtsordnung ist".[896]

(2) Kontinuum der Durchsetzung zwingenden Rechts

Entlang dieser Skala des Bezugs zu verschiedenen Rechtsordnungen lässt sich auch ein „Kontinuum"[897] der Durchsetzung zwingenden Rechts in der Rom I-VO entwickeln. Dieses hat *Michaels* skizziert.[898]

---

894 *Makarov*, in: Seferiados/Streit (Hrsg.), Mélanges Streit, 1939, S. 536, 552; später auch: *Makarov*, in: Strupp/Schochauer (Hrsg.), Wörterbuch des Völkerrechts, 1960, S. 129, 130; zustimmend: *Kropholler*, IPR, 2006, S. 52; wiederum Kropholler zustimmend: *Vogeler*, Rechtswahl, 2013, S. 370 f.; kritisch zur Theorie Makarovs: *Jayme*, Völkerrecht, 2003, S. 18 f.

895 *Makarov*, in: Seferiados/Streit (Hrsg.), Mélanges Streit, 1939, S. 536, 553.

896 *Vogeler*, Rechtswahl, 2013, S. 371; in diese Richtung auch Stoll, der feststellt: „Es gibt in der Tat Beispiele dafür, daß der zwingende Charakter einer Sachnorm bei einem Auslandssachverhalt entfällt, weil der rechtssetzende Staat ein geringeres Interesse an der Regelung eines solchen Sachverhalts hat.", *Stoll*, FS Kegel, 1987, S. 623, 647; vgl. auch: *Michaels/Kamann*, EWS 2001, 303, 303 f.

897 Diesen Begriff verwendet: *Michaels*, FS Schurig, 2012, S. 191, 207 f.

898 *Ders.*, FS Schurig, 2012, S. 191, 207 f.

Art. 3 Abs. 3 Rom I-VO markiert das eine Ende des Kontinuums. Es wird die umfangreichste Verbindung gefordert („alle anderen Elemente des Sachverhalts"), entsprechend ist aber auch der Umfang der berufenen Normen am weitesten, schließlich setzt sich hier das gesamte innerstaatlich zwingende Recht durch.[899]

Das andere Ende markiert der internationale Vertrag: Hier setzen sich gegen eine mögliche Rechtswahl nur noch die Eingriffsnormen gem. Art. 9 Rom I-VO durch.[900] Für deren Anwendung ist weiterhin ein Inlandsbezug erforderlich, wobei Art. 9 Abs. 3 Rom I-VO diesen dahingehend qualifiziert, dass nur die Eingriffsnormen am Erfüllungsort Anwendung finden.[901] Bei Art. 9 Abs. 2 Rom I-VO ergibt sich der Inlandsbezug aus dem räumlichen Anwendungsbereich der Eingriffsnorm.[902]

Zwischen beiden Polen stehen die Sonderanknüpfungen für solche Verträge, in denen eine Partei typischerweise schwächer ist, also Verbraucher- und Arbeitnehmerverträge. Hier werden nach einem Günstigkeitsvergleich gegen eine Rechtswahl solche Regelungen durchgesetzt, die objektiv anwendbar wären und den Verbraucher bzw. Arbeitnehmer besserstellen würden.[903]

Etwas komplexer gestaltet sich die Einordnung der beschränkten Rechtswahl entlang dieser Skala.[904] Zwar kommt hier, anders als bei Verbraucher- und Arbeitnehmerverträgen das von den Parteien gewählte Recht vollumfänglich zur Anwendung, ein Günstigkeitsvergleich erfolgt nicht.[905] Es erfolgt damit keine Sonderanknüpfung, sondern eine kollisionsrechtliche Rechtswahl. Gleichwohl trifft diese Rechtswahl nur den „Stichentscheid" zwischen verschiedenen Rechtsordnungen, zu denen eine Nähebeziehung besteht.[906] Im Interesse der strukturell schwächeren Partei werden die Parteien damit an zwingende Regelungen einer Rechtsordnung gebunden, zu der eine objektive Beziehung besteht. Wie diese Nähebeziehung auszusehen hat, bestimmt die Verordnung hierbei teils sachlich und teils persönlich. Insbesondere hervorzuheben ist, dass hierbei auch differenzierte Regelungen für einzelne Vertragstypen formuliert werden.

---

899 *Ders.*, FS Schurig, 2012, S. 191, 207.

900 *Ders.*, FS Schurig, 2012, S. 191, 207.

901 Vgl. hierzu: Erster Teil, B., II., 2., a).

902 Rauscher/*Thorn*, Art. 9 Rom I-VO Rn. 16.

903 Art. 6 Abs. 2 S. 2, Art. 8 Abs. 1 S. 2 Rom I-VO, siehe hierzu im Detail oben Erster Teil, B., II.; vgl. *Michaels*, FS Schurig, 2012, S. 191, 207.

904 Diese werden von Michaels nicht einbezogen: *ders.*, FS Schurig, 2012, S. 191, 207 f.

905 Vgl. Erster Teil, B., II., 1., b).

906 *Michaels*, FS Schurig, 2012, S. 191, 197.

So genügt etwa bei den Lebensversicherungen ausnahmsweise die Staatsangehörigkeit als Nähebeziehung.[907] Auch diese Regelungen stehen damit zwischen den unterschiedlichen Polen, wobei unterschiedliche Nähebeziehungen in den individuellen Fällen unterschiedlich stark ausgeprägt sein können. Darüber hinaus werden diese erst durch die Verstärkung im Rahmen der Rechtswahl der Parteien zur Anwendung gebracht.

Dieses Kontinuum erinnert insgesamt an den *ordre public*. Schließlich setzt auch dessen Eingreifen aus völkerrechtlichen Gründen einen Inlandsbezug voraus,[908] wobei hier ein Zusammenhang zwischen dem Grad des Inlandsbezugs und der Bedeutung der verletzen inländischen Rechtsgrundsätze besteht (Relativität des *ordre public*): Je geringer der Inlandsbezug, desto bedeutender müssen die verletzten Grundsätze des deutschen Rechts sein.[909] *Michaels* weitete dieses Prinzip auf das System zwingender Normen aus: „Je wichtiger die jeweilige zwingende Norm, desto mehr relevante Anknüpfungen gibt es dafür".[910]

(3) Art. 3 Abs. 3 Rom I-VO im System der Durchsetzung zwingenden Rechts

Die verschiedenen Mechanismen zur Durchsetzung zwingenden Rechts gegen die Rechtswahl der Parteien stehen damit in einem Zusammenhang; gleichwohl ist festzustellen, dass Art. 3 Abs. 3 Rom I-VO in diesem System eine ganz eigene Funktion erfüllt. Der Umfang der berufenen Normen ist besonders weitreichend, insbesondere werden nicht nur solche Normen berufen, die eine strukturell schwächere Partei schützen.

Darüber hinaus geht Art. 3 Abs. 3 Rom I-VO in der Durchsetzung zwingenden Rechts auch deutlich über den Mechanismus in Art. 9 Rom I-VO hinaus. So werden über Art. 3 Abs. 3 Rom I-VO im Vergleich zu Art. 9 Rom I-VO nicht nur solche Bestimmungen durchgesetzt, die die restriktive Definition der Eingriffsnorm in Art. 9 Abs. 1 Rom I-VO erfüllen, sondern das gesamte einfach zwingende Recht des Einbettungsstatuts. Darüber hinaus ist die Durchsetzung von Eingriffsnormen auf solche des Forums (Art. 9 Abs. 2 Rom I-VO) und solche des Staates des Erfüllungsortes,[911] die die Erfüllung unrechtmäßig werden lassen,

---

907 Siehe: Dritter Teil, B., I., 2., a), aa), (1), (a).

908 Siehe: Erster Teil, B., II., 2., b).

909 Rauscher/*Thorn*, Art. 21 Rom I-VO Rn. 13 f. m.w.N.

910 *Michaels*, FS Schurig, 2012, S. 191, 208; ähnlich auch in: Michaels/Kamann, EWS 2001, 303, 303 f.

911 Zur Bestimmung des Erfüllungsortes bei Art. 9 Rom I-VO: Erster Teil, B., II., 2., a).

begrenzt.[912]

Aus der Darstellung dieses Systems ergeben sich keine konkreten Rückschlüsse auf die Auslegung des Art. 3 Abs. 3 Rom I-VO bezüglich einzelner Fallgruppen. Denn die Kriterien, die etwa für die Anwendbarkeit von Eingriffsnormen gem. Art. 9 Abs. 1 Rom I-VO entwickelt wurden oder für die des *ordre public* gem. Art. 21 Rom I-VO, sind in den Kommentierungen sehr abstrakt und von der Rechtsprechung kaum ausdefiniert.[913] Darüber hinaus kommt in letzterem Fall auch der Wichtigkeit der zwingenden Normen mittels der Relativität des *ordre public* Bedeutung zu, was für Art. 3 Abs. 3 Rom I-VO irrelevant ist.[914] Die Einordnung der Durchsetzung zwingenden Rechts als Kontinuum wird jedoch im weiteren Verlauf dieser Arbeit im Blick behalten, um dieses System in der Diskussion heranzuziehen, ob auch ein allgemein internationaler Bezug einen hinreichenden Auslandsbezug darstellen kann.[915]

3. Parameter für den Inlandssachverhalt

Ist die besondere Funktion des Art. 3 Abs. 3 Rom I-VO damit präzisiert und in das erweiterte System der Durchsetzung zwingenden Rechts der Rom I-VO eingeordnet, lassen sich zwei Kriterien bilden, die die Anforderungen an den Auslandsbezug präzisieren.

a) Objektive Manipulierbarkeit als negatives Kriterium

Sichert Art. 3 Abs. 3 Rom I-VO den Kernbereich des staatlichen Rechtssetzungsanspruchs gegen die Rechtswahl der Parteien, so ist eindeutig, dass die Auslegung von diesem Ziel geleitet werden muss. Zu Recht wird daher in der Literatur allgemein darauf verwiesen, die Norm müsse die „Flucht aus dem eigenen Recht" durch die Parteien verhindern.[916]

aa) Vergleich mit allgemeiner Missbrauchskontrolle

In dieser Funktion ähnelt Art. 3 Abs. 3 Rom I-VO der allgemeinen Missbrauchskontrolle. Diese soll im Folgenden dargelegt werden, um anschließend

---

912 *Hartley*, FS Kohler, 2018, S. 171, 174.

913 *Klumb*, ZBB 2012, 449, 452.

914 *Ders.*, ZBB 2012, 449, 452.

915 Siehe: Dritter Teil, C., II., 5., c).

916 Mit dieser Formulierung etwa: Staudinger/*Magnus*, Art. 3 Rom I-VO Rn. 131; Ferrari/*Ferrari*, Art. 3 Rom I-VO Rn. 49; *Schmitz*, Rechtswahlfreiheit, 2017, S. 259.

herauszubilden, wie sich Art. 3 Abs. 3 Rom I-VO von dieser unterscheidet und welche Konsequenzen hieraus für die Auslegung gezogen werden können.

(1) Allgemeine Missbrauchskontrolle

Ob in der Ausübung der gesetzlich eingeräumten Rechtswahl zugleich eine Rechtsumgehung liegen kann, ist eine in der Literatur umstrittene Frage.[917] Der EuGH hat diese Frage nunmehr in der Rs. *Vinyls/Mediterranea*[918] entschieden. Der EuGH stellte hier die Rechtswahl unter eine allgemeine Missbrauchskontrolle, niemand dürfe sich:

> „[I]n betrügerischer oder missbräuchlicher Weise auf die Rechtsvorschriften der Union berufen."[919]

Anzumerken ist jedoch, dass dies vor allem nötig war, da der EuGH, wie bereits dargelegt,[920] annahm, bei der EuInsVO handele es sich um ein *lex specialis* gegenüber der Rom I-VO, so dass Art. 3 Abs. 3 Rom I-VO nicht zur Anwendung kam.[921] Diese in der Literatur zu Recht kritisierte[922] Entscheidung machte die Messung der Rechtswahl an einer allgemeinen Missbrauchskontrolle überhaupt erst notwendig.

Die allgemeine Missbrauchskontrolle erfordert für den EuGH ein objektives und subjektives Tatbestandsmerkmal.[923] Was das objektive Tatbestandsmerkmal betrifft, muss sich aus einer Gesamtwürdigung der Umstände ergeben, dass:

> „[T]rotz formaler Einhaltung der von der Unionsregelung vorgesehenen Bedingungen das Ziel dieser Regelung nicht erreicht wurde."[924]

In subjektiver Hinsicht muss ersichtlich sein, dass

---

917 Siehe zur Diskussion: *Benecke*, Gesetzesumgehung, 2004, S. 230 ff.; ablehnend: *Püls*, Parteiautonomie, 1995, S. 167; Generalanwalt Szpunar stand in dem Verfahren Vinyls/ Mediterranea einer Anwendung des allgemeinen Missbrauchsverbots auf die Rechtswahl auch noch skeptisch gegenüber: Schlussanträge des Generalanwalts Szpunar, Rechtssache C-54/16 – *Vinyls/Mediterranea*, Rn. 136 f.; allgemein zur Gesetzesumgehung im IPR: MüKo/*von Hein*, Einl. IPR Rn. 282 ff.

918 EuGH, Urt. v. 8.6.2017, C-54/16 – *Vinyls/Mediterranea.*

919 EuGH, Urt. v. 8.6.2017, C-54/16 – *Vinyls/Mediterranea*, Rn. 51.

920 Siehe: Erster Teil, B., III., 3., a), ee).

921 EuGH, Urt. v. 8.6.2017, C-54/16 – *Vinyls/Mediterranea*, Rn. 48 ff.

922 Siehe zu dieser Kritik: *Thole*, IPRax 2018, 388, 390 ff.; *Mankowski*, NZI 2017, 633, 637 f.; *Schulz/Steiger*, EuZW 2017, 692, 696 ff.

923 EuGH, Urt. v. 8.6.2017, C-54/16 – *Vinyls/Mediterranea*, Rn. 52.

924 EuGH, Urt. v. 8.6.2017, C-54/16 – *Vinyls/Mediterranea*, Rn. 52.

„[W]esentlicher Zweck der fraglichen Handlungen die Erlangung eines ungerechtfertigten Vorteils ist."[925]

Das Missbrauchsverbot greift dann nicht, wenn die fragliche Handlung auch eine andere Erklärung haben könnte.[926] Dieses subjektive Merkmal kann jedoch auch unter Rückgriff auf objektive Umstände, wie etwa den rein künstlichen Charakter einer Handlung, festgestellt werden.[927]

Damit setzt der EuGH eine hohe Schwelle für die Feststellung eines Rechtsmissbrauchs.[928] Gerade der Nachweis des subjektiven Merkmals stellt sich als schwierig dar, da die Vereinbarung eines fremden Rechts oftmals Handelsbräuchen in bestimmten Branchen entspricht.[929] Unter Umständen könnte auch allein das Interesse an inhaltlich passenderen Regelungen die reine Umgehungsabsicht in Frage stellen, was der Dispositionsfreiheit der Parteien kaum Grenzen setzen würde.

(2) Art. 3 Abs. 3 Rom I-VO als typisierte Missbrauchskontrolle

Die Voraussetzungen des Art. 3 Abs. 3 Rom I-VO unterscheiden sich von diesen Voraussetzungen des allgemeinen Missbrauchsverbots. Denn Art. 3 Abs. 3 Rom I-VO fordert gerade keine Umgehungsabsicht oder ein sonstiges subjektives Element.[930] Dies ergibt sich schon aus dem Wortlaut, da die Regelung rein objektiv formuliert ist.[931] Auch wenn die Norm die Verhinderung der Rechtsumgehung bezweckt, verlangt sie im Unterschied zur allgemeinen Missbrauchskontrolle keinen Nachweis einer tatsächlichen Umgehungsabsicht.[932] Stattdessen knüpft die Norm an rein objektive Gegebenheiten an, mit denen ohne Rücksicht auf subjektive Umstände die Sorge verbunden wird, dass eine Rechtswahl in diesen Fällen eine Rechtsumgehung bzw. einen Rechtsmissbrauch darstellen könnte. Es handelt sich damit um eine typisierte Missbrauchskontrolle.[933] *Hill/Chong* fassen präzise zusammen:

---

925 EuGH, Urt. v. 8.6.2017, C-54/16 – *Vinyls/Mediterranea*, Rn. 52.

926 EuGH, Urt. v. 8.6.2017, C-54/16 – *Vinyls/Mediterranea*, Rn. 52.

927 EuGH, Urt. v. 8.6.2017, C-54/16 – *Vinyls/Mediterranea*, Rn. 52 f.

928 Vgl. *Schulz/Steiger*, EuZW 2017, 692, 697.

929 Vgl. *dies.*, EuZW 2017, 692, 697.

930 *Banco Santander Totta S.A.* v *Transport Companies*, [2016] EWHC 465 (Comm) [372]; Rauscher/*von Hein*, Art. 3 Rom I-VO Rn. 100 m.w.N.

931 Vgl. Zweiter Teil, B., I., 2., a).

932 *Hill/Ní Shúilleabháin*, Clarkson & Hill's Conflict of Laws, 2016, Rn. 4.94.

933 Diesen Begriff verwendet etwa: *Lindenmayr*, Zuständigkeit, 2002, S. 324.

> „Although the basic purpose of Article 3 (3) is to counteract an evasive choice of law in a domestic contract, the test applied by Article 3 (3) is based on objective criteria, rather than the subjective intentions of the parties."[934]

Damit verwirklicht Art. 3 Abs. 3 Rom I-VO eine andere Funktion als die allgemeine Missbrauchskontrolle. Selbst wenn diese also seit der EuGH Entscheidung in *Vinyls/Mediterranea* auch auf die Rechtswahl angewandt werden kann, sind beide Instrumente damit in ihrer Reichweite und Zielsetzung zu unterscheiden.

bb) Objektive Manipulierbarkeit

An der Funktion des Art. 3 Abs. 3 Rom I-VO als typisierte Missbrauchskontrolle ist die Auslegung der Regelung zu messen. Um diesen Zweck zu erfüllen, muss der Auslandsbezug so definiert werden, dass die Parteien ihn nicht absichtlich herstellen können, um die Rechtswahlmöglichkeit zur Abwahl der zwingenden Bestimmungen des objektiv anwendbaren Statuts zu erlangen. Ein von den Parteien künstlich geschaffener Auslandsbezug darf demnach nicht ausreichen,[935] um eine künstliche „Internationalisierung" des Vertrags auszuschließen.[936]

Da die Norm gerade nicht auf die subjektive Umgehungsabsicht abstellt, muss der Auslandsbezug so ausgelegt werden, dass keine Umstände als Auslandsbezug dienen können, die leicht manipulierbar sind.[937] Selbstverständlich unterliegt das gesamte Vertragsgefüge der Gestaltung der Parteien, so dass diese sämtliche Aspekte des Vertrags verändern können. Außer Acht bleiben müssen jedoch solche Umstände, die von den Parteien ohne wesentliche Mühe hergestellt werden können. Dies ist dann der Fall, wenn Parteien Umstände leicht ins Ausland „verschieben" können, ohne die wesentlichen Merkmale des Vertrags oder der Vertragsdurchführung zu verändern. In dieses Verständnis der teleologischen Definition des notwendigen Auslandsbezugs passt auch, dass eine Gerichtsstandsvereinbarung, wie sich aus Erwägungsgrund 15 der Rom I-VO ergibt, nicht ausreichen kann, um einen Auslandsbezug herzustellen.

---

934 *Hill/Chong*, Commercial Disputes, 2010, Rn. 14.3.7.

935 *Czernich*, ZfRV 2013, 157, 167.

936 So auch: *Hartley*, FS Kohler, 2018, S. 171, 178.

937 Insofern verweisen auf die Beeinflussbarkeit einzelner Umstände bzw. ein Missbrauchspotential im Rahmen der Diskussion um deren Relevanz bei Art. 3 Abs. 3 Rom I-VO etwa: *Mansel*, FS Grunewald, 2021, S. 731, 737 (im Rahmen der Diskussion um Standardverträge); *Magnus*, ZEuP 2018, 507, 522 (im Rahmen der Diskussion um den Satzungssitz); *Mäsch*, Verbraucherschutz, 1993, S. 103 (im Rahmen der Diskussion um den Abschlussort).

Außer Acht bleiben für die Betrachtung des Art. 3 Abs. 3 Rom I-VO muss zudem die subjektive Absicht der Parteien. Was sich schon aus dem Wortlaut ergibt,[938] ist auch aus der Abgrenzung der Zielsetzung zur allgemeinen Missbrauchskontrolle geboten. Insofern ist es abzulehnen, wenn *Michaels* fordert, Art. 3 Abs. 3 Rom I-VO bei einer (vermuteten) Rechtsumgehungsabsicht der Parteien erweiternd auszulegen, da es sich hierbei um einen „zusätzlichen Faktor" handeln könne, „der für die besondere Anknüpfung spricht."[939]

Darüber hinaus sind auch solche Stimmen in der Literatur zurückzuweisen, die für die Beachtlichkeit eines Umstands als Auslandsbezug darauf abstellen, ob dieser bei der konkludenten Rechtswahl von Relevanz ist.[940] Maßgeblich für die konkludente Rechtswahl der Parteien sind solche Umstände, die Aufschluss über ihren Willen mit Blick auf die Rechtswahl geben. Da es sich damit auch hierbei um rein subjektive Erwägungen handelt, sind diese ebenfalls nicht zu berücksichtigen.

Als negatives Kriterium kann damit formuliert werden, dass solche Umstände nicht als Auslandsbezug genügen können, die objektiv leicht manipulierbar sind.

b) Wirtschaftlicher Maßstab

Bezweckt Art. 3 Abs. 3 Rom I-VO den Schutz des staatlichen Rechtssetzungsanspruchs im Bereich des innerstaatlich zwingenden Rechts, ist des Weiteren maßgeblich, wie weit dieser Rechtssetzungsanspruch reicht. Wann dieser soweit geschwächt ist, dass den Parteien die kollisionsrechtliche Rechtswahl zukommen sollte, ist eine Frage der Reichweite dieses Rechtssetzungsanspruchs. Wird der Bereich der wirtschaftlichen Aktivität, für die Art. 3 Abs. 3 Rom I-VO dem staatlichen Rechtssetzungsanspruch besonderen Schutz gewährt, eng verstanden, so muss der Kreis der Umstände, die einen Auslandsbezug herstellen können und damit den Geltungsanspruch des nationalen Rechts aushebeln, weit verstanden werden.[941] Demgegenüber führt ein weites Verständnis des staatlichen Rechtssetzungsanspruchs als Kehrseite zu einem engen Verständnis des Auslandsbezugs.

938 Zweiter Teil, B., I., 2., a).

939 *Michaels*, FS Schurig, 2012, S. 191, 208.

940 So verweist etwa Magnus in der Debatte um die Relevanz des Abschlussortes im Rahmen des Art. 3 Abs. 3 Rom I-VO darauf, dass diesem bei der stillschweigenden Rechtswahl Relevanz zukomme: Staudinger/*Magnus*, Art. 3 Rom I-VO Rn. 139.

941 *Mills*, Party Autonomy, 2018, S. 475.

Erste Erkenntnisse dazu, wie die Rom I-VO diesen Kern des staatlichen Regelungsanspruchs versteht, ergeben sich auch aus den bereits erwähnten Auslegungsmethoden: Der Wortlaut spricht für ein bewusstes Bekenntnis zu einem eher weit verstandenen Auslandsbezug[942] und in systematischer Hinsicht ist davon auszugehen, dass grundsätzlich jedenfalls die in der Rom I-VO gewählten Anknüpfungspunkte in der Lage sind, als Auslandsbezug den staatlichen Regulierungsanspruch außer Kraft zu setzen.[943] Schließlich hat der Verordnungsgeber diesen Anknüpfungspunkten eine besondere Bedeutung beigemessen. Fraglich ist jedoch, wie jenseits dieser Erkenntnisse der zu schützende Kern des staatlichen Regelungsanspruchs aus teleologischer Hinsicht in Art. 3 Abs. 3 Rom I-VO zu verstehen ist.

aa) Wirtschaftsverfassungsrechtliche Funktion

In teleologischer Hinsicht lässt sich zur Präzisierung dieses Verhältnisses auf die wirtschaftsverfassungsrechtliche Funktion des innerstaatlich zwingenden Rechts rekurrieren. Mit diesen Regelungen gleicht der Gesetzgeber konfligierende Interessen aus und schützt strukturell schwächere Personengruppen und allgemeine Wertvorstellungen.[944] Daneben werden über das innerstaatlich zwingende Recht auch Regulierungszwecke verfolgt. Insofern macht das innerstaatlich zwingende Recht, wie bereits dargestellt, im Vertragsrecht „politische Wertungen rechtlich formulierbar".[945]

bb) Wirtschaftlicher Maßstab

Ausgehend von dieser Funktion innerstaatlich zwingenden Rechts lässt sich, ähnlich den geschilderten völkerrechtlichen Mindestanforderungen an das IPR formulieren, dass ein Staat dann innerstaatlich zwingendes Recht durchsetzen muss, wenn er den Anspruch auf alleinige vertragsrechtliche Regulierung eines Sachverhalts innehat. Auf Grundlage dieses Gedankens ließe sich ein wirtschaftlicher Test entwickeln. Dies hat, wenngleich mit anderer Begründung, *Nygh* getan, und einen „economic test" formuliert: „This test [...] asks whether the contract in question has an economic impact on more than one jurisdiction."[946]

---

942 Siehe: Zweiter Teil, B., I., 2. und 3.

943 Siehe: Zweiter Teil, B., III., 2., a).

944 Siehe: Zweiter Teil, B., IV., 1., a).

945 *Renner*, Transnationales Recht, 2011, S. 36 f.; siehe: Zweiter Teil, B., IV., 1., b).

946 *Nygh*, Autonomy, 1999, S. 51.

Fragt man mit *Nygh* nach wirtschaftlichen Auswirkungen von Verträgen, so haben diese in der globalisierten Welt fast immer Auswirkungen auch auf die Wirtschaft anderer Staaten. Wenn etwa zwei deutsche Unternehmen einen Vertrag in Deutschland per E-Mail abschließen, kann dieser Mail-Verkehr über einen im Ausland belegenen Server eines ausländischen Unternehmens erfolgen, und damit minimale Auswirkungen auf dieses verursachen. Insofern wäre mit einem derartigen wirtschaftlichen Test nicht viel gewonnen, verlagert er doch nur die Wertungsfrage, was ein relevanter Auslandsbezug im Rahmen des Art. 3 Abs. 3 Rom I-VO ist, in die Wertungsfrage, was wirtschaftliche Auswirkungen im Rahmen dieses Tests sind.

Daher scheint es zielführender, danach zu fragen, wie stark ausgeprägt die wirtschaftlichen Auswirkungen auf die Wirtschaft anderer Staaten sind. Sind diese bei Vorliegen des jeweiligen Umstands stark ausgeprägt, so spricht dies dafür, dass dieser Umstand einen relevanten Auslandsbezug im Rahmen des Art. 3 Abs. 3 Rom I-VO darstellt. Verursacht der Vertrag hingegen auch bei Vorliegen des jeweiligen Umstands keine nennenswerten Auswirkungen auf die Wirtschaft anderer Staaten, spricht dies gegen eine Relevanz. Diese graduelle Betrachtung greift auch den Gedanken des Kontinuums der Durchsetzung innerstaatlich zwingenden Rechts erneut auf.[947] Damit vermag dieser wirtschaftliche Maßstab zwar kein trennscharfes Kriterium ergeben, kann aber zur Absicherung und Verstärkung der mittels anderer Parameter gewonnenen Ergebnisse dienen.

4. *Zwischenergebnis*

Die teleologische Auslegung ergibt damit konkret zwei Maßstäbe. Der Auslandsbezug lässt sich negativ dahingehend definieren, dass dieser nicht vorliegt, wenn der betreffende Umstand durch die Parteien leicht manipulierbar ist. Darüber hinaus ist zu untersuchen, ob der Vertrag Auswirkungen auf mehr als ein Wirtschaftssystem verursacht und wie stark diese ausgeprägt sind.

V. Enge Auslegung als Ausnahme

Neben diesen allgemein anerkannten Auslegungsmethoden wird in der Literatur teils auch ein weiterer Auslegungsgrundsatz behauptet, wonach Ausnahmen grundsätzlich eng auszulegen sind.[948] Dieser wird teils als Unterkategorie der

---

947 Siehe: Zweiter Teil, B., IV., 2., b), cc).

948 Vgl. etwa: *Schilling*, EuR 1996, 44 ff.

systematischen Auslegung verortet,[949] teils als eigene Auslegungsmethode.[950] Vorliegend ist zunächst auf die diesbezügliche Rechtsprechung des EuGH einzugehen (1.), um sodann zu diskutieren, ob sich hieraus Folgerungen für die Auslegung von Art. 3 Abs. 3 Rom I-VO ziehen lassen (2.).

1. *Auslegungsgrundsatz in der Rechtsprechung des EuGH*

Der EuGH legt in ständiger Rechtsprechung Ausnahmen von allgemeinen Prinzipien eng aus.[951] So heißt es etwa in *De Zotti*, dass „Begriffe, mit denen Ausnahmen von einem im Gemeinschaftsrecht niedergelegten allgemeinen Grundsatz […] festgelegt werden, nach ständiger Rechtsprechung eng auszulegen“[952] sind. Von diesem Grundsatz geht der EuGH auch für die Parteiautonomie bei der bereits erwähnten Entscheidung in der Rs. *Unamar* aus:

> „Um dem Grundsatz der Vertragsautonomie der Parteien, dem Eckstein des Übereinkommens von Rom […] volle Wirksamkeit zu verleihen, muss somit nach Art. 3 Abs. 1 des Übereinkommens von Rom dafür gesorgt werden, dass die freie Entscheidung der Vertragsparteien hinsichtlich des im Rahmen ihrer Vertragsbeziehung anwendbaren Rechts respektiert wird; die in Art. 7 Abs. 2 dieses Übereinkommens genannte *Ausnahme* aufgrund des Bestehens einer ‚zwingenden Vorschrift‘ im Sinne des Rechts des betroffenen Mitgliedstaats ist daher *eng auszulegen.*“[953]

Diese Linie wurde für die Rom I-VO auch in *Nikiforidis* bestätigt, wonach Art. 9 Rom I-VO „[a]ls Ausnahmeregelung […] eng auszulegen“ ist.[954]

---

949 So Nehne, der eine grundsätzlich enge Auslegung von Ausnahmen jedoch letztlich ablehnt: *Nehne*, Methodik, 2012, S. 71 f.

950 Riesenhuber diskutiert dies als separaten Auslegungsgrundsatz: *Riesenhuber*, in: ders. (Hrsg.), Europäische Methodenlehre, 2021, § 10 Rn. 62 ff.; so auch Buerstedde, der diesen Grundsatz jedoch letztlich ablehnt: *Buerstedde*, Methodik, 2006, S. 119 f.; auch Borchardt trennt diesen Grundsatz von den übrigen Auslegungsmethoden: *Borchardt*, in: Schulze/Zuleeg/Kadelbach (Hrsg.), Europarecht, 2020, § 15 Rn. 52.

951 Siehe etwa: EuGH, Urt. v. 12.5.2011, C-144/10 – *BVG/JP Morgan Chase*, Rn. 30; EuGH, Urt. v. 28.10.2010, C-203/09 – *Volvo/Autohof*, Rn. 42; EuGH, Urt. v. 23.3.2006, C-465/04 – *Honyvem/De Zotti*, Rn. 24; ausführliche Übersicht der Rechtsprechung bis 1996: *Schilling*, EuR 1996, 44; im Übrigen siehe: *Riesenhuber*, in: ders. (Hrsg.), Europäische Methodenlehre, 2021, § 10 Rn. 62 ff.

952 EuGH, Urt. v. 23.3.2006, C-465/04 – *Honyvem/De Zotti*, Rn. 24.

953 EuGH, Urt. v. 17.10.2013, C-184/12 – *Unamar/Navigation Maritime*, Rn. 49 (Hervorhebungen durch die Verfasserin).

954 EuGH, Urt. v. 18.10.2016, C-135/15 – *Repulik Griechenland/Grigorios Nikiforidis*, Rn. 44.

Gleichwohl stellt die enge Auslegung von Ausnahmen keinen selbstständigen und allgemeingültigen Auslegungsgrundsatz dar. Zunächst wohnt bereits einer Einordnung einer Bestimmung als Regel und einer anderen als Ausnahme eine durch Auslegung gewonnene Wertung inne.[955] Eine enge Auslegung von Ausnahmen wird nur dann vorgenommen, wenn die gesamte Norminterpretation dies auch gebietet.[956] Dies ist jedoch bereits im Rahmen der systematischen bzw. teleologischen Auslegung zu ermitteln.[957] Dies findet sich auch in den betreffenden EuGH Urteilen. So wird in *De Zotti* darauf verwiesen, diese Auslegung werde „auch durch den Zweck und den Charakter des […] geschaffenen Systems bestätigt".[958] In *JP Morgan Chase/BVG* knüpft der EuGH das Gebot zur engen Auslegung von Ausnahmen noch expliziter an die Zielsetzung der Norm. Das Gericht führt aus, von der allgemeinen Zuständigkeit abweichende Regelungen dürften „als Ausnahme von den allgemeinen Zuständigkeitsregeln nicht weiter ausgelegt werden […], als es ihr Ziel erfordert".[959]

Eine allgemeingültige Regel zur engen Auslegung von Ausnahmen kann damit nicht angenommen werden, vielmehr ist gerade durch Auslegung zu ermitteln, ob die Zielsetzung einer Norm es fordert, eine Ausnahme als solche eng auszulegen.[960]

2. Enge Auslegung von Art 3 Abs. 3 Rom I-VO als Folge?

Für eine enge Auslegung von Art. 3 Abs. 3 Rom I-VO könnte zunächst ein Vergleich zu den Entscheidungen in den Rs. *Unamar* sowie *Nikiforidis* geltend gemacht werden.[961] Diese sind jedoch nicht auf Art. 3 Abs. 3 Rom I-VO übertragbar. In beiden Entscheidungen geht es um die Durchsetzung von Eingriffsnormen, also um einen von der Durchsetzung national zwingenden Rechts grundsätzlich unterschiedlichen Mechanismus.[962] Darüber hinaus indiziert für

955 *Nehne*, Methodik, 2012, S. 71 f.

956 *Ders.*, Methodik, 2012, S. 71 f.

957 *Riesenhuber*, in: ders. (Hrsg.), Europäische Methodenlehre, 2021, § 10 Rn. 63.

958 EuGH, Urt. v. 23.3.2006, C-465/04 – *Honyvem/De Zotti,* Rn. 26.

959 EuGH, Urt. v. 12.5.2011, C-144/10 – *BVG/JP Morgan Chase*, Rn. 30.

960 Vgl. *Riesenhuber*, in: ders. (Hrsg.), Europäische Methodenlehre, 2021, § 10 Rn. 62 ff.; *Nehne*, Methodik, 2012, S. 71 f.; *Buerstedde*, Methodik, 2006, S. 119 f.

961 Hierauf wurde in den Entscheidungen zu *Santander* Bezug genommen: *Banco Santander Totta S.A.* v *Transport Companies* [2016] EWHC 465 (Comm) [367]–[368]; *Banco Santander* v *Transport Companies* [2016] EWCA Civ 1267 [47]–[48].

962 Siehe zu Art. 9 Rom I-VO: Erster Teil, B., II., 2., a); hierauf wurde auch in Santander verwiesen: *Banco Santander Totta S.A.* v *Transport Companies* [2016] EWHC 465 (Comm) [368].

Eingriffsnormen schon die Verordnung selbst, dass die diesbezüglichen Regelungen eng auszulegen sind. So wird in *Nikiforidis* auch auf Erwägungsgrund 37 verwiesen, nach dem die Anwendung der Eingriffsnormen nur in „außergewöhnlichen Umständen" aus Gründen des öffentlichen Interesses gerechtfertigt werden kann.[963] Eine derart ausdrückliche Anweisung zur engen Auslegung findet sich in Art. 3 Abs. 3 Rom I-VO nicht.

Aus diesen Entscheidungen eine auf Art. 3 Abs. 3 Rom I-VO übertragbare Aussage zur engen Auslegung herzuleiten, wäre damit verfehlt. Vielmehr wäre dies auch für Art. 3 Abs. 3 Rom I-VO eigens herzuleiten. Zwar bleibt insofern als Ausgangspunkt bestehen, dass es sich bei der Parteiautonomie um ein tragendes Prinzip des Kollisionsrechts handelt, welches auch die Rechtssicherheit als gesetzgeberisches Ziel fördert. Gleichwohl sind auch die soeben dargestellten Ergebnisse der teleologischen Auslegung in den Blick zu nehmen, welche einer restriktiven Auslegung des Art. 3 Abs. 3 Rom I-VO allein vor dem Gesichtspunkt des Regel-Ausnahme Verhältnisses die Grundlage entziehen.

Vielmehr dient Art. 3 Abs. 3 Rom I-VO mit dem Erhalt des souveränen Rechtssetzungsanspruchs im Zivilrecht und der Verhinderung der Umgehung dieses Rechts einem gewichtigen Zweck.[964] Vor diesem teleologischen Hintergrund stellt sich Art. 3 Abs. 3 Rom I-VO als Ausgleich zwischen dieser Zielsetzung und der Gewährleistung der Parteiautonomie dar. Die Annahme eines einseitigen Vorrangs der Parteiautonomie würde den Blick für diese Zielsetzung versperren, so dass eine grundsätzlich enge Auslegung der Vorschrift als Ausnahme zur Rechtswahlfreiheit abzulehnen ist.[965]

3. *Ergebnis*

Ein allgemeines Gebot zur engen Auslegung des Art. 3 Abs. 3 Rom I-VO als Ausnahme vom Prinzip der Parteiautonomie besteht nicht.

VI. Ergebnis

Aus der Auslegung des Art. 3 Abs. 3 Rom I-VO lassen sich damit verschiedene Rückschlüsse für die Anforderungen an den Auslandsbezug ziehen.

963 EuGH, Urt. v. 18.10.2016, C-135/15 – *Repulik Griechenland/Grigorios Nikiforidis*, Rn. 43.

964 Siehe: Zweiter Teil, B., IV.

965 So auch: *Thorn/Thon*, FS Kronke, 2020, S. 569, 571.

Der Wortlaut des Art. 3 Abs. 3 Rom I-VO ist sehr weit gefasst. Fest steht, dass die Rechtswahl selbst ebenso wie Gerichtsstandsvereinbarungen zugunsten eines ausländischen Forums keinen Auslandsbezug darstellt. Ebensowenig kann es auf subjektive Merkmale ankommen. Abgesehen von diesen Erkenntnissen ist jedoch im Wesentlichen bemerkenswert, welche Eingrenzungen der Wortlaut nicht vermittelt. So ist keine Begrenzung des Auslandsbezugs auf kollisionsrechtlich relevante Umstände ersichtlich. Ebensowenig ergibt die grammatikalische Auslegung, dass der Umstand zwingend in einem Staat lokalisierbar sein muss. Auch können nicht nur solche Umstände des Vertrags Relevanz entfalten, vielmehr ist der Wortlaut aufgrund der weiter gefassten Formulierung des „Sachverhalts" auch offen für eine Berücksichtigung von Umständen jenseits des speziellen Vertrags, wie etwa der Verbindung zu anderen Vertragsverhältnissen.

In systematischer Hinsicht ergibt sich die Vermutung, dass die Anknüpfungsmomente der Rom I-VO einen hinreichenden Auslandsbezug vermitteln. Wertungsmäßig kann auch die Relevanz verschiedener Umstände für Art. 4 Abs. 3 und 4 Rom I-VO mit einbezogen werden. Zu beachten ist daneben das verwandte Problem des Auslandsbezugs bei Gerichtsstandsvereinbarungen in der Brüssel Ia-VO. Für familienrechtliche Verordnungen ist jeweils zu diskutieren, inwiefern aus diesen Wertungen herangezogen werden können.

Die teleologische Auslegung ergibt zwei Parameter der Auslegung: Erstens können solche Umstände keinen Auslandsbezug darstellen, die leicht manipulierbar sind, um die Funktion der Norm als typisierte Missbrauchskontrolle zu wahren. Zweitens ist jeweils zu untersuchen, ob ein Vertrag bei Vorliegen des jeweiligen Umstands Auswirkungen auf mehr als ein Wirtschaftssystem verursacht und wie deutlich diese jeweils ausgeprägt sind. Bestehen starke Auswirkungen auf ein anderes Wirtschaftssystem, spricht dies für eine Relevanz des jeweiligen Umstands, während allein schwache Auswirkungen keine Relevanz im Rahmen des Art. 3 Abs. 3 Rom I-VO begründen können.

Die historische Auslegung bleibt im Wesentlichen ohne Ergebnisse, eine Auslegungsregel zur engen Auslegung des Art. 3 Abs. 3 Rom I-VO als Ausnahme ist abzulehnen.

C. Art. 3 Abs. 3 Rom I-VO in der Dogmatik der Parteiautonomie

Die Grenze der Rechtswahlfreiheit für Inlandssachverhalte in Art. 3 Abs. 3 Rom I-VO wird teils schlicht darauf zurückgeführt, diese Grenze ergebe sich schon aus der Funktion des Kollisionsrechts selbst, da dessen Funktion die Abgrenzung verschiedener Rechtsordnungen sei.[966] Neben dieser Argumentation wird meist auf die Zielsetzung der Norm verwiesen: Art. 3 Abs. 3 Rom I-VO verhindere die Umgehung einfach zwingenden Rechts.[967] Eine Einordnung der Regelung in die Dogmatik der Rechtswahlfreiheit wird bisher jedoch vernachlässigt.[968]

Im Folgenden soll daher untersucht werden, wie sich Art. 3 Abs. 3 Rom I-VO in das Verständnis der dogmatischen Grundlage der Parteiautonomie einfügt. Hierzu soll zunächst auf die Herleitung aus den Grundfreiheiten und anschließend auf die materiellrechtliche Begründung eingegangen werden. Hierbei soll die in der teleologischen Auslegung präzisierte Zielsetzung der Regelung einbezogen werden. Im Anschluss wird darauf einzugehen sein, wie sich die inkongruenten räumlichen Anwendungsbereiche dieser dogmatischen Fundamente auf die Handhabung der Regelung auswirken.

I. Grundfreiheiten

Die Grundfreiheiten erfüllen eine „dienende" Funktion: Die Einräumung subjektiver Rechte für den Einzelnen dient der Verwirklichung des Binnenmarktes.[969] Ihre Zielsetzung ist damit eine „objektive und institutionelle".[970] Mit der Ausrichtung am Binnenmarktziel wohnt den Grundfreiheiten, wie dem Europarecht insgesamt, ein grenzüberschreitendes Element inne. Sie dienen dem in der Präambel des AEUV ausgedrückten Wunsch, „zur fortschreitenden Beseitigung der Beschränkungen im zwischenstaatlichen Wirtschaftsverkehr beizutragen".

In den Grundfreiheiten kommt dieser Bezug auf den zwischenstaatlichen Wirtschaftsverkehr im Binnenmarkt auf verschiedenen Ebenen zum Ausdruck. Zunächst ist schon die Anwendung der Grundfreiheiten nach der Rechtsprechung des EuGH auf grenzüberschreitende Sachverhalte begrenzt. Darüber hinaus definiert die *Dassonville*-Formel, wie bereits dargestellt, die Beschränkung der Grundfreiheiten mit Blick auf die Auswirkungen auf den

966 Siehe etwa: *Schmitz*, Rechtswahlfreiheit, 2017, S. 258.

967 Siehe etwa: Rauscher/*von Hein*, Art. 3 Rom I-VO Rn. 100.

968 So beschäftigt sich etwa Kroll-Ludwigs ausführlich mit der dogmatischen Legitimation der Parteiautonomie, ordnet Art. 3 Abs. 3 Rom I-VO jedoch nicht in diese ein: *Kroll-Ludwigs*, Parteiautonomie, 2013, S. 63 f.

969 *Bachmann*, AcP 210 (2010), 424, 430; *Kroll-Ludwigs*, Parteiautonomie, 2013, S. 258.

970 Mit diesem Begriffspaar schon: *Kluth*, AöR 122 (1997), 557, 574; diese Beschreibung greift ebenfalls auf: *Kroll-Ludwigs*, Parteiautonomie, 2013, S. 258.

innergemeinschaftlichen Wirtschaftsverkehr. Speziell für die Rechtswahlfreiheit wurde ihre dogmatische Grundlage mit Blick auf diesen Maßstab hergeleitet.[971]

Vor diesem Hintergrund lässt sich eine Verwandtschaft dieser grenzüberschreitenden bzw. binnenmarktbezogenenen Elemente in der Prüfung der Grundfreiheiten mit Art. 3 Abs. 3 Rom I-VO vermuten. Schließlich greift die Norm, wenn alle Elemente in einem Staat belegen sind, was zunächst als Gegenteil eines grenzüberschreitenden Bezugs bzw. einer Relevanz für den Binnenmarkt erscheint.

Im Folgenden soll, um Art. 3 Abs. 3 Rom I-VO in diese Struktur der Grundfreiheiten einzuordnen, zunächst die allgemeine Bedeutung des grenzüberschreitenden Bezugs im Unionsrecht dargelegt werden (1.), um anschließend auf den grenzüberschreitenden Bezug als Anwendungsvoraussetzung der Grundfreiheiten einzugehen (2.). Darauf aufbauend sollen wesentliche Elemente der Prüfung der Beschränkungsebene in Bezug genommen werden (3.) und die Bedeutung der Rechtfertigungsebene für die Einordnung des Art. 3 Abs. 3 Rom I-VO behandelt werden (4.). Abschließend soll dann zusammengefasst werden, wie Art. 3 Abs. 3 Rom I-VO sich in die dogmatische Grundlage der Rechtswahlfreiheit im Bereich der Grundfreiheiten einfügt (5.).

1. Bedeutung des grenzüberschreitenden Sachverhalts im Unionsrecht

Der sog. „grenzüberschreitende Sachverhalt" wird nicht nur bei den Grundfreiheiten, sondern in verschiedenen Erscheinungsformen an unterschiedlichen Stellen im Unionsrecht gefordert.[972] So wurde bereits im Rahmen der Kompetenz gem. Art. 81 AEUV auf die Erforderlichkeit eines grenzüberschreitenden Elements verwiesen.[973] Sämtliche Verordnungen im Verfahrens- und Kollisionsrecht wurden auf diesen Kompetenztitel bzw. die Vorgängerregelung gestützt. Der Anwendungsbereich diverser Verordnungen setzt daher ausdrücklich einen grenzüberschreitenden Bezug voraus. So fordern etwa die Rom I und II-VO, dass die betreffende Zivilsache (Rom I-VO) bzw. das außervertragliche Schuldverhältnis (Rom II-VO) eine „Verbindung zum Recht verschiedener Staaten" aufweisen muss.[974] Auch in solchen Verordnungen, die dies nicht explizit

---

971 Siehe: Zweiter Teil, A., III., 4., a), aa).

972 Siehe zum grenzüberschreitenden Sachverhalt im europäischen Zuständigkeits- und Kollisionsrecht: *Magnus*, ZEuP 2018, 507, 507 ff.; zum Primärrecht: *Lippert*, Grenzüberschreitender Sachverhalt, 2013, S. 12 ff.

973 Siehe: Erster Teil, A.

974 Art. 1 Abs. 1 S. 1 Rom I-VO, Art. 1 Abs. 1 S. 1 Rom II-VO. Zum Verhältnis von Art. 3 Abs. 3 Rom I-VO und dem Anwendungsbereich der Rom I-VO siehe: Erster Teil, B., I.

voraussetzen, wird ein grenzüberschreitender Bezug mit Blick auf Art. 81 AEUV für deren Anwendung gefordert,[975] was exemplarisch bereits mit Blick auf die Brüssel Ia-VO erläutert wurde.[976]

Der grenzüberschreitende Sachverhalt definiert damit grundlegend das Verhältnis von Union und Mitgliedsstaaten. Der EuGH stellte schon in seinem Grundsatzurteil *van Gend & Loos* fest, dass es sich bei dem Unionsrecht um eine Rechtsordnung handele „zu deren Gunsten die Staaten, wenn auch in begrenztem Rahmen, ihre Souveränitätsrechte eingeschränkt haben".[977] Diese Eingrenzung der Kompetenz der Union sichert der Grundsatz der beschränkten Einzelermächtigung.[978] „Kristallpunkt" der Unterscheidung zwischen mitgliedsstaatlichem und Unionsrecht ist insofern der grenzüberschreitende Bezug.[979]

2. *Grenzüberschreitender Sachverhalt als Anwendungsvoraussetzung der Grundfreiheiten*

Für den Warenverkehr ist in Art. 34 AEUV ein Verbot von mengenmäßigen Einfuhrbeschränkungen sowie aller Maßnahmen gleicher Wirkung „zwischen den Mitgliedsstaaten" festgeschrieben. Damit ist der Anwendungsbereich der Warenverkehrsfreiheit nur bei einem „grenzüberschreitenden Bezug" eröffnet.[980] Für die anderen Grundfreiheiten kommt diese Voraussetzung nicht in ähnlicher Deutlichkeit zum Ausdruck, wird jedoch zumindest angedeutet:[981] So garantiert Art. 45 Abs. 1 AEUV die Freizügigkeit der Arbeitnehmer „innerhalb der Union" und Art. 56 Abs. 1 AEUV verbietet „Beschränkungen des freien Dienstleistungsverkehrs innerhalb der Union für Angehörige der Mitgliedstaaten, die in einem anderen Mitgliedstaat als demjenigen des Leistungsempfängers ansässig sind". Der grenzüberschreitende Bezug ist damit Voraussetzung für die Anwendbarkeit der Grundfreiheiten insgesamt.[982]

---

975 So auch: *Magnus*, ZEuP 2018, 507, 512.

976 Siehe: Zweiter Teil, B., III., 4., b), aa).

977 EuGH, Urt. v. 5.2.1983, Rs. 26/62, *van Gend & Loos*, S. 25; auf diesen Passus bezugnehmend auch: *Lippert*, Grenzüberschreitender Sachverhalt, 2013, S. 198 f.

978 Vgl. hierzu: Grabitz/Hilf/Nettesheim/*Nettesheim*, Art. 1 AEUV Rn. 9 ff.; *Lippert*, Grenzüberschreitender Sachverhalt, 2013, S. 198 f.

979 *Lippert*, Grenzüberschreitender Sachverhalt, 2013, S. 199.

980 So ausdrücklich Art. 34 AEUV; vgl. *Ehlers*, in: Ehlers/Becker (Hrsg.), Europäische Grundrechte und Grundfreiheiten, 2014, § 7 Rn. 25.

981 Vgl. für Wortlautauswertung: *Papadileris*, Jus 2011, 123, 126.

982 *Ehlers*, in: Ehlers/Becker (Hrsg.), Europäische Grundrechte und Grundfreiheiten, 2014, § 7 Rn. 25.

Bei der Kapital- und Zahlungsverkehrsfreiheit ist zu beachten, dass diese zwar auch einen grenzüberschreitenden Bezug („Beschränkungen des Kapitalverkehrs zwischen den Mitgliedsstaaten") voraussetzen, dieser aber auch zwischen einem Mitgliedsstaat und einem Drittstaat bestehen kann („sowie zwischen Mitgliedsstaaten und dritten Ländern").[983]

In der Literatur gibt es vereinzelt Stimmen, die das Merkmal des grenzüberschreitenden Bezugs für verzichtbar halten.[984] Auf diese ist hier jedoch nicht weiter einzugehen, da die ständige Rechtsprechung des EuGHs insofern eindeutig ist.[985] So wendet der EuGH die Grundfreiheiten nicht auf Sachverhalte an, „die einen Mitgliedsstaat rein intern betreffen, d.h. denen jeglicher Bezug zu irgendeinem der Tatbestände fehlt, die das Gemeinschaftsrecht regelt".[986] Sie seien demnach „nicht auf Betätigungen anwendbar, deren Elemente sämtlich nicht über die Grenzen eines Mitgliedsstaats hinausweisen".[987] Diese Rechtsprechungslinie wird auch vom weit überwiegenden Teil der Literatur gestützt.[988]

Diese Begrenzung des Anwendungsbereichs der Grundfreiheiten fügt sich in die soeben dargelegte allgemeine Bedeutung grenzüberschreitender Elemente für die Anwendung des Unionsrechts ein. Schon Generalanwalt *Maduro* stellte in der Rs. *Carbonati* fest:

> „Immer öfter wird der Gerichtshof angerufen, um über die Anwendung der Vorschriften zum freien Warenverkehr auf rein inländische Sachverhalte der Mitgliedsstaaten zu entscheiden. Eine der Fragen, mit denen sich der Gerichtshof in diesem Zusammenhang befasst, ist sicherlich die Frage, wie weit der Anwendungsbereich des Gemeinschaftsrechts ist […]."[989]

---

983 Vgl. *Valta*, Kompetenzkonflikt, 2013, S. 92.

984 Vgl. etwa Kingreen, der im grenzüberschreitenden Bezug keine selbstständige Anwendungsvoraussetzung sieht: Calliess/Ruffert/*Kingreen*, Art. 36 AEUV Rn. 16.

985 Siehe etwa jüngst für die Dienstleistungsfreiheit mit Verweis auf die „ständige Rechtsprechung": EuGH, Urt. v. 13.6.2017, C-591/15 – *Gibraltar Betting and Gaming*, Rn. 33.

986 EuGH, Urt. v. 28.3.1979, Rs. 175/78, *Saunders* – Rn. 11; hierauf bezugnehmend: *Papadileris*, Jus 2011, 123, 124.

987 EuGH, Urt. v. 30.11.1995, C-134/94, *Esso* – Rn. 13; vgl. *Lippert*, Grenzüberschreitender Sachverhalt, 2013, S. 235 m.w.N.; *Valta*, Kompetenzkonflikt, 2013, S. 92 ff.

988 Vgl. *Lippert*, Grenzüberschreitender Sachverhalt, 2013, S. 35 f. m.w.N.; *Ehlers*, in: Ehlers/Becker (Hrsg.), Europäische Grundrechte und Grundfreiheiten, 2014, § 7 Rn. 25.

989 Schlüssanträge des Generalanwalt Maduro, C-72/03 – *Carbonati*, Rn. 1; vgl. hierzu auch: *Lippert*, Grenzüberschreitender Sachverhalt, 2013, S. 17.

Eine zu weite Auslegung des Kriteriums birgt die Gefahr, dass das Verhältnis zwischen Unions- und mitgliedsstaatlichem Recht verwässert und mitgliedsstaatliche Maßnahmen in zu großzügigem Umfang am Maßstab der Grundfreiheiten geprüft werden.[990] Der grenzüberschreitende Bezug als Merkmal der Grundfreiheiten sichert dementsprechend das föderale Prinzip in der Union ab und verhindert eine Souveränitätsverschiebung.[991] Die Auslegung dieses Kriteriums hat damit direkte Konsequenzen für das Verhältnis zwischen Mitgliedsstaaten und Union.[992]

Im Folgenden soll die Rechtsprechung des EuGH zum grenzüberschreitenden Sachverhalt bei den Grundfreiheiten zunächst dargelegt werden (a)). Hierbei soll die umfangreiche Rechtsprechung des EuGHs zu den Grundfreiheiten nicht im Detail nachvollzogen werden.[993] Vielmehr sollen Tendenzen in der Rechtsprechung des EuGH genannt werden und es soll diskutiert werden, inwiefern die Rechtsprechung des EuGH auf die Auslegung des Art. 3 Abs. 3 Rom I-VO übertragen werden kann (b)).

a) Rechtsprechung des EuGH

Trotz der – in Literatur und Rechtsprechung betonten – Wichtigkeit des grenzüberschreitenden Bezugs als Voraussetzung der Anwendbarkeit der Grundfreiheiten ist eine allgemeine Linie zur Auslegung dieses Merkmals nur schwer erkennbar. *Lippert* spricht daher treffend vom „Yeti des Unionsrechts: Jeder kennt ihn, aber keiner hat ihn bislang wirklich gesehen."[994]

Während der EuGH teils darauf abgestellt hatte, dass allein die hypothetische Möglichkeit eines Grenzübertritts nicht ausreiche,[995] hat er die Anforderungen für die Annahme einer Grenzüberschreitung in der jüngeren Rechtsprechung kontinuierlich gesenkt.[996] Dies schürt die Befürchtung, der grenzüberschreitende Bezug würde immer weiter ausgehöhlt, bis das Merkmal nur als „funktionslose Hülle" verbleibt.[997]

---

990 Papadileris betont die Gefahr für die Kompetenzen der Mitgliedsstaaten: *Papadileris*, Jus 2011, 123, 125.

991 Vgl. *Holderbaum*, Niederlassungsfreiheit, 2013, S. 73.

992 Vgl. *Bachmann*, AcP 210 (2010), 424, 432.

993 Für eine ausführliche Auswertung dieser Rspr. siehe: *Lippert*, Grenzüberschreitender Sachverhalt, 2013, S. 44 f.

994 *Ders.*, Grenzüberschreitender Sachverhalt, 2013, S. 274.

995 EuGH, Urt. v. 28.6.1984, Rs. 180/83, *Moser* – Rn. 18, vgl. *Cremer*, JURA 2015, 39, 43.

996 *Ehlers*, in: Ehlers/Becker (Hrsg.), Europäische Grundrechte und Grundfreiheiten, 2014, § 7 Rn. 25.

997 So: *Papadileris*, Jus 2011, 123, 125.

Im Allgemeinen legt der EuGH das Erfordernis des grenzüberschreitenden Sachverhalts sehr großzügig aus.[998] *Lippert*, der sich ausführlich mit der Rechtsprechung des EuGH zum grenzüberschreitenden Bezug auseinandersetzt, bringt diese Rechtsprechung in Zusammenhang mit der *Dassonville*-Formel.[999] Als Folge der *Dassonville*-Formel habe sich auch das Verständnis des grenzüberschreitenden Sachverhalts verändert. Mit dem Verweis auf den innergemeinschaftlichen Handel habe die Formel schließlich auch eine grenzüberschreitende Komponente:

> „Entscheidend ist, welche Auswirkungen eine Maßnahme auf den innergemeinschaftlichen Handel hat. Allerdings verändert sich dadurch bei genauerem Hinsehen auch der Blickwinkel: Referenzpunkt ist nicht mehr ein irgendwie gearteter Grenzübertritt, sondern der innergemeinschaftliche Handel. Die Beeinträchtigung oder der zugrundeliegende Sachverhalt selbst muss nicht grenzüberschreitenden Charakter haben, es kommt nur darauf an, dass sich die Maßnahme oder die Handlung irgendwie auf den innergemeinschaftlichen Handel auswirken."[1000]

Dieser „wirkungsorientierte Ansatz" weitet den Anwendungsbereich der Grundfreiheiten und damit auch die Kontrollkompetenz des EuGH enorm aus. Schließlich können auch rein innerstaatliche Maßnahmen, die nur einen nationalen Markt tangieren, gleichwohl Auswirkungen auf den innergemeinschaftlichen Handel haben.[1001] Dies gilt umso mehr, als in Folge der *Dassonville*-Formel hier bereits potentielle oder mittelbare Auswirkungen mit einzubeziehen sind. Für *Lippert* tritt daher anstelle eines tatsächlich grenzüberschreitenden Sachverhalts ein ökonomisch relevanter Sachverhalt, der die Auswirkungen auf den innergemeinschaftlichen Handel in den Mittelpunkt stellt.[1002] Dieser Auslegung läge das grundsätzliche Ziel der Herstellung unionsweiter Mobilität auf dem Binnenmarkt zugrunde.[1003]

Dieser Analyse ist zuzustimmen, da nur eine Anerkennung des Einflusses der *Dassonville*-Entscheidung auf die gesamte Grundfreiheitendogmatik die Entscheidungen des EuGHs sinnvoll einordnen kann.[1004] Diese Orientierung an der

---

998 Dazu kritisch: *dies.*, Jus 2011, 123, 125.
999 *Lippert*, Grenzüberschreitender Sachverhalt, 2013, S. 78 f.
1000 *Ders.*, ZEuS 2014, 273, 277.
1001 *Ders.*, ZEuS 2014, 273, 277.
1002 *Ders.*, Grenzüberschreitender Sachverhalt, 2013, S. 83; *ders.*, ZEuS 2014, 273, 282 ff.
1003 *Ders.*, Grenzüberschreitender Sachverhalt, 2013, S. 83.
1004 Auch Leible/Streinz definieren den grenzüberschreitenden Sachverhalt mit Blick auf die Dassonville Formel: Grabitz/Hilf/Nettesheim/*Leible/Streinz*, Art. 34 AEUV Rn. 33; ähnlich auch Wollenschläger, der auf Basis der Rechtsprechung annimmt, bei einer „Binnenmarktrelevanz" seien die Grundfreiheiten einschlägig: *Wollenschläger*,

Wirkung einer Maßnahme lässt sich auch bei der Rechtsprechung zur Drittwirkung der Grundfreiheiten beobachten: Auch hier stellt der EuGH maßgeblich auf die Wirkung der jeweiligen Maßnahme und nicht auf deren Urheberschaft ab.[1005]

Letztlich kann daher auch eine Vermutungsregel zugunsten des grenzüberschreitenden Sachverhalts formuliert werden. In der Rechtsprechung des EuGH wird das Vorliegen des grenzüberschreitenden Sachverhalts zur Regel, die Ablehnung hingegen zur begründungsbedürftigen Ausnahme.[1006] Zwar gibt es durchaus Entscheidungen des EuGH, in denen dieser den grenzüberschreitenden Sachverhalt verneinte, diese legen jedoch eine sehr restriktive Handhabung durch den EuGH nahe.[1007] So verneinte dieser die Anwendung der Grundfreiheiten etwa in Fällen, in denen es um eine strafrechtliche Verurteilung eines Bürgers durch den Mitgliedsstaat, dessen Staatsbürgerschaft dieser innehatte, ging.[1008]

b) Übertragung auf Art. 3 Abs. 3 Rom I-VO

Aufbauend auf der überblicksartigen Darstellung der Rechtsprechung des EuGH ist zu diskutieren, inwiefern sich hieraus relevante Erkenntnisse für Art. 3 Abs. 3 Rom I-VO ableiten lassen.

aa) Fehlender grenzüberschreitender Sachverhalt

Besteht die dogmatische Grundlage der Rechtswahlfreiheit in den Grundfreiheiten, so liegt auf der Hand, dass bei deren Unanwendbarkeit aufgrund eines fehlenden grenzüberschreitenden Bezugs auch keine Rechtswahlfreiheit bestehen

---

in: Stumpf/Baldus/Kainer (Hrsg.), Privatrecht, Wirtschaftsrecht, Verfassungsrecht, 2015, S. 443, 444 f.; ähnlich auch: *Frenz*, Europäische Grundfreiheiten, 2012, S. 281; a.A. Kutzscher, der die Rechtsprechung ebenfalls analysiert, jedoch anders einordnet: *Kutzscher*, Freizügigkeit, 2011, S. 133 f.

1005 *Müller-Graff*, EuR 2014, 3, 11; siehe auch: *Reyes y Ráfales*, Warenausfuhrfreiheit, 2017, S. 677.

1006 *Lippert*, ZEuS 2014, 273, 283.

1007 Siehe zu Fällen, in denen der EuGH den grenzüberschreitenden Sachverhalt verneinte ausführlich: *ders.*, Grenzüberschreitender Sachverhalt, 2013, S. 63 ff.

1008 EuGH, Urt. v. 8.12.1987, Rs. 20/87, *Gauchard* – Rn. 12 f.; EuGH, Urt. v. 20.4.1988, Rs. 204/87, *Bekaert* – Rn. 12 f.; vgl. hierzu auch: *ders.*, Grenzüberschreitender Sachverhalt, 2013, S. 63 f.

kann. Freilich ist mit dieser Eingrenzung angesichts der extensiven Handhabung des Kriteriums durch den EuGH wohl noch keine relevante Erkenntnis verbunden.

bb) Wirkungsorientierter Ansatz

Allgemein könnte man den wirkungsorientierten Ansatz des EuGH auf die Auslegung des Art. 3 Abs. 3 Rom I-VO übertragen. Da dieser, wie bereits dargelegt, jedoch letztlich die *Dassonville*-Formel aus dem Beschränkungsverbot auf den Anwendungsbereich ausdehnt, ist hiermit keine gegenüber dem aus der *Dassonville*-Formel hergeleiteten Maßstab neue Erkenntnis verbunden. Vielmehr verschleifen sich beide Kriterien, so dass der Anwendungsbereich keine relevante Bedeutung entfaltet. Es bleibt damit bei der maßgeblichen Frage, ob die Versagung der Parteiautonomie respektive eine rein objektive Anknüpfung im jeweiligen Fall in der Lage wäre, den innergemeinschaftlichen Wirtschaftsverkehr unmittelbar oder mittelbar, tatsächlich oder potentiell zu behindern.

cc) Übertragung einzelner Urteile

Lassen sich also aus der allgemeinen Leitlinie des EuGH zum grenzüberschreitenden Sachverhalt einerseits wegen der extensiven Handhabung des Kriteriums und andererseits wegen der Anlehnung an die *Dassonville*-Formel wenig eigenständige Erkenntnisse zur Auslegung des Art. 3 Abs. 3 Rom I-VO ableiten, so bleibt doch auf die Bedeutung einzelner Entscheidungen zu dieser Frage zu verweisen.

In den Entscheidungen *Bosman,*[1009] *Graf*[1010] und *Moser*[1011] hatte der EuGH über Fälle zu entscheiden, in denen zu diesem Zeitpunkt noch kein Grenzübertritt bestand.[1012] In *Bosman* stand bereits die konkrete Möglichkeit im Raum, dass der Fußballspieler Jean-Marc Bosman von einem belgischen in einen französischen Verein wechseln würde, woran ihn die Transferregelungen hindern würden. In *Graf* hingegen kündigte ein österreichischer Arbeitnehmer in Österreich seine Beschäftigung, um in Zukunft in Deutschland arbeiten zu können. Das österreichische Arbeitsrecht sieht für solche Fälle jedoch keine Abfindung vor. Der EuGH sah hierin keine Beschränkung, da diese Regelung nicht geeignet sei, Arbeitnehmer an dem Wegzug zu hindern. Damit wendete der EuGH jedoch

---

1009 EuGH, Urt. v. 15.12.1995, C-415/93 – *Bosman.*

1010 EuGH, Urt. v. 27.1.2000, C-190/98 – *Graf.*

1011 EuGH, Urt. v. 28.6.1984, Rs. 180/83 – *Moser.*

1012 Siehe hierzu auch: *Lippert*, Grenzüberschreitender Sachverhalt, 2013, S. 53 ff.

die Grundfreiheiten durchaus auch auf diesen Fall an, in dem nur die Möglichkeit eines zukünftigen Grenzübertritts bestand. In *Moser* hingegen reichten für den EuGH die rein hypothetischen zukünftigen Berufschancen eines angehenden Referendars im Ausland nicht, um einen hinreichenden grenzüberschreitenden Bezug anzunehmen.[1013]

Diese Rechtsprechung des EuGH zur Anwendbarkeit der Grundfreiheiten könnte für die Frage herangezogen werden, inwiefern schon die Vereinbarung einer späteren Vertragsübernahme durch oder Abtretung an eine ausländische Gesellschaft für die Annahme eines Auslandsbezugs im Rahmen des Art. 3 Abs. 3 Rom I-VO genügt. Ob diese Entscheidungen eine solche Darstellung nahelegen, soll, um diese in die Behandlung dieser Fallgruppen einzubinden, an späterer Stelle diskutiert werden.

c) Fazit

Bei dem grenzüberschreitenden Sachverhalt als Anwendungsvoraussetzung der Grundfreiheiten kann es sich allenfalls um einen groben Filter für die Ermittlung des Auslandsbezugs für die Zwecke des Art. 3 Abs. 3 Rom I-VO handeln. In Fällen, in denen nach der Rechtsprechung des EuGH schon der Anwendungsbereich der Grundfreiheiten nicht eröffnet ist, kann auch die Rechtswahlfreiheit nicht eröffnet sein. Freilich ist hiermit wegen der Bezugnahme der *Dassonville*-Formel ein gegenüber der sogleich zu beschreibenden Beschränkungsebene geringer eigenständiger Erkenntnisgewinn verbunden, der durch die extensive Handhabung des Kriteriums durch den EuGH weiter geschmälert wird. Im weiteren Verlauf der Arbeit sollen einzelne Entscheidungen mit Blick auf ihren Erkenntnisgewinn untersucht werden.

3. Beschränkungsverbot: Bezugnahme auf Gemeinschaft

Ist der Anwendungsbereich eröffnet, greifen die Beschränkungsverbote der Grundfreiheiten. Zwischen beiden Ebenen besteht eine deutliche Verwandtschaft, schließlich kann ein Sachverhalt trotz eines starken Inlandsbezugs einen grenzüberschreitenden Bezug aufweisen, der deutliche Inlandsbezug kann dann jedoch auf das Fehlen einer Beschränkung hindeuten.[1014] Auch hat die für die Beschränkungsprüfung entwickelte *Dassonville*-Formel, wie dargelegt, auch den Maßstab des Anwendungsbereichs beeinflusst.

1013 EuGH, Urt. v. 28.6.1984, Rs. 180/83 – *Moser*, Rn. 16.

1014 Schwarze/*Becker*, Art. 34 AEUV Rn. 20.

Da der Maßstab des Beschränkungsverbots und die darauf basierende Herleitung der Rechtswahlfreiheit aus den Grundfreiheiten bereits ausführlich dargestellt wurde, soll hier lediglich auf die bereits getätigten Ausführungen verwiesen werden. Im Kern ist hierbei auf die herausgebildete Fragestellung zu verweisen: Würde, bei Vorliegen des jeweiligen Umstandes, die Versagung der Rechtswahlfreiheit eine Beschränkung der Grundfreiheiten bedeuten? Dies ist dann der Fall, wenn eine Behinderung des grenzüberschreitenden Wirtschaftsverkehrs zu befürchten ist, wobei insbesondere Auswirkungen auf die Transaktionskosten zu untersuchen sind. Diese können insbesondere bei einer rechtunsicheren objektiven Anknüpfung steigen.

4. *Rechtfertigungsebene*

In der Abgrenzung relevanter von irrelevanten Auslandsbezügen bei der Auslegung des Art. 3 Abs. 3 Rom I-VO kommt der Rechtfertigungsprüfung entscheidende Bedeutung zu. Denn nicht in jedem Fall, in dem eine Versagung der Rechtswahlfreiheit eine für die Marktfreiheiten beschränkende Wirkung entfalten würde, ist auch die Parteiautonomie einzuräumen.

Mit Art. 3 Abs. 3 Rom I-VO findet der Eingriff in die Grundfreiheiten eine gesetzliche Grundlage.[1015] Darüber hinaus müsste die Auslegung am Maßstab der Verhältnismäßigkeit gemessen werden. Schließlich können Regelungen, die die Grundfreiheiten beschränken, „zugelassen werden, wenn mit ihnen ein im Allgemeininteresse liegendes Ziel verfolgt wird, wenn sie geeignet sind, dessen Erreichung zu gewährleisten, und wenn sie nicht über das hinausgehen, was zur Erreichung des verfolgten Ziels erforderlich ist“.[1016] Während der EuGH im Aufbau der Verhältnismäßigkeitsprüfung meist eine zweistufige Prüfung bevorzugt,[1017] wird in der Literatur in der Regel eine vierstufige Prüfung vorgenommen.[1018] Letzterer Aufbau soll auch im Folgenden verwendet werden, um die

---

1015 Zur Erforderlichkeit einer (gesetzlichen) Grundlage: *Ehlers*, in: Ehlers/Becker (Hrsg.), Europäische Grundrechte und Grundfreiheiten, 2014, § 7 Rn. 107 ff.

1016 So unter Verweis auf die gefestigte Rechtsprechung: EuGH, Urt. v. 8.5.2013, C-197/11 – *Libert*, Rn. 49.

1017 Dies stellt unter Auswertung der Rechtsprechung des EuGH fest: *Oreschnik*, Verhältnismäßigkeit, 2019, S. 217 f.

1018 Calliess/Ruffert/*Kingreen*, Art. 36 AEUV Rn. 89 m.w.N.; einen vierstufigen Aufbau nehmen etwa vor: *Ehlers*, in: Ehlers/Becker (Hrsg.), Europäische Grundrechte und Grundfreiheiten, 2014, § 7 Rn. 130; *Frenz*, Europäische Grundfreiheiten, 2012, S. 210 ff.; einen dreistufigen Aufbau, bei dem das legitime Ziel in der Geeignetheit

Prüfung übersichtlich zu gestalten. Hierbei soll auch zwischen Erforderlichkeit und Angemessenheit getrennt werden, wenngleich diese Ebenen in der Prüfung des EuGH oftmals zusammengezogen werden.[1019]

a) Legitimes Gemeinwohlziel

Art. 3 Abs. 3 Rom I-VO müsste zunächst einem legitimen Allgemeinwohlziel dienen.[1020] Wie in der teleologischen Auslegung herausgearbeitet wurde, liegt der Zweck der Regelung im Schutz des staatlichen Rechtssetzungsanspruchs im Privatrecht. Die zwingenden Regelungen der verschiedenen Mitgliedsstaaten in diesem Bereich sollen vor einer Umgehung durch die Parteien und damit der faktischen Aushebelung bewahrt werden.

Das einfach zwingende Recht stellt, wie dargestellt, einen Teil der Wirtschaftsverfassung dar.[1021] In einigen europäischen Verfassungen findet sich die Aufgabe zur Schaffung eines Zivilgesetzbuches sogar in der Verfassung,[1022] der Rechtssetzung und -durchsetzung kommt also in diesem Bereich erhebliche Bedeutung zu. Wenngleich sich für den Schutz des staatlichen Rechtssetzungsanspruchs keine ausdrückliche Regelung im Unionsrecht findet, wird dessen Anerkennung im Primärrecht angedeutet. So dient das Subsidiaritätsprinzip des Primärrechts dem umfangreichen Erhalt mitgliedsstaatlicher Rechtssetzungsansprüche.[1023]

b) Geeignetheit

Der Eingriff müsste „geeignet sein, die Verwirklichung" des mit ihm „verfolgten Zieles zu gewährleisten."[1024] Hierbei genügt es, wenn die Regelung das Ziel

---

geprüft wird nehmen hingegen vor: Schwarze/*Becker*, Art. 36 AEUV Rn. 64 ff.; *Oreschnik*, Verhältnismäßigkeit, 2019, S. 201 ff.

1019 Vgl. *Oreschnik*, Verhältnismäßigkeit, 2019, S. 217 f.; *Frenz*, Europäische Grundfreiheiten, 2012, S. 214.

1020 Vgl. allgemein zu den Anforderungen an den legitimen Zweck: *Frenz*, Europäische Grundfreiheiten, 2012, S. 214 ff.

1021 Vgl. hierzu: Zweiter Teil, B., IV., 2., b).

1022 *Remien*, Zwingendes Vertragsrecht, 2003, S. 25 f.

1023 Lippert arbeitet im Kontext des grenzüberschreitenden Bezugs bei den Grundfreiheiten heraus, dass auch dem Subsidiaritätsprinzip ein „transnationaler Bezug" innewohnt: *Lippert*, Grenzüberschreitender Sachverhalt, 2013, S. 345 ff.

1024 EuGH, Urt. v. 26.11.2002, C-100/01 – *Olazabal*, Rn. 43; vgl. auch: *Oreschnik*, Verhältnismäßigkeit, 2019, S. 201 m.w.N.

fördert.[1025] Den Mitgliedsstaaten kommt hierbei ein erheblicher Einschätzungsspielraum zu.[1026]

Indem Art. 3 Abs. 3 Rom I-VO der Rechtswahl der Parteien statt kollisionsrechtlicher nur materiellrechtliche Wirkung zumisst und innerstaatlich zwingendes Recht so gegen diese durchsetzt, ist die Regelung wenigstens geeignet, das definierte Ziel zu fördern.

c) *Erforderlichkeit*

Der Eingriff muss darüber hinaus auch erforderlich sein, darf also nicht über das hinausgehen, „was erforderlich ist, um die verfolgten Ziele zu erreichen".[1027]

Zunächst ist festzustellen, dass sich Art. 3 Abs. 3 Rom I-VO gegenüber einer pauschalen Versagung der Rechtswahlfreiheit, welche eine noch umfassendere Sicherung des Anwendungsanspruchs nationalen Rechts darstellen würde, bereits als milderes Mittel darstellt. Ein gegenüber Art. 3 Abs. 3 Rom I-VO im allgemeinen milderes Mittel ist nicht ersichtlich. Dass Art. 3 Abs. 3 Rom I-VO damit bereits nicht erforderlich ist, lässt sich nicht feststellen.

d) *Angemessenheit*

Darüber hinaus muss die Beeinträchtigung der Grundfreiheiten auch „in einem angemessenen Verhältnis zum verfolgten Zweck" stehen.[1028] Es ist eine Güterabwägung zwischen der Betroffenheit der Grundfreiheiten auf der einen und dem Schutzgut auf der anderen Seite vorzunehmen.[1029]

An dieser Güterabwägung ist die Auslegung des Art. 3 Abs. 3 Rom I-VO zu messen. Es ist daher zu erörtern, welche Intensität der Beschränkung der

---

1025 *Ders.*, Verhältnismäßigkeit, 2019, S. 201.

1026 *Frenz*, Europäische Grundfreiheiten, 2012, S. 212.

1027 EuGH, Urt. v. 13.12.2005, C-446/03 – *Marks & Spencer/Halsey*, Rn. 53; vgl. auch: *Oreschnik*, Verhältnismäßigkeit, 2019, S. 209.

1028 EuGH, Urt. v. 12.3.1987, Rs. 178/84 – *Kommission/Deutschland*, Rn. 28; vgl. auch: Streinz/*Schroeder*, Art. 36 AEUV Rn. 56; Calliess/Ruffert/*Kingreen*, Art. 36 AEUV Rn. 98 m.w.N.

1029 Calliess/Ruffert/*Kingreen*, Art. 36 AEUV Rn. 98; teilweise heißt es in der Literatur, diese Prüfung gehe voll in der Erforderlichkeitsprüfung auf: Streinz/*Schroeder*, Art. 36 AEUV Rn. 56; Oreschnik stellt fest, dass die Erwägungen des EuGH zur Angemessenheit regelmäßig in die Erforderlichkeit einfließen: *Oreschnik*, Verhältnismäßigkeit, 2019, S. 217 f.; auch Frenz verweist darauf, dass Erforderlichkeit und Angemessenheit regelmäßig ineinander übergehen: *Frenz*, Europäische Grundfreiheiten, 2012, S. 214.

Grundfreiheiten sowie der Gefährdung des staatlichen Rechtssetzungsanspruchs jeweils zukommt.

aa) Intensität der Beschränkungswirkung

In der Beschränkungswirkung wurde allgemein auf die Wirkung der objektiven Anknüpfung auf den Wirtschaftsverkehr eingegangen.[1030] Diese wurde auch mit Blick auf Transaktionskosten und spezifisch Rechtsunsicherheitskosten begründet. Für die Bewertung einzelner Umstände ist daher, in einer Weiterentwicklung der auf Beschränkungsebene gebildeten Frage, zu untersuchen, mit welcher Intensität sich die rein objektive Anknüpfung auswirken würde. Würde diese etwa nur minimale Rechtsunsicherheit verursachen oder eine nur marginale Erhöhung von Transaktionskosten bewirken? Oder würde diese den grenzüberschreitenden Wirtschaftsverkehr tatsächlich erheblich und qualifiziert belasten? Diese Faktoren zeigen, ob eine Versagung der Rechtswahlfreiheit für den Binnenmarkt lediglich geringfügige oder qualifizierte Auswirkungen hätte.

bb) Betroffenheit des souveränen Rechtssetzungsanspruchs

Bereits in der teleologischen Auslegung wurde die Durchsetzung des souveränen Rechtssetzungsanspruchs als Ziel des Art. 3 Abs. 3 Rom I-VO weiter ausdefiniert und maßgeblich auf eine positive und negative Fragestellung präzisiert. Diese teleologischen Fragen lassen sich auch aus der dogmatischen Perspektive in Bezug nehmen.

Schließlich soll der souveräne Rechtssetzungsanspruch jedenfalls nicht durch die Disposition der Parteien außer Kraft gesetzt werden können, so dass auch hier nach dem objektiven Missbrauchspotential zu fragen ist. Hierbei sollte als Intensität mit einbezogen werden, wie leicht manipulierbar der jeweilige Umstand ist. Darüber hinaus lässt sich auch die aus dem Telos hergeleitete graduelle Bewertung der Auswirkungen auf andere Wirtschaftssysteme hier heranziehen. Verursacht ein Vertrag nur schwache Auswirkungen auf ein anderes Wirtschaftssystem, so besteht als Kehrseite ein starkes legitimes Interesse des Staates an der alleinigen Regelung des Sachverhalts. Bestehen hingegen starke Auswirkungen auf ein weiteres Wirtschaftssystem, so ist der souveräne Rechtssetzungsanspruch deutlich geschwächt.[1031]

1030 Siehe: Zweiter Teil, A., III., 4.

1031 Siehe: Zweiter Teil, B., IV., 3., b).

5. *Fazit: Art. 3 Abs. 3 Rom I-VO in der Dogmatik der Grundfreiheiten*

Den Grundfreiheiten als dogmatischem Fundament der Rechtswahlfreiheit wohnt durch die objektiv-instutionelle,[1032] am Binnenmarkt orientierte und diesem dienende Zielsetzung[1033] an vielen Stellen ein grenzüberschreitendes Element inne.[1034] Bereits der Anwendungsbereich orientiert sich hieran, wenngleich sich dessen Anforderungen zunehmend mit den am Binnenmarkt ausgerichteten Maßstäben der Beschränkungsebene verschleifen.

Für Art. 3 Abs. 3 Rom I-VO lassen sich aus der dogmatischen Verortung in den Grundfreiheiten diverse Erkenntnisse zusammenfassen, die relevante von irrelevanten Auslandsbezügen zu trennen vermögen. Zunächst ist in solchen Fällen, in denen kein grenzüberschreitender Bezug i.S.d. Anwendungsbereichs der Grundfreiheiten besteht, auch die Rechtswahlfreiheit zu versagen. Ebenso ist, wenn die objektive Anknüpfung keine signifikante Beschränkung des grenzüberschreitenden Wirtschaftsverkehrs im Binnenmarkt zeigt, keine Rechtswahlfreiheit notwendig. Führt der Auslandsbezug damit im jeweiligen Fall nicht zu einer handelsbeschränkenden Wirkung der objektiven Anknüpfung, etwa weil Transaktionskosten nicht steigen, bedarf es keiner Eröffnung der Rechtswahlfreiheit, mithin handelt es sich um einen irrelevanten Auslandsbezug.

Werden diese beiden Hürden übersprungen, liegt letztlich auch eine erhebliche Aufgabe für die Auslegung des Art. 3 Abs. 3 Rom I-VO in der Erforderlichkeit, wobei jeweils die Intensität der Beeinträchtigung des grenzüberschreitenden Wirtschaftsverkehrs auf der einen und des staatlichen Rechtssetzungsanspruchs auf der anderen Seite miteinbezogen werden müssen. Überwiegt der letztere Schutzzweck, muss die Relevanz des Auslandsbezugs verneint werden. Besteht hingegen eine besondere Intensität der Beeinträchtigung des grenzüberschreitenden Wirtschaftsverkehrs, stellt sich die objektive Anknüpfung als unverhältnismäßige Beschränkung dar, so dass als milderes Mittel hier die Parteiautonomie eingeräumt werden müsste.

1032 Mit diesem Begriffspaar schon: *Kluth*, AöR 122 (1997), 557, 574; diese Beschreibung greift ebenfalls auf: *Kroll-Ludwigs*, Parteiautonomie, 2013, S. 258.

1033 *Kroll-Ludwigs*, Parteiautonomie, 2013, S. 258; *Bachmann*, AcP 210 (2010), 424, 430.

1034 Vgl. *Müller-Graff*, in: Hatje/Müller-Graff (Hrsg.), Enzyklopädie Europarecht, 2014, § 9 Rn. 43.

II. Materiellrechtliche Begründung

Im Rahmen der materiellrechtlichen Begründung wurde die Vertragsfreiheit und damit auch die Parteiautonomie auf verschiedenen Ebenen des europäischen Grundrechtsschutzes verortet. So wird die unternehmerische Vertragsfreiheit über Art. 16 GRCh geschützt. Neben diesem bereichsspezifischen Schutz wird die Vertragsfreiheit umfassend als ungeschriebenes Grundrecht i.S.d. Art. 6 Abs. 3 EUV geschützt. Wie in diesem umfangreichen Schutz der Vertragsfreiheit Art. 3 Abs. 3 Rom I-VO einzuordnen ist, soll nachfolgend dargestellt werden.

1. Anwendungsbereich der Unionsgrundrechte

Im Unterschied zu den Grundfreiheiten greift die umfassende Garantie der Vertragsfreiheit als Unionsgrundrecht auch bei innerstaatlichen Sachverhalten, soweit der Anwendungsbereich des Unionsrechts eröffnet ist.[1035] *Lüttringhaus*, der sich in seiner Habilitationsschrift ausführlich mit der Gewährleistung der Vertragsfreiheit im unionsrechtlichen Kontext auseinandersetzt, wertet die Rechtsprechung des EuGH dahingehend aus, dass für die unternehmerische Vertragsfreiheit aus Art. 16 GRCh als Chartagrundrecht sowie die umfassende Garantie der Vertragsfreiheit als ungeschriebenes Unionsrecht i.S.d. Art. 6 Abs. 3 EUV ein einheitlicher und umfassender Anwendungsbereich besteht.[1036] Der Anwendungsbereich dieser Gewährleistungen sei „in allen unionsrechtlich geregelten Fallgestaltungen" eröffnet.[1037] Es sei daher erforderlich, dass es sich um einen unionsrechtlich geregelten Kontext handele.[1038]

Auch bei einem Inlandssachverhalt im kollisionsrechtlichen Sinne ist der Anwendungsbereich der Rom I-VO bei Vorliegen einer Rechtswahlklausel eröffnet,[1039] so dass der Anwendungsbereich der Rom I-VO und damit des Unionsrechts eröffnet ist. Da für die Anwendbarkeit der Rom I-VO auch keine objektive Beziehung zum Gebiet eines Mitgliedsstaats erforderlich ist,[1040] greift diese unionsgrundrechtliche Rechtswahlfreiheit auch in Drittstaatensachverhalten,

---

1035 Vgl. *Lüttringhaus*, Vertragsfreiheit, 2018, S. 102.

1036 *Ders.*, Vertragsfreiheit, 2018, S. 230.

1037 *Ders.*, Vertragsfreiheit, 2018, S. 230; die zitierte Formulierung entnimmt Lüttringhaus: EuGH, Urt. v. 15.1.2014, C-176/12 – *Associaion de médiation/CGT*, Rn. 42.

1038 Vgl. *ders.*, Vertragsfreiheit, 2018, S. 232.

1039 Siehe: Erster Teil, B., I.

1040 Rauscher/*von Hein*, Art. 1 Rom I-VO Rn. 1.

die etwa aufgrund einer Gerichtsstandsvereinbarung vor mitgliedsstaatlichen Gerichten verhandelt werden.

2. *Abwehrrechtliches Verständnis oder Ausgestaltung eines normgeprägten Grundrechts?*

Bei der Vertragsfreiheit handelt es sich um ein Grundrecht, welches auf die Ausgestaltung durch die Rechtsordnung angewiesen ist, da diese etwa mit Regelungen zum Vertragsschluss dem Einzelnen überhaupt erst die Möglichkeit einräumt, rechtliche Verbindlichkeiten einzugehen.[1041] Vor diesem Hintergrund stellt sich die Frage, ob Regelungen zur Vertrags- und speziell Rechtswahlfreiheit als Ausgestaltungen dieser Freiheit oder als Eingriff in diese zu verstehen sind, mit anderen Worten, ob dem Grundrecht ein normgeprägtes oder abwehrrechtliches Verständnis zugrunde zu legen ist.[1042] Diese Frage entscheidet auch über die Einordnung des Art. 3 Abs. 3 Rom I-VO in die grundrechtliche Dogmatik. Im Rahmen eines normgeprägten Verständnisses stellt sich die Regelung als Ausgestaltung der grundrechtlichen Garantie der Rechtswahlfreiheit dar, während die Regelung bei einem abwehrrechtlichen Verständnis einen Eingriff in dieses Grundrecht darstellen würde.

Kroll-Ludwigs und *Lüttringhaus* verweisen jeweils darauf, dass ein normgeprägtes Verständnis abzulehnen sei und ein abwehrrechtliches Verständnis vorzugswürdig sei.[1043] *Lüttringhaus* begründet dies maßgeblich damit, dass die Vertragsfreiheit ansonsten „völlig ausgehöhlt" werden könne.[1044] *Kroll-Ludwigs* führt zwar an, dass die Annahme der „Normgeprägtheit des Grundrechts der Vertragsfreiheit" nicht zu „einer schrankenlosen Gestaltungsfreiheit des Gesetzgebers" führe.[1045] Gleichwohl sei eine „primär abwehrrechtliche" Einordnung der Vertragfreiheit vorzunehmen, da dies „der Gefahr einer willkürlich ausgeübten Gestaltungsmacht des Gesetzgebers" vorbeuge.[1046]

1041 Vgl. im Kontext des Art. 2 Abs. 1 GG: *Kroll-Ludwigs*, Parteiautonomie, 2013, S. 226.

1042 Siehe zu dieser Debatte im Kontext des Art. 2 Abs. 1 GG: *Kroll-Ludwigs*, Parteiautonomie, 2013, S. 226 ff.; mit Blick auf die Vertragsfreiheit als europäisches Grundrecht: *Lüttringhaus*, Vertragsfreiheit, 2018, S. 203 ff.; vgl. auch: *Cornils*, Ausgestaltung, 2005, S. 192 ff.; überblicksartig auch zu vermittelnden Ansichten: *Hecker*, Wirtschaftsaufsicht, 2007, S. 191 ff.

1043 *Lüttringhaus*, Vertragsfreiheit, 2018, S. 203 ff.; *Kroll-Ludwigs*, Parteiautonomie, 2013, S. 233 ff.

1044 *Lüttringhaus*, Vertragsfreiheit, 2018, S. 204.

1045 *Kroll-Ludwigs*, Parteiautonomie, 2013, S. 233.

1046 *Dies.*, Parteiautonomie, 2013, S. 234.

Bumke führt insofern an, „[d]as abwehrechtliche Schutzmodell" wolle den „Herausforderungen mit dem vertrauten abwehrrechtlichen Instrumentarium begegnen, um so dem Ausgestaltungsdilemma zu entkommen."[1047] Letztlich sei jedoch, unabhängig von normgeprägten oder abwehrrechtlichen Verständnis einzelner Grundrechte stets der Verhältnismäßigkeitsgrundsatz zu wahren und es müssten gewährleistungsspezifische Vorgaben herausgearbeitet werden, um die staatliche Bindung an die Grundrechte sicherzustellen.[1048] Insofern spricht der von *Lüttringhaus* und *Kroll-Ludwigs* geltend gemachte effektivere Grundrechtsschutz nicht notwendigerweise für ein abwehrrechtliches Verständnis.

Zielführender erscheint es mit *Bumke* beide Konzeptionen danach zu differenzieren, dass ein abwehrrechtliches Verständnis „die Konstruktion eines außer- oder vorrechtlichen Schutzgutes" voraussetzt.[1049] Mit Blick auf die Rechtswahlfreiheit wird teils behauptet, diese sei vorrechtlich garantiert.[1050] So geht *Basedow* von einer menschenrechtlichen Garantie der Rechtswahlfreiheit aus und ordnet diese als „vorstaatliches Recht" ein.[1051] Allerdings ist eine solche Begründung der Rechtswahlfreiheit abzulehnen, zutreffend stellen *Mankowski/von Bar* insofern fest:

> „Den maßgeblichen Rechtsanwendungsbefehl erteilen dem Rechtsanwender [...] nicht die Parteien, sondern das IPR. Der Parteiwille als solcher ist für den Rechtsanwender kein Rechtsanwendungsbefehl. Der Vereinbarung, daß ein bestimmtes Recht anwendbar sein solle, verleiht erst das IPR Wirkungskraft. Eine Rechtswahl ist eben nur statthaft und zulässig, weil sie vom IPR und damit von Rechts wegen erlaubt ist. Die Rechtswahl ist Anknüpfungspunkt für den gesetzlichen Rechtsanwendungsbefehl. Das IPR ist Ausgangspunkt und archimedischer Punkt für die Parteiautonomie."[1052]

1047 *Bumke*, Ausgestaltung, 2009, S. 19.

1048 *Ders.*, Ausgestaltung, 2009, S. 19.

1049 *Ders.*, Ausgestaltung, 2009, S. 20.

1050 *Basedow*, RabelsZ 75 (2011), 32, 54 ff.; Leible deutet eine vorrechtliche Garantie jedenfalls an, wenn er formuliert die Rechtswahl sei „Ausfluss eines überpositiven Autonomie-. und Freiheitsgedankens": *Leible*, FS Jayme, 2004, S. 485, 488; auch Kroll Ludwigs scheint eine vorrechtliche Garantie der Vertragsfreiheit und damit Rechtswahlfreiheit zu befürworten: *Kroll-Ludwigs*, Parteiautonomie, 2013, S. 233 ff.

1051 *Basedow*, RabelsZ 75 (2011), 32, 54 ff., allerdings bleibt insofern unklar, wie sich Regelungen wie Art. 3 Abs. 3 Rom I-VO in dieses Verständnis einordnen würden, da Basedow zur menschenrechtlichen Garantie feststellt: „Dieses Recht lässt sich für grenzüberschreitende Sachverhalte begründen, die also Bezug zu mehr als einer Rechtsordnung aufweisen." (S. 71) Insofern liegt nahe, dass es sich bei Art. 3 Abs. 3 Rom I-VO um eine Frage des Schutzbereichs dieser menschenrechtlichen Gewährleistung handeln würde.

1052 *von Bar*, Internationales Privatrecht Bd. 1, 2003, § 7 Rn. 78.

Die äußere Legitimation[1053] der Rechtswahlfreiheit besteht in ihrer gesetzlichen Normierung in Art. 3 Abs. 1 Rom I-VO. Ein vorrechtliches Schutzgut in Form einer auch jenseits des staatlichen Rechts bestehenden Rechtswahlfreiheit ist abzulehnen.[1054] Daher ist der Rechtswahlfreiheit als Ausschnitt der Vertragsfreiheit ein normgeprägtes Verständnis zugrunde zu legen. Art. 3 Abs. 3 Rom I-VO stellt sich damit als Frage der Ausgestaltung des Grundrechts und nicht als Eingriff in dessen Schutzbereich dar.

3. *Maßstab: Verhältnismäßigkeit*

Wie bereits erwähnt ist auch die Ausgestaltung des normgeprägten Grundrechts der Vertragsfreiheit und als Ausschnitt dieser die Rechtswahlfreiheit am Grundsatz der Verhältnismäßigkeit zu messen. Insofern führt *Bumke* aus: „Das traditionelle Kernstück materieller Bindung bildet der Grundsatz der Verhältnismäßigkeit. Ihm müssen begrenzende wie ausgestaltende Staatsgewalt genügen."[1055] So spräche für das Gebot der Geeignetheit, dass dies „ein Mindestmaß rationaler Rechtsgestaltung" sichere.[1056] Auch das Gebot der Erforderlichkeit sei auf die Ausgestaltung übertragbar, stelle es doch sicher, dass solche Grundrechtseinbußen vermieden werden, die auch mittels milderer Maßnahmen erreicht werden können.[1057] Auch das Gebot der Angemessenheit sei zu übertragen.[1058]

Wenngleich *Bumke* diese Geltung des Verhältnismäßigkeitsgrundsatzes auch für die Ausgestaltung von normgeprägten Grundrechten maßgeblich mit Blick auf das deutsche Grundgesetz formuliert, ist eine Bindung an den Verhältnismäßigkeitsgrundsatz auch für die unionsrechtliche Garantie der Vertragsfreiheit zu bejahen. Zunächst lassen sich die von *Bumke* geltend gemachten Erwägungen auf für den Unionsrechtsgesetzgeber fruchtbar machen. Zudem kann der Verhältnismäßigkeitsgrundsatz als „Herzstück"[1059] des Unionsrechts bezeichnet werden und stellt „eines der tragenden Querschnittsprinzipien der

---

1053 Zur Differenzierung zwischen innerer und äußerer Legitimation der Rechtswahlfreiheit siehe: Zweiter Teil, A.

1054 Vgl. auch: *Arnold*, in: ders. (Hrsg.), Grundfragen des Europäischen Kollisionsrechts, 2016, S. 23, 29; Staudinger/*Magnus*, Art. 3 Rom I-VO Rn. 26; Beck-OGK/*Wendland*, Art. 3 Rom I-VO Rn. 21 jew. m.w.N.

1055 *Bumke*, Ausgestaltung, 2009, S. 50 f.

1056 *Ders.*, Ausgestaltung, 2009, S. 51.

1057 *Ders.*, Ausgestaltung, 2009, S. 51.

1058 *Ders.*, Ausgestaltung, 2009, S. 52.

1059 Schlussanträge des Generalanwalts Szpunar, C-118/20 – *JY*, Rn. 86.

Unionsrechtsordnung"[1060] dar. Insofern sind, *mutatis mutandis*, die für die Unionsgrundrechte herausgebildeten Anforderungen zur Verhältnismäßigkeit heranzuziehen. Die Ausgestaltung der Rechtswahlfreiheit im Rahmen des Art. 3 Abs. 3 Rom I-VO muss daher geeignet, erforderlich sowie verhältnismäßig im engeren Sinne, also angemessen sein.[1061]

a) Geeignetheit

Die Regelung müsste zunächst geeignet sein, das legitime Ziel zu erreichen.[1062] Dieses liegt hier, wie auch bei der Prüfung der Grundfreiheiten, im Schutz des nationalen Rechtssetzungsanspruchs.[1063] Die Durchsetzung des einfach zwingenden Rechts gegen die Rechtswahl der Parteien und deren Beschränkung auf eine materiellrechtliche Verweisung ist geeignet, dieses Ziel jedenfalls zu fördern.[1064]

b) Erforderlichkeit

Ein milderes Mittel ist nicht ersichtlich.[1065] Vielmehr stellt eine Beschränkung der Wirkung der Rechtswahlfreiheit in Inlandssachverhalten gem. Art. 3 Abs. 3 Rom I-VO schon ein milderes Mittel gegenüber einer allgemeinen Versagung der Rechtswahlfreiheit dar.

c) Angemessenheit

Entscheidend für die Verhältnismäßigkeit des Art. 3 Abs. 3 Rom I-VO ist damit die Verhältnismäßigkeit im engeren Sinne.[1066] An dieser muss sich die Auslegung des Art. 3 Abs. 3 Rom I-VO messen lassen. Für die Verhältnismäßigkeit im engeren Sinne ist eine Güterabwägung vorzunehmen.[1067] Hierbei sind „die

---

1060 *Trstenjak/Beysen*, EuR 2012, 265.

1061 Vgl. unter Auswertung der Rechtsprechung: *Oreschnik*, Verhältnismäßigkeit, 2019, S. 127 ff.; im Kontext der Vertragsfreiheit: *Lüttringhaus*, Vertragsfreiheit, 2018, S. 219.

1062 *Oreschnik*, Verhältnismäßigkeit, 2019, S. 128 m.w.N.

1063 Dieses Ziel gehört damit auch zu den „den von der Union anerkannten dem Gemeinwohl dienenden Zielsetzungen" i.S.d. Art. 52 Abs. 1 S. 2 GRCh.

1064 Es reicht jedenfalls aus, wenn die Maßnahme die Zielerreichung „fördern kann": *Oreschnik*, Verhältnismäßigkeit, 2019, S. 128; vgl. auch: *Koch*, Verhältnismäßigkeit, 2003, S. 207.

1065 Vgl. zur Prüfung der Erforderlichkeit: *Oreschnik*, Verhältnismäßigkeit, 2019, S. 133 ff.

1066 Teilweise wird die Angemessenheit auch in der Erforderlichkeit geprüft, wird jedoch der Übersichtlichkeit halber hier separat dargestellt. Siehe hierzu etwa: Jarass/*Jarass*, Art. 52 GRCh Rn. 36.

1067 *Oreschnik*, Verhältnismäßigkeit, 2019, S. 137.

widerstreitenden Interessen gegeneinander abzuwägen“ und es ist ein „angemessenes Gleichgewicht zwischen diesen Interessen und den in Rede stehenden Grundrechten zu gewährleisten“.[1068] Der EuGH bringt damit auch den Gedanken der Konkordanz an,[1069] maßgeblich sind das Gewicht und die Intensität der jeweiligen Beeinträchtigung.[1070]

aa) Schwere der Beeinträchtigung individueller Freiheit

In der Abwägung ist zunächst die Vertragsfreiheit der Parteien einzubeziehen. Fraglich ist, wie die Intensität der Beeinträchtigung dieses Grundrechts jeweils zu qualifizieren ist. Die Versagung der kollisionsrechtlichen Rechtswahlfreiheit kann von besonderer Intensität sein, wenn die Parteien ein qualifiziertes Bedürfnis nach der kollisionsrechtlichen Rechtswahl haben. Wenngleich die Erwägungen bei den Grundfreiheiten aus der objektiv institutionellen Sichtweise angestellt wurden, können diese Erwägungen aus der individuell-freiheitsrechtlichen Perspektive fruchtbar gemacht werden. So stellt die Versagung der Rechtswahl für die Parteien etwa dann eine besondere Belastung dar, wenn die objektive Anknüpfung unsicher ist und dies die Transaktionskosten besonders deutlich erhöht.

bb) Geltungsanspruch nationalen Rechts

Auf der anderen Seite ist in die Abwägung der Zweck der Regelung einzustellen. Als objektive Missbrauchsschranke verhindert Art. 3 Abs. 3 Rom I-VO die Umgehung des staatlichen Rechts. Auch hier lassen sich die bereits in den Grundfreiheiten angeführten Gedanken entsprechend übertragen.

4. Fazit: Art. 3 Abs. 3 Rom I-VO in der materiellrechtlichen Begründung

In der materiellrechtlichen Begründung ist Art. 3 Abs. 3 Rom I-VO als Eingriff in das Grundrecht der Vertragsfreiheit zu werten, so dass sich die Auslegung letztlich am Grundsatz der Verhältnismäßigkeit messen lassen muss. Hierbei kommt es maßgeblich auf die Abwägung an, wobei die Intensität der Beeinträchtigung

---

1068 So unter Verweis auf die Rspr. des EuGH: Schlussanträge der Generalanwältin Sharpston, C-28/08, *Kommission/Bavarian Lager* – Rn. 95; vgl. hierzu und unter Verweis auf weitere Rspr. des EuGH: *Lüttringhaus*, Vertragsfreiheit, 2018, S. 220.

1069 *Ders.*, Vertragsfreiheit, 2018, S. 220.

1070 Vgl. Jarass/*Jarass*, Art. 52 GRCh Rn. 42.

individueller Freiheit auf der einen und die Betroffenheit des Anwendungsanspruchs nationalen Rechts auf der anderen Seite zu berücksichtigen sind.

III. Gespaltene Auslegung als Folge?

Zu Beginn der Betrachtung der Grundfreiheiten wurde auf deren beschränkten räumlichen Anwendungsbereich verwiesen.[1071] In reinen Drittstaatensachverhalten finden diese keine Anwendung. Die im Rahmen der materiellrechtlichen Herleitung maßgebliche Vertragsfreiheit, die teils über Art. 16 GRCh und umfassend als ungeschriebenes Unionsgrundrecht i.S.d. Art. 6 Abs. 3 EUV garantiert ist, entfalten als Jedermanngrundrechte im Anwendungsbereich des Unionsrechts eine umfangreiche Wirkung.[1072] Sie vermögen die Vertragsfreiheit damit auch in Drittstaatensachverhalten zu garantieren, soweit diese vom Anwendungsbereich der Rom I-VO erfasst sind.[1073]

Diese unterschiedlichen räumlichen Anwendungsbereiche werfen die Frage auf, ob diese Unterscheidung im weiteren Verlauf dieser Arbeit bei der Auslegung des Art. 3 Abs. 3 zu berücksichtigen ist. Schließlich könnte hier eine Unterscheidung danach vorgenommen werden, ob die Grundfreiheiten räumlich anwendbar sind oder nicht und insofern eine „gespaltene Auslegung" vorgenommen werden. Diese Begrifflichkeit wird bei der Auslegung solcher nationalen Vorschriften genutzt, die eine überschießende Umsetzung einer Richtlinie darstellen.[1074] Bei diesen wird in der Literatur diskutiert, ob die richtlinienkonforme Auslegung auch in solchen Fällen vorgenommen werden sollte, die die Richtlinie selbst nicht regelt, die von der umsetzenden Norm allerdings erfasst sind.[1075] Bei Art. 3 Abs. 3 Rom I-VO stellt sich die Frage, ob in solchen Fällen, die nicht in den Anwendungsbereich der Grundfreiheiten fallen, gleichwohl eine an den für diese gebildeten Kriterien orientierte Auslegung vorgenommen werden kann oder hier allein auf die Kriterien der materiellrechtlichen Begründung verwiesen werden sollte. Ausführungen in der Literatur, die die Rechtswahlfreiheit aus den Grundfreiheiten herleiten, beschäftigen sich bisher nicht mit dieser Begrenzung und den möglichen Folgen für die Auslegung.[1076]

1071 Siehe: Zweiter Teil, A., III., 1.

1072 Siehe: Zweiter Teil, A., II., 1.

1073 Siehe: Zweiter Teil, C., II., 1.

1074 Vgl. etwa: *Kuhn*, EuR 2015, 216 ff.; *Mayer/Schürnbrand*, JZ 2004, 545 ff.

1075 Vgl. *Mayer/Schürnbrand*, JZ 2004, 545, 545 f.

1076 Bei von Wilmowsky schwingt diese Begrenzung jedenfalls mit, wenn er formuliert: „Soweit innergemeinschaftlicher grenzüberschreitender Waren-, Dienstleistungs- und Kapitalverkehr auf zivilrechtlichen Verträgen beruht, profitieren diese

Eine gespaltene Auslegung des Art. 3 Abs. 3 Rom I-VO würde die Rechtsanwendung dieser ohnehin umstrittenen Vorschrift weiter komplizieren. Allerdings kann dies als Argument nicht genügen. Viel entscheidender ist, dass vorliegend keine Notwendigkeit für eine solche gespaltene Auslegung besteht, da beide dogmatischen Fundamente die gleichen Parameter für die Auslegung des Art. 3 Abs. 3 Rom I-VO vermitteln.

1. *Verhältnismäßigkeitsprüfung als Schnittmenge*

Beide Herleitungen führen letztlich zu einer Abwägung mit Blick auf die Verhältnismäßigkeit und weisen damit eine erhebliche Schnittmenge auf. Dies vermag kaum zu überraschen, handelt es sich doch bei der Verhältnismäßigkeit um ein allgemeines Prinzip des Unionsrechts,[1077] das gar als dessen „Herzstück"[1078] bezeichnet wird. Die Erwägungen innerhalb dieser Verhältnismäßigkeitsprüfung überschneiden sich daher stark.

Für die Grundfreiheiten ist die Intensität der Beschränkung des Binnenmarkts in die Abwägung mit einzubeziehen: Wie schwer würde die Versagung der Rechtswahlfreiheit im jeweiligen Fall den grenzüberschreitenden Wirtschaftsverkehr im Binnenmarkt belasten? Gegen diese Belastung ist sodann die Beeinträchtigung des staatlichen Rechtssetzungsanspruchs abzuwägen. Dieser wäre insbesondere dann betroffen, wenn leicht manipulierbare Umstände genutzt werden könnten, um die kollisionsrechtliche Rechtswahlfreiheit zu ermöglichen, was bereits in der teleologischen Auslegung dargelegt wurde. Andererseits ist der staatliche Rechtssetzungsanspruch dann nicht derart betroffen, wenn dieser ohnehin geschwächt ist, weil das jeweilige Geschäft Auswirkungen in anderen Wirtschaftssystemen verursacht.

Die Erwägungen zur Betroffenheit des staatlichen Rechtssetzugsanspruchs lassen sich so auf die materiellrechtliche Begründung übertragen. In der Verhältnismäßigkeit des Eingriffs in die grundrechtliche Vertragsfreiheit ist dieser

---

von den Freiheitsgewährleistungen der jeweils einschlägigen Grundfreiheiten", weiter vertieft wird der Anwendungsbereich jedoch nicht: *von Wilmowsky*, RabelsZ 62 (1998), 1, 3; Kroll-Ludwigs widmet sich dieser Frage nicht, was von Kühne kritisiert wird: *Kühne*, RabelsZ 78 (2014), 864, 866; Böhle hingegen deutet eine derartige Unterscheidung an, wenn er feststellt, dass bei Art. 3 Abs. 4 Rom I-VO eine andere Auslegung geboten sein könnte, da hier keine Argumentation mit dem Binnenmarktziel möglich wäre: *Böhle*, ZEuP 2019, 72, 93.

1077 Vgl. *Trstenjak/Beysen*, EuR 2012, 265.

1078 Schlussanträge des Generalanwalts Szpunar, C-118/20 – *JY*, Rn. 86.

jedoch gegen den Eingriff in die Vertragsfreiheit abzuwägen und zu fragen, wie intensiv sich dieser Eingriff für die Parteien darstellt.

2. *Objektiv-institutionelle und individuell-freiheitliche Perspektive*

Die sich in der Verhältnismäßigkeitsprüfung zeigenden Unterschiede fußen auf der unterschiedlichen Perspektive von Grundfreiheiten und den in der materiellrechtlichen Begründung herangezogenen Grundrechten. Während die Grundfreiheiten individuelle Rechte nur verleihen, um dem objektiven Binnenmarktziel zu dienen, mithin also eine objektiv-institutionelle Zielrichtung verfolgen,[1079] garantiert die materiellrechtliche Begründung die Vertragsfreiheit als individuelles Freiheitsrecht mit einem „intrinsisch[en] Wert".[1080]

Daher stellen sich die Fragen, aus denen sich die Verortung des Art. 3 Abs. 3 Rom I-VO ergibt und anhand derer die Regelung auszulegen ist, in unterschiedlicher Weise. Aus der Perspektive der Grundfreiheiten sind die Auswirkungen der Versagung der Rechtswahlfreiheit auf den Binnenmarkt zu qualifizieren, während im Rahmen der grundrechtlichen Vertragsfreiheit die Intensität der Beeinträchtigung der Gestaltungsfreiheit der Vertragsparteien zu ermitteln ist. Beide Erwägungen sind dann, wie soeben dargestellt, in der Verhältnismäßigkeit gegen die Beeinträchtigung des staatlichen Rechtssetzungsanspruchs abzuwägen.

3. *Grenzüberschreitendes Element bei den Grundfreiheiten*

Vermag dieser unterschiedliche Zugriff die Differenzen in der Verhältnismäßigkeitsprüfung zu erklären, verbleibt jedoch neben der erheblichen Schnittmenge zwischen Grundfreiheiten und der grundrechtlichen Vertragsfreiheit auch ein deutlicher Unterschied: Die Grundfreiheiten fordern für ihre Anwendbarkeit ein grenzüberschreitendes Element.

Letztlich ist dies jedoch kein Unterschied, der zu einer gespaltenen Auslegung führen kann. Zwar ist mit dem grenzüberschreitenden Element als Anwendungsvoraussetzung keine signifikante Prüfung verbunden, vielmehr weist diese Ebene eine deutliche Verwandtschaft zu den Erwägungen auf der Beschränkungsebene

---

1079 Vgl. *Kroll-Ludwigs*, Parteiautonomie, 2013, S. 258; *Bachmann*, AcP 210 (2010), 424, 430.

1080 So formuliert Maultzsch, nach dem die kollisionsrechtliche Herleitung gegenüber der materiellrechtlichen Begründung keinen derartigen Wert sieht: *Maultzsch*, FS von Hoffmann, 2011, S. 304, 307.

auf.[1081] Einige Entscheidungen können jedoch als Wertungen für die Behandlung des Art. 3 Abs. 3 Rom I-VO herangezogen werden.

Mit dem grenzüberschreitenden Element der Grundfreiheiten wird jedoch der Präzisierung des Art. 3 Abs. 3 Rom I-VO nichts hinzugefügt, was der Einordnung im Rahmen der materiellrechtlichen Begründung widerspricht. Zwar fordert der Anwendungsbereich der Unionsgrundrechte nur, dass der Anwendungsbereich des Unionsrechts eröffnet ist,[1082] verhindert jedoch auch keine Berücksichtigung einer solchen Wertung. Darüber hinaus weist das grenzüberschreitende Element auch eine Verwandtschaft zum wirtschaftlichen Maßstab auf, der ohnehin im Rahmen der Abwägung zu beachten wäre.

4. *Ergebnis*

Wenngleich die dogmatischen Fundamente damit verschiedene räumliche Anwendungsbereiche aufweisen, vermitteln beide ähnliche Parameter für die Auslegung des Art. 3 Abs. 3 Rom I-VO. Dies ist letztlich nur schlüssig, handelt es sich doch bei den Unionsgrundrechten und den Grundfreiheiten jeweils um Teile des Primärrechts. In der Auslegung des Art. 3 Abs. 3 Rom I-VO muss im Ergebnis nicht zwischen Binnen- und Drittstaatssachverhalten unterschieden werden.

IV. Zusammenfassung

Dogmatisch ist Art. 3 Abs. 3 Rom I-VO in den Grundfreiheiten auf verschiedenen Ebenen zu verorten. Zunächst muss, damit eine Garantie der Rechtswahlfreiheit durch die Grundfreiheiten gefordert ist, bereits ein grenzüberschreitendes Element gegeben sein, wobei dessen Prüfung aufgrund der weiten Handhabung des Merkmals durch den EuGH sowie dessen weitgehender Verschleifung mit dem Beschränkungsmaßstab nur wenig Bedeutung zukommt. Innerhalb der Beschränkungsprüfung ist sodann zu prüfen, ob die Versagung der Rechtswahlfreiheit im jeweiligen Fall bei Bestehen eines derartigen Auslandsbezugs praktische Probleme verursacht, die den grenzüberschreitenden Wirtschaftsverkehr hemmen könnten. Hierbei sind auch gesteigerte Transaktionskosten, insbesondere durch bestehende Rechtsunsicherheit zu beachten. Unter Umständen ist dann gleichwohl die Rechtswahlfreiheit zu versagen, wenn die Abwägung ergibt,

---

1081 Vgl. hierzu bereits: Zweiter Teil, C., I., 2.

1082 Siehe: Zweiter Teil, C., II., 1.

dass der Zweck des Art. 3 Abs. 3 Rom I-VO, den staatlichen Rechtssetzungsanspruch im Privatrecht zu schützen, dies rechtfertigt.

Bei der materiellrechtlichen Begründung stellt sich Art. 3 Abs. 3 Rom I-VO als Eingriff in den Schutzbereich dar, so dass auch hier in der Verhältnismäßigkeitsprüfung eine Abwägung vorzunehmen ist. Hierbei ist die Beeinträchtigung der privaten Gestaltungsmacht, die dann intensiver ist, wenn hierdurch für die Parteien praktische Probleme entstehen, gegen den staatlichen Rechtssetzungsanspruch abzuwägen. Da damit zwischen beiden dogmatischen Fundamenten eine erhebliche Schnittmenge besteht, bedarf es keiner gespaltenen Auslegung des Art. 3 Abs. 3 Rom I-VO zwischen Binnenmarkt- und Drittstaatensachverhalten.

D. Parameter zur Präzisierung des Auslandsbezugs

In den Ausführungen des ersten Teils dieser Arbeit finden sich bereits verschiedene Kriterien für die Beurteilung des Auslandsbezugs. Diese sollen im Folgenden noch einmal zusammengefasst werden, um die Grundlage für die Betrachtung der verschiedenen Fallgruppen im zweiten Teil dieser Arbeit zu schaffen:

(1) Der Wortlaut des Art. 3 Abs. 3 Rom I-VO legt nahe, dass jedenfalls solche Umstände, die in der Rom I-VO kollisionsrechtliche Beachtung finden, einen hinreichenden Auslandsbezug darstellen. Dieses Ergebnis bestätigt auch die systematische Auslegung. Es besteht daher für den weiteren Verlauf dieser Arbeit die Vermutung, dass solche Umstände, denen kollisionsrechtliche Bedeutung als Anknüpfungsmomente in der Rom I-VO zukommt, einen hinreichenden Auslandsbezug darstellen.

(2) Aus dem Wortlaut des Art. 3 Abs. 3 Rom I-VO ergibt sich nicht, dass nur solche Umstände einen Auslandsbezug darstellen können, die im Vertragsverhältnis zwischen den Parteien angelegt sind. Vielmehr können auch Vertragsverhältnisse mit Dritten möglicherweise einen Auslandsbezug herstellen. Ebensowenig fordert der Wortlaut, dass der Umstand eine Verbindung zu einem bestimmten Staat darstellt, eröffnet mithin auch die Möglichkeit zur Berücksichtigung eines allgemeinen internationalen Bezugs.

(3) Aus grammatikalischer und teleologischer Auslegung ergibt sich zudem, dass den subjektiven Umständen keine Bedeutung zukommt. Der Absicht der Parteien bei der Rechtswahl kommt keine Bedeutung zu. Irrelevant ist daher etwa, ob ein Umstand ein Indiz für eine konkludente Rechtswahl darstellen könnte.

(4) Im Rahmen der systematischen Auslegung ist die Brüssel Ia-VO und das dort ähnlich gelagerte Problem des Auslandsbezugs bei Gerichtsstandsvereinbarungen mit einzubeziehen und die hierzu ergangenen Urteile des EuGH sind zu verwerten.

(5) Im Einzelfall wird auch zu prüfen sein, ob sich aus kollisionsrechtlichen Verordnungen im Familien- und Erbrecht Rückschlüsse ziehen lassen.

(6) Auf Grundlage der Präzisierung des Zwecks des Art. 3 Abs. 3 Rom I-VO und der dogmatischen Einordnung der Regelung lassen sich darüber hinaus folgende Maßstäbe bilden:

  (a) Verursacht die Versagung der Rechtswahlfreiheit im jeweiligen Sachverhalt erhebliche Schwierigkeiten für die Parteien, wäre dies ein besonders intensiver Eingriff in die Grundrechte bzw. durch die Auswirkungen auf den Binnenmarkt ein intensiver Eingriff in die Grundfreiheiten. Dies spricht für eine Relevanz des jeweiligen Umstands als Auslandsbezug im Rahmen des Art. 3 Abs. 3 Rom I-VO.

  (b) Ein besonders relevanter Indikator für die Intensität sind die Transaktionskosten, insbesondere die Rechtsinformationskosten. Diese steigen insbesondere dann, wenn der jeweilige Umstand Unsicherheit über das anwendbare Recht verursacht (Rechtsunsicherheitskosten).

  (c) Um der Funktion der Regelung als typisierte Missbrauchskontrolle zu entsprechen, können solche Umstände keinen relevanten Auslandsbezug darstellen, die leicht durch die Parteien manipulierbar sind.

  (d) Aus der teleologischen Auslegung ergibt sich darüber hinaus auch, dass mit einzubeziehen ist, inwiefern der Vertrag bei Vorliegen des jeweiligen Umstands Auswirkungen auf andere Wirtschaftssysteme verursacht. Sind diese Auswirkungen stark ausgeprägt, spricht dies für eine Relevanz des jeweiligen Umstands. Bei allenfalls schwachen Auswirkungen hingegen deutet dies darauf hin, dass es sich nicht um einen relevanten Auslandsbezug handelt.

Dritter Teil: Fallgruppen

Im dritten Teil dieser Arbeit sollen verschiedene Fallkonstellationen an den entwickelten Parametern gemessen werden, um zu ermitteln, ob es sich bei den jeweiligen Umständen um relevante Auslandsbezüge im Rahmen des Art. 3 Abs. 3 Rom I-VO handelt.

Der Betrachtung einzelner Umstände wird im Folgenden jeweils der hypothetische Fall zugrunde gelegt, dass es sich bei diesem Umstand um den einzigen möglichen Auslandsbezug handelt, sämtliche anderen denkbaren Umstände also im Inland belegen sind.

A. Bezug des Vertrags zu anderem Staat

Zunächst soll untersucht werden, welche Elemente des Vertrags einen hinreichenden Auslandsbezug herstellen können. Hierbei sollen verschiedene Umstände des Vertragsschlusses sowie der Vertragserfüllung untersucht werden. Abschließend ist zu diskutieren, welche Relevanz ein ausländischer Belegenheitsort des Vertragsgegenstands hat.

I. Umstände des Vertragsschlusses

Als relevante Umstände des Vertragsschlusses kommen der Ort des Vertragsschlusses, der Abgabe von Vertragsangeboten bzw. der Vertragsverhandlungen sowie die Vertragssprache in Betracht.

1. Abschlussort

Besonders umstritten ist, inwiefern ein ausländischer Abschlussort einen Auslandsbezug im Rahmen des Art. 3 Abs. 3 Rom I-VO herstellen kann. In der Literatur wird dieser überwiegend für ausreichend gehalten.[1083] Teils wird auch danach differenziert, ob der Abschlussort bewusst verlagert wurde,[1084] oder ob etwa ein Fall des „Beurkundungstourismus" vorliegt.[1085] Wiederum andere

1083 Ferrari/*Ferrari*, Art. 3 Rom I-VO Rn. 52; Staudinger/*Magnus*, Art. 3 Rom I-VO Rn. 139; Calliess/Renner/*Calliess*, Art. 3 Rom I-VO Rn. 53; *Thorn/Thon*, FS Kronke, 2020, S. 569, 572; *von Hein*, FS Hopt, 2020, S. 1405, 1410; *Klumb*, ZBB 2012, 449, 453; *Mankowski*, RIW 1993, 453, 454; *E. Lorenz*, RIW 1987, 569, 575.

1084 *Erman/Hohloch*, Art. 3 Rom I-VO Rn. 26.

1085 Rauscher/*von Hein*, Art. 3 Rom I-VO Rn. 111 ff.

Stimmen in der Literatur lehnen eine Relevanz des Abschlussortes mit Blick auf die Manipulierbarkeit desselben ab.[1086] Teils wird der Abschlussort nur für ausreichend erachtet, wenn auch der Leistungsaustausch einen Auslandsbezug aufweist.[1087]

In der Rechtsprechung zeigt sich ein gespaltenes Bild. In den *Gran Canaria*-Fällen der 80er und 90er Jahre, die auch in der Literatur intensiv diskutiert wurden,[1088] entschieden verschiedene deutsche Gerichte, ein Vertragsschluss in Spanien würde ausreichen, um einen Auslandsbezug herzustellen, so dass Verbraucher aufgrund der anderweitigen Rechtswahl nicht in den Genuss der Widerrufsrechte nach deutschem Recht kämen.[1089] In einem Urteil des LG Hamburgs zur Prospekthaftung bejahte dieses ebenfalls die Relevanz des Abschlussortes.[1090] In einem Urteil über Verträge zu Teilzeitwohnrechten reichte für den BGH schon die Abgabe des Vertragsangebots im Ausland aus, um einen hinreichenden Auslandsbezug herzustellen.[1091] Der BGH bejahte hingegen bei einem Vertrag über ein in der DDR liegendes Grundstück, der in Heilbronn beurkundet wurde, trotz dieses Auslandsbezugs einen Inlandssachverhalt i.S.d. Art. 27 Abs. 3 EGBGB, so dass zwingendes Recht der DDR zur Anwendung gelangte.[1092]

In der Diskussion um die Relevanz des Abschlussortes im Rahmen des Art. 3 Abs. 3 Rom I-VO wird teils vernachlässigt, dass insofern zwischen zwei Situationen zu unterscheiden ist.[1093] Bei einem Vertragsschluss unter Anwesenden ist der Abschlussort ohne Weiteres feststellbar. Bei einem Vertragsschluss über

1086 *Mäsch*, Verbraucherschutz, 1993, S. 103 ff. (zu Art. 27 Abs. 3 EGBGB).

1087 MüKo/*Martiny*, Art. 3 Rom I-VO Rn. 91; Soergel/*von Hoffmann*, Art. 27 EGBGB Rn. 88.

1088 Siehe zur Diskussion in der Literatur um die Entscheidungen: *Hirse*, Ausweichklausel, 2012, S. 344 ff.; *Benecke*, Gesetzesumgehung, 2004, S. 233 ff.; *Backert*, Verbraucherschutz, 2000, S. 94 ff.; *Brödermann/Iversen*, Europäisches Gemeinschaftsrecht, 1994, S. 873 ff.; *Droste*, Begriff der „zwingenden Bestimmung", 1992, S. 98 f.; *Mankowski*, IPRax 1991, 305 ff.; *Taupitz*, BB 1990, 642 ff.

1089 OLG Celle, RIW 1991, 421; OLG Frankfurt, IPRax 1990, 236, 238; OLG Hamm, IPRax 1990, 243; LG Hamburg, IPRax 1990, 239, 241; LG Hildesheim, IPRax 1990, 173; AG Osnabrück, IPRspr. 1988, Nr. 21 a).

1090 LG Hamburg, RIW 1990, 1020, 1021.

1091 BGH, NJW 1997, 1697, 1698.

1092 BGH, NJW 2000, 1487, 1487.

1093 Im Rahmen der Diskussion um Art. 3 Abs. 3 EVÜ hat jedoch Calliess hierauf verwiesen: *Calliess*, Verbraucherverträge, 2006, S. 34; auf diese Problematik verweist innerhalb der Anknüpfung des Vertragsstatuts: *Rühl*, Statut, 2011, S. 529; im Rahmen des Zuständigkeitsrechts: *Schack*, Erfüllungsort, 1985, Rn. 150.

Fernkommunikationsmittel hingegen bereitet die Feststellung eines Abschlussortes Schwierigkeiten. Hier gibt es vier mögliche Bezugspunkte: Jeweils die Orte der Erklärung und des Zugangs von Angebot und Annahme.[1094] Anders als bei der Anknüpfung oder Zuständigkeit besteht im Rahmen Bestimmung des Auslandsbezugs bei Art. 3 Abs. 3 Rom I-VO jedoch keine Notwendigkeit, einen einzigen einheitlichen Abschlussort zu bestimmen. Vielmehr kann, wie für die Form von grenzüberschreitenden Distanzgeschäften im Rahmen des Art. 11 Abs. 2 Rom I-VO auf den Ort der Abgabe der auf den Vertragsabschluss gerichteten Erklärungen durch die Parteien bzw. ihre Vertreter abgestellt werden.[1095] Im Folgenden werden beide Konstellationen, die Relevanz des gemeinsamen Abschlussortes und der Orte der Abgabe der Vertragserklärungen bei Distanzgeschäften, gemeinsam behandelt und wo notwendig unterschieden.

a) Systematik

In der Rom I-VO finden sich verschiedene systematische Anhaltspunkte für eine Relevanz des Abschlussortes, die von der dies befürwortenden Literatur betont werden.[1096]

aa) Relevanz für das Vertragsstatut

Bei der Bestimmung des Vertragsstatuts kommt dem Abschlussort im Rahmen verschiedener Vorschriften eine Relevanz zu.

(1) Art. 4 Abs. 1 lit. g Rom I-VO

Gemäß Art. 4 Abs. 1 lit. g Rom I-VO wird für Verträge, die im Rahmen einer Versteigerung abgeschlossen werden, an den Ort der Versteigerung angeknüpft. Dies setzt voraus, dass die Versteigerung lokalisierbar ist.[1097] Die Regelung greift dementsprechend meist nicht bei Versteigerungen über Internetplattformen.[1098] Begründet wird diese Regelung damit, dass Versteigerungen gewöhnlich

---

1094 *Schack*, Erfüllungsort, 1985, Rn. 150.

1095 Vgl. schon zu dieser bei der Formfrage möglichen alternativen Anknüpfung: *Rabel*, Conflict of Laws, 1960, S. 518; *Zweigert*, FS Rabel, 1954, S. 631, 633 f.

1096 Staudinger/*Magnus*, Art. 3 Rom I-VO Rn. 139; *Klumb*, ZBB 2012, 449, 453.

1097 Dies ergibt sich schon aus dem Wortlaut des Art. 4 Abs. 1 lit. g Rom I-VO: „sofern der Ort der Versteigerung bestimmt werden kann".

1098 Staudinger/*Magnus*, Art. 4 Rom I-VO Rn. 87; Ferrari/*Ferrari*, Art. 4 Rom I-VO Rn. 52; a.A.: Beck-OGK/*Köhler*, Art. 4 Rom I-VO Rn. 130 f.; vgl. auch: *Calliess*, Verbraucherverträge, 2006, S. 33 ff.

zwingenden örtlichen Vorschriften unterliegen, mithin also regulierte Märkte darstellen, auf denen gleiche Bedingungen und damit gleiches Recht für alle Teilnehmer gelten sollte.[1099] Zudem werden die Kaufverträge regelmäßig auch direkt vor Ort erfüllt.[1100]

Darüber hinaus wird zur Begründung der Regelung auf die besonderen Vertragsgestaltungen bei Versteigerungen verwiesen.[1101] Bei Versteigerungen ist zwischen zwei Konstellationen zu unterscheiden: Vertragspartner des Bieters kann hier einerseits der Auktionator sein, in anderen Gestaltungen kann jedoch der Auftraggeber als Vertragspartner auftreten.[1102] In letzterem Fall würde Art. 4 Abs. 1 lit. a Rom I-VO zu einer Anknüpfung an den gewöhnlichen Aufenthalt des für den Bieter oftmals vollkommen unbekannten Verkäufers führen und damit letztlich zur Anwendbarkeit eines für diesen nicht vorhersehbaren Rechts.[1103] Demgegenüber ist der Ort der Versteigerung für beide Parteien vorhersehbar.[1104]

Grundsätzlich kommt damit dem Abschlussort die Vermutungswirkung zu, da es sich hierbei um einen Anknüpfungspunkt in der Rom I-VO handelt. Gleichwohl ist diese Vermutungswirkung stark begrenzt, da sie auf den besonderen Erwägungen für Versteigerungskäufe beruht, und nicht allgemein übertragbar ist. Die Regelung ist beschränkt auf Fälle, in denen der Ort der Versteigerung lokalisierbar ist und beruht auf der Vorhersehbarkeit desselben, so dass eine Übertragung auf Vertragsschlüsse über Distanz nicht in Frage kommt. Doch auch im Übrigen basiert die Anknüpfung in Art. 4 Abs. 1 lit. g Rom I-VO auf den besonderen Vertragskonstellationen bei Versteigerungen, so dass diese Anknüpfung nicht verallgemeinerungsfähig ist.

1099 Vgl. Staudinger/*Magnus*, Art. 4 Rom I-VO Rn. 84 m.w.N.; *Garcimartín Alférez*, EuLF 2008, 61, 68.

1100 Vgl. Beck-OGK/*Köhler*, Art. 4 Rom I-VO Rn. 127; Staudinger/*Magnus*, Art. 4 Rom I-VO Rn. 84; *Müller*, in: von Hein/Rühl (Hrsg.), Kohärenz im Internationalen Privat- und Verfahrensrecht der Europäischen Union, 2016, S. 243, 263; *Wagner*, IPRax 2008, 377, 384.

1101 So: Rauscher/*Thorn*, Art. 4 Rom I-VO Rn. 31.

1102 Rauscher/*Thorn*, Art. 4 Rom I-VO Rn. 31; MüKo/*Martiny*, Art. 4 Rom I-VO Rn. 157.

1103 Vgl. *Wagner*, IPRax 2008, 377, 384.

1104 Vgl. Beck-OGK/*Köhler*, Art. 4 Rom I-VO Rn. 127; *Müller*, in: von Hein/Rühl (Hrsg.), Kohärenz im Internationalen Privat- und Verfahrensrecht der Europäischen Union, 2016, S. 243, 263; *Wagner*, IPRax 2008, 377, 384.

(2) *Art. 4 Abs. 1 lit. h Rom I-VO*

Eine weitere Regelung, die an den Abschlussort anknüpft, findet sich in Art. 4 Abs. 1 lit. h Rom I-VO für Verträge, die innerhalb eines multilateralen Systems geschlossen werden.[1105] Multilaterale Systeme stellen etwa der klassische Börsenparketthandel sowie verschiedene elektronische Handelssysteme dar.[1106] Die Regelung erfasst die Innengeschäfte; Außengeschäfte, wie etwa der Auftrag des Bankkunden an die Bank zum Kauf von Wertpapieren, sind demnach nicht erfasst.[1107] Diese Verträge werden an das Recht des multilateralen Systems angeknüpft. Gemeinhin wird es sich hierbei um das Recht desjenigen Staates handeln, welcher auch die Aufsicht über das multilaterale System führt.[1108] Hierbei handelt es sich um den Staat, „auf dessen Gebiet das multilaterale System im Wesentlichen betrieben wird."[1109]

Doch auch dieser Regelung liegen sehr spezifische Erwägungen zugrunde. Einerseits soll die Anknüpfung einen Gleichklang zwischen Marktorganisations- und Markttransaktionsrecht sicherstellen, und so Qualifikations- und Anpassungsprobleme vermeiden.[1110] Darüber hinaus würde eine Anknüpfung an das Recht des gewöhnlichen Aufenthalts des Verkäufers hier zu einer Vervielfältigung der auf die innerhalb des Systems geschlossenen Verträge anwendbaren Rechte führen. Da diese Märkte zudem meist anonym funktionieren, kennen Verkäufer und Käufer sich nicht, weswegen eine solche Anknüpfung hier ungeeignet wäre.[1111] Demgegenüber kann die einheitliche Anknüpfung an das Recht des multilateralen Systems für alle Marktteilnehmer Rechtssicherheit schaffen.[1112] Diese Vereinheitlichung erzeugt darüber hinaus Rationalisierungseffekte.[1113]

Letztlich liegen damit auch dieser Regelung derart spezifische Erwägungen zugrunde, dass eine Pauschalisierung der Relevanz des Abschlussortes über ihren Anwendungsbereich hinaus für Art. 3 Abs. 3 Rom I-VO abzulehnen ist.

1105 Ausführlich zu den hiervon erfassten Verträgen: Staudinger/*Magnus*, Art. 4 Rom I-VO Rn. 90 ff.

1106 Rauscher/*Thorn*, Art. 4 Rom I-VO Rn. 74.

1107 Vgl. Palandt/*ders.*, Art. 4 Rom I-VO Rn. 21.

1108 *Wagner*, IPRax 2008, 377, 385.

1109 Vgl. Staudinger/*Magnus*, Art. 4 Rom I-VO Rn. 94.

1110 Vgl. *Müller*, Finanzinstrumente, 2011, S. 234.

1111 Vgl. *Garcimartín Alférez*, JPIL 5 (2009), 85, 98.

1112 So unter Auswertung der Gesetzgebungsmaterialien: *Dicke*, Kapitalmarktgeschäfte, 2015, S. 39; siehe auch: *Bierman/Struycken*, NIPR 2009, 416, 421.

1113 Vgl. Rauscher/*Thorn*, Art. 4 Rom I-VO Rn. 140.

(3) Art. 6 Abs. 1, Art. 8 Abs. 3 Rom I-VO

Magnus macht darüber hinaus geltend, dass der Verweis auf die einstellende Niederlassung in Art. 8 Abs. 3 Rom I-VO für Arbeitsverträge oftmals mit dem Abschlussort übereinstimme. Zudem würde die Anknüpfung in Art. 6 Abs. 1 Rom I-VO oftmals zu gleichen Ergebnissen wie der Abschlussort führen.[1114]

Der Heranziehung dieser Regelung als Indiz für eine Relevanz des Abschlussortes ist jedoch entschieden zu widersprechen. Wäre dem Verordnungsgeber an einer Anknüpfung an den Abschlussort gelegen gewesen, hätte er diese normiert. Allein die Tatsache, dass die gewählten Anknüpfungspunkte teilweise mit dem Abschlussort übereinstimmen mögen, sollte daher keinerlei Rolle für die Bewertung des Abschlussortes spielen.

(4) Art. 4 Abs. 3, 4 Rom I-VO

Des Weiteren könnte für eine Relevanz des Abschlussorts vorgebracht werden, dass diesem im Rahmen des Art. 4 Abs. 3, 4 Rom I-VO Relevanz bei der Bestimmung einer „offensichtlich engeren" bzw. „engsten" Verbindung zukommt.

Jedoch wird für die Ausweichklausel dem Abschlussort des Vertrages eher eine geringe Indizwirkung zuerkannt.[1115] Hier wird insbesondere darauf verwiesen, dass der Abschlussort keinen objektiven Bezug zum Leistungsaustausch aufweist[1116] und eher flüchtiger und zufälliger Natur ist.[1117] Etwas anderes vermag lediglich in solchen Fällen gelten, in denen die Verordnung selbst dem Abschlussort eine besondere Bedeutung zumisst, also bei den bereits erwähnten Regelungen zu Versteigerungen oder Börseninnengeschäften.[1118] Auch bei dem im Rahmen von Art. 4 Abs. 4 Rom I-VO vorzunehmenden „grouping of contacts" kommt dem Abschlussort lediglich ein geringes Gewicht zu.[1119] Der

---

1114 Staudinger/*Magnus*, Art. 3 Rom I-VO Rn. 139.

1115 Vgl. Staudinger/*Magnus*, Art. 3 Rom I-VO Rn. 131; Ferrari/*Ferrari*, Art. 4 Rom I-VO Rn. 74 m.w.N.

1116 So zur Ausweichklausel im EVÜ: *Kreytenberg*, Ausweichklausel, 2007, S. 167, Fn. 751; vgl. auch: Rauscher/*Thorn*, Art. 4 Rom I-VO Rn. 104.

1117 Rauscher/*Thorn*, Art. 4 Rom I-VO Rn. 104; MüKo/*Martiny*, Art. 4 Rom I-VO Rn. 298.

1118 Rauscher/*Thorn*, Art. 4 Rom I-VO Rn. 104; so zu Art. 4 Abs. 4 Rom I-VO: Ferrari/*Ferrari*, Art. 4 Rom I-VO Rn. 87.

1119 Rauscher/*Thorn*, Art. 4 Rom I-VO Rn. 155.

Abschlussort kann jedoch dann Relevanz entfalten, wenn sich andere, stärkere, Indizien gegenseitig aufheben.[1120]

(5) Fazit

Insgesamt kommt dem Abschlussort in der Rom I-VO bei der Bestimmung des Vertragsstatuts damit nur noch „marginale Bedeutung"[1121] zu. Dies ist darauf zurückzuführen, dass der *Giuliano/Lagarde*-Bericht anführt, der Abschlussort hätte nichts „mit dem Wesen des Schuldverhältnisses zu tun".[1122] Das „stille Schattendasein",[1123] das dem Abschlussort insofern bei der Bestimmung des Vertragsstatuts zukommt, vermag eine allgemeine Relevanz des Abschlussortes im Rahmen der Anknüpfung nicht zu begründen.

Den wenigen Regelungen, nach denen dem Abschlussort Relevanz zukommt, liegen spezifische Erwägungen zugrunde, die nicht verallgemeinerungsfähig sind. Bei einer Heranziehung innerhalb der Ausweichklauseln und Bestimmung der engsten Verbindung spielt er dementsprechend auch nur eine untergeordnete Rolle. Anderes kann nur für Verträge im Rahmen von Versteigerungen i.S.d. Art. 4 Abs. 1 lit. g Rom I-VO oder für Verträge innerhalb von multilateralen Systemen i.S.d. Art. 4 Abs. 1 lit. h Rom I-VO gelten.

bb) Art. 11 Abs. 1, 2 Rom I-VO

Besondere Relevanz kommt dem Abschlussort allerdings bei der Anknüpfung der Form im Rahmen des Art. 11 Rom I-VO zu. Hierbei handelt es sich um eine selbstständig anzuknüpfende Teilfrage.[1124] Befinden sich die vertragsschließenden Parteien oder ihre Vertreter zum Zeitpunkt des Vertragsschlusses in demselben Staat, findet auf die Formerfordernisse das Recht des Abschlussortes (*lex loci contractus*) oder die *lex causae* Anwendung, Art. 11 Abs. 1 Rom I-VO. Mit „befinden" ist hier gemeint, dass beide Vertragsparteien die Erklärungen im selben Staat abgeben.[1125] Die Norm findet damit nicht nur auf Vertragsschlüsse unter Anwesenden Anwendung, sondern auch bei Vertragsschlüssen unter

1120 Staudinger/*Magnus*, Art. 4 Rom I-VO Rn. 149.

1121 *Müller*, in: von Hein/Rühl (Hrsg.), Kohärenz im Internationalen Privat- und Verfahrensrecht der Europäischen Union, 2016, S. 243, 262.

1122 *Giuliano/Lagarde*-Bericht, S. 20.

1123 *Mäsch*, Verbraucherschutz, 1993, S. 104.

1124 Vgl. *von Hoffmann/Thorn*, IPR, 2007, § 5 Rn. 89; Staudinger/*Looschelders*, Einl. IPR Rn. 1196.

1125 Staudinger/*Magnus*, Art. 11 Rom I-VO Rn. 67.

Abwesenden im gleichen Staat. Hierbei ist irrelevant, warum die Parteien den Vertrag dort abschließen.[1126] Die Anknüpfung an die Ortsform kommt auch dann zur Geltung, wenn der Vertragsschluss aus Gründen der Kostensenkung ins Ausland verlegt wird.[1127] Eine Gesetzesumgehung liegt dann nicht vor, weil der Gesetzgeber die Ortsform ausdrücklich eröffnet.[1128] Insofern ist auch keine teleogische Reduktion geboten, ohnehin wäre es auch zu aufwendig, danach zu differenzieren, aus welchen Gründen der Abschlussort gewählt wurde.[1129] Eine derartige Auslegung würde auch Rechtsunsicherheit fördern.[1130]

Grenzüberschreitende Distanzverträge sind demgegenüber in Art. 11 Abs. 2 Rom I-VO geregelt. Hier findet alternativ die *lex causae* oder das Recht eines der Staaten, „in denen sich eine der Vertragsparteien oder ihr Vertreter zum Zeitpunkt des Vertragsschlusses befindet" oder das Recht des gewöhnlichen Aufenthalts einer Partei Anwendung.

Im Folgenden ist zunächst zu untersuchen, welchem Zweck die Anknüpfung an das Recht des Abschlussorts bzw. Orts der Abgabe der Vertragserklärungen dienen, um im Anschluss zu diskutieren, ob sich hieraus übertragbare Wertungen für Art. 3 Abs. 3 Rom I-VO ergeben.

(1) Regelungszweck

Die Anknüpfung der Form an den Abschlussort bzw. Ort der Abgabe der Vertragserklärungen wird überwiegend im *favor gerentis*,[1131] d.h. der Begünstigung des Handelnden,[1132] gesehen. Dass die Formgültigkeit über die Einhaltung des Ortsrechts sichergestellt werden kann, erleichtert für die Parteien die Rechtsanwendung.[1133] Der Ort der Abgabe einer Erklärung oder gemeinsame Abschlussort sind ohne weiteres feststellbar, während sich die Bestimmung des Vertragsstatuts mitunter schwieriger gestalten kann.[1134] Darüber hinaus wird teils darauf verwiesen, die Anknüpfung schütze die Parteierwartung an

---

1126 Ferrari/*Schulze*, Art. 11 Rom I-VO Rn. 19.

1127 Ferrari/*ders.*, Art. 11 Rom I-VO Rn. 19.

1128 Vgl. Ferrari/*ders.*, Art. 11 Rom I-VO Rn. 19; Rauscher/*von Hein*, Art. 11 Rom I-VO Rn. 17.

1129 MüKo/*Spellenberg*, Art. 11 EGBGB Rn. 132.

1130 Vgl. *Benecke*, Gesetzesumgehung, 2004, S. 260.

1131 Staudinger/*Magnus*, Art. 11 Rom I-VO Rn. 9 m.w.N.

1132 Beck-OGK/*Gebauer*, Art. 11 Rom I-VO Rn. 21.

1133 Vgl. Staudinger/*Magnus*, Art. 11 Rom I-VO Rn. 9.

1134 Staudinger/*ders.*, Art. 11 Rom I-VO Rn. 9.

die Geltung des Ortsrechts.[1135] Letzteres Argument überzeugt nur bedingt, da diese Parteierwartung wiederum Folge der vorherrschenden Anknüpfung an den Abschluss- oder Vornahmeort ist. *Lando* verwies hingegen überzeugender darauf, dass Formfragen für die Parteien oftmals erst unmittelbar vor dem Vertragsschluss aufkommen und diese dann darauf angewiesen sind, am Abschluss- oder Aufenthaltsort Rechtsberatung zur Frage der Formgültigkeit in Anspruch nehmen zu können.[1136]

Wie *Lando* zutreffend beschrieb, dient diese Anknüpfung damit auch dem *favor negotii*, d.h. der kollisionsrechtlichen Förderung der Formgültigkeit von Verträgen:[1137]

> „There is a relationship between the *favor negotii* and the *favor gerentis*. Those who believe that formalities should not prevent *bona fide* transactions from becoming valid should also give the parties an easy and reliable access to information on the rules of form. This they will get if they may rely on the rules of the place where they make the transaction. A *favor negotii* calls for a *favor gerentis*."[1138]

Dieser Zweck des *favor negotii* wird durch die Alternativität der Anknüpfung weiter gestärkt,[1139] denn „je mehr Rechtsordnungen alternativ gelten, umso größer die Wahrscheinlichkeit, dass das Rechtsgeschäft formgültig ist."[1140] Im *Giuliano/Lagarde*-Bericht hieß es zur alternativen Anknüpfung in Art. 9 EVÜ,[1141] die Regelung sei ein „Kompromiß zwischen der *favor negotii*, die hinsichtlich

---

1135 So unter Verweis auf Zweigert: *Abend*, Lex Validitatis, 1994, S. 225 f.; vgl. auch: *Heiss/Drobnjak/Ferrari*, in: Basedow/Rühl/Ferrari u.a. (Hrsg.), Encyclopedia of Private International Law, 2017, S. 783, 784.

1136 *Lando*, FS Schmitthoff, 1973, S. 253, 255; vgl. auch: Staudinger/*Magnus*, Art. 11 Rom I-VO Rn. 9; *Rabel*, Conflict of Laws, 1960, S. 488; *Zweigert*, FS Rabel, 1954, S. 631, 636 f.

1137 Zum Begriff des favor negotii: Beck-OGK/*Gebauer*, Art. 11 Rom I-VO Rn. 20; *Neuhaus*, Grundbegriffe, 1976, S. 114 ff.

1138 *Lando*, FS Schmitthoff, 1973, S. 253, 257; dem zustimmend: Staudinger/*Magnus*, Art. 11 Rom I-VO Rn. 10.

1139 Staudinger/*Magnus*, Art. 11 Rom I-VO Rn. 11; vgl. schon: *Baum*, Alternativanknüpfungen, 1985, S. 128 f.; *Zweigert*, FS Rabel, 1954, S. 631, 634.

1140 MüKo/*Spellenberg*, Art. 11 Rom I-VO Rn. 4.

1141 Diese blieb in Art. 9 Abs. 2 EVÜ insofern hinter Art. 11 Abs. 2 Rom I-VO zurück, als dass hier keine alternative Anknüpfung an das Recht des gewöhnlichen Aufenthalts einer Vertragspartei vorgesehen war.

der Form der Rechtsgeschäfte einen gewissen Liberalismus begünstigt, und dem Gebot zur Einhaltung der Formvorschriften".[1142]

Vebraucherverträge werden jedoch in Art. 11 Abs. 4 S. 1 Rom I-VO von dieser Alternativanknüpfung ausgenommen. Vielmehr wird die Form hier an den gewöhnlichen Aufenthalt des Verbrauchers angeknüpft (Art. 11 Abs. 4 S. 2 Rom I-VO), da der Verbraucher auch bezüglich etwaiger Formanforderungen als besonders schutzwürdig eingeordnet wird.[1143] Für Grundstücksgeschäfte findet sich in Art. 11 Abs. 5 Rom I-VO ebenfalls eine gesonderte Regelung.[1144]

(2) Übertragbarkeit

Dem Ort des Vertragsschlusses bzw. der Abgabe der Vertragserklärungen kommt damit für die Anknüpfung der Form erhebliche Bedeutung zu. Fraglich ist jedoch, ob diese eine Indizwirkung für Art. 3 Abs. 3 Rom I-VO entfalten kann.

Grundlage der systematischen Heranziehung der unterschiedlichen Anknüpfungsmomente der Rom I-VO ist das diesen zugrunde liegende Prinzip der engsten Verbindung.[1145] Allerdings ist die alternative Anknüpfung an das Ortsrecht für Formfragen von anderen Erwägungen getragen, die nicht übertragbar sind. Die Heranziehung des Rechts des Abschluss- bzw. Erklärungsorts im Rahmen der alternativen Anknüpfung dient funktional dem *favor negotii* und orientiert sich damit an anderen Zielen.

Zwar zeigt Art. 11 Rom I-VO, dass durchaus eine Verbindung zum Abschlussort besteht. Allerdings ist diese für das Schuldstatut von einer, wie bereits dargelegten, sehr beschränkten Bedeutung, da der Abschlussort regelmäßig „flüchtiger Natur"[1146] ist.[1147] Die Erwägungen, die zur Aufwertung dieser Verbindung im Rahmen der Anknüpfung der Form führen, beziehen sich auf spezifische Erwägungen bei der Prüfung der Formgültigkeit, die im Rahmen der Anknüpfung des Vertragsstatuts nicht überzeugen. Zwar könnte bei

---

1142 *Giuliano/Lagarde*-Bericht, S. 28 f.; der damalige Art. 9 Abs. 5 EVÜ wurde unter lediglich redaktionellen Änderungen in Art. 11 Abs. 4 Rom I-VO übernommen: Rauscher/*von Hein*, Art. 11 Rom I-VO Rn. 28.

1143 Staudinger/*Magnus*, Art. 11 Rom I-VO Rn. 14; *Heiss/Drobnjak/Ferrari*, in: Basedow/Rühl/Ferrari u.a. (Hrsg.), Encyclopedia of Private International Law, 2017, S. 783, 785 f.

1144 Vgl. hierzu im Detail: Staudinger/*Magnus*, Art. 11 Rom I-VO Rn. 137 ff.

1145 Siehe: Zweiter Teil, B., III., 2., a), aa).

1146 MüKo/*Martiny*, Art. 4 Rom I-VO Rn. 299.

1147 Vgl. *Geisler*, Engste Verbindung, 2001, S. 219; *Mäsch*, Verbraucherschutz, 1993, S. 104.

einem ausländischen Abschlussort ein praktisches Interesse an der Rechtswahl bestehen, um ein Recht zu wählen, zu dem die Parteien vor Ort Rechtsberatung in Anspruch nehmen können. Allerdings ist dieses Interesse in solchen Fällen, in denen sämtliche anderen Umstände und damit auch die Hauptverwaltung bzw. der gewöhnliche Aufenthalt der Parteien in einem anderen Staat belegen sind, allenfalls gering. Regelmäßig werden die Parteien mit dem inländischen Recht vertrauter sein und hierzu auch bereits Rechtsberatung in Anspruch nehmen.

Dementsprechend lässt sich Art. 11 Rom I-VO, entgegen verschiedener Stimmen in der Literatur,[1148] nicht als Argument für die Relevanz des Abschlussortes bei Art. 3 Abs. 3 Rom I-VO geltend machen.[1149]

cc) Art. 13 Rom I-VO

Rechts- und Geschäftsfähigkeit werden grundsätzlich über das Internationale Privatrecht der *lex fori* angeknüpft, in Deutschland beispielsweise gem. Art. 7 EGBGB.[1150] Diese Anknüpfung wird über Art. 13 Rom I-VO jedoch eingeschränkt. Hiernach kann sich eine natürliche Person bei einem Vertragsschluss zwischen Parteien im selben Staat, wenn die Person nach dem Recht dieses Staates geschäfts- und rechtsfähig ist, auf eine nach einem anderen Recht bestehende Geschäfts- oder Rechtsunfähigkeit nur berufen, wenn die andere Vertragspartei diese bei Vertragsschluss kannte oder in Folge von Fahrlässigkeit nicht kannte. Die Regelung übernimmt damit im Wesentlichen Art. 11 EVÜ.[1151] Art. 13 Rom I-VO gilt für Vertragsschlüsse unter Anwesenden am selben Ort oder bei Distanzverträgen im gleichen Staat.[1152] Damit kommt dem Abschlussort des Vertrags im Rahmen des Art. 13 Rom I-VO erhebliche Relevanz zu.

Der *Giuliano/Lagarde*-Bericht führte zu Art. 11 EVÜ an, die Regelung sei der Versuch, „die gutgläubige Partei zu schützen, die einen Vertrag mit einer geschäftsfähigen Person abzuschließen glaubte und der nach Vertragsabschluß die Geschäftsunfähigkeit des Vertragspartners entgegengehalten wird".[1153] Ohne diesen Schutz müsste der Vertragspartner die Wirksamkeit möglicher Geschäfte nach fremdem Rechts- oder Geschäftsfähigkeitsregeln beurteilen und die Risiken dieser Beurteilung tragen.[1154] Es handelt sich damit um eine alternative

---

1148 Vgl. etwa: *Magnus*, ZEuP 2018, 507, 532; *Klumb*, ZBB 2012, 449, 453.
1149 In diese Richtung auch: *Mäsch*, Verbraucherschutz, 1993, S. 103 ff.
1150 Staudinger/*Hausmann*, Art. 13 Rom I-VO Rn. 3.
1151 Staudinger/*ders.*, Art. 13 Rom I-VO Rn. 3.
1152 Staudinger/*ders.*, Art. 13 Rom I-VO Rn. 7.
1153 *Giuliano/Lagarde*-Bericht, S. 34; vgl. auch BT-Drucks. 10/503 S. 67.
1154 Staudinger/*Hausmann*, Art. 13 Rom I-VO Rn. 4.

Anknüpfung *in favorem gerentis,*[1155] die die in den meisten Mitgliedsstaaten praktizierte Anknüpfung an das Personalstatut einschränkt.[1156]

Zutreffend stellt *Hausmann* fest, dass diese Begründung dann nicht verfängt, wenn das anwendbare Kollisionsrecht die Geschäftsfähigkeit nicht dem Personalstatut sondern, wie etwa das englische Kollisionsrecht, der *lex causae* unterstellt.[1157] In solchen Fällen soll dann die bewusste Teilnahme beider Parteien am Rechtsverkehr am Abschlussort die Anknüpfung begründen.[1158] Nehmen beide Parteien an diesem Rechtsverkehr teil, ist das Recht dieses Staates „räumlich am besten geeignet, über den Zugang zu diesem Rechtsverkehr und die sich daraus ergebenden Fragen zu entscheiden".[1159] Des Weiteren wird in der Literatur angeführt, die Regelung schütze das Vertrauen in die Geltung des Rechts des Abschlussortes.[1160]

Die Regelung stößt in der Literatur teils auf starke Kritik.[1161] *Thomale* kritisiert die Reserveanknüpfung, da dem Abschlussort wegen seiner Zufälligkeit für das Vertragsstatut gerade keine Bedeutung zukommt. Zudem könne auch der Verweis auf die Vorhersehbarkeit dieser Relevanz des Abschlussortes nicht überzeugen, da mit diesem Argument auch an das Wirkungsstatut oder den gewöhnlichen Aufenthalt des Geschäftspartners angeknüpft werden könnte.[1162] Zudem wird betont, dass der Abschlussort für das Vertragsstatut im Übrigen keinerlei Rolle (mehr) spiele.[1163]

Unabhängig von dieser Kritik liegen der Regelung damit jedoch Wertungen zugrunde, die nicht für eine Bewertung im Rahmen des Art. 3 Abs. 3 Rom I-VO fruchtbar gemacht werden können. Die Anknüpfung an den Abschlussort erfolgt hier zum Schutz einer Vertragspartei und ihres Vertrauens auf die Gültigkeit des abgeschlossenen Geschäfts. Diese Erwägungen führen zu einer

---

1155 Rauscher/*Thorn*, Art. 13 Rom I-VO Rn. 1.

1156 Vgl. Staudinger/*Hausmann*, Art. 13 Rom I-VO Rn. 1.

1157 Staudinger/*ders.*, Art. 13 Rom I-VO Rn. 5.

1158 Vgl. Staudinger/*Hausmann*, Art. 13 Rom I-VO Rn. 5; *Lipp*, RabelsZ 63 (1999), 107, 131 f.

1159 *Lipp*, RabelsZ 63 (1999), 107, 131 f.

1160 Vgl. Staudinger/*Hausmann*, Art. 13 Rom I-VO Rn. 13; *Fischer*, Verkehrsschutz, 1990, 26 ff.

1161 Die Kritik an der Regelung fassen zusammen: MüKo/*Spellenberg*, Art. 13 Rom I-VO Rn. 9 ff. m.w.N.; Beck-OGK/*Thomale*, Art. 13 Rom I-VO Rn. 4 ff. m.w.N.

1162 Beck-OGK/*Thomale*, Art. 13 Rom I-VO Rn. 4.

1163 Vgl. Beck-OGK/*Thomale*, Art. 13 Rom I-VO Rn. 4; MüKo/*Spellenberg*, Art. 13 Rom I-VO Rn. 12.

Aufwertung der Verbindung zum Abschlussort, der ansonsten, wie bereits gezeigt, im Rahmen der Rom I-VO aufgrund ihrer Zufälligkeit keine besondere Bedeutung zukommt.

dd) Fazit

Insgesamt kommt dem Abschlussort im Rahmen der Rom I-VO nur sehr eingeschränkte Bedeutung zu. Art. 11 und 13 Rom I-VO ziehen den Abschlussort zwar heran, diese Regelungen sind jedoch jeweils von besonderen, nicht auf Art. 3 Abs. 3 Rom I-VO übertragbaren Wertungen getragen. Im Rahmen der Anknüpfung des Vertragsstatuts kommt dem Abschlussort nur für bestimmte Vertragstypen im Rahmen der Art. 4 Abs. 1 lit. g und h Rom I-VO Relevanz zu, woraus sich allerdings keine verallgemeinerungsfähige Bedeutung des Abschlussortes ergibt. Insgesamt spricht die Systematik damit nicht für eine Relevanz des Abschlussortes im Rahmen des Art. 3 Abs. 3 Rom I-VO. Etwas anderes gilt nur für solche Verträge, die unter die Art. 4 Abs. 1 lit. g und h Rom I-VO fallen.

b) Rechtsunsicherheitskosten

Zu untersuchen ist des Weiteren, inwiefern bei einem im Übrigen reinen Inlandssachverhalt allein der ausländische Abschlussort oder die Abgabe von Vertragserklärungen im Ausland Rechtsunsicherheit für die Parteien verursachen. Ist dies der Fall, würde der ausländische Abschlussort die Transaktionskosten erhöhen und damit die Parteien in ihren Geschäften belasten. Dies würde dafür sprechen, diesen als relevanten Auslandsbezug anzusehen und den Parteien die Rechtswahlfreiheit einzuräumen, um diese Belastung abzumildern und darüber auch den Binnenmarkt zu fördern.[1164]

Allein der Abschluss eines Geschäfts im Ausland schafft im Rahmen der Rom I-VO für die Parteien keine nennenswerte Rechtsunsicherheit. Im geltenden Recht spielt der Abschlussort schließlich, wie bereits aufgezeigt, bei der Anknüpfung des Vertragsstatuts kaum noch eine Rolle.[1165] Etwas anderes gilt nur für solche Fälle, die unter Art. 4 Abs. 1 lit. g und h Rom I-VO fallen.

Gleichwohl könnte ein ausländischer Abschlussort dann erhebliche Rechtsunsicherheit verursachen, wenn dieser im internationalen Vergleich in verschiedenen Kollisionsrechtsordnungen Relevanz bei der Anknüpfung entfaltet. Dann

---

1164 Zur Herleitung der Maßgeblichkeit von Rechtsunsicherheitskosten: Zweiter Teil, A., III., 4., a), bb), (2), (b), (bb).

1165 Vgl. *Rühl*, Statut, 2011, S. 528.

würde in solchen Fällen, in denen auch ein dort belegener Gerichtsstand in Betracht kommt, Unsicherheit über das anwendbare Internationale Privatrecht und als Folge das anwendbare Recht bestehen. Allerdings zeigt auch der internationale Vergleich, dass nur noch vereinzelt an den Abschlussort angeknüpft wird.

Im japanischen Internationalen Privatrecht fand gemäß Art. 7 (2) des *Hôrei* die *lex loci contractus* auf den Vertrag Anwendung.[1166] Mit der Reform des Gesetzes 2006 wurde jedoch die Regelung durch die Anknüpfung an das Recht, zu dem die engste Beziehung besteht, abgelöst.[1167] Hierbei wird vermutet, dass diese anhand der charakteristischen Leistung zu bestimmen ist.[1168]

In Art. 9 des Einführungsgesetzes zum Brasilianischen Zivilgesetzbuch heißt es: „Auf die […] Regelung der Obligationen findet das Gesetz desjenigen Landes Anwendung, in welchem sie entstanden sind".[1169] Zu nicht unter Anwesenden geschlossenen Geschäften heißt es: „Eine aus einem Vertrag entstandene Obligation wird als am Orte des Aufenthaltes des Anbietenden entstanden betrachtet."[1170] Damit kommt dem Recht des Abschlussortes durchaus erhebliche Bedeutung zu, wenngleich die Regelung in den in der Praxis wohl häufigsten Fällen des Distanzabschlusses einer Anknüpfung an das Recht des Anbietenden gleichkommt.

Im Rahmen des Restatement (second) Conflict of Laws[1171] heißt es in § 188 (1), es solle grundsätzlich das Recht des Staates Anwendung finden, bei dem „the most significant relationship to the transaction and the parties" besteht.[1172] Nach § 188 (3) soll, wenn sich „the place of negotiating the contract and the place of performance" im selben Staat befinden, „usually" das Recht dieses Staates zur Anwendung gelangen.[1173] In dieser Vermutung kommt dem Abschlussort damit

---

1166 *Sakurada/Nishitani/Schwittek*, ZJapanR 22 (2006), 265, 266; *Basedow*, in: Basedow/Kono (Hrsg.), An Economic Analysis of Private International Law, 2006, S. 57, 69.

1167 *Sakurada/Nishitani/Schwittek*, ZJapanR 22 (2006), 265, 266.

1168 *Dies.*, ZJapanR 22 (2006), 265, 266.

1169 Die deutsche Übersetzung der Regelung entstammt: *Kropholler/Krüger/Riering u.a.*, IPR-Gesetze, 1999, S. 113; vgl. auch: *Basedow*, RabelsZ 75 (2011), 32, 34.

1170 Die deutsche Übersetzung entstammt: *Kropholler/Krüger/Riering u.a.*, IPR-Gesetze, 1999, S. 115; vgl. zu dieser Regelung auch: *Araujo/Guedes de C. Saldanha*, Pan. Braz. L. 1 (2013), 73, 76 f.

1171 Überblicksartig zu Natur und Inhalt der Restatements: *Symeonides*, in: Basedow/Rühl/Ferrari u.a. (Hrsg.), Encyclopedia of Private International Law, 2017, S. 1545 ff.; *Vischer*, RabelsZ 38 (1974), 128 ff.

1172 *American Law Institute*, Restatement of the Law, second, 1996, S. 575.

1173 *Dass.*, Restatement of the Law, second, 1996, S. 575.

nur insoweit Bedeutung zu, wie dieser mit dem Erfüllungsort übereinstimmt. In § 188 (2) werden der Abschlussort (§ 188 (2) (a)) und Verhandlungsort (§ 188 (2) (b)) auch als Umstände genannt, die bei der Bestimmung des anwendbaren Rechts einzubeziehen sind.[1174] Allerdings dürfte in solchen Fällen, in denen der Erfüllungsort (§ 188 (2) (c)) und sämtliche anderen in § 188 (2) (d) und (e) genannten Umstände in einem anderen Staat belegen sind, die Verbindung zu diesem Staat überwiegen.

Damit besteht bei einem ausländischen Abschlussort zwar die Möglichkeit, dass dieser im Rahmen der Bestimmung des anwendbaren Rechts bei einem Gerichtsstand außerhalb der Union im Rahmen des Kollisionsrechts des jeweiligen Forums eine Rolle spielt. Dies gilt maßgeblich für das brasilianische IPR. Allerdings wird hier bei Distanzabschlüssen ohnehin an das Recht des Anbietenden angeknüpft. Insgesamt besteht damit in solchen Fällen, in denen nur der Abschlussort im Ausland belegen ist, allenfalls ein sehr geringes Maß an Rechtsunsicherheit über das anwendbare Vertragsstatut. Dies stellt keine relevante Belastung der Parteien mit Rechtsunsicherheitskosten dar und spricht damit nicht für eine Relevanz des Abschlussortes im Rahmen des Art. 3 Abs. 3 Rom I-VO.

c) Missbrauchspotential

In jedem Fall spricht das Missbrauchspotential entscheidend gegen eine Berücksichtigung des Abschlussortes.

Wäre es möglich, über einen ausländischen Abschlussort einen Auslandsbezug herzustellen und so die Möglichkeit der kollisionsrechtlichen Rechtswahl zu erhalten, wäre es ein leichtes, diesen zu manipulieren. Geschäftsreisende könnten sich etwa an ausländischen Flughäfen zum Vertragsschluss verabreden. In Grenzregionen würde eine schlichte Fahrt ins Nachbarland reichen, wie *Mäsch* zutreffend feststellt: „Bad Reichenhaller müßten nur nach Salzburg, Parteien aus Kehl nach Straßburg fahren, um den Vertrag zu einem internationalen zu machen".[1175] Dass Parteien solche Möglichkeiten auch wahrnehmen könnten, zeigt das Phänomen des „Beurkundungstourismus". Hierbei werden Geschäfte aus Kostengründen im Ausland beurkundet.[1176] So kann etwa durch Verlegung des Abschlussortes ins Ausland die Erforderlichkeit der notariellen Form des

1174 Vgl. zu diesen „Pointers": *Symeonides*, in: Basedow/Rühl/Ferrari u.a. (Hrsg.), Encyclopedia of Private International Law, 2017, S. 1545, 1550 f.

1175 *Mäsch*, Verbraucherschutz, 1993, S. 103.

1176 Vgl. Rauscher/*von Hein*, Art. 3 Rom I-VO Rn. 112.

§ 311b Abs. 1 BGB auch bei Kaufverträgen über in Deutschland belegenen Grundstücken vermieden werden.[1177]

Allerdings ließe sich mit Blick auf diese Fälle der Beeinflussung des Formstatuts durch Wahl eines Abschlussortes im Rahmen des Art. 11 Rom I-VO auch darauf verweisen, dass diese Manipulation des Formstatuts durch Verlegung des Abschlussorts für die Anknüpfung irrelevant ist. Die Erfüllung der Formerfordernisse des Ortsrechts genügt auch dann für die Wirksamkeit des Geschäfts, wenn die Parteien den Abschlussort bewusst ins Ausland verlagert haben, um in den Genuss einfacherer bzw. kostengünstigerer Formregelungen zu kommen.[1178] Art. 11 Rom I-VO liegt zwar der Gedanke an solche Parteien zugrunde, die sich ohnehin im Ausland befinden und dort daher einen Vertrag schließen.[1179] Es ist nicht Zweck der Regelung, den „Vertragsschlusstourismus"[1180] zu ermöglichen. Gleichwohl besteht weitgehende Einigkeit dahingehend, dass auch in diesen Fällen die Erfüllung des Ortsrechts genügt.[1181] Hierfür wird angeführt, dass eine Differenzierung nach dem Zweck der Wahl des Abschlussortes „umfangreiche Nachforschungen über die Motive der Parteien erfordern und zu erheblicher Rechtsunsicherheit führen" würde.[1182] Auch *Benecke*, die sich ausführlich mit Formen der Gesetzesumgehung im IPR auseinandersetzt, verweist auf die „formfreundliche Ausrichtung" der Regelung. Das IPR solle der Formwirksamkeit des Vertrages „möglichst nicht im Wege stehen".[1183] Allgemein besteht Einigkeit, dass die bewusste Verlagerung des Abschlussorts zur Beeinflussung der Anknüpfung des Formstatuts keine Gesetzesumgehung darstellt, „weil der Gesetzgeber die Ortsform ausdrücklich genügen lässt."[1184]

1177 Vgl. *Benecke*, Gesetzesumgehung, 2004, S. 252; § 311b Abs. 1 BGB kommt auch nicht über Art. 11 Abs. 1 Rom I-VO zur Anwendung, siehe hierzu: Rauscher/*von Hein*, Art. 11 Rom I-VO Rn. 34; Staudinger/*Magnus*, Art. 11 Rom I-VO Rn. 143.

1178 Ferrari/*Schulze*, Art. 11 Rom I-VO Rn. 19; MüKo/*Spellenberg*, Art. 11 Rom I-VO Rn. 40; Palandt/*Thorn*, Art. 11 Rom I-VO Rn. 11.

1179 *Benecke*, Gesetzesumgehung, 2004, S. 254; im Kontext des Art. 11 EGBGB: *Kropholler*, ZHR 140 (1976), 394, 398.

1180 *von Hoffmann/Thorn*, IPR, 2007, § 6 Rn. 129.

1181 Vgl. Ferrari/*Schulze*, Art. 11 Rom I-VO Rn. 19; NK-BGB/*Bischoff*, Art. 11 Rom I-VO Rn. 22; Palandt/*Thorn*, Art. 11 Rom I-VO Rn. 11.

1182 *von Hoffmann/Thorn*, IPR, 2007, § 6 Rn. 129; auf die entscheidende Bedeutung der Rechtssicherheit verweisen in dieser Diskussion auch: *Benecke*, Gesetzesumgehung, 2004, S. 254; *Kropholler*, ZHR 140 (1976), 394, 398 f.

1183 *Benecke*, Gesetzesumgehung, 2004, S. 254.

1184 Ferrari/*Schulze*, Art. 11 Rom I-VO Rn. 19 m.w.N.; vgl. auch: NK-BGB/*Bischoff*, Art. 11 Rom I-VO Rn. 22.

Aus dieser Unbeachtlichkeit einer bewussten Verlagerung des Abschlussorts zur Manipulation des Formstatuts könnte gefolgert werden, dass der Verweis auf die Beeinflussbarkeit des Abschlussortes nicht als Argument gegen dessen Relevanz bei Art. 3 Abs. 3 Rom I-VO verwendet werden könnte. Allerdings stellt *Benecke* zutreffend fest: „Insgesamt zeigt sich bei der Umgehung von Formvorschriften mit Mitteln des IPR eine auffallend größere Toleranz als bei der Umgehung mit Mitteln des Sachrechts."[1185] Die Duldung möglicher bewusster Verlagerungen des Abschlussortes und die damit verbundene Aushebelung von Formvorschriften, die verschiedene Schutzzwecke verfolgen können, erfolgt, um Rechtssicherheit zu gewährleisten und den *favor negotii* zu fördern. Zugunsten dieser Zwecke hat der Gesetzgeber die leichte Manipulierbarkeit der Formanknüpfung „bewußt in Kauf genommen".[1186] Insofern beruht Art. 11 Rom I-VO auf besonderen Erwägungen, die schon im Rahmen der systematischen Auswertung dargelegt wurden.[1187] Diese Erwägungen sprechen nicht dafür, dass der Gesetzgeber auch eine Beeinflussung des Vertragsstatuts durch Verlegung des Abschlussorts hinnehmen würde und dessen Manipulierbarkeit daher auch im Rahmen des Art. 3 Abs. 3 Rom I-VO nicht zu beachten ist.

Insgesamt handelt es sich beim Abschlussort um einen besonders leicht manipulierbaren Umstand. Angesichts dessen vertritt etwa *Stürner*, der Abschlussort sei bei bewusster Verlegung irrelevant.[1188] Da sich der Zweck des Art. 3 Abs. 3 Rom I-VO gerade in Abgrenzung von der allgemeinen Missbrauchskontrolle als objektive, typisierte Missbrauchskontrolle darstellt, ist die subjektive Motivation der Parteien im Einzelfall allerdings nicht mit einzubeziehen.[1189] Vielmehr handelt es sich allgemein um ein derart leicht manipulierbares Element, dass eine Relevanz des Abschlussortes abzulehnen ist. Etwas anderes kann nur ausnahmsweise für solche Verträge gelten, die unter Art. 4 Abs. 1 lit. g und h Rom I-VO fallen. In diesen Fällen, in denen der Abschlussort, wie dargelegt, eine besondere Bedeutung hat, ist dieser nicht leicht manipulierbar. So wäre eine Versteigerung oder ein multilateraler Handel nur schwerlich in andere Länder verlegbar.

1185 *Benecke*, Gesetzesumgehung, 2004, S. 254.

1186 So fasst die Argumente der Literatur in der Diskussion um Art. 11 EGBGB zusammen: *Kropholler*, ZHR 140 (1976), 394, 397.

1187 Siehe: Dritter Teil, A., I., 1., a), bb), (1).

1188 Erman/*Stürner*, Art. 3 Rom I-VO Rn. 26.

1189 Vgl. hierzu oben: Zweiter Teil, B., IV., 3., a).

d) *Wirtschaftlicher Maßstab*

Darüber hinaus spricht auch der wirtschaftliche Maßstab[1190] gegen eine Relevanz des Abschlussortes. Allein aufgrund eines im Ausland liegenden Abschlussortes verursacht ein Vertrag keine Auswirkungen auf ein anderes Wirtschaftssystem. Etwas anderes kann dann gelten, wenn vor Ort im Rahmen des Vertragsschlusses Dienstleistungen in Anspruch genommen werden, beispielsweise bei einer Beurkundung des Vertragsschlusses durch einen örtlichen Notar. Allerdings handelt es sich hierbei regelmäßig nur um marginale Auswirkungen.

e) *Fazit*

Insgesamt handelt es sich beim Abschlussort damit nicht um einen für Art. 3 Abs. 3 Rom I-VO relevanten Auslandsbezug. Etwas anderes gilt nur für die in den Art. 4 Abs. 1 lit. g oder h Rom I-VO geregelten Vertragstypen.

2. *Vertragsverhandlungen*

Als Vorstufe zum Vertragsabschluss käme auch ein Auslandsbezug über den Ort der Vertragsverhandlungen in Frage. Die erstinstanzliche Entscheidung des High Court in *Dexia* legt nahe, dass das Gericht den Ort der Vertragsverhandlungen als einen relevanten Umstand ansieht.[1191] In der Literatur werden diese Umstände weit überwiegend als nicht ausreichend für einen Auslandsbezug gehalten.[1192]

Als Vorstufe zum Vertragsabschluss ähneln die Erwägungen denen zur Relevanz des Abschlussortes. Im Folgenden soll daher lediglich auf Unterschiede hierzu eingegangen werden.

1190 Zur Herausbildung dieses Maßstabs: Zweiter Teil, C., IV., 3., b).

1191 So trug Dexia für den Inlandssachverhalt vor: „Italy was where both parties were incorporated, it was where the parties *communicated with each other*, it was where the swaps were entered into". Das Gericht wies dies jedenfalls nicht zurück: *Dexia Crediop S.p.A.* v *Comune di Prato* [2015] EWHC 1746 (Comm) [209]. Dies legt auch die zweite Instanz nahe, die erneut hierauf verweist: *Dexia Crediop S.p.A.* v *Comune di Prato* [2017] EWCA Civ 428 [122].

1192 Staudinger/*Magnus*, Art. 4 Rom I-VO Rn. 139; *Böhle*, ZEuP 2019, 72, 80; Droste hält den Ort der Abgabe des Vertragsangebots für ausreichend, Vertragsverhandlungen hingegen nicht: *Droste*, Begriff der „zwingenden Bestimmung", 1992, S. 98 f.; ähnlich: *Backert*, Verbraucherschutz, 2000, S. 107; a.A. Lorenz, der Vertragsverhandlungen im Ausland als hinreichenden Auslandsbezug ansieht: *E. Lorenz*, RIW 1987, 569, 575; vgl. auch: MüKo/*Martiny*, Art. 3 Rom I-VO Rn. 91.

a) Systematische Anhaltspunkte

Anders als für den Abschlussort gibt es in der Rom I-VO schon keinerlei systematische Anhaltspunkte für eine Relevanz der Orte der Vertragsanbahnung. Bei der Bestimmung der engsten Verbindung im Rahmen des Art. 4 Abs. 4 Rom I-VO kann der Verhandlungsort eine Rolle spielen, diesem kommt jedoch ein noch geringeres Gewicht als dem Abschlussort zu.[1193] Als Indiz für eine allgemeine Relevanz der Umstände der Vertragsverhandlungen kann dies nicht gewertet werden.

b) Rechtsunsicherheitskosten

Finden zu einem im übrigen rein inländischen Vertrag die Verhandlungen im Ausland statt, so verursacht dies für die Parteien keine nennenswerte Rechtsunsicherheit. Das geringe Gewicht des ausländischen Verhandlungsortes im Rahmen des Art. 4 Abs. 4 Rom I-VO wäre in derartigen Fällen von den weit überwiegenden inländischen Elementen verdrängt.

Im Rahmen des Restatements (second) heißt es zwar, dass der Verhandlungsort mit in die Abwägung der „most significant relationship" einbezogen werden könne,[1194] allerdings kommt ihm tatsächliche Relevanz regelmäßig nur dann zu, wenn der Erfüllungsort im selben Staat belegen ist.[1195] Damit erscheint eine Unsicherheit über das anwendbare Recht auch nach diesen Prinzipien fernliegend, wenn nur der Ort der Verhandlungen im Ausland belegen ist.

c) Missbrauchspotential

Wenngleich damit, ähnlich der Diskussion zum Abschlussort, die Systematik den im Ausland belegenen Orten der Vertragsanbahnung bereits keine Relevanz beimisst, und diese keine Rechtsunsicherheit verursachen, soll gleichwohl abschließend noch auf das Missbrauchspotential hingewiesen werden. Schließlich ist dieses im Vergleich zum Abschlussort unter Umständen sogar noch erhöht. Bei langwierigen Vertragsverhandlungen etwa müsste nur eine „Verhandlungsrunde" im Ausland stattfinden. Die Funktion des Art. 3 Abs. 3 Rom I-VO als typisierte Missbrauchskontrolle fordert daher, diese Umstände der Vertragsanbahnung außer Acht zu lassen.

1193 Staudinger/*Magnus*, Art. 4 Rom I-VO Rn. 158.

1194 § 188 (2) lit. (b), siehe: *American Law Institute*, Restatement of the Law, second, 1996, S. 575.

1195 Vgl. § 188 (3), siehe: *dass.*, Restatement of the Law, second, 1996, S. 575.

d) Wirtschaftlicher Maßstab

Auch der wirtschaftliche Maßstab[1196] spricht gegen eine Relevanz des Verhandlungsorts im Rahmen des Art. 3 Abs. 3 Rom I-VO. Allein aufgrund der Tatsache, dass Verhandlungen über einen Vertrag (teilweise) im Ausland geführt werden, verursacht dieser keine nennenswerten Auswirkungen auf ein weiteres Wirtschaftssystem.

e) Fazit

Letztlich ist damit auch eine Relevanz der Umstände der Vertragsverhandlungen abzulehnen.

3. Vertragssprache

Als möglicher Auslandsbezug kommt auch eine ausländische Vertragssprache in Betracht. Zur Verwendung einer ausländischen Vertragssprache kann es etwa kommen, wenn Tochterunternehmen auf Formularverträge ausländischer Gesellschaften zurückgreifen.[1197] Bisweilen hat sich die englische Sprache zudem zur *lingua franca* des Finanzmarktes entwickelt.[1198] Viele Standardverträge, auf die an späterer Stelle zurückzukommen ist,[1199] sind daher auf Englisch abgefasst.[1200]

Die Literatur lehnt die Vertragssprache als Auslandsbezug weitestgehend ab.[1201] Das LG Hamburg verwies bei der Feststellung eines Inlandssachverhalts gem. Art. 27 Abs. 3 EGBGB jedoch auch auf die Vertragssprache.[1202] In der englischen Rechtsprechung zeigt sich ein abweichendes Bild. In *Caterpillar* wurde die Vertragssprache zwar als ein Faktor im Rahmen des Art. 3 Abs. 3 Rom I-VO genannt, allerdings erst nachdem bereits andere Faktoren als maßgebliche Auslandsbezüge benannt wurden, insbesondere der enge Zusammenhang zum

---

1196 Siehe zur Herleitung dieses Maßstabs: Zweiter Teil, B., IV., 3., b).

1197 Vgl. *Maier-Reimer*, NJW 2010, 2545.

1198 vgl. auch: *Triebel/Vogenauer*, Vertragssprache, 2018, S. 6 f.; *Fritzemeyer*, FS Hailbronner, 2013, S. 833, 841.

1199 Siehe: Dritter Teil, C., I.

1200 *Triebel/Vogenauer*, Vertragssprache, 2018, S. 9.

1201 Vgl. Rauscher/*von Hein*, Art. 3 Rom I-VO Rn. 116; *Calliess*, Verbraucherverträge, 2006, S. 28; *Mülbert/Bruinier*, WM 2005, 105, 106.

1202 LG Hamburg, RIW 1990, 1020, 1021.

finanzierten Vertrag, auf den noch einzugehen ist.[1203] Ob die Vertragssprache allein ausreichen würde, blieb unklar. In *Santander* beantwortete das Gericht diese Frage explizit und verneinte die Relevanz der Vertragssprache.[1204]

a) Systematische Anhaltspunkte

Die Vertragssprache findet in der Rom I-VO keine Erwähnung. Allerdings kann die Vertragssprache innerhalb der Ermittlung des engsten Bezugs gem. Art. 4 Abs. 4 Rom I-VO eine Rolle spielen. Einigkeit besteht jedoch dahingehend, dass es sich hierbei um ein sehr schwaches Indiz handelt.[1205] Dies gilt umso mehr, als Sprachen oftmals nicht eindeutig auf einen Staat verweisen.[1206] Dies gilt für die häufig als Vertragssprache verwendete englische Sprache ebenso wie für Spanisch oder Deutsch. Diese geringe Bedeutung der Vertragssprache spricht damit nicht für eine Relevanz derselben innerhalb des Art. 3 Abs. 3 Rom I-VO.

b) Missbrauchspotential

Darüber hinaus spricht auch der Zweck des Art. 3 Abs. 3 Rom I-VO als typisierte Missbrauchskontrolle gegen eine Relevanz der Vertragssprache. Würde diese als relevanter Auslandsbezug eingeordnet werden, würde ein erhebliches Missbrauchspotential entstehen.

Die Vertragssprache unterliegt der freien Wahl der Parteien.[1207] Zwar wäre es wohl übertrieben, diese als leicht manipulierbares Element einzuordnen, da die Übersetzung von Verträgen doch mit erheblichem Aufwand verbunden und fehleranfällig ist.[1208] Doch wenngleich dieser Aufwand eine Hürde darstellt, wären die übersetzten Verträge wiederholt verwendbar. Es würde sich damit für Parteien, die langfristig etwa nach Wegen suchen, zwingendes deutsches AGB-Recht in innerdeutschen Verträgen zwischen Unternehmen zu umgehen,

---

1203 Siehe zum mittelbaren Auslandsbezug und ausführlich zur Entscheidung: Dritter Teil, D., II.; *Caterpillar Financial Services Corporation* v *SNC Passion* [2004] EWHC 569 (Comm) [29].

1204 *Banco Santander Totta S.A.* v *Transport Companies* [2016] EWHC 465 (Comm) [399].

1205 MüKo/*Martiny*, Art. 4 Rom I-VO Rn. 332 m.w.N.; Staudinger/*Magnus*, Art. 4 Rom I-VO Rn. 157.

1206 Vgl. Beck-OGK/*Köhler*, Art. 4 Rom I-VO Rn. 212.

1207 Vgl. *Triebel/Vogenauer*, Vertragssprache, 2018, S. 2.

1208 Zu den wichtigsten Fehlerquellen bei der Verwendung einer Fremdsprache als Vertragssprache: *dies.*, Vertragssprache, 2018, S. 23 ff.

als einmaliger Aufwand für eine dauerhafte Lösung darstellen. Damit besteht auch ein erheblicher Anreiz, der trotz des Aufwands die Manipulationsgefahr begründet.

In diese Argumentation fügen sich auch die Ausführungen des Generalanwalts *Szpunar* in *Vinyls/Mediterranea*. Dieser hatte sich zunächst damit auseinandergesetzt, dass eine einfache Klausel mit dem Recht zur Nutzung des gecharterten Schiffes in ausländischen Hoheitsgewässern kein Auslandsbezug hergestellt werden könnte, da eine solche Klausel stets in Verträge eingeführt werden könnte, um Art. 3 Abs. 3 Rom I-VO zu umgehen. Zur Vertragssprache fügte er sodann hinzu:

> „Dies würde es nämlich ermöglichen, Art. 3 Abs. 3 Rom I-VO zu umgehen. In ähnlicher Weise sind nach meiner Auffassung Fälle zu bewerten, in denen sich die Parteien zur Abfassung eines Vertrags der Sprache eines anderen Staates bedienen [...].“[1209]

Vor diesem Hintergrund ist eine Relevanz der Vertragssprache für Art. 3 Abs. 3 Rom I-VO auch wegen des bestehenden Missbrauchspotentials abzulehnen.

c) Ergebnis

Die Vertragssprache stellt damit keinen hinreichenden Auslandsbezug i.S.d. Art. 3 Abs. 3 Rom I-VO dar.[1210]

4. Fazit

Letztlich vermögen damit die Umstände des Vertragsschlusses allgemein keinen hinreichenden Auslandsbezug herzustellen. Dies liegt systematisch an der geringen Relevanz dieser Umstände in der Rom I-VO. Letztlich wäre ohnehin eine Relevanz mit Blick auf das Missbrauchspotential wegen der Zielsetzung des Art. 3 Abs. 3 Rom I-VO als typisierte Missbrauchskontrolle abzulehnen. Etwas anderes kann lediglich ausnahmsweise bei solchen Verträgen gelten, die unter Art. 4 Abs. 1 lit. g und h Rom I-VO fallen.

1209 Schlussanträge des Generalanwalts Szpunar, Rechtssache C-54/16 – *Vinyls/Mediterranea*, Rn. 148.

1210 MüKo/*Martiny*, Art. 3 Rom I-VO Rn. 91; Rauscher/*von Hein*, Art. 3 Rom I-VO Rn. 116; Staudinger/*Magnus*, Art. 3 Rom I-VO Rn. 140.

II. Vertragserfüllung

Im Folgenden ist zu untersuchen, welche Umstände der Vertragserfüllung einen hinreichenden Auslandsbezug vermitteln. Hierbei kommen die Erfüllungsorte sowie die Zahlung in Fremdwährung in Betracht.

1. Erfüllungsorte

In der Literatur wird die Relevanz der Erfüllungsorte umfassend bejaht.[1211] Dies erscheint bereits im ersten Zugriff folgerichtig, da es sich bei der Erfüllung um den Kern der vertraglichen Beziehung der Parteien handelt, so dass die Erfüllungsorte eine besonders bedeutende Rolle einnehmen. Da der Wortlaut sehr weit gefasst ist, liegt nahe, dass die Erfüllungsorte als Kern des Vertragsverhältnisses auch zu den „Elementen des Sachverhalts“ zählen sollten.

Nachfolgend ist zu zeigen, dass sich dieses Ergebnis auch systematisch begründen lässt, da die Inbezugnahme der Erfüllungsorte in der Rom I-VO und Brüssel Ia-VO zeigt, dass es sich hierbei um einen Ort handelt, zu dem eine besonders enge Beziehung besteht. Abschließend sind dann einige Einschränkungen der Berücksichtigung des Erfüllungsortes mit Blick auf das Missbrauchspotential zu begründen.

a) Systematik

Im Rahmen der systematischen Analyse zeigt sich, dass dem Erfüllungsort in der Rom I-VO sowie der Brüssel Ia-VO große Bedeutung zukommt, was eindeutig für eine Relevanz im Rahmen des Art. 3 Abs. 3 Rom I-VO spricht.

aa) Rom I-VO

Innerhalb der Rom I-VO ist der Erfüllungsort als Anknüpfungsmerkmal, bei der Durchsetzung von Eingriffsnormen sowie als Indiz für eine engere bzw. engste Verbindung im Rahmen des Art. 4 Abs. 3, 4 Rom I-VO relevant.

1211 Beck-OGK/*Wendland*, Art. 3 Rom I-VO Rn. 234; Ferrari/*Ferrari*, Art. 3 Rom I-VO Rn. 52; Rauscher/*von Hein*, Art. 3 Rom I-VO Rn. 115; *von Hein*, FS Hopt, 2020, S. 1405, 1410; *Mankowski/von Bar*, IPR, 2019, § 1 Rn. 204; *Hartley*, International Commercial Litigation, 2015, S. 662; *Klumb*, ZBB 2012, 449, 453; *Nygh*, Autonomy, 1999, S. 654.

(1) Erfüllungsort als Anknüpfungsmerkmal: Art. 5 Abs. 1, 8 Abs. 2 Rom I-VO

Als Anknüpfungsmerkmal ist der Erfüllungsort in der Rom I-VO lediglich von „überschaubarer Bedeutung“.[1212] Bei den Beförderungsverträgen wird an den Erfüllungsort (Übernahme- bzw. Ablieferungsort) im Zusammenwirken mit dem gewöhnlichen Aufenthalt des Beförderers angeknüpft.[1213] Scheitert diese Anknüpfung, ist das Recht des Staates des vereinbarten Ablieferungsortes maßgeblich.[1214] Bei Personenbeförderungsverträgen ist der Abgangs- oder Bestimmungsort maßgeblich, wenn dieser mit dem gewöhnlichen Aufenthalt der zu befördernden Person übereinstimmt.[1215] Darüber hinaus unterliegen gem. Art. 8 Abs. 2 S. 1 Rom I-VO Arbeitsverträge bei fehlender Rechtswahl dem Recht des Staates, in dem bzw. von dem aus der Arbeitnehmer in Erfüllung des Vertrags gewöhnlich seine Arbeit verrichtet, mithin also dem Erfüllungsort des Arbeitsvertrags.

In den Gesetzgebungsmaterialien findet sich kein Vorschlag für eine präsentere Stellung des Erfüllungsorts und damit auch keine Begründung, warum dem Erfüllungsort nur eine geringfügige Relevanz beigemessen werden sollte. Gleichwohl lässt sich vermuten, dass eine präsentere Anknüpfung an den Erfüllungsort als Widerspruch zu den Zielen der Rechtssicherheit und Vorhersehbarkeit gesehen worden wäre.[1216] Schließlich handelt es sich bei dem Erfüllungsort um einen Begriff des materiellen Vertragsrechts, der faktisch oder unter Rückgriff auf eine bestimmte Rechtsordnung oder dahingehende Vereinbarung der Parteien bestimmt werden kann.[1217] Dies zeigen nicht zuletzt die Schwierigkeiten um den Erfüllungsortsgerichtsstand in der Brüssel Ia-VO.[1218] Angesichts dieser Unsicherheiten würde eine Anknüpfung an den Erfüllungsort gemeinhin Transaktionskosten erhöhen.[1219] Darüber hinaus gibt es durchaus Vertragsgestaltungen, in denen der Erfüllungsort eher zufällig gewählt wird, etwa wenn Parteien einen bestimmten Hochseehafen zur Weiterverschiffung wählen.[1220]

1212 *Müller*, in: von Hein/Rühl (Hrsg.), Kohärenz im Internationalen Privat- und Verfahrensrecht der Europäischen Union, 2016, S. 243, 254.
1213 Art. 5 Abs. 1 S. 1 Rom I-VO.
1214 Art. 5 Abs. 1 S. 2 Rom I-VO.
1215 Art. 5 Abs. 1 Unterabs. 1 S. 1 Rom I-VO.
1216 *Okoli*, Performance, 2020, S. 57.
1217 *Rühl*, Statut, 2011, S. 532; *Mankowski*, IPRax 2003, 464, 468.
1218 Siehe: Dritter Teil, A., II., 1., a), bb).
1219 *Rühl*, Statut, 2011, S. 532.
1220 *Basedow*, FS Horn, 2006, S. 229, 245.

Die Ablehnung einer weiterreichenden Relevanz des Erfüllungsorts basiert damit auf rechtspraktischen Erwägungen, kann jedoch nicht als Indiz für dessen allgemeine Irrelevanz für die Zwecke des Art. 3 Abs. 3 Rom I-VO gewertet werden.

(2) Eingriffsnormen am Erfüllungsort: Art. 9 Abs. 3 Rom I-VO

Dass der Erfüllungsort in der Systematik der Rom I-VO als ein Umstand gewertet wird, der eine besonders enge Verbindung zum Sachverhalt aufweist, ergibt sich aus Art. 9 Abs. 3 Rom I-VO. Die Regelung ermöglicht es, dass den Eingriffsnormen „des Staates, in dem die durch den Vertrag begründeten Verpflichtungen erfüllt werden sollen […] Wirkung verliehen werden" kann. Der Erfüllungsort ist für jede Verpflichtung gesondert zu bestimmen.[1221] Er ist darüber hinaus faktisch zu verstehen, um solche Regelungen zu berücksichtigen, die die Vertragserfüllung tatsächlich hindern oder erschweren.[1222]

Angesichts der Formulierung des Art. 9 Abs. 1 Rom I-VO sowie des Erwägungsgrunds 37 der Rom I-VO vermag zunächst der Eindruck entstehen, für die Durchsetzung der Eingriffsnormen seien allein die betroffenen staatlichen Interessen maßgeblich.[1223] Ziel der Regelung ist es, illegale Vertragserfüllung zu verhindern, um so den legitimen Rechtsanwendungsansprüchen dieses anderen Staates zur Anwendung zu verhelfen.[1224]

Doch jenseits dieser Zielsetzungen verwirklicht die Norm das Prinzip der engsten Verbindung.[1225] Die Durchsetzung von Eingriffsnormen bedarf schon aus völkerrechtlicher Perspektive eines Inlandsbezugs des Sachverhalts.[1226] Im EVÜ fand sich dementsprechend noch explizit die Formulierung, es müsse eine „enge Verbindung" zwischen dem Sachverhalt und dem jeweiligen Staat bestehen,[1227] wobei bereits im *Giuliano/Lagarde*-Bericht spezifiziert wurde, dass insbesondere der Erfüllungsort diese Voraussetzung erfüllen würde.[1228] Vor diesem Hintergrund stellt die explizite Begrenzung auf den Erfüllungsort in der

1221 Beck-OGK/*Maultzsch*, Art. 9 Rom I-VO Rn. 108.

1222 Rauscher/*Thorn*, Art. 9 Rom I-VO Rn. 64; siehe auch: Dritter Teil, A., III., 1., a).

1223 *Okoli*, Performance, 2020, S. 171.

1224 Vgl. *Okoli*, Performance, 2020, S. 173; *Harris*, in: Ferrari/Leible (Hrsg.), Rome I Regulation, 2009, S. 269, 294.

1225 Vgl. *Okoli*, Performance, 2020, S. 132 ff.

1226 Siehe: Erster Teil, II, 2., a).

1227 Art. 7 Abs. 1 EVÜ.

1228 *Giuliano/Lagarde*-Bericht, S. 27.

Rom I-VO eine Konkretisierung des zuvor allgemein geforderten engen Bezugs dar.[1229]

Dass selbst in dem gegenüber dem Art. 7 Abs. 1 EVÜ deutlich restriktiver gefassten Art. 9 Rom I-VO der Erfüllungsort weiterhin als maßgebliche Verbindung für die Durchsetzung der Eingriffsnormen gesehen wird, ist nur folgerichtig, schließlich stellt die Vertragserfüllung das „Herzstück“[1230] eines Vertragsverhältnisses dar.

(3) Indiz für engere bzw. engste Verbindung: Art. 4 Abs. 3, 4 Rom I-VO

Wenngleich die explizite Nennung des Erfüllungsorts in der Ausweichklausel oder den Erwägungsgründen im Verfahren vorgeschlagen und nicht angenommen wurde,[1231] stellen die Erfüllungsorte der vertraglich geschuldeten Leistungen das wichtigste Kriterium bei der Anwendung des Art. 4 Abs. 3 Rom I-VO dar.[1232] Fallen diese, wie es vor allem bei Bargeschäften oftmals der Fall ist, in einem Staat zusammen, liegt hierin ein starkes Indiz.[1233] Gleichwohl kann meist allein die Tatsache, dass die Erfüllung in einem anderen Staat stattfindet, noch keine Abweichung von den typisierten Anknüpfungen des Art. 4 Abs. 1 Rom I-VO rechtfertigen.[1234] Auch innerhalb des Art. 4 Abs. 4 Rom I-VO finden die Erfüllungsorte Berücksichtigung bei der Bestimmung der engsten Verbindung.[1235] Dies gilt auch hier insbesondere dann, wenn die Erfüllungsorte beider Verpflichtungen auf eine Rechtsordnung weisen.[1236]

(4) Fazit

Bei dem Erfüllungsort handelt es sich um einen für das Vertragsverhältnis besonders zentralen Umstand, was sich auch in der Systematik der Rom I-VO zeigt. Insbesondere zeigt die Inbezugnahme des Erfüllungsortes in Art. 9 Abs. 3 Rom I-VO, dass es sich hierbei um eine besonders enge Verbindung

---

1229 Vgl. *Okoli*, Performance, 2020, S. 172 f.

1230 *Chong*, J. Priv. Int'l L. 2 (2006), 27, 46 (übersetzt durch die Verfasserin).

1231 Hierbei handelte es sich um einen Vorschlag des Financial Markets Law Committee: *Okoli*, Performance, 2020, S. 58 f.

1232 Rauscher/*Thorn*, Art. 4 Rom I-VO Rn. 139.

1233 Rauscher/*ders.*, Art. 4 Rom I-VO Rn. 139.

1234 MüKo/*Martiny*, Art. 4 Rom I-VO Rn. 298.

1235 MüKo/*ders.*, Art. 4 Rom I-VO Rn. 335; Magnus sieht hier nur eine „schwache Indizwirkung“: Staudinger/*Magnus*, Art. 4 Rom I-VO Rn. 154 m.w.N.

1236 MüKo/*Martiny*, Art. 4 Rom I-VO Rn. 335.

handelt. Damit indiziert die Systematik deutlich, dass es sich bei den Erfüllungsorten der vertraglichen Verpflichtungen um einen relevanten Umstand im Rahmen des Art. 3 Abs. 3 Rom I-VO handelt.

bb) Brüssel Ia-VO

Innerhalb der Regelung zu den besonderen Gerichtsständen in Art. 7 Brüssel Ia-VO ist in Art. 7 Nr. 1 Brüssel Ia-VO der Gerichtsstand des Erfüllungsortes geregelt. Gem. Art. 7 Nr. 1 lit. a Brüssel Ia-VO ist das Gericht „des Ortes, an dem die Verpflichtung erfüllt worden ist oder zu erfüllen wäre" zuständig. Abzustellen ist hierbei auf den Erfüllungsort der konkret streitigen Verpflichtung.[1237] Dieser ist nach der zur Brüssel I-VO ergangenen *Tessili*-Rechtsprechung[1238] nach der *lex causae* zu bestimmen.[1239] Mit der Neufassung der Brüssel Ia-VO wurde darüber hinaus eine autonome Bestimmung des Erfüllungsortes für Kauf- und Dienstleistungsverträge eingeführt (Art. 7 Nr. 1 lit. b Brüssel Ia-VO), die für alle Ansprüche aus dem Vertragsverhältnis bzw. sonstige daraus resultierende Streitgegenstände maßgeblich ist.[1240] Wie sich schon aus dem Wortlaut der Regelung ergibt, sind auch Erfüllungsortsvereinbarungen möglich.[1241] Haben diese allerdings keinerlei Bezug zur Vertragswirklichkeit, handelt es sich um sog. „abstrakte Erfüllungsortsvereinbarungen", so sind diese an den Formanforderungen des Art. 25 Brüssel Ia-VO zu messen.[1242]

Der EuGH hat zum Erfüllungsortsgerichtsstand ausgeführt, dieser sei „ein Zuständigkeitskriterium [...], dessen Anwendung der Kläger nach seiner Wahl bestimmen kann und das durch eine unmittelbare Verknüpfung zwischen dem Rechtsstreit und dem zu seiner Entscheidung berufenen Gericht gerechtfertigt ist."[1243] Wiederholt hat der EuGH darauf verwiesen, dass dieser Gerichtsstand „dem Ziel der räumlichen Nähe" entspräche und mit „der engen Verknüpfung

1237 Rauscher/*Leible*, Art. 7 Brüssel Ia-VO Rn. 42.

1238 EuGH, Urt. v. 6.10.1976, Rs. 12/76 – *Tessili/Dunlop*.

1239 Geimer/Schütze/*Geimer*, Art. 7 Brüssel Ia-VO Rn. 104 ff.

1240 Geimer/Schütze/*ders.*, Art. 7 Brüssel Ia-VO Rn. 112.

1241 Dies ergibt sich für Kauf- und Dienstleistungsverträge aus der Formulierung „sofern nichts anderes vereinbart worden ist" in Art. 7 Nr. 1 lit. b Brüssel Ia-VO, ist allerdings auch im Übrigen möglich: Rauscher/*Leible*, Art. 7 Brüssel Ia-VO Rn. 52.

1242 Rauscher/*Leible*, Art. 7 Brüssel Ia-VO Rn. 54; die Entwicklung der Rspr. des EuGH stellt überblicksartig dar: *Schmidt*, Rechtssicherheit, 2015, S. 111.

1243 EuGH, Urt. v. 17.1.1980, Rs. 56/79 – *Zelger/Salinitri*, Rn. 3; hierauf verweist der EuGH auch in: EuGH, Urt. v. 19.2.2002, C-256/00 – *Besix/WABAG*, Rn. 30.

von Vertrag und zur Entscheidung berufenem Gericht“ zu begründen sei.[1244] Zudem sprächen „Gründe der geordneten Rechtspflege und der sachgerechten Verfahrensgestaltung“ für diesen Gerichtsstand, „da das Gericht des Ortes, an dem die den Gegenstand des Verfahrens bildende Vertragspflicht zu erfüllen wäre, besonders wegen der Nähe zum Streitgegenstand und der leichteren Beweisaufnahme in der Regel am besten geeignet ist, über den Rechtsstreit zu entscheiden.“[1245]

In der Literatur wird diese Beweisnähe teils in Zweifel gezogen. So führt *Leible* aus, dies sei bei Fragen der Leistungsstörungen sicherlich der Fall, bei Streitigkeiten über den Inhalt oder Bestand des Vertrags hingegen nicht.[1246] Wie *Coester-Waltjen* zutreffend feststellt, ist der Erfüllungsort gleichwohl typischerweise dem Rechtsstreit sachlich näher als der Gerichtsstand des Beklagtenwohnsitzes.[1247] Darüber hinaus verweisen *Leible* und *Coester-Waltjen* auf die Rechtssicherheit, die dieser Gerichtsstand mit sich bringt. Während der Beklagtengerichtsstand des Art. 4 durch Wohnsitzverlegung manipulierbar sei, bleibt der Gerichtsstand am Erfüllungsort unwandelbar.[1248]

Dem Erfüllungsortgerichtsstand liegen damit verschiedene Wertungen zugrunde, die spezifisch für das internationale Zivilverfahrensrecht sind. Dies gilt insbesondere für die Erwägung der Beweisnähe. Allerdings macht *Mankowski* im Rahmen einer Untersuchung der konzeptionellen Unterschiede zwischen IPR und IZVR insofern zutreffend geltend: „Indes ist Beweisnähe in dem vermeinten Sinn häufig gewolltes Produkt der Suche nach der angemessensten und damit *sach*nächsten wie räumlich nächsten Anknüpfung.“[1249] Da der EuGH gerade diese allgemeine Sachnähe und räumliche Nähe zum Erfüllungsort als dem Erfüllungsortgerichtsstand zugrunde liegende Erwägungen identifiziert, spricht dies ebenfalls für eine Relevanz der Erfüllungsorte als Auslandsbezüge bei Art. 3 Abs. 3 Rom I-VO.

1244 EuGH, Urt. v. 3.5.2007, C-386/05 – *Color Drack/Lexx International*, Rn. 22; hierauf bezugnehmend: EuGH, Urt. v. 19.5.2008, C-204/08 – *Rehder/Air Baltic*, Rn. 32; EuGH, Urt. v. 12.1.20019, C-19/09 – *Wood Floor/Silva Trade*, Rn. 22; vgl. auch: Rauscher/*Leible*, Art. 7 Brüssel Ia-VO Rn. 9.

1245 EuGH, Urt. v. 19.2.2002, C-256/00 – *Besix/WABAG*, Rn. 31.

1246 Rauscher/*Leible*, Art. 7 Brüssel Ia-VO Rn. 9 m.w.N.; vgl. auch: *Schack*, ZEuP 1998, 931, 935.

1247 *Coester-Waltjen*, FS Kaissis, 2012, S. 91, 93.

1248 Rauscher/*Leible*, Art. 7 Brüssel Ia-VO Rn. 7; *Coester-Waltjen*, FS Kaissis, 2012, S. 91, 93.

1249 *Mankowski*, FS Heldrich, 2005, S. 867, 873 f. (Hervorhebung durch die Verfasserin).

b) *Missbrauchspotential*

Die Zielsetzung des Art. 3 Abs. 3 Rom I-VO als typisierte Missbrauchskontrolle könnte jedoch eine Einschränkung der allgemeinen Relevanz des Erfüllungsorts fordern.

aa) *Abstrakte Erfüllungsortsvereinbarungen*

Beim tatsächlichen Erfüllungsort handelt es sich um ein schwer manipulierbares Element. Es sind jedoch, wie auch im Rahmen des Art. 7 Nr. 1 Brüssel Ia-VO bereits erwähnt, sogenannte abstrakte Erfüllungsortsvereinbarungen denkbar, die keinerlei Bezug zur objektiven Vertragswirklichkeit aufweisen. Auf diese Vereinbarungen sind die für Gerichtsstandsvereinbarungen geltenden Formanforderungen in Art. 25 Brüssel Ia-VO anzuwenden.[1250] Diese werden damit wie Gerichtsstandsvereinbarungen behandelt.

Bei einer solchen abstrakten Erfüllungsortsvereinbarung handelt es sich für die Zwecke des Art. 3 Abs. 3 Rom I-VO um ein besonders leicht manipulierbares Element. Dieses ist damit auch im Rahmen der Rom I-VO entsprechend einer – für die Zwecke des Art. 3 Abs. 3 Rom I-VO unbeachtlichen – Gerichtsstandsvereinbarung zu behandeln.[1251] Abstrakte Erfüllungsortsvereinbarungen stellen damit keinen relevanten Auslandsbezug dar.[1252]

bb) *Erfüllungsort bei Geldschulden*

Während die Systematik eine Beachtung der Erfüllungsorte sämtlicher vertraglicher Verpflichtungen indiziert, besteht bei Geldschulden ein erhebliches Missbrauchspotential, da der Erfüllungsort bei Geldzahlungen leicht manipulierbar ist.

In *Caterpillar* etwa stellte das Gericht auch darauf ab, dass die Rückzahlung der Darlehenssumme auf ein Konto im Ausland zu erfolgen hatte.[1253] Würde man den Erfüllungsort von Geldschulden als relevant betrachten, würde somit allein die Durchführung der Überweisung an ein ausländisches Konto den Parteien die kollisionsrechtliche Rechtswahlfreiheit eröffnen. Vertragsparteien müssten

---

1250 Rauscher/*Leible*, Art. 7 Brüssel Ia-VO Rn. 54; für eine überblicksartige Darstellung der Rspr. des EuGH: *Schmidt*, Rechtssicherheit, 2015, S. 113 ff.

1251 So auch: Rauscher/*von Hein*, Art. 3 Rom I-VO Rn. 115.

1252 Beck-OGK/*Wendland*, Art. 3 Rom I-VO Rn. 234; Staudinger/*Magnus*, Art. 3 Rom I-VO Rn. 138; *von Hein*, FS Hopt, 2020, S. 1405, 1410.

1253 *Caterpillar Financial Services Corporation* v *SNC Passion* [2004] EWHC 569 (Comm) [27].

lediglich Konten im Ausland unterhalten und Zahlungen hierüber abwickeln, um für sämtliche abgeschlossene Verträge die kollisionsrechtliche Rechtswahl zu eröffnen.

Art. 3 Abs. 3 Rom I-VO erfüllt, wie im Rahmen der teleologischen Auslegung herausgearbeitet, die Funktion einer typisierten Missbrauchskontrolle. Vor diesem Hintergrund spricht das erhebliche Missbrauchspotential aufgrund der leichten Manipulierbarkeit des Erfüllungsortes bei Geldschulden gegen eine Berücksichtigung desselben im Rahmen des Art. 3 Abs. 3 Rom I-VO. Daher ist richtigerweise der Ort der Erfüllung von Zahlungsschulden als irrelevant zu betrachten.[1254]

cc) Zwischenergebnis

Dem Erfüllungsort kommt damit allgemein Relevanz als Auslandsbezug zu. Etwas anderes gilt bei abstrakten Erfüllungsortsvereinbarungen und Geldschulden.

c) Wirtschaftlicher Maßstab

Dieses Ergebnis lässt sich im Wesentlichen auch mit dem herausgebildeten wirtschaftlichen Maßstab absichern. Schließlich verursacht ein Vertrag, der im Ausland erfüllt wird, auch deutliche Auswirkungen auf ein weiteres Wirtschaftssystem,[1255] da die Verschiebung von Warenwerten oder Erbringung von Dienstleistungen sich in diesem Land direkt auswirkt. Dies ist dann nicht der Fall, wenn es sich hierbei lediglich um eine abstrakte Erfüllungsortsvereinbarung handelt.

d) Ergebnis

Bei dem Erfüllungsort handelt es sich um einen relevanten Auslandsbezug für die Zwecke des Art. 3 Abs. 3 Rom I-VO. Ausnahmsweise nicht zu berücksichtigen sind jedoch abstrakte Erfüllungsortsvereinbarungen sowie der Erfüllungsort bei Geldschulden.

2. Zahlung in Fremdwährung

Vereinbaren Vertragsparteien die Zahlung in einer Fremdwährung, also etwa zwei deutsche Unternehmen die Zahlung in US$, stellt dies nach der weit überwiegenden Ansicht in der Literatur keinen relevanten Auslandsbezug dar.[1256]

1254 So auch: *Hartley*, FS Kohler, 2018, S. 171, 178; *Magnus*, ZEuP 2018, 507, 530.

1255 Siehe zur Begründung dieses Maßstabs: Zweiter Teil, B., IV., 3., b).

1256 *Mankowski/von Bar*, IPR, 2019, § 1 Rn. 205; *Wenzel*, Konsortialkreditverträge, 2006, S. 406; *Mülbert/Bruinier*, WM 2005, 105, 106; *Droste*, Begriff der „zwingenden

Dieser Einschätzung ist zuzustimmen, ist doch die Währung für die objektive Anknüpfung des Vertrags irrelevant. Dementsprechend verursacht allein die Zahlung in einer ausländischen Währung bei einem im Übrigen reinen Inlandssachverhalt keine relevante Rechtsunsicherheit,[1257] die die Parteien durch Rechtsunsicherheitskosten belasten könnte und damit für die Einräumung der kollisionsrechtlichen Rechtswahlfreiheit sprechen würde.

In jedem Fall würde mit Berücksichtigung der Währung, ähnlich dem Erfüllungsort für Geldschulden, zudem ein erhebliches Missbrauchspotential bestehen. Zwar gehen die Parteien mit der Vereinbarung einer Fremdwährung das Risiko von Wechselkursschwankungen ein, gerade bei einer bald fälligen Zahlungsverpflichtung ist dies jedoch kein gewichtiger Faktor. Regelmäßig stellt sich die Vereinbarung einer Währung als leicht manipulierbarer Faktor dar, so dass dieser keine Relevanz beizumessen ist.[1258]

III. Belegenheitsort des Vertragsgegenstands

Bei der Frage, inwiefern der Belegenheitsort des Vertragsgegenstandes einen Auslandsbezug darstellt, ist im Folgenden zwischen unbeweglichen und beweglichen Sachen zu differenzieren.

1. *Unbewegliche Sachen*

Die Relevanz des Belegenheitsorts von unbeweglichen Sachen wird für sämtliche daraufbezogene Verträge wie Miet-, Pacht- oder Kaufverträge ganz herrschend bejaht.[1259]

a) Systematik

Gem. Art. 4 Abs. 1 lit. c Rom I-VO werden „Verträge, die ein dingliches Recht an unbeweglichen Sachen sowie die Miete oder Pacht unbeweglicher Sachen zum

---

Bestimmung“, 1992, S. 95; a.A.: *Nygh*, Autonomy, 1999, S. 50; vgl. auch Ferrari/*Ferrari*, Art. 3 Rom I-VO Rn. 55a; Staudinger/*Magnus*, Art. 3 Rom I-VO Rn. 140; Rauscher/*von Hein*, Art. 3 Rom I-VO Rn. 116; *Böhle*, ZEuP 2019, 72, 80.

1257 Vgl. *Wenzel*, Konsortialkreditverträge, 2006, S. 206 m.w.N.; a.A. Nygh, der zur Begründung jedoch einen Fall des High Court of Australia von 1950 heranzieht: *Nygh*, Autonomy, 1999, S. 50.

1258 In diese Richtung auch: *Mülbert/Bruinier*, WM 2005, 105, 106.

1259 Rauscher/*von Hein*, Art. 3 Rom I-VO Rn. 116; Ferrari/*Ferrari*, Art. 3 Rom I-VO Rn. 51; MüKo/*Martiny*, Art. 3 Rom I-VO Rn. 91; Beck-OGK/*Wendland*, Art. 3 Rom I-VO Rn. 233; Calliess/Renner/*Calliess*, Art. 3 Rom I-VO Rn. 53.

Gegenstand haben" dem Recht des Belegenheitsorts unterstellt. Wenngleich viele Rechtsordnungen das Trennungsprinzip nicht kennen, wird zwischen der sachenrechtlichen und schuldrechtlichen Anknüpfung unterschieden.[1260] Es kommt insoweit zu einer Abspaltung der Teilfrage der dinglichen Wirkung, die eigenständig angeknüpft wird.[1261]

Der schuldrechtliche Vertrag ist nach Art. 4 Abs. 1 lit. c Rom I-VO anzuknüpfen.[1262] Da im internationalen Sachenrecht jedoch die Anknüpfung an die *lex rei sitae* herrschend ist,[1263] kommt es gemeinhin zu einem Gleichklang beider anwendbaren Rechte.[1264] Diese primäre Anknüpfung an das Recht des Belegenheitsortes indiziert deutlich, dass es sich hierbei um einen relevanten Auslandsbezug handeln muss.

Zwar findet sich in Art. 4 Abs. 1 lit. d Rom I-VO eine speziellere Regelung für kurzfristige Nutzungsverträge. Besteht bei solchen Verträgen ein gemeinsamer gewöhnlicher Aufenthalt beider Vertragsparteien, wird an diese Rechtsordnung angeknüpft. Hierbei handelt es sich jedoch um eine sehr begrenzte Ausnahme, die auf speziellen Erwägungen beruht, und damit keineswegs die allgemeine Bedeutung des Belegenheitsorts in Zweifel ziehen kann. Bei kurzfristigen Verträgen wirken sich schließlich vor Ort bestehende Schutzgesetze in den meisten Fällen nicht aus.[1265] Zudem kann bei einem gemeinsamen gewöhnlichen Aufenthalt der Vertragsparteien die Beziehung zum Lageort flüchtig erscheinen und die Anknüpfung hieran unpassend.[1266] Die Regelung in Art. 4 Abs. 1 lit. d Rom I-VO zielt damit insbesondere auf die Regelung von kurzzeitig angemieteten Ferienwohnungen und -häusern ab.[1267]

1260 Vgl. Rauscher/*Thorn*, Art. 4 Rom I-VO Rn. 62.

1261 Rauscher/*Thorn*, Art. 4 Rom I-VO Rn. 62; vgl. auch: *Kieninger*, in: Basedow/Rühl/Ferrari u.a. (Hrsg.), Encyclopedia of Private International Law, 2017, S. 890, 890 f.

1262 Rauscher/*Thorn*, Art. 4 Rom I-VO Rn. 62.

1263 *Mankowski/von Bar*, IPR, 2019, § 3 Rn. 1; *Kieninger*, in: Basedow/Rühl/Ferrari u.a. (Hrsg.), Encyclopedia of Private International Law, 2017, S. 890 ff.

1264 Rauscher/*Thorn*, Art. 4 Rom I-VO Rn. 62.

1265 *Martiny*, in: Leible (Hrsg.), Das Grünbuch zum Internationalen Vertragsrecht, 2004, S. 109, 122; MüKo/*Martiny*, Art. 4 Rom I-VO Rn. 142 m.w.N.

1266 *Martiny*, in: Leible (Hrsg.), Das Grünbuch zum Internationalen Vertragsrecht, 2004, S. 109, 122; MüKo/*Martiny*, Art. 4 Rom I-VO Rn. 142 m.w.N.

1267 Ferrari/*Ferrari*, Art. 4 Rom I-VO Rn. 141.

b) *Missbrauchspotential und wirtschaftlicher Maßstab*

Der Belegenheitsort von Immobilien ist nicht manipulierbar, so dass ein Missbrauchspotential ausgeschlossen ist. Der Abschluss eines Kaufvertrags über eine im Ausland belegene Immobilie verursacht darüber hinaus auch eindeutig in diesem Staat lokalisierbare und erhebliche wirtschaftliche Auswirkungen, indem die Zuordnung eines dort belegenen Vermögenswerts dauerhaft verändert wird. Damit spricht auch der herausgebildete wirtschaftliche Maßstab für die Relevanz des Belegenheitsort von Immobilien als Auslandsbezug im Rahmen des Art. 3 Abs. 3 Rom I-VO.

c) *Ergebnis*

Der Belegenheitsort unbeweglicher Sachen stellt einen relevanten Auslandsbezug im Rahmen des Art. 3 Abs. 3 Rom I-VO dar.

2. *Bewegliche Sachen*

Fraglich ist, ob dies auch für bewegliche Sachen gilt. Wird die im Ausland befindliche Sache dort übergeben, liegt bereits der Erfüllungsort im Ausland, so dass nach den obigen Ausführungen schon deshalb ein Auslandsbezug gegeben wäre. Die isolierte Frage nach dem Belegenheitsort der beweglichen Sache kann sich demnach nur dann stellen, wenn diese zur Vertragserfüllung noch importiert wird. Dies könnte beispielsweise dann der Fall sein, wenn die deutsche Niederlassung eines französischen Kfz-Herstellers in Deutschland einen Wagen, der sich zum Zeitpunkt des Vertragsschlusses noch auf einer Halde in Frankreich befindet, an eine natürliche Person mit gewöhnlichem Aufenthalt in Deutschland verkauft.[1268]

a) *Systematik*

Zunächst ist zu untersuchen, inwiefern dem ursprünglichen Belegenheitsort des Vertragsgegenstands innerhalb der Rom I-VO Bedeutung zukommt.

aa) *Vertragsstatut*

Kaufverträge über bewegliche Sachen werden gem. Art. 4 Abs. 1 lit. A Rom I-VO an den gewöhnlichen Aufenthalt des Verkäufers angeknüpft. Dem Belegenheitsort des Vertragsgegenstandes kommt hierbei keinerlei Relevanz zu. Bei anderen Verträgen über bewegliche Sachen, beispielsweise Mietverträgen,

1268 Dieses Beispiel entstammt: Rauscher/*von Hein*, Art. 3 Rom I-VO Rn. 116.

greift keine der Regelanknüpfungen in Art. 4 Abs. 1 Rom I-VO, so dass gem. Art. 4 Abs. 2 Rom I-VO das Recht des Staates, in dem der Erbringer der charakteristischen Leistung, mithin der Vermieter, seinen gewöhnlichen Aufenthalt hat, Anwendung findet.[1269] Der Belegenheitsort beweglicher Sachen ist für die Anknüpfung des Vertragsstatuts damit irrelevant.

bb) Eingriffsnormen

Relevanz kann dem ursprünglichen Belegenheitsort des Vertragsgegenstands allerdings über Art. 9 Abs. 3 Rom I-VO zukommen. Gem. Art. 9 Abs. 3 Rom I-VO kann „den Eingriffsnormen des Staates, in dem die durch den Vertrag begründeten Verpflichtungen erfüllt werden sollen oder erfüllt worden sind [...] Wirkung verliehen werden". Um die Bestimmung der Erfüllungsorte[1270] werden in der Literatur umfassende Diskussionen geführt.[1271] Richtigerweise ist davon auszugehen, dass es insofern auf den „faktischen Erfüllungsort" ankommt.[1272] Dies ergibt sich aus der Tatsache, dass „der Staat, in dem die Leistungshandlungen durchzuführen sind, auch in der Lage ist, diese zu unterbinden".[1273] Der Regelung liegt damit die sog. Machttheorie[1274] zugrunde.[1275]

Insofern ließe sich geltend machen, dass demnach auch dem ursprünglichen Belegenheitsort des Vertragsgegenstandes kollisionsrechtliche Bedeutung zukommt, wird doch den Eingriffsnormen des ursprünglichen Belegenheitsorts, wenn diese etwa einen Export des Gegenstandes verbieten,[1276] Wirkung verliehen. Allerdings führt die Berücksichtigung der Eingriffsnormen am Ort der faktischen Erfüllung nur zu einer sehr eng begrenzten Berücksichtigung lediglich solcher Regelungen, die die Erfüllung „unrechtmäßig werden lassen".[1277] Dies ist

---

1269 Ferrari/*Ferrari*, Art. 4 Rom I-VO Rn. 152.

1270 Im Rahmen des Art. 9 Abs. 3 muss, anders als im Zuständigkeitsrecht, kein einheitlicher Erfüllungsort bestimmt werden: Rauscher/*Thorn*, Art. 9 Rom I-VO Rn. 63.

1271 Vgl. zu der Diskussion: Staudinger/*Magnus*, Art. 9 Rom I-VO Rn. 100 ff.; MüKo/*Martiny*, Art. 9 Rom I-VO Rn. 117 f.; *Hauser*, Eingriffsnormen, 2012, S. 80 ff.

1272 Palandt/*Thorn*, Art. 9 Rom I-VO Rn. 12; in diesem Sinne auch: Staudinger/*Magnus*, Art. 9 Rom I-VO Rn. 104 m.w.N.

1273 Palandt/*Thorn*, Art. 9 Rom I-VO Rn. 12.

1274 Vgl. zusammenfassend hierzu: *Hauser*, Eingriffsnormen, 2012, S. 98 f.

1275 Vgl. Rauscher/*Thorn*, Art. 9 Rom I-VO Rn. 63; Staudinger/*Magnus*, Art. 9 Rom I-VO Rn. 95; *Maultzsch*, FS Kronke, 2020, S. 363, 364 ff.; *Mankowski*, IHR 2008, 133, 148.

1276 Vgl. zu Beispielen von Ein- und Ausfuhrbestimmungen, die als Eingriffsnormen im Rahmen des Art. 9 Rom I-VO durchgesetzt werden: MüKo/*Martiny*, Art. 3 Rom I-VO Rn. 61 ff.

1277 Ausführlich zu dieser Voraussetzung: *Hauser*, Eingriffsnormen, 2012, S. 71 ff.

in der faktischen Zugriffsmöglichkeit des Staates begründet, auf dessen Gebiet Handlungen vorzunehmen sind. Damit wird eine Auswirkung des Rechts dieses Staates auf die Vertragserfüllung anerkannt, der „die Vertragserfüllung tatsächlich verhindern oder zumindest erschweren" kann.[1278] Im Übrigen besteht keine besondere Beziehung des ursprünglichen Belegenheitsorts zum Schuldverhältnis. Dies ergibt auch insofern Sinn, als der ursprüngliche Belegenheitsort oftmals vom Zufall abhängig ist, wie etwa der eingangs gebildete Fall der Lagerung eines PKWs auf einer Halde in Frankreich zeigt. Vor diesem Hintergrund kennt der Vertragspartner auch oftmals des Belegenheitsort des Vertragsgegenstands im Zeitpunkt des Abschlusses des Vertrags nicht.

cc) Ergebnis

Im Rahmen der systematischen Auswertung finden sich daher keine Anhaltspunkte für eine Relevanz des ursprünglichen Belegenheitsorts als Auslandsbezug im Rahmen des Art. 3 Abs. 3 Rom I-VO.

b) Rechtsunsicherheitskosten

Ein ausländischer Belegenheitsort beweglicher Sachen verursacht für die Parteien keine nennenswerte Rechtsunsicherheit, da anders als bei unbeweglichen Sachen dieser keinen für die objektive Anknüpfung erheblichen Umstand darstellt. Daher besteht in diesen Fällen auch keine Belastung der Parteien durch erhöhte Transaktionskosten, die für eine Relevanz des Belegenheitsorts sprechen könnte.

c) Missbrauchspotential

Jedenfalls ist die Relevanz des Belegenheitsorts mit Blick auf dessen Manipulierbarkeit abzulehnen, um die Funktion des Art. 3 Abs. 3 Rom I-VO als typisierte Missbrauchskontrolle zu wahren. Wäre der vorherige Belegenheitsort entscheidend, müssten Firmen in Grenzregionen etwa lediglich Warenlager im benachbarten Ausland unterhalten, um dauerhaft die Geltung inländischen Rechts mit Rechtswahlklauseln umgehen zu können.

1278 Rauscher/*Thorn*, Art. 9 Rom I-VO Rn. 64.

d) Ergebnis

Ein ausländischer Belegenheitsort einer beweglichen Sache im Zeitpunkt des Vertragsschlusses stellt keinen hinreichenden Auslandsbezug dar.[1279]

IV. Ergebnis

Bei den Umständen der Vertragsabwicklung handelt es sich allgemein um für das vertragliche Verhältnis besonders bedeutsame Umstände, denen weitestgehend Relevanz als Auslandsbezug zukommt. Dies gilt für den Erfüllungsort sowie den Belegenheitsort für Immobilien. Aufgrund der leichten Manipulierbarkeit sind hierbei abstrakte Erfüllungsortsvereinbarungen sowie der Erfüllungsort von Geldschulden auszuschließen. Aufgrund der fehlenden systematischen Relevanz des Belegenheitsorts beweglicher Sachen in der Rom I-VO und dem auch hierbei bestehenden Missbrauchspotential ist dessen Relevanz ebenfalls abzulehnen. Gleiches gilt für die Zahlung in einer Fremdwährung.

B. Bezug einer Vertragspartei zu anderem Staat

Im Folgenden ist zu untersuchen, inwiefern Auslandsbezüge der Vertragsparteien für die Zwecke des Art. 3 Abs. 3 Rom I-VO Relevanz entfalten. Zunächst soll dies getrennt für natürliche Personen und Personenzusammenschlüsse untersucht werden. Anschließend soll darauf eingegangen werden, wie nachträgliche Veränderungen am personellen Vertragsgefüge zu behandeln sind.

I. Auslandsbezug einer natürlichen Person

Mit Blick auf natürliche Personen kommen als Auslandsbezug der gewöhnliche Aufenthalt bzw. die Hauptniederlassung bei beruflich tätigen Personen sowie die Staatsangehörigkeit in Betracht.[1280]

1279 So auch: Rauscher/*von Hein*, Art. 3 Rom I-VO Rn. 116; Staudinger/*Magnus*, Art. 3 Rom I-VO Rn. 138; a.A.: *Nygh*, Autonomy, 1999, S. 50.

1280 Calliess etwa zieht in Orientierung an römischrechtlichen Kategorien noch Wohnsitz (formell oder materiell) sowie den einfachen Aufenthalt heran: *Calliess*, Verbraucherverträge, 2006, S. 25 f.

1. Gewöhnlicher Aufenthalt / Hauptniederlassung

Der gewöhnliche Aufenthalt als Anknüpfungsmoment dominiert weite Teile des europäischen Kollisionsrechts, insbesondere auch der Rom I-VO.[1281] Gem. Art. 19 Abs. 1 Unterabs. 2 ist der gewöhnliche Aufenthalt bei „einer natürlichen Person, die im Rahmen ihrer beruflichen Tätigkeit handelt, [...] der Ort ihrer Hauptniederlassung."

a) Relevanz als Auslandsbezug

Angesichts der Präsenz als Anknüpfungsmerkmal besteht aus systematischer Sicht die Vermutung, dass der gewöhnliche Aufenthalt einen relevanten Auslandsbezug darstellt. Darüber hinaus würde ein im Ausland belegener gewöhnlicher Aufenthalt auch erhebliche Rechtsunsicherheit verursachen, was weiterhin für dessen Relevanz spricht. Ein Missbrauchspotential besteht demgegenüber nicht. Abschließend wird dann zu diskutieren sein, ob einem vom Ort der Hauptniederlassung abweichenden privaten Aufenthalt bei beruflichen Tätigkeiten Relevanz beizumessen ist.

aa) Systematische Vermutungswirkung

In der Rom I-VO wird in zahlreichen Vorschriften an den gewöhnlichen Aufenthalt einer Vertragspartei angeknüpft.[1282] Hierbei folgen die meisten Anknüpfungen dem Prinzip der engsten Verbindung, die allgemein über die charakteristische Leistung ermittelt wird.[1283] Für Art. 4 Abs. 2 Rom I-VO geht dies schon ausdrücklich aus dem Wortlaut hervor. Auch Art. 4 Abs. 1 lit. a und b Rom I-VO knüpfen für Kauf- und Dienstleistungsverträge an den gewöhnlichen Aufenthalt des Verkäufers bzw. Dienstleistungserbringers an. Ebenso knüpfen Art. 5 Abs. 1 S. 1 Rom I-VO und Art. 5 Abs. 2 Unterabs. 1 S. 2 Rom I-VO für Beförderungsverträge an den gewöhnlichen Aufenthalt des Beförderers an. Darüber hinaus findet sich in Art. 7 Abs. 2 S. 2 Rom I-VO eine Anknüpfung an den gewöhnlichen Aufenthalt des Versicherers.

1281 *Rentsch*, Gewöhnlicher Aufenthalt, 2017, S. 278 ff.; *Lurger*, in: von Hein/Rühl (Hrsg.), Kohärenz im Internationalen Privat- und Verfahrensrecht der Europäischen Union, 2016, S. 202, 207.

1282 Siehe hierzu: *Nehne*, Methodik, 2012, S. 271 ff.; zur Anknüpfung an den gewöhnlichen Aufenthalt in der Rom I-VO, Rom II-VO sowie im internationalen Familienrecht: *Rentsch*, Gewöhnlicher Aufenthalt, 2017, S. 279 ff.

1283 Vgl. *Magnus*, in: Ferrari/Leible (Hrsg.), Rome I Regulation, 2009, S. 27, 28.

Neben diesem Prinzip der engsten Verbindung wird im Rahmen der Anknüpfung an den gewöhnlichen Aufenthalt einer Vertragspartei teils auch eine „Aufwertung" einzelner Anknüpfungsmomente vorgenommen, um Schutzzwecke zu gewährleisten. Dies gilt für die Anknüpfung an den gewöhnlichen Aufenthalt des Verbrauchers in Art. 6 Abs. 1 Rom I-VO, bei der ein Recht zur Anwendung berufen wird, bei dem nicht notwendigerweise ein erheblicher Bezug zur Leistungserbringung besteht.[1284] Der aktive wie passive Verbraucher soll hier vor der Anwendung fremden Rechts geschützt werden, um so langfristig mehr Vertrauen zu schaffen und den Binnenmarkt zu fördern.[1285]

Umstritten ist, welche Wertungen der Anknüpfung an den gewöhnlichen Aufenthalt des Franchisenehmers gem. Art. 4 Abs. 1 lit. e Rom I-VO und den gewöhnlichen Aufenthalt des Vertriebshändlers bei Vertriebsverträgen gem. Art. 4 Abs. 1 lit. f Rom I-VO zugrunde liegen. *Magnus* sieht hierin primär eine Klarstellung, da unter Geltung des EVÜ umstritten war, welche Partei in diesen Verträgen die charakteristische Leistung erbringt.[1286] Daneben wird jedoch auch auf den Schutz der typischerweise strukturell schwächeren Franchisenehmer und Vertriebshändler verwiesen.[1287] Letzteres kommt auch im Vorschlag der Kommission zur Rom I-VO zum Ausdruck.[1288]

Teilweise wird in der Rom I-VO auch an einen gemeinsamen gewöhnlichen Aufenthalt[1289] angeknüpft.

Der gewöhnliche Aufenthalt ist damit in verschiedenen Variationen ein sehr dominantes Anknüpfungsmoment in der Rom I-VO. Teilweise stellt er die engste Verbindung dar, teils wird der gewöhnliche Aufenthalt einer Partei zu Schutzzwecken „aufgewertet". Wie bereits erwähnt, besteht jedoch auch in diesen Fällen

1284 Siehe hierzu bereits: Zweiter Teil, B., III., 2., a), bb).

1285 Rauscher/*Heiderhoff*, Art. 6 Rom I-VO Rn. 1 ff.

1286 *Magnus*, in: Ferrari/Leible (Hrsg.), Rome I Regulation, 2009, S. 27, 41 f.; vgl. auch: *Garcimartín Alférez*, EuLF 2008, 61, 68.

1287 *Nehne*, Methodik, 2012, S. 271 f.; *Magnus*, in: Ferrari/Leible (Hrsg.), Rome I Regulation, 2009, S. 27, 42; so für Art. 4 Abs. 1 lit. e Rom I-VO auch: *Tang*, MLR 2008, 785, 789; kritisch hierzu, unter Verweis auf die bisweilen starke Stellung des Franchisenehmers: Ferrari/*Ferrari*, Art. 4 Rom I-VO Rn. 46; angesichts der starken Marktmacht großer Vertriebshändler hält dieses Argument für rechtspolitisch bedenklich: *Neubert*, EWS 2011, 369, 373.

1288 Entwurf der Kommission zur Rom I-VO, S. 6: „Die letztlich gewählte Lösung lässt sich damit erklären, dass das materielle Gemeinschaftsrecht den Franchisenehmer und Vertriebshändler als schwächere Partei ansieht".

1289 So etwa in Art. 4 Abs. 1 lit. d Rom I-VO, Art. 5 Abs. 1 S. 1 3. Var. Rom I-VO.

eine „gewisse Verbindung“[1290] dieses gewöhnlichen Aufenthalts zum Sachverhalt.[1291] Damit greift die bereits hergeleitete Vermutungswirkung,[1292] dass hierin auch ein relevanter Auslandsbezug im Sinne des Art. 3 Abs. 3 Rom I-VO liegt.

bb) Rechtsunsicherheitskosten

Angesichts der Präsenz des gewöhnlichen Aufenthalts in der Rom I-VO verursacht ein im Ausland liegender gewöhnlicher Aufenthalt einer Partei auch Rechtsunsicherheit für die Parteien. Dies gilt dann umso mehr, wenn bei komplexeren Vertragsgestaltungen, wie etwa Swap-Geschäften oder Kooperationsverträgen, das anwendbare Recht über Art. 4 Abs. 4 Rom I-VO angeknüpft wird.[1293] Die mit dieser Rechtsunsicherheit einhergehende Erhöhung der Transaktionskosten kann die Parteien empfindlich belasten, was für die Einräumung der Rechtswahlfreiheit in Fällen, bei denen eine Partei ihren gewöhnlichen Aufenthalt im Ausland hat, spricht und damit eine Relevanz dieses Umstands im Rahmen des Art. 3 Abs. 3 Rom I-VO indiziert.

cc) Missbrauchspotential

Der gewöhnliche Aufenthalt ist darüber hinaus nur schwer manipulierbar. Bei nicht beruflich handelnden natürlichen Personen wäre eine Verlegung des auf Dauer angelegten tatsächlichen Daseinsmittelpunkts erforderlich.[1294] Eine nur „kurzfristige physische Präsenz“ reicht hingegen nicht aus.[1296] Bei beruflich handelnden Personen erfordert eine Niederlassung eine „sachliche Ausstattung, die eine nach außen gerichtete geschäftliche Tätigkeit ermöglicht“, mithin also Personal oder Geschäftsräume.[1297] Auch hier wäre also mit einer Verlagerung ein sehr erheblicher Aufwand verbunden.

1290 *Schwemmer*, Anknüpfungsprinzipien, 2018, S. 201.

1291 Siehe hierzu bereits: Zweiter Teil, B., III., 2., a), bb.

1292 Siehe: Zweiter Teil, B., III:, 2., a).

1293 Siehe zur Rechtsunsicherheit bei der objektiven Anknüpfung dieser Verträge: Zweiter Teil, A., III., 4., b), aa).

1294 Vgl. zu den Anforderungen an den gewöhnlichen Aufenthalt: Staudinger/*Magnus*, Art. 19 Rom I-VO Rn. 31 m.w.N.; MüKo/*Martiny*, Art. 19 Rom I-VO Rn. 12; Ferrari/*Ferrari*, Art. 19 Rom I-VO Rn. 15.

1295 Vgl. zu den Anforderungen an den gewöhnlichen Aufenthalt: Staudinger/*Magnus*, Art. 19 Rom I-VO Rn. 31 m.w.N.; MüKo/*Martiny*, Art. 19 Rom I-VO Rn. 12; Ferrari/*Ferrari*, Art. 19 Rom I-VO Rn. 15.

1296 Ferrari/*Ferrari*, Art. 19 Rom I-VO Rn. 15 m.w.N.

1297 MüKo/*Martiny*, Art. 19 Rom I-VO Rn. 10.

dd) Ergebnis

Beim gewöhnlichen Aufenthalt handelt es sich um den präsentesten Anknüpfungspunkt der Rom I-VO, was eine starke Vermutung zugunsten der Relevanz als Auslandsbezug begründet. Darüber hinaus würde angesichts dieser Bedeutung ein ausländischer gewöhnlicher Aufenthalt einer Vertragspartei für erhebliche Rechtsunsicherheit sorgen, was weiter für eine Berücksichtigung spricht. Darüber hinaus besteht kein erhebliches Missbrauchspotential. Im Ergebnis handelt es sich damit bei dem gewöhnlichen Aufenthalt um einen relevanten Auslandsbezug.[1298]

b) Irrelevanz eines abweichenden privaten gewöhnlichen Aufenthalts

Fraglich ist jedoch, ob bei einer beruflichen Tätigkeit einer natürlichen Person der von der Hauptniederlassung abweichende private gewöhnliche Aufenthalt einen Auslandsbezug darstellen kann.

Dieser hätte wegen Art. 19 Abs. 1 Unterabs. 2 Rom I-VO keinerlei kollisionsrechtliche Relevanz, so dass diesbezüglich auch keine Vermutungswirkung gelten kann. Ebensowenig ist ersichtlich, dass ein privater gewöhnlicher Aufenthalt Rechtsunsicherheit schaffen würde. Vielmehr wäre das Gegenteil der Fall: Würde über Art. 3 Abs. 3 Rom I-VO dem von der Hauptniederlassung abweichenden privaten gewöhnlichen Aufenthalt erhebliche Bedeutung für die Bestimmung des anwendbaren Rechts beigemessen, könnte dies Rechtsunsicherheit verursachen. Schließlich weiß der Vertragspartner einer geschäftlich handelnden Person oftmals nicht, wo diese ihren privaten gewöhnlichen Aufenthalt hat und könnte daher nicht einschätzen, inwiefern ein Auslandsbezug im Rahmen des Art. 3 Abs. 3 Rom I-VO besteht.

Vor diesem Hintergrund kann dem privaten gewöhnlichen Aufenthalt bei einer abweichenden Hauptniederlassung keine Relevanz zukommen, so dass die soeben dargestellte Vermutungswirkung für den gewöhnlichen Aufenthalt hier eine Ausnahme findet.[1299]

c) Ergebnis

Im Ergebnis kann daher der gewöhnliche Aufenthalt grundsätzlich einen Auslandsbezug i.S.d. Art. 3 Abs. 3 Rom I-VO herstellen. Liegt dieser wegen Art. 19

1298 So etwa: MüKo/*Martiny*, Art. 3 Rom I-VO Rn. 91; Staudinger/*Magnus*, Art. 3 Rom I-VO Rn. 138; Rauscher/*von Hein*, Art. 3 Rom I-VO Rn. 108; *Hartley*, International Commercial Litigation, 2015, S. 662.

1299 So im Ergebnis auch: Rauscher/*von Hein*, Art. 3 Rom I-VO Rn. 108.

Abs. 1 Unterabs. 2 Rom I-VO am Ort der Hauptniederlassung, kann einem privaten gewöhnlichen Aufenthalt daneben keine Relevanz zukommen.

2. *Staatsangehörigkeit*

Besonders umstritten ist in der Literatur die Frage, ob die ausländische Staatsangehörigkeit einer Partei einen hinreichenden Auslandsbezug herstellen kann.[1300] Die deutsche Rechtsprechung steht dieser Frage ablehnend gegenüber und sieht in der ausländischen Staatsangehörigkeit einer[1301] bzw. beider Vertragsparteien[1302] keinen relevanten Auslandsbezug.[1303]

Systematische Anhaltspunkte sprechen nicht für eine Relevanz der Staatsangehörigkeit (a)) und nach dem Primärrecht wäre eine solche im Grundsatz als Verstoß gegen Art. 18 AEUV zu werten, da eine Unterscheidung anhand der Staatsangehörigkeit im Rahmen des Art. 3 Abs. 3 Rom I-VO lediglich in besonders gelagerten Ausnahmefällen gerechtfertigt wäre (b)).

a) Systematische Anhaltspunkte

Zunächst ist zu untersuchen, inwiefern das Merkmal der Staatsangehörigkeit in verschiedenen kollisionsrechtlichen Verordnungen als Anknüpfungsmoment herangezogen wird.

1300 Eine Relevanz der Staatsangehörigkeit bejahen: *von Hein*, FS Hopt, 2020, S. 1405; *Droste*, Begriff der „zwingenden Bestimmung“, 1992, S. 95 f.; *Däubler*, RIW 1987, 249, 250; *Sandrock*, RIW 1986, 841; vermittelnd bejahen eine Relevanz der Staatsangehörigkeit in Abhängigkeit von den Umständen des Einzelfalls: MüKo/*Martiny*, Art. 3 Rom I-VO Rn. 91; *Czernich*, ZfRV 2013, 157, 167; *Schurig*, RabelsZ 1990, 217, 235; ablehnend gegenüber einer Relevanz der Staatsangehörigkeit: Beck-OGK/*Wendland*, Art. 3 Rom I-VO Rn. 237; *Vogeler*, Rechtswahl, 2013, S. 376; *Nygh*, Autonomy, 1999, S. 49.

1301 So zu Art. 27 Abs. 3 EGBGB: LG Hamburg, RIW 1990, 1020, 1021; ArbG Bielefeld, IPRspr. 2008 Nr. 49.

1302 So führte der BGH zu Art. 27 Abs. 3 EGBGB an: „Die israelische Staatsangehörigkeit der Parteien besitzt demgegenüber kein entscheidendes Gewicht und führt deshalb nicht zu einer anderen Beurteilung“, BGH, NJW-RR 2005, 929, 931.

1303 Vgl. *Lurger*, in: von Hein/Rühl (Hrsg.), Kohärenz im Internationalen Privat- und Verfahrensrecht der Europäischen Union, 2016, S. 202, 207.

aa) Internationales Privatrecht

Zunächst soll die Rolle der Staatsangehörigkeit im schuldvertraglichen IPR untersucht werden, um sodann auf ihre Bedeutung im familien- und erbrechtlichen IPR einzugehen.

(1) Schuldvertragsrecht

Die Staatsangehörigkeit wird in der Rom I-VO nicht als allgemeines Anknüpfungsmerkmal berücksichtigt.[1304] Stattdessen wird sie nur in der Anknüpfung einzelner Vertragstypen, bei den Regelungen zur Rechts- und Geschäftsfähigkeit und in der Auffang- bzw. Ausweichklausel relevant. Im Folgenden sind daher die genannten Regelungen kurz darzustellen, um jeweils zu diskutieren, inwiefern diese Regelungen eine Relevanz der Staatsangehörigkeit indizieren.

(a) Art. 7 Abs. 3 lit. c Rom I-VO

In Art. 7 Abs. 3 lit. c Rom I-VO findet sich für Lebensversicherungen eine Möglichkeit zur Wahl des Rechts des Staates, dessen Staatsangehörigkeit der Versicherungsnehmer besitzt.[1305] Der Staatsangehörigkeit kommt damit in dieser Regelung durchaus Relevanz zu, die jedoch auf spezifischen Wertungen beruht:

Die Regelung soll ermöglichen, dass mobile Unionsbürger ihre Altersvorsorge einheitlich am Recht des Heimatstaats ausrichten.[1306] Der gewöhnliche Aufenthalt, der typischerweise das Prinzip der engsten Verbindung am besten verwirklicht, tritt also hier zurück, um dem Recht auf Freizügigkeit (Art. 21 AEUV) gerecht zu werden.[1307] Dieses verlangt, einen langfristigen Vertrag an ein Recht anknüpfen zu können, das auch bei Verlagerungen des gewöhnlichen Aufenthalts eine Kontinuität aufweist.[1308] Durch eine Wahlmöglichkeit zugunsten des

---

1304 Vgl. *dies.*, in: von Hein/Rühl (Hrsg.), Kohärenz im Internationalen Privat- und Verfahrensrecht der Europäischen Union, 2016, S. 202, 207.

1305 Vgl. hierzu: *Fricke*, VersR 2008, 443, 448; Rauscher/*Wendt*, Art. 7 Rom I-VO Rn. 18; überblicksartig zur Anknüpfung von Lebensversicherungsverträgen in der Rom I-VO: *Lüttringhaus*, in: Basedow/Rühl/Ferrari u.a. (Hrsg.), Encyclopedia of Private International Law, 2017, S. 1151, 1152 ff.; umstritten ist insofern, wie mit Mehrstaatlern umzugehen ist, Martiny befürwortet im Sinne der Rechtssicherheit, dass auch eine nicht-effektive Staatsangehörigkeit genüge: MüKo/*Martiny*, Art. 7 Rom I-VO Rn. 33 m.w.N.

1306 Rauscher/*von Hein*, Art. 3 Rom I-VO Rn. 109.

1307 Ferrari/*Staudinger*, Art. 7 Rom I-VO Rn. 37.

1308 Ferrari/*Staudinger*, Art. 7 Rom I-VO Rn. 37; a.A. Heiss, der argumentiert, die Freizügigkeit spreche eher gegen ein Wahlrecht zugunsten der Staatsangehörigkeit, da

Heimatrechts bei Lebensversicherungen trägt die Regelung auch dem Ineinandergreifen von Lebensversicherungsverträgen als Altersvorsorgeinstrumente mit den Ansprüchen aus den sozialen Sicherungssystemen Rechnung, da letztere oftmals noch auf dem Heimatrecht basieren.[1309] Dementsprechend hat sich diese Rechtswahlmöglichkeit auch nur für die Lebensversicherung durchgesetzt.

Aufgrund dieser sehr spezifischen Erwägungen lässt sich hieraus keine Indizwirkung für Art. 3 Abs. 3 Rom I-VO begründen. Allerdings muss eine ausländische Staatsangehörigkeit vor dem Hintergrund des Art. 7 Abs. 3 lit. c Rom I-VO bei Lebensversicherungsverträgen einen Auslandsbezug darstellen,[1310] um Unstimmigkeiten zwischen beiden Vorschriften zu vermeiden.

(b) Art. 13 Rom I-VO

Wie bei der Diskussion um die Relevanz des Abschlussortes bereits erwähnt,[1311] wird die Rechts- und Geschäftsfähigkeit grundsätzlich nach dem autonomen Kollisionsrecht der *lex fori* angeknüpft. Im deutschen Kollisionsrecht unterliegen diese Fragen gem. Art. 7 Abs. 1 S. 1 EGBGB dem Recht des Staates, dem die Person angehört. Die Vorschrift wird zum 1.1.2023 dahingehend geändert, dass gem. Abs. 1 S. 1 der neuen Fassung die Rechtsfähigkeit an das Recht der Staatsangehörigkeit angeknüpft wird, während gem. Abs. 2 S. 1 die Geschäftsfähigkeit nach dem Recht des gewöhnlichen Aufenthalts zu bestimmen ist.[1312] Innerhalb der Rom I-VO schützt dann, wie bereits dargestellt, Art. 13 Rom I-VO das Vertrauen eines Vertragsteils in die „nach dem Recht des Abschlussorts bestehende Rechts-, Geschäfts- und Handlungsfähigkeit" der Gegenseite.[1313]

Spickhoff spricht sich mit Blick auf diese Regelungen für eine „differenzierte Gewichtung der Staatsangehörigkeit" als Auslandsbezug aus. Zwar wäre die Staatsangehörigkeit für den Leistungsaustausch zwischen den Parteien nicht relevant, würde allerdings über Art. 7 EGBB und Art. 13 Rom I-VO „Einfluss auf

---

aufgrund der gewährten Freizügigkeit die Staatsangehörigkeit keinen verlässlichen Rückschluss mehr auf die Verbundenheit des Bürgers zu diesem Staat zulässt: *Heiss*, FS Kropholler, 2008, S. 459, 467; Gruber entgegnet Heiss, ein Versicherungsnehmer der einen Vertrag nach dem Heimatrecht abschließe, habe im Normalfall noch eine starke Verbundenheit zu diesem Staat: *Gruber*, in: Ferrari/Leible (Hrsg.), Rome I Regulation, 2009, S. 109, 119.

1309 Rauscher/*Wendt*, Art. 7 Rom I-VO Rn. 18.

1310 Rauscher/*von Hein*, Art. 3 Rom I-VO Rn. 109.

1311 Siehe: Dritter Teil, A., I., 1., a), cc).

1312 BGBl. I 2021, S. 908.

1313 Vgl. Palandt/*Thorn*, Art. 13 Rom I-VO Rn. 2.

den Vertrag nehmen".[1314] *Von Hein* hingegen macht zutreffend geltend, dass es sich hierbei um selbstständig anzuknüpfende Fragen handelt, die gerade nicht nach der Rom I-VO sondern nach dem autonomen Kollisionsrecht anzuknüpfen sind.[1315] Zudem schränkt Art. 13 Rom I-VO die Rolle, die der Staatsangehörigkeit hier zukommt, im Sinne des Verkehrsschutzes nur weiter ein.[1316] Eine besondere Relevanz für die Rom I-VO allgemein lässt sich hieraus jedoch nicht herleiten.[1317]

(c) Art. 4 Abs. 3, 4 Rom I-VO

Bei der Bestimmung der engeren Verbindung gem. Art. 4 Abs. 3 Rom I-VO[1318] bzw. der engsten Verbindung gem. Art. 4 Abs. 4 Rom I-VO[1319] ist die Staatsangehörigkeit zu berücksichtigen, wobei ihr auch hier eine eher geringe Relevanz zukommt. Begründet wird dieses geringe Gewicht der Staatsangehörigkeit wiederum mit der weitgehenden Irrelevanz der Staatsangehörigkeit in der restlichen Verordnung.[1320]

1314 BeckOK-BGB/*Spickhoff*, Art. 3 Rom I-VO Rn. 36; Spickhoff spricht insofern von einer „Vorfrage", wenngleich es sich hierbei ganz herrschend um eine Teilfrage handelt, siehe etwa: Palandt/*Thorn*, Art. 7 EGBGB Rn. 1; MüKo/*von Hein*, Einleitung IPR Rn. 104.

1315 Rauscher/*von Hein*, Art. 3 Rom I-VO Rn. 109; auch von Hein bezeichnet dies als Vorfrage, wenngleich er an anderer Stelle die Geschäftsfähigkeit als Teilfrage einordnet: MüKo/*von Hein*, Einl. IPR Rn. 104; vgl. auch: Beck-OGK/*Wendland*, Art. 3 Rom I-VO Rn. 237.1.

1316 Siehe: Dritter Teil, A., I., 1., a), cc).

1317 Rauscher/*von Hein*, Art. 3 Rom I-VO Rn. 109; a.A. Martiny, nach dem die Staatsangehörigkeit „nicht völlig irrelevant ist" und diese demnach unter Umständen eine ausreichende Verbindung herstellen kann: MüKo/*Martiny*, Art. 3 Rom I-VO Rn. 91.

1318 Ferrari/*Ferrari*, Art. 4 Rom I-VO Rn. 74; Spickhoff hält die Staatsangehörigkeit hier für nicht unwesentlich: BeckOK-BGB/*Spickhoff*, Art. 4 Rom I-VO Rn. 81; großzügiger bei der Berücksichtigung der Staatsangehörigkeit äußert sich Martiny: MüKo/*Martiny*, Art. 4 Rom I-VO Rn. 298.

1319 Für Ferrari hat selbst eine gemeinsame Staatsangehörigkeit nur eine geringe Indizwirkung: Ferrari/*Ferrari*, Art. 4 Rom I-VO Rn. 96; nur in „Pattsituation" relevant: Rauscher/*Thorn*, Art. 4 Rom I-VO Rn. 155; Martiny sieht außerhalb von Geschäften zwischen Privatleuten eine nur geringe Relevanz: MüKo/*Martiny*, Art. 4 Rom I-VO Rn. 337; a.A. Spickhoff, für den die Staatsangehörigkeit weiterhin einen maßgeblichen Gesichtspunkt darstellt: BeckOK-BGB/*Spickhoff*, Art. 4 Rom I-VO Rn. 85.

1320 Vgl. MüKo/*Martiny*, Art. 4 Rom I-VO Rn. 337; Staudinger/*Magnus*, Art. 4 Rom I-VO Rn. 156.

(d) *Fazit*

Insgesamt ist die Staatsangehörigkeit in der Rom I-VO damit weitgehend irrelevant. Die vereinzelten Regelungen in der Rom I-VO, über die die Staatsangehörigkeit Relevanz erlangen kann, beruhen auf Erwägungen der Altersvorsorge und des Verkehrsschutzes, so dass hier keine Übertragung auf Art. 3 Abs. 3 Rom I-VO vorgenommen werden kann. Die beschränkte Relevanz der Staatsangehörigkeit innerhalb der Art. 4 Abs. 3, Abs. 4 Rom I-VO kann nicht als Indiz für eine Relevanz derselben bei Art. 3 Abs. 3 Rom I-VO gewertet werden.

(2) *Familien- und Erbrecht*

Ein anderes Bild zeigt sich demgegenüber im familien- und erbrechtlichen Kollisionsrecht. Diese Bereiche sind traditionell auch im internationalen Vergleich besonders vom Staatsangehörigkeitsprinzip geprägt.[1321] Wenngleich sich dieses rechtsvergleichend sowie im Rahmen der europäischen Verordnungen deutlich auf dem Rückzug befindet,[1322] kommt der Staatsangehörigkeit hier noch erhebliche Relevanz zu. Im Folgenden sollen zunächst überblicksartig die familien- und erbrechtlichen Regelungen dargestellt werden, über die die Staatsangehörigkeit Bedeutung für das anwendbare Recht entfalten kann. Sodann ist zu untersuchen, inwiefern sich hieraus für Art. 3 Abs. 3 Rom I-VO übertragbare Erkenntnisse ergeben.

(a) *Relevanz der Staatsangehörigkeit*

Im Rahmen der familien- und erbrechtlichen Verordnungen ist maßgebliches Anknüpfungsmoment der gewöhnliche Aufenthalt.[1323] Im unionsrechtlichen

1321 Vgl. *Schwemmer*, Anknüpfungsprinzipien, 2018, S. 72 f.; *Kroll-Ludwigs*, Parteiautonomie, 2013, S. 318 ff.; *Troge*, Staatsangehörigkeitsprinzip, 2009, S. 28 ff.; historisch zur Entwicklung der Anknüpfung an die Staatsangehörigkeit: *Stern*, Staatsangehörigkeitsprinzip, 2008, S. 27 ff.; *Mansel*, Personalstatut, 1988, S. 5 ff.

1322 Vgl. *Mansel/Kroll-Ludwigs*, in: Basedow/Rühl/Ferrari u.a. (Hrsg.), Encyclopedia of Private International Law, 2017, S. 1289, 1296 ff.

1323 Art. 21 Abs. 1 EuErbVO (gewöhnlicher Aufenthalt des Erblassers im Zeitpunkt des Todes); Art. 26 Abs. 1 lit. C EuGüVO (primäre Anknüpfung an den ersten gemeinsamen gewöhnlichen Aufenthalt der Ehegatten); Art. 8 lit. A Rom III-VO (gewöhnlicher Aufenthalt der Ehegatten im Zeitpunkt der Anrufung des Gerichts); vgl. auch: *Brosch*, Rechtswahl und Gerichtsstandsvereinbarung, 2019, S. 156; *Schwemmer*, Anknüpfungsprinzipien, 2018, S. 72 f.; *Lurger*, in: von Hein/Rühl (Hrsg.), Kohärenz im Internationalen Privat- und Verfahrensrecht der Europäischen Union, 2016, S. 202, 208 ff.

Familien- und Erbrecht wurde damit ein Wechsel vom zuvor in den Mitgliedsstaaten vorherrschenden Staatsangehörigkeitsprinzip zum gewöhnlichen Aufenthalt vollzogen. So unterliegt etwa gem. Art. 21 Abs. 1 EuErbVO „die gesamte Rechtsfolge von Todes wegen dem Recht des Staates, in dem der Erblasser im Zeitpunkt seines Todes seinen gewöhnlichen Aufenthalt hatte."

Neben dieser objektiven Anknüpfung an den gewöhnlichen Aufenthalt eröffnen die Verordnungen Rechtswahlmöglichkeiten zugunsten des Rechts der Staatsangehörigkeit.[1324] So ermöglicht Art. 22 Abs. 1 Unterabs. 1 EuErbVO die Rechtswahl für die Rechtsnachfolge von Todes wegen. Im Rahmen der Ehescheidung enthält Art. 5 Abs. 1 Rom III-VO eine Aufzählung wählbarer Rechte, wobei nach lit. c auch das Recht des Staates, dessen Staatsangehörigkeit einer der Ehegatten wählbar ist. Gem. Art. 22 Abs. 1 lit. b EuGüVO ist auch in güterrechtlicher Hinsicht das Recht der Staatsangehörigkeit eines Ehegattens wählbar. Gleiches gilt gem. Art. 22 Abs. 1 lit. b EuPartVO im Rahmen eingetragener Partnerschaften.

Neben dieser Rolle der Staatsangehörigkeit bei der Rechtswahl kommt ihr auch teils Bedeutung bei der objektiven Anknüpfung zu.[1325] Dies ist etwa in Art. 8 lit. c Rom III-VO der Fall: Ist eine Anknüpfung über einen gemeinsamen gewöhnlichen Aufenthalt der Ehegatten zum Zeitpunkt der Anrufung des Gerichts (lit. a) sowie eine Anknüpfung an den letzten gemeinsamen Aufenthalt (lit. b) nicht möglich, wird an die gemeinsame Staatsangehörigkeit angeknüpft (lit. c).[1326]

(b) Übertragbarkeit auf Art. 3 Abs. 3 Rom I-VO

Im Familien- und Erbrecht ist damit die Staatsangehörigkeit im Rahmen der Rechtswahl sowie im Rahmen der subsidiären objektiven Anknüpfung von deutlicher Relevanz. Fraglich ist, ob diese systematische Relevanz als Wertung auf Art. 3 Abs. 3 Rom I-VO übertragbar ist. Um sich dieser Frage zu nähern, soll zunächst dargestellt werden, welche Erwägungen ursprünglich zur Legitimation des Staatsanghörigkeitsprinzips im kollisionsrechtlichen Familien- und Erbrecht vorgebracht wurden. Darauf aufbauend soll dann untersucht werden, welche Erwägungen der derzeitigen Rolle der Staatsangehörigkeit im Rahmen

1324 Ausführlich zu den unterschiedlichen Rechtswahlmöglichkeiten: *Brosch*, Rechtswahl und Gerichtsstandsvereinbarung, 2019, S. 15 ff.; *Kroll-Ludwigs*, Parteiautonomie, 2013, S. 99 ff.; überblicksartig: *Schwemmer*, Anknüpfungsprinzipien, 2018, S. 66 f.

1325 Siehe: Art. 8 lit. c Rom III-VO, Art. 26 Abs. 1 lit. b EuGüVO.

1326 Vgl. *Kroll-Ludwigs*, Parteiautonomie, 2013, S. 327.

der Rechtswahl und sekundären Anknüpfung zugrunde liegen. Abschließend soll dann diskutiert werden, inwiefern diese Wertungen ins schuldvertragliche Kollisionsrecht übertragbar sind.

(aa) Legitimation des Staatsangehörigkeitsprinzips

Im Rahmen der umfangreichen Debatten um Legitimation und Sinnhaftigkeit der Anknüpfung an die Staatsangehörigkeit wurden eine Vielzahl an Erwägungen vorgebracht, um diese zu begründen.[1327]

Zentral für die Begründung des Staatsangehörigkeitsprinzips ist die Verbundenheit einer Person zum Staat, dessen Staatsangehörigkeit diese innehat. Hierbei werden unterschiedliche Aspekte der Verbundenheit benannt.[1328] So wird zunächst eine besondere Verbundenheit aufgrund der Vertrautheit mit dieser Rechtsordnung geltend gemacht.[1329] Eine Person habe mutmaßlich die besten Kenntnisse zu dem Recht, dessen Staat sie auch angehört. Auch das BVerfG hob diesen Aspekt im sog. *Spanierbeschluss* hervor und führte an, die gesetzgeberische Entscheidung zugunsten des Staatsangehörigkeitsprinzip beruhe „auf der Annahme, es entspreche dem Interesse der Beteiligten, in persönlichen Angelegenheiten nach dem Recht ihres Heimatstaates beurteilt zu werden, weil bei genereller Betrachtung die Staatsangehörigkeit ihre fortdauernde persönliche Verbundenheit mit diesem Staat dokumentiere und ihnen das vom Gesetzgeber der eigenen Nationalität geschaffene, auf Personen ihrer Nationalität ausgerichtete Recht am Vertrautesten sei".[1330]

In dem Beschluss des BVerfG ist darüber hinaus noch eine allgemeine persönliche Verbundenheit angesprochen. *Jayme* prägt in diesem Zusammenhang den Begriff „kulturelle Identität".[1331] Das Recht habe eine „kulturelle Dimension",[1332] da kulturelle Gepflogenheiten und Gewohnheiten in das Recht einfließen.[1333] In

1327 Vgl. hierzu überblicksartig: *Kroll-Ludwigs*, Parteiautonomie, 2013, S. 320 ff.; *Stern*, Staatsangehörigkeitsprinzip, 2008, S. 39 ff.

1328 Stern unterteilt diese unter Rückgriff auf die Interessenlehre: *Stern*, Staatsangehörigkeitsprinzip, 2008, S. 44 ff.

1329 *Dies.*, Staatsangehörigkeitsprinzip, 2008, S. 45 f. m.w.N.

1330 BVerfGE 31, 58, 78 (sog. Spanierbeschluss); diesen Passus zitiert auch: *Kroll-Ludwigs*, Parteiautonomie, 2013, S. 322.

1331 Siehe etwa: *Jayme*, in: ders. (Hrsg.), Kulturelle Identität und Internationales Privatrecht, 2003, S. 5, 9 ff.; zusammenfassend zur Prägung dieses Begriffs durch Jayme auch: *Mankowski*, IPRax 2004, 282 ff.

1332 *Jayme*, RabelsZ 67 (2003), 211 ff.

1333 *Ders.*, in: ders. (Hrsg.), Kulturelle Identität und Internationales Privatrecht, 2003, S. 5, 13.

diesem Kontext sei die Staatsangehörigkeit „ein deutliches Indiz für ein kulturelles Band zu dem Heimatstaat".[1334]

Die Betonung dieser kulturellen Verbindung zum Recht wird teils auch kritisiert. So erkennt *Henrich* diese Verbundenheit durchaus an, hält diese allerdings mit Blick auf in Deutschland lebende Menschen mit ausländischer Staatsangehörigkeit für überbewertet:

> „Für wichtig zur Bewahrung ihrer Identität werden sie es halten, wenn man ihnen ihre Sprache lässt, ihre religiöse Überzeugung achtet, sie nicht zur kulturellen Assimilierung nötigt, wenn sie es nicht wollen. Zwar gehört auch das Recht zur Kultur eines Volkes. Aber seine prägende Kraft wird meist – insbesondere von Juristen – überschätzt [...]."[1335]

Mansel entgegnet dieser Kritik jedoch treffend:

> „Hier besteht ein Prämissenirrtum. Es ist nicht das Recht, das die Identität stiftet. Aber das Recht ist vielfach Ausdruck der kulturellen Identität. Die Möglichkeit der Geschlechtsumwandlung oder der homosexuellen registrierten Partnerschaft oder Ehe sind das Produkt liberal-individualistischer Gesellschaften. Die gesellschaftliche Stellung der Frau in der Ehe und die gesetzlichen Regelungen bedingen einander. Je stärker der kulturelle Unterschied von Gesellschaften, desto stärker ist der Unterschied der Grundwertungen ihrer jeweiligen Rechtsordnungen [...]."[1336]

Gleichwohl wird verschiedentlich, auch von *Mansel*,[1337] darauf verwiesen, dass die Staatsangehörigkeit nicht notwendigerweise eine besondere kulturelle Verbindung indiziere.[1338] Hierfür lässt sich insbesondere anführen, dass die Vorschriften zum Erwerb der Staatsbürgerschaft teils erheblich divergieren und etwa auch allein durch den Geburtsort ohne weitere Voraussetzungen ein Erwerb möglich sein kann.[1339] Weiterhin kommt es angesichts der Globalisierung und

---

1334 *Ders.*, in: ders. (Hrsg.), Kulturelle Identität und Internationales Privatrecht, 2003, S. 5, 10; ähnlich auch in: *ders.*, RabelsZ 67 (2003), 211, 224.

1335 *Henrich*, FS Stoll, 2001, S. 437, 444; auch Mankowski macht geltend, die kulturelle Dimension des Rechts werde überschätzt: *Mankowski*, IPRax 2004, 282, 284 f.

1336 *Mansel*, in: Nolte/Keller/Bogdandy u.a. (Hrsg.), Pluralistische Gesellschaften und Internationales Recht, 2008, S. 137, 163.

1337 *Ders.*, in: Jayme (Hrsg.), Kulturelle Identität und Internationales Privatrecht, 2003, S. 119, 135.

1338 *Kroll-Ludwigs*, Parteiautonomie, 2013, S. 367; *Kohler*, FS Spellenberg, 2006, S. 9, 12.

1339 Vgl. zu den unterschiedlichen Modalitäten des Erwerbs der Staatsangehörigkeit überblicksartig: *Mansel/Kroll-Ludwigs*, in: Basedow/Rühl/Ferrari u.a. (Hrsg.), Encyclopedia of Private International Law, 2017, S. 1289, 1290; auf diesen Aspekt verweist auch: *Mäsch*, Verbraucherschutz, 1993, S. 101 ff.

allgemein zunehmenden Mobilität häufiger zu „übernationalen Lebensläufen" und Menschen fühlten sich oftmals mehr als nur einer Kultur verbunden.[1340] Die Rechtfertigung der Anknüpfung an die Staatsangehörigkeit durch kulturelle Erwägungen gelinge daher nur „in dem idealtypischen Fall", so *Mansel*, Ausnahmen würden sich allerdings häufen.[1341]

Neben dieser Verbundenheit aufgrund der Vertrautheit und der kulturellen Identität verweist insbesondere *Mansel* auch auf den Aspekt der politischen Mitbestimmung. Da die Staatsangehörigkeit in Demokratien mit dem Wahlrecht einhergehe, bestehe zwischen dem Bürger und dem Recht hier auch eine besondere Verbindung aufgrund der demokratischen Teilhabe.[1342]

Weiterhin wird auf die Stabilität der Anknüpfung an die Staatsangehörigkeit verwiesen. Diese würde sich, anders als etwa die Anknüpfung an den gewöhnlichen Aufenthalt nicht wandeln, und könne dadurch dem „Kontinuitätsinteresse"[1343] der Parteien gerecht werden.[1344] Gerade angesichts der stetig zunehmenden Mobilität von Personen innerhalb der Union und auch global erscheine dies mit Blick auf die Statusverhältnisse im Familien- und Erbrecht besonders bedeutsam.[1345] Neben diesem Kontinuitätsinteresse der Parteien besteht auch ein „hoheitliches Kontinuitätsinteresse"[1346] an der Anknüpfung an die Staatsangehörigkeit, da die schwer manipulierbare Anknüpfung an die Staatsangehörigkeit auch Gesetzesumgehungen verhindert.[1347]

1340 *Mansel*, in: Jayme (Hrsg.), Kulturelle Identität und Internationales Privatrecht, 2003, S. 119, 133; ähnlich unter Rückgriff auf Mansel: *Kroll-Ludwigs*, Parteiautonomie, 2013, S. 367.

1341 *Mansel*, in: Jayme (Hrsg.), Kulturelle Identität und Internationales Privatrecht, 2003, S. 119, 135.

1342 Siehe insbesondere: *ders.*, in: Nolte/Keller/Bogdandy u.a. (Hrsg.), Pluralistische Gesellschaften und Internationales Recht, 2008, S. 137, 165 ff.; *ders.*, in: Jayme (Hrsg.), Kulturelle Identität und Internationales Privatrecht, 2003, S. 119, 135 ff.; *ders.*, Personalstatut, 1988, S. 60 f.; diesen Gedanken deutet auch Jayme an: *Jayme*, in: Jayme/Mansel (Hrsg.), Nation und Staat im Internationalen Privatrecht, 1990, S. 3, 4; vgl. auch: *Stern*, Staatsangehörigkeitsprinzip, 2008, S. 48 f.; *Kroll-Ludwigs*, Parteiautonomie, 2013, S. 324.

1343 Diesen Begriff prägte: *Lüderitz*, FS Kegel, 1977, S. 31, 38 ff.

1344 Vgl. *Stern*, Staatsangehörigkeitsprinzip, 2008, S. 43 ff.

1345 *Kroll-Ludwigs*, Parteiautonomie, 2013, S. 323 m.w.N.; *Rauscher*, FS Jayme, 2004, S. 719, 734.

1346 *Stern*, Staatsangehörigkeitsprinzip, 2008, S. 52 f.

1347 *Kroll-Ludwigs*, Parteiautonomie, 2013, S. 323 f.; *Stern*, Staatsangehörigkeitsprinzip, 2008, S. 52 f.

(bb) Begründung der neuen Rolle im Europäischen Kollisionsrecht

Während die überwiegende Zahl der mitgliedsstaatlichen Kodifikationen zum Familien- und Erbrecht im Rahmen der Anknüpfung noch auf die Staatsangehörigkeit abstellte, hat sich, wie bereits erwähnt, mit den europäischen Verordnungen ein Wandel hin zum gewöhnlichen Aufenthalt als maßgeblichem Anknüpfungsmerkmal vollzogen. Der Staatsangehörigkeit kommt in diesen Verordnungen noch in zweierlei Hinsicht Relevanz zu. Erstens im Rahmen der Rechtswahl und zweitens als subsidiäre Anknüpfung. Wenngleich damit das Unionsrecht dem Staatsangehörigkeitsprinzip nicht folgt, wirken in diesen Regelungen Erwägungen fort, die soeben im Rahmen der Legitimation des Staatsangehörigkeitsprinzips dargelegt wurden. Diese „kleine Revolution“[1348] wurde mit Blick auf die steigende Mobilität der Unionsbürger begründet.[1349]

Die Einräumung der kollisionsrechtlichen Parteiautonomie dient in diesem Kontext dem Ausgleich der Anknüpfung an den gewöhnlichen Aufenthalt und erleichtert den Übergang hierzu.[1350] *Kroll-Ludwigs* führt insofern an, dass sowohl die Anknüpfung an den gewöhnlichen Aufenthalt als auch an die Staatsangehörigkeit im Familien- und Erbrecht Schwächen aufweisen. So widerstrebt das Staatsangehörigkeitsprinzip etwa integrationspolitischen Zielsetzungen, während der gewöhnliche Aufenthalt als zu unsicher und wandelbar wahrgenommen werden kann. Darüber hinaus würden die Gründe, die für das jeweilige Anknüpfungsmoment geltend gemacht werden, nie sämtlichen Einzelfällen gerecht, es muss eine Typisierung vorgenommen werden.[1351] Vor diesem Hintergrund diene die Ausgestaltung der Versöhnung beider Anknüpfungsprinzipien, so dass der Rechtswahl eine „Binnenfunktion“[1352] zukomme: „Ihre Rolle ist beschränkt auf die Auswahl zwischen denjenigen Rechtsordnungen, zu denen eine nach objektiven Kriterien zu ermittelnde enge Verbindung besteht“.[1353] Hierdurch wird eine „Versöhnung“[1354] beider Prinzipien erreicht und einer

1348 So zum Wechsel im Zuge der EUErbVO: *Mankowski*, IPRax 2015, 39.

1349 Vgl. Erwägungsgrund 23 der EuErbVO: „In Anbetracht der zunehmenden Mobilität der Bürger“; *Schwemmer*, Anknüpfungsprinzipien, 2018, S. 73.

1350 *Kroll-Ludwigs*, Parteiautonomie, 2013, S. 410; vgl. auch: *Dörner/Hertel/Lagarde u.a.*, IPRax 2005, 1, 5.

1351 *Kroll-Ludwigs*, Parteiautonomie, 2013, S. 409 ff.

1352 *Dies.*, Parteiautonomie, 2013, S. 436 ff.

1353 *Dies.*, Parteiautonomie, 2013, S. 413.

1354 *Dies.*, Parteiautonomie, 2013, S. 409.

fortwährenden kulturellen Bindung zum Recht der Staatsangehörigkeit kann mittels der Rechtswahl entsprochen werden.[1355]

Diese enge Verbindung ergibt sich wiederum im Familien- und Erbrecht aus den zuvor dargelegten Gründen auch zum Recht der Staatsangehörigkeit. Auch die Verordnungen gehen davon aus, dass hierzu eine enge Verbindung besteht. So heißt es etwa in den Erwägungsgründen zur EuErbVO:

> „Diese Verordnung soll es den Bürgern ermöglichen, durch die Wahl des auf die Rechtsnachfolge von Todes wegen anwendbaren Rechts ihren Nachlass vorab zu regeln. Diese Rechtswahl sollte auf das Recht eines Staates, dem sie angehören, beschränkt sein, damit sichergestellt wird, dass *eine Verbindung zwischen dem Erblasser und dem gewählten Recht besteht*, und damit vermieden wird, dass ein Recht mit der Absicht gewählt wird, die berechtigten Erwartungen der Pflichtteilsberechtigten zu vereiteln."[1356]

Aus dieser Verbindung zum Recht der Staatsangehörigkeit ergibt sich auch deren fortbestehende, wenngleich auch subsidiäre Rolle bei der Bestimmung des anwendbaren Rechts. Darüber hinaus ist in Erwägungsgrund 38 der EuErbVO auch angesprochen, dass die Rechtswahl zugunsten des Rechts der Staatsangehörigkeit Rechtssicherheit schafft. Dies gilt als allgemeiner Vorzug der Rechtswahl auch über das Familien- und Erbrecht hinaus.[1357] Damit schwingt auch hier noch das Kontinuitätsinteresse mit, da die Rechtswahl zugunsten der Staatsangehörigkeit eine dauerhafte und verlässliche Nachlassplanung ermöglicht. Der Aspekt der Rechtssicherheit wird auch in den Erwägungsgründen zur Rom III-VO aufgegriffen:

> „Eine erhöhte Mobilität der Bürger erfordert gleichermaßen mehr Flexibilität und mehr Rechtssicherheit. Um diesem Ziel zu entsprechen, sollte diese Verordnung die Parteiautonomie bei der Ehescheidung und Trennung […] stärken und den Parteien in gewissen Grenzen die Möglichkeit geben, das in ihrem Fall anzuwendende Recht zu bestimmen."[1358]

(cc) Übertragbarkeit ins Schuldrecht

Der Relevanz der Staatsangehörigkeit im Familien- und Erbrecht liegt damit weiterhin unter anderem der Gedanke einer typischerweise engen Verbindung der

---

1355 *Kroll-Ludwigs*, Parteiautonomie, 2013, S. 410; *Frantzen*, FS Jayme, 2004, S. 187, 195; *Mansel*, in: Arkan/Yongalik/Şit (Hrsg.), Tuğrul Ansay'a Armağan, 2006, S. 185, 210.

1356 Erwägungsgrund 38 EuErbVO (Hervorhebungen durch die Verfasserin).

1357 Siehe hierzu zuvor: Dritter Teil, B., I., 2., a), aa), (2), (b), (aa).

1358 Erwägungsgrund 15 Rom III-VO.

Person zu diesem Recht zugrunde. Fraglich ist, ob dies für Art. 3 Abs. 3 Rom I-VO als Wertung fruchtbar gemacht werden kann.

Zunächst lässt sich geltend machen, dass schuldrechtliche Fragen weniger stark von kulturellen Vorstellungen geprägt werden als das Familien- und Erbrecht. So wird im Rahmen der Ausführungen zur kulturellen Identität gemeinhin Regelungen zur Scheidung verwiesen oder auf die Ausgestaltung des Erbrechts.[1359] *Jayme* konstatiert insofern deutliche kulturelle Unterschiede zwischen einem an Rechtssicherheit orientierten deutschen und einem freiheitlich geprägten italienischen Erbrecht und formuliert: „Nichts spiegelt die kulturelle Identität eines Systems so deutlich, wie die rechtliche Ausgestaltung des Verhältnisses des einzelnen zum Tod."[1360] Demgegenüber verweist *Mankowski* als Extrembeispiel darauf, niemand könne behaupten „beim kaufrechtlichen Fehlerbegriff zwischen subjektivem und objektivem Fehlerbegriff" einen kulturellen Bezug auszumachen.[1361] Gleichwohl ist sicherlich auch vermittelnd darauf zu verweisen, dass Grundströmungen auch im Vertragsrecht, etwa bei den aufgezeigten Unterschieden im Bereich des innerstaatlich zwingenden Rechts,[1362] Ausdruck kultureller Bezüge sein können.

Nichtsdestotrotz ist das überzeugendere Argument gegen eine Übertragbarkeit der Relevanz der Staatsangehörigkeit aus dem Familien- und Erbrecht ins Schuldrecht ein anderes. Im Familien- und Erbrecht stehen persönliche Verhältnisse der Beteiligten im Vordergrund so dass an die Person angeknüpft wird. *Lurger* führt insofern zur Verortung natürlicher Personen im internationalen Privat- und Zivilverfahrensrecht aus:

> „Fragen des materiellen Privatrechts werden im internationalen Konflikt mehrerer betroffener Rechtsordnungen, der durch die Regeln des Internationalen Privatrechts (IPR) gelöst wird, bisweilen einer Person zugeordnet, weil man der Meinung ist, dass diese Fragen eine enge inhaltliche Verbindung zu dieser Person aufweisen – etwa weil diese Person hauptsächlich von der Beantwortung der Rechtsfrage betroffen ist [...]."[1363]

Im Rahmen der Rom I-VO hingegen geht es um die Verortung des Vertrags. Es wird die engste Verbindung des Rechtsverhältnisses gesucht. Diese wird zwar

---

1359 *Mansel*, in: Jayme (Hrsg.), Kulturelle Identität und Internationales Privatrecht, 2003, S. 119, 134; *Jayme*, RabelsZ 67 (2003), 211, 214 f.

1360 *Jayme*, RabelsZ 67 (2003), 211, 215.

1361 *Mankowski*, IPRax 2004, 282, 284.

1362 Siehe: Zweiter Teil, B., IV., 1.

1363 *Lurger*, in: von Hein/Rühl (Hrsg.), Kohärenz im Internationalen Privat- und Verfahrensrecht der Europäischen Union, 2016, S. 202, 203.

mit dem gewöhnlichen Aufenthalt mit Blick auf eine Person gesucht, allerdings dient die Anknüpfung an den Erbringer der charakteristischen Leistung der Ermittlung einer Verbindung zum Vertrag.[1364] Auch im Übrigen werden in der Rom I-VO solche Anknüpfungsmomente verwendet, die einen Bezug zum Vertrag und speziell zur Leistungsabwicklung aufweisen.

Demgegenüber dient die Wahlmöglichkeit zugunsten des Rechts der Staatsangehörigkeit in Art. 7 Abs. 1 lit. c Rom I-VO, wie gezeigt, anderen Erwägungen, insbesondere soll hier eine Abstimmung zwischen dem auf die Lebensversicherung anwendbaren Recht und Ansprüchen aus sozialen Sicherungssystemen ermöglicht werden.[1365] Im Übrigen spielt die Staatsangehörigkeit der Parteien in der Rom I-VO keine Rolle. Hierzu hieß es schon im *Giuliano/Lagarde*- Bericht zur objektiven Anknüpfung, in Art. 4 EVÜ werde „das Anknüpfungsmerkmal dem Vertrag selbst entnommen und muß nicht von außen her durch Merkmale bestimmt werden, die nichts mit dem Wesen des Schuldverhältnisses zu tun haben, wie dies zum Beispiel für die Staatsangehörigkeit […] gilt."[1366]

Damit ist diese Wertung gerade nicht in das schuldvertragliche Kollisionsrecht übertragbar. Etwas anderes kann allenfalls dann gelten, wenn der Vertrag ausnahmsweise einen besonderen Bezug zur kulturellen Identität einer Person aufweist.[1367] Dies könnte beispielsweise bei Schenkungsverträgen der Fall sein, etwa bei Brautgeschenken, die einen besonderen kulturellen Bezug aufweisen.[1368]

Darüber hinaus wurde für die Möglichkeit der Rechtswahl zugunsten des Rechts der Staatsangehörigkeit im Familien- und Erbrecht das Interesse an Rechtssicherheit geltend gemacht. Allerdings ist auch diese Erwägung nicht in den schuldvertraglichen Kontext des Art. 3 Abs. 3 Rom I-VO übertragbar, da allein die fremde Staatsangehörigkeit einer Partei keine Rechtsunsicherheit verursacht. Dies ergibt sich wiederum ebenfalls daraus, dass diese für die Anknüpfung des Vertrags im Rahmen der Rom I-VO irrelevant ist.

1364 Siehe hierzu im Kontext des Prinzips der engsten Verbindung: Zweiter Teil, B., III., 2., a), aa).

1365 Siehe hierzu: Dritter Teil, B., I., 2., a), aa), (1), (a).

1366 *Giuliano/Lagarde*-Bericht, S. 20.

1367 In diese Richtung auch: *Schurig*, RabelsZ 1990, 217, 223.

1368 Für diese Fälle befürwortet Thorn eine Relevanz der Staatsangehörigkeit innerhalb des Art. 4 Abs. 3 Rom I-VO: Rauscher/*Thorn*, Art. 4 Rom I-VO Rn. 143.

(dd) Zwischenergebnis

Insgesamt kommt damit zwar der Staatsangehörigkeit als Anknüpfungsmoment erhebliche Bedeutung im familien- und erbrechtlichen Kollisionsrecht zu. Allerdings beruht diese Relevanz auf Erwägungen, die nicht auf das Schuldrecht übertragbar sind und daher in systematischer Hinsicht kein Indiz für eine Relevanz der Staatsangehörigkeit im Rahmen des Art. 3 Abs. 3 Rom I-V-VO bilden.

bb) Internationales Zivilverfahrensrecht: Brüssel Ia-VO

In der Brüssel Ia-VO hat die Staatsangehörigkeit keine Relevanz für die Gerichtsstände.[1369] Allerdings wurde dem EuGH in der bereits erwähnten[1370] Rs. *Lindner*[1371] folgende Frage vorgelegt:

> „Begründet die Tatsache, dass einer der Beteiligten an einem Gerichtsverfahren Staatsangehöriger eines anderen Staates […] ist, einen grenzüberschreitenden Bezug im Sinne von Art. 81 […] des Vertrags, der eine Voraussetzung für die Anwendbarkeit der Verordnung Nr. 44/2001 ist?“[1372]

Besonderheit des Falls war, dass es für den Beklagten keinen bekannten Wohnsitz gab.[1373] In der Entscheidung betonte der EuGH wiederholt, dass die Staatsangehörigkeit „in einer Situation wie der des Ausgangsverfahren“ die Frage der Zuständigkeit aufwerfen könne und daher die Anwendung der Verordnung eröffne. Letztlich fasste das Gericht die Ausführungen wie folgt zusammen:

> „In Anbetracht des Vorstehenden ist auf die erste Frage zu antworten, […] dass die Anwendung der in dieser Verordnung festgelegten Zuständigkeitsvorschriften voraussetzt, dass die fragliche Situation in dem Rechtsstreit, mit dem ein mitgliedstaatliches Gericht befasst ist, Fragen in Bezug auf die Bestimmung der internationalen Zuständigkeit dieses Gerichts aufwerfen kann. Eine solche Situation besteht *in einem Fall wie dem des Ausgangsverfahrens*, in dem ein mitgliedstaatliches Gericht mit einer Klage gegen einen Staatsangehörigen eines anderen Mitgliedstaats befasst ist, *dessen Wohnsitz diesem Gericht nicht bekannt ist.*“[1374]

Während die Vorlagefrage sich damit abstrakt daran orientierte, ob eine ausländische Staatsangehörigkeit ausreiche, um den Anwendungsbereich der

---

1369 Vgl. EuGH, Urt. v. 17.11.2001, C-327/10 – *Hypoteční/Lindner*, Rn. 31.
1370 Siehe hierzu schon: Zweiter Teil, B., III., 4.
1371 EuGH, Urt. v. 17.11.2001, C-327/10 – *Hypoteční/Lindner.*
1372 EuGH, Urt. v. 17.11.2001, C-327/10 – *Hypoteční/Lindner*, Rn. 27.
1373 EuGH, Urt. v. 17.11.2001, C-327/10 – *Hypoteční/Lindner*, Rn. 34.
1374 EuGH, Urt. v. 17.11.2001, C-327/10 – *Hypoteční/Lindner*, Rn. 35 (Hervorhebungen durch die Verfasserin).

Verordnung zu eröffnen, antwortet der EuGH hier spezifisch mit Blick auf die Umstände des Einzelfalls. Eine allgemeine Relevanz der Staatsbürgerschaft für die Anwendbarkeit der Verordnung lässt sich hieraus nicht ableiten.[1375] Gegen eine solche Schlussfolgerung spricht zudem der *Jenard*-Bericht, der ausdrücklich formulierte, es „wäre nicht mehr zu vertreten, gemeinsame Zuständigkeitsregeln von der Staatsangehörigkeit abhängig zu machen".[1376]

Der Staatsangehörigkeit kommt damit nur in derartigen Ausnahmefällen eine Relevanz für den Anwendungsbereich der Brüssel Ia-VO zu, so dass gar nicht diskutiert werden muss, inwiefern eine solche Wertung auf Art. 3 Abs. 3 Rom I-VO übertragen werden kann.

b) Primärrecht

Gegen eine Relevanz der Staatsangehörigkeit werden auch Zweifel bezüglich der Vereinbarkeit mit Art. 18 AEUV vorgebracht.[1377] Art. 18 AEUV verbietet im Anwendungsbereich der Verträge jede Diskriminierung aus Gründen der Staatsangehörigkeit. Im Folgenden soll dargelegt werden, dass eine Relevanz der Staatsangehörigkeit eine Ungleichbehandlung mit Blick auf Art. 18 AEUV darstellen würde. Sodann ist zu untersuchen, ob sich eine solche Differenzierung durch sachliche Gründe rechtfertigen lässt.

aa) Ungleichbehandlung

Zur Darstellung der Ungleichbehandlungen, die eine Relevanz der Staatsangehörigkeit bei Art. 3 Abs. 3 Rom I-VO aufwerfen würde, sollen als Vergleichgruppen[1378] verschiedene Fälle dargelegt werden:

(1) Fall 1

Als Ausgangs- und Vergleichsfall soll zunächst folgende Konstellation dienen: zwei deutsche Staatsangehörige (A und B) schließen einen Kaufvertrag, der keinerlei Auslandsbezug aufweist. Der Vertrag enthält eine Rechtswahl zugunsten englischen Rechts. In einem solchen Fall läge ein Inlandssachverhalt

---

1375 Vgl. *Magnus*, ZEuP 2018, 507, 520 f.; *Hau*, GS Unberath, 2015, S. 139, 152 f.

1376 *Jenard*-Bericht, S. 14; hierauf verweist auch: *Danelzik*, Gerichtsstandsvereinbarung, 2019, S. 196.

1377 Rauscher/*von Hein*, Art. 3 Rom I-VO Rn. 109; so zu Art. 14 Rom II-VO: *Vogeler*, Rechtswahl, 2013, S. 375 f.

1378 Zur Arbeit mit Vergleichsgruppen bei der Vorgängernorm Art. 12 EG: *Stern*, Staatsangehörigkeitsprinzip, 2008, S. 125 ff.

vor, so dass eine etwaige Rechtswahl nur materiellrechtliche Wirkung entfalten würde.[1379]

(2) Fall 2

Ändert man den Fall nun insofern ab, als dass ein Deutscher (C) den Vertrag mit einem Engländer (D) abschließt, könnten beide übereinstimmend für ihren Vertrag das anwendbare Recht frei wählen. Mit dieser Rechtswahl geht die Möglichkeit zur „Abwahl" des objektiv anwendbaren *ius cogens* einher. Die Parteien genießen damit eine erhebliche Erweiterung der Gestaltungsfreiheit, deren Vorteile bereits erläutert wurden.[1380]

(3) Vergleich

Wird Art. 3 Abs. 3 Rom I-VO so ausgelegt, dass die Staatsangehörigkeit ein Element des Sachverhalts darstellt, werden A und B gegenüber D wegen ihrer Staatsangehörigkeit anders behandelt. A und B kommen nicht in den Genuss der Rechtswahlfreiheit, werden gegenüber D also benachteiligt. Demnach wäre hier eine Benachteiligung wegen der Staatsangehörigkeit i.S.d. Art. 18 AEUV gegeben.[1381] Zwar knüpft die Norm nicht an die Staatsangehörigkeit an, die Auslegung des Begriffs „Elemente des Sachverhalts" wäre jedoch ebenfalls an Art. 18 AEUV zu messen.[1382]

Jedoch werden A und B gegenüber C, der ebenfalls eine deutsche Staatsangehörigkeit hat, wegen der Staatsangehörigkeit ihres Vertragspartners anders behandelt. Zwar wäre dies auch eine Andersbehandlung wegen der Staatsangehörigkeit, jedoch nicht wegen der einer dritten Person. Dies wirft die Frage auf, ob solche Fälle auch von Art. 18 AEUV erfasst sind.

Sacksofky verweist für die Frage, ob die Diskriminierungsverbote nur bei Verwirklichung des Merkmals in der eigenen Person eingreifen, auf die Entscheidung

---

1379 Siehe zur Rechtsfolge des Art. 3 Abs. 3 Rom I-VO: Erster Teil, B., III., 3.

1380 Vgl. insofern zur Wirkung einer Versagung der Rechtswahlfreiheit: Zweiter Teil, A., III., 4., b).

1381 Vgl. allgemein zur Diskriminierung i.S.d. Art. 18 AEUV: Streinz/*Streinz*, Art. 18 AEUV Rn. 48 ff.; Calliess/Ruffert/*Epiney*, Art. 18 AEUV Rn. 8 ff.

1382 Auch für die Rom I-VO besteht eine Pflicht zur unionsrechtskonformen und insbesondere primärrechtskonformen Auslegung: *Kroll-Ludwigs*, Parteiautonomie, 2013, S. 269; vgl. auch: *Leible/Domröse*, in: Riesenhuber (Hrsg.), Europäische Methodenlehre, 2021, § 8 Rn. 7 ff.

des EuGH in der Rs. *Coleman*.[1383] Frau Coleman war Mutter eines behinderten Kindes und arbeitete als Anwaltssekretärin. Sie machte geltend, in verschiedenen Aspekten, beispielsweise der Gewährung flexibler Arbeitszeiten, gegenüber den Eltern nichtbehinderter Kinder benachteiligt zu werden.[1384] Dem EuGH wurde die Frage vorgelegt, ob die entsprechenden Vorschriften der Gleichbehandlungsrahmenrichtlinie[1385] dahingehend auszulegen sind, dass sie eine unmittelbare Diskriminierung wegen einer Behinderung nur gegenüber einem Arbeitnehmer, der selbst behindert ist, verbieten oder ob der Grundsatz auch für Arbeitnehmer gilt, die wegen der Behinderung eines Kindes benachteiligt werden.[1386] Der EuGH bejahte wegen des Zwecks des Diskriminierungsverbots, „jede Form der Diskriminierung aus Gründen einer Behinderung zu bekämpfen", hier die Benachteiligung wegen der Behinderung.[1387] Das Diskriminierungsverbot gelte „nicht für eine bestimmte Kategorie von Personen, sondern in Bezug auf die […] genannten Gründe".[1388]

Diese Argumentation lässt sich auf Art. 18 AEUV übertragen. Insbesondere nimmt der EuGH auf den Wortlaut des Art. 13 EG[1389] Bezug, nach der eine Diskriminierung „*aus Gründen* […] einer Behinderung" zu bekämpfen ist.[1390] Auch Art. 18 AEUV bezieht sich auf eine „Diskriminierung *aus Gründen* der Staatsangehörigkeit".[1391] In diesem Wortlaut ist, anders als etwa in Art. 3 Abs. 3 GG,[1392] keine dahingehende Beschränkung, dass die Person selbst dieses Merkmal erfüllen muss, angelegt.

1383 *Sacksofsky*, in: Kempny/Reimer (Hrsg.), Gleichheitssatzdogmatik heute, 2017, S. 63, 79 f.

1384 EuGH, Urt. v. 17.7.2008, C-303/06 – *Coleman*, Rn. 19 ff.

1385 Richtlinie des Rates 2000/78/EG vom 27. November 2000 zur Feststellung eines allgemeinen Rahmens für die Verwirklichung der Gleichbehandlung in Beschäftigung und Beruf.

1386 EuGH, Urt. v. 17.7.2008, C-303/06 – *Coleman*, Rn. 33.

1387 Dies wird mit Verweis auf den Wortlaut „wegen seines" diskutiert, siehe hierzu: *Sacksofsky*, in: Kempny/Reimer (Hrsg.), Gleichheitssatzdogmatik heute, 2017, S. 63, 80.

1388 EuGH, Urt. v. 17.7.2008, C-303/06 – *Coleman*, Rn. 38.

1389 Nunmehr Art. 19 AEUV.

1390 EuGH, Urt. v. 17.7.2008, C-303/06 – *Coleman*, Rn. 38 (Hervorhebung durch die Verfasserin).

1391 (Hervorhebung durch die Verfasserin).

1392 In Art. 3 Abs. 3 GG heißt es: „Niemand darf wegen *seines*" (Hervorhebung durch die Verfasserin).

(4) Zwischenergebnis

Letztlich liegen damit mit Blick auf Art. 18 AEUV Ungleichbehandlungen wegen der Staatsangehörigkeit vor.

bb) Rechtfertigung

Nach der überwiegenden Literatur ist auch Art. 18 Abs. 1 AEUV einer Rechtfertigung zugänglich.[1393] Art. 18 AEUV verbietet ein „willkürliche" Ungleichbehandlungen wegen der Staatsangehörigkeit, also solche, „die nicht durch sachliche Gründe" gerechtfertigt sind.[1394] Eine verbotene Diskriminierung liegt dann nicht vor, wenn eine „differenzierende Behandlung ‚objektiv gerechtfertigt wäre'".[1395] Daher ist zu prüfen, ob objektive Erwägungen eine Differenzierung wegen der Staatsangehörigkeit rechtfertigen.

(1) Rechtsunsicherheit

Erhöht die ausländische Staatsangehörigkeit einer Vertragspartei die Rechtsunsicherheit für die Vertragsparteien, könnte hierin ein Differenzierungsgrund liegen. Eine solche erhöhte Rechtsunsicherheit allein aufgrund der Staatsangehörigkeit besteht jedoch nicht. Die Staatsangehörigkeit als Anknüpfungsmoment befindet sich im Kollisionsrecht allgemein im Rückzug.[1396] In der Anknüpfung von Verträgen spielt sie allenfalls eine äußerst untergeordnete Rolle. Exemplarisch sei darauf verwiesen, dass rechtsvergleichend in der Schweiz, Türkei, China, Russland und den Vereinigten Staaten im Wesentlichen auf die engste Verbindung, die teils durch den Sitz / Aufenthalt des Erbringers der charakteristischen Leistung konkretisiert wird, abgestellt wird, oder direkt auf letzteres Kriterium.[1397] Letztlich dürfte allein die ausländische Staatsangehörigkeit einer Partei damit keine Rechtsunsicherheit über das anwendbare Recht schaffen.

1393 Teilweise wird Art. 18 AEUV auch als absolutes Diskriminierungsverbot gesehen, wobei hier das Fehlen sachlicher Gründe bereits im Tatbestand geprüft wird; siehe im Detail und jew. m.w.N. zu dieser Debatte: Calliess/Ruffert/*Epiney*, Art. 18 AEUV Rn. 37 m.w.N.; Frankfurter/*Michl*, Art. 18 AEUV Rn. 28 ff.

1394 Streinz/*Streinz*, Art. 18 AEUV Rn. 62.

1395 So unter Zusammenfassung der ständigen Rspr. des EuGH: Schwarze/*Holoubek*, Art. 18 AEUV Rn. 21 m.w.N.

1396 *Franzina*, in: Annoni/Forlati (Hrsg.), The Changing Role of Nationality in International Law, 2013, S. 193, 193 ff.

1397 Siehe im Detail: Rauscher/*Thorn*, Art. 4 Rom I-VO Rn. 6 ff.

(2) Verbundenheit

Daneben ließe sich ein sachlicher Grund in der Verbundenheit des ausländischen Staatsbürgers zu seinem „Heimatstaat“ erwägen. *Epiney*, der aus der Rechtsprechung des EuGH eine gewisse „Rechtfertigungsstruktur“ ableitet, folgert bezüglich derartiger Erwägungen, dass die Kriterien hier „nicht zu pauschal formuliert sein“ dürfen, und die „tatsächliche und effektive Verbundenheit“ relevant sein müsse.[1398] Hier käme eine besondere kulturelle oder rechtliche Verbundenheit in Betracht.

(a) Kulturelle Verbundenheit

Mit Blick auf eine etwaige kulturelle Verbundenheit kann im Wesentlichen auf die Ausführungen innerhalb der systematischen Auswertung des Familien- und Erbrechts verwiesen werden.[1399] Teilweise wird bereits in Frage gestellt, inwiefern die Staatsangehörigkeit überhaupt als Indiz für eine tatsächliche kulturelle Verbundenheit herangezogen werden kann.[1400] In jedem Fall ist jedoch das Schuldrecht weniger kulturell geprägt, was gegen eine Rechtfertigung einer Differenzierung aufgrund der Staatsangehörigkeit in diesem Gebiet spricht.[1401]

Vor diesem Hintergrund wäre eine Differenzierung anhand der Staatsangehörigkeit auch sachfremd. Die Staatsangehörigkeit hat keinen sachlichen Bezug zum Vertrag und insbesondere nicht zur Leistungsabwicklung zwischen den Parteien. Dass dieser Wertung auch der europäische Gesetzgeber folgt, zeigt sich aus der weitgehenden Irrelevanz der Staatsangehörigkeit in der Rom I-VO[1402] sowie der bereits zitierten Passage des *Giuliano/Lagarde*-Berichts. Insofern kann eine kulturelle Verbundenheit an dieser Stelle keine Differenzierung anhand der Staatsangehörigkeit einer Vertragspartei im Kontext des Art. 3 Abs. 3 Rom I-VO rechtfertigen.

Etwas anderes kann ausnahmsweise für solche, bereits erwähnten, Verträge gelten, die einen besonderen Bezug zur Staatsangehörigkeit bzw. kulturellen Verbundenheit aufweist.[1403] Dies könnte etwa bei Schenkungsverträgen, beispielsweise bei Brautgeschenken, der Fall sein.[1404]

1398 Calliess/Ruffert/*Epiney*, Art. 18 AEUV Rn. 39.

1399 Siehe: Dritter Teil, B., I., 2., a), aa), (2), (b), (aa).

1400 Vgl. *Basedow*, RHDI 62 (2009), 715, 735 ff.; *Henrich*, FS Jayme, 2004, S. 321, 322 f.

1401 Siehe hierzu bereits: Dritter Teil, B., I., 2., a), aa), (2), (b), (cc).

1402 Siehe: Dritter Teil, B., I., 2., a), aa), (1).

1403 In diese Richtung auch: *Schurig*, RabelsZ 1990, 217, 223.

1404 Für diese Fälle befürwortet Thorn eine Relevanz der Staatsangehörigkeit innerhalb des Art. 4 Abs. 3 Rom I-VO: Rauscher/*Thorn*, Art. 4 Rom I-VO Rn. 143.

(b) Rechtliche Verbundenheit

Daneben ließe sich eine besondere rechtliche Verbundenheit zu einem ausländischen Staat bei abweichender Staatsangehörigkeit eines Vertragspartners behaupten. Es könnten etwa typischerweise besondere Rechte oder Pflichten bestehen. Die teilweise mit der Staatsangehörigkeit verbundenen Pflichten, etwa zum Wehrdienst, haben jedoch keinerlei Bezug zum vertraglichen Verhältnis der Parteien.

Eine besondere rechtliche Verbindung lässt sich jedoch bei Lebensversicherungsverträgen behaupten. Schließlich fügen sich diese in ein allgemeines System der Altersvorsorge, auf das die Staatsbürgerschaft durchaus Auswirkungen hat. Die oben mit diesen Erwägungen begründete objektive Anknüpfung in Art. 7 Abs. 3 lit. c Rom I-VO[1405] verletzt damit nicht Art. 18 AEUV, da es sich hierbei um ein plausibles Differenzierungskriterium handelt, weil die Staatsangehörigkeit in diesem Bereich tatsächlich eine besondere rechtliche Verbundenheit vermittelt. In diesem Bereich kann die Staatsangehörigkeit damit durchaus als relevanter Auslandsbezug berücksichtigt werden.

(3) Fazit

Insgesamt ist damit eine Relevanz der Staatsangehörigkeit innerhalb des Art. 3 Abs. 3 Rom I-VO nur in Ausnahmefällen zu rechtfertigen. Dies ist einerseits der Fall, wenn im jeweiligen Bereich eine rechtliche Beziehung zum Heimatstaat besonders relevant ist, was bei Lebensversicherungen der Fall ist. Daneben kann die Staatsangehörigkeit bei Verträgen mit besonderem kulturellem Bezug einen relevanten Auslandsbezug darstellen.

cc) Ergebnis

Im Grundsatz stellt damit die ausländische Staatsangehörigkeit einer oder beider Vertragsparteien keinen Auslandsbezug für Art. 3 Abs. 3 Rom I-VO her. Ausnahmsweise vermag dies bei besonderem kulturellen Bezug oder besonderer rechtlicher Relevanz der Staatsangehörigkeit, etwa bei Lebensversicherungsverträgen, anders sein.[1406]

Abzulehnen ist auch die von *Martiny* formulierte Eingrenzung, die darauf abstellt, ob ein ausländischer Staatsangehöriger im Inland eine Leistung erbringt,

---

1405 Siehe: Dritter Teil, B., I., 2., a), aa), (1), (a).

1406 So zum Auslandsbezug bei Lebensversicherungsverträgen auch: Rauscher/*von Hein*, Art. 3 Rom I-VO Rn. 109.

die im Regelfall eher im Ausland erhältlich ist.[1407] Schließlich erbringt der ausländische Staatsangehörige hier die Leistung nicht *aufgrund* seiner Staatsangehörigkeit, sondern vielmehr aufgrund seines (gewöhnlichen) Aufenthalts im Inland. Ein sachlicher Grund für die Differenzierung bestünde hier nicht.

II. Auslandsbezug eines Personenzusammenschlusses

Neben natürlichen Personen können Verträge auch mit „Gesellschaften, Vereinen und juristischen Personen“[1408] geschlossen werden. Diese sollen im Folgenden gemeinsam als „Personenzusammenschlüsse“[1409] bezeichnet werden. Der Begriff meint hierbei Personen- wie Kapitalgesellschaften, und allgemein jeden überindividuellen Zusammenschluss, der als solcher agieren und am Wirtschaftsleben teilnehmen kann.[1410]

1. Hauptverwaltung / Niederlassung

Für Personenzusammenschlüsse greift zunächst die systematische Vermutungswirkung, dass eine ausländische Hauptverwaltung einen hinreichenden Auslandsbezug darstellt (a)). Wird der Vertrag im Rahmen des Betriebs einer im Ausland belegenen Zweigniederlassung abgeschlossen, vermag auch dies einen hinreichenden Auslandsbezug darzustellen (b)). Abschließend ist dann darauf einzugehen, wie solche Fälle zu behandeln sind, in denen nur einer der beiden Standorte im Ausland belegen ist (c)).

a) Vermutungswirkung für die Hauptverwaltung

Gemäß Art. 19 Abs. 1 Unterabs. 1 Rom I-VO liegt der gewöhnliche Aufenthalt der Personenzusammenschlüsse am Ort ihrer Hauptverwaltung. Hiermit ist der „faktisch tatsächliche Sitz“ gemeint,[1411] an dem „die zentralen Leitungs- und Organisationsentscheidungen getroffen“[1412] werden.

Der Ort der Hauptverwaltung stellt damit, als Äquivalent zum gewöhnlichen Aufenthalt bei natürlichen Personen, das präsenteste Anknüpfungsmerkmal der

1407 MüKo/*Martiny*, Art. 3 Rom I-VO Rn. 90.

1408 Art. 19 Abs. 1 Unterabs. 1 Rom I-VO.

1409 Diesen Oberbegriff verwenden etwa: Staudinger/*Magnus*, Art. 19 Rom I-VO Rn. 10 ff.; NK-BGB/*Doehner*, Art. 19 Rom I-VO Rn. 4.

1410 Staudinger/*Magnus*, Art. 19 Rom I-VO Rn. 11.

1411 Palandt/*Thorn*, Art. 19 Rom I-VO Rn. 3.

1412 Palandt/*Thorn*, Art. 19 Rom I-VO Rn. 3; wortgleich: MüKo/*Martiny*, Art. 19 Rom I-VO Rn. 6.

Rom I-VO für Personenzusammenschlüsse dar. Daher greift auch hier die systematische Vermutung, dass es sich um einen relevanten Auslandsbezug handelt.

b) Vermutungswirkung für die Niederlassung

Art. 19 Abs. 2 Rom I-VO trifft eine Regelung für Vertragsschlüsse „im Rahmen des Betriebs einer Zweigniederlassung, Agentur oder sonstigen Niederlassung". Nachfolgend soll hierfür der Oberbegriff der „Niederlassung" verwendet werden.[1413] Wird der Vertrag „im Rahmen des Betriebs" einer Niederlassung geschlossen, oder ist diese „für die Erfüllung gemäß dem Vertrag [...] verantwortlich", so steht der Ort der Niederlassung dem gewöhnlichen Aufenthalt gleich. Dass der tatsächliche Vertragspartner weiterhin das ausländische Stammhaus ist, ist hierfür irrelevant.[1414]

Der Begriff der Niederlassung ist autonom auszulegen, wobei auch auf die Auslegung des Begriffs in Art. 7 Nr. 5 Brüssel Ia-VO Bezug zu nehmen ist.[1415] Allgemein erfordert eine Niederlassung nach der Rechtsprechung des EuGH einen „Mittelpunkt geschäftlicher Tätigkeit [...], der auf Dauer als Außenstelle eines Stammhauses hervortritt, eine Geschäftsführung hat und sachlich so ausgestattet ist, daß er in der Weise Geschäfte mit Dritten betreiben kann, daß diese, obgleich sie es wissen, daß möglicherweise ein Rechtsverhältnis mit dem im Ausland ansässigen Stammhaus begründet wird, sich nicht unmittelbar an dieses zu wenden brauchen, sondern Geschäfte an dem Mittelpunkt geschäftlicher Tätigkeit abschließen können, der dessen Außenstelle ist."[1416]

Aufgrund von Art. 19 Abs. 2 Rom I-VO gilt, wenn es sich um einen Vertragsschluss oder eine Vertragserfüllung durch eine Niederlassung in einem anderen Staat handelt, auch eine Vermutungswirkung, dass dies einen relevanten Auslandsbezug herzustellen vermag. Hierfür spricht auch der Zweck der Regelung. Schließlich liegt der Anknüpfung an die Niederlassung der Gedanke zugrunde, dass zu diesem Ort die engste Verbindung besteht und diese Anknüpfung für die Parteien vorhersehbarer ist.[1417]

1413 Vgl. auch: Rauscher/*Leible*, Art. 7 Brüssel Ia-VO Rn. 177.

1414 So zum EuGVÜ: EuGH, Urt. v. 22.11.1978, Rs. 33/78 – *Somafer*, Rn. 12; hierauf bezugnehmend: Staudinger/*Magnus*, Art. 19 Rom I-VO Rn. 24.

1415 Palandt/*Thorn*, Art. 19 Rom I-VO Rn. 4.

1416 So zum EuGVÜ: EuGH, Urt. v. 22.11.1978, Rs. 33/78 – *Somafer*, Rn. 12.

1417 Beck-OGK/*Rass-Masson*, Art. 19 Rom I-VO Rn. 30; *Wedemann*, in: von Hein/Rühl (Hrsg.), Kohärenz im Internationalen Privat- und Verfahrensrecht der Europäischen Union, 2016, S. 182, 192.

c) Verhältnis von Hauptverwaltung und Niederlassung

Fraglich ist, in welchem Verhältnis Hauptverwaltung und Niederlassung mit Blick auf den Auslandsbezug stehen, wie also solche Fälle zu behandeln sind, in denen nur einer der beiden Standorte im Ausland belegen ist.

Praktisch mag es selten Fälle geben, in denen eine ausländische Niederlassung für eine inländische Hauptverwaltung auftritt, da in einem solchen Fall die Geschäfte wohl von der Hauptverwaltung abgewickelt würden. Anders kann dies etwa bei Transportverträgen sein, die mit einer Hauptniederlassung im Inland geschlossen, und dann im Ausland von einer Niederlassung erfüllt werden.[1418] Hier läge aber ohnehin auch der Erfüllungsort im Ausland, was bereits einen relevanten Auslandsbezug begründen würde.[1419]

Problematischer sind demgegenüber Konstellationen, in denen eine inländische Niederlassung eines Unternehmens mit Hauptverwaltung im Ausland Verträge im Inland abschließt und abwickelt. Dies wirft die Frage auf, inwiefern die ausländische Hauptverwaltung in solchen Fällen einen Auslandsbezug herzustellen vermag.

aa) Systematik

In systematischer Hinsicht hätte die Hauptverwaltung, vergleichbar mit dem privaten gewöhnlichen Aufenthalt geschäftlich handelnder natürlicher Personen,[1420] keinerlei kollisionsrechtliche Relevanz in der Bestimmung des Vertragsstatuts nach der Rom I-VO, sondern würde von der Niederlassung als relevantem Anknüpfungsmoment „abgelöst". Vor diesem Hintergrund lehnt *Wendtland* eine Relevanz der im Ausland belegenen Hauptverwaltung im Rahmen des Art. 3 Abs. 3 Rom I-VO ab.[1421] Auch *von Hein* verweist darauf, dass „bei Beteiligung einer Zweigniederlassung oder Agentur allein deren Lokalisierung entscheidend" sei.[1422]

Allerdings ist insofern festzustellen, dass Art. 19 Abs. 2 Rom I-VO die Anknüpfung zugunsten des Orts der Niederlassung vornimmt, da dieser für die Vertragsgegenseite vorhersehbarer ist und zudem im Fall eines Vertragsschlusses bzw. der Vertragsabwicklung über eine Niederlassung die Verbindung zu dieser

---

1418 Vgl. *Schilling*, Transportverträge 2016, 2016, S. 192.

1419 Der Erfüllungsort im Ausland wird in dieser Arbeit als relevanter Auslandsbezug angesehen, siehe hierzu: Dritter Teil, A., II., 1.

1420 Siehe zur diesbezüglichen Diskussion: Dritter Teil, B., I, 1, b).

1421 Beck-OGK/*Wendland*, Art. 3 Rom I-VO Rn. 233.

1422 Rauscher/*von Hein*, Art. 3 Rom I-VO Rn. 108.

enger ist als zur Hauptverwaltung. Im Rahmen des Art. 3 Abs. 3 Rom I-VO ist jedoch nicht die engste Verbindung erforderlich. *Magnus* konstatiert in diesem Kontext, dass die ausländische Hauptverwaltung weiterhin relevant sei und führt zur Begründung aus: „Vertragspartner […] ist und bleibt schließlich (auch) das Hauptunternehmen und nicht die Niederlassung."[1423]

Allerdings ist dieser Hinweis nur bedingt überzeugend. Schließlich erscheint die Verbindung zur ausländischen Hauptverwaltung in solchen Fällen, in denen diese weder in die Erfüllung noch in den Abschluss des konkreten Vertrages involviert ist, sehr schwach.

bb) Missbrauchspotential

Entscheidend gegen eine Relevanz der ausländischen Hauptverwaltung spricht, dass hiermit ein erhebliches Missbrauchspotential einhergehen würde. Insofern gebietet es die Funktion des Art. 3 Abs. 3 Rom I-VO als typisierte Missbrauchskontrolle, diese nicht als relevanten Auslandsbezug einzuordnen.[1424]

Calliess verweist in diesem Kontext darauf, dass „im Bereich der Bank- und Finanzdienstleistungen eine Reihe von deutschen Tochtergesellschaften multinationaler Unternehmen in Zweigniederlassungen von irischen Tochtergesellschaften umgewandelt" worden seien. Diese Umwandlung hatte zwar „steuer- und aufsichtsrechtliche Gründe".[1425] Allerdings würde diese, bei Annahme einer Relevanz der ausländischen Hauptverwaltung, auch ein Auslandsbezug im Rahmen des Art. 3 Abs. 3 Rom I-VO herstellen. Dies würde es Unternehmen ermöglichen, mittels einer Restrukturierung ihres Unternehmens sich dem einfach zwingenden Recht beim Abschluss ihrer Verträge zu entziehen. Vor diesem Hintergrund ist auch die Relevanz einer ausländischen Hauptverwaltung abzulehnen, wenn der Vertrag im Rahmen einer inländischen Niederlassung abgeschlossen und abgewickelt wird.

cc) Fazit

Insgesamt stellt die ausländische Hauptniederlassung keinen relevanten Auslandsbezug dar, wenn der Vertrag über eine inländische Niederlassung abgeschlossen und erfüllt wird.[1426]

1423 *Magnus*, ZEuP 2018, 507, 523.

1424 Siehe zur Funktion des Art. 3 Abs. 3 Rom I-VO und zur Maßgeblichkeit des Missbrauchspotentials: Zweiter Teil, B., IV., 3., b).

1425 *Calliess*, Verbraucherverträge, 2006, S. 30 f.

1426 So auch: *Welter*, in: Schimansky/Bunte/Lwowski (Hrsg.), Bankrechts-Handbuch Bd. 1, 2017, § 28 Rn. 50; a.A.: Rauscher/*von Hein*, Art. 3 Rom I-VO Rn. 108; Magnus

2. *Satzungssitz*

Des Weiteren kommt als relevanter Auslandsbezug ein ausländischer Satzungssitz in Betracht.[1427] Der satzungsmäßige Sitz wird im Gesellschaftsvertrag festgelegt, eine über den Registertatbestand hinausgehende Verwaltungs- oder Geschäftstätigkeit ist nicht erforderlich.[1428]

a) Begriffsverständnis

Dem common law ist das Konzept des Satzungssitzes fremd.[1429] Dementsprechend wird gem. Art. 63 Abs. 2 Brüssel Ia-VO das „registered office", der Gründungsort oder der Ort, nach dessen Recht die Gründung erfolgte (place of incorporation), dem Satzungssitz gleichgestellt.[1430] So sollte die einheitliche Begriffsbestimmung auch für diese Staaten handhabbar und eine der unionsrechtlich autonomen Lösung zuwiderlaufende Umsetzung durch nationales Recht verhindert werden.[1431]

Da diesen verschiedenen Konzepten jedoch gemein ist, dass es sich jeweils um ein rechtliches Band zu einer Rechtsordnung handelt, welches nicht von einer tatsächlich dort stattfindenden Verwaltungs- oder Geschäftstätigkeit abhängig sein muss, werden diese Konzepte im Folgenden vom Begriff des „Satzungssitzes" erfasst, da die Erwägungen auch hierfür Geltung beanspruchen.

b) Relevanz des Satzungssitzes in der Brüssel Ia-VO

Während der Satzungssitz in der Rom I-VO nicht von Relevanz ist, könnte dessen Bedeutung für die Gerichtsstände in der Brüssel Ia-VO einen Anhaltspunkt für die Bewertung als Auslandsbezug darstellen.

---

hält hier schon die Anwendbarkeit der Rom I-VO für fraglich bejaht diese aber letztlich: *Magnus*, ZEuP 2018, 507, 522.

1427 Eine Relevanz ablehnend: Rauscher/*von Hein*, Art. 3 Rom I-VO Rn. 110; Beck-OGK/*Wendland*, Art. 3 Rom I-VO Rn. 233; unschlüssig unter Verweis auf das Missbrauchspotential: *Magnus*, ZEuP 2018, 507, 522.

1428 BGH, NJW-RR 2018, 290, Rn. 19; Saenger/*Dörner*, Art. 63 Brüssel Ia-VO Rn. 4.

1429 Rauscher/*Staudinger*, Art. 63 Brüssel Ia-VO Rn. 5.

1430 Vgl. Rauscher/*ders.*, Art. 63 Brüssel Ia-VO Rn. 5; Saenger/*Dörner*, Art. 63 Brüssel Ia-VO Rn. 4; BeckOK-ZPO/*Thode*, Art. 63 Brüssel Ia-VO Rn. 10.

1431 Saenger/*Dörner*, Art. 63 Brüssel Ia-VO Rn. 4.

aa) Art. 63 Abs. 1 Brüssel Ia-VO

Der allgemeine Gerichtsstand des Art. 4 Abs. 1 Brüssel Ia-VO besteht am Wohnsitz des Beklagten. Dieser befindet sich für Gesellschaften und juristische Personen gem. Art. 63 Abs. 1 Brüssel Ia-VO neben dem Ort der Hauptverwaltung und dem Ort der Hauptniederlassung auch am satzungsmäßigen Sitz. Es handelt sich damit um eine alternative Anknüpfung.[1432] Liegen bei dem jeweiligen Personenzusammenschluss diese Orte in unterschiedlichen Staaten, so hat die juristische Person „Wohnsitze" in verschiedenen Staaten,[1433] ist also in mehreren Mitgliedsstaaten gerichtspflichtig.[1434] Nach der Brüssel Ia-VO besteht damit ein allgemeiner Gerichtsstand am satzungsmäßigen Sitz, was eine besondere Bedeutung dieses Anknüpfungspunkts suggeriert.

bb) Übertragbarkeit

Fraglich ist jedoch, ob dieser Regelung in der Brüssel Ia-VO als Teil des Internationalen Zivilprozessrechts Erwägungen zugrunde liegen, die sich auf das Internationale Privatrecht übertragen lassen. Hierbei muss untersucht werden, ob sich die bereits angerissenen konzeptionellen Unterschiede zwischen Kollisions- und Zivilverfahrensrecht[1435] auswirken.

Im Vorschlag der Kommission hieß es zur Präzisierung des Wohnsitzes von Personenzusammenschlüssen, dieser solle negative und positive Kompetenzkonflikte vermeiden, da bei einer autonomen Definition der Rückgriff auf das nationale Kollisionsrecht nicht mehr nötig sei. Als Grund für die drei Kriterien wurde auf die Regelung zur Niederlassungsfreiheit in Art. 48 EG-Vertrag[1436] Bezug genommen.[1437] Eine weitere Begründung, warum gerade diese Anknüpfungspunkte übernommen wurden, findet sich nicht.

Art. 63 Brüssel Ia-VO enthält eine alternative Anknüpfung, die bereits im Ausgangspunkt eine Besonderheit des Prozessrechts darstellt. Während eine alternative Anknüpfung im Prozessrecht die Gerichtspflichtigkeit des Beklagten verstärkt, wäre eine solche im Internationalen Privatrecht nicht möglich. Das

---

1432 *Wedemann*, in: von Hein/Rühl (Hrsg.), Kohärenz im Internationalen Privat- und Verfahrensrecht der Europäischen Union, 2016, S. 182, 186.

1433 *Dies.*, in: von Hein/Rühl (Hrsg.), Kohärenz im Internationalen Privat- und Verfahrensrecht der Europäischen Union, 2016, S. 182, 186.

1434 BeckOK-ZPO/*Thode*, Art. 63 Brüssel Ia-VO Rn. 2.

1435 Siehe hierzu bereits: Zweiter Teil, B., III., 4., a).

1436 Mittlerweile wortgleich übernommen in Art. 54 AEUV.

1437 *Europäische Kommission*, Entwurf Brüssel I-VO S. 27.

Internationale Privatrecht verlangt nach der Einheit des anwendbaren Rechts, das Prozessrecht hingegen kann verschiedene Gerichtsstände zulassen. Dies erklärt auch den Unterschied in der Verortung von Personenzusammenschlüssen zwischen Art. 19 Rom I-VO und Art. 63 Abs. 1 Brüssel Ia-VO. Dieser liegt in der unterschiedlichen Funktion beider Vorschriften: während im Prozessrecht eine verstärkte Gerichtspflichtigkeit ermöglicht wird, muss im Kollisionsrecht eine einzige Rechtsordnung für maßgeblich erklärt werden.[1438] Im Prozessrecht wird, so *Mankowski* „nur *eine enge*, nicht *die engste* Verbindung" gesucht.[1439]

Doch die Anknüpfungspunkte werden im Prozessrecht gerade nicht nur nach der Qualität der Verbindung gewählt, sondern auch pragmatisch mit Blick darauf, dass es sich um zugängliche und leicht erkennbare Gerichtsstände handeln muss.[1440] Dies ist im Internationalen Zivilverfahrensrecht insbesondere deswegen geboten, um sicherzustellen, dass jeder Partei zumindest ein erreichbares Forum zur Verhinderung von Justizverweigerung offensteht.[1441] Diesem Ziel entspricht der Gerichtsstand am Satzungssitz. Diese Erwägungen sind jedoch nicht in das Internationale Privatrecht übertragbar. Zum Staat des Satzungssitzes besteht keine reale Verbindung, nur das formelle rechtliche Band.[1442]

Mehr noch spricht die Wirkung der Anknüpfung an den satzungsmäßigen Sitz in Art. 63 Abs. 1 Brüssel Ia-VO gegen eine Relevanz als Auslandsbezug in Art. 3 Abs. 3 Rom I-VO. Die Regelung bewirkt eine Erweiterung der Gerichtspflichtigkeit von Personenzusammenschlüssen.[1443] Art. 63 Abs. 1 Brüssel Ia-VO setzt damit sogar einen Anreiz, den satzungsmäßigen Sitz und den Sitz der Hauptverwaltung an einem Ort zu vereinen, und auf eine künstliche Verlegung des Satzungssitzes aufgrund anderer Vorteile zu verzichten.[1444] Würde der Satzungssitz hingegen einen relevanten Auslandsbezug i.S.d. Art. 3 Abs. 3 Rom I-VO herstellen, würde dies letztlich zum Vorteil der Unternehmen wirken, die ihren satzungsmäßigen Sitz im Ausland haben, da diese, bei im Übrigen rein inländischen Geschäften, in den Genuss der Rechtswahlfreiheit kämen.

1438 Rauscher/*Thorn*, Art. 19 Rom I-VO Rn. 9.
1439 *Mankowski*, FS Heldrich, 2005, S. 867, 869.
1440 *Pfeiffer*, Zuständigkeit, 1995, S. 113.
1441 *Ders.*, Zuständigkeit, 1995, S. 113.
1442 Pistor zieht insofern einen Vergleich zur Staatsangehörigkeit bei natürlichen Personen: *Pistor*, Code, 2020, S. 69 f.
1443 *Mankowski*, FS Heldrich, 2005, S. 867, 883.
1444 *Ders.*, FS Heldrich, 2005, S. 867, 883.

Die Erwägungen, die dem Gerichtsstand am satzungsmäßigen Sitz zugrunde liegen, und die Wirkung des Art. 63 Abs. 1 Brüssel Ia-VO sind damit nicht in das Internationale Privatrecht übertragbar.

c) Missbrauchspotential

Mit Bezugnahme auf die möglicherweise künstliche Verlegung des Satzungssitzes ist damit auch ein weiterer relevanter Punkt angedeutet, der im Detail untersucht werden soll. Aufgrund der Rechtsprechung des EuGH zur grenzüberschreitenden Verlegung des Satzungssitzes, wird Unternehmen die Verlegung desselben zunehmend erleichtert. Diese Rechtsprechung soll darstellgestellt werden, um darauf aufbauend zu untersuchen, welche Anreize für die Verlegung des Satzungssitzes bestehen. Diese Betrachtung zeigt für Art. 3 Abs. 3 Rom I-VO, dass eine Relevanz des Satzungssitzes ein erhebliches Missbrauchspotential verursachen würde.

aa) Grenzüberschreitende Mobilität von Gesellschaften

Die Thematik der grenzüberschreitenden Mobilität von Gesellschaften innerhalb der Union wurde durch die Rechtsprechung des EuGH kontinuierlich herausgebildet. Diese umfassende und vieldiskutierte Rechtsprechung soll im Folgenden nur angedeutet werden,[1445] um aufzuzeigen, wie „mobil" der Satzungssitz einer Gesellschaft ist. In der Rechtsprechung des EuGH sind grundsätzlich drei Konstellationen zu unterscheiden: die Realsitzverlegung, die Kombination aus Verwaltungs- und Satzungssitzverlegung und die reine Satzungssitzverlegung.[1446] Die kombinierte Verlegung von Verwaltungs- und Satzungssitz wird vorliegend ausgeklammert, da es hier nicht zu einem gegenüber der Hauptverwaltung abweichenden Satzungssitz kommt, so dass sich in diesen Fällen die isolierte Frage nach der Relevanz des ausländischen Satzungssitzes nicht stellt.

In der berühmten Rechtsprechungstrias *Centros*,[1447] *Überseering*[1448] und *Inspire Art*[1449] hat der EuGH „aus der Niederlassungsfreiheit die Verpflichtung der Mitgliedsstaaten abgeleitet, auf Gesellschaften, die nach dem Recht eines anderen Mitgliedsstaats gegründet sind, ihr bisheriges Gesellschaftsstatut weiterhin

---

1445 Die bisherige Rechtsprechung fasst etwa zusammen: *Bayer/Schmidt*, ZIP 2017, 2225, 2225 ff.; vgl. auch: *Loose*, JR 2019, 359 ff.

1446 *Kieninger*, NJW 2017, 3624, 3625 ff.

1447 EuGH, Urt. v. 9.3.1999, C-212/97 – *Centros*.

1448 EuGH, Urt. v. 5.11.2002, C-208/00 – *Überseering*.

1449 EuGH, Urt. v. 30.9.2003, C-167/01 – *Inspire Art*.

anzuwenden und die nach einer Realsitzverlegung in den Aufnahmemitgliedsstaat geltenden Vorschriften am neuen tatsächlichen Sitz der Gesellschaft nur insoweit anzuwenden, als dies unter strikter Wahrung des Verhältnismäßigkeitsgrundsatzes [...] erforderlich ist".[1450] Diese Freiheit zur Verlegung der Hauptverwaltung ist jedoch weiterhin davon abhängig, dass der Wegzugsstaat für den Fall der grenzüberschreitenden Verlegung der Hauptverwaltung nicht die Auflösung der Gesellschaft vorsieht.[1451]

Ob auch die reine Verlegung des Satzungssitzes von der Niederlassungsfreiheit umfasst ist, war lange Zeit umstritten.[1452] Die Debatte kreiste hierbei um die richtige Interpretation von Aussagen, die der EuGH in der Rs. *Vale*[1453] obiter getätigt hatte.[1454] Letztlich klärte der EuGH diese Rechtsfrage 2017 in einem Vorlageverfahren in der Rs. *Polbud*[1455] ausdrücklich. Der EuGH kam hierbei zu einer von der Generalanwältin *Kokott*[1456] und der zuvor herrschenden Meinung in der Literatur[1457] abweichenden Entscheidung:

> „Nach alledem ist auf die dritte Vorlagefrage zu antworten, dass die Art. 49 und 54 AEUV dahin auszulegen sind, dass die Niederlassungsfreiheit für die Verlegung des satzungsmäßigen Sitzes einer nach dem Recht eines Mitgliedstaats gegründeten Gesellschaft in einen anderen Mitgliedstaat gilt, durch die diese unter Einhaltung der dort geltenden Bestimmungen ohne Verlegung ihres tatsächlichen Sitzes in eine dem Recht dieses anderen Mitgliedstaats unterliegende Gesellschaft umgewandelt werden soll."[1458]

Damit darf der Wegzugsstaat Gesellschaften, die einen grenzüberschreitenden Formwechsel durchführen, nicht zur Liquidation verpflichten.[1459] Wenngleich

---

1450 So fasst die Kernaussage der Rechtsprechung zusammen: *Kieninger*, NJW 2017, 3624, 3625.

1451 So entschied der EuGH in Cartesio, siehe hierzu: *dies.*, NJW 2017, 3624, 3625.

1452 Siehe zur Diskussion: *Frank*, Formwechsel, 2016, S. 129 ff.

1453 EuGH, Urt. v. 12.7.2012, C-378/10 – *Vale.*

1454 *Bayer/Schmidt*, ZIP 2017, 2225, 2229; *Kieninger*, ZEuP 2018, 309, 312 f.

1455 EuGH, Urt. v. 25.10.2017, C-106/16 – *Polbud.*

1456 Generalanwältin Kokott hielt die Niederlassungsfreiheit hier nicht für anwendbar, da eine Niederlassung „unstreitig eine Anwendungsvoraussetzung der Niederlassungsfreiheit bildet und [...] der Niederlassungsbegriff in gefestigter Rechtsprechung eine tatsächliche Ansiedlung im Aufnahmemitgliedstaat und die Ausübung einer wirklichen wirtschaftlichen Tätigkeit impliziert": Schlussanträge der Generalanwältin Kokott, C-106/16 – *Polbud*, Rn. 35.

1457 Siehe etwa: *Kieninger*, NJW 2017, 3624, 3626; *Mösdorf*, ZIP 2017, 2381, 2382.

1458 EuGH, Urt. v. 25.10.2017, C-106/16 – *Polbud*, Rn. 44.

1459 *Stelmaszczyk*, EuZW 2017, 890.

an der Entscheidung auch Kritik geäußert wird,[1460] stellt diese zweifelsohne einen „Meilenstein“[1461] der Rechtsprechung dar. Wenn der „Wegzugsstaat“ es zulässt, wird eine reine Verlegung des Satzungssitzes ohne Umwandlung der bisherigen Rechtsform möglich.[1462] Die deutsche Rechtsprechung geht davon aus, dass eine solche statutenwahrende Verlegung des Satzungssitzes ins Ausland nicht möglich ist.[1463] Faktisch bedeutsamer wird die Möglichkeit sein, die Rechtsform in eine solche des neuen Satzungssitzlandes zu ändern. Durch einen solchen grenzüberschreitenden Formwechsel verändert sich das gesamte anwendbare Gesellschaftsrecht.[1464]

Insgesamt schafft der EuGH in seiner Rechtsprechung ein Konzept umfassender Mobilität für Gesellschaften in der Union. Während der EuGH also in *Centros* und *Inspire Art* bereits eine Rechtswahlfreiheit im Gründungszeitpunkt ermöglicht hatte, entwickelte der EuGH in *Polbud* die Niederlassungsfreiheit zu einer umfassenden Rechtswahlfreiheit weiter. Nunmehr wird auch eine nachträgliche Reinkorporation möglich, ohne dass eine gleichzeitige Veränderung des Verwaltungssitzes notwendig wäre.[1465] Die Gesellschaft kann jederzeit ihren Satzungssitz wechseln, und sich so ein anderes „Rechtskleid“[1466] aneignen.

bb) Anreize für die Verlegung des Satzungssitzes

Die Anreize, einen von der Hauptverwaltung abweichenden Satzungssitz zu etablieren, sind vielfältig. In einer Konsultation der Europäischen Kommission über die grenzüberschreitende Verlegung von Firmensitzen erklärten fast 20 % der Befragten attraktivere gesellschaftsrechtliche Rahmenbedingungen im Aufnahmestaat zum Motiv ihrer Sitzverlegung.[1467] So können abweichende Vorschriften zur Kapitalerhaltung attraktiver sein und speziell im Vergleich zum deutschen Recht weniger einschneidende Haftungs- oder Corporate-Governance Vorschriften eine Rolle spielen.[1468] Auch kann sich eine Gesellschaft

---

1460 *Ders.*, EuZW 2017, 890, 893 f.

1461 *Bayer/Schmidt*, ZIP 2017, 2225, 2233.

1462 *Korch/Thelen*, IPRax 2018, 248, 250.

1463 *Frank*, Formwechsel, 2016, S. 129 m.w.N.

1464 *Korch/Thelen*, IPRax 2018, 248, 250.

1465 *Kieninger*, NJW 2017, 3624, 3626 f.

1466 Diese Formulierung verwendet im Kontext der Verlegung des Satzungssitzes: *dies.*, ZEuP 2018, 309, 311 ff.

1467 Unter Auswertung einer online nicht mehr zugänglichen Studie der Kommission: *Frank*, Formwechsel, 2016, S. 50.

1468 *Ders.*, Formwechsel, 2016, S. 51 m.w.N.

so den deutschen Vorschriften zur Unternehmensmitbestimmung entziehen.[1469] In der Nutzung dieser gesellschaftsrechtlichen Unterschiede sieht der EuGH keinen Rechtsmissbrauch.[1470]

cc) *Folgen für Art. 3 Abs. 3 Rom I-VO*

Den Satzungssitz rechtsformwechselnd zu verlegen, allein um einen Auslandsbezug für Art. 3 Abs. 3 Rom I-VO herzustellen, vermag vor diesem Hintergrund zu aufwendig wirken. Schließlich sind sämtliche gesellschaftsrechtliche Unterschiede zu beachten, und in die Entscheidung einzubeziehen. Auch ist eine Sitzverlegung keineswegs mit der einfachen Verlegung eines Abschlussorts zu vergleichen, so dass es sich nicht um ein „leicht manipulierbares" Element handelt.

Gleichwohl könnte eine mögliche Relevanz des Satzungssitzes für Art. 3 Abs. 3 Rom I-VO neben den soeben dargestellten Anreizen die Verlegung des Satzungssitzes noch attraktiver machen. Gerade für Unternehmen, die wiederholt spezifischen, unliebsamen einfach zwingenden Regelungen entkommen wollen, würde sich so eine Erwägung stellen. Dies gilt etwa für solche Unternehmen, die nach Möglichkeiten zur Umgehung deutschen AGB-Rechts im Rechtsverkehr mit anderen Unternehmen suchen.[1471]

Hierbei ist insbesondere zu beachten, dass es sich bei einer Sitzverlegung um einen einmaligen Akt handeln würde, nach dem sämtliche Verträge dem zuvor geltenden *ius cogens* entzogen werden könnten. Anders als die in der Literatur

---

1469 *Paefgen*, WM 2018, 981, 989.

1470 Auf diese Rechtsprechung aus Centros und Inspire Art verweist der EuGH in Polbud erneut, wonach es „für sich allein keinen Missbrauch darstellt, wenn eine Gesellschaft ihren – satzungsmäßigen oder tatsächlichen Sitz nach dem Recht eines Mitgliedsstaats begründet, um in den Genuss günstigerer Rechtsvorschriften zu kommen: EuGH, Urt. v. 25.10.2017, C-106/16 – *Polbud*, Rn. 40; siehe jedoch auch Cadbury Schweppes, wonach sich eine Beschränkung der Niederlassungsfreiheit „mit Gründen der Bekämpfung missbräuchlicher Praktiken rechtfertigen" lässt, „wenn das spezifische Ziel der Beschränkung darin liegt, Verhaltensweisen zu verhindern, die darin bestehen, rein künstliche, jeder wirtschaftlichen Realität bare Gestaltungen zu errichten, der Steuer zu entgehen, die normalerweise für durch Tätigkeiten im Inland erzielte Gewinne geschuldet wird": EuGH, Urt. v. 12.9.2006, C-196/04 – *Cadbury Schweppes*, Rn. 55.

1471 Siehe zu Versuchen, das AGB Recht in Inlandssachverhalten durch Schiedsklauseln zu umgehen, da Schiedsgerichte u.U. Art. 3 Abs. 3 Rom I-VO nicht anwenden würden: *Kondring*, RIW 2010, 184 ff.

teils diskutierten Vereinbarungen von Schiedsklauseln zur Umgehung des Art. 3 Abs. 3 Rom I-VO[1472] würde sich eine Satzungssitzverlegung damit als dauerhafte Lösung unliebsamer Rechtsprobleme darstellen. Briefkastenfirmen wäre damit ein umfassender und dauerhafter opt-out aus dem nationalen Vertragsrecht ermöglicht.[1473] Zu Recht hatte das LG Hamburg daher zu Art. 27 Abs. 3 EGBGB entschieden, dass hierbei eine englische Ltd. mit ausschließlicher Geschäftstätigkeit in Deutschland für die Zwecke der Beurteilung als „englische Scheinfirma" zu behandeln sei. Vor diesem Hintergrund nahm das Gericht mangels anderer relevanter Auslandsbezüge einen Inlandssachverhalt an, so dass deutsches zwingendes Recht zur Anwendung kam.[1474] Wenngleich die Beurteilung hier noch auf der „herrschenden inländischen Sitztheorie"[1475] basierte, ist dem Auslegungsergebnis vor dem Hintergrund des dargelegten Missbrauchspotentials weiterhin zuzustimmen.

dd) Fazit

Vor diesem Hintergrund ist eine Relevanz des Satzungssitzes abzulehnen.[1476] Dieser ist zwar nicht leicht manipulierbar, gleichwohl würde jedoch ein erhebliches Missbrauchspotential bestehen.[1477]

III. Nachträgliche Veränderungen

Des Weiteren stellt sich die Frage, wie solche Vertragsklauseln zu bewerten sind, die nachträgliche Veränderungen des Vertragsverhältnisses ermöglichen. So kann etwa die Möglichkeit der Vertragsübernahme durch eine dritte,

---

1472 Vgl. *Thorn/Thon*, FS Kronke, 2020, S. 569, 575 ff.; *Kondring*, ZIP 2017, 706; *Kondring*, RIW 2010, 184, 184 ff.; *Ostendorf*, SchiedsVZ 2010, 234, 234 ff.; ausführlich diskutiert die Bindung der Schiedsgerichte an die Rom I-VO in diesem Kontext: *Sommerfeld*, Rechtsflucht, 2021, S. 144 ff.

1473 Beck-OGK/*Wendland*, Art. 3 Rom I-VO Rn. 238; Rauscher/*von Hein*, Art. 3 Rom I-VO Rn. 110; Magnus schätzt das Missbrauchspotential als gering ein, da umgangene Vorschriften notfalls als Eingriffsnormen durchgesetzt werden könnten: *Magnus*, ZEuP 2018, 507, 522.

1474 LG Hamburg, RIW 1990, 1020, 1021.

1475 LG Hamburg, RIW 1990, 1020, 1021.

1476 A.A. wohl der High Court in: *Caterpillar Financial Services Corporation* v *SNC Passion* [2004] EWHC 569 (Comm) [23].

1477 So im Ergebnis auch: Rauscher/*von Hein*, Art. 3 Rom I-VO Rn. 110; a.A. Magnus, der das Missbrauchspotential hier für „nicht allzu groß" erachtet: *Magnus*, ZEuP 2018, 507, 522.

ausländische Gesellschaft vereinbart werden. Darüber hinaus kann auch die Möglichkeit der Abtretung einzelner oder sämtlicher vertraglicher Forderungen an ein ausländisches Unternehmen Teil des Vertrags werden.

1. *Vertragsübernahme*

Vertragsparteien können bereits bei Vertragsschluss vereinbaren, dass für eine oder beide Parteien die Möglichkeit einer Vertragsübernahme besteht. Hierbei können sie auch festlegen, welche Personen oder Personenzusammenschlüsse den Vertrag übernehmen können. In *Santander* fand sich eine derartige Klausel in den Swap-Geschäften, die der portugiesischen Bank und Tochtergesellschaft des spanischen Santander Konzerns die Möglichkeit eröffnete, den Vertrag von jeder weiteren Tochtergesellschaft des Mutterkonzerns übernehmen zu lassen.[1478] Für den Court of Appeal stellte dies einen relevanten Auslandsbezug dar, da vorstellbar sei, dass die Vertragserfüllung für einen substantiellen Zeitraum durch eine ausländische Bank erfolgen würde.[1479] Der Court of Appeal wies die Berufung bezüglich dieser Frage zurück.[1480] Im Folgenden ist zu diskutieren, inwiefern dieser Bewertung zuzustimmen ist.

a) *Wortlaut*

Augenscheinlich spricht der Wortlaut gegen eine Berücksichtigung. Der Zeitpunkt der Beurteilung ist schließlich eindeutig festgelegt, der Auslandsbezug muss „zum Zeitpunkt der Rechtswahl" bestehen.[1481] Sieht man also in der tatsächlichen Beteiligung des ausländischen Unternehmens in Form der späteren Vertragsübernahme den Auslandsbezug, besteht dieser zum genannten Zeitpunkt noch nicht. Demgegenüber lässt sich auch die konkrete Möglichkeit der Beteiligung eines ausländischen Unternehmens als Auslandsbezug begreifen. Allerdings würde die Einordnung allein derartiger Möglichkeiten späterer Veränderung als „Elemente des Sachverhalts zum Zeitpunkt der Rechtswahl" das Verständnis des Wortlauts sehr stark dehnen. Insofern spricht der Wortlaut bereits im Ausgangspunkt eher gegen eine derartige Berücksichtigung als Auslandsbezug.

1478 *Banco Santander Totta S.A.* v *Transport Companies* [2016] EWHC 465 (Comm) [409].

1479 *Banco Santander Totta S.A.* v *Transport Companies* [2016] EWHC 465 (Comm) [409].

1480 *Banco Santander* v *Transport Companies* [2016] EWCA Civ 1267 [68].

1481 Unter Berufung auf diesen Wortlaut lehnt eine Relevanz der Vertragsübernahme ab: *Cuniberti*, in: Muir Watt/Bíziková/Oliveira u.a. (Hrsg.), Global Private International Law, 2019, S. 464, 468.

b) *Rechtsprechung:* Bosman, Graf, Moser

Mit Blick auf die Definition des grenzüberschreitenden Sachverhalts bei den Grundfreiheiten lässt sich die Rechtsprechung zu solchen Fällen fruchtbar machen, bei denen der Grenzübertritt des jeweiligen Unionsbürgers erst zukünftig möglicherweise zu erwarten war.[1482]

In den Entscheidungen *Bosman,*[1483] *Graf*[1484] und *Moser*[1485] hatte der EuGH über Fälle zu entscheiden, in denen zu diesem Zeitpunkt noch kein Grenzübertritt erfolgt war.[1486] In *Bosman* hatte der Profifußballer Jean-Marc Bosman vor, zu einem französischen Verein zu wechseln, die Transferregelungen hinderten ihn jedoch hieran.[1487] Der EuGH stellte eine Verletzung der Arbeitnehmerfreizügigkeit fest.[1488] In *Graf* hingegen kündigte ein österreichischer Arbeitnehmer in Österreich seine Beschäftigung, um in Zukunft in Deutschland arbeiten zu können.[1489] Das österreichische Arbeitsrecht sieht für solche Fälle jedoch keine Abfindung vor. Der EuGH sah hierin keine Beschränkung, da die Wirkung der Regelung auf Wegzugsentscheidungen der Arbeitnehmer zu „indirekt und zu ungewiss" sei.[1490] Damit wendete der EuGH jedoch die Grundfreiheiten durchaus auch auf diesen Fall an, in dem nur die Möglichkeit eines zukünftigen Grenzübertritts bestand. Dies erscheint verständlich, da nur so ein umfassender Schutz der Grundfreiheiten gewährleistet werden kann.

Anders entschied der EuGH in *Moser.*[1491] Der Kläger des Ausgangsverfahrens, Hans Moser, wandte sich gegen die Verweigerung der Zulassung zum Referendariat aufgrund seiner Mitgliedschaft in der Deutschen Kommunistischen Partei. Im Vorlageverfahren zu einzelnen Fragen bzgl. der Arbeitnehmerfreizügigkeit führte Herr Moser an, „die Anwendung der fraglichen deutschen Rechtsvorschriften hindere ihn im Ergebnis daran, sich um Lehrerstellen an Schulen in den anderen Mitgliedsstaaten zu bewerben, da sie es ihm unmöglich mache,

---

1482 Siehe zu solchen Fällen des möglichen zukünftigen Grenzübertritts in der Rechtsprechung des EuGH: *Lippert*, Grenzüberschreitender Sachverhalt, 2013, S. 53 ff.
1483 EuGH, Urt. v. 15.12.1995, C-415/93 – *Bosman.*
1484 EuGH, Urt. v. 27.1.2000, C-190/98 – *Graf.*
1485 EuGH, Urt. v. 28.6.1984, Rs. 180/83 – *Moser.*
1486 Siehe hierzu auch: *Lippert*, Grenzüberschreitender Sachverhalt, 2013, S. 53 ff.
1487 EuGH, Urt. v. 15.12.1995, C-415/93 – *Bosman,* Rn. 28 ff.
1488 EuGH, Urt. v. 15.12.1995, C-415/93 – *Bosman,* Rn. 104.
1489 EuGH, Urt. v. 27.1.2000, C-190/98 – *Graf,* Rn. 5.
1490 EuGH, Urt. v. 27.1.2000, C-190/98 – *Graf,* Rn. 25.
1491 Vgl. hierzu: *Lippert*, Grenzüberschreitender Sachverhalt, 2013, S. 65.

seine Ausbildung als Lehrer abzuschließen".[1492] Für den EuGH handelte es sich hierbei um „rein hypothetische berufliche Aussichten in einem anderen Mitgliedsstaat", die die Anwendung der Bestimmungen zur Arbeitnehmerfreizügigkeit nicht rechtfertigen könnten.[1493]

Ein grenzüberschreitender Sachverhalt im Sinne der Grundfreiheiten kann demnach bereits vorliegen, wenn der tatsächliche Grenzübertritt sich nur als zukünftige Möglichkeit darstellt. Gleichwohl muss es sich hierbei um eine plausible Möglichkeit handeln; rein hypothetische zukünftige Grenzübertritte vermögen den Anwendungsbereich nicht zu eröffnen. Überträgt man dies auf die Frage der vertraglich vereinbarten Möglichkeit zur Vertragsübernahme, wäre hier der Anwendungsbereich der Grundfreiheiten jedenfalls eröffnet, da mit der vertraglichen Vereinbarung auch die konkrete Möglichkeit der Ausübung der Vertragsübernahme und damit der Beteiligung eines ausländischen Unternehmens besteht. Im nächsten Schritt wird zu klären sein, inwiefern die ökonomische Analyse eine Relevanz indiziert und eine solche auch mit dem Zweck des Art. 3 Abs. 3 Rom I-VO vereinbar wäre.

c) *Rechtsunsicherheitskosten*

Fraglich ist, ob die vereinbarte Vertragsübernahme für die Parteien Rechtsunsicherheit bezüglich des anwendbaren Rechts schaffen würde. Derartige Rechtsunsicherheit würde für Parteien die Transaktionskosten erhöhen und damit für eine Berücksichtigung der Vereinbarung zur Vertragsübernahme als relevanten Auslandsbezug im Rahmen des Art. 3 Abs. 3 Rom I-VO sprechen.[1494]

Eine Klausel zur Vertragsübernahme nimmt keinerlei Einfluss auf die objektive Anknüpfung des Vertrages, verursacht mithin keine Rechtsunsicherheit für die Parteien. Auch wenn der Vertrag dann tatsächlich durch ein ausländisches Unternehmen übernommen wird, verändert dies grundsätzlich nicht das Statut des übernommenen Vertrages. Die Anknüpfung innerhalb der Rom I-VO ist grundsätzlich unwandelbar.[1495] Für solche Fälle, in denen anstelle des ursprünglichen Erbringers der charakteristischen Leistung ein Unternehmen mit Sitz in einem anderen Staat den Vertrag übernimmt, wird in der Literatur teils eine Ausnahme von dieser Grundregel diskutiert.[1496] *Leible* spricht sich dafür aus,

1492 EuGH, Urt. v. 28.6.1984, Rs. 180/83 – *Moser*, Rn. 17.

1493 EuGH, Urt. v. 28.6.1984, Rs. 180/83 – *Moser*, Rn. 18.

1494 Siehe zur Maßgeblichkeit von Rechtsunsicherheitskosten: Zweiter Teil, A., III., 4., a), bb), (1), (b), (bb).

1495 Vgl. *Feiler*, Vertragsübernahme, 2019, S. 306 m.w.N.

1496 Siehe zum Meinungsstand: *ders.*, Vertragsübernahme, 2019, S. 306 ff.

die Vertragsübernahme im Rahmen der Anknüpfung zu berücksichtigen, sofern diese die „Verbindung zur bisher maßgeblichen Rechtsordnung locker werden" lässt und „eine engere Verbindung zu einer anderen Rechtsordnung" herstellt.[1497] *Feiler* hingegen spricht sich in seiner Dissertationsschrift dafür aus, die Grundregel des Art. 19 Abs. 3 Rom I-VO, wonach zur Bestimmung des gewöhnlichen Aufenthalts der Zeitpunkt des Vertragsschlusses maßgeblich ist, zu „durchbrechen" und bei einer Vertragsübernahme auf Seiten der charakteristisch leistenden Partei ein Statutenwechsel erfolgt.[1498]

Gleichwohl finden solche Literaturmeinungen bislang keinen Rückhalt in der Rechtsprechung und stünden auch im Widerspruch zu Erwägungsgrund 16 der Rom I-VO, der die Vorhersehbarkeit des anwendbaren Rechts fordert.[1499] In jedem Fall verursachen diese Erwägungen jedoch keine nennenswerte Rechtsunsicherheit für die Parteien. Ist diesen bei der Ausübung der Vertragsübernahme durch eine ausländische Gesellschaft daran gelegen, die Geltung eines anderen Rechts zu vereinbaren, können sich Vertragsübernehmer und die Vertragsgegenseite auf das anwendbare Recht einigen.[1500] Gleiches gilt, wenn die Parteien nur sicherstellen wollen, dass das bisher anwendbare Recht fortgilt. Auch hier können sie, wenngleich dies nicht notwendig ist, zur eigenen Absicherung eine Rechtswahl treffen. In einer solchen Situation wäre „zum Zeitpunkt der Rechtswahl"[1501] ein hinreichender Auslandsbezug gegeben.

Die Sicherstellung der Rechtssicherheit nach der Vertragsübernahme fordert daher nicht, dass bereits im Zeitpunkt des ursprünglichen Abschlusses des zu übernehmenden Vertrages die Rechtswahl zu ermöglichen ist. Damit schaffen Vereinbarungen zur Vertragsübernahme keine Rechtsunsicherheit, welche für die Relevanz solcher Klauseln als Auslandsbezug sprechen würde.

d) Missbrauchspotential

In jedem Fall wäre die Relevanz derartiger Klauseln für Art. 3 Abs. 3 Rom I-VO abzulehnen, da hiermit ein erhebliches Missbrauchspotential einherginge.

1497 NK-BGB/*Leible*, Art. 4 Rom I-VO Rn. 96; Feiler wendet hiergegen ein, dass diese Flexibilität nur in Fällen bestünde, in denen eine Anknüpfung über Art. 4 Abs. 1 oder Abs. 2 Rom I-VO nicht möglich ist: *Feiler*, Vertragsübernahme, 2019, S. 312.

1498 *Ders.*, Vertragsübernahme, 2019, S. 312.

1499 A.A.: *ders.*, Vertragsübernahme, 2019, 310 f.

1500 Gem. Art. 3 Abs. 2 S. 1 Rom I-VO ist die Rechtswahl jederzeit möglich, vgl. auch: *ders.*, Vertragsübernahme, 2019, S. 304 f.

1501 Art. 3 Abs. 3 Rom I-VO.

Die Parteien müssten nur Klauseln in ihren Vertrag inkorporieren, um die kollisionsrechtliche Rechtswahl zu ermöglichen. Auf den übrigen Leistungsaustausch zwischen den Parteien hätte dies keinerlei Einfluss. Dies gilt umso mehr, wenn die Möglichkeit der Übernahme durch eine zum gleichen Konzern gehörende, ausländische Gesellschaft vereinbart wird, wie dies in *Santander* der Fall war.[1502] Würde man derartige Klauseln als Auslandsbezug akzeptieren, würde die Rechtsumgehung speziell für Tochtergesellschaften ausländischer Konzerne erheblich vereinfacht.

e) Wirtschaftlicher Maßstab

Zudem spricht auch der wirtschaftliche Maßstab gegen eine Berücksichtigung der vereinbarten Möglichkeit zur Vertragsübernahme.[1503] Kommt es zur Vertragsübernahme, entstehen zwar deutliche Auswirkungen auf ein weiteres Wirtschaftssystem, wenn eine Partei Hauptverwaltung im Ausland die Verpflichtungen aus dem Vertrag übernimmt. Allein durch die Vereinbarung der Möglichkeit zur späteren Vertragsübernahme ist dies jedoch nicht der Fall.

f) Fazit

Im Ergebnis stellt die vereinbarte Möglichkeit der Vertragsübernahme durch ein ausländisches Unternehmen keinen hinreichenden Auslandsbezug im Rahmen des Art. 3 Abs. 3 Rom I-VO dar.

2. Abtretungsrechte

Für die vertraglich vereinbarte Möglichkeit zur Abtretung der Ansprüche aus einem Vertrag ergeben sich mit Blick auf den Wortlaut und die Rechtsprechung des EuGH zu den Grundfreiheiten keine Unterschiede zu den Erwägungen bei der Vertragsübernahme.

Auch vertraglich vereinbarte Abtretungsrechte zugunsten ausländischer Unternehmen verursachen für die Vertragsparteien keine Rechtsunsicherheit. Dies gilt umso mehr, als in den meisten Fällen auch ganz ohne vertragliche Vereinbarung eine Abtretung der Ansprüche möglich ist.[1504]

1502 *Banco Santander Totta S.A.* v *Transport Companies* [2016] EWHC 465 (Comm) [409].

1503 Siehe zur Herleitung des wirtschaftlichen Maßstabs: Zweiter Teil, B., IV, 3., b).

1504 So trugen auch die Transportunternehmen in Santander vor: *Banco Santander* v *Transport Companies* [2016] EWCA Civ 1267 [66].

Wie bei der Vertragsübernahme spricht in jedem Fall das erhebliche Missbrauchspotential gegen die Relevanz des Art. 3 Abs. 3 Rom I-VO. Würde allein die vertragliche Vereinbarung den Parteien die Rechtswahl ermöglichen, wäre auch hier ein erhebliches Missbrauchspotential geschaffen. Weiterhin spricht auch der gebildete wirtschaftliche Maßstab gegen eine Berücksichtigung. Allein aufgrund eines vereinbarten Abtretungsrechts verursacht der Vertrag noch keine Auswirkungen auf ein weiteres Wirtschaftssystem. Vertraglich vereinbarten Möglichkeiten zur Abtretung etwaiger Ansprüche kann daher keine Relevanz als Auslandsbezug im Rahmen des Art. 3 Abs. 3 Rom I-VO zukommen.

3. Zwischenergebnis

Die Relevanz solcher Klauseln, die nachträgliche Veränderungen mit Blick auf die Vertragsparteien ermöglichen, ist insgesamt abzulehnen. Die Berücksichtigung derartiger Umstände würde den Wortlaut stark dehnen und ein erhebliches Missbrauchspotential schaffen. Zudem verursacht allein die Vereinbarung derartiger Klauseln für die Parteien keine Unsicherheit über das anwendbare Recht.

IV. Ergebnis

Für natürliche Personen stellt der gewöhnliche Aufenthalt beziehungsweise die Hauptniederlassung einen relevanten Auslandsbezug dar. Der Staatsangehörigkeit hingegen kommt allgemein keine Relevanz zu, etwas anderes kann lediglich ausnahmsweise für Lebensversicherungsverträge und solche Verträge, die einen besonderen Bezug zu Staatsbürgerschaft oder kulturellen Verbundenheit aufweisen, gelten. Bei Personenzusammenschlüssen kommt der Hauptverwaltung sowie der Niederlassung Relevanz zu. Für die Bewertung des Auslandsbezugs hat der Satzungssitz keine Bedeutung, da insofern ein erhebliches Missbrauchspotential bestehen würde. Gleiches gilt für die Vereinbarungen über die Möglichkeit nachträglicher Änderungen am Vertragsverhältnis durch Klauseln zur Vertragsübernahme oder Abtretung.

C. Internationaler Bezug: Internationale Standardverträge

In jüngster Zeit wird besonders kontrovers diskutiert, inwiefern auch eine allgemeine „Internationalität" eines Sachverhalts, etwa durch Teilnahme an einem internationalen Markt, für sich genommen einen Auslandsbezug im Rahmen des Art. 3 Abs. 3 Rom I-VO begründet. Diese Frage wurde in den bereits verschiedentlich erwähnten Entscheidungen *Santander*[1505] und *Dexia*[1506] zum entscheidenden Faktor in der Anwendung des Art. 3 Abs. 3 Rom I-VO. Während die englischen Gerichte letztlich die Nutzung international üblicher Standardverträge als hinreichenden Auslandsbezug einordneten,[1507] bleibt die Frage in der Literatur umstritten.[1508] Eine Entscheidung des EuGH wurde, mangels Vorlage durch die englischen Gerichte, nicht erreicht.[1509] Dem EuGH wurde zwar durch ein portugiesisches Gericht[1510] die verwandte Frage vorgelegt, inwiefern die Verwendung von ISDA-Standardverträgen einen hinreichenden Auslandsbezug für die Anwendung der Brüssel I-VO und Brüssel Ia-VO herstellen könnte,[1511] das Ausgangsverfahren wurde jedoch durch Vergleich beendet[1512] und die Vorlage zurückgezogen.[1513]

Im Folgenden soll die Relevanz internationaler Standardverträge für Art. 3 Abs. 3 Rom I-VO untersucht werden. Zunächst wird ein Überblick über derartige Vertragswerke gegeben, um die Relevanz sodann exemplarisch anhand der für Derivate genutzten ISDA Master Agreements zu diskutieren. Hierbei soll es allein um die Frage gehen, inwiefern die Nutzung derartiger Standardverträge für sich genommen einen hinreichenden Auslandsbezug darstellen kann. Hiervon getrennt wird die Frage, wie ein mittelbarer Auslandsbezug im Rahmen einer Vertragskette zu bewerten ist. Zwar werden auch für diese Vertragsketten häufig internationale Standardverträge gewählt, so dass eine erhebliche Schnittmenge zwischen beiden Fallgruppen gegeben ist. Gleichwohl soll nachfolgend

---

1505 Erstinstanzliche Entscheidung des High Court: *Banco Santander Totta S.A.* v *Transport Companies* [2016] EWHC 465 (Comm); Entscheidung des Court of Appeal: *Banco Santander* v *Transport Companies* [2016] EWCA Civ 1267.

1506 Erstinstanzliche Entscheidung des High Court: *Dexia Crediop S.p.A.* v *Comune di Prato* [2015] EWHC 1746 (Comm); Entscheidung des Court of Appeal: *Dexia Crediop S.p.A.* v *Comune di Prato* [2017] EWCA Civ 428.

1507 Siehe zu den Entscheidungen im Einzelnen sogleich: Dritter Teil, C., II., 2.

1508 Siehe zur Reaktion in der Literatur sogleich: Dritter Teil, C., II., 2., d).

1509 *von Hein*, FS Hopt, 2020, S. 1405, 1408.

1510 Auf die insoweit verbleibenden portugiesischen Entscheidungen wird im Folgenden mangels ausreichender Sprachkenntnisse nicht Bezug genommen. Diese werden in der Entscheidung des High Court zu Santander aufgezählt: *Banco Santander Totta S.A.* v *Transport Companies* [2016] EWHC 465 (Comm) [379].

1511 Request for a preliminary ruling, 7.3.2016, C-136/16 – *Sociedade Metropolitana/Santander*, Rn. 3.

1512 *Hartley*, FS Kohler, 2018, S. 171, 177.

1513 Der Beschluss wurde lediglich auf Französisch und Portugiesisch veröffentlicht: Ordonnance du Président, 10.3.2017, C-136/16 – *Sociedade Metropolitana/Santander.*

zwischen beiden Aspekten getrennt werden, um eine differenzierte und präzise Auseinandersetzung mit beiden Fallgruppen zu ermöglichen und eine Vermischung verschiedener Argumente zu vermeiden.

I. Internationale Standardverträge

Beispiele für internationale Standardverträge lassen sich in vielen Branchen finden.[1514] So wird im internationalen Baumwollhandel bevorzugt auf die Musterverträge der Liverpool Cotton Association zurückgegriffen, während der Getreidehandel von Standardverträgen der Grain and Feed Trade Association (GAFTA) dominiert wird.[1515] Die Fédération Internationale de Ingénieurs-Conseils („FIDIC") hingegen entwirft standardisierte Vertragsbedingungen für Bauverträge, die im internationalen Kontext derart üblich sind, dass teils von einer „lex mercatoria constructionis"[1516] gesprochen wird.[1517]

Auch die ICC entwirft Regelwerke, die Parteien standardmäßig in ihre Verträge einbeziehen. Seit 1933 veröffentlicht die ICC etwa die Einheitlichen Richtlinien und Gebräuche für Dokumenten-Akkreditive (ERA 600).[1518] Besonders erfolgreich sind auch die sog. INCOTERMS der ICC, die in ca. 90 % aller internationalen Kaufverträge genutzt werden.[1519] Die Parteien nutzen hierbei die international gängigen Abkürzungen (Bsp.: EXW für „Ex Works"), deren Rechtsfolgen dann in den INCOTERMS genau definiert werden.[1520] Diese standardisierten Lieferbedingungen werden von der ICC regelmäßig, zuletzt 2020, neu herausgegeben.[1521]

Besonders relevant sind Standardverträge auch in der Finanzbranche. Für Kreditverträge haben sich die Verträge der Loan Market Association (LMA) durchgesetzt.[1522] Diese entwirft für verschiedene Transaktionsformen, also etwa

---

1514 Vgl. *Boggiano*, Standard Contracts, 1991, S. 3 ff.

1515 Vgl. *Cranston*, GS Hellner, 2007, S. 11, 12 f.

1516 *Wielsch*, Am. J. Comp. L. 60 (2012), 1075, 1083; *Molineaux*, J. Int'l Arb. 14 (1997), 55, 59 ff.

1517 Vgl. allgemein zu den FIDIC-Bedingungen: *Stöckli/Schwery*, in: Kronke/Melis/Kuhn (Hrsg.), Handbuch Internationales Wirtschaftsrecht, 2017, Teil C Rn. 452 ff.

1518 Vgl. hierzu: *Jäger/Haas*, in: Schimansky/Bunte/Lwowski (Hrsg.), Bankrechts-Handbuch Bd. 2, 2017, § 120 Rn. 10 ff.

1519 So die Angaben der ICC: *ICC*, Incoterms der ICC (https://www.iccgermany.de/standards-incoterms/incoterms-2020-in-der-uebersicht/) (geprüft am 30.9.2021).

1520 Vgl. zu den INCOTERMS: *Benicke*, in: Kronke/Melis/Kuhn (Hrsg.), Handbuch Internationales Wirtschaftsrecht, ^{2}2017, Teil B 391 ff.

1521 Vgl. zum Inhalt der INCOTERMS 2020: *Piltz*, IWRZ 2020, 157 ff.

1522 Vgl. hierzu: *Klumb*, ZBB 2012, 449, 449 f.

einfache Betriebsmittelkredite, Akquisitionskredite oder zur Syndizierung notleidender Forderungen, detaillierte Vertragsmuster.[1523] Des Weiteren entwirft die International Swaps and Derivatives Association (ISDA)[1524] umfangreiche Vertragsvorlagen für sog. „over the counter" (OTC) Derivate.[1525] Hierzu zählen etwa Swaps, Optionen, Forwards und Credit Default Swaps.[1526]

Zwischen diesen verschiedenen Vertragsformen ergeben sich, neben den mit den unterschiedlichen Branchen ohnehin verbundenen Divergenzen, auch Unterschiede mit Blick auf das anwendbare Recht und Gerichtsstandsvereinbarungen. Während etwa das Master Agreement der ISDA den Parteien die Wahl zwischen englischem Recht und dem Recht des Staates New York überlässt, erstellt die LMA an unterschiedliche Rechtsordnungen angepasste Verträge. So gibt es etwa auch einen deutschen LMA-Mustervertrag, der gegenüber dem englischen geringfügige Änderungen aufweist.[1527] Demgegenüber enthalten andere Standardbedingungen keine Bestimmungen zum anwendbaren Recht.[1528]

II. ISDA-Vertragsdokumente

Die Frage, inwiefern diese Verträge einen hinreichenden Auslandsbezug herstellen können, soll nachfolgend am Beispiel der Vertragsdokumentation der ISDA dargestellt werden. Dies bietet sich angesichts der besonderen Prominenz dieser Standardverträge an. Zudem wurde die Anwendbarkeit des Art. 3 Abs. 3 Rom I-VO auf diese Verträge durch die Entscheidungen in *Santander* und *Dexia* Gegenstand der Debatte in der Literatur. Es ist jedoch darauf hinzuweisen, dass insbesondere die Erwägungen zum Funktionszusammenhang zwischen anwendbarem Recht und der Funktionsweise der Vertragsbedingungen nicht notwendigerweise auch für solche Standardverträge gleiche Geltung beanspruchen, die keine formularmäßige Rechtswahl enthalten.

1523 Vgl. *Renner/Leidinger*, BKR 2015, 499.

1524 Zur Geschichte der ISDA: *Horst*, Transnationale Rechtserzeugung, 2019, S. 23 ff.; vgl. auch: *Morgan*, Hum. Relat. 61 (2008), 637, 643 ff.; *Flanagan*, Harv. Negot. L. Rev. 6 (2001), 211, 234 ff.

1525 Allgemein zum Markt für OTC-Derivate: *Braithwaite*, Financial Courts, 2021, S. 14 ff.; *Fuchs*, Close-out netting, 2013, S. 9 ff.

1526 Vgl. *Wilhelmini*, RIW 2016, 253; *Fuchs*, Close-out netting, 2013, S. 14 ff.

1527 *Klumb*, ZBB 2012, 449, 449 f.

1528 So etwa die FIDIC-Bedingungen: *Stöckli/Schwery*, in: Kronke/Melis/Kuhn (Hrsg.), Handbuch Internationales Wirtschaftsrecht, 2017, Teil C Rn. 452.

1. ISDA-Vertragsstruktur

Um die Wirkung der ISDA-Vertragsdokumentation zu diskutieren, ist es zunächst notwendig, deren Aufbau und Umfang darzulegen. Die Vertragsdokumentation ist „wie ein Baukasten aus verschiedenen Modulen aufgebaut, die je nach Bedarf und Art des Geschäfts von den Parteien ausgewählt werden".[1529] Kernstück der von der ISDA bereitgestellten Vertragsdokumentation ist das ISDA Master Agreement („Master"). Bei diesem handelt es sich um einen Rahmenvertrag.[1530] Maßgeblicher Vorteil dieser Konstruktion ist, dass das Master die Bedingungen enthält, die die Parteien generell für alle unter der Vereinbarung abgeschlossenen Derivate anwenden wollen.[1531] Dies gilt etwa für bestimmte Zusicherungen (Representations) und die Beendigung des Rahmenvertrags (Termination).[1532] Darüber hinaus findet sich im Master Agreement eine Vereinbarung zum anwendbaren Recht und Gerichtsstand, wobei formularmäßig englisches oder New Yorker Recht sowie der entsprechende Gerichtsstand wählbar sind.[1533]

Im Anhang zum Master, dem sog. Schedule, können die Parteien darüber hinaus bestimmte Bedingungen wählen sowie über die Bedingungen des Masters hinausgehende oder dieses verändernde Vereinbarungen treffen.[1534] Zu diesen Dokumentationen kommt im Regelfall noch ein sog. Credit Support Annex mit Regelungen zu Sicherheiten für die jeweiligen Geschäfte.[1535] Während die schuldrechtliche Verpflichtung zur Bestellung der Sicherheiten, wie auch der restliche Vertrag, gem. Art. 3 Abs. 1 Rom I-VO nach dem gewählten Recht zu beurteilen ist,[1536] wird die Übertragung des Sicherungsguts und Berechtigung daran separat angeknüpft.[1537]

1529 *Horst*, Transnationale Rechtserzeugung, 2019, S. 34; mit Verweis auf: *Gelpern/Gulati*, Europ. Bus. L. Rev. 13 (2012), 347, 356; *Reiner*, ISDA, 2013, S. 74.

1530 *Horst*, Transnationale Rechtserzeugung, 2019, S. 37.

1531 Vgl. *von Sachsen-Altenburg*, in: Zerey/Altrock (Hrsg.), Finanzderivate, 2016, § 7 Rn. 11.

1532 *Ders.*, in: Zerey/Altrock (Hrsg.), Finanzderivate, 2016, § 7 Rn. 11.

1533 Die entsprechende Klausel des Master Agreements verweist auf die Bestimmung des anwendbaren Rechts im Schedule und enthält die dazu passende Gerichtsstandsvereinbarung: *Reiner*, ISDA, 2013, S. 315 ff.; *Avasilencei*, in: Muir Watt/Bíziková/Oliveira u.a. (Hrsg.), Global Private International Law, 2019, S. 457, 459.

1534 *Von Sachsen-Altenburg*, in: Zerey/Altrock (Hrsg.), Finanzderivate, 2016, § 7 Rn. 12.

1535 Vgl. *Horst*, Transnationale Rechtserzeugung, 2019, S. 35.

1536 *Fuchs*, Close-out netting, 2013, S. 321.

1537 Da es sich hierbei zumeist um immaterielle Vermögenswerte handelt, kommt der lex rei sitae Grundsatz nicht zur Anwendung. Siehe zur Anknüpfung im

Die einzelnen unter dem Master abgeschlossenen Geschäfte werden dann jeweils durch sog. Confirmations abgeschlossen.[1538] Hierbei greifen die Parteien oftmals auf die von der ISDA ebenfalls bereitgestellten Definitionen für verschiedene Derivateklassen zurück und nehmen diese in Bezug (sog. Short Form Confirmation).[1539] Die ISDA stellt etwa für Commodity Derivate die Commodity Definitions bereit. Nehmen die Parteien hierauf nicht Bezug, müssen sie die Bedingungen der einzelnen Transaktion individuell aushandeln (sog. Long Form Confirmation).[1540]

Aus diesen vielfältigen Bausteinen[1541] stellen sich die Parteien ihre Vertragsdokumentation zusammen. Entscheidend für die Organisation unter dem „Schirm"[1542] des Masters ist, dass so die Zusammenfassung der einzelvertraglichen Abschlüsse durch die Single Agreement Klausel ermöglicht wird:

> „All transactions are entered into in reliance on the fact that this Master Agreement and all Confirmations form *a single agreement between the parties* [...], and the parties would not otherwise enter into any Transactions."[1543]

Rainer identifiziert für dieses Vorgehen zwei Gründe. In praktischer Hinsicht vereinfacht und standardisiert der Rahmenvertrag die Beziehung zwischen den Parteien. Allgemeine Bedingungen werden vor die Klammer gezogen, was den Abschluss der Einzeltransaktionen vereinfacht.[1544] In rechtlicher Hinsicht dient die Zusammenfassung aller Transaktionen zu einem einheitlichen Vertrag der Absicherung in der Insolvenz. Es soll verhindert werden, dass der Insolvenzverwalter „cherry picking" vornimmt, mithin also nur diejenigen Derivate fortsetzt, die einen zukünftigen Gewinn für die Insolvenzmasse versprechen, bei

---

Detail: *Haentjens*, Collateral, 2020, Rn. 4.44 ff.; *Fuchs*, Close-out netting, 2013, S. 320 ff.

1538 *Horst*, Transnationale Rechtserzeugung, 2019, S. 35; *Fuchs*, Close-out netting, 2013, S. 41; vgl. auch: *Wielsch*, Am. J. Comp. L. 60 (2012), 1075, 1085 f.

1539 *Horst*, Transnationale Rechtserzeugung, 2019, S. 35.

1540 *Horst*, Transnationale Rechtserzeugung, 2019, S. 35; vgl. auch: *Choi/Gulati*, Mich. L. Rev. 104 (2006), 1129, 1140.

1541 Siehe für eine Visualisierung der wichtigsten ISDA-Musterbedingungen: *Jahn/Reiner*, in: Schimansky/Bunte/Lwowski (Hrsg.), Bankrechts-Handbuch Bd. 2, 2017, § 114 Rn. 89.

1542 Die Beschreibung als „umbrella" verwendet etwa: *Wielsch*, Am. J. Comp. L. 60 (2012), 1075, 1090.

1543 Sec. 1 (c) 2002 Master Agreement (Hervorhebungen durch die Verfasserin), der gesamte Text findet sich bei: *Reiner*, ISDA, 2013, S. 1 ff.

1544 *Ders.*, ISDA, 2013, S. 51.

Geschäften mit negativem Marktwert hingegen die weitere Erfüllung ablehnt. In einem solchen Fall könnte er die Gläubiger bezüglich ihrer Schadensersatzforderung dann auf die Insolvenzquote verweisen.[1545] Stattdessen ermöglicht der Rahmenvertrag die Kündigung bei der drohenden Insolvenz des Vertragspartners.[1546] In diesem Fall werden dann die ausstehenden Forderungen verrechnet und der Saldo wird fällig (sog. „close-out-netting").[1547] Die Beurteilung dieser Praxis richtet sich nach dem Insolvenzrecht, die Bestimmung des anwendbaren Insolvenzrechts entzieht sich hierbei weitgehend dem Einfluss der Parteien.[1548] Allerdings hat die ISDA in diesem Bereich erfolgreich erhebliche Lobby-Arbeit betrieben, so dass diese umstrittenen Regelungen[1549] in „fast allein wichtigen Jurisdiktionen insolvenzrechtlich anerkannt" ist.[1550]

2. *Englische Rechtsprechung:* Santander, Dexia

Die bereits erwähnten kontroversen Entscheidungen der englischen Rechtsprechung in *Santander* und *Dexia* sollen im Folgenden mit Blick auf den Sachverhalt sowie die unterschiedlichen Entscheidungen der verschiedenen Instanzen zu Art. 3 Abs. 3 EVÜ dargestellt werden.[1551] Im Anschluss sollen auch die Reaktionen in Literatur und Praxis aufgegriffen werden.

1545 *Ders.*, ISDA, 2013, 52 f.; vgl. auch: *Fuchs*, Close-out netting, 2013, S. 43.

1546 Die „Bankruptcy" stellt eine der „Events of Default" dar, wobei Insolvenz hier deutlich weiter verstanden wird als nach den nationalen Regelungen, es genügen letztlich Umstände, die eine drohende Insolvenz befürchten lassen: *Kerkemeyer*, ZBB 2017, 273, 274 f.; *Fuchs*, Close-out netting, 2013, S. 48 ff.

1547 Ausführlich hierzu: *Fuchs*, Close-out netting, 2013, S. 45 ff.

1548 *Pistor*, Code, 2020, S. 147.

1549 Vgl. zur Diskussion dazu, inwiefern die Close-out-Netting Bestimmungen das systemische Risiko des Derivatemarkts erhöhen: *Horst*, Transnationale Rechtserzeugung, 2019, S. 41 ff.; *Kerkemeyer*, Regulierung von Derivaten, 2018, S. 123 ff.; *Kerkemeyer*, ZBB 2017, 273, 275 ff.; *Fuchs*, Close-out netting, 2013, S. 69 ff.

1550 *Horst*, Transnationale Rechtserzeugung, 2019, S. 40 f.; vgl. auch: *Pistor*, Code, 2020, S. 147 ff.; vgl. überblicksartig zu den Regelungsänderungen auf europäischer und deutscher Ebene: *Kerkemeyer*, ZBB 2017, 273, 272 f.; vgl. zur insolvenzrechtlichen Beurteilung dieser Klauseln im deutschen und europäischen Recht sowie in anderen Rechtsordnungen: *Rauch*, Close-out Netting, 2017, S. 52 ff.

1551 In beiden Fällen war das Rom Übereinkommen anwendbar: *Dexia Crediop S.p.A.* v *Comune di Prato* [2015] EWHC 1746 (Comm) [308], *Banco Santander Totta S.A.* v *Transport Companies* [2016] EWHC 465 (Comm) [349]. In Santander wird jedoch darauf verwiesen, dass Art. 3 Abs. 3 EVÜ gleichbedeutend mit Art. 3

Eingangs ist darauf hinzuweisen, dass die Beklagten auch andere, von Art. 3 Abs. 3 EVÜ unabhängige Argumente vortrugen, diese jedoch hier vor dem Hintergrund des Themas dieser Arbeit ausgeblendet werden.[1552] Mit Blick auf Art. 3 Abs. 3 Rom I-VO wurde neben dem Auslandsbezug durch die allgemein internationale Natur des Swap-Marktes sowie der Vertragsdokumentation auch in Erwägung gezogen, ob die von Seiten der Banken abgeschlossenen sog. „back-to-back swaps“ mit ausländischen Banken, über die sich Dexia und Santander ihrerseits mit Swaps gegen die Risiken absichern (Hedging), einen Auslandsbezug herstellen können. Ebenso wurde dies für ein Abtretungsrecht an ausländische Banken diskutiert. Letztere Umstände gehören jedoch nicht zum Gegenstand dieses Kapitels und sollen daher an anderer Stelle behandelt werden.[1553]

a) Sachverhalte

Beiden Fällen lagen im Wesentlichen ähnliche Sachverhalte zugrunde. In *Santander* hatte die portugiesische Tochter der spanischen Bankengruppe Santander mit öffentlichen portugiesischen Transportunternehmen Zinssatz-Swapgeschäfte abgeschlossen. In *Dexia* schloss die italienische Bank Dexia Crediop mit einer italienischen Gemeinde derartige Verträge ab. Die Parteien bedienten sich jeweils der ISDA-Vertragsdokumentationen und nutzten das sog. 1992 Multicurrency Cross Border Master Agreement.[1554]

Die Swap-Geschäfte sollten jeweils der Restrukturierung der Schulden der Transportunternehmen bzw. der Gemeinde dienen.[1555] Nach dem Abschluss der Verträge entfernten sich die Referenzzinssätze jedoch erheblich vom vereinbarten festen Zinssatz.[1556] Im Zuge der Finanzkrise sanken die Referenzzinssätze signifikant und unerwartet, so dass die Transportunternehmen bzw. die Gemeinde nur noch den geringen, am Referenzzinssatz orientierten Betrag

---

Abs. 3 Rom I-VO sei: *Banco Santander Totta S.A.* v *Transport Companies* [2016] EWHC 465 (Comm) [350]–[352].

1552 So wurde etwa in Santander geltend gemacht, die Transportunternehmen seien nicht rechtlich in der Lage gewesen, sich zu binden („Capacity Defence“): *Banco Santander Totta S.A.* v *Transport Companies* [2016] EWHC 465 (Comm) [247]–[252].

1553 Siehe für Vertragsketten: Dritter Teil, D., II; für Abtretungsrechte: Dritter Teil, B., III., 2.

1554 *Dexia Crediop S.p.A.* v *Comune di Prato* [2015] EWHC 1746 (Comm) [5]; *Banco Santander Totta S.A.* v *Transport Companies* [2016] EWHC 465 (Comm) [399].

1555 *Dexia Crediop S.p.A.* v *Comune di Prato* [2017] EWCA Civ 428 [4].

1556 *Böhle*, ZEuP 2019, 72, 75.

von den Banken erhielten, jedoch weiterhin zur Zahlung des am festen Zinssatz orientierten Betrags verpflichtet waren.[1557] In *Banco Santander* wurde diese Entwicklung noch erheblich durch eine besondere Vertragsvereinbarung verstärkt. Die Parteien hatten ihre Swap-Geschäfte vom einfachen (sog. „vanilla“) Swap zu einem „exotischen“ abgewandelt, indem sie die Swaps zu „Schneeball“-Swaps abwandelten.[1558] Sollte hierbei der Referenzzinssatz über einen längeren Zeitraum über oder unter bestimmten Grenzen liegen, mussten die Transportunternehmen einen Zuschlag zahlen. Dieser war kumulativ ausgestaltet; je länger also der Referenzzinssatz außerhalb der definierten Grenzen lag, desto weiter stieg der Zuschlag. Letztlich führte dies dazu, dass die Transportunternehmen einen Zinssatz zwischen knapp unter 30 % und über 92 % schuldeten.[1559]

Die Transportunternehmen und die Gemeinde Prato stellten schließlich die Zahlungen ein. Die Banken erhoben daraufhin unter Berufung auf die Gerichtsstandsklausel zugunsten englischer Gerichte Klage in England.

b) Berufung auf Art. 3 Abs. 3 EVÜ

In den Verfahren beriefen sich die Transportunternehmen sowie die Gemeinde Prato auf Art. 3 Abs. 3 EVÜ. Es handele sich jeweils um reine Inlandssachverhalte, so dass zwingendes portugiesisches bzw. italienisches Recht Anwendung fände.

Die portugiesischen Transportunternehmen machten Art. 437 des portugiesischen Código Civil[1560] geltend, der die Änderung wesentlicher Umstände nach Vertragsschluss regelt.[1561] Darüber hinaus machten die Transportunternehmen geltend, die spekulativen Swaps wären illegale Glücksspiele und beriefen sich auf verschiedene Bestimmungen des portugiesischen Código Civil, nach denen solche Vereinbarungen nichtig wären.[1562]

Die Gemeinde Prato wiederum berief sich auf italienische Vorschriften (Art. 30, 32 TUF).[1563] Nach diesen Vorschriften, die auf außerhalb von

---

1557 *Ders.*, ZEuP 2019, 72, 75.

1558 Allgemein zu Schneeball-Swaps: *Seitz*, Finanzinnovation, 2020, S. 107 ff.

1559 *Hartley*, FS Kohler, 2018, S. 171, 175.

1560 Eine englische Übersetzung der Vorschrift findet sich in der Entscheidung des Court of Appeal: *Banco Santander* v *Transport Companies* [2016] EWCA Civ 1267 [18]; vgl. zu dieser Regelung auch: *Días*, ZEuP 2019, 603, 617 f.

1561 *Banco Santander Totta S.A.* v *Transport Companies* [2016] EWHC 465 (Comm) [454]–[461].

1562 *Banco Santander Totta S.A.* v *Transport Companies* [2016] EWHC 465 (Comm) [413].

1563 *Dexia Crediop S.p.A.* v *Comune di Prato* [2015] EWHC 1746 (Comm) [216]–[218]; vgl. zu diesen Regelungen auch: *Danusso*, CMLJ 13 (2018), 26, 55 f.

Geschäftsräumen abgegebene Angebote und Fernabsatzverträge Anwendung finden, steht dem Investor das Recht zu, den Vertrag innerhalb von sieben Tagen nach Vertragsschluss zu widerrufen.[1564] Wird dieses Recht nicht im Vertrag statuiert, ist der Vertrag nichtig.[1565] Darüber hinaus berief sich die Gemeinde auf formelle Anforderungen an den Inhalt von Verträgen mit Finanzdienstleistern.[1566]

c) Urteile

Da sich die Urteile jeweils aufeinander beziehen, sollen sie im Folgenden chronologisch dargestellt werden.

aa) High Court: Dexia Crediop v Comune di Prato

Die erste Entscheidung um die ISDA-Standardverträge fällte der High Court in *Dexia*. Dexia hatte im Rahmen des Verfahrens insbesondere geltend gemacht, die ISDA-Verträge dienten der Rechtssicherheit und die globale Reichweite dieser Verträge müsse vom Gericht anerkannt werden.[1567] Das Gericht erkannte diese Argumente zwar an, stellte jedoch darauf ab, dass der ISDA-Vertrag keinen Auslandsbezug schaffe, da keine Verbindung zu einem anderen Staat bestünde:

> „It [ISDA Master Agreement] is of course designed to promote certainty, but *that does not give it a connection to a country other than Italy*. Nor does the significance and global nature of ISDA.“[1568]

Weiterhin stelle das Gericht fest, dass selbst wenn der Standardvertrag eine Verbindung zu einem anderen Staat aufweisen würde, dies nicht relevant sei, da sämtliche Vorgänge, die für den Sachverhalt zwischen den Parteien relevant seien, in Italien stattgefunden hätten.[1569]

1564 *Dexia Crediop S.p.A.* v *Comune di Prato* [2015] EWHC 1746 (Comm) [216] (Eine englische Übersetzung der Regelung findet sich in [218] des Urteils).

1565 *Dexia Crediop S.p.A.* v *Comune di Prato* [2017] EWCA Civ 428 [16].

1566 *Dexia Crediop S.p.A.* v *Comune di Prato* [2017] EWCA Civ 428 [16].

1567 *Dexia Crediop S.p.A.* v *Comune di Prato* [2015] EWHC 1746 (Comm) [210].

1568 *Dexia Crediop S.p.A.* v *Comune di Prato* [2015] EWHC 1746 (Comm) [211].

1569 *Dexia Crediop S.p.A.* v *Comune di Prato* [2015] EWHC 1746 (Comm) [211].

bb) High Court: Banco Santander v Transport Companies

Das Urteil in *Santander* ist das erste in der neuen Kammer des High Court für Finanzstreitigkeiten, der Financial List,[1570] gefällte Urteil. Das Gericht widersprach der Entscheidung in *Dexia* respektvoll,[1571] und kam, nach einer ausführlicheren Auseinandersetzung mit der Problematik,[1572] zu einem gänzlich anderen Ergebnis:

> „For the purposes of Art. 3 (3) of the Rome Convention, in determining whether, choice of law aside, all the other elements relevant to the situation are connected with one country only, the enquiry is not limited to elements that are local to another country only, but includes elements that *point directly from a purely domestic to an international situation*. In financial transactions, the use of ISDA or other standard documentation may be relevant […].“[1573]

Begründet wurde diese Sichtweise im Wesentlichen mit dem weit gefassten Wortlaut und der Kommentierung in *Dicey, Morris & Collins*.[1574] Darüber hinaus wurden explizit praktische Erwägungen herangezogen:

> „The use of this standard international documentation provides an orderly contractual structure, among other things facilitating both hedging and restructuring, which can be important for both or either of the parties. It also promotes legal certainty. If it is left out of account as an element in determining the application of mandatory provisions of domestic law, the prospect arises of different legal rules applying to the swaps and to the back-to-back transactions, which themselves may be, and in this case were, hedged.“[1575]

Die Standarddokumentation wurde damit gerade auch im Zusammenhang von Divergenzen der anwendbaren Rechte in einer Vertragskette gesehen, worauf an anderer Stelle einzugehen ist.[1576] Darüber hinaus verwies der High Court darauf, dass die Parteien das „Multicurrency Cross Border“ 1992 Formular der ISDA

1570 Diese neue Zuständigkeit verhandelt seit dem 1.10.2015 über finanzmarktrechtliche Streitigkeiten mit einem Streitwert von mindestens 50 Millionen Pfund, Santander war der erste dort verhandelte Fall: *Böhle*, ZEuP 2019, 72, 94.

1571 *Banco Santander Totta S.A.* v *Transport Companies* [2016] EWHC 465 (Comm) [404].

1572 Vgl. *Braithwaite*, Financial Courts, 2021, S. 318.

1573 *Banco Santander Totta S.A.* v *Transport Companies* [2016] EWHC 465 (Comm) [404] (Hervorhebungen durch die Verfasserin).

1574 *Banco Santander Totta S.A.* v *Transport Companies* [2016] EWHC 465 (Comm) [404].

1575 *Banco Santander Totta S.A.* v *Transport Companies* [2016] EWHC 465 (Comm) [400].

1576 Verwiesen wurde insofern auch auf die Entscheidung in Caterpillar, auf die im Abschnitt zu mittelbaren Auslandsbezügen noch ausführlich einzugehen ist: *Banco Santander Totta S.A.* v *Transport Companies* [2016] EWHC 465 (Comm) [404].

verwendet hätten, statt des „Local Currency-Single Jurisdiction" 1992 Formulars. Dies sei in einer Linie mit den anderen internationalen Elementen.[1577]

cc) Court of Appeal: Banco Santander v Transport Companies

Gegen das weite Verständnis des Auslandsbezugs des High Court wendeten sich die Transportunternehmen dann vor dem Court of Appeal. Das Gericht hätte richtigerweise annehmen müssen, dass für Art. 3 Abs. 3 EVÜ nur solche Umstände relevant sind, die eine kollisionsrechtliche Beziehung zu einem anderen Staat schaffen.[1578] Das Gericht hätte zudem nicht die Verwendung der ISDA Standarddokumentation in seine Bewertung einbeziehen sollen.[1579]

Letztlich wies der Court of Appeal die Berufung ab.[1580] Der Court of Appeal verwies hierbei auch darauf, dass das Gericht in der Zurückweisung von Entscheidungen der Financial List besonders vorsichtig vorgehen müsse, da es sich um einen „expert and specialist court" handele.[1581]

Vor dem Court of Appeal hatten die Transport Companies zudem beantragt, die Fragen um die Auslegung des Art. 3 Abs. 3 Rom I-VO dem EuGH vorzulegen.[1582] Dies wurde von dem Gericht letztlich in aller Kürze mit dem Argument abgelehnt, die sei nicht notwendig: „the proper interpretation of the words 'all the other elements relevant ot the situation … are connected with one country' is clear".[1583] Mit Blick auf die Uneinigkeit zwischen den Instanzen in *Dexia* ist dies jedenfalls eine gewagte Feststellung.[1584] Die Transport Companies hätten sich zwar noch an den Supreme Court wenden können. Hierzu kam es jedoch nicht mehr, da die Parteien sich letztlich verglichen haben.[1585]

1577 *Banco Santander Totta S.A.* v *Transport Companies* [2016] EWHC 465 (Comm) [399].

1578 *Banco Santander* v *Transport Companies* [2016] EWCA Civ 1267 [25].

1579 *Banco Santander* v *Transport Companies* [2016] EWCA Civ 1267 [25].

1580 *Banco Santander* v *Transport Companies* [2016] EWCA Civ 1267 [67]. Nach der Ablehnung des ersten [57] und zweiten Berufungsgrundes [68] kam es auf den dritten und vierten Berufungsgrund insofern nicht mehr an, gleichwohl nahm das Gericht hierzu noch Stellung, [70]–[75].

1581 *Banco Santander* v *Transport Companies* [2016] EWCA Civ 1267 [67].

1582 *Banco Santander* v *Transport Companies* [2016] EWCA Civ 1267 [26].

1583 *Banco Santander* v *Transport Companies* [2016] EWCA Civ 1267 [77].

1584 Hartley bezeichnet die Ablehnung der Vorlage als „surprising": *Hartley*, FS Kohler, 2018, S. 171, 176.

1585 *Ders.*, FS Kohler, 2018, S. 171, 176.

dd) *Court of Appeal: Dexia Crediop v Comune di Prato*

Vor dem Court of Appeal machte Dexia geltend, der Richter hätte fälschlicherweise Art. 3 Abs. 3 EVÜ für anwendbar gehalten.[1586] Im Bezug hierauf sah sich das Gericht an das Urteil des Court of Appeal in *Santander* gebunden, so dass es erneut evaluieren musste, ob alle Elemente des Sachverhalts in einem Staat belegen sind. Wenngleich der Sachverhalt hier leicht von dem in *Santander* abwich, kam das Gericht bezüglich der Standardverträge zum gleichen Ergebnis. Ganz explizit stellte es hierbei fest, dass allein schon die Verwendung der Standardverträge auch ohne das Zustandekommen einer Vertragskette als Auslandsbezug genüge:

> „It seems to us that each of these two factors is enough *on its own* to demonstrate an international and relevant element in the situation such that it is impossible to say that 'all elements (other than the choice of law) relevant to the situation' are located in a country other than England such as (in this case) Italy. *The international dimension precludes any such assertion.* The use of the ISDA Master Agreement is self-evidently not connected with any particular country and is used precisely because it is not intended to be associated exclusively with any such country."[1587]

Auch zeige die Tatsache, dass sich beim Ausschreibungsprozess auch ausländische Banken bei der Gemeinde beworben hatten, wie international der Markt sei, hierbei handele es sich jedoch um „no more than icing on the cake", da die internationale Natur schon im Übrigen festgestellt wurde.[1588]

Mit der Nichtzulassung der Revision durch den Supreme Court wurde das Urteil mit Entscheidung vom 18.12.2017[1589] rechtskräftig.[1590]

d) *Reaktionen in Literatur und Praxis*

Die Vielzahl an Veröffentlichungen international tätiger Kanzleien bestätigt die praktische Relevanz dieser Entscheidungen.[1591] Hierbei werden die

---

1586 *Dexia Crediop S.p.A.* v *Comune di Prato* [2017] EWCA Civ 428 [28].

1587 *Dexia Crediop S.p.A.* v *Comune di Prato* [2017] EWCA Civ 428 [134] (Hervorhebungen durch die Verfasserin).

1588 *Dexia Crediop S.p.A.* v *Comune di Prato* [2017] EWCA Civ 428 [136].

1589 Eine kurze Erklärung der Zurückweisung findet sich in den Zusammenfassungen des Supreme Courts: *Supreme Court*, Permission to Appeal results – December 2017 and January 2018 (https://www.supremecourt.uk/docs/permission-to-appeal-2017-12-2018-01.pdf), S. 3 (geprüft am 30.9.2021).

1590 *Ostendorf*, IPRax 2018, 630, 631.

1591 *Norton Rose Fulbright*, Challenging governing law clauses: New ideas in European public body litigation (https://www.nortonrosefulbright.com/ja-jp/knowledge/publi

Entscheidungen im Wesentlichen positiv bewertet; in der Anerkennung der Benutzung internationaler Standardverträge als Auslandsbezug läge ein „triumph for legal and commercial certainty".[1592] Die Entscheidung werde daher von Marktteilnehmern am internationalen Markt für Derivate willkommen geheißen.[1593]

In der Literatur zeigt sich ein anderes Bild. Einzig *Böhle* lobt die Entscheidung, da Art. 3 Abs. 3 Rom I-VO ein „unzeitgemäßer Fremdkörper" sei, der jedenfalls auf einen engen Anwendungsbereich zurückzudrängen sei.[1594] Darüber hinaus fördere eine derartige Auslegung das Funktionieren des Binnenmarktes für Finanzdienstleistungen.[1595] Demgegenüber werden auch deutliche Bedenken an den Entscheidungen geäußert. *Ostendorf* führt an, diese führten zu einer „weitgehenden Funktionslosigkeit der Vorschrift mit einschneidenden Folgen für die Handlungskompetenz von Nationalstaaten bei der Regulierung von (Finanz-)Märkten".[1596] In eine ähnliche Richtung gehen die Ausführungen von *Braithwaite*, die betont, die Entscheidungen würden plastisch veranschaulichen, was bei der Auslegung der Regelung auf dem Spiel steht.[1597] *Hartley* betont zudem, dass gerade im Finanzsektor die Anwendung der Regelung besonders notwendig wäre.[1598] Auch *von Hein* konstatiert, dass Art. 3 Abs. 3 Rom I-VO bei der Auslegung des Court of Appeal „seinen *effet utile* weitgehend" verlieren

---

cations/c40c64d8/challenging-governing-law-clauses-new-ideas-in-european-public-body-litigation) (geprüft am 30.9.2021); *RPC*, Court of Appeal upholds Financial List decision on application of Rome Convention to derivative instruments (https://www.rpc.co.uk/perspectives/commercial-disputes/court-of-appeal-upholds-financial-list-decision/) (geprüft am 30.9.2021); *CMS*, Choice of English law presides in ISDA Master Agreements – Court of Appeal confirms (https://www.cms-lawnow.com/ealerts/2016/03/choice-of-english-law-presides-in-isda-master-agreements?cc_lang=en) (geprüft am 30.9.2021).

1592 *Norton Rose Fulbright*, Challenging governing law clauses: New ideas in European public body litigation (https://www.nortonrosefulbright.com/ja-jp/knowledge/publications/c40c64d8/challenging-governing-law-clauses-new-ideas-in-european-public-body-litigation) (geprüft am 30.9.2021).

1593 *RPC*, Court of Appeal upholds Financial List decision on application of Rome Convention to derivative instruments (https://www.rpc.co.uk/perspectives/commercial-disputes/court-of-appeal-upholds-financial-list-decision/) (geprüft am 30.9.2021).

1594 *Böhle*, ZEuP 2019, 72, 82.

1595 Vgl. *ders.*, ZEuP 2019, 72, 83.

1596 *Ostendorf*, IPRax 2018, 630, 631.

1597 *Braithwaite*, Financial Courts, 2021, S. 320.

1598 *Hartley*, FS Kohler, 2018, S. 171, 176.

würde.[1599] *Mansel* hingegen verweist speziell darauf, das Abstellen auf die Verwendung von Vertragsmustern stelle die Anwendbarkeit der Regelung „allein in die Willkür der Parteien", dies widerspräche „diametral der Ratio der Norm."[1600] *Plender/Wilderspin* kritisieren insbesondere die Entscheidung des Court of Appeal in *Dexia*: „[T]he later judgment of the Court of Appeal [...] goes to the limit. There the factors that point away from a purely domestic situation were weaker and less numerous."[1601]

Avasilencei sieht hierin im Ergebnis eine „Denationalisierung" des Finanzsektors, die letztlich auf einer Wechselwirkung basiert: „while the international character of contracts nourished the globalisation of finance, through a feedback effect the latter transforms the former, and even absorbs it."[1602] Über die standardmäßige Wahl englischen und New Yorker Rechts sowie die gleichgeschaltete Gerichtsstandsklauseln würden andere Länder gänzlich die Kontrolle über Verträge verlieren, die ihre Wirtschaft betreffen.[1603] In eine ähnliche Richtung geht letztlich *Ostendorf*, wenn dieser hierin eine Privilegierung der Finanzindustrie sieht, die sich mittels komplexer Standardverträge staatlicher Kontrolle entziehen kann.[1604] Als Triebkraft für die Entscheidung identifiziert *Cuniberti* auch die Interessen und praktische Bedürfnisse der City of London als Finanzzentrum.[1605]

Neben diesen an den Folgen der Entscheidung orientierten Bedenken kritisieren *Thorn/Thon* die Entscheidung mit Blick auf die Konzeption des Kollisionsrechts. Dieses verlange eine konkrete Rückkoppelung an einen Staat, so dass die Internationalität eines Sachverhalts nicht damit begründet werden könne, dass sich dieser „auf dem Boden eines ‚entnationalisierten' Marktsektors abspielt".[1606]

e) Zusammenfassung

Die Urteile englischer Gerichte zu den ISDA-Standardverträgen bringen eine neue, kontroverse Facette in die Debatte um Art. 3 Abs. 3 Rom I-VO. Während

---

1599 *von Hein*, FS Hopt, 2020, S. 1405, 1418.

1600 *Mansel*, FS Grunewald, 2021, S. 731, 737.

1601 *Plender/Wilderspin*, European Private International Law, 2020, Rn. 6-066.

1602 *Avasilencei*, in: Muir Watt/Bíziková/Oliveira u.a. (Hrsg.), Global Private International Law, 2019, S. 457.

1603 *Dies.*, in: Muir Watt/Bíziková/Oliveira u.a. (Hrsg.), Global Private International Law, 2019, S. 457, 463.

1604 *Ostendorf*, IPRax 2018, 630, 632.

1605 Vgl. *Cuniberti*, in: Muir Watt/Bíziková/Oliveira u.a. (Hrsg.), Global Private International Law, 2019, S. 464, 469; so auch: *von Hein*, FS Hopt, 2020, S. 1405, 1418.

1606 *Thorn/Thon*, FS Kronke, 2020, S. 569, 572.

die Entscheidungen in der Praxis begrüßt werden, werden Bedenken zu den Folgen einer solchen Auslegung laut, die zu einem weitreichenden staatlichen Kontrollverlust führen könnten. Darüber hinaus wird auch die Vereinbarkeit mit der Konzeption des Internationalen Privatrechts in Zweifel gezogen. Im Folgenden wird zu untersuchen sein, inwiefern diese Bedenken nach dem dieser Arbeit zugrunde liegenden Maßstab berechtigt sind, und ob die Verwendung von ISDA-Standardverträgen einen hinreichenden Auslandsbezug herzustellen vermag.

3. Einfluss auf Transaktionskosten

Als Maßstab für die besondere Belastung der Parteien in der grundrechtlichen Prüfung bzw. Beschränkung der Grundfreiheiten wurde insbesondere auf die Bedeutung von Transaktionskosten hingewiesen.[1607] Angeschnitten wurde bereits, dass sich die Etablierung branchenüblicher Rechte und insbesondere die Nutzung von Standardverträgen transaktionskostensenkend auswirkt und diese Wirkung mithilfe der der Wettbewerbsökonomik entstammenden Theorie der Netzeffekte erfassen lässt. Dieser Zusammenhang soll nunmehr ausführlich untersucht werden. Hierbei sollen zunächst die Effekte der standardisierten *ISDA-Vertragsdokumentation* dargelegt werden, um sodann zu untersuchen, in welchem Zusammenhang diese mit der Rechtswahl stehen.

a) Effekte der standardisierten ISDA-Vertragsdokumentation

Die Standardisierung der Vertragswerke durch die ISDA bedingt umfassende Netzeffekte, die nachfolgend dargestellt werden sollen. Darauffolgend ist noch auf die Problematik der sog. switching costs in diesem Zusammenhang einzugehen.

aa) Netzeffekte

Um die ökonomische Wirkung privater Standardisierung gewisser Regelungen ökonomisch zu erfassen, zieht *Engert* die Theorie der Netzeffekte[1608] heran.[1609] Diese wurde für Informationstechnologien entwickelt, um bestimmte

---

1607 Siehe: Zweiter Teil, A., III, 4., a), bb), (1), (b).

1608 Ausführlich zu Netzeffekten unter Bezugnahme der relevanten Literatur: *Ferrell/Klemperer*, in: Amstrong/Porter (Hrsg.), Handbook of industrial organization, 2007, S. 1967, 1971 ff.; siehe auch zu Netzeffekten bei Gesellschaftsverträgen: *Kahan/Klausner*, Va. L. Rev. 83 (1997), 713, 713 ff.

1609 *Engert*, RW 2014, 301, 309 ff.

Marktstrukturen und Dynamiken zu erläutern.[1610] Netzeffekte bestehen, wenn der Nutzen eines Gutes mit der Zahl der weiteren Nutzer steigt.[1611] Das klassische Beispiel hierfür ist ein Telefon: Ein einziges Telefon ist unbrauchbar, sein Nutzen steigt jedoch mit der Zahl der verbundenen Telefone, über die der Einzelne dann mit anderen kommunizieren kann.[1612]

Netzeffekte sind in direkte und indirekte Netzeffekte zu unterteilen.[1613] Illustrieren lässt sich diese Unterscheidung an den Netzeffekten menschlicher Sprachen.[1614] Erleichtert ein Gut den direkten Austausch zwischen Nutzern, handelt es sich um direkte Netzeffekte.[1615] Insofern hat die englische Sprache einen höheren direkten Netzeffekt als die deutsche Sprache, da der einzelne „Nutzer" mit mehr Personen kommunizieren kann. Indirekte Netzeffekte ergeben sich, wenn sich infolge steigender Nutzerzahlen auch andere Vorteile ergeben, etwa wenn das verfügbare Angebot an Filmen und Literatur in der jeweiligen Sprache steigt.[1616]

Im Folgenden ist zu untersuchen, welche direkten und indirekten Netzeffekte sich für die Nutzung der ISDA-Standardverträge ergeben.

(1) Direkte Netzeffekte

Direkte Netzeffekte stellen sich bei der Nutzung der ISDA-Vertragsdokumentation in der Senkung der Transaktionskosten dar.[1617] Je mehr Marktteilnehmer als „Nutzer"[1618] auf die ISDA-Verträge zurückgreifen, desto stärker ist dieser Effekt.

Vor der Entwicklung der ISDA und ihrer Vertragsdokumentation waren die Verhandlungen von Swap-Verträgen mit einem erheblichen Aufwand verbunden. *Golden* beschreibt die Verhandlungen zu dieser Zeit wie folgt:

1610 *Ders.*, AcP 213 (2013), 321, 324.

1611 *Kahan/Klausner*, Va. L. Rev. 83 (1997), 713, 725.

1612 *Engert*, RW 2014, 301, 325; *Schäfer/Ott*, Ökonomische Analyse, 2020, S. 102.

1613 Vgl. *Church/King*, Can. J. Econ. 26 (1993), 337, 149 ff.

1614 Dieses Beispiel ist entnommen: *Engert*, AcP 213 (2013), 321, 325; vgl. auch: *Druzin*, Tul. J. Int'l Comp. L. 131 (2009), 131, 148; ausführlich zu Netzeffekten und Sprachen: *Church/King*, Can. J. Econ. 26 (1993), 337 ff.

1615 *Engert*, RW 2014, 301, 311.

1616 *Ders.*, AcP 213 (2013), 321, 325.

1617 So allgemein zu Regelungen, die Transaktionskosten senken: *ders.*, AcP 213 (2013), 321, 331 f.

1618 Zum Begriff des „Nutzers" im Kontext von Regelungen: *ders.*, AcP 213 (2013), 321, 330.

> „Market participants fought about everything, even the fallback rate for Libor. That is to say there were pitched battles about what the rate would be and how it would be determined if it was impossible to find a reference bank in London that would quote an offered rate for deposits in the interbank market. Do you then go to another market and, if so, which one? Do you seek quotations from one, three or five reference banks in that market? And people fought about these issues not because their position was necessarily, or even arguably, more correct but, invariably, because that position was more familiar.“[1619]

Müssen Parteien sämtliche dieser Punkte selbst aushandeln, erhöht dies selbstredend die Transaktionskosten. Akzeptiert eine Partei hierbei eine Regelung, die ihr nicht bekannt ist, entstehen Informationskosten. Alternativ kann der Marktteilnehmer die Unsicherheit in Kauf nehmen. Hierbei spart er zwar Informationskosten, es entstehen letztlich aber Unsicherheitskosten.[1620] Demgegenüber enthalten die ISDA-Standardverträge umfassende Regelungen, die etwa das komplexe Leistungsstörungsrecht und den Vertragsgegenstand, das gehandelte Risiko, festlegen.[1621] Kombinieren die Parteien das Master mit den für ihren Vertrag notwendigen, von der ISDA bereitgestellten Definitionen, beschränkt sich die Verhandlung stattdessen auf die *essentialia negotii*.[1622] So lassen sich durch die Standardisierung Transaktionskosten deutlich senken.[1623]

Zwar fallen auch bei der erstmaligen Nutzung der ISDA-Verträge Transaktionskosten an. Der Marktteilnehmer muss Aufwendungen tätigen, um sich mit diesen vertraut zu machen. Diese Aufwendungen ermöglichen es ihm aber, die Verträge auch für zukünftige Transaktionen besser nutzen zu können, senken also langfristig die Transaktionskosten für gleichartige Verträge.[1624] Diese Investitionen in regelungsspezifische Kenntnisse müssen auch nicht notwendigerweise auf einer bewussten Entscheidung beruhen, vielmehr können diese auch ganz nebenbei entstehen, wenn ein Marktteilnehmer den Standardvertrag wiederholt verwendet und hierbei Erfahrungen sammelt.[1625] Diese Vorteile steigen, je mehr Nutzer dieser Vertragsbedingungen es gibt. Nutzen Banken und ihre

---

1619 *Golden*, Int'l Fin. L. Rev. 13 (1994), 18.

1620 *Engert*, RW 2014, 301, 312.

1621 *Ders.*, RW 2014, 301, 312.

1622 *Ders.*, RW 2014, 301, 313.

1623 Vgl. *Choi/Gulati*, Mich. L. Rev. 104 (2006), 1129, 1140 f.; kritisch hierzu angesichts der Möglichkeiten erfahrener Anwälte Standardverträge anzupassen: *Ahdieh*, Mich. L. Rev. 104 (2006), 1033, 1034.

1624 *Engert*, RW 2014, 301, 311 f.

1625 *Ders.*, RW 2014, 301, 313.

Vertragspartner stets die ISDA-Verträge, können hierbei erhebliche Größenvorteile für beide Parteien entstehen.[1626] Je mehr Parteien dem „Regelungsnetz"[1627] der ISDA-Verträge angehören, desto stärker wirken diese Effekte.

(2) Indirekte Netzeffekte

Bei der Nutzung von ISDA-Standardverträgen stellen sich auch indirekte Netzeffekte ein. Solche indirekten Netzeffekte, die teilweise auch unter den Begriff „learning benefits"[1628] gefasst werden, stellen sich hier in einem Wachstum des kollektiven Regelungswissens zu diesen Verträgen dar.[1629]

Das kollektive Wissen zu den ISDA-Standardverträgen wächst zunächst durch Gerichtsentscheidungen.[1630] Je mehr Verträge unter Nutzung des ISDA-Masters abgeschlossen werden, desto mehr Streitigkeiten zu diesen Verträgen werden letztlich in gerichtlichen Entscheidungen münden. Diese finden sich angesichts der formularmäßigen Gerichtsstandsklauseln vor allem in England und New York.[1631] Die Entscheidungen tragen zur Präzisierung der ISDA-Verträge bei. Schließlich enthalten auch diese teils Klauseln, die notwendigerweise allgemein formuliert sind.[1632] Ebenso können Fragen zur Vereinbarkeit verschiedener Klauseln mit Bestimmungen des staatlichen Insolvenz- oder Kapitalmarktrechts geklärt werden.[1633] Diese richterliche Klärung reduziert für alle Nutzer der ISDA-Verträge die Rechtsunsicherheit und damit auch die mit solcher Unsicherheit verbundenen Kosten.[1634] So fallen einzuplanende mögliche

---

1626 *Ders.*, RW 2014, 301, 313.

1627 Diesen Begriff verwendet für Regelungen: *ders.*, AcP 213 (2013), 321, 332.

1628 So: *Kahan/Klausner*, Va. L. Rev. 83 (1997), 713, 719 ff.

1629 Vgl. *Engert*, RW 2014, 301, 315 ff.

1630 Vgl. *ders.*, RW 2014, 301, 315; so für Gesellschaftsverträge: *Kahan/Klausner*, Va. L. Rev. 83 (1997), 713, 722 f.; Ribstein/Kobayashi ziehen in Zweifel, dass durch Gerichtsurteile derartige Effekte entstehen: *Ribstein/Kobayashi*, Wm. & Mary L. Rev. 79 (2001), 79, 112.

1631 Vgl. *Engert*, RW 2014, 301, 317; eine zahlenmäßige Übersicht der Entscheidungen englischer Gerichte zwischen 1993 und 2011 findet sich bei: *Braithwaite*, Mod. L. Rev. 75 (2012), 779, 790 f.

1632 *Golden*, Capital Markets L. J. 9 (2014), 299.

1633 Vgl. hierzu: *Kahan/Klausner*, Va. L. Rev. 83 (1997), 713, 722 f.; dies stellt einen Beitrag zum von Engert dargestellten „kollektiven Regelungswissen" dar: *Engert*, RW 2014, 301, 315 f.

1634 So argumentiert für Gesellschaftsverträge: *Kahan/Klausner*, Va. L. Rev. 83 (1997), 713, 775 ff.

Prozessführungskosten weg, ebenso wie die Kosten der Planung mehrerer Eventualitäten, die mit einer unterschiedlichen Interpretation der Regelung verbunden sein könnten.[1635]

Darüber hinaus schafft die häufige Nutzung von Standardverträgen auch mehr Expertise in der Rechtsberatung. Für Anwälte kann es sich lohnen, spezialisiertes Wissen aufzubauen und zu erhalten.[1636] So können die Kosten der Rechtsberatung gesenkt und die Qualität erhöht werden, wenn Berater mit Standardverträgen bereits erhebliche Erfahrung haben.[1637]

Des Weiteren schafft die stetige Verwendung gleicher Verträge auch einen juristischen Fachdiskurs. Dieser kann im Zusammenhang mit gerichtlichen Urteilen geführt werden. Bei häufig genutzten Regelungen lohnt es sich für Juristen jedoch auch, unabhängig von konkreten Fällen und Transaktionen einen allgemeinen Fachdiskurs zu führen.[1638] Zu den ISDA-Verträgen sind zudem Kommentarwerke entstanden,[1639] die die Handhabung weiter erleichtern. Hierauf können Vertragsparteien zurückgreifen, um die Regelungen schneller zu verstehen.

Letztlich befördern diese Entwicklungen insgesamt die Rechtssicherheit. Damit tragen auch die indirekten Netzeffekte zu einer Reduzierung der Unsicherheits- und Informationskosten bei, senken also letztlich die Transaktionskosten bei Vertragsabschlüssen.

bb) Wechselkosten

Wenngleich direkte und indirekte Netzeffekte die Transaktionskosten damit bei häufiger Verwendung der ISDA-Verträge deutlich senken, kann das Bestehen von sog. Wechselkosten zu suboptimaler Standardisierung führen. Wechselkosten („switching costs") sind solche Kosten, die bei dem Wechsel von einem Netzgut zu einem anderen anfallen.[1640] Individuelle und kollektive Wechselkosten stellen sich im Wesentlichen im Verlust der Vorteile aus den bisherigen Netzeffekten dar.[1641] So ist beim Wechsel rechtlicher Regelungen ein erheblicher

---

1635 Vgl. *Klausner* 81 (1995), 757, 777.

1636 *Engert*, RW 2014, 301, 334.

1637 Vgl. *Kahan/Klausner*, Va. L. Rev. 83 (1997), 713, 723.

1638 Vgl. *Riles*, Collateral Knowledge, 2011, S. 29 ff.; *Engert*, RW 2014, 301, 316.

1639 Siehe etwa: *Reiner*, ISDA, 2013.

1640 Vgl. *Engert*, RW 2014, 301, 329; ausführlich zu Wechselkosten: *Ferrell/Klemperer*, in: Amstrong/Porter (Hrsg.), Handbook of industrial organization, 2007, S. 1967, 1972 ff.; zu Wechselkosten im Zusammenhang mit Rechtswahlvereinbarungen: *Druzin*, Tul. J. Int'l Comp. L. 131 (2009), 131, 164 f.; vgl. auch: *Rühl*, Statut, 2011, S. 72 ff.

1641 *Engert*, RW 2014, 301, 329.

Lernaufwand erforderlich,[1642] etwa weil Anwälte nicht mit den neuen Bestimmungen vertraut sind.[1643] Sind mit der neuen Regelung nur wenige oder gar keine Marktteilnehmer vertraut, bedeutet ein Wechsel auch einen Verlust an Rechtssicherheit und Erfahrung der beratenden Juristen, der mit der neuen Regelung erst wieder erreicht werden muss.[1644]

Die dargelegten Netzeffekte werden in der Literatur als mögliche Verursacher von drei Formen des Marktversagens in Verbindung gebracht: Fehl-, Über- und Unterstandardisierung.[1645] Eine Fehlstandardisierung besteht, wenn eine andere Regelung als Standard vorzuziehen wäre. Eine Über- bzw. Unterstandardisierung liegt vor, wenn nicht das gewünschte Maß an Standardisierung vorliegt, etwa weil diese so weit standardisiert wurden, dass die einheitliche Regelung nicht mehr alle Bedürfnisse abdeckt oder noch zu differenziert ist.[1646]

In empirischer Hinsicht wurde maßgeblich die Fehlstandardisierung untersucht. Diese birgt zwar für Untersuchungen besondere Schwierigkeiten, da letztlich der Frage was eine „suboptimale" Regelung ist, eine besondere Wertung innewohnt.[1647] Ausführlich untersucht wurde dies für sog. „Pari-passu"-Klauseln in Staatsanleihen, die den Rang der Zahlungsschuld bei Anleihen regeln.[1648] Diese wurden von Gerichten wiederholt in einer Weise ausgelegt, die von den Verwendern wohl ursprünglich nicht beabsichtigt war und verursachten so ein erhebliches Prozessrisiko und Rechtsunsicherheit.[1649] Gleichwohl hielten sich die Klauseln nicht nur, sondern verbreiteten sich sogar noch weiter.[1650] Ähnliche Ergebnisse fanden *Kahan/Klausner* für sog. „event risk covenants" in Anleihen.[1651]

1642 *Ders.*, AcP 213 (2013), 321, 335.

1643 Vgl. *Kahan/Klausner*, Va. L. Rev. 83 (1997), 713, 728.

1644 *Engert*, AcP 213 (2013), 321, 336.

1645 *Engert*, RW 2014, 301, 325 ff.; *Kahan/Klausner*, Va. L. Rev. 83 (1997), 713, 730.

1646 Vgl. *Engert*, RW 2014, 301, 335.

1647 Vgl. *Kahan/Klausner*, Va. L. Rev. 83 (1997), 713, 750.

1648 Vgl. *Engert*, RW 2014, 301, 330; eine ausführliche Fallstudie findet sich bei: *Choi/Gulati*, Mich. L. Rev. 104 (2006), 1129, 1133 ff.; siehe auch: *Weidemeier/Scott/Gulati*, L. & Soc. Inquiry 38 (2013), 72 ff.; *Gulati/Scott*, Boilerplate, 2013, S. 119 ff.

1649 *Engert*, RW 2014, 301, 330; siehe hierzu auch: *Weidemeier/Scott/Gulati*, L. & Soc. Inquiry 38 (2013), 72, 73 ff.

1650 Vgl. *Engert*, RW 2014, 301, 331; Weidemeier/Scott/Gulati stellen in ihrer empirischen Auswertung fest, dass die Klausel ab 2000 in 98,7 % aller Anleihebedingungen enthalten ist: *Weidemeier/Scott/Gulati*, L. & Soc. Inquiry 38 (2013), 72, 83.

1651 *Kahan/Klausner*, Va. L. Rev. 83 (1997), 713, 742 ff.

Mit Blick auf die möglichen Wechselkosten standardisierter Verträge und damit auch der ISDA-Verträge könnte man die ökonomische Effizienz dieser Verträge in Zweifel ziehen. Letztlich ist jedoch zweierlei zu beachten. Erstens wäre die Alternative zur umfassenden Standardisierung der Verträge durch Private eine umfassende Standardisierung durch den Gesetzgeber. Diese ist jedoch in ähnlicher Weise fehleranfällig.[1652] Zweitens lassen sich Bedenken zu möglichem Marktversagen bei den ISDA-Verträgen auch mit Blick auf die Organisation der ISDA entkräften. *Kahan/Klausner* verweisen auf verschiedene Faktoren, über die „private Normsetzer“[1653] Marktversagen verhindern können.[1654] Zunächst sollten innerhalb der Organisation Personen mitwirken, die bei verschiedenen Marktteilnehmern Erfahrungen zur Funktionsweise des Marktes gemacht haben.[1655] Darüber hinaus sollte die Organisation ihre Standardverträge kontinuierlich überprüfen und anpassen.[1656] *Engert* verweist diesbezüglich auch darauf, dass zentrale Organisationen über Anpassungen eine Fehlstandardisierung besonders leicht beheben könnten. Schließlich würden Marktteilnehmer neue Regelungen schnell nutzen, um an indirekten Netzeffekten der Regelungen teilzuhaben.[1657] Darüber hinaus sind Verträge der ISDA nur für zahlende Mitglieder nutzbar, so dass die Organisation in der Lage ist, in die stetige Anpassung der Regelungen zu investieren.[1658] Auch hat die ISDA mit dem Mechanismus der Vertragsänderungen durch Protokolle, denen Parteien auch nach Vertragsschluss beitreten können, eine besonders effektive Art der Präzisierung und Anpassung ihrer Verträge gefunden,[1659] die in der Literatur als „highly effective and rapid ‘legislative’ process“[1660] beschrieben wird. Zu Recht verweisen daher *Kahan/Klausner* auf die ISDA als eine der Organisationen, deren Funktionsweise diese Kriterien erfüllt.[1661]

1652 *Engert*, RW 2014, 301, 340.
1653 Diesen Begriff verwendet Engert, siehe hierzu: *ders.*, AcP 213 (2013), 321, 331 f.
1654 *Kahan/Klausner*, Va. L. Rev. 83 (1997), 713, 764.
1655 *Dies.*, Va. L. Rev. 83 (1997), 713, 764.
1656 *Dies.*, Va. L. Rev. 83 (1997), 713, 764.
1657 *Engert*, RW 2014, 301, 334.
1658 *Ders.*, RW 2014, 301, 332.
1659 Siehe zum Mechanismus der Vertragsänderung durch Protokolle: *Horst*, Transnationale Rechtserzeugung, 2019, S. 52 f.
1660 *Baker*, Notre Dame L. Rev. 85 (2010), 1287, 1359 f.
1661 *Kahan/Klausner*, Va. L. Rev. 83 (1997), 713, 764.

Zusammenfassend ist damit nicht davon auszugehen, dass die Netzeffekte der ISDA-Verträge wegen der damit einhergehenden Problematik der Wechselkosten zu ineffizienten Verträgen führen.

cc) Fazit

Die weitreichende Nutzung der ISDA-Verträge erzeugt damit ganz erhebliche Netzeffekte, die im Wesentlichen in der Senkung der Transaktionskosten für die Parteien liegen. Indem die Parteien standardisierte Verträge nutzen, fällt weniger Aufwand für die Verhandlung von Verträgen an, die Informationskosten sinken und die Rechtssicherheit wird gefördert. Die Existenz von Wechselkosten stellt dies nicht in Frage.

b) Zusammenhang mit anwendbarem Recht

Zu klären bleibt jedoch, welcher Zusammenhang zwischen diesen Effekten und dem anwendbaren Recht besteht. Dass die ISDA davon ausgeht, das anwendbare Recht habe erheblichen Einfluss auf die Funktionsfähigkeit der Vertragskonstruktion ergibt sich schon daraus, dass in den Verträgen formularmäßig nur das englische und New Yorker Recht wählbar sind.[1662] Den Parteien steht es zwar frei, in Abweichung hiervon die Geltung eines anderen Rechts zu vereinbaren, hiervor wird jedoch angesichts der dann entstehenden Rechtsunsicherheit gewarnt.[1663] Vor diesem Hintergrund kämpften vor allem die Interessenvertreter der City of London vehement gegen Rechtswahlbeschränkungen in der Rom I-VO,[1664] was wohl jedenfalls teilweise den Widerstand der englischen Delegation gegen die Regelung[1665] erklärt.

Im Folgenden wird zu zeigen sein, dass diese besondere Beachtung des anwendbaren Rechts seitens der ISDA ihre Berechtigung hat, da die Funktionsweise der Verträge im engen Zusammenhang mit dem anwendbaren Recht steht.

1662 Vgl. zur Vertragsbestimmung im Master Agreement: *Reiner*, ISDA, 2013, S. 315 ff.; vgl. auch: *Avasilencei*, in: Muir Watt/Bíziková/Oliveira u.a. (Hrsg.), Global Private International Law, 2019, S. 457, 459.

1663 *Pistor*, Code, 2020, S. 146; *Reiner*, ISDA, 2013, S. 317 ff.

1664 Vgl. *Mankowski*, Interessenpolitik, 2011, S. 18.

1665 Siehe hierzu bereits: Erster Teil, B., III., 3., b), aa). In der Tat bringt Mäsch vor, aus den (unveröffentlichten) Materialien zum EVÜ ergäbe sich, dass die englische Delegation gerade auf solche Fälle verwiesen hatte, bei denen im Inland internationale Standardverträge verwendet werden: *Mäsch*, Verbraucherschutz, 1993, S. 90.

aa) Funktionsschwierigkeiten bei objektiver Anknüpfung

Bei einer objektiven Anknüpfung würde jeder Swap-Vertrag einzeln angeknüpft. Da Swap-Geschäfte nicht unter die typisierten Anknüpfungen des Art. 4 Abs. 1 Rom I-VO fallen, wären sie über Art. 4 Abs. 3 Rom I-VO über die engste Verbindung anzuknüpfen. Hierbei besteht, wie oben bereits erwähnt,[1666] eine erhebliche Rechtsunsicherheit, da es hier auf eine Vielzahl von Verbindungen ankommen kann. Diese Unsicherheit würde die Transaktionskosten erhöhen. Bei Vertragsabschlüssen zwischen Parteien im gleichen Staat sind diese Rechtsunsicherheiten jedoch allenfalls gering. Der für die objektive Anknüpfung maßgebliche Schwerpunkt der finanziellen Transaktion lässt sich hier im Inland verorten.[1667] Auch wenn alternativ eine Anknüpfung an den gewöhnlichen Aufenthalt einer Vertragspartei in Frage käme, würde diese ebenfalls auf das Inland verweisen.

Doch jenseits dieser allgemeinen Rechtsunsicherheit würde die objektive Anknüpfung an eine Vielzahl verschiedener Rechtsordnungen auch die mit der Standardisierung der Verträge einhergehenden Effizienzgewinne verhindern. Unterstehen die Verträge jeweils einem anderen Recht, müssten Parteien umfassende Aufwendungen tätigen, um deren Vereinbarkeit mit diesen Rechtsordnungen zu überprüfen. Zwar stellt die ISDA verschiedene Gutachten zur Vereinbarkeit ihrer Musterverträge mit unterschiedlichen nationalen Rechten bereit, diese müssten die Parteien jedoch jeweils durcharbeiten und die Verträge dementsprechend anpassen.[1668] Als Beispiel hierfür kann *Dexia* herangezogen werden. Italienisches Recht hätte gefordert, auf das Widerrufsrecht sowie die Dauer im Vertrag selbst hinzuweisen.[1669] Die Parteien hätten also eigenständig den Vertrag anpassen müssen.

Zwar könnte die ISDA beginnen, verschiedene nationale Versionen ihrer Standardverträge zu entwerfen. So hat etwa die LMA einen deutschen Mustervertrag für Kreditverträge entworfen.[1670] Zudem könnten Parteien für verschiedene Verträge auf andere Musterverträge im Bereich der Swaps, etwa den sog. deutschen Rahmenvertrag oder das European Master Agreement zurückgreifen, die

---

1666 Siehe: Zweiter Teil, A., III, 4., b), aa).

1667 Vgl. zur objektiven Anknüpfung von Swap-Geschäften: Zweiter Teil, B., III., 4., b), aa).

1668 Vgl. *Engert*, RW 2014, 301, 316 f.

1669 *Dexia Crediop S.p.A.* v *Comune di Prato* [2015] EWHC 1746 (Comm) [216].

1670 Vgl. *Klumb*, ZBB 2012, 449.

andere Rechtswahlmöglichkeiten beinhalten.[1671] Hiermit ginge jedoch in jedem Fall ein erheblicher Mehraufwand einher. Parteien müssten sich bei jedem Vertragsschluss damit befassen, welcher Standardvertrag genutzt werden soll und diesen unter Umständen noch anpassen.

Zudem würden indirekte Netzeffekte deutlich abgeschwächt, da die jeweiligen Urteile sich immer nur auf die Vereinbarkeit mit einer speziellen Rechtsordnung beziehen würden. Ebenso würden Berater mit jedem Fall nur Wissen zur Vereinbarkeit der ISDA-Verträge mit spezifischen Rechtsordnungen sammeln, das nur bedingt auf weitere Fälle übertragbar wäre.

bb) Funktionszusammenhang mit Wahl des englischen und New Yorker Rechts

Demgegenüber stellt sich die Lage bei der formularmäßigen Wahl englischen bzw. New Yorker Rechts anders dar. Mit dem englischen und New Yorker Recht wählen die ISDA-Verträge formularmäßig besonders liberale Rechtsordnungen, die sich selten in das vereinbarte Vertragsgleichgewicht einmischen.[1672] Hierbei handelt es sich auch um Rechtsordnungen, die aus historischer Perspektive besonders offen für die Übernahme des *lex mercatoria*[1673] in ihr Recht waren.[1674] Diese liberale Haltung lässt sich in *Dexia* wie *Santander* beobachten. In beiden Fällen waren die Swap-Geschäfte nach englischem Recht vollumfänglich wirksam. Nach italienischem bzw. portugiesischem Recht hingegen gab es zahlreiche zwingende Bestimmungen, die dieser Wirksamkeit potentiell entgegenstanden.

Über die Rechtswahl „docken" die ISDA Verträge an diese liberalen Rechtsordnungen „an".[1675] Diese erkennen die detaillierten vertraglichen Bestimmungen der ISDA umfassend als wirksam an. Damit ermöglicht die „liberale Passivität"[1676] dieser Rechtsordnungen eine tatsächliche umfangreiche Standardisierung der Vertragsbestimmungen. Eine stetige erneute Überprüfung der

---

1671 Der deutsche Rahmenvertrag für Finanztermingeschäfte (DRV) enthält eine Rechtswahl zugunsten deutschen Rechts: *Seitz*, Finanzinnovation, 2020, S. 31; vgl. auch: *Engert*, RW 2014, 301, 333 m.w.N.

1672 *Böhle*, ZEuP 2019, 72, 95.

1673 Zu unterschiedlichen Bedeutungen des Begriffs „lex mercatoria": *Collins*, in: Grundmann/Möslein/Riesenhuber (Hrsg.), Contract Governance, 2015, S. 383, 385 ff.

1674 Vgl. *Avasilencei*, in: Muir Watt/Bíziková/Oliveira u.a. (Hrsg.), Global Private International Law, 2019, S. 457, 460.

1675 Mit dieser Wortwahl Böhle, der das gewählte Recht als „Andock-Rechtsordnung" bezeichnet: *Böhle*, ZEuP 2019, 72, 95.

1676 *Ders.*, ZEuP 2019, 72, 95.

Vereinbarkeit mit dem nationalen Recht ist nicht notwendig, die Parteien sparen damit Transaktionskosten. Darüber hinaus steigt durch die Standardisierung die Rechtssicherheit. Die dargestellten Netzeffekte der weitgehenden Standardisierung bleiben vollumfänglich erhalten. Insofern lässt sich feststellen, dass es gerade Funktionsvoraussetzung der ISDA-Verträge ist, dass deren Inhalt nicht am Maßstab verschiedener nationaler Rechtsordnungen gemessen wird.[1677]

Mithilfe der Rechtswahl zugunsten dieser Rechtsordnungen gelingt der ISDA damit eine tatsächliche Standardisierung. Da die gewählten Rechtsordnungen den Verträgen umfassend zur Wirkung verhelfen, werden die Verträge zwar rechtlich noch einem nationalen Recht untergeordnet, faktisch kommt es allerdings nur noch zu einer Unterwerfung unter ein privates Regelwerk in Form des ISDA-Vertrages.[1678]

cc) Fazit

Die zuvor dargestellten Netzeffekte der ISDA-Verträge wären bei einer rein objektiven Anknüpfung nicht möglich. Die Rechtswahl trägt selbst zur Rechtssicherheit bei, da bei Derivaten Unsicherheiten bezüglich der objektiven Anknüpfung bestehen können. Darüber hinaus ermöglicht sie die Rechtssicherheit, dass die Bestimmungen der ISDA-Verträge stets vollumfänglich wirksam sind. Auch indirekte Netzeffekte werden gefördert, wenn sich Urteile und Beratung stets auf die gleichen Rechtsordnungen beziehen.

c) Ergebnis

Mit der umfangreichen Standardisierung der Verträge durch die ISDA gehen erhebliche Netzeffekte einher. Die Transaktionskosten der Parteien sinken, die Vertragsgestaltung wird effizienter. Die Rechtswahl ist, wie dargestellt, von entscheidender Bedeutung für diese Effekte. Die ökonomische Analyse indiziert daher, dass bei Benutzung dieser Standardverträge Rechtswahlfreiheit bestehen sollte.

4. Missbrauchspotential

Angesichts dessen, wie detailliert die ISDA-Verträge die Beziehung zwischen den Parteien regeln, erscheint es fernliegend, dass Vertragsparteien diese nutzen würden, allein um ihr Verhältnis künstlich zu internationalisieren. Hiermit wäre

---

1677 Vgl. *Thorn/Thon*, FS Kronke, 2020, S. 569, 574.
1678 *Böhle*, ZEuP 2019, 72, 95.

schließlich ein erheblicher Aufwand verbunden, um sich mit dem Inhalt vertraut zu machen. Zudem würde der Standardvertrag, auch wenn die Möglichkeit zur teilweisen Abwandlung in den Schedules besteht, die Beziehung zwischen den Parteien definieren und verändern. Es handelt sich dementsprechend keineswegs um ein leicht manipulierbares Element.[1679]

Wenngleich damit allgemein in der Heranziehung der ISDA-Verträge kein Missbrauchspotential zu sehen ist, wäre dies jedoch gegeben, wenn danach differenziert würde, *welcher* der von der ISDA entworfenen Verträge von den Parteien gewählt wurde. Bei den 1992 Versionen des ISDA Masters wurde zwischen einem Local Currency-Single Jurisdiction Formular sowie dem Multicurrency-Cross Border Formular unterschieden, wohl um zwischen inländischen und internationalen Verträgen zu differenzieren.[1680] Für das 2002 Master fiel diese Unterscheidung weg.[1681] Sowohl in *Dexia*[1682] als auch in *Santander*[1683] hatten die Parteien das 1992 Multicurrency-Cross Border Master genutzt. Die Gerichte verwiesen hierauf an verschiedenen Stellen.[1684] Die Nutzung dieses Formulars anstatt des Local Currency-Single Jurisdiction, so hieß es in *Santander*, sei „consistent with the other international elements".[1685] Damit deuten die Gerichte zwar lediglich an, dass eine Nutzung des anderen Formulars unter Umständen anders zu bewerten sein könnte. Gleichwohl ist schon dieser Andeutung einer Differenzierung entschieden zu widersprechen, liefe sie doch dem Zweck des Art. 3 Abs. 3 Rom I-VO zuwider.

1679 *Thorn/Thon* lehnen eine Relevanz des Formulars jedoch unter anderem mit Blick darauf ab, dass die ISDA-Verträge ein auf Parteivereinbarung beruhendes Element sei: *Thorn/Thon*, FS Kronke, 2020, S. 569, 574; in eine ähnliche Richtung gehen die Ausführungen von Ostendorf: *Ostendorf*, IPRax 2018, 630, 632; vgl. auch Mansel, der die Relevanz der ISDA-Verträge ablehnt, da so die Anwendbarkeit des Art. 3 Abs. 3 Rom I-VO „allein in die Willkür der Parteien" gestellt werden würde: *Mansel*, FS Grunewald, 2021, S. 731, 737.

1680 *Avasilencei*, in: Muir Watt/Bíziková/Oliveira u.a. (Hrsg.), Global Private International Law, 2019, S. 457, 459.

1681 *Dies.*, in: Muir Watt/Bíziková/Oliveira u.a. (Hrsg.), Global Private International Law, 2019, S. 457, 459.

1682 *Dexia Crediop S.p.A.* v *Comune di Prato* [2015] EWHC 1746 (Comm) [5].

1683 *Banco Santander Totta S.A.* v *Transport Companies* [2016] EWHC 465 (Comm) [399].

1684 Siehe etwa: *Dexia Crediop S.p.A.* v *Comune di Prato* [2017] EWCA Civ 428 [132 Nr. 2]; *Banco Santander Totta S.A.* v *Transport Companies* [2016] EWHC 465 (Comm) [399]; *Banco Santander* v *Transport Companies* [2016] EWCA Civ 1267 [61]–[62].

1685 *Banco Santander Totta S.A.* v *Transport Companies* [2016] EWHC 465 (Comm) [399].

Bei dem „Local“ Formular handelt es sich um eine vereinfachte Version des Multicurrency Masters, das für Derivategeschäfte in einer einzigen Währung innerhalb der USA konzipiert wurde.[1686] Dementsprechend fehlen etwa Regelungen zum Steuerrisiko, zur Abwicklung des Vertrages über Niederlassungen aus unterschiedlichen Ländern sowie zur Bestellung eines Zustellungsbevollmächtigten und Währungsumrechnung.[1687] Letztlich würde damit für die Parteien mit Sitz im gleichen Mitgliedsstaat kein Nachteil dadurch entstehen, das Multicurrency Master zu wählen, enthält dies doch lediglich zusätzliche Bestimmungen. Praktiker verweisen dementsprechend darauf, dass sich das Multicurrency Master auch für rein inländische Verträge nutzen lässt, manche Vertragsbestimmungen würden gar den Vorteil aufweisen, auf langfristige Sicht flexibler ausgestaltet zu sein.[1688] Darüber hinaus wäre ohnehin nie auszuschließen, dass unter dem Master Agreement in der Zukunft auch Verträge in anderen Währungen oder mit Niederlassungen im Ausland abgeschlossen werden, so dass dies allgemein ratsam sei.[1689]

Damit handelt es sich bei der Wahl des Multicurrency statt des Local Masters um ein leicht manipulierbares Element. Den Parteien hierüber die Möglichkeit zur Internationalisierung zu überlassen, würde der Funktion der Norm als typisierte Missbrauchskontrolle zuwiderlaufen.[1690] Den Ausführungen der englischen Gerichte ist dementsprechend entschieden zu widersprechen.

5. *Fehlender Bezug zu anderem Staat*

Fraglich ist jedoch, wie es zu bewerten ist, dass bei den ISDA-Standardverträgen als Ausdruck der Teilnahme am internationalen Markt für Derivate keine Beziehung zu einem bestimmten Staat besteht. Der Wortlaut des Art. 3 Abs. 3 Rom I-VO zeigt sich, wie bereits erörtert, bezüglich der Berücksichtigung derartiger internationaler Bezüge offen.[1691] Zu diskutieren ist jedoch, ob sich ein derartiges Verständnis des Auslandsbezugs, welches sich von dem Bezug auf Staaten löst,

1686 *Reiner*, ISDA, 2013, S. 59.

1687 *Ders.*, ISDA, 2013, S. 59.

1688 *Avasilencei*, in: Muir Watt/Bízikowá/Oliveira u.a. (Hrsg.), Global Private International Law, 2019, S. 457, 459.

1689 *Krämer*, Finanzswaps, 1999, S. 497 f.

1690 So auch: *Cuniberti*, in: Muir Watt/Bízikowá/Oliveira u.a. (Hrsg.), Global Private International Law, 2019, S. 464, 469.

1691 Siehe: Zweiter Teil, B., I., 2., d).

in das System des Internationalen Privatrechts einfügt. Diese Frage wurde in den englischen Gerichtsentscheidungen nicht diskutiert.

a) Raumbezogenheit des internationalen Privatrechts

Zunächst lässt sich dieses Verständnis des Auslandsbezugs mit dem Argument in Zweifel ziehen, das Internationale Privatrecht erfordere stets eine Rückkoppelung an konkrete Staaten, so dass Berührungspunkte eines Sachverhalts stets lokalisierbar sein müssen.[1692] Dem ist im Ausgangspunkt durchaus zuzustimmen. Die Rom I-VO bestimmt die Anwendbarkeit eines staatlichen Rechts durch Verbindungen zu diesem Staat.

Gleichwohl ist der Rückschluss, einen Auslandsbezug i.S.d. Art. 3 Abs. 3 Rom I-VO könnten nur Beziehungen zu konkreten Staaten herstellen, nicht zwingend. Die Staatlichkeit der Anknüpfungen liegt in der Natur der Sache begründet: Die Anknüpfungen sollen das anwendbare staatliche Recht[1693] bestimmen, müssen demnach zwingend eine Verbindung zu einem Staat ermitteln. Im Kontext des Art. 3 Abs. 3 Rom I-VO stellt sich jedoch eine andere Frage. Anwendbar ist hier entweder das objektiv bestimmte anwendbare Recht oder das von den Parteien gewählte Recht. Der Auslandsbezug ist ausschlaggebend für die kollisionsrechtliche Wirkung letzterer Rechtswahl, muss hierfür jedoch nicht zwingend mit einem bestimmten Staat verbunden sein.

Teilweise wird in diesem Kontext auch auf den Anwendungsbereich der Rom I-VO verwiesen.[1694] Der Anwendungsbereich ist für solche Schuldverhältnisse eröffnet, „die eine Verbindung zum Recht *verschiedener Staaten* aufweisen."[1695] Auch hieraus lassen sich jedoch noch keine zwingenden Rückschlüsse für Art. 3 Abs. 3 Rom I-VO ziehen. Der Anwendungsbereich der Verordnung soll dann eröffnet sein, wenn die Möglichkeit der Anwendung verschiedener Rechte überhaupt nur im Raum steht.[1696] Dies ist auch bei einem möglichen Inlandssachverhalt jedoch schon angesichts der Verbindungen zum Inland und der abweichenden Rechtswahl der Fall.[1697] Auch hieraus geht nicht zwingend hervor,

1692 So: *Thorn/Thon*, FS Kronke, 2020, S. 569, 572.

1693 Siehe zur Wahl nichtstaatlichen Rechts sogleich: Dritter Teil, C., II, 5., b), aa).

1694 *Thorn/Thon*, FS Kronke, 2020, S. 569, 572; vgl. daneben auch Santander, hier verwiesen die Transportunternehmen auf Art. 1 Abs. 1 des Rom Übereinkommens: *Banco Santander Totta S.A.* v *Transport Companies* [2016] EWHC 465 (Comm) [364].

1695 Art. 1 Abs. 1 Rom I-VO (Hervorhebungen durch die Verfasserin).

1696 Siehe: Erster Teil, B., I.

1697 Siehe: Erster Teil, B., I.

dass der Auslandsbezug als Voraussetzung der kollisionsrechtlichen Rechtswahl der Parteien in einer Verbindung zu einem konkreten Staat bestehen muss.

b) Vergleich zur Wahl nichtstaatlichen Rechts

Darüber hinaus wird auch ein Vergleich mit der Wahl nichtstaatlichen Rechts geltend gemacht.[1698]

aa) Begrenzung der Rechtswahl auf staatliches Recht

Im Entstehungsprozess der Rom I-VO war im Grünbuch und Entwurf die Möglichkeit zur Wahl nichtstaatlichen Rechts enthalten, wurde dann jedoch verworfen.[1699] Wenngleich in der Literatur weiterhin eine umfangreiche Diskussion zur Wahl nichtstaatlichen Rechts geführt wird,[1700] besteht Einigkeit dahingehend, dass dies *de lege lata* nicht möglich ist.[1701] Vertragsparteien können privates Recht lediglich im Wege einer materiellrechtlichen Verweisung in den Vertrag einbeziehen.[1702] Damit fehlt gerade die für die kollisionsrechtliche Rechtswahl charakteristische Derogationswirkung: Das gewählte nichtstaatliche Regelwerk wird Bestandteil des Vertrags, die „Wahl" dieses Regelwerks kann allerdings nicht zwingende Vorschriften des anwendbaren staatlichen Rechts derogieren und von diesen abweichen.[1703] Der Gesetzgeber misst damit der Wahl nichtstaatlichen Rechts lediglich eine AGB-ähnliche Bedeutung zu.[1704]

bb) ISDA-Verträge als nichtstaatliches Recht

Mit der Standardisierung der Derivateverträge durch die ISDA hat diese eine erhebliche Standardisierung erreicht. Die ISDA-Standardverträge werden bisweilen als „Fundament und Nukleus"[1705] des OTC Derivatemarktes beschrieben. Mittlerweile werden ca. 90 % aller weltweiten OTC-Derivateverträge auf

---

1698 *Thorn/Thon*, FS Kronke, 2020, S. 569, 574; *Ostendorf*, IPRax 2018, 630, 632; vgl. auch: *von Hein*, FS Hopt, 2020, S. 1405, 1412.

1699 Vgl. Art. 3 Abs. 2 des Entwurfs zur Rom I-VO, siehe hierzu auch: Staudinger/*Magnus*, Art. 3 Rom I-VO Rn. 40.

1700 Ausführlich zur Rechtslage und Diskussion: *Woitge*, Wählbarkeit, 2015, 116 ff.; vgl. auch: *Hellgardt*, RabelsZ 82 (2018), 654, 657 ff.; *Roth*, FS Jayme, 2004, S. 757 ff.

1701 Vgl. Staudinger/*Magnus*, Art. 3 Rom I-VO Rn. 50 m.w.N.

1702 Vgl. *Hellgardt*, RabelsZ 82 (2018), 654, 661 m.w.N.

1703 *Ders.*, RabelsZ 82 (2018), 654, 661 f.

1704 Vgl. *Thorn/Thon*, FS Kronke, 2020, S. 569, 574.

1705 *Horst*, Transnationale Rechtserzeugung, 2019, S. 37.

Grundlage der ISDA-Verträge abgeschlossen.[1706] *Pistor* konstatiert insofern zurecht: „The success of ISDA has been beyond anyone's imagination."[1707]

Vor diesem Hintergrund werden die Vertragswerke der ISDA bisweilen als ein nichtstaatliches Recht bezeichnet. So machen *Choi/Gulati* geltend, die Verträge seien „akin to statute" und sollten dementsprechend auch gesetzesähnlich ausgelegt werden.[1708] *Golden* fasst die Entwicklung zusammen:

> „We do not have a world parliament to legislate such matters but the markets have created a kind of global law by contract [...]."[1709]

Teilweise werden im Rahmen dieser Diskussion Parallelen zu legislativen und judikativen Tätigkeiten von Staaten gezogen. So überarbeite die ISDA, ähnlich einem Gesetzgeber, in regelmäßigen Abständen die Regelwerke.[1710] Allerdings ist insofern anzumerken, dass die Vertragsänderungen durch die von der ISDA erlassenen Protokolle nur dann Wirksamkeit entfalten, wenn die Vertragsparteien diesen zustimmen.[1711] Auch gäbe es innerhalb der Organisation rechtssprechungsähnliche Kammern, die zu Auslegungsfragen Stellung nehmen.[1712] Allerdings sind auch deren Entscheidungen nur dann für die Parteien verbindlich, wenn sie dies vertraglich festgelegt haben.[1713] Damit sind diese Funktionen gerade nicht staatlicher Gesetzgebung oder Rechtsprechung gleichzusetzen.[1714]

Zielführender zur Erfassung des Effekts der ISDA-Regelungen und der Vergleichbarkeit mit staatlichem Recht ist *Engert's* Verweis auf die Heteronomie.[1715] Die Verträge sind bisweilen derart herrschend, dass ihre Nutzung zwingend wird. Es ist nur noch schwerlich möglich, andere Marktteilnehmer von der Nutzung anderer Vertragswerke zu überzeugen.[1716] Diese quasi-zwingende Natur

---

1706 *Engert*, RW 2014, 301, 305.

1707 *Pistor*, Code, 2020, S. 145.

1708 *Choi/Gulati*, Mich. L. Rev. 104 (2006), 1129, 1130.

1709 *Golden*, Capital Markets L. J. 2009, 141, 144.

1710 *Horst*, Transnationale Rechtserzeugung, 2019, S. 52 f.; *Baker*, Notre Dame L. Rev. 85 (2010), 1287, 1359 f.

1711 *Horst*, Transnationale Rechtserzeugung, 2019, S. 52 f.

1712 Ausführlich zu den sog. „Credit Derivatives Determination Committees": *ders.*, Transnationale Rechtserzeugung, 2019, S. 54.

1713 *Ders.*, Transnationale Rechtserzeugung, 2019, S. 59.

1714 Horst sieht insofern auch nur eine „gewisse funktionale Äquivalenz zu Gesetzgebungsverfahren": *ders.*, Transnationale Rechtserzeugung, 2019, S. 72.

1715 *Engert*, RW 2014, 301, 303 ff.

1716 *Ders.*, AcP 213 (2013), 321, 319 f.

der ISDA-Verträge resultiert aus den zuvor dargelegten Netzeffekten.[1717] Angesichts dieser Effekte hält *Engert* es für richtig, insofern von einer „Norm" zu sprechen.[1718]

Collins verweist insofern auch darauf, dass sich durch die Struktur der ISDA-Verträge das Master Agreement quasi wie ein separates Recht darstellt:

> „In case of financial transactions in capital markets, the master agreement can be viewed as external to the particular contract, and this distance enables that master agreement to appear like a separate law to regulate the particular transaction, even though its effectiveness and relevance have been determined by the terms of the particular agreement."[1719]

cc) Übertragung auf Art. 3 Abs. 3 Rom I-VO

Vor dem Hintergrund der Einordnung der ISDA-Verträge als nichtstaatliches Recht wird teils aus einem Vergleich zur Wahl nichtstaatlichen Rechts innerhalb der Rom I-VO argumentiert.[1720] So macht *Ostendorf* geltend, es sei ein:

> „Widerspruch, dass die Parteien den zwingenden Regeln des Einbettungsstatuts allein durch die Wahl einer ausländischen, immerhin staatlichen Rechtsordnung nicht entkommen können, durch die Wahl des von einer privaten internationalen Vereinigung entwickelten und nicht auf einzelne Staaten zugeschnittenen Vertragsmusters dagegen schon […]."[1721]

Gegen diesen Vergleich ließe sich vorbringen, dass dieser die Wirkung der Rechtswahl in Kombination mit den Standardverträgen nicht präzise wiedergibt. Dass die Rechtswahl nicht den für ihre kollisionsrechtliche Wirkung erforderlichen Auslandsbezug selbst herstellen kann, ist selbstverständlich, da sonst der Regelung kein Anwendungsbereich mehr zukäme. Doch bei der Verwendung von ISDA-Standardverträgen stellt sich die Situation anders dar. Die Parteien wählen formularmäßig ein staatliches Recht in ihren Standardverträgen. Diese Standardverträge, mit denen die Parteien an einem internationalen Markt teilnehmen, würden die Rechtswahl internationalisieren.

1717 *Ders.*, AcP 213 (2013), 321, 319 ff.

1718 *Ders.*, RW 2014, 301, 320.

1719 *Collins*, in: Grundmann/Möslein/Riesenhuber (Hrsg.), Contract Governance, 2015, S. 383, 387 f.

1720 *von Hein*, FS Hopt, 2020, S. 1405, 1411 f.; *Thorn/Thon*, FS Kronke, 2020, S. 569, 574; *Ostendorf*, IPRax 2018, 630, 632.

1721 *Ostendorf*, IPRax 2018, 630, 632; ähnlich auch: *Thorn/Thon*, FS Kronke, 2020, S. 569, 574; *von Hein*, FS Hopt, 2020, S. 1405, 1411 f.

Diese präzise Differenzierung zwischen den ISDA-Verträgen und dem anwendbaren Recht verfehlt jedoch die beabsichtigte und tatsächlich eintretende Wirkung. Der durch die Verträge beabsichtigte Effekt liegt in der umfassenden Regulierung der vertraglichen Verhältnisse durch das Vertragswerk. Die Rechtswahl zugunsten einer liberalen „Andock-Rechtsordnung"[1722] schafft damit die „Möglichkeit einer weitgehenden Unterwerfung des Rechtsverhältnisses unter eine private Ordnung."[1723] Im Kern handelt es sich damit um eine Wahl der Verträge als Recht. *Avasilencei* führt hierzu treffend aus:

> „The *pacta sunt servanda* principle serves in this respect to achieve a *de facto* regulation of the derivatives market by the ISDA contractual normativity. Accordingly, as already noted in the legal doctrine, such normativity does not actually need to claim autonomy from state legal orders. The effectiveness of the ISDA documentation travels globally under the umbrella of two legal orders, which furthermore grants ISDA normativity an epistemological immunity regarding the emancipation-from-the-state critique."[1724]

Aus dem Vergleich zu der bewussten Entscheidung des Gesetzgebers zum Ausschluss der Wahl nichtstaatlichen Rechts lässt sich damit überzeugend argumentieren, dass die Nutzung internationaler Standardverträge keinen hinreichenden Auslandsbezug im Rahmen des Art. 3 Abs. 3 Rom I-VO herstellen kann. Insofern folgert *von Hein* überzeugend:

> „Wenn *soft law* selbst bei einem genuin internationalen Sachverhalt nur mit materiellrechtlicher Wirkung in den Vertrag einbezogen werden kann [...], d.h. die zwingenden Bestimmungen des objektiv anwendbaren staatlichen Rechts vorbehalten bleiben, erscheint es normativ schwerlich konsistent, bei einem Inlandssachverhalt aus der Vereinbarung eines internationalen Vertragsmusters die Zulässigkeit einer kollisionsrechtlichen Rechtswahl abzuleiten."[1725]

Dieser Vergleich spricht überzeugend gegen die Anerkennung eines allgemein internationalen Bezugs ohne Verbindung zu einem bestimmten Staat als Auslandsbezug im Rahmen des Art. 3 Abs. 3 Rom I-VO.

1722 *Böhle*, ZEuP 2019, 72, 95.

1723 *Ders.*, ZEuP 2019, 72, 95.

1724 *Avasilencei*, in: Muir Watt/Bíziková/Oliveira u.a. (Hrsg.), Global Private International Law, 2019, S. 457, 460.

1725 *von Hein*, FS Hopt, 2020, S. 1405, 1412.

c) *System zwingender Normen als Spektrum staatlicher Nähebeziehungen*

Neben diesem Vergleich zur Wahl nichtstaatlichen Rechts spricht auch das im ersten Teil dieser Arbeit herausgebildete System zwingender Normen[1726] gegen eine Einordnung der Internationalität eines Sachverhalts als Auslandsbezug.

Ausgehend von den Anforderungen des Völkerrechts an das Internationale Privatrecht lassen sich die Regelungen der Rom I-VO hierbei als Spektrum staatlicher Nähebeziehungen begreifen. Auf diesem lassen sich die verschiedenen Regelungen der Rom I-VO zur Durchsetzung zwingenden Rechts verorten.[1727] Art. 3 Abs. 3 Rom I-VO markiert das eine Ende dieses Spektrums, bei dem zwar die Intensität der Anknüpfung („alle Elemente des Sachverhalts") am engsten definiert ist, gleichwohl auf der anderen Seite aber auch am umfangreichsten zwingendes Recht durchgesetzt wird, indem das gesamte *ius cogens* des Einbettungsstatuts zur Anwendung kommt.

Dieses System der Durchsetzung zwingenden Rechts als Spektrum staatlicher Nähebeziehung widerspricht entschieden der Annahme, die allgemeine Internationalität eines Sachverhalts könne auch ohne Bezug zu einem konkreten anderen Staat einen hinreichenden Auslandsbezug für Art. 3 Abs. 3 Rom I-VO herstellen und damit den Parteien die kollisionsrechtliche Rechtswahl eröffnen. Der Zweck des Art. 3 Abs. 3 Rom I-VO liegt in der Durchsetzung zwingenden Rechts gegen den Willen der Parteien, um den Anwendungsanspruch innerstaatlichen Rechts zu sichern. Letzterer ist aber, nach dem der Durchsetzung zwingenden Rechts innerhalb der Rom I-VO zugrunde gelegten Konzept, nicht geschwächt, da keine Beziehung zu einem anderen Staat besteht.

d) *Ergebnis*

Im Ergebnis vermag daher die Internationalität des Sachverhalts keinen hinreichenden Auslandsbezug für Art. 3 Abs. 3 Rom I-VO herzustellen. Dies ergibt sich aus einem Vergleich zu dem Ausschluss der Wahl nichtstaatlichen Rechts sowie aus dem System der Durchsetzung zwingender Normen in der Rom I-VO, welches sich als Spektrum staatlicher Nähebeziehungen darstellt.

1726 Siehe: Zweiter Teil, B., IV., 2., b), cc).

1727 Vgl. *Michaels*, FS Schurig, 2012, S. 191, 207 f.

6. *Fazit*

Letztlich ist damit abzulehnen, dass allein die Nutzung international gebräuchlicher Standardverträge einen hinreichenden Auslandsbezug für Art. 3 Abs. 3 Rom I-VO herstellen könnte. Hierbei handelt es sich auch rechtspolitisch um ein zu begrüßendes Ergebnis, würde die gegenteilige Sichtweise doch zu einer Unanwendbarkeit innerstaatlich zwingenden Rechts auf Finanzverträge führen, in denen dies gerade besonders notwendig wäre.[1728] Schließlich hatten die ISDA-Verträge in der Finanzkrise gerade auch gewichtige negative Auswirkungen für Personen, die gar nicht an diesem Markt beteiligt waren.[1729]

Insgesamt widerspräche eine Anerkennung des internationalen Bezugs als hinreichend für die Eröffnung der kollisionsrechtlichen Parteiautonomie auch allgemein der Konzeption des schuldrechtlichen Internationalen Privatrechts in der Rom I-VO, so dass auch jenseits des Beispiels internationaler Standardverträge die Relevanz von internationalen Elementen, die nicht in einem Staat verortet werden können, abzulehnen ist.

D. Mittelbarer Auslandsbezug: Auslandsbezug eines anderen Vertrags

In der Literatur besonders umstritten und von erheblicher praktischer Relevanz ist die Frage, inwiefern ein Bezug zu einem anderen, internationalen Vertrag einen Auslandsbezug vermitteln kann. Während manche Stimmen in der Literatur dies ablehnen und darauf bestehen, der Auslandsbezug müsse im jeweiligen Vertragsverhältnis selbst angelegt sein,[1730] verweisen andere auf die praktischen Bedürfnisse in Vertragsketten und stehen dem Auslandsbezug offener gegenüber.[1731]

1728 So: *Hartley*, FS Kohler, 2018, S. 171, 176.

1729 Siehe hierzu ausführlich: *Horst*, Transnationale Rechtserzeugung, 2019, S. 103 ff.; vor diesem Hintergrund betont auch Eidenmüller die Wichtigkeit (vereinheitlichten) zwingenden Rechts in diesem Bereich: *Eidenmüller*, Effizienz, 2015, S. 408 ff.

1730 *Droste*, Begriff der „zwingenden Bestimmung", 1992, S. 96 f.; eine Relevanz des Zusammenhangs mit einem Auslandsgeschäft lehnt „in der Regel" ab: Staudinger/*Magnus*, Art. 3 Rom I-VO Rn. 138; eher ablehnend: *Mäsch*, Verbraucherschutz, 1993, S. 107 f.; vgl. auch: *von Hoffmann/Thorn*, IPR, 2007, § 10 Rn. 30.

1731 MüKo/*Martiny*, Art. 3 Rom I-VO Rn. 91; Rauscher/*von Hein*, Art. 3 Rom I-VO Rn. 117; *Thorn/Thon*, FS Kronke, 2020, S. 569, 574 f.; *Böhle*, ZEuP 2019, 72, 83 ff.; *Ostendorf*, IPRax 2018, 630, 632 f.; *Vogeler*, Rechtswahl, 2013, S. 375; *Maultzsch*,

Die in der Praxis auftretenden Fallgestaltungen sind vielfältig,[1732] exemplarisch soll auf zwei besonders relevante Konstellationen eingegangen werden. Einerseits sollen sog. Vertragsketten, also Situationen, in denen einem im Übrigen rein inländischen Vertrag ein internationaler Vertrag vor- oder nachgelagert ist, behandelt werden. Andererseits sollen Darlehensverträge diskutiert werden, die der Finanzierung ausländischer Projekte dienen.

I. Allgemein

Bevor auf die Besonderheiten der beiden hier ausgewählten Konstellationen eingegangen wird, soll zunächst allgemein untersucht werden, welche Rückschlüsse sich mit Blick auf den Wortlaut und in systematischer Hinsicht für die Berücksichtigung anderer Vertragsverhältnisse ziehen lassen.

1. Wortlaut

Im ersten Teil dieser Arbeit wurde der Wortlaut des Art. 3 Abs. 3 Rom I-VO bereits analysiert, insbesondere der Gegensatz der gewählten Formulierung „Elemente des Sachverhalts“ zu „Elemente des Vertrags“. Diese Formulierung wird teils als bewusste Weitung des Verständnisses des Auslandsbezugs eingeordnet, der auch Verbindungen zu anderen, internationalen Verträgen umfassen sollte. Besonders deutlich formuliert diese Position *Cuniberti*:

> „The word, doubtlessly chosen in full awareness by the drafters, therefore invites, if need be, the collection of elements other than those exclusively concerned with the contract, to determine its domestic or international nature. The most obvious example seems to be that of a domestic contract with ties to an international contract or concluded in the framework of an international operation.“[1733]

Allerdings wird die Wahl der Formulierung „Elemente des Sachverhalts“ damit überstrapaziert. So hat bereits in der Diskussion um eine parallele Auslegung zu Art. 1 Abs. 1 Rom I-VO gezeigt,[1734] dass der Begriff „Sachverhalt“ in der Rom I-VO nicht stets gleichbedeutend und konsequent verwendet wird. Zudem finden sich auch im *Giuliano/Lagarde*-Bericht keine Anzeichen für eine bewusste

---

RabelsZ 75 (2011), 60, 72 f.; *Nygh*, Autonomy, 1999, S. 51; *Lasok/Stone*, Conflict of Laws in the European Community, 1987, S. 377.

1732 Siehe zu möglichen Gestaltungen: *Grundmann*, AcP 207 (2007), 718, 722 f.

1733 *Cuniberti*, in: Muir Watt/Bíziková/Oliveira u.a. (Hrsg.), Global Private International Law, 2019, S. 464, 468.

1734 Siehe: Zweiter Teil, B., I., 2., b), aa).

Auseinandersetzung mit dem Begriff. Insofern ist der Wortlaut zwar durchaus offen für eine Berücksichtigung anderer, internationaler Verträge als Auslandsbezug, spricht aber noch nicht zwingend für deren Bewertung als relevanter Auslandsbezug.

2. *Art. 4 Abs. 3 und 4 Rom I-VO*

In systematischer Hinsicht wurde im ersten Teil auf die Ausweichklausel in Art. 4 Abs. 3 Rom I-VO eingegangen.[1735] Mit Blick auf den mittelbaren Auslandsbezug erscheint interessant, dass hierüber eine akzessorische Anknüpfung an ein anderes Vertragsverhältnis vorgenommen werden kann.[1736]

Eine akzessorische Anknüpfung fordert Erwägungsgrund 20 S. 2 der Rom I-VO, wonach zur Bestimmung der engsten Verbindung berücksichtigt werden soll, „ob der betreffende Vertrag in einer sehr engen Verbindung zu einem oder mehreren anderen Verträgen steht." Von dem Grundsatz, rechtlich selbstständige Vertragsverhältnisse eigenständig anzuknüpfen, soll hierbei eine Ausnahme gemacht werden, wenn die separate Anknüpfung und Anwendung unterschiedlicher Rechtsordnungen zu Widersprüchen führen würde, so dass das Ordnungsinteresse an innerem Entscheidungseinklang die Anwendung desselben Rechts für beide Verträge gebietet.[1737]

Vor dem Hintergrund dieser Zielsetzung ist die akzessorische Anknüpfung nur unter restriktiven Voraussetzungen zulässig. Zunächst bedarf es einer sehr engen, inhaltlichen Verbindung zwischen beiden Verträgen, allein die äußere Zusammenfassung der Verträge in einer Urkunde genügt hierfür nicht.[1738] Darüber hinaus müssen die Verträge zwischen denselben Vertragsparteien geschlossen worden sein (Personenidentität) oder der Dritte muss sich der Geltung des Hauptvertrages unterworfen haben.[1739] Ohne diese Personenidentität wären die kollisionsrechtlichen Interessen des Dritten nicht ausreichend geschützt.[1740] In Erwägungsgrund 21 findet sich zudem wörtlich der gleiche Hinweis mit Bezug

---

1735 Siehe: Zweiter Teil, B., III., 2., b).

1736 Hierauf verweist im Kontext des Art. 14 Rom II-VO: *Vogeler*, Rechtswahl, 2013, S. 375.

1737 Beck-OGK/*Köhler*, Art. 4 Rom I-VO Rn. 182.

1738 Beck-OGK/*ders.*, Art. 4 Rom I-VO Rn. 188.

1739 Rauscher/*Thorn*, Art. 4 Rom I-VO Rn. 150; a.A.: Staudinger/*Magnus*, Art. 4 Rom I-VO Rn. 136; für Martiny ist die Personenidentität nur „in der Regel" eine Voraussetzung: MüKo/*Martiny*, Art. 4 Rom I-VO Rn. 304.

1740 Rauscher/*Thorn*, Art. 4 Rom I-VO Rn. 150.

auf die Ermittlung der engsten Verbindung in Art. 4 Abs. 4 Rom I-VO. Daraus ist zu folgern, dass hierbei dieselben Erwägungen anzustellen sind.[1741]

Zwar ermöglicht die Rom I-VO damit zwar die Berücksichtigung eines weiteren Vertrags im Rahmen der Anknüpfung. Eine Berücksichtigung vor- und nachgelagerter Verträge oder des finanzierten Geschäfts bei einem Darlehensvertrag indiziert dies jedoch nicht, da in diesen Fällen die Personenidentität nicht gegeben ist.[1742]

3. *Brüssel I-VO:* Maletic

In systematischer Hinsicht ist auf die bereits erwähnte Entscheidung des EuGH in der Rs. *Maletic*[1743] zum Anwendungsbereich der Brüssel I-VO zurückzukommen.

In dem zugrundeliegenden Rechtsstreit hatten die Eheleute Maletic mit Wohnsitz in Österreich über ein Online-Reisebüro mit Sitz in Deutschland eine Pauschalreise gebucht. Hierbei wies das Reisebüro darauf hin, dass es als Reisevermittler für die von der TUI veranstaltete Reise auftrete.[1744] Bei TUI handelte es sich in diesem Fall um ein Unternehmen mit Sitz in Wien. Die Eheleute erhoben schließlich Klage auf die Erstattung einiger Mehrkosten gegen das Online-Reisebüro und TUI und beriefen sich hierbei auf den Verbrauchergerichtsstand in Art. 16 Brüssel I-VO.[1745] Das österreichische Gericht zweifelte die Anwendung der Verordnung mit Blick auf den Rechtsstreit gegen TUI an, da es sich hier um einen reinen Binnensachverhalt handeln könnte,[1746] und legte dem EuGH die Frage vor, ob Art. 16 Brüssel I-VO in dieser Konstellation Anwendung fände.[1747]

In Beantwortung der Vorlagefrage zur Anwendbarkeit der Brüssel I-VO in diesem Fall kam der EuGH zum Ergebnis, dass diese nicht nur für die Klage gegen das Online-Reisebüro, sondern auch für die Klage gegen TUI anwendbar wäre, obwohl letztere den Sitz im gleichen Mitgliedsstaat hatte:

> „Selbst wenn sich ein einheitlicher Vorgang, wie derjenige, mit dem die Eheleute Maletic ihre Pauschalreise auf der Internetseite der lastminute.com gebucht und bezahlt haben,

---

1741 Staudinger/*Magnus*, Art. 4 Rom I-VO Rn. 141.

1742 Köhler lehnt aus diesem Grund auch die akzessorische Anknüpfung von Garantieverträgen i.d.R. ab: Beck-OGK/*Köhler*, Art. 4 Rom I-VO Rn. 522.

1743 EuGH, Urt. v. 14.11.2013, C-478/12 – *Maletic/lastminute.com.*

1744 EuGH, Urt. v. 14.11.2013, C-478/12 – *Maletic/lastminute.com*, Rn. 17.

1745 EuGH, Urt. v. 14.11.2013, C-478/12 – *Maletic/lastminute.com*, Rn. 11.

1746 EuGH, Urt. v. 14.11.2013, C-478/12 – *Maletic/lastminute.com*, Rn. 19.

1747 EuGH, Urt. v. 14.11.2013, C-478/12 – *Maletic/lastminute.com*, Rn. 21.

> in zwei verschiedene Vertragsverhältnisse, zum einen mit dem Online-Reisebüro lastminute.com und zum anderen mit dem Reiseveranstalter TUI, unterteilen ließe, könnte das letztgenannte Vertragsverhältnis nämlich nicht als ‚rein intern' qualifiziert werden, da es untrennbar mit dem erstgenannten Vertragsverhältnis verbunden ist, denn es wurde über das genannte Reisebüro begründet, das seinen Sitz in einem anderen Mitgliedstaat hat."

Aus dieser Entscheidung könnte man für die Brüssel I-VO und damit auch Brüssel Ia-VO folgern, dass sich der Auslandsbezug auch aus der Verknüpfung des streitgegenständlichen mit einem anderen, auslandsbezogenen Rechtsverhältnis ergeben kann.[1748] Es ist jedoch zweifelhaft, inwiefern sich aus der Entscheidung eine verallgemeinerungsfähige Linie ergibt. Der EuGH verweist in seiner Argumentation auf Erwägungsgrund 13 der Brüssel I-VO, der den Verbraucherschutz betont,[1749] so dass unklar ist, inwiefern die Entscheidung auch darüber hinaus Geltung beanspruchen würde.

In jedem Fall würde jedoch eine Übertragung der Entscheidung auf die Frage des mittelbaren Auslandsbezugs innerhalb der Rom I-VO scheitern. *Maletic* betrifft mit der Vermittlung eines Vertrages eine sehr spezifische Konstellation, so dass die Aussagekraft etwa für Vertragsketten oder Finanzierungsverträge zweifelhaft erscheint. Entscheidend ist darüber hinaus, dass der EuGH sich auf Erwägungen stützt, die nicht aus dem Zuständigkeits- in das Kollisionsrecht übertragen werden können. So verweist der EuGH in der Entscheidung auch auf Erwägungsgrund 15, wonach Parallelverfahren vermieden werden sollten, „damit nicht in zwei Mitgliedsstaaten miteinander unvereinbare Entscheidungen ergehen."[1750] Der Entscheidung kommt damit für Art. 3 Abs. 3 Rom I-VO keine Relevanz zu.

4. *Fazit*

Insgesamt ist der Wortlaut offen für eine Berücksichtigung weiterer Verträge. Aus der Entscheidung *Maletic* des EuGH zur ähnlich gelagerten Frage des Auslandsbezugs bei der Brüssel I-VO lassen sich jedoch keine Rückschlüsse auf die Handhabung des Art. 3 Abs. 3 Rom I-VO ziehen. Auch sprechen die Grundsätze

---

1748 Diesen Schluss deutet an: *Danelzik*, Gerichtsstandsvereinbarung, 2019, S. 196.

1749 EuGH, Urt. v. 14.11.2013, C-478/12 – *Maletic/lastminute.com*, Rn. 30; kritisch hierzu: *Müller*, EuZW 2014, 33, 35.

1750 EuGH, Urt. v. 14.11.2013, C-478/12 – *Maletic/lastminute.com*, Rn. 30; hierauf verweist auch: *Magnus*, ZEuP 2018, 507, 527.

der akzessorischen Anknüpfung im Rahmen der Art. 4 Abs. 3, 4 Rom I-VO nicht für eine Berücksichtigung derartiger anderer Verträge.

II. Vertragsketten

Von besonderer praktischer Relevanz ist die Frage, inwiefern es für einen im übrigen rein inländischen Vertrag einen hinreichenden Auslandsbezug darstellen kann, wenn dieser in einer Vertragskette mit weiteren, internationalen Verträgen verbunden ist. In der Literatur ist diese Frage besonders umstritten.[1751] Während ein derartiger mittelbarer Auslandsbezug teils abgelehnt wird,[1752] verweisen andere Teile der Literatur auf ein Interesse an einer „kollisionsrechtlichen Synchronisierung“[1753] der anwendbaren Rechte. So heißt es etwa bei *Lasok/Stone*:

> „In particular, the fact that the contract in question is one of a chain of contracts relating to the same goods should be recognized as significant, for it is entirely reasonable for parties to arrange that a seller who is held liable to his buyer shall have a claim to indemnity from his own seller. Thus, if a car is manufactured in Japan and exported to England, a sale in England by a distributor to a retailer should not be considered lacking in relevant non-English elements, within the meaning of Article 3 (3).“[1754]

Ausgehend von den im ersten Teil der Arbeit herausgebildeten Parametern wird sich zeigen, dass seine Relevanz vor- und nachgelagerter Verträge als Auslandsbezug zu bejahen ist. Allerdings können, entgegen verschiedener Stimmen in der Literatur und der in *Dexia* wie *Santander* vertretenen Ansicht,[1755] nur

---

1751 Die Relevanz vor- und nachgelagerter Verträge als Auslandsbezug bejahen: Rauscher/*von Hein*, Art. 3 Rom I-VO Rn. 117; *Thorn/Thon*, FS Kronke, 2020, S. 569, 574 f.; *Böhle*, ZEuP 2019, 72, 84 f.; *Ostendorf*, IPRax 2018, 630, 632 f.; *Vogeler*, Rechtswahl, 2013, S. 375; *Maultzsch*, RabelsZ 75 (2011), 60, 72 f.; *Nygh*, Autonomy, 1999, S. 51; die Relevanz als Auslandsbezug ablehnend: Staudinger/*Magnus*, Art. 3 Rom I-VO Rn. 138; *Droste*, Begriff der „zwingenden Bestimmung“, 1992, S. 96 f.; im Kontext der Verbraucherverträge ablehnend: *Mäsch*, Verbraucherschutz, 1993, S. 107 f.

1752 Staudinger/*Magnus*, Art. 3 Rom I-VO Rn. 138.

1753 *Maultzsch*, RabelsZ 75 (2011), 60, 72; mit dieser Wortwahl auch: *Thorn/Thon*, FS Kronke, 2020, S. 569, 575; ähnlich auch von Hein, der die Relevanz der Vertragsketten mit dem Argument begründet, es könne ein praktisches Interesse daran bestehen, aufeinanderfolgende Verträge demselben Recht zu unterwerfen: Rauscher/*von Hein*, Art. 3 Rom I-VO Rn. 117.

1754 *Lasok/Stone*, Conflict of Laws in the European Community, 1987, S. 377; ähnlich: Calliess/Renner/*Calliess*, Art. 3 Rom I-VO Rn. 54.

1755 Siehe zu den Entscheidungen in Dexia und Santander so wie zur diesbezüglichen Debatte in der Literatur: Dritter Teil, C., II., 2.

solche internationalen Verträge einen Auslandsbezug darstellen, die schon vor Abschluss des inländischen Vertrags bestanden und für die Vertragsgegenseite erkennbar waren. Dieses Ergebnis ergibt sich maßgeblich daraus, dass eine Versagung der Rechtswahlfreiheit für die rein inländischen Teile einer internationalen Vertragskette die Divergenz der anwendbaren Rechte entlang der Kette bedeuten würde und dies erhebliche praktische Schwierigkeiten, auch durch eine mögliche Erhöhung der Transaktionskosten, mit sich bringen würde. Als Folge würde die Versagung der Rechtswahlfreiheit für die inländischen Teile der Vertragskette auch den grenzüberschreitenden Wirtschaftsverkehr belasten.[1756] Hierbei ist zunächst aufzuzeigen, dass die Divergenz der anwendbaren Rechte entlang von unterschiedlichen Vertragsketten erhebliche Probleme verursachen kann (1.). Die Rechtswahl kann diese in Teilen beheben, indem sie den Gleichlauf der Vertragsstatute entlang der Kette ermöglicht (2.). Wenngleich sich hierbei zeigen wird, dass die Rechtswahl nicht in der Lage ist, sämtliche Probleme zu beheben, die sich für Parteien entlang internationaler Vertragsketten durch das Aufeinandertreffen unterschiedlicher Statute ergeben, wird diese Darstellung ergeben, dass die Einräumung der Rechtswahlfreiheit bei im Übrigen inländische Verträge entlang einer internationalen Vertragskette erhebliche Erleichterungen auch für die grenzüberschreitenden Verträge ermöglichen würde. Darauffolgend ist ausgehend von diesen Erwägungen zu erläutern, warum nur solche internationalen Verträge einen mittelbaren Auslandsbezug darstellen können, die bereits vor dem rein inländischen Teil der Vertragskette abgeschlossen wurden (3.). Abschließend ist darauf einzugehen, dass bei Relevanz vor- und nachgelagerter Verträge als Auslandsbezug kein Missbrauchspotential bestünde, das gegen deren Relevanz spricht (4.).

1. Unterschiedliche Vertragsstatute als Hindernis

Kommen entlang einer Vertragskette auf die unterschiedlichen Vertragsverhältnisse divergierende Rechte zur Anwendung, so können die zwischen diesen bestehenden Unterschiede zu zahlreichen Problemen führen. Angesichts dessen, wie unterschiedlich die in der Praxis auftretenden Vertragsketten sein können, sollen vorliegend zwei Konstellationen herausgegriffen werden, um diese Problematik darzustellen. Zunächst ist auf Kaufvertragsketten einzugehen, die in der Literatur im Rahmen der Diskussion rund um den mittelbaren Auslandsbezug

---

1756 Siehe zur Herleitung dieses Kriteriums: Zweiter Teil, A., III., 4.

im Rahmen des Art. 3 Abs. 3 Rom I-VO besonders häufig bemüht werden.[1757] Darüber hinaus ist auf sog. Back-to-back Swaps einzugehen. Hierbei handelt es sich um Swap-Geschäfte, die Banken ihrerseits zur Absicherung ihrer Verpflichtungen aus eigenen Swaps eingehen. Mit der Rolle derartiger Verträge als Auslandsbezug haben sich die Gerichte auch in *Santander* und *Dexia* auseinandergesetzt. Anlässlich dieser Entscheidungen wurde die Bewertung derartiger Kettenverträge auch in der Literatur intensiv diskutiert.[1758]

a) Kaufvertragsketten

Finden auf die Verträge entlang einer Kaufvertragskette unterschiedliche Rechte Anwendung, so können die zwischen diesen Rechten bestehenden Unterschiede zum Entstehen von Regresslücken führen. So lag etwa der Fall in der bereits erwähnten Entscheidung des EuGH in der Rs. *Alsthom Atlantique*: Teile der Lieferkette konnten sich auf nach deutschem Recht wirksame Haftungsausschlüsse berufen, während diese für andere Teile der Lieferkette nach französischem Recht unwirksam waren. Alsthom konnte daher seinerseits für die mangelhaften Motoren in Anspruch genommen werden, ohne für diesen Schaden beim eigenen Zulieferer Regress nehmen zu können.[1759]

Derartige Regresslücken werden in der Literatur in jüngerer Zeit vor allem mit Blick auf die mitgliedsstaatlichen Umsetzungen der Richtlinienvorschrift zum Unternehmerregress in der Verbrauchsgüter- bzw. Warenkaufrichtlinie[1760] diskutiert.[1761] Während einige Mitgliedsstaaten, darunter Deutschland, Ansprüche entlang der Kette privilegiert haben, um einen Kettenregress zu ermöglichen,[1762] wurde in anderen Mitgliedsstaaten ein Direktanspruch des

---

1757 Vgl. etwa: Rauscher/*von Hein*, Art. 3 Rom I-VO Rn. 117; *Maultzsch*, RabelsZ 75 (2011), 60, 72 f.

1758 *Mansel*, FS Grunewald, 2021, S. 731, 737; *von Hein*, FS Hopt, 2020, S. 1405, 1413 f.; *Thorn/Thon*, FS Kronke, 2020, S. 569, 574 f.; *Böhle*, ZEuP 2019, 72, 84 f.; *Ostendorf*, IPRax 2018, 630, 632 f.

1759 Siehe zu den Sachverhalten und Entscheidungen bereits: Dritter Teil, C., II., 2.

1760 Siehe zum Regulierungszweck dieser Vorschriften bereits: Zweiter Teil, B., IV., 1., a), bb), (1), (b).

1761 Siehe etwa: *Schröder*, Unternehmerregress, 2017, S. 271 ff.; *Kölmel*, Regressrecht, 2008, S. 96 ff.; *Hassemer*, Relativität, 2007, S. 208 f.; *Dutta*, ZHR 171 (2007), 79, 82 ff.

1762 Ähnlich auch Österreich, wobei die Regelungen im österreichischen Recht dispositiv ausgestaltet sind. Schröder fasst insofern seine rechtsvergleichende Untersuchung deutschen und österreichischen Rechts zusammen: *Schröder*, Unternehmerregress, 2017, S. 168 f.

Letztverkäufers gegen den Hersteller normiert.[1763] Die Unterschiedlichkeit der nationalen Umsetzungsregelungen wird weiterhin dadurch verkompliziert, dass sie bei grenzüberschreitenden Verträgen durch Regelungen des CISG überlagert werden.[1764] Insofern entsteht eine Gemengelage zwischen den unterschiedlichen hier anwendbaren Haftungsregelungen, in die auch rein nationale Verträge dieser Vertragskette hineingezogen werden und die dazu führen können, dass der beabsichtigte Kettenregress an unterschiedlichsten Stellen entlang einer Vertragskette abbricht oder es im Gegenteil zur unbeabsichtigten Doppelung von Ansprüchen kommen kann. Dies soll im Folgenden ausgehend von Fallbeispielen dargestellt werden.

aa) Abbruch der Regressansprüche entlang der Vertragskette

Fallbeispiel 1:[1765]

> Ein italienischer Autohersteller verkauft Fahrzeuge an einen italienischen Zwischenhändler, der sich entscheidet, diese weiter an einen deutschen Importeur zu verkaufen. Letzterer vertreibt die Waren dann innerhalb Deutschlands an ein Autohaus (Letztverkäufer), welches letztlich ein Fahrzeug an einen deutschen Verbraucher weiterverkauft.

Kommt es in diesem Fallbeispiel dazu, dass der Verbraucher den Letztverkäufer in Anspruch nimmt, würde dieser beim Zwischenhändler Regress nehmen. Hierbei kommt ihm die weitgehende Privilegierung des Rückgriffsanspruchs im deutschen Recht etwa bezüglich der Beweislast[1766] und Verjährung[1767] zugute. Das CISG findet in diesem Vertragsverhältnis keine Anwendung, da es sich um Vertragsparteien mit Niederlassung im selben Staat handelt, Art. 1 Abs. 1 CISG.[1768]

1763 So etwa in Italien, siehe hierzu: *Schröder*, Unternehmerregress, 2017, S. 275; überblicksartig zu unterschiedlichen Umsetzungsvarianten: *Dutta*, ZHR 171 (2007), 79, 82 f.

1764 Siehe insofern zur kollisionsrechtlichen Behandlung der Regelungen zum Unternehmerregress und ihrem Aufeinandertreffen mit den Regelungen des CISG: *Schröder*, Unternehmerregress, 2017, S. 233 ff.; vgl. auch: *Dutta*, ZHR 171 (2007), 79, 83 ff.

1765 Dieser Fall wurde von einem von Schröder vorgebrachten Beispielsfall für den von ihm geltend gemachten „Normenmangel" abgewandelt: *Schröder*, Unternehmerregress, 2017, S. 271 f.

1766 Vgl. § 477 BGB bzw. ab 1.1.2022: § 477 Abs. 1 BGB.

1767 § 445b BGB.

1768 Vgl. zur Erforderlichkeit der Internationalität des Kaufvertrags: Schlechtriem/Schwenzer/*Ferrari*, Art. 1 CISG Rn. 40.

Allerdings – so die der deutschen Ausgestaltung zugrunde liegende Idee – sollte nun der Zwischenhändler bei seinem Vertragspartner Rückgriff nehmen können.[1769] Dies ist jedoch vorliegend deutlich erschwert. In diesem Vertragsverhältnis ist der Anwendungsbereich des CISG eröffnet, da beide ihre Niederlassungen in unterschiedlichen Staaten haben und auch die übrigen Anwendungsvoraussetzungen gegeben sind.[1770] Diesem ist eine etwaige unionsrechtliche Privilegierung des Verkäuferregresses fremd und es enthält eine Vielzahl abweichender Regelungen, die im Vergleich zum autonomen deutschen Recht den Regress erschweren.[1771] Exemplarisch soll vorliegend auf die Ausschlussfrist des Art. 39 Abs. 2 CISG[1772] und die abweichende Beweislastverteilung[1773] eingegangen werden.

Das UN-Kaufrecht regelt die Verjährung nicht, insofern kommt das kollisionsrechtlich zu bestimmende nationale Recht zur Anwendung.[1774] Das UN-Kaufrecht sieht jedoch für Ansprüche des Käufers in Art. 39 Abs. 2 CISG eine Ausschlussfrist von zwei Jahren ab Abgabe der Sache an ihn vor. Für diese Frist ist weder eine Hemmung noch Unterbrechung vorgesehen.[1775] Haben Zwischenhändler und Autohaus das Fahrzeug nun jeweils eine Weile auf Lager, ehe es weiterverkauft wird und zeigt sich der Mangel beim Verbraucher erst nach einer gewissen Zeit, so kann es zu Fällen kommen, in denen der Letztverkäufer vom Verbraucher erst nach einiger Zeit in Anspruch genommen wird.[1776] Reicht

1769 So heißt es in der Gesetzesbegründung, es solle verhindert werden, „dass der Einzelhändler allein die Nachteile eines verbesserten Verbraucherschutzes auch dann zu tragen hat, wenn der Grund für seine Haftung, nämlich der Mangel der Sache, nicht in seinem Bereich entstanden ist“, BT-Drucks. 14/6040, S. 247.

1770 Vgl. zum sachlichen und räumlich-persönlichen Anwendungsbereich: Schlechtriem/Schwenzer/*Ferrari*, Art. 1 CISG Rn. 12 ff.

1771 Vgl. insofern rechtsvergleichend zwischen BGB und CISG: *Schröder*, Unternehmerregress, 2017, S. 195 ff.; verschiedene „Regressfallen“ identifiziert in diesem Kontext: *Kölmel*, Regressrecht, 2008, S. 107 ff.

1772 Den Unterschied zwischen dieser Regelung und den Regelungen zum Unternehmerregress im deutschen Recht heben auch hervor: *Hassemer*, Relativität, 2007, S. 208 f.; *Kölmel*, Regressrecht, 2008, S. 112; *Dutta*, ZHR 171 (2007), 79, 86; *Schröder*, Unternehmerregress, 2017, S. 188 f.

1773 Auf die Möglichkeit einer Regressfalle wegen der unterschiedlichen Verteilung der Beweislast verweisen auch: *Kölmel*, Regressrecht, 2008, S. 110 f.; *Schröder*, Unternehmerregress, 2017, S. 191 f.

1774 MüKo/*Huber*, Art. 4 CISG Rn. 40.

1775 *Schröder*, Unternehmerregress, 2017, S. 188; Schlechtriem/Schwenzer/*Schwenzer*, Art. 39 CISG Rn. 23.

1776 Vgl. *Kölmel*, Regressrecht, 2008, S. 112; *Hassemer*, Relativität, 2007, S. 208 f.

der Letztverkäufer den Anspruch dann an den Importeur weiter, so kommt hier § 445b Abs. 2 BGB zur Anwendung. Ansprüche des Importeurs gegen den italienischen Zwischenhändler können jedoch zu diesem Zeitpunkt bereits ausgeschlossen sein, wenn die Ausschlussfrist des Art. 39 Abs. 2 CISG abgelaufen ist.

Darüber hinaus bestehen auch Unterschiede bezüglich der Beweislast. Gem. § 477 Abs. 1 BGB wird in solchen Fällen, in denen sich „innerhalb eines Jahres seit Gefahrübergang ein von den Anforderungen nach § 434 oder § 475b BGB abweichender Zustand der Ware“ zeigt, vermutet, dass die Ware schon bei Gefahrübergang mangelhaft war.[1777] Die Beweislastumkehr des § 477 Abs. 1 BGB, die dem Verbraucher zugutekommt, wirkt gem. § 478 Abs. 1, 3 BGB auch zugunsten des Letztverkäufers gegenüber seinem Verkäufer. Das auf das Verhältnis zwischen deutschem Importeur und italienischem Zwischenhändler anwendbare UN-Kaufrecht hingegen enthält keine besonderen Regelungen zur Beweislast. Hier trägt der jeweilige Anspruchsinhaber die Beweislast für die Mangelhaftigkeit der Ware im Zeitpunkt des Gefahrübergangs.[1778] Auch hier droht, wie *Schröder* feststellt, eine Regressfalle, denn der jeweilige Anspruchsinhaber „könnte […] den Sachmangel auch ohne Beweislastumkehr gegenüber seinem Lieferanten geltend machen, ob ihm der Beweis der Vertragswidrigkeit bei Gefahrübergang allerdings gelingt, nachdem er die Kaufsache vom Verbraucher zurückerhalten hat, darf bezweifelt werden.“[1779]

In Fallbeispiel 1 wäre daher ein erfolgreicher Kettenregress nicht möglich, vielmehr würde der Importeur auf dem Schaden, den er dem Letztverkäufer zu ersetzten hat, sitzenbleiben, da das UN-Kaufrecht insofern strengere Regelungen bereithält. *Dutta* stellt insofern fest, dass das CISG die effektive Umsetzung des Letztverkäuferregresses durch die mitgliedsstaatlichen Regelungen gefährdet.[1780] Sowohl *Dutta* als auch *Schröder* setzen sich dementsprechend jeweils damit auseinander, ob sich ein Vorrang der mitgliedsstaatlichen Regelungen vor dem CISG begründen lässt. Allerdings lässt sich ein solcher nicht aus einem Spezialitätsgrundsatz, dem *lex posterior*-Grundsatz oder über Art. 90 CISG begründen.[1781] Auch eine Erklärung zum Vorrang der nationalen Regelungen gem. Art. 94 CISG ist nicht

1777 Ab dem 1.1.2022 gilt eine neue Fassung der Regelung, von der hier ausgegangen wird, siehe: BGBl. I 2021, S. 2135.

1778 *Schröder*, Unternehmerregress, 2017, S. 191.

1779 *Ders.*, Unternehmerregress, 2017, S. 192.

1780 *Dutta*, ZHR 171 (2007), 79, 88; vgl. auch: *Hassemer*, Relativität, 2007, S. 208 f.

1781 Siehe hierzu im Einzelnen: *Schröder*, Unternehmerregress, 2017, S. 233 ff.; *Dutta*, ZHR 171 (2007), 79, 88 ff.

erfolgt.[1782]

Zudem würde sich an dem Scheitern des Kettenregresses mitunter wenig ändern, wenn der deutsche Importeur und italienische Zwischenhändler einen Ausschluss des CISG gem. Art. 6 CISG vereinbart hätten.[1783] Dann käme kraft objektiver Anknüpfung das italienische Vertragsstatut zur Anwendung (Art. 4 Abs. 1 lit. a Rom I-VO). Eine Privilegierung dieses Anspruchs ist im italienischen Kaufrecht, im Vergleich zum deutschen Kaufrecht, nicht vorgesehen. So ist der Anspruch etwa dann ausgeschlossen, wenn der Zwischenhändler diesen nicht innerhalb eines Jahres nach Erhalt der Sache geltend macht.[1784] Sofern der deutsche Importeur vom deutschen Letztverkäufer nach dieser Zeit in Anspruch genommen wird, ist der Rückgriff des Importeurs nicht mehr möglich. Auch die vom italienischen Recht vorgesehene Umsetzung des Art. 4 KaufRL im Rahmen eines Direktrückgriffs gegen den Hersteller vermag an dieser Stelle nicht weiterzuhelfen. Dies hat zweierlei Gründe. Erstens ist der Anspruch außervertraglich zu qualifizieren[1785] und gem. Art. 5 Abs. 1 Rom II-VO anzuknüpfen. Gem. Art. 5 Abs. 1 lit. a Rom II-VO kommt das Recht am gewöhnlichen Wohnsitz der geschädigten Person zur Anwendung, also des Letztverkäufers.[1786] Dieses wäre hier deutsches Recht. Selbst wenn dies anders zu beurteilen wäre, kommt der Anspruch jedoch zweitens ohnehin nur dem Letztverkäufer zu. Ein Direktanspruch anderer Beteiligter entlang der Vertragskette ist im italienischen Recht nicht vorgesehen.[1787] Insofern würde der Importeur auch bei Ausschluss des CISG auf dem Schaden sitzenbleiben, ohne diesen an den italienischen Zwischenhändler durchreichen zu können.

1782 *Schröder*, Unternehmerregress, 2017, S. 240 ff.; *Dutta*, ZHR 171 (2007), 79, 90.

1783 Zum sog. „opt-out" nach Art. 6 CISG: MüKo/*Huber*, Art. 6 CISG Rn. 1 ff.

1784 So unter Verweis auf Art. 1495 Abs. 3 Codice Civile: *Schröder*, Unternehmerregress, 2017, S. 275.

1785 Vgl. hierzu im Detail Schröder, der dies insbesondere aus der Ähnlichkeit zu der vom EuGH als außervertraglich qualifizierten Direktklage im französischen Recht herleitet: *Schröder*, Unternehmerregress, 2017, S. 263 f. m.w.N.; ähnlich auch: *Dutta*, ZHR 171 (2007), 79, 95 f.; siehe zu aktueller Rspr. des EuGH bezüglich der Qualifikation von Direktansprüchen: *Voß*, IPRax 2021, 236 ff.

1786 Es besteht insofern die Möglichkeit gem. Art. 5 Abs. 1 S. 2 Rom II-VO das Recht am Sitz des Herstellers zur Anwendung zu bringen, wenn für diesen ein Inverkehrbringen im Staat des Letztverkäufers nicht vorhersehbar war: *Schröder*, Unternehmerregress, 2017, S. 268 f.

1787 Hierauf verweisen als mögliches Problem: *ders.*, Unternehmerregress, 2017, S. 276.

Ein deckungsgleicher Regress des deutschen Importeurs gegen den italienischen Zwischenhändler wäre dann möglich, wenn beide die Geltung deutschen Rechts vereinbaren. Allerdings würde dann die Regresskette in der nachgelagerten Stufe scheitern, da ein Anspruch des italienischen Zwischenhändlers gegen den Hersteller italienischem Vertragsstatut unterliegen würde, was die soeben dargelegten Schwierigkeiten mit sich bringt. Der Direktanspruch würde auch hier nicht weiterhelfen.

Zu einem Scheitern etwaiger Kettenregresse kann es auch dann kommen, wenn zwar jeweils aufgrund eines Ausschlusses des CISG in den grenzüberschreitenden Verträgen der Lieferkette nur mitgliedsstaatliche Regelungen zum Zuge kommen und diese zudem auch jeweils von einem Kettenregress ausgehen.[1788] So könnte etwa ein innerdeutscher Vertrag, bei dem die Privilegierung des Regressanspruchs wirtschaftlich zwingend ausgestaltet ist, entlang der Kette mit dem österreichischen Recht aufeinandertreffen, nach dem der Regressanspruch dispositiv ist.[1789] Ähnlich der in *Alsthom Atlantique* geschilderten Situation bei jeweils vereinbarten Haftungsbegrenzungen bzw. -ausschlüssen wäre deren Wirksamkeit jeweils unterschiedlich zu beurteilen, was zu einem Abbrechen der Regressansprüche entlang der Kette führen würde.

bb) Doppelung von Regressansprüchen entlang der Vertragskette

Neben diesem Scheitern des Regressanspruchs entlang der Kette kann es, wenn aufgrund eines Ausschlusses des CISG unterschiedliche mitgliedsstaatliche Umsetzungen des Art. 4 KaufRL aufeinanderstoßen auch zu einer sog. „Normenhäufung“[1790] kommen, bei der ein Glied der Vertragskette gleich mehrere Rückgriffsansprüche erhält:

1788 Schröder schildert umfassend Szenarien des „Normenmangels“, der „Normenhäufung“ und der „Normenunverträglichkeit“ mit Blick auf Sachverhalte, in denen die Geltung des CISG jeweils ausgeschlossen ist: *Schröder*, Unternehmerregress, 2017, S. 272 ff.; vgl. auch: *Dutta*, ZHR 171 (2007), 79, 100 ff.

1789 Vgl. zur Abdingbarkeit der Regelungen im österreichischen Recht: *Schröder*, Unternehmerregress, 2017, S. 192 ff.

1790 *Schröder*, Unternehmerregress, 2017, S. 273; ähnlich auch: *Dutta*, ZHR 171 (2007), 79, 101.

Fallbeispiel 2:[1791]

Ein deutscher Hersteller verkauft Holzregale an einen deutschen Zwischenhändler. Der Zwischenhändler verkauft diese wiederum an ein italienisches Möbelhaus, wobei die Geltung des CISG ausgeschlossen wird. Das Möbelhaus verkauft eines der Regale als Letztverkäufer an einen italienischen Verbraucher. Der Verbraucher macht sodann gegen den Letztverkäufer Gewährleistungsansprüche geltend, da das Holz falsch geleimt sei.

Erfüllt der italienische Letztverkäufer die Ansprüche des Verbrauchers, kann die Situation entstehen, dass er zwischen zwei Anspruchsgegnern wählen kann. Einerseits kommt aufgrund der bereits erwähnten außervertraglichen Qualifikation des Direktanspruchs insofern gem. Art. 4 Abs. 1 lit. a Rom II-VO italienisches Recht zur Anwendung. Daher steht dem Letztverkäufer der Direktanspruch gegen den Hersteller nach italienischem Recht offen. Daneben kommt im Verhältnis zwischen dem Letztverkäufer und dem Zwischenhändler gem. Art. 4 Abs. 1 lit. a Rom I-VO deutsches Recht als Vertragsstatut zur Anwendung. Dementsprechend kann der Letztverkäufer auch Ansprüche gegen den Zwischenhändler geltend machen und kann hierbei die privilegierte Ausgestaltung des Anspruchs im deutschen Recht nutzen. So könnte der Letztverkäufer hier auch den Zwischenhändler in Anspruch nehmen. Dem Letztverkäufer kommen damit in zweierlei Hinsicht Regelungen zugute, die in Umsetzung der Richtlinienbestimmung zum Unternehmerregress erlassen wurden.

cc) Bewertung

Die Fallbeispiele illustrieren damit die Gemengelage, die entlang einer Vertragskette entstehen kann, wenn unterschiedliche mitgliedsstaatliche Regelungen miteinander und mit dem UN-Kaufrecht kollidieren. Insofern identifizieren *Dutta* und *Schröder* jeweils, dass Probleme vor allem dann entstehen, wenn das Vertragsstatut einen Direktanspruch, das Deliktsstatut aber einen vertraglichen Regressanspruch vorsieht.[1792] Zwar können einzelne Probleme über eine kollisions- oder sachrechtliche Angleichung vermindert werden.[1793] So schlägt etwa *Schröder* für das zweite Fallbeispiel vor, in derartigen Fällen davon auszugehen, dass hier der deliktsrechtliche Direktanspruch vorrangig sei.[1794] Gleichwohl zeigt bereits die Notwendigkeit derartiger Korrekturen, dass die unterschiedliche Ausgestaltung

1791 Abgewandelt von: *Schröder*, Unternehmerregress, 2017, S. 273; vgl. auch: *Dutta*, ZHR 171 (2007), 79, 101.

1792 *Schröder*, Unternehmerregress, 2017, S. 271 ff.; *Dutta*, ZHR 171 (2007), 79, 100 ff.

1793 Schröder nimmt auf die Möglichkeiten der kollisionsrechtlichen und materiellrechtlichen Angleichung Bezug: *Schröder*, Unternehmerregress, 2017, S. 272 ff.

1794 *Ders.*, Unternehmerregress, 2017, S. 274.

des Letztverkäuferregresses und die mögliche Überlagerung des Regresses entlang der Vertragskette durch Vorschriften des CISG das Ziel der Richtlinie, den Regress zu gewährleisten, erheblich gefährden.[1795] Insofern erscheint es *de lege ferenda* ein sinnvoller Vorschlag, unionsrechtlich den Direktanspruch als Ausgestaltung des Regresses vorzugeben, um einerseits die mit der Überlagerung durch das CISG verbundenen Probleme zu vermeiden und zudem die Probleme zu umgehen, die sich aktuell daraus ergeben, dass die mitgliedsstaatlichen Regelungen zur Umsetzung der Richtlinienbestimmung zum Unternehmerregress teils vertraglich und teils außervertraglich zu qualifizieren sind.[1796]

De lege lata zeigen diese Friktionen zwischen den unterschiedlichen Ausgestaltungen die Probleme, die entlang einer Kaufvertragskette bei Aufeinandertreffen unterschiedlicher Rechte entstehen können. Für die Parteien können diese möglicherweise entstehenden Probleme rund um etwaige Regressansprüche eine erhebliche Belastung darstellen. So gilt es stets für den jeweils eingegangenen Vertrag zu evaluieren, welche Regressansprüche aus diesem entstehen könnten, gegen wen sich die jeweiligen Ansprüche richten und ob diese Person ihrerseits Regress nehmen könnte. Mit dieser Überprüfung ist ein erhebliches Maß an Rechtsinformationskosten verbunden.[1797] Unterlässt eine Partei entlang der Kette hingegen, wie es praktisch in den meisten Konstellationen der Fall sein wird, diese Prüfung, sind diese Unsicherheitskosten mit einzupreisen.[1798] Dies betrifft auch die im Übrigen rein inländischen Verträge, da auch hier der etwa nach Deutschland importierende Beteiligte, der die Ware innerhalb Deutschlands weitervertreibt, prüfen müsste, inwiefern sich etwaige gegen ihn gerichtete Regressansprüche nach deutschem Recht mit solchen aus dem nachgelagerten internationalen Vertrag decken.

b) Back-to-back Swaps

Die Schwierigkeiten, welche abweichende anwendbare Rechte in Vertragsketten verursachen, lassen sich darüber hinaus auch an den sog. back-to-back Swaps aufzeigen. Hierbei handelt es sich um Swap-Geschäfte, die in der Kette abgeschlossen werden. Diese werden zumeist mittels der bereits ausführlich dargestellten ISDA-Verträge abgeschlossen, so auch in den bereits dargestellten Fällen *Santander* und *Dexia*. Auch in diesen Kettenabschlüssen zeigen sich die

---

1795 Vgl. *Hassemer*, Relativität, 2007, S. 208 f.

1796 *Schröder*, Unternehmerregress, 2017, S. 303 f.; *Dutta*, ZHR 171 (2007), 79, 94 ff.

1797 Siehe zu Rechtsinformationskosten: Zweiter Teil, A., III., 4., a), bb), (1), (b), (aa).

1798 Siehe zu Unsicherheitskosten: Zweiter Teil, A., III., 4., a), bb), (1), (b), (bb).

diskutierten Netzeffekte der Standardisierung, da sämtliche Teilnehmer entlang der Kette mit den Vertragswerken vertraut sind. Gleichwohl sollen diese bereits ausführlich behandelten Effekte der Standardisierung an sich im Folgenden ausgeblendet werden und der Blick darauf gerichtet werden, welche Probleme bei diesen Verträgen mit einer Divergenz der anwendbaren Rechte entlang der Kette einhergehen. Hierzu ist zunächst die Funktion derartiger Verträge zu erläutern (aa)) um sodann anhand des Beispiels aus *Dexia* zu erläutern, zu welchen Folgen hier unterschiedliche anwendbare Rechte führen können (bb)). Daraufolgend sollen die Entscheidungen in *Dexia* und *Santander* knapp dargestellt werden (cc)), um sodann abschließend zu bewerten, welche Belastungen eine Versagung der Rechtswahlfreiheit in derartigen Fällen für die Parteien bedeuten würde (dd)).

aa) Funktion der back-to-back Swaps

Back-to-back Swaps dienen der Risikoabsicherung. Illustrieren lässt sich diese Funktion bespielhaft an dem Sachverhalt in *Dexia*. Dexia schloss verschiedene Swap-Verträge etwa mit der Deutschen Bank und Morgan Stanley ab, um sich gegen die der Comune di Prato gegenüber eingegangenen Risiken abzusichern.[1799] Beispielsweise für den zweiten mit der Comune di Prato abgeschlossenen Swap einigte sich Dexia mit der Deutschen Bank und erhielt von dieser eine Zinsrate von 5,8175 % im Vergleich mit den 5,54 % die Dexia der Comune di Prato zahlen sollte. Darüber hinaus zahlte die Deutsche Bank Dexia im Voraus 204,000 Euro.[1800] Dexia sicherte sich damit weitgehend gegen die Risiken der mit der Comune di Prato eingegangenen Swaps ab.

bb) Divergenzen als Gefahr für die Absicherung

Angesichts der Funktion der back-to-back Swaps als Risikoabsicherung ist der Gleichlauf der Vertragsbedingungen entlang der Vertragskette von besonderer Bedeutung. Schließlich muss das zur Risikoabsicherung abgeschlossene Derivat genau die Risiken des ursprünglichen Derivats abdecken.[1801] So muss beispielsweise das Kreditereignis anhand gleicher Bedingungen definiert sein, damit der Händler nie verpflichtet ist, ohne selbst Rückgriff nehmen zu können.[1802] Wäre dies hingegen nicht der Fall, „wären die Risikopositionen für

1799 *Dexia Crediop S.p.A.* v *Comune di Prato* [2017] EWCA Civ 428 [5].
1800 *Dexia Crediop S.p.A.* v *Comune di Prato* [2015] EWHC 1746 (Comm) [75].
1801 *Engert*, RW 2014, 301, 314 f.
1802 *Ders.*, RW 2014, 301, 315.

die Marktteilnehmerinnen schlicht nicht mehr überschaubar".[1803] Divergieren jedoch die anwendbaren Rechte, ist dieser Gleichlauf gefährdet. Unterschiedliche anwendbare Rechte könnten in verschiedene Aspekte der Verpflichtungen der Parteien eingreifen.

Dies lässt sich erneut an dem *Dexia* zugrundeliegenden Sachverhalt erläutern. Wäre auf die Swaps italienisches zwingendes Recht anwendbar gewesen, hätte Dexia in dem Vertrag auf ein siebentägiges Widerrufsrecht verweisen müssen. Hätte Dexia nun in dieser Zeit bereits versucht, sich gegen die Risiken abzusichern und die Comune di Prato dann den Vertrag widerrufen, hätte sich der zur Risikoabsicherung abgeschlossene Swap in das Gegenteil verkehrt. Zutreffend führte daher das Gericht aus:

> „If the mandatory local laws of a party are to be applied to any individual swap contract, there is a real risk that the back-to-back security will quickly become illusory. If for example the law of one country requires (as does Italian law) a right to withdrawal to be accorded to the investor for 7 days after execution but the law of another country governing a back-to-back contract has no such requirement or, say, a 28 day right of withdrawal, the back-to-back contracts will cease to be useful."[1804]

Gleiches gilt für *Santander*. Hier beriefen sich die Transportunternehmen, wie bereits dargestellt, auf portugiesische Regelungen zum Wegfall der Geschäftsgrundlage und solchen zur Nichtigkeit aufgrund der spekulativen Ausgestaltung der Swap-Geschäfte.[1805] Würden derartige zwingende Bestimmungen des jeweiligen Einbettungsstatuts auf die inländischen Teile der Vertragskette Anwendung finden, könnte dies zu einem Auseinanderfallen der Verpflichtungen zwischen diesem Teil der Kette und den grenzüberschreitenden und als Folge allein dem gewählten englischen Recht unterliegenden übrigen Teilen der Vertragskette führen.

Diese Beispiele zeigen, wie divergierende anwendbare Rechte in diesen Vertragsketten die Funktion der back-to-back Swaps verfehlen. Damit gefährden sie auch die von *Horst* als maßgeblich für den Markt herausgearbeitete „Kongruenzerwartung".[1806] Dieses Vertrauen in den Gleichlauf der jeweiligen

---

1803 *Horst*, Transnationale Rechtserzeugung, 2019, S. 50.

1804 *Dexia Crediop S.p.A.* v *Comune di Prato* [2017] EWCA Civ 428 [135], unter Inbezugnahme des High Courts in Santander: *Banco Santander Totta S.A.* v *Transport Companies* [2016] EWHC 465 (Comm) [411]. Diese Argumentation greift auf: *Böhle*, ZEuP 2019, 72, 85.

1805 Siehe zu den Entscheidungen im Einzelnen: Dritter Teil, C., II., 2.

1806 *Horst*, Transnationale Rechtserzeugung, 2019, S. 48 ff.

Vertragsverhältnisse identifiziert dieser als „Strukturvoraussetzung“ des Marktes für OTC-Derivate.[1807]

cc) Entscheidungen in Dexia *und* Santander

Während der High Court in *Dexia* noch eine Relevanz der abgeschlossenen back-to-back Verträge abgelehnt hatte,[1808] verwies der High Court in *Santander* zur Begründung des bestehenden Auslandsbezugs auch auf back-to-back Verträge mit ausländischen Banken.[1809] Unklar blieb hierbei, wie das Gericht es bewertete, dass die back-to-back Swaps zunächst mit einer weiteren portugiesischen Tochtergesellschaft des spanischen Mutterkonzerns eingegangen worden waren und diese sodann ihrerseits Swap-Geschäfte zur Absicherung mit dem Mutterkonzern eingegangen war.[1810] Der Court of Appeal wies sodann, wie bereits dargestellt, die Einwendungen der Transportunternehmen in *Santander* zurück.[1811] Auch in *Dexia* kam der Court of Appeal zu dem Ergebnis, dass der Abschluss von back-to-back swaps als hinreichender Auslandsbezug schon für sich genommen genüge.[1812] Die Literatur stimmt dieser Einordnung der abgeschlossenen Kettenverträge als Auslandsbezug weitestgehend zu.[1813]

dd) Bewertung

Diese Betrachtung zeigt, welche Fallstricke die Anwendbarkeit unterschiedlicher Rechte entlang derartiger in der Kette abgeschlossener Swap-Geschäfte verursachen kann. Indem diese Schwierigkeiten Unsicherheiten über den Gleichlauf der jeweiligen Rechte und Pflichten entlang der Vertragsketten verursachen, gefährden diese entscheidend die dargelegte „Kongruenzerwartung“. Da es sich bei dieser um eine Strukturvoraussetzung des Marktes handelt,[1814] kann gar in Zweifel gezogen werden, ob bei Gefährdung des Gleichlaufs durch die

---

1807 *Ders.*, Transnationale Rechtserzeugung, 2019, S. 51.

1808 *Dexia Crediop S.p.A.* v *Comune di Prato* [2015] EWHC 1746 (Comm) [211].

1809 *Banco Santander Totta S.A.* v *Transport Companies* [2016] EWHC 465 (Comm) [411].

1810 *Banco Santander Totta S.A.* v *Transport Companies* [2016] EWHC 465 (Comm) [152].

1811 Siehe: Dritter Teil, C., II., 2., c), cc).

1812 *Dexia Crediop S.p.A.* v *Comune di Prato* [2017] EWCA Civ 428 [133]–[134].

1813 *Böhle*, ZEuP 2019, 72, 84 ff.; *Thorn/Thon*, FS Kronke, 2020, S. 569, 574 f.; dem Urteil stimmt im Grundsatz zu, äußert allerdings Bedenken bezüglich des Beurteilungszeitpunkts der Vertragskette: *von Hein*, FS Hopt, 2020, S. 1405, 1413 f.; Ostendorf bezeichnet das Urteil insofern als „nachvollziehbar“, dieses hätte aber „einer deutlich tiefergehenden Analyse bedurft“: *Ostendorf*, IPRax 2018, 630, 632 f.

1814 *Horst*, Transnationale Rechtserzeugung, 2019, S. 48.

Anwendbarkeit unterschiedlicher Rechte überhaupt ein Markt bestünde. Indem diese Schwierigkeiten auch den Abschluss grenzüberschreitender Swap-Verträge gefährden, können sie eine Beeinträchtigung speziell der Kapitalverkehrsfreiheit bedeuten.[1815]

2. *Einheitlichkeit des Vertragsstatuts durch Rechtswahl entlang der Vertragskette*

Gegenüber dieser Divergenz zwischen den anwendbaren Rechten ermöglicht die Einräumung der Rechtswahl entlang der Kette auch für im übrigen rein inländische Verträge einen Gleichlauf der Vertragsstatute (a)). Zwar ist die Rechtswahl für sich genommen nicht in der Lage, sämtliche Probleme des Aufeinandertreffens unterschiedlicher Statute zu beheben, jedoch vermag dieses Fortbestehen einiger Belastungen im grenzüberschreitenden Wirtschaftsverkehr die Erleichterungen, die mit der Vereinheitlichung der Vertragsstatute einhergehen, nicht in Zweifel zu ziehen (b)).

a) Gleichlauf der Vertragsstatute

Ist die Rechtswahl auch für die inländischen Verträge einer internationalen Vertragskette eröffnet, kann in Kaufvertragsketten und bei back-to-back Swaps ein Gleichlauf der Vertragsstatute erreicht werden.

Wählen bei einer Kaufvertragskette sämtliche Beteiligten dasselbe anwendbare Recht, richten sich insbesondere die Gewährleistungsansprüche sämtlichst nach einem Recht. Hierdurch kann ein umfassender Gleichlauf erreicht werden, insbesondere wenn die Parteien entlang der Vertragskette auch einen Ausschluss der Geltung des CISG vereinbaren (Art. 6 CISG). Dann käme es auch nicht zu einer Divergenz zwischen der Anwendbarkeit der Regelungen des CISG auf die grenzüberschreitenden Teile der Vertragskette und der Nicht-Anwendbarkeit des CISG auf die rein inländischen Teile der Vertragskette. In der Praxis wird sich hierbei zumeist das Recht des Herstellers entlang der Kette durchsetzen, da dieser zumeist den ersten Vertrag mit seinem Abnehmer schließt und sich die übrigen Verträge hiernach ausrichten würden.

1815 Bei Regelungen zu Derivaten ist der Anwendungsbereich der Kapitalverkehrsfreiheit eröffnet, vgl. hierzu: EuGH, Urt. v. 30.4.2020, C-565/18, *Société Générale* – Rn. 18; siehe insofern auch: Schlussanträge des Generalanwalts Hogan, C-565/18 – *Société Générale*, Rn. 24.

Auch bei den Swaps ermöglicht die Rechtswahl die Beurteilung sämtlicher Rechte und Pflichten entlang der Kette anhand eines einheitlichen Rechts. In der Praxis wird hierbei das englische Recht oder Recht des Staates New York gewählt. Diese Rechtsordnungen werden jeweils die bestehenden ISDA-Vertragswerke für umfassend wirksam erachten.[1816]

Diese Vereinheitlichung durch gleichlaufende Rechtswahlvereinbarungen geht auch deutlich über das hinaus, was im Rahmen einer Anpassung der dispositiven Bestimmungen möglich wäre. So ließe sich etwa Art. 39 Abs. 2 CISG, auf den zuvor Bezug genommen wurde, abbedingen.[1817] Gleichwohl wären derartige Anpassungen allein im Rahmen der dispositiven Regelungen aufwändiger, da sämtliche Regelungen überprüft werden müssten. Zudem scheitert dann ein völliger Gleichlauf der jeweiligen Regelungen an Bestimmungen des innerstaatlich zwingenden Rechts, wie etwa solchen zum Unternehmerregress im BGB, so dass die Anpassung allein im Rahmen des dispositiven Rechts nicht in der Lage ist, eine vergleichbare Vereinfachung für die Beteiligten der Vertragskette zu schaffen.

Diese Erwägungen sprechen damit zunächst dafür, dass die Einbettung eines rein inländischen Vertrags in eine internationale Vertragskette einen hinreichenden Auslandsbezug darstellt. Schließlich würde anhand des im ersten Teil dieser Arbeit herausgebildeten Maßstabs die Versagung der Rechtswahlfreiheit den grenzüberschreitenden Wirtschaftsverkehr beeinträchtigten, indem sich die Divergenzen der anwendbaren Rechte auf unterschiedliche Verträge entlang der Kette auch auf die grenzüberschreitenden Verträge negativ auswirkt. Die Rechtswahlfreiheit demgegenüber vermag Erleichterungen zu ermöglichen, indem sie den Gleichlauf der Vertragsstatute sicherstellen kann.

b) Fortbestehen von Belastungen trotz Rechtswahl

Wenngleich damit ein weitgehender Gleichlauf der Vertragsstatute erreicht werden kann, bestehen unterschiedliche Probleme auch bei der Rechtswahl fort. Diese könnten in Zweifel ziehen, inwiefern die Rechtswahl in der Lage ist, entlang derartiger Vertragsketten für Erleichterungen zu sorgen und dementsprechend, im Rahmen des aufgegriffenen Maßstabs des ersten Teils, in Zweifel ziehen, inwiefern die Einbettung in eine internationale Vertragskette einen

---

1816 Siehe zum Zusammenhang zwischen der Nutzung dieser Vertragswerke und dem anwendbaren Recht: Dritter Teil, C., II., 3., b).

1817 Vgl. hierzu: Schlechtriem/Schwenzer/*Schwenzer*, Art. 39 CISG Rn. 34 f.

hinreichenden Auslandsbezug im Rahmen des Art. 3 Abs. 3 Rom I-VO darstellen könnte.

aa) Regresslücken als Regressschutz

Zunächst ist festzustellen, dass der Beschreibung der zuvor dargelegten Probleme beim Regress als „Lücken“[1818] eine negative Wertung aus Sicht des Kettenglieds innewohnt, das mit seinem Regressanspruch scheitert. Allerdings stellt es sich für dessen Vertragspartner, der vor dem Rückgriff geschützt wird, als positiver „Regressschutz“ dar, der ihn vor dem Rückgriff schützt. So verweist etwa *Langner* mit Blick auf *Alsthom Atlantique* darauf, die Rechtswahl könne „nur eine Partei von der belastenden Wirkung freistellen. Für die andere Partei liegt darin aber eine neue Belastung.“[1819] Diese Partei müsse „sich das Risiko durch einen erhöhten Kaufpreis ausgleichen lassen.“[1820]

Es ist zwar grundsätzlich einzuräumen, dass mit der vereinheitlichten Wahl etwa eines regressfreundlichen Rechts ein Anspruch gegen eine vormals vor dem Regress geschützte Partei entstehen würde und diese der Rechtswahl dementsprechend nur bei einer veränderten Gegenleistung zustimmen würde. Diese Erwägungen zeigen allerdings nur, welche jeweiligen individuellen Erwägungen die Beteiligten entlang der Vertragskette miteinbeziehen können. Handelt entlang der Vertragskette ein Beteiligter wiederholt als deutscher Importeur italienischer Waren, so kann es sich für diesen lohnen, Wissen über das italienische Vertragsrecht aufzubauen, da für dieses Wissen zwar Transaktionskosten aufgewendet werden müssen, diese sich allerdings über eine Vielzahl von Geschäften amortisieren lassen. Ist dies nicht der Fall, könnte der Zwischenhändler versuchen, das Risiko der einmaligen Vereinbarung eines ihm nicht hinreichend bekannten Rechts einzupreisen. Auch in diesen Fällen würde die Rechtswahl zu einer marktmäßigen Lösung führen.

Zwar ist es nur realistisch, davon auszugehen, dass Parteien die Risiken und Kosten nicht stets präzise einordnen und eine wohlüberlegte und informierte Rechtswahl treffen werden, allerdings ist die Alternative die gänzliche Versagung der Rechtswahlfreiheit für solche innerstaatlichen Verträge, die in eine internationale Vertragskette eingebunden sind. Dass diese pauschale Entscheidung des zentralen Regelungsgebers, der keine Einsicht in die individuellen Gegebenheiten der jeweiligen Vertragskette hat und diese nicht mit einbeziehen kann, zu

1818 Kölmel spricht insofern von „Regressfallen“: *Kölmel*, Regressrecht, 2008, S. 96 ff.
1819 *Langner*, RabelsZ 65 (2001), 222, 230.
1820 *Ders.*, RabelsZ 65 (2001), 222, 230.

einer Regelung führt, die die Probleme des grenzüberschreitenden Wirtschaftsverkehrs deutlicher mildert als die Gestaltungsfreiheit der Parteien, erscheint zweifelhaft.[1821] Insofern ist auch hier zusammenfassend anzunehmen, dass die Einräumung der Rechtswahlfreiheit auch für eingebettete innerstaatliche Verträge zu effizienteren Ergebnissen führen würde und Belastungen der entlang der Vertragskette Beteiligten im grenzüberschreitenden Handel mindern würde.

bb) Keine gänzliche Vereinheitlichung möglich

Darüber hinaus ließe sich gegen die Erwägungen zur Vereinheitlichung des Regresses mittels der Rechtswahl vorbringen, dass diese angesichts der teilweisen außervertraglichen Qualifikation der Regressansprüche etwa im italienischen Recht nicht gänzlich in der Lage wäre, einen Gleichlauf zu ermöglichen.

Dem ist zwar zuzustimmen, dass derartige Probleme erhalten bleiben. Allerdings würde die umfassende Rechtswahl entlang der Kette die Schwierigkeiten der Anwendbarkeit unterschiedlicher Regelungsregime jedenfalls deutlich reduzieren, indem die Vertragsstatute vereinheitlicht würden, was wiederum Rechtsunsicherheit und Transaktionskosten auf Seiten der Beteiligten mit Blick auf die vertraglichen Ansprüche mindern würde. Dass die Rechtswahl innerhalb der jeweiligen Vertragsverhältnisse nicht in der Lage wäre, sämtliche mit dem grenzüberschreitenden Handel und den bestehenden Divergenzen der anwendbaren Rechte verbundene Probleme zu lösen, vermag die Erleichterungen, die sie im grenzüberschreitenden Handel bedeuten würde, nicht grundsätzlich in Zweifel ziehen.

cc) Ergebnis

Im Ergebnis bleibt damit festzustellen, dass die Divergenz der anwendbaren Vertragsstatute für die Beteiligten einer internationalen Vertragskette eine Vielzahl möglicher Fallstricke bereithält. Die Rechtswahl ist zwar nicht in der Lage diese vollständig aufzulösen, allerdings würde sie gleichwohl eine deutliche Erleichterung für die Beteiligten ermöglichen und damit den grenzüberschreitenden Wirtschaftsverkehr vereinfachen.

1821 Siehe insofern bereits innerhalb der Diskussion um die Rechtswahl als marktmäßige Lösung: Zweiter Teil, A., III., 4., a), bb), (1), (b), (cc).

c) Ergebnis

Im Ergebnis spricht damit diese an den im ersten Teil dieser Arbeit herausgebildeten Parametern orientierte Untersuchung für eine Relevanz von entlang einer Vertragskette vor- und nachgelagerten Verträgen für die Rechtswahlfreiheit.

3. Zeitliches Verhältnis und Erkennbarkeit

Bisher ausgeblendet wurde die Frage, in welchem zeitlichen Verhältnis die Verträge entlang der Kette stehen müssen, damit vor- und nachgelagerte Verträge einen hinreichenden Auslandsbezug herstellen können: Ist es notwendig, dass der Abschluss des im Übrigen rein internen Weiterverkaufs einer Ware dem Abschluss des internationalen Vertrags zeitlich nachfolgt? Wie wäre ein Fall zu beurteilen, in dem ein Zwischenhändler die Ware im Inland bezieht, und erst danach grenzüberschreitend weitervertreibt?[1822] Und inwiefern muss der Abschluss vor- oder nachgelagerter Verträge für den Vertragspartner beim rein inländischen Vertrag erkennbar sein?

a) Dexia *und* Santander

In *Dexia* und *Santander* haben sich die Gerichte jeweils kaum explizit mit Fragen des zeitlichen Verhältnisses und der Vorhersehbarkeit auseinandergesetzt. In *Dexia* hieß es erstinstanzlich, der Abschluss der back-to-back swaps sei „something which is completely external to 'the situation' at the time that choice of law was agreed".[1823] In *Dexia* hatte die italienische Gemeinde geltend gemacht, dass sie es nicht vorhergesehen hätte, dass derartige Verträge abgeschlossen werden.[1824] In *Santander* hingegen verwiesen beide Instanzen darauf, dass der Abschluss derartiger Verträge „routine"[1825] sei, der Court of Appeal bezeichnete sie auch als objektiv vorhersehbar.[1826] Insofern legen die Entscheidungen nahe, dass die objektive Vorhersehbarkeit eines späteren Abschlusses von back-to-back Swaps mit ausländischen Banken genügen müsse und diese in einem derartigen internationalen Markt stets gegeben sei.

1822 Diese Frage diskutiert auch: *Böhle*, ZEuP 2019, 72, 89.

1823 *Dexia Crediop S.p.A.* v *Comune di Prato* [2015] EWHC 1746 (Comm) [211].

1824 *Dexia Crediop S.p.A.* v *Comune di Prato* [2017] EWCA Civ 428 [133].

1825 *Banco Santander Totta S.A.* v *Transport Companies* [2016] EWHC 465 (Comm) [411]; *Banco Santander* v *Transport Companies* [2016] EWCA Civ 1267 [65].

1826 *Banco Santander* v *Transport Companies* [2016] EWCA Civ 1267 [133].

b) Ansichten in der Literatur

Mit Blick auf den Zeitpunkt der Beurteilung der Vertragskette greift vor allem *von Hein* die Entscheidungen in *Santander* an. Es genüge nicht, dass es routinemäßig zum Abschluss derartiger Kettenverträge komme, wenn dies für auf dem Markt unerfahrene Vertragspartner nicht erkennbar sei.[1827] Zudem kritisiert er, dass bei Einordnung nachgelagerter Verträge es „[d]ie an einem zunächst inländischen Derivategeschäft beteiligte Bank […] es vielmehr allein in der Hand" hätte, „einseitig über den Auslandsbezug des Sachverhalts und damit *ex post* über die Anwendbarkeit zwingender Vorschriften des inländischen Rechts zu bestimmen."[1828] Es sei zu verlangen, dass wenigstens in den AGB ausdrücklich hierauf hingewiesen werde.[1829] In ähnlicher Weise äußern sich auch *Plender/Wilderspin*:

> „[I]f the Court of Appeal is correct, it means that even a factor of which […] one of the parties was not aware will suffice. While this is not explicitly contrary to the wording of the provision, it may be doubted that this was the intention of the draftsmen."[1830]

Auch *Mansel* bezweifelt, dass der Abschluss derartiger Verträge den Auslandsbezug schaffen könne, wenn die andere Partei keine Kenntnis von diesen Geschäften habe.[1831] Insofern könne eine Vertragskette nur dann einen Auslandsbezug begründen „wenn die Parteien dieser Kettenverträge sich des Auslandsbezugs bewusst sein können".[1832] *Böhle* stellt sich weitgehend hinter die Entscheidungen des Court of Appeal und formuliert, es sei auf einen „objektiven Erwartungshorizont"[1833] abzustellen. Die Nutzung der internationalen ISDA-Verträge würde diesen Erwartungshorizont dahingehend formen, „dass ein verständiger Vertragspartner von der Möglichkeit ausgehen muss, dass es zur Bildung von Vertragsketten kommen wird."[1834]

1827 *von Hein*, FS Hopt, 2020, S. 1405, 1413 f.
1828 *Ders.*, FS Hopt, 2020, S. 1405, 1414.
1829 *Ders.*, FS Hopt, 2020, S. 1405, 1414.
1830 *Plender/Wilderspin*, European Private International Law, 2020, Rn. 6-067.
1831 *Mansel*, FS Grunewald, 2021, S. 731, 737.
1832 *Ders.*, FS Grunewald, 2021, S. 731, 737.
1833 *Böhle*, ZEuP 2019, 72, 89.
1834 *Ders.*, ZEuP 2019, 72, 89.

c) *Bewertung*

Während die Aspekte des zeitlichen Verhältnisses und der Erkenn- bzw. Vorhersehbarkeit in der Literatur weitgehend gemeinsam behandelt werden, sollen diese im Folgenden getrennt werden, um eine präzisere Darstellung zu ermöglichen.

aa) *Zeitliches Verhältnis*

Den Ausgangspunkt für die Diskussion dieser Frage bietet der Wortlaut, nach dem das Vorliegen des Inlandssachverhalts bzw. Auslandsbezugs „zum Zeitpunkt der Rechtswahl" zu beurteilen ist.[1835]

Diese eindeutige gesetzgeberische Festlegung des Beurteilungszeitpunkts spricht zunächst dafür, dass nur solche Vertragsketten, die bereits zum Zeitpunkt der Vereinbarung der Rechtswahl abgeschlossen sind, auch einen hinreichenden Auslandsbezug herstellen können. Vor- und nachgelagerte Verträge, die erst nach diesem Zeitpunkt entstehen, wären demnach irrelevant. Hierfür spricht neben dem eindeutigen Wortlaut auch die Rechtssicherheit. Würden zeitlich nachfolgende Abschlüsse weiterer Verträge einen hinreichenden Auslandsbezug nachträglich herstellen, würde Art. 3 Abs. 3 Rom I-VO zunächst Anwendung finden und zur Anwendung zwingender Regelungen des Einbettungsstatuts führen. Wenn dann die Vertragskette nachträglich entsteht, würde sich damit das anwendbare zwingende Recht verändern. *Von Hein* verweist zutreffend darauf, dass eine solche Veränderung *ex post* abzulehnen ist.[1836] Stellt man demnach auf das *tatsächliche* Bestehen vor- und nachgelagerter Verträge ab, so könnten diese nur dann genügen, wenn sie bereits im Zeitpunkt der Rechtswahl bestehen.

Zu einem anderen Ergebnis käme man nur, wenn man die *Möglichkeit* eines späteren Abschlusses vor- und nachgelagerter Verträge als hinreichender Auslandsbezug begreift. Diese besteht auf solchen Märkten, in denen internationale Vertragsketten üblich sind, schon im Zeitpunkt des Abschlusses der Rechtswahlvereinbarung. Es käme dann auch nicht mehr darauf an, ob tatsächlich später noch vor- oder nachgelagerte Verträge entstehen, so dass es auch nicht zu der von *von Hein* kritisierten Veränderung des Statuts *ex post* käme. Gegen eine solche Auslegung spricht jedoch zweierlei. Zunächst scheint es den natürlichen Wortsinn der „Elemente des Sachverhalts zum Zeitpunkt der Rechtswahl" zu überdehnen, wenn man in der Möglichkeit späterer Veränderungen jenseits des

1835 Siehe bereits: Erster Teil, B., III., 1.
1836 *Mansel*, FS Grunewald, 2021, S. 731, 737.

Vertragsverhältnisses zwischen beiden Parteien ein derartiges Element sieht.[1837] Zudem würde dies auf die Bejahung einer Relevanz von Umständen hinauslaufen, die noch keinen Bezug zu einem konkreten anderen Staat aufweisen.[1838] Eine derartige Deutung würde der Bejahung der Relevanz eines internationalen Marktes gleichkommen. Diese wurde jedoch bereits ausführlich diskutiert und abgelehnt.[1839]

Darüber hinaus greifen auch die zuvor dargelegten Erwägungen zur Vereinheitlichung der Statute entlang der Kette bezüglich des rein innerstaatlichen Vertrages meist nur, wenn zu diesem Zeitpunkt bereits vor- oder nachgelagerte internationale Verträge bestehen. Schließlich wäre regelmäßig erst dann erkennbar, mit welchem anderen anwendbaren Recht ein derartiger Gleichlauf sichergestellt werden muss.

Insofern können nur solche vor- und nachgelagerten Verträge einen hinreichenden Auslandsbezug begründen, die im Zeitpunkt der Rechtswahl bereits bestehen.

bb) Erkennbarkeit

Um es beiden Parteien zu ermöglichen, das anwendbare Vertragsstatut zu bestimmen und ihr Verhalten nach diesem auszurichten, ist erforderlich, dass die Beurteilung des Auslandsbezugs im Rahmen des Art. 3 Abs. 3 Rom I-VO nur auf solchen Umständen beruht, die für beide Vertragsparteien vorhersehbar sind und für beide verlässlich beurteilt werden können. Insofern ist ein „objektiver Erwartungshorizont" zu formulieren, nach dem das Bestehen vor- oder nachgelagerter Verträge im Zeitpunkt der Rechtswahl objektiv erkennbar sein muss.[1840] Dies ist etwa auf besonders internationalen Märkten oder beim Kauf von Importwaren der Fall. Ist hingegen das Bestehen vor- oder nachgelagerter Verträge nicht objektiv erkennbar, bedarf es eines ausdrücklichen Hinweises an die Vertragsgegenseite, um diesen Relevanz zu verleihen.[1841]

1837 Ähnlich bereits bei der Wortlautanalyse im Rahmen der Vertragsübernahme, siehe hierzu: Dritter Teil, B., III., 1., a).

1838 Siehe hierzu bereits: Dritter Teil, C., 5.

1839 Siehe hierzu bereits: Dritter Teil, C., 5.

1840 Ähnlich auch Böhle, der jedoch auch später zustande kommende Vertragsketten noch als hinreichenden Auslandsbezug einordnet: *Böhle*, ZEuP 2019, 72, 89 f.

1841 Vgl. insofern Mansel, der einen Hinweis in AGB vorschlägt: *Mansel*, FS Grunewald, 2021, S. 731, 737.

cc) Zusammenfassung

Zusammenfassend können damit nur solche vor- und nachgelagerten internationalen Verträge als hinreichender Auslandsbezug im Rahmen des Art. 3 Abs. 3 Rom I-VO genügen, die zum Zeitpunkt des Abschlusses des im Übrigen rein inländischen Teils der Vertragskette bereits bestehen. Zudem muss das Bestehen dieser Verträge in diesem Zeitpunkt auch für die Vertragsgegenseite objektiv erkennbar sein.

4. Missbrauchspotential

Bei vor- und nachgelagerten Verträgen handelt es sich keineswegs um leicht manipulierbare Elemente. Zudem müssten die Parteien diese für jedes Vertragsverhältnis erneut konstruieren, was einen erheblichen Aufwand bedeuten würde. Dementsprechend besteht allenfalls ein zu vernachlässigendes Missbrauchspotential, so dass die Zielsetzung des Art. 3 Abs. 3 Rom I-VO hier keine Einschränkung fordert.

5. Ergebnis

Im Ergebnis ist damit eine Relevanz vor- und nachgelagerter internationaler Verträge als Auslandsbezug im Rahmen des Art. 3 Abs. 3 Rom I-VO anzunehmen. Dies gilt allerdings nur für solche vor- und nachgelagerten Verträge, die im Zeitpunkt des Abschlusses der Rechtswahlvereinbarung bezüglich des im Übrigen rein inländischen Vertrags bereits bestehen und deren Bestehen für die Vertragsgegenseite objektiv erkennbar ist.

III. Verbindung zu finanziertem Geschäft

Eine Verknüpfung mit einem internationalen Vertrag kann sich auch im Rahmen der Finanzierung ergeben.[1842] Dies kann etwa dann der Fall sein, wenn ein Darlehen der Finanzierung eines internationalen Projektes wie dem Kauf einer im Ausland belegenen Immobilie dient.[1843] Die in der Praxis auftretenden

---

1842 Nicht behandelt werden Garantien für Zahlungsverpflichtungen. Auch bei diesen kann sich die Frage stellen, inwiefern eine Internationalität des Vertrags, dessen Bezahlung garantiert wird, auch den Garantievertrag internationalisiert. Diese Frage stellte sich in Emeraldian, wurde hier aber nicht ausführlich diskutiert, da bereits die Parteien ihren Sitz in unterschiedlichen Staaten hatten: *Emeraldian Ltd. Partnership v Wellmix Shipping Ltd & Anor* [2010] EWHC 1411 (Comm)] [174].

1843 Eine Relevanz des finanzierten Geschäfts als Auslandsbezug lehnen ab: Staudinger/*Magnus*, Art. 3 Rom I-VO Rn. 138; *Klumb*, ZBB 2012, 449, 453.

Konstellationen sind auch hier vielfältig, für die Betrachtung soll der vom High Court entschiedene Fall *Caterpillar Financial Services v SNC Passion* als Ausgangspunkt dienen. Ausgehend von diesem Beispiel soll sodann allgemein die Relevanz finanzierter Geschäfte als Auslandsbezug diskutiert werden. Mit Blick auf den Wortlaut sowie die systematischen Anhaltspunkte ergibt sich kein Unterschied zu den allgemeinen Ausführungen, so dass lediglich auf die praktischen Auswirkungen einer objektiven Anknüpfung einzugehen ist.

1. Caterpillar Financial Services Corporation v SNC Passion

Im Folgenden soll zunächst der Sachverhalt und sodann das Urteil des High Court dargestellt werden. Hierbei werden solche Aspekte ausgeblendet, die sich nicht auf die Problematik des Inlandssachverhalts beziehen und ein besonderes Augenmerk auf die Argumentation bezüglich der Verbindung zum finanzierten Geschäft gelenkt.

a) Sachverhalt

Die Caterpillar Financial Services Corporation mit Satzungs- und Hauptverwaltungssitz im Staat Delaware hatte mit einem nach französischem Recht gegründeten Special Purpose Vehicle mit Sitz in Guadeloupe einen Darlehensvertrag abgeschlossen.[1844] Dieser diente der Finanzierung eines durch das Special Purpose Vehicle abgeschlossenen Schiffsbauvertrags über eine Katamaranfähre mit einem Unternehmen in Singapur.[1845] Der Darlehensvertrag enthielt eine Rechtswahlklausel, in der die Geltung englischen Rechts vereinbart war.[1846]

Im Darlehensvertrag wurde wiederholt auf den Schiffsbauvertrag Bezug genommen. Schon die Präambel des Darlehensvertrags verwies auf den Schiffsbauvertrag.[1847] Der Vertrag verpflichtete den Darlehensnehmer auch zur Einholung einer Garantie durch den Schiffsbauer.[1848] Darüber hinaus sollte die

1844 *Caterpillar Financial Services Corporation* v *SNC Passion* [2004] EWHC 569 (Comm) [1].

1845 *Caterpillar Financial Services Corporation* v *SNC Passion* [2004] EWHC 569 (Comm) [3].

1846 *Caterpillar Financial Services Corporation* v *SNC Passion* [2004] EWHC 569 (Comm) [4].

1847 *Caterpillar Financial Services Corporation* v *SNC Passion* [2004] EWHC 569 (Comm) [4].

1848 *Caterpillar Financial Services Corporation* v *SNC Passion* [2004] EWHC 569 (Comm) [24].

ratenweise Auszahlung der Darlehenssumme direkt an den Schiffsbauer erfolgen.[1849]

Nachdem die Darlehensnehmerin nur Teile der Darlehenssumme zurückzahlte, erhob Caterpillar Klage vor dem englischen High Court.[1850] Zur Verteidigung berief sich die beklagte Darlehensnehmerin auf Art. 3 Abs. 3 des EVÜ.[1851] Es handele sich um einen Sachverhalt, bei dem sämtliche Elemente mit Frankreich verbunden seien, so dass zwingendes französisches Recht zur Anwendung gelange.[1852] Nach französischem Recht sei der Darlehensvertrag illegal und nichtig, so dass kein Rückzahlungsanspruch bestünde.[1853]

Demgegenüber machte Caterpillar geltend, dass es sich um einen internationalen Vertrag mit Verbindungen zu anderen Ländern handele, so dass Art. 3 Abs. 3 EVÜ keine Anwendung fände.[1854] Auch hätten die zwingenden Vorschriften französischen Rechts ohnehin nicht die von der Beklagten behaupteten Rechtsfolgen.[1855]

b) Entscheidung

In der Entscheidung führte Justice Cooke aus, viele verschiedene Umstände seien mit Frankreich bzw. Guadeloupe als französischem Territorium verbunden. Gleichwohl seien aber verschiedene gewichtige Elemente mit anderen Staaten verbunden. Als „most significant" sieht das Gericht den Umstand, dass es sich bei Caterpillar um ein nach dem Recht von Delaware gegründetes Unternehmen handelt und der Vertrag über die Niederlassung in Nashville, Tennessee abgeschlossen wurde.[1856]

1849 *Caterpillar Financial Services Corporation* v *SNC Passion* [2004] EWHC 569 (Comm) [27].

1850 *Caterpillar Financial Services Corporation* v *SNC Passion* [2004] EWHC 569 (Comm) [6].

1851 *Caterpillar Financial Services Corporation* v *SNC Passion* [2004] EWHC 569 (Comm) [9].

1852 *Caterpillar Financial Services Corporation* v *SNC Passion* [2004] EWHC 569 (Comm) [10].

1853 *Caterpillar Financial Services Corporation* v *SNC Passion* [2004] EWHC 569 (Comm) [10]–[11].

1854 *Caterpillar Financial Services Corporation* v *SNC Passion* [2004] EWHC 569 (Comm) [12].

1855 *Caterpillar Financial Services Corporation* v *SNC Passion* [2004] EWHC 569 (Comm) [12].

1856 *Caterpillar Financial Services Corporation* v *SNC Passion* [2004] EWHC 569 (Comm) [23].

Doch im weiteren Verlauf stellt das Gericht auch maßgeblich auf die Verbindung zu dem Schiffsbauvertrag ab. Das Gericht verweist darauf, dass es sich um einen Vertrag mit einer Rechtswahlklausel zugunsten englischen Rechts handelt.[1857] Zudem sei der Vertrag mit einem Unternehmen in Singapur abgeschlossen worden, und sollte nach Vereinbarung sowie tatsächlich dort erfüllt werden.[1858] Das Gericht geht insbesondere auch darauf ein, dass die Verbindung zum Schiffsbauvertrag schon sehr früh in den Verhandlungen geschaffen wurde und auch Garantien vom Schiffsbauer in Singapur eingeholt wurden.[1859] Darüber hinaus sei auch die Rückzahlung an die Citibank in London zu tätigen gewesen.[1860]

Letztlich kommt das Gericht zu folgendem Ergebnis:

> „The *intimate connection* of the Loan Agreement with the Shipbuilding contract, *together with these factors* are strong elements connecting this transaction with countries other than France."[1861]

Ob sich das Gericht damit allgemein für eine Berücksichtigung der etwaigen Internationalität eines zu finanzierenden Geschäfts ausspricht, bleibt unklar, da hier die besondere Verbundenheit in diesem Fall betont wird und erneut auf die zuvor dargelegten objektiven Auslandsbezüge verwiesen wird.[1862] In *Santander* scheint der High Court jedoch von einer verallgemeinerungsfähigen Aussage zur Relevanz anderer Vertragsverhältnisse als Auslandsbezug auszugehen und stützt die Ausführungen zur Relevanz der Kettenverträge auch auf das Urteil.[1863]

Im Ergebnis ist der Entscheidung des High Courts bereits ganz unabhängig von der Bewertung des Bezugs zum Schiffsbauvertrag zuzustimmen, da schon jenseits dieser Frage verschiedene Auslandsbezüge bestanden. Dies gilt insbesondere für die den Hauptverwaltungssitz in Delaware auf Seiten Caterpillars.

1857 *Caterpillar Financial Services Corporation* v *SNC Passion* [2004] EWHC 569 (Comm) [23].

1858 *Caterpillar Financial Services Corporation* v *SNC Passion* [2004] EWHC 569 (Comm) [23].

1859 *Banco Santander Totta S.A.* v *Transport Companies* [2016] EWHC 465 (Comm) [24].

1860 *Banco Santander Totta S.A.* v *Transport Companies* [2016] EWHC 465 (Comm) [27].

1861 *Caterpillar Financial Services Corporation* v *SNC Passion* [2004] EWHC 569 (Comm) [27] (Hervorhebungen durch die Verfasserin).

1862 *Banco Santander Totta S.A.* v *Transport Companies* [2016] EWHC 465 (Comm) [376].

1863 Der High Court verwies für das Ergebnis, die back-to-back Verträge seinen relevant auf Caterpillar: „the latter point is supported by the Caterpillar case“: *Banco Santander Totta S.A.* v *Transport Companies* [2016] EWHC 465 (Comm) [404].

Angesichts dessen erscheinen die Versuche der Beklagten, sich auf Art. 3 Abs. 3 EVÜ zu berufen, als nicht nachvollziehbar und abwegige Verteidigung gegen die Forderungen. Zu Recht bezeichnen *Cheshire/North/Fawcett* den Fall als „clear cut case“ und stellen fest: „it would have been astonishing if the opposite conclusion had been reached.“[1864]

2. Praktische Auswirkungen der objektiven Anknüpfung

Im Folgenden ist zu untersuchen, welche praktischen Auswirkungen eine rein objektive Anknüpfung von Darlehensverträgen zur Finanzierung internationaler Projekte für die Parteien hätte.

a) Rechtsunsicherheit

Da eigenständige Verträge grundsätzlich eigenständig anzuknüpfen sind, sorgt die Beziehung eines Darlehensvertrags zu einem internationalen Vertrag für keine Rechtsunsicherheit zwischen den Parteien. Es ergeben sich insofern keine für den Darlehensvertrag „verwertbaren Anknüpfungspunkte“.[1865] Dies gilt auch dann, wenn, wie in *Caterpillar*, die Auszahlung der Darlehenssumme nicht an den Darlehensnehmer, sondern an seinen im Ausland ansässigen Vertragspartner auf ein im Ausland geführtes Konto erfolgen soll.[1866] Schließlich erfolgt die Anknüpfung an das Recht des Darlehensgebers entweder über Art. 4 Abs. 1 lit. b oder Art. 4 Abs. 2 Rom I-VO,[1867] so dass diese Umstände nicht von Relevanz sind.

b) Anderweitiges praktisches Bedürfnis nach Rechtswahl

Zunächst ist festzustellen, dass das finanzierte Projekt für den Darlehensvertrag von keinerlei Relevanz ist, mithin „fehlt jeder Bezug zum materiell-rechtlichen Pflichtenprogramm des Darlehensvertrags“.[1868] Obwohl der Darlehensvertrag der Finanzierung des Projekts dient, ergeben sich für die Parteien keine Probleme aus etwaigen Divergenzen im anwendbaren Recht. So gibt es hier etwa keine Haftungsregelungen, deren Divergieren zwischen beiden Verträgen zu besonderen Problemen für die Parteien führen könnte. Allein das Interesse etwa

---

1864 *Cheshire/North/Fawcett*, Private International Law, [15]2017, S. 713.

1865 *Klumb*, ZBB 2012, 449, 453.

1866 *Caterpillar Financial Services Corporation* v *SNC Passion* [2004] EWHC 569 (Comm) [27].

1867 MüKo/*Martiny*, Art. 4 Rom I-VO Rn. 218.

1868 *Klumb*, ZBB 2012, 449, 453.

an einer erweiterten inhaltlichen Gestaltungsfreiheit beim Darlehensvertrag kann hierfür nicht genügen.[1869]

c) Ergebnis

Im Ergebnis zeigen sich daher keine praktischen Probleme bei einer rein objektiven Anknüpfung des Finanzierungsgeschäfts aufgrund der Internationalität des finanzierten Geschäfts, die für eine Relevanz des letzteren als Auslandsbezug sprechen würden. Insbesondere schafft dieses keine Rechtsunsicherheit über das auf das Finanzierungsgeschäft anwendbare Recht.

3. Ergebnis

Insgesamt ist der Wortlaut damit zwar offen für eine Berücksichtigung auch des finanzierten Geschäfts. Eine solche Verbindung erhöht jedoch weder Rechtsunsicherheitskosten, noch sind sonstige praktische Schwierigkeiten feststellbar, die eine objektive Anknüpfung des Finanzierungsgeschäfts verursachen würde. Die Internationalität des finanzierten Geschäfts stellt damit keinen hinreichenden Auslandsbezug im Sinne des Art. 3 Abs. 3 Rom I-VO dar.[1870]

E. Ergebnis

Bei Anwendung der im zweiten Teil dieser Arbeit herausgebildeten Parameter zur Bestimmung des Auslandsbezugs im Rahmen des Art. 3 Abs. 3 Rom I-VO auf unterschiedliche Fallgruppen ergeben sich im Wesentlichen folgende Ergebnisse:

Die Umstände des Vertragsschlusses (Abschluss- und Verhandlungsort) stellen keinen hinreichenden Auslandsbezug dar. Dies ergibt sich aus der mangelnden systematischen Relevanz dieser Umstände im europäischen Kollisionsrecht und deren leichter Manipulierbarkeit.

Bei den Umständen der Vertragserfüllung zeigt sich ein differenziertes Bild. Die Erfüllungsorte sind grundsätzlich relevante Auslandsbezüge. Etwas anderes gilt nur, wenn es sich um eine abstrakte Erfüllungsortsvereinbarung handelt oder es um den Erfüllungsort von Geldschulden geht. Hier gebietet es die Funktion des Art. 3 Abs. 3 Rom I-VO als typisierte Missbrauchskontrolle, diese Umstände nicht zu berücksichtigen. Aus diesem Grund ist auch die Vereinbarung einer Zahlungsschuld in einer Fremdwährung nicht relevant.

1869 *Ders.*, ZBB 2012, 449, 453.

1870 A.A.: Soergel/*von Hoffmann*, Art. 27 EGBGB Rn. 94.

Der Belegenheitsort des Vertragsgegenstandes stellt bei Immobilien wegen dessen systematischer Relevanz im europäischen Kollisionsrecht einen relevanten Auslandsbezug dar. Bei beweglichen Sachen ist diese systematische Bedeutung nicht gegeben und es bestünde bei Relevanz des Belegenheitsorts ein erhebliches Missbrauchspotential, so dass diese abzulehnen ist.

Bei natürlichen Vertragsparteien ist bei einem ausländischen gewöhnlichen Aufenthalt bzw. einer im Ausland belegenen Hauptniederlassung ein Inlandssachverhalt abzulehnen. Bei gewerblicher Tätigkeit ist ein von der inländischen Hauptverwaltung abweichender, ausländischer privater gewöhnlicher Aufenthalt irrelevant.

Die Staatsangehörigkeit stellt grundsätzlich keinen relevanten Umstand in der Beurteilung des Inlandssachverhalts dar. Lediglich ausnahmsweise kann die Staatsangehörigkeit etwa bei Lebensversicherungsverträgen oder schuldrechtlichen Geschäften mit einem starken kulturellen Bezug Relevanz entfalten.

Bei Personenzusammenschlüssen stellen die Hauptverwaltung und Niederlassung jeweils relevante Umstände dar. Wird der Vertrag durch eine inländische Niederlassung abgeschlossen und erfüllt, ist jedoch die ausländische Hauptverwaltung irrelevant. Ein ausländischer Satzungssitz steht der Annahme eines Inlandssachverhalts nicht entgegen, da ansonsten ein erhebliches Missbrauchspotential geschaffen wäre.

Klauseln zu möglichen nachträglichen Veränderungen am personellen Vertragsgefüge durch Abtretung an oder Vertragsübernahme durch einen ausländischen Vertragspartner stellen jeweils keinen relevanten Auslandsbezug dar, da es sich bei diesen Klauseln um sehr leicht manipulierbare Faktoren handelt.

Bei der umstrittenen Fallkonstellation der Verwendung internationaler Standardverträge ist entgegen der Meinung des Court of Appeal in *Dexia* und *Santander* deren Relevanz abzulehnen. Zwar erzeugt die Standardisierung der Vertragsbedingungen, zu der die Rechtswahl maßgeblich beiträgt, erhebliche Netzeffekte. Jedoch können nur solche Umstände Auslandsbezüge darstellen, die mit einem konkreten Staat verbunden sind. Ein allgemein internationaler Bezug hingegen genügt nicht. Dies ergibt sich aus der Konzeption des Internationalen Privatrechts, der Nichtwählbarkeit nichtstaatlichen Rechts sowie dem System der Durchsetzung zwingenden Rechts in der Rom I-VO.

Bei der Frage, inwiefern der Bezug zu einem anderen, internationalen Vertrag einen hinreichenden Auslandsbezug schaffen kann (mittelbarer Auslandsbezug) ergeben sich unterschiedliche Ergebnisse: In Vertragsketten, wie etwa Kaufvertragsketten oder auch back-to-back swaps, kann ein vor- oder nachgelagerter internationaler Vertrag einen Auslandsbezug darstellen. Schließlich wären die Parteien ohne die Möglichkeit der Anpassung der jeweils anwendbaren Rechte durch Rechtswahl erheblichen Friktionen zwischen den anwendbaren Rechten, etwa durch Haftungsdivergenzen, ausgesetzt. Dies würde die Parteien und als Folge den Binnenmarkt erheblich belasten und könnte Wirtschaftsteilnehmer davon abhalten, nach- oder vorgelagerte grenzüberschreitende Verträge abzuschließen. Einschränkend können jedoch nur solche vor- und nachgelagerten Verträge als Auslandsbezug genügen, die im Zeitpunkt des Abschlusses der Rechtswahlvereinbarung im Rahmen des im Übrigen rein inländischen Vertrag bereits bestehen und die für die Vertragsgegenseite objektiv erkennbar sind. Bei Finanzierungsverträgen, die der Finanzierung eines internationalen Projekts dienen, ist hingegen keine Relevanz des finanzierten Geschäfts als Auslandsbezug anzunehmen. Dies ergibt sich daraus, dass hier auch bei unterschiedlichen anwendbaren Rechten keine Friktionen zwischen den jeweiligen Geschäften zu befürchten ist, vielmehr existieren diese unabhängig voneinander und mit einem gänzlich unterschiedlichen Pflichtenprogramm.

Literaturverzeichnis

Abend, Martin, Die Lex Validitatis im internationalen Vertragsrecht, Heidelberg 1994 (zit. *Abend*, Lex Validitatis).

Ahdieh, Robert B., The Strategy of Boilerplate, Mich. L. Rev. 104 (2006), 1033–1074.

American Law Institute, Restatement of the Law, second – Conflict of Laws, Vol. 1 §§ 1–221, 4. Aufl. 1996.

Araujo, Nadia de/Guedes de C. Saldanha, Fabiola, Recent Developments and Current Trends on Brazilian Private International Law Concerning International Contracts, Pan. Braz. L. 1 (2013), 73–83.

Arnold, Stefan, Gründe und Grenzen der Parteiautonomie im Kollisionsrecht, in: ders. (Hrsg.), Grundfragen des Europäischen Kollisionsrechts, Tübingen 2016, S. 23–53.

Avasilencei, Catalina, Balancing between Domestic and International Contracts in the Post-Crisis Global Financial Markets, in: Muir Watt, Horatia/Bíziková, Lucia u.a. (Hrsg.), Global Private International Law – Adjudication without Frontiers, Cheltenham, Northampton 2019, S. 457–464.

Bachmann, Gregor, Nationales Privatrecht im Spannungsfeld der Grundfreiheiten, AcP 210 (2010), 424–488.

Backert, Wolfram, Kollisionsrechtlicher Verbraucherschutz im Mosaik der Sonderanknüpfungen des deutschen internationalen Schuldvertragsrechts – Eine Darstellung am Beispiel der „Gran Canaria-Fälle", München 2000 (zit. *Backert*, Verbraucherschutz).

Bader, Richard Johannes, Koordinationsmethoden im Internationalen Privat- und Verfahrensrecht, Tübingen 2019 (zit. *Bader*, Koordinationsmethoden).

Baker, Colleen M., Regulating the Invisible: The Case of Over-the-Counter Derivatives, Notre Dame L. Rev. 85 (2010), 1287–1378.

Bamberger, Heinz Georg/Roth, Herbert/Hau, Wolfgang/Poseck, Roman (Hrsg.), BeckOK BGB, 60. Aufl., München 2021 (zit. BeckOK-BGB/*Bearbeiter*).

Bar, Christian von, Internationales Privatrecht Bd. 1, München 2003.

Basedow, Jürgen, Der kollisionsrechtliche Gehalt der Produktfreiheiten im europäischen Binnenmarkt: favor offerentis, RabelsZ 59 (1995), 1–55.

ders., Europäisches Vertragsrecht für Europäische Märkte – Referat im Rahmen der Vortragsreihe „Europa vor der Regierungskonferenz 1996", Bonn 1996 (zit. *Basedow*, Vertragsrecht).

ders., Lex Mercatoria and the Private International Law of Contracts in Economic Perspective, in: Basedow, Jürgen/Kono, Toshiyuki (Hrsg.), An Economic Analysis of Private International Law, Tübingen 2006, S. 57–71.

ders., Lex Mercatoria und Internationales Schuldvertragsrecht – eine rechtsökonomische Skizze, in: Berger, Klaus Peter/Borges, Georg u.a. (Hrsg.), Zivil- und Wirtschaftsrecht im Europäischen und Globalen Kontext / Private and Commercial Law in a European and Global Context – Festschrift für Norbert Horn zum 70. Geburtstag, Berlin 2006, S. 229–247 (zit. *Basedow*, FS Horn).

ders., Multiculturalism, Globalisation and the Law of the Open Society, RHDI 62 (2009), 715–742.

ders., Theorie der Rechtswahl oder Parteiautonomie als Grundlage des Internationalen Privatrechts, RabelsZ 75 (2011), 32–59.

ders., The Law of Open Societies – Private Ordering and Public Regulation of International Relations, Leiden/Boston 2013 (zit. *Basedow*, Open Societies – International Relations).

ders., The Law of Open Societies – Private Ordering and Public Regulation in the Conflict of Laws, Leiden 2015 (zit. *Basedow*, Open Societies – Conflict of Laws).

Baum, Harald, Alternativanknüpfungen: Begriff, Funktion, Kritik, Tübingen 1985.

Bayer, Walter/Schmidt, Jessica, Grenzüberschreitende Mobilität von Gesellschaften: Formwechsel durch isolierte Satzungssitzverlegung – Zugleich Besprechung EuGH v. 25.10.2017 – RS C-106/16, Polbud, ZIP 2017, 2225–2234.

Beale, Joseph Henry, Selections from A Treatise on the Conflict of Laws, New York 1935 (zit. *Beale*, Conflict of Laws).

Bechtold, Stefan, Die Grenzen zwingenden Vertragsrechts: ein rechtsökonomischer Beitrag zu einer Rechtsetzungslehre des Privatrechts, Tübingen 2010 (zit. *Bechtold*, Grenzen).

Benecke, Martina, Gesetzesumgehung im Zivilrecht – Lehre und praktischer Fall im allgemeinen und Internationalen Privatrecht, Tübingen 2004 (zit. *Benecke*, Gesetzesumgehung).

Benicke, Christoph, Teil B, in: Kronke, Herbert/Melis, Werner/Kuhn, Hans (Hrsg.), Handbuch Internationales Wirtschaftsrecht, 2. Aufl., Köln 2017, S. 28–108.

Bierman, Bart/Struycken, Teun, Rome I on contracts concluded within multilateral systems, NIPR 2009, 416–425.

Streinz, Rudolf/Michl, Walther (Hrsg.), EUV/AEUV – Vertrag über die Europäische Union, Vertrag über die Arbeitsweise der Europäischen Union, Charta der Grundrechte der Europäischen Union, 3. Aufl., München 2018 (zit. Streinz/*Bearbeiter*).

Bogdan, Michael, The Rome I Regulation on the law applicable to contractual obligations and the choice of law by the parties, NIPR 2009, 407–410.

Boggiano, Antonio, International Standard Contracts – The Price of Fairness, Dordrecht 1991 (zit. *Boggiano*, Standard Contracts).

Böhle, Jan, Die Abwahl zwingenden Rechts vor staatlichen Gerichten in Inlandsfällen, ZEuP 2019, 72–98.

Böhm, Franz, Privatrechtsgesellschaft und Marktwirtschaft, ORDO 17 (1966), 75–151.

Borchardt, Klaus-Dieter, § 15 Auslegung, Rechtsfortbildung und Rechtsschöpfung, in: Schulze, Reiner/Zuleeg, Manfred/Kadelbach, Stefan (Hrsg.), Europarecht – Handbuch für die deutsche Rechtspraxis, 4. Aufl., Baden-Baden 2020.

Braithwaite, Jo, Standard Form Contracts as Transnational Law: Evidence from the Derivatives Markets, Mod. L. Rev. 75 (2012), 779–805.

dies., The Financial Courts – Adjudicating Disputes in Derivatives Markets, Cambridge 2021 (zit. *Braithwaite*, Financial Courts).

Brand, Ronald, Balancing Sovereignty and Party Autonomy in Private International Law, in: Erauw, Johan/Tomljenovic, Vesna/Volken, Paul (Hrsg.), Liber Memorialis Petar Šarčević – Universalism, Tradition and the Individual, München 2006, S. 35–52 (zit. *Brand*, GS Šarčević).

Brödermann, Eckart/Iversen, Holger, Europäisches Gemeinschaftsrecht und Internationales Privatrecht, Tübingen 1994 (zit. *Brödermann/Iversen*, Europäisches Gemeinschaftsrecht).

Brosch, Marlene, Rechtswahl und Gerichtsstandsvereinbarung im internationalen Familien- und Erbrecht der EU, Tübingen 2019 (zit. *Brosch*, Rechtswahl und Gerichtsstandsvereinbarung).

Bruinier, Stefan, Der Einfluss der Grundfreiheiten auf das Internationale Privatrecht, Frankfurt am Main 2003 (zit. *Bruinier*, Grundfreiheiten).

Buerstedde, Wolfgang, Juristische Methodik des Europäischen Gemeinschaftsrechts – Ein Leitfaden, Baden-Baden 2006 (zit. *Buerstedde*, Methodik).

Bumke, Christian, Ausgestaltung von Grundrechten, Tübingen 2009 (zit. *Bumke*, Ausgestaltung).

Calliess, Christian/Ruffert, Matthias (Hrsg.), EUV/AEUV – Das Verfassungsrecht der Europäischen Union mit Europäischer Grundrechtecharta: Kommentar, 5. Aufl., München 2016 (zit. Calliess/Ruffert/*Bearbeiter*).

Calliess, Gralf-Peter, Grenzüberschreitende Verbraucherverträge – Rechtssicherheit und Gerechtigkeit auf dem elektronischen Weltmarktplatz, Tübingen 2006 (zit. *Calliess*, Verbraucherverträge).

Calliess, Gralf-Peter/Renner, Moritz, Denationalisierung (Globalisierung), in: Hartmann, Martin/Offe, Claus (Hrsg.), Politische Theorie und politische Philosophie – Ein Handbuch, München 2011, S. 172–174.

dies. (Hrsg.), Rome Regulations, 3. Aufl., Alphen aan den Rijn 2020 (zit. Calliess/Renner/*Bearbeiter*).

Cheshire, Geoffrey C./North, Peter M./Fawcett, James J., Private International Law, 15. Aufl., Oxford 2017.

Choi, Stephen J./Gulati, G. Mitu, Contract as Statute, Mich. L. Rev. 104 (2006), S. 1129–1174.

Chong, Adeline, The Public Policy and Mandatory Rules of Third Countries in International Contracts, J. Priv. Int'l L. 2 (2006), 27–70.

Church, Jeffrey/King, Ian, Bilingualism and network externalitites, Can. J. Econ. 26 (1993), 337–345.

CMS, Choice of English law presides in ISDA Master Agreements – Court of Appeal confirms, https://www.cms-lawnow.com/ealerts/2016/03/choice-of-english-law-presides-in-isda-master-agreements?cc_lang=en (geprüft am 30.9.2021).

Coase, Ronald H., The Problem of Social Cost, J. L. & Econ. 3 (1960), S. 1–44.

Coester-Waltjen, Dagmar, Der Erfüllungsort im internationalen Zivilprozessrecht, in: Geimer, Reinhold/Schütze, Rolf A. (Hrsg.), Recht ohne Grenzen – Festschrift für Athanassios Kaissis zum 65. Geburtstag, München 2012, S. 91–101 (zit. *Coester-Waltjen*, FS Kaissis).

Collins, Hugh, Flipping Wreck: Lex Mercatoria on the Shoals of Ius Cogens, in: Grundmann, Stefan/Möslein, Florian/Riesenhuber, Karl (Hrsg.), Contract Governance – Dimensions in Law and Interdisciplinary Research, Oxford 2015, S. 383–406.

Cornils, Matthias, Die Ausgestaltung der Grundrechte – Untersuchungen zur Grundrechtsbindung des Ausgestaltungsgesetzgebers, Tübingen 2005 (zit. *Cornils*, Ausgestaltung).

Cranston, Ross, The Rise and Rise of Standard Form Contracts: International Commodity Sales 1800–1970, in: Cranston, Ross/Ramberg, Jan/Ziegler, Jacob (Hrsg.), Commercial Law Challenges in the 21st Century – Jan Hellner in memoriam, Uppsala 2007, S. 11–71 (zit. *Cranston*, GS Hellner).

Crawford, Elizabeth B/Carruthers, Janeen M, Connection and Coherence between and among European Instruments in the Private International Law of Obligations, Int'l & Comp. L. Quart. 63 (2014), 1–29.

Cremer, Wolfgang, Die Grundfreiheiten des Europäischen Unionsrechts, JURA 2015, 39–55.

Cuniberti, Giles, The Merchant Who Would Not Be King – Unreasoned Fears about Private Lawmaking, in: Muir Watt, Horatia/Fernández Arroyo, Diego (Hrsg.), Private International Law and Global Governance, Oxford 2014, S. 141–155.

ders., Choice of Law in Domestic Contracts: Towards a Right to access Foreign Financial Markets?, in: Muir Watt, Horatia/Bíziková, Lucia u.a. (Hrsg.), Global Private International Law – Adjudication Without Frontiers, Cheltenham, Northampton 2019,S. 464–471.

Czernich, Dietmar, Die Rechtswahlvereinbarung im österreichischen internationalen Vertragsrecht, ZfRV 2013, 157–172.

Cziupka, Johannes, Dispositives Vertragsrecht – Funktionsweise und Qualitätsmerkmale gesetzlicher Regelungsmuster, Tübingen 2010 (zit. *Cziupka*, Dispositives Vertragsrecht).

Danelzik, Kai Stefan, Die Gerichtsstandvereinbarung zwischen ZPO, EuGVVO und HGÜ, Baden-Baden 2019 (zit. *Danelzik*, Gerichtsstandsvereinbarung).

Danusso, G. Massimiliano, The Litigation on Derivative Transactions involving Italian Counterparties: an Extreme Stress Test for the Derivative Contractual Documentation, CMLJ 13 (2018), 26–58.

Däubler, Wolfgang, Das neue internationale Arbeitsrecht, RIW 1987, 249–256.

Días, Rui, Auslandsbezug des Sachverhalts nach Art. 3 Abs. 3 EVÜ/Rom I-VO und rebus sic stantibus-Klausel des portugiesischen Rechts als nicht parteidisponible Bestimmung, ZEuP 2019, 603–619.

Dicke, Andrea Isabell, Kapitalmarktgeschäfte mit Verbrauchern unter der Rom I-VO, Tübingen 2015 (zit. *Dicke*, Kapitalmarktgeschäfte).

Diedrich, Frank, Rechtswahlfreiheit und Vertragsstatut – eine Zwischenbilanz angesichts der Rom I-Verordnung, RIW 2009, 378–385.

Dörfelt, Felix A. R., Gesetzgebungsziele im internationalen Privatrecht – Eine theoretische und praktische Betrachtung, Hamburg 2017 (zit. *Dörfelt*, Gesetzgebungsziele).

Dörner, Heinrich/Hertel, Christian/Lagarde, Paul/Riering, Wolfgang, Auf dem Weg zu einem europäischen Internationalen Erb- und Erbverfahrensrecht, IPRax 2005, 1–8.

Drasch, Wolfgang, Das Herkunftslandprinzip im internationalen Privatrecht – Auswirkungen des europäischen Binnenmarktes auf Vertrags- und Wettbewerbsstatut, Baden-Baden 1997 (zit. *Drasch*, Herkunftslandprinzip).

Droste, Thomas, Der Begriff der „zwingenden Bestimmung“ in den Art. 27 ff. EGBGB, Freiburg 1992 (zit. *Droste*, Begriff der „zwingenden Bestimmung“).

Druzin, Bryan, Buying Commercial Law: Choice of Law, Choice of Forum and Network Externalities, Tul. J. Int’l Comp. L. 131 (2009), 131–176.

Dutta, Anatol, Der europäische Letztverkäuferregress bei grenzüberschreitenden Absatzketten im Binnenmarkt, ZHR 171 (2007), 79–104.

Ehlers, Dirk, § 7 Allgemeine Lehren der Grundfreiheiten, in: Ehlers, Dirk/Becker, Ulrich (Hrsg.), Europäische Grundrechte und Grundfreiheiten, 4. Aufl., Berlin, Boston 2014, 239–314.

Eidenmüller, Horst, Effizienz als Rechtsprinzip – Möglichkeiten und Grenzen der ökonomischen Analyse des Rechts, 4. Aufl., Tübingen 2015 (zit. *Eidenmüller*, Effizienz).

Einsele, Dorothee, Rechtswahlfreiheit im Internationalen Privatrecht, RabelsZ 60 (1996), 417–447.

Engert, Andreas, Regelungen als Netzgüter – Eine Theorie der Rechtsvereinheitlichung im Vertragsrecht, AcP 213 (2013), 321–365.

ders., Private Normsetzungsmacht: Die Standardisierung von Regelungen im Markt als Form der Fremdbestimmung, RW 2014, 301–340.

Feiler, Sebastian, Kollisionsrecht der Vertragsübernahme, Baden-Baden 2019 (zit. *Feiler*, Vertragsübernahme).

Westermann, Harm Peter/Aderhold, Lutz (Hrsg.), Bürgerliches Gesetzbuch – Handkommentar mit AGG, EGBGB (Auszug), ErbbauRG, LPartG, ProdHaftG, UKlaG, VBVG, VersAusglG und WEGn1, 16. Aufl., Köln 2020 (zit. Erman/*Bearbeiter*).

Ferrari, Franco/Kieninger, Eva-Maria/Mankowski, Peter/et al. (Hrsg.), Internationales Vertragsrecht – Rom I-VO – CISG – CMR – FactÜ: Kommentar, 3. Aufl., München 2018 (zit. Ferrari/*Bearbeiter*).

Ferrell, Joseph/Klemperer, Paul, Chapter 31: Coordination and Lock-in: Competition with Switching Costs and Network Effects, in: Amstrong, Mark/Porter, Robert (Hrsg.), Handbook of Industrial Organization – Volume 3, Amsterdam 2007, S. 1967–2072.

Fetsch, Johannes, Eingriffsnormen und EG-Vertrag – Die Pflicht zur Anwendung der Eingriffsnormen anderer EG-Staaten, Tübingen 2002 (zit. *Fetsch*, Eingriffsnormen).

Fischer, Gerfried, Verkehrsschutz im internationalen Vertragsrecht, Köln, Berlin, Bonn, München 1990 (zit. *Fischer*, Verkehrsschutz).

Flanagan, Sean M., The Rise of a Trade Association: Group Interactions within the International Swaps and Derivatives Association, Harv. Negot. L. Rev. 6 (2001), 211–264.

Fleischer, Holger, Informationsasymmetrie im Vertragsrecht, München 2001 (zit. *Fleischer*, Informationsasymmetrie).

ders., Gesetz und Vertrag als alternative Problemlösungsmodelle im Gesellschaftsrecht – Prolegomena zu einer Theorie gesellschaftsrechtlicher Regelsetzung, ZHR 168 (2004), 673–707.

Flessner, Axel, Interessenjurisprudenz im internationalen Privatrecht, Tübingen 1990 (zit. *Flessner*, Interessenjurisprudenz).

Franck, Jens-Uwe, § 5 Vom Wert ökonomischer Argumente bei Gesetzgebung und Rechtsfindung für den Binnenmarkt, in: Riesenhuber, Karl (Hrsg.), Europäische Methodenlehre, 4. Aufl., Berlin u.a. 2021, S. 97–130.

Frank, Ansgar, Formwechsel im Binnenmarkt: Die grenzüberschreitende Umwandlung von Gesellschaften in Europa, Tübingen 2016 (zit. *Frank*, Formwechsel).

Frantzen, Torstein, Europäisches Internationales Erbrecht, in: Mansel, Heinz-Peter/Pfeiffer, Thomas u.a. (Hrsg.), Festschrift für Erik Jayme – Bd. 1, München 2004, S. 187–196 (zit. *Frantzen*, FS Jayme).

Franzina, Pietro, The Evolving Role of Nationality in Private International Law, in: Annoni, Allessandra/Forlati, Serena (Hrsg.), The Changing Role of Nationality in International Law, London 2013, S. 193–209.

Frauenberger-Pfeiler, Ulrike, Der „reine Binnensachverhalt", Art. 23 EuGVVO und der öOGH, in: Bittner, Ludwig (Hrsg.), Festschrift für Walter H. Rechberger zum 60. Geburtstag, Wien 2005, S. 125–138 (zit. *Frauenberger-Pfeiler*, FS Rechberger).

Freitag, Robert, Der Einfluss des europäischen Gemeinschaftsrecht auf das internationale Produkthaftungsrecht, Tübingen 2000 (zit. *Freitag*, Produkthaftungsrecht).

ders., Einfach und international zwingende Normen – Anmerkungen zu einem Restatement des Art. 7 EVÜ in einem künftigen „Gemeinschaftsinstrument über das auf vertragliche Schuldverhältnisse anwendbare Recht", in: Leible, Stefan (Hrsg.), Das Grünbuch zum Internationalen Vertragsrecht – Beiträge zur Fortentwicklung des Europäischen Kollisionsrechts der vertraglichen Schuldverhältnisse, München 2004, 167–191.

Frenz, Walter, Handbuch Europarecht: Band 1 – Europäische Grundfreiheiten, 2. Aufl., Berlin u.a. 2012 (zit. *Frenz*, Europäische Grundfreiheiten).

Fricke, Martin, Das Internationale Privatrecht der Versicherungsverträge nach Inkrafttreten der Rom I-VO, VersR 2008, 443–454.

Fritzemeyer, Wolfgang, Common Law vs. Civil Law – Dichotomie oder Konvergenz der Rechtssysteme – Eine Betrachtung aus Sicht der Praxis, in: Jochum, Georg/Fritzemeyer, Wolfgang/Kau, Marcel (Hrsg.), Grenzüberschreitendes Recht – Crossing Frontiers – Festschrift für Kay Hailbronner, Heidelberg u.a. 2013, S. 833–844 (zit. *Fritzemeyer*, FS Hailbronner).

Fuchs, Florian, Close-out netting, collateral und systemisches Risiko – Rechtsansätze zur Minderung der Systemgefahr im außerbörslichen Derivatehandel, Tübingen 2013 (zit. *Fuchs*, Close-out netting).

Garcimartín Alférez, Francisco J., The Rome I Regulation: Much ado about nothing?, EuLF 2008, 61–79.

ders., The Rome I Regulation: Exceptions to the Rule on Consumer Contracts and Financial Instruments, JPIL 5 (2009), 85–104.

Gebauer, Martin/Huber, Stefan, Politisches Kollisionsrecht: Eine Einführung, in: dies. (Hrsg.), Politisches Kollisionsrecht, Tübingen 2021, S. VII–XIX.

Geimer, Reinhold/Schütze, Rolf A. (Hrsg.), Europäisches Zivilverfahrensrecht – Kommentar zur EuGVVO, EuEheVO, EuZustellungsVO, EuInsVO, EuVTVO, zum Lugano-Übereinkommen und zum nationalen Kompetenz- und Anerkennungsrecht, 4. Aufl., München 2020 (zit. Geimer/Schütze/*Bearbeiter*).

Geisler, Stephan, Die engste Verbindung im Internationalen Privatrecht, Berlin 2001 (zit. *Geisler*, Engste Verbindung).

Gelpern, Anna/Gulati, Mitu, CDSZombies, Europ. Bus. L. Rev. 13 (2012), 347–390.

Georgeakopoulos, Nicholas L., Principles and Methods of Law and Economics, New York 2005 (zit. *Georgeakopoulos*, Law and Economics).

Golden, Jeffrey, Setting standards in the evolution of swap documentaion, Int'l Fin. L. Rev. 13 (1994), 18–19.

ders., The courts, the financial crisis and systemic risk, Capital Markets L. J. 2009, 141–149.

ders., Interpreting ISDA terms: when market practice is relevant, as of when is it relevant?, Capital Markets L. J. 9 (2014), 299–307.

Gsell, Beate/Krüger, Wolfgang/Lorenz, Stephan/Reymann, Christoph (Hrsg.), Beck-online.GROSSKOMMENTAR zum Zivilrecht, Stand: 30.9.2021, München (zit. Beck-OGK/*Bearbeiter*)

Gulati, Mitu/Scott, Robert E., The Three and a Half Minute Transaction – Boilerplate and the Limits of Contract Design, Chicago 2013 (zit. *Gulati/Scott*, Boilerplate).

Hill, Jonathan/Chong, Adeline, International commercial disputes – Commercial conflict of laws in English courts, 4. Aufl., Oxford 2010 (zit. *Hill/Chong*, Commercial Disputes).

Hill, Jonathan/Ní Shúilleabháin, Máire, Clarkson & Hill's Conflict of Laws, Oxford 2016.

Hirte, Heribert/Vallender, Heinz (Hrsg.), Insolvenzordnung, EuInsVO, 15. Aufl., München 2020 (zit. Uhlenbruck/*Bearbeiter*).

Hoffmann, Bernd von/Thorn, Karsten, Internationales Privatrecht, 9. Aufl., München 2007 (zit. *von Hoffmann/Thorn*, IPR).

Hüßtege, Rainer/Mansel, Heinz-Peter (Hrsg.), Rom-Verordnungen – EuErbVO – HUP, 3. Aufl., Baden-Baden 2018 (zit. NK-BGB/*Bearbeiter*).

Jäger, Horst-Ulrich/Haas, Gregor, § 120 Grundlagen des Akkreditivgeschäfts, in: Schimansky, Herbert/Bunte, Hermann-Josef/Lwowski, Hans-Jürgen (Hrsg.), Bankrechts-Handbuch Bd. 2, 5. Aufl., München 2017, S. 2127–2327.

Jahn, Uwe/Reiner, Günter, § 114 Außerbörsliche Finanztermingeschäfte (OTC-Derivate), in: Schimansky, Herbert/Bunte, Hermann-Josef/Lwowski, Hans-Jürgen (Hrsg.), Bankrechts-Handbuch Bd. 2, 5. Aufl., München 2017, S. 1652–1790.

Jarass, Hans D./Kment, Martin, EU-Grundrechte, 2. Aufl. 2019 (zit. *Jarass/Kment*, EU-Grundrechte).

dies. (Hrsg.), Grundgesetz für die Bundesrepublik Deutschland Kommentar, 16. Aufl., München 2020 (zit. Jarass/Pieroth/*Bearbeiter*).

Nettesheim, Martin (Hrsg.), Das Recht der Europäischen Union, 74. Aufl., München 2021 (zit. *Bearbeiter*, in: Nettesheim (Hrsg.), Grabitz/Hilf).

Grigoleit, Hans Christoph, Zwingendes Recht (Grundlagen), in: Basedow, Jürgen/Hopt, Klaus J. u.a. (Hrsg.), Handwörterbuch des Europäischen Privatrechts Bd. 2, Tübingen 2009, S. 1822–1827.

Gruber, Urs Peter, Methoden des internationalen Einheitsrechts, Tübingen 2004 (zit. *Gruber*, Methoden).

ders., Insurance Contracts, in: Ferrari, Franco/Leible, Stefan (Hrsg.), Rome I Regulation – The Law Applicable to Contractual Obligations in Europe, München 2009, S. 109–128.

Grundmann, Stefan, Die Dogmatik der Vertragsnetze, AcP 207 (2007), 718–767.

ders., Privatrecht und Regulierung, in: Auer, Marietta/Grigoleit, Hans Christoph u.a. (Hrsg.), Privatrechtsdogmatik im 21. Jahrhundert – Festschrift für Claus-Wilhelm Canaris zum 80. Geburtstag, Berlin/Boston 2017, S. 907–948 (zit. *Grundmann.*, FS Canaris).

Grunewald, Barbara/Maier-Reimer, Georg/Westermann, Harm Peter (Hrsg.), Erman Handkommentar – Handkommentar mit AGG, EGBGB, ErbbauRG, LPartG, ProdhaftG, VBVG, VersAusglG, WEG und ausgewählten Rechtsquellen des IPR, 16. Aufl., Köln 2020 (zit. Erman/*Bearbeiter*).

Haar, Brigitte, Gestaltung von Finanzmärkten durch Vertrag – Eine Skizze anhand von Asset-Backed Securities und Collective Action Clauses, in: Casper, Matthias/Klöhn, Lars u.a. (Hrsg.), Festschrift für Johannes Köndgen zum 70. Geburtstag, Köln 2016, S. 251–263 (zit. *Haar*, FS Köndgen).

Habermas, Jürgen, Die postnationale Konstellation – Politische Essays, 6. Aufl., Frankfurt am Main 1998 (zit. *Habermas*, Postnational).

Haentjens, Matthias, Financial Collateral – Law and Practice, Oxford 2020 (zit. *Haentjens*, Collateral).

Harris, Jonathan, Mandatory Rules and Public Policy under the Rome I Regulation, in: Ferrari, Franco/Leible, Stefan (Hrsg.), Rome I Regulation – The Law Applicable to Contractual Obligations in Europe, München 2009, S. 269–342.

Hartley, Trevor C., International Commercial Litigation – Text, Cases and Materials on Private International Law, Cambridge 2015 (zit. *Hartley*, International Commercial Litigation).

ders., Choice of law, choice of court and mandatory provisions, in: Hess, Burkhard/Jayme, Erik/Mansel, Heinz-Peter (Hrsg.), Europa als Rechts- und Lebensraum – Liber Amicorum für Christian Kohler zum 75. Geburtstag am. 18. Juni 2018, Bielefeld 2018, S. 171–178 (zit. *Hartley*, FS Kohler).

Hassemer, Michael, Heteronomie und Relativität in Schuldverhältnissen – Zur Haftung des Herstellers im europäischen Verbrauchsgüterkauf, Tübingen 2007 (zit. *Hassemer*, Relativität).

Hau, Wolfgang, Zivilsachen mit grenzüberschreitendem Bezug, in: Arnold, Stefan/Lorenz, Stephan (Hrsg.), Gedächtnisschrift für Hannes Unberath, München 2015, S. 139–158 (zit. *Hau*, GS Unberath).

Hauser, Paul, Eingriffsnormen in der Rom I-Verordnung, Tübingen 2012 (zit. *Hauser*, Eingriffsnormen).

Hecker, Jan, Marktoptimierende Wirtschaftsaufsicht, Tübingen 2007 (zit. *Hecker*, Wirtschaftsaufsicht).

Heiderhoff, Bettina, Europäisches Privatrecht, 5. Aufl., Heidelberg 2020 (zit. *Heiderhoff*, Europäisches Privatrecht).

Hein, Jan von, Rechtswahlfreiheit im Internationalen Deliktsrecht, RabelsZ 64 (2000), 595–613.

ders., Grenzen der Rechtswahl bei derivativen Geschäften zwischen inländischen Vertragsparteien (Art. 3 Abs. 3 Rom I-VO), in: Grundmann, Stefan/Merkt, Hanno/Mülbert, Peter O. (Hrsg.), Festschrift für Klaus J. Hopt zum

80. Geburtstag am 24. August 2020, Berlin, Boston 2020, S. 1405–1418 (zit. *von Hein.*, FS Hopt).

Heinig, Jens, Grenzen von Gerichtsstandsvereinbarungen im Europäischen Zivilprozessrecht, Jena 2010 (zit. *Heinig*, Gerichtsstandsvereinbarungen).

Heiss, Helmut, Versicherungsverträge in „Rom I": Neuerliches Versagen des europäischen Gesetzgebers, in: Baetge, Dietmar/von Hein, Jan/von Hinden, Michael (Hrsg.), Die richtige Ordnung – Festschrift für Jan Kropholler zum 70. Geburtstag, Tübingen 2008, S. 459–480 (zit. *Heiss*, FS Kropholler).

Heiss, Helmut/Drobnjak, Sascha/Ferrari, Franco, Formal Requirements and Validity, in: Basedow, Jürgen/Rühl, Giesela u.a. (Hrsg.), Encyclopedia of Private International Law, Cheltenham 2017, S. 783–789.

Hellgardt, Alexander, Regulierung und Privatrecht, Tübingen 2016 (zit. *Hellgardt*, Regulierung).

ders., Das Verbot der kollisionsrechtlichen Wahl nichtstaatlichen Rechts und das Unionsgrundrecht der Privatautonomie, RabelsZ 82 (2018), 654–696.

ders., Regelungsziele im Privatrecht, in: Möslein, Florian (Hrsg.), Regelsetzung im Privatrecht, Tübingen 2019, S. 121–135.

Henrich, Dieter, Abschied vom Staatsangehörigkeitsprinzip?, in: Hohloch, Gerhard/Frank, Rainer/Schlechtriem, Peter (Hrsg.), Festschrift für Hans Stoll zum 75. Geburtstag, Tübingen 2001, S. 437–449 (zit. *Henrich*, FS Stoll).

ders., Parteiautonomie, Privatautonomie und kulturelle Identität, in: Mansel, Heinz-Peter/Pfeiffer, Thomas u.a. (Hrsg.), Festschrift für Erik Jayme – Bd. 1, München 2004, S. 321–329 (zit. *Henrich*, FS Jayme).

Henry, David P., Kollisionsrechtliche Rechtswahl – Eine Untersuchung ihrer Wirkungen und Grenzen, Zürich 2009 (zit. *Henry*, Rechtswahl).

Herdegen, Matthias, The Dynamics of International Law in a Globalised World – Cosmopolitan Values, Constructive Consent and Diversity of Legal Cultures, Frankfurt am Main 2016 (zit. *Herdegen*, International Law).

ders., Europarecht, 22. Aufl., München 2020 (zit. *Herdegen*, Europarecht).

Herkner, Wolf R., Die Grenzen der Rechtswahl im internationalen Deliktsrecht, Frankfurt am Main 2003 (zit. *Herkner*, Grenzen).

Hess, Burkhard, Binnenverhältnisse im Europäischen Zivilprozessrecht – Grenzüberschreitende v. nationale Sachverhalte, in: von Hein, Jan/Rühl, Giesela (Hrsg.), Kohärenz im Internationalen Privat- und Verfahrensrecht der Europäischen Union, Tübingen 2016, S. 67–89.

Hirse, Thomas, Die Ausweichklausel im Internationalen Privatrecht – Methodentheoretische und -kritische Gedanken zur Konkretisierung einer besonderen kollisionsrechtlichen Generalklausel, Tübingen 2012 (zit. *Hirse*, Ausweichklausel).

Hoffmann, Bernd von, Über den Schutz des schwächeren bei internationalen Schuldverträgen, RabelsZ 38 (1974), 396–419.

ders., Empfiehlt es sich, das EG-Übereinkommen über das auf vertragliche Schuldverhältnisse anzuwendende Recht in das deutsche IPR-Gesetz zu inkorporieren?, IPRax 1984, 10–13.

Hohloch, Gerhard, Rechtswahl als Anknüpfungsprinzip (Zur Bedeutung des Parteiwillens im europäischen Internationalen Privatrecht, in: Frantzen, Torstein/Thue, Helge Johan (Hrsg.), Rett og toleranse – Festskrift til Helge Johan Thue, 70 år, Oslo 2007, S. 257–270 (zit. *Hohloch*, FS Thue).

Holderbaum, Sebastian, Gesellschafterdarlehen und Niederlassungsfreiheit, Baden-Baden 2013 (zit. *Holderbaum*, Niederlassungsfreiheit).

Holst, Johannes, Die verschiedenen Ansätze des EuGH zur Begrenzung des Anwendungsbereichs der Warenverkehrsfreiheit – Eine Bewertung, ZEuS 2017, 333–350.

Höpner, Martin, Binden die Grundfreiheiten den Unionsgesetzgeber? – Einsichten aus den Schlussanträgen des Generalanwalts Sánchez-Bordona zu den polnischen und ungarischen Nichtigkeitsklagen gegen die Reform der Entsenderichtlinie, C-620/18 und C-626/18, https://verfassungsblog.de/binden-die-grundfreiheiten-den-unionsgesetzgeber/ (geprüft am 30.9.2021).

ders., Dürfen europäische Gesetze Grundfreiheiten einschränken? – MPlfG Discussion Paper 21/2, https://pure.mpg.de/rest/items/item_3293758_1/component/file_3306577/content (geprüft am 30.9.2021).

Horst, Johan, Transnationale Rechtserzeugung – Elemente einer normativen Theorie der Lex Financiaria 2019 (zit. *Horst*, Transnationale Rechtserzeugung).

Hurrelmann, Achim/Leibfried, Stephan/Martens, Kerstin/Mayer, Peter, Die Zerfaserung des Nationalstaates: Ein analytischer Rahmen, in: dies. (Hrsg.), Zerfasert der Nationalstaat? – Die Internationalisierung politischer Verantwortung, Frankfurt am Main 2008, S. 21–53.

ICC, Incoterms der ICC, https://www.iccgermany.de/standards-incoterms/incoterms-2020-in-der-uebersicht/ (geprüft am 30.9.2021).

Jarass, Hans, Elemente einer Dogmatik der Grundfreiheiten II, EuR 2000, 705–723.

ders. (Hrsg.), Charta der Grundrechte der Europäischen Union, 4. Aufl., München 2021 (zit. Jarass/*Bearbeiter*).

Jayme, Erik, Nation und Staat im Internationalen Privatrecht, in: Jayme, Erik/Mansel, Heinz-Peter (Hrsg.), Nation und Staat im Internationalen Privatrecht, Heidelberg 1990, S. 3–12.

ders., Die Parteiautonomie im internationalen Vertragsrecht auf dem Prüfstand - 65. Sitzung des Institut de Droit International in Basel, IPRax (1991), 429–430.

ders., Die kulturelle Dimension des Rechts – ihre Bedeutung für das internationale Privatrecht und die Rechtsvergleichung, RabelsZ 67 (2003), 211–230.

ders., Internationales Privatrecht und Völkerrecht – Studien, Vorträge, Berichte, Heidelberg 2003 (zit. *Jayme*, Völkerrecht).

ders., Kulturelle Identität und Internationales Privatrecht, in: ders. (Hrsg.), Kulturelle Identität und Internationales Privatrecht, Heidelberg 2003, 5–14.

Junker, Abbo, Internationales Privatrecht, 4. Aufl., München 2021 (zit. *Junker*, Internationales Privatrecht).

Kadelbach, Stefan, Wettbewerb der Rechtsordnungen?, in: ders. (Hrsg.), Wettbewerb der Systeme - System des Wettbewerbs in der EU, Baden-Baden 2017, S. 9–19.

Kahan, Marcel/Klausner, Michael, Standardization and Innovation in Corporate Contracting (or „the Economics of Boilerplate"), Va. L. Rev. 83 (1997), 713–770.

Kegel, Gerhard, Internationales Privatrecht, München, Berlin 1960 (zit. *Kegel*, Internationales Privatrecht).

Kegel, Gerhard/Schurig, Klaus, Internationales Privatrecht, 9. Aufl., München 2004 (zit. *Kegel/Schurig*, Internationales Privatrecht).

Kemmerer, Martin, Kapitalverkehrsfreiheit und Drittstaaten, Baden-Baden 2010 (zit. *Kemmerer*, Kapitalverkehrsfreiheit).

Kerkemeyer, Andreas, Systemrettend oder -destabilisierend? – Das Close-out Netting in der Diskussion, ZBB 2017, 273–281.

ders., Möglichkeiten und Grenzen bei der Regulierung von Derivaten, Tübingen 2018 (zit. *Kerkemeyer*, Regulierung von Derivaten).

Kieninger, Eva-Maria, Mobiliarsicherheiten im Europäischen Binnenmarkt – Zum Einfluß der Warenverkehrsfreiheit auf das nationale und internationale Sachenrecht der Mitgliedstaaten, Baden-Baden 1996 (zit. *Kieninger*, Mobiliarsicherheiten).

dies., Wettbewerb der Privatrechtsordnungen im Europäischen Binnenmarkt – Studien zur Privatrechtskoordinierung in der Europäischen Union auf den Gebieten des Gesellschafts- und Vertragsrechts, Tübingen 2002 (zit. *Kieninger*, Wettbewerb).

dies., Immovable Property, in: Basedow, Jürgen/Rühl, Giesela u.a. (Hrsg.), Encyclopedia of Private International Law, Cheltenham 2017, S. 890–896.

dies., Niederlassungsfreiheit als Freiheit der nachträglichen Rechtswahl – Die Polbud-Entscheidung des EuGH, NJW 2017, 3624–3627.

dies., Internationales Gesellschaftsrecht zwischen Polbud, Panama und Paradise, ZEuP 2018, 309–319.

Kindler, Peter, Zur Anknüpfung von Handelsvertreter- und Vertragshändlerverträgen im neuen bundesdeutschen IPR, RIW 1987, 660–666.

Klauer, Stefan, Das europäische Kollisionsrecht der Verbraucherverträge zwischen Römer-EVÜ und EG-Richtlinien, Tübingen 2002 (zit. *Klauer*, Verbraucherverträge).

Klausner, Michael, Corporations, Corporate Law and Networks of Contracts 81 (1995), 757–852.

Klenk, Lars, Die Grenzen der Grundfreiheiten, Tübingen 2019 (zit. *Klenk*, Grenzen).

Klumb, Jan, Teilrechtswahl in standardisierten Kreditverträgen – Ein Ansatz zur Vermeidung unwirksamer Klauseln?, ZBB 2012, 449–461.

Kluth, Winfried, Die Bindung privater Wirtschaftsteilnehmer an die Grundfreiheiten des EG-Vertrages – Eine Analyse am Beispiel des Bosman-Urteils des EuGH, AöR 122 (1997), 557–582.

Koch, Harald, Kollisionsrecht und Auslandsbezug: Wie international ist das IPR?, in: Mankowski, Peter/Wurmnest, Wolfgang (Hrsg.), Festschrift für Ulrich Magnus zum 70. Geburtstag, München 2014, S. 475–482 (zit. *Koch*, FS Magnus).

Koch, Oliver, Der Grundsatz der Verhältnismäßigkeit in der Rechtsprechung des Gerichtshofs der Europäischen Gemeinschaften, Berlin 2003 (zit. *Koch*, Verhältnismäßigkeit).

Köck, Manuela, Die einheitliche Auslegung der Rom I-, Rom II- und Brüssel I-Verordnung im europäischen internationalen Privat- und Verfahrensrecht, Berlin 2014 (zit. *Köck*, Auslegung).

Kohler, Christian, Kein Weg zur Rechtsvereinheitlichung – Zur Übernahme des EG-Übereinkommens vom 19. Juni 1980 über das auf vertragliche Schuldverhältnisse anzuwendende Recht, EuR 1984, 155–173.

ders., Verständnisschwierigkeiten zwischen europäischem Gemeinschaftsrecht und internationalem Privatrecht, in: Mansel, Heinz-Peter/Pfeiffer, Thomas u.a. (Hrsg.), Festschrift für Erik Jayme – Bd. 1, München 2004, S. 445–459 (zit. *Kohler*, FS Jayme).

ders., Der Einfluss der Globalisierung auf die Wahl der Anknüpfungsmomente im Internationalen Familienrecht, in: Freitag, Robert/Leible, Stefan u.a. (Hrsg.), Internationales Familienrecht für das 21. Jahrhundert – Symposium zum 65. Geburtstag von Ulrich Spellenberg, München 2006, S. 9–27 (zit. *Kohler*, FS Spellenberg).

Kölmel, Dominik, Das Regressrecht bei internationalen Lieferketten – Unter besonderer Berücksichtigung des UN-Kaufrechts sowie der Richtlinie über den Verbrauchsgüterkauf, Baden-Baden 2008 (zit. *Kölmel*, Regressrecht).

Kommission der Europäischen Gemeinschaften, Vorentwurf eines Übereinkommens über das auf vertragliche und ausservertragliche Schuldverhältnisse anwendbare Recht, RabelsZ 38 (1974), 211–219.

Kondring, Jörg, Flucht vor dem deutschen AGB-Recht bei Inlandsverträgen – Gedanken zu Art. 3 Abs. 3 Rom I-VO und § 1051 ZPO, RIW 2010, 184–191.

ders., § 1051 Abs. 1 ZPO und die Abwahl einfach zwingenden Rechts bei Binnensachverhalten – Über die Normenhierarchie von Kollisionsrecht und materiellrechtlichem Umgehungsverbot, ZIP 2017, 706–710.

Körber, Torsten, Grundfreiheiten und Privatrecht, Tübingen 2004 (zit. *Körber*, Grundfreiheiten).

Korch, Stefan/Thelen, Martin Konstantin, Von der Niederlassungsfreiheit zur Freiheit der Rechtsformwahl – Die praktischen Folgen der Polbud-Entscheidung des EuGH) – (zu EuGH, 25.10.2017 – Rs. C-106/16 – Polbud – Wykonawastwo sp. zo.o), IPRax 2018, 248–254.

Krämer, Lutz, Finanzswaps und Swapderivate in der Bankpraxis – Eine zivil-, AGB- und aufsichtsrechtliche Untersuchung unter besonderer Berücksichtigung der Kautelarpraxis, Berlin 1999 (zit. *Krämer*, Finanzswaps).

Kresbach, Georg/Rathkolb, Gregor, Das europäische Schuldvertragsübereinkommen – erstes und zweites Brüsseler Protokoll über die Auslegung des EVÜ durch EuGH, österreichisches Beitrittsübereinkommen zum EVÜ, vollständiger Bericht von Giuliano und Lagarde zum EVÜ, Wien 1999 (zit. *Kresbach/Rathkolb*, Schuldvertragsübereinkommen).

Kreytenberg, Wim, Die individuelle Schwerpunktbestimmung internationaler Schuldverträge nach der Ausweichklausel des Art. 4 Abs. 5 S. 2 EVÜ – Ein Beitrag zur Förderung von Rechtssicherheit und Einzelfallgerechtigkeit im europäischen Kollisionsrecht der Schuldverträge, Frankfurt am Main 2007 (zit. *Kreytenberg*, Ausweichklausel).

Kroll-Ludwigs, Kathrin, Die Rolle der Parteiautonomie im europäischen Kollisionsrecht, Tübingen 2013 (zit. *Kroll-Ludwigs*, Parteiautonomie).

Kropholler, Jan, Auslandsbeurkundungen im Gesellschaftsrecht, ZHR 140 (1976), 394–413.

ders., Internationales Privatrecht – Einschließlich der Grundbegriffe des Internationalen Zivilverfahrensrechts, 6. Aufl., Tübingen 2006 (zit. *Kropholler*, IPR).

Kropholler, Jan/Krüger, Hilmer/Riering, Wolfgang/Samtleben, Jürgen/Siehr, Kurt, Außereuropäische IPR-Gesetze, Hamburg/Würzburg 1999 (zit. *Kropholler/Krüger/Riering u.a.*, IPR-Gesetze).

Kuhn, Thomas, Überschießende Umsetzung bei mindest- und vollharmonisierenden Richtlinien: Einheitliche oder gespaltene Anwendung, EuR 2015, 216–237.

Kühne, Gunther, Die Parteiautonomie im internationalen Erbrecht, Bielefeld 1973 (zit. *Kühne*, Parteiautonomie).

ders., Die Parteiautonomie zwischen kollisionsrechtlicher und materiellrechtlicher Gerechtigkeit, in: Krüger, Hilmar/Mansel, Heinz-Peter (Hrsg.), Liber Amicorum Gerhard Kegel, München 2002, S. 65–82 (zit. *Kühne*, FS Kegel).

ders., Buchbesprechung von K. Kroll-Ludwigs „Die Rolle der Parteiautonomie im europäischen Kollisionsrecht“, RabelsZ 78 (2014), 864–872.

ders., Der Einfluss von Gerhard Kegel und Alexander Lüderitz auf das Kollisionsrecht, ZVglRWiss 114 (2015), 355–366.

Kutzscher, Dirk Martin, Der grenzüberschreitende Sachverhalt in der Rechtsprechung des EuGH und deren Auswirkungen auf die Freizügigkeit der Unionsbürger, Frankfurt am Main 2011 (zit. *Kutzscher*, Freizügigkeit).

Lando, Ole, On the Form of Contracts and the Conflict of Law, in: Fabricus, Fritz (Hrsg.), Law and International Trade: Festschrift für Clive M. Schmitthoff zum 70. Geburtstag, Frankfurt a. M. 1973, S. 253–263 (zit. *Lando*, FS Schmitthoff).

Lange, Stefan, Nationalstaat und Demokratie im Sog der Globalisierung: Politische Gegenwartsdiagnosen, in: Schimank, Uwe/Volkmann, Ute (Hrsg.), Soziologische Gegenwartsdiagnosen II – Vergleichende Sekundäranalysen, Wiesbaden 2006, S. 115–154.

Langner, Olaf, Das Kaufrecht auf dem Prüfstand der Warenverkehrsfreiheit des EG-Vertrages, RabelsZ 65 (2001), 222–244.

Lasok, Dominik/Stone, Philip A., Conflict of Laws in the European Community, Abingdon 1987.

Laufkötter, Regina, Parteiautonomie im internationalen Wettbewerbs- und Kartellrecht, Berlin 2001 (zit. *Laufkötter*, Parteiautonomie).

Lehmann, Matthias, Liberating the Individual from battles between States: Justifying Party Autonomy in Conflict of Laws, Vand. J. Trans. L. 41 (2008), 381–434.

ders., Auf der Suche nach dem Sitz des Rechtsverhältnisses: Savigny und die Rom I-Verordnung, in: Bernreuther, Jörn/Freitag, Robert u.a. (Hrsg.), Festschrift für Ulrich Spellenberg – Zum 70. Geburtstag (Schriften zum deutschen, europäischen und internationalen Recht des Geistigen Eigentums und Wettbewerbs), München 2010, S. 245–260 (zit. *Lehmann*, FS Spellenberg).

Leible, Stefan, Parteiautonomie im IPR – Allgemeines Anknüpfungsprinzip oder Verlegenheitslösung?, in: Mansel, Heinz-Peter/Pfeiffer, Thomas u.a. (Hrsg.), Festschrift für Erik Jayme – Bd. 1, München 2004, S. 485–503 (zit. *Leible*, FS Jayme).

ders., Rom I und Rom II – Neue Perspektiven im Europäischen Kollisionsrecht, Bonn 2009 (zit. *Leible*, Perspektiven).

Leible, Stefan/Domröse, Ronny, § 8 Die Primärrechtskonforme Auslegung, in: Riesenhuber, Karl (Hrsg.), Europäische Methodenlehre, 4. Aufl., Berlin u.a. 2021, S. 209–241.

Lein, Eva, The New Rome I / Rome II / Brussels I Synergy, YPIL Volume 10 (2008), S. 177–198.

Lindenmayr, Barbara, Vereinbarung über die internationale Zuständigkeit und das darauf anwendbare Recht, Berlin 2002 (zit. *Lindenmayr*, Zuständigkeit).

Lipp, Volker, Verkehrsschutz und Geschäftsfähigkeit im IPR, RabelsZ 63 (1999), 107–143.

Lippert, André, Der grenzüberschreitende Sachverhalt im Unionsrecht – Eine Analyse anhand der Rechtsprechung des Europäischen Gerichtshofs zu den Kontrollkompetenzen, Tübingen 2013 (zit. *Lippert*, Grenzüberschreitender Sachverhalt).

ders., Der grenzüberschreitende Sachverhalt – Der Yeti des Europarechts, ZEuS 2014, 273–299.

Loose, Sven, Unternehmensmobilität in Europa, JR 2019, 359–368.

Lorenz, Egon, Die Rechtswahlfreiheit im internationalen Schuldvertragsrecht – Grundsatz und Grenzen, RIW 1987, 569–584.

Lorenz, Stephan, Unternehmerregreß im Verbrauchsgüterkauf und Internationales Privatrecht – Zum internationalen Anwendungsbereich der §§ 478, 479 BGB, in: Mansel, Heinz-Peter/Pfeiffer, Thomas u.a. (Hrsg.), Festschrift für Erik Jayme – Bd. 1, München 2004, S. 533–548 (zit. *S. Lorenz*, FS Jayme).

Lüderitz, Alexander, Anknüpfung im Parteiinteresse, in: Lüderitz, Alexander/Schröder, Jochen (Hrsg.), Internationales Privatrecht und Rechtsvergleichung im Ausgang des 20. Jahrhunderts – Bewahrung oder Wende? – Festschrift für Gerhard Kegel, Frankfurt a.M 1977, S. 31–54 (zit. *Lüderitz*, FS Kegel).

Lurger, Brigitta, Die Verortung natürlicher Personen im europäischen IPR und IZVR – Wohnsitz, gewöhnlicher Aufenthalt, Staatsangehörigkeit, in: von Hein, Jan/Rühl, Giesela (Hrsg.), Kohärenz im Internationalen Privat- und Verfahrensrecht der Europäischen Union, Tübingen 2016, S. 202–236.

dies., Die Dominanz zwingenden Rechts – die vermeintlichen und tatsächlichen Schattenseiten des EU-Verbraucherschutzrechts, ZEuP 2018, 788–820.

Lüttringhaus, Jan, Eingriffsnormen im internationalen Unionsprivat- und Prozessrecht: Von Ingmar zu Unamar – (zu EuGH, 17.10.2013 – Rs. C-184/12 – United Antwerp Maritime Agencies (Unamar) NV. /. Navigation Maritime Bulgare), IPRax 2014, 146–152.

ders., Life Insurance Contracts, in: Basedow, Jürgen/Rühl, Giesela u.a. (Hrsg.), Encyclopedia of Private International Law, Cheltenham 2017, S. 1151–1158.

ders., Vertragsfreiheit und ihre Materialisierung im Europäischen Binnenmarkt – Die Verbürgung und Materialisierung unionaler Vertragsfreiheit im Zusammenspiel von EU-Privatrecht, BGB und ZPO, Tübingen 2018 (zit. *Lüttringhaus*, Vertragsfreiheit).

Magnus, Robert, Der grenzüberschreitende Bezug als Anwendungsvoraussetzung im europäischen Zuständigkeits- und Kollisionsrecht, ZEuP 2018, 507–540.

Magnus, Ulrich, Article 4 Rome I Regulation: The Applicable Law in the Absence of Choice, in: Ferrari, Franco/Leible, Stefan (Hrsg.), Rome I Regulation – The Law Applicable to Contractual Obligations in Europe, München 2009, S. 27–50.

ders., Die Rom I-Verordnung, IPRax 2010, 27–44.

Maier-Reimer, Georg, Vertragssprache und Sprache des anwendbaren Rechts, NJW 2010, 2545–2550.

Makarov, Alexander, Völkerrecht und Internationales Privatrecht, in: Seferiados, Stilianos/Streit, Georgios S. (Hrsg.), Mélanges Streit, Athen 1939, S. 536–555.

ders., Internationales Privatrecht und Völkerrecht, in: Strupp, Karl/Schochauer, Hans-Jürgen (Hrsg.), Wörterbuch des Völkerrechts, Berlin 1960, S. 129–133.

Mankowski, Peter, Zur Analogie im internationalen Schuldvertragsrecht, IPRax 1991, 305–313.

ders., Strukturfragen des internationalen Verbrauchervertragsrechts, RIW 1993, S. 453–463.

ders., Zu einigen internationalprivat- und internationalprozeßrechtlichen Aspekten bei Börsentermingeschäften – Anmerkung zu OLG Düsseldorf, 26.5.1995 – 17 U 140/95 und OLG Düsseldorf, 8.3.1996 – 17 U 179/95, RIW 1996, 1001–1005.

ders., Europäisches Internationales Privat- und Prozessrecht im Lichte der ökonomischen Analyse, in: Ott, Claus/Schäfer, Hans-Bernd (Hrsg.), Vereinheitlichung und Diversität des Zivilrechts in transnationalen Wirtschaftsräumen – Beiträge zum 8. Travemünder Symposium zur ökonomischen Analyse des Rechts, 13.–16. März 2002, Tübingen 2002, S. 118–151.

ders., Die Ausweichklausel des Art. 4 V EVÜ und das System des EVÜ, IPRax 2003, 464–472.

ders., Überlegungen zur sach- und interessengerechten Rechtswahl für Verträge des internationalen Wirtschaftsverkehrs, RIW 2003, 2–15.

ders., Kulturelle Identität und Internationales Privatrecht, IPRax 2004, 282–289.

ders., Internationale Zuständigkeit und anwendbares Recht – Parallelen und Divergenzen, in: Lorenz, Stephan/Trunk, Alexander u.a. (Hrsg.), Festschrift für Andreas Heldrich zum 70. Geburtstag, München 2005, S. 867–897 (zit. *Mankowski*, FS Heldrich).

ders., Der Vorschlag für die Rom I-VO, IPRax 2006, 101–113.

ders., Die Rom I-Verordnung – Änderungen im europäischen IPR für Schuldverträge, IHR 2008, 133–152.

ders., Rechtswahl und Gerichtsstandsvereinbarung im Lichte der Spieltheorie, in: Eger, Thomas/Bigus, Jochen u.a. (Hrsg.), Internationalisierung des Rechts und seine ökonomische Analyse – Festschrift für Hans-Bernd Schäfer zum 65. Geburtstag, Wiesbaden 2008, S. 369–383 (zit. *Mankowski*, FS Schäfer).

ders., Herkunftslandprinzip, in: Basedow, Jürgen/Hopt, Klaus J. u.a. (Hrsg.), Handwörterbuch des Europäischen Privatrechts Bd. 1, Tübingen 2009, S. 825–829.

ders., Interessenpolitik und europäisches Kollisionsrecht – Rechtspolitische Überlegungen zur Rom I- und zur Rom II-Verordnung, Baden-Baden 2011 (zit. *Mankowski*, Interessenpolitik).

ders., Der gewöhnliche Aufenthalt des Erblassers unter Art. 21 EuErbVO, IPRax 2015, 39–46.

ders., Anmerkungen zu EuGH, Urt. v. 8.6.2017 – C.-54/16 (Vinyls Italia SpA in Insolvenz/Mediterrane Di Navigazione SpA), NZI 2017, 633–638.

Mankowski, Peter/Bar, Christian von, Internationales Privatrecht, 2. Aufl., München 2019 (zit. *Mankowski/von Bar*, IPR).

Mann, Marius, Die Einbeziehung von AGB in Verträgen zwischen Unternehmen, BB 2017, 2178–2184.

Mansel, Heinz-Peter, Personalstatut, Staatsangehörigkeit und Effektivität, München 1988 (zit. *Mansel*, Personalstatut).

ders., Das Staatsangehörigkeitsprinzip im deutschen und gemeinschaftsrechtlichen Internationalen Privatrecht: Schutz der kulturellen Identität oder Diskriminierung der Person?, in: Jayme, Erik (Hrsg.), Kulturelle Identität und Internationales Privatrecht, Heidelberg 2003, S. 119–154.

ders., Vereinheitlichung des internationalen Erbrechts in der europäischen Gemeinschaft – Kompetenzfragen und Regelungsgrundsätze, in: Arkan, Sabih/

Yongalik, Aynur/Şit, Başak (Hrsg.), Tuğrul Ansay'a Armağan, Ankara 2006, S. 185–226.

ders., Die kulturelle Identität im Internationalen Privatrecht, in: Nolte, Georg/Keller, Helen u.a. (Hrsg.), Pluralistische Gesellschaften und Internationales Recht, Heidelberg 2008, S. 137–208.

ders., Parteiautonomie, Rechtsgeschäftslehre der Rechtswahl und Allgemeinen Teil des des europäischen Kollisionsrechts, in: Leible, Stefan/Unberath, Hannes (Hrsg.), Brauchen wir eine Rom-0-Verordnung? – Überlegungen zu einem Allgemeinen Teil des europäischen IPR, Jena 2013, S. 241–292.

ders., Das auf Swap-Verträge auf der Grundlage des ISDA Master Agreements anwendbare Recht – Rechtswahl und objektiv anwendbares Recht, in: Dauner-Lieb, Barbara/Hennrichs, Joachim/Henssler, Martin (Hrsg.), Festschrift für Barbara Grunewald zum 70. Geburtstag, Köln 2021, S. 731–747 (zit. *Mansel*, FS Grunewald).

Mansel, Heinz-Peter/Kroll-Ludwigs, Kathrin, Nationality, in: Basedow, Jürgen/Rühl, Giesela u.a. (Hrsg.), Encyclopedia of Private International Law, Cheltenham 2017, S. 1289–1301.

Martiny, Dieter, Objektive Vertragsanknüpfung und Form, in: Leible, Stefan (Hrsg.), Das Grünbuch zum Internationalen Vertragsrecht – Beiträge zur Fortentwicklung des Europäischen Kollisionsrechts der vertraglichen Schuldverhältnisse, München 2004, S. 109–153.

Mäsch, Gerald, Rechtswahlfreiheit und Verbraucherschutz – Eine Untersuchung zu den Art. 29 I, 27 III und 34 EGBGB, Berlin 1993 (zit. *Mäsch*, Verbraucherschutz).

Maultzsch, Felix, Parteiautonomie bei reinen Inlandsfällen im Internationalen Privat-, Prozess- und Schiedsverfahrensrecht, in: Thorn, Karsten/Kronke, Herbert (Hrsg.), Grenzen überwinden – Prinzipien bewahren: Festschrift für Bernd von Hoffmann zum 70. Geburtstag am 28. Dezember 2011, Bielefeld 2011, S. 304–318 (zit. *Maultzsch*, FS von Hoffmann).

ders., Rechtswahl und ius cogens im Internationalen Schuldvertragsrecht, RabelsZ 75 (2011), 60–101.

ders., Parteiautonomie im Internationalen Privat- und Zivilverfahrensrecht, in: von Hein, Jan/Rühl, Giesela (Hrsg.), Kohärenz im Internationalen Privat- und Verfahrensrecht der Europäischen Union, Tübingen 2016, S. 153–181.

ders., Forumsfremde Eingriffsnormen im Schuldvertragsrecht zwischen Macht- und Wertedenken, in: Benicke, Christoph/Huber, Stefan (Hrsg.), National, International, Transnational: Harmonischer Dreiklang im Recht – Festschrift für Herbert Kronke, Bielefeld 2020, S. 363–377 (zit. *Maultzsch*, FS Kronke).

Max Planck Institute for Foreign Private and Private International Law, Comments on the European Commission's Green Paper on the conversion of the Rome Convention of 1980 on the law applicable to contractual obligations into a Community instrument and its modernisation, RabelsZ 68 (2004), 1–118.

Max-Planck-Institut für ausländisches und internationales Privatrecht, Kodifikation des deutschen Internationalen Privatrechts – Stellungnahme des Max-Planck-Instituts für ausländisches und internationales Privatrecht zum Regierungsentwurf von 1983, RabelsZ 47 (1983), 595–690.

Mayer, Christian/Schürnbrand, Jan, Einheitlich oder gespalten? – Zur Auslegung nationalen Rechts bei überschießender Umsetzung von Richtlinien, JZ 2004, 545–552.

Mazhorina, Maria Viktorovna, The Transformation of the State and the „denationalization" of Law in the Context of Private International Law, in: Belohlávek, Alexander J./Rozehnalová, Nadezda (Hrsg.), State Sovereignty, Den Haag 2019, S. 133–159.

McParland, Michael, The Rome I Regulation on the law applicable to contractual obligations, Oxford 2015 (zit. *McParland*, Rome I Regulation).

Meyer, Jürgen/Hölscheidt, Sven (Hrsg.), Charta der Grundrechte der Europäischen Union, 5. Aufl., Baden-Baden 2019 (zit. Meyer/Hölscheidt/*Bearbeiter*).

Michaels, Ralf, Die Struktur der kollisionsrechtlichen Durchsetzung einfach zwingender Normen, in: Michaels, Ralf/Solomon, Dennis (Hrsg.), Liber Amicorum Klaus Schurig zum 70. Geburtstag, München 2012, S. 191–210 (zit. *Michaels*, FS Schurig).

ders., Party Autonomy – A New Paradigm without a Foundation – Japanese Association of Private International Law, 2013, http://www.pilaj.jp/data/2013_0602_Party_Autonomy.pdf (geprüft am 30.9.2021).

Michaels, Ralf/Kamann, Hans-Georg, Grundlagen eines allgemeinen gemeinschaftlichen Richtlinienkollisionsrechts – „Amerikanisierung" des Gemeinschafts-IPR?, EWS 2001, 303–311.

Mills, Alex, Conceptualising Party Autonomy in Private International Law, Rev. crit. DIP 2019, 417–430.

ders., Party Autonomy in Private International Law, Cambridge/New York 2018 (zit. *Mills*, Party Autonomy).

Molineaux, Charles, Moving Towards a Construction Lex Mercatoria A Lex Constructionis, J. Int'l Arb. 14 (1997), 55–66.

Morell, Alexander, § 3 – Nachfrage, Angebot und Märkte, in: Towfigh, Emanuel V./Petersen, Niels (Hrsg.), Ökonomische Methoden im Recht, 2. Aufl., Tübin gen 2017, S. 45–82.

Morgan, Glenn, Market formation and governance in the international financial markets: The case of OTC derivatives, Hum. Relat. 61 (2008), 637–660.

Mösdorf, Oliver, Nun also doch! – Die überraschende Umdeutung der Niederlassungsfreiheit zur Rechtswahlfreiheit durch den EuGH im Urteil Polbud, ZIP 2017, 2381–2389.

Möslein, Florian, Finanzinnovation und Rechtsordnung: Eine Einführung, in: ders. (Hrsg.), Finanzinnovation und Rechtsordnung, Zürich, Basel, Genf 2014, S. 3–44.

Mrázek, Josef, The Modern Concept of State Sovereignty in International Law, in: Belohlávek, Alexander J./Rozehnalová, Nadezda (Hrsg.), State Sovereignty, Den Haag 2019, S. 161–183.

Muir Watt, Horatia, „Party Autonomy" in international contracts: from the makings of a myth to the requirements of global governance, ERCL 2010, 250–283.

Mülbert, Peter O./Bruinier, Stefan, Die Anwendung inländischer Schutzbestimmungen am Beispiel ausländischer Kreditverträge, WM 2005, 105–115.

Müller, Carsten, International zwingende Normen des deutschen Arbeitsrechts, Tübingen 2005 (zit. *Müller*, Zwingende Normen).

Müller, Michael, Finanzinstrumente in der Rom I-VO, Jena 2011 (zit. *Müller*, Finanzinstrumente).

ders., EuGH: EuGVVO: Begriff des anderen Vertragspartners beim Verbrauchergerichtsstand, EuZW 2014, 33–35.

ders., Objektive Anknüpfungsmomente für Schuldverhältnisse im europäischen IPR und IZVR – Die Behandlung vertraglicher Sachverhalte, in: von Hein, Jan/Rühl, Giesela (Hrsg.), Kohärenz im Internationalen Privat- und Verfahrensrecht der Europäischen Union, Tübingen 2016, S. 243–278.

Müller-Graff, Peter-Christian, § 9 Grundfreiheiten und Wettbewerbsordnung, in: Hatje, Armin/Müller-Graff, Peter-Christian (Hrsg.), Enzyklopädie Europarecht – Europäisches Organisations- und Verfassungsrecht, Baden-Baden 2014, S. 477–542.

ders., Die horizontale Drittwirkung der Grundfreiheiten, EuR 2014, 3–30.

Musielak, Hand-Joachim/Voit, Wolfgang (Hrsg.), Zivilprozessordnung mit Gerichtsverfassungsgesetz, 18. Aufl., München 2021 (zit. Musielak/Voit/*Bearbeiter*).

Nehne, Timo, Methodik und allgemeine Lehren des europäischen Internationalen Privatrechts, Tübingen 2012 (zit. *Nehne*, Methodik).

Neubert, Carl-Wendelin, Die objektiven Anknüpfungen von Schuldverträgen gem. Art. 4 Abs. 1 Rom I-Verordnung – Vergleich zur vormals geltenden Regelung des Art. 28 EGBGB a.F., EWS 2011, 369–380.

Neuhaus, Paul Heinrich, Die Grundbegriffe des internationalen Privatrechts, 2. Aufl., Tübingen 1976 (zit. *Neuhaus*, Grundbegriffe).

Nielsen, Peter Arnt, The Rome I Regulation and Contracts of Carriage, in: Ferrari, Franco/Leible, Stefan (Hrsg.), Rome I Regulation – The Law Applicable to Contractual Obligations in Europe, München 2009, S. 99–108.

Norton Rose Fulbright, Challenging governing law clauses: New ideas in European public body litigation, https://www.nortonrosefulbright.com/ja-jp/knowledge/publications/c40c64d8/challenging-governing-law-clauses-new-ideas-in-european-public-body-litigation (geprüft am 30.9.2021).

Nygh, Peter, Autonomy in International Contracts, Oxford 1999 (zit. *Nygh*, Autonomy).

O'Hara, Erin Ann, Opting out of Regulation: A Public Choice Analysis of Contractual Choice of Law, Vand. L. Rev. 53 (2000), 1552–1604.

O'Hara, Erin Ann/Ribstein, Larry E., From Politics to Efficiency in Choice of Law, U. Chi. L. Rev. 67 (2000), 1151–1232.

dies., The Law Market, Oxford/New York 2009 (zit. *O'Hara/Ribstein*, Market).

Okoli, Chukwuma Samuel Adesina, Place of performance – A comparative analysis, Oxford/New York 2020 (zit. *Okoli*, Performance).

Oreschnik, Bernhard, Verhältnismäßigkeit und Kontrolldichte – eine Analyse der Rechtsprechung des EuGH zu den Grundrechten und Grundfreiheiten, Wiesbaden 2019 (zit. *Oreschnik*, Verhältnismäßigkeit).

Ostendorf, Patrick, Wirksame Wahl ausländischen Rechts auch bei fehlendem Auslandsbezug im Fall einer Schiedsgerichtsvereinbarung und ausländischem Schiedsort?, SchiedsVZ 2010, 234–243.

ders., Anforderungen an einen genuinen Auslandsbezug bei der Rechtswahl im Europäischen Kollisionsrecht – (zu Court of Appeal, 15.6.2017 – Dexia Crediop S.P.A. v Comune di Prato [2017] EWCA Civ 428), IPRax 2018, 630–633.

Paefgen, Walter, Kollisionsrechtlicher Verbraucherschutz im Internationalen Vertragsrecht und europäisches Gemeinschaftsrecht, ZEuP 2003, 266–294.

ders., „Polbud": Niederlassungsfreiheit als Sitzspaltungsfreiheit – Zum Urteil des EuGH vom 25.10.2017 in der Rechtssache „Polbud", Teil I, WM 2018, 981–993.

Palandt, Otto (Begr.), Bürgerliches Gesetzbuch mit Nebengesetzen, 80. Aufl., München 2021, (zit. Palandt/*Bearbeiter*)

Papadileris, Vicky, Das Erfordernis des grenzüberschreitenden Bezugs im Recht der Marktfreiheiten, Jus 2011, 123–128.

Pechstein, Matthias/Nowak, Carsten/Häde, Ulrich (Hrsg.), Frankfurter Kommentar zu EUV, GRC und AEUV – Präambel, Artikel 1–100 AEUV (Bd. 2), Tübingen 2017 (zit. *Bearbeiter*, in: Pechstein/Nowak/Häde (Hrsg.), Pechstein et al. 2017).

Perner, Stefan, Grundfreiheiten, Grundrechte-Charta und Privatrecht, Tübingen 2013 (zit. *Perner*, Privatrecht).

Pfeiffer, Thomas, Internationale Zuständigkeit und prozessuale Gerechtigkeit – Die internationale Zuständigkeit im Zivilprozess zwischen effektivem Rechtsschutz und nationaler Zuständigkeitspolitik, Frankfurt am Main 1995 (zit. *Pfeiffer*, Zuständigkeit).

ders., AGB-Kontrolle von Rechtswahlvereinbarungen und Fehlverständnisse beim Günstigkeitsvergleich – zu LG Hamburg, 2.9.2014 – 327 O 187/14, IPRax 2015, 320–323.

Philip, Allan, Mandatory Rules, Public Law (Political Rules) and Choice of Law in the E.E.C. Convention on the Law Applicable to Contractual Obligations, in: North, Peter M. (Hrsg.), Contract Conflicts – The E.E.C. Convention on the Law Applicable to Contractual Obligations: A Comparative Study, Amsterdam u.a. 1982.

Piltz, Burghard, Incoterms 2020, IWRZ 2020, 157–165.

Pistor, Katharina, Code of Capital – How the Law Creates Wealth and Inequality, Princeton/Oxford 2020 (zit. *Pistor*, Code).

Plender, Richard, The European Contracts Convention – The Rome Convention on the Choice of Law for Contracts, London 1991 (zit. *Plender*, Rome Convention).

Plender, Richard/Wilderspin, Michael, The European Private International Law of Obligations, London 2020 (zit. *Plender/Wilderspin*, European Private International Law).

Poelzig, Dörte, Normdurchsetzung durch Privatrecht, Tübingen 2012 (zit. *Poelzig*, Normdurchsetzung).

Püls, Joachim, Parteiautonomie – Die Bedeutung des Parteiwillens und die Entwicklung seiner Schranken bei Schuldverträgen im deutschen Rechtsanwendungsrecht des 19. und 20. Jahrhunderts, Berlin 1995 (zit. *Püls*, Parteiautonomie).

Rabel, Ernst, The Conflict of Laws – A Comparative Study, 2. Aufl., Ann Arbor 1960 (zit. *Rabel*, Conflict of Laws).

Raphael, Angela, The Limits of Liability – Beschränkung der Verkäuferhaftung in B2B-Verträgen nach US-amerikanischem Recht unter besonderer

Berücksichtigung des UN-Kaufrechts, Baden-Baden 2011 (zit. *Raphael*, Liability).

Rauch, Stephan, Close-out Netting für Finanzunternehmen – Eine kritische Analyse unter besonderer Beachtung der Wechselwirkungen zwischen Insolvenz- und Wettbewerbsrecht, Baden-Baden 2017 (zit. *Rauch*, Close-out Netting).

Rauscher, Thomas, Heimatlos in Europa? Gedanken gegen eine Aufgabe des Staatsangehörigkeitsprinzips im IPR, in: Mansel, Heinz-Peter/Pfeiffer, Thomas u.a. (Hrsg.), Festschrift für Erik Jayme – Bd. 1, München 2004, S. 719–745 (zit. *Rauscher*, FS Jayme).

ders. (Hrsg.), Europäisches Zivilprozess- und Kollisionsrecht

– Band 1: Brüssel Ia-VO, 5. Aufl., Köln 2021

– Band 3: Rom I-VO, Rom II-VO, 4. Aufl., Köln, 2016 (zit. Rauscher/*Bearbeiter*).

Reiner, Günter, ISDA Master Agreement – Kommentar, München 2013 (zit. *Reiner*, ISDA).

Reinhart, Gert, Zur einheitlichen Auslegung vereinheitlichter IPR-Normen nach Art. 36 EGBGB, RIW 1994, 445–452.

Remien, Oliver, Zwingendes Vertragsrecht und Grundfreiheiten des EG-Vertrages, Tübingen 2003 (zit. *Remien*, Zwingendes Vertragsrecht).

Renner, Moritz, Zwingendes transnationales Recht – Zur Struktur der Wirtschaftsverfassung jenseits des Staates, Baden-Baden 2011 (zit. *Renner*, Transnationales Recht).

ders., Transnationale Wirtschaftsverfassung, RabelsZ 78 (2014), 750–783.

ders., Zwingendes Recht als Teil einer Rechtssetzungslehre des Privatrechts, in: Möslein, Florian (Hrsg.), Regelsetzung im Privatrecht, Tübingen 2019, S. 165–184.

Renner, Moritz/Leidinger, Andreas, Zur AGB-Kontrolle standardisierter Unternehmenskreditverträge, BKR 2015, 499–505.

Rentsch, Bettina, Der gewöhnliche Aufenthalt im System des Europäischen Kollisionsrechts, Tübingen 2017 (zit. *Rentsch*, Gewöhnlicher Aufenthalt).

Reyes y Ráfales, Francisco Joel, Die Warenausfuhrfreiheit: ein Beschränkungsverbot, Tübingen 2017 (zit. *Reyes y Ráfales*, Warenausfuhrfreiheit).

Ribstein, Larry E./Kobayashi, Bruce H., Choice of Form and Network Externalities, Wm. & Mary L. Rev. 79 (2001), 79–140.

Richter, Thomas, Parteiautonomie im Internationalen Immaterialgüterrecht – Eine rechtsvergleichende Untersuchung de lege lata und de lege ferenda, Tübingen 2017 (zit. *Richter*, Parteiautonomie).

Riesenhuber, Karl, System und Prinzipien des Europäischen Vertragsrechts, Berlin 2003 (zit. *Riesenhuber*, Europäisches Vertragsrechts).

ders., § 10 Die Auslegung, in: ders. (Hrsg.), Europäische Methodenlehre, 4. Aufl., Berlin u.a. 2021, S. 285–321.

Riles, Annelise, Collateral Knowledge – Legal Reasoning in the global Financial Markets, Chicago 2011 (zit. *Riles*, Collateral Knowledge).

Rohe, Mathias, Binnenmarkt oder Interessenverband? – Zum Verhältnis von Binnenmarktziel und Subsidiaritätsprinzip nach dem Maastricht-Vertrag, RabelsZ 61 (1997), 1–85.

Roth, Wulf-Henning, Der Einfluß des Europäischen Gemeinschaftsrechts auf das Internationale Privatrecht, RabelsZ 55 (1991), 623–672.

ders., Die Freiheiten des EG-Vertrages und das nationale Privatrecht zur Entwicklung internationaler Sachnormen für europäische Sachverhalte, ZEuP 1994, 5–33.

ders., Die Grundfreiheiten und das Internationale Privatrecht – das Beispiel Produkthaftung, in: Schack, Haimo/Horn, Norbert (Hrsg.), Gedächtnisschrift für Alexander Lüderitz, München 2000, S. 635–657 (zit. *Roth*, GS Lüderitz).

ders., Zur Wählbarkeit nichtstaatlichen Rechts, in: Mansel, Heinz-Peter/Pfeiffer, Thomas u.a. (Hrsg.), Festschrift für Erik Jayme – Bd. 1, München 2004, S. 757–772 (zit. *Roth*, FS Jayme).

ders., Handelsvertretervertrag und Rom I-VO – Eine Skizze, in: Bernreuther, Jörn/Freitag, Robert u.a. (Hrsg.), Festschrift für Ulrich Spellenberg – Zum 70. Geburtstag (Schriften zum deutschen, europäischen und internationalen Recht des Geistigen Eigentums und Wettbewerbs), München 2010, S. 309–328 (zit. *Roth*, FS Spellenberg).

ders., Öffentliche Interessen im internationalen Privatrechtsverkehr, AcP 220 (2020), 458–537.

RPC, Court of Appeal upholds Financial List decision on application of Rome Convention to derivative instruments, https://www.rpc.co.uk/perspectives/commercial-disputes/court-of-appeal-upholds-financial-list-decision/ (geprüft am 30.9.2021).

Rühl, Giesela, Die Kosten der Rechtswahlfreiheit: Zur Anwendung ausländischen Rechts durch deutsche Gerichte, ZEuP 2007, 559–596.

dies., Rechtswahlfreiheit im europäischen Kollisionsrecht, in: Baetge, Dietmar/von Hein, Jan/von Hinden, Michael (Hrsg.), Die richtige Ordnung – Festschrift für Jan Kropholler zum 70. Geburtstag, Tübingen 2008, S. 187–209 (zit. *Rühl*, FS Kropholler).

dies., The Problem of International Transactions: Conflict of Laws revisited, J. Priv. Int'l L. 6 (2010), 59–91.

dies., Der Schutz des „Schwächeren" im europäischen Kollisionsrecht, in: Thorn, Karsten/Kronke, Herbert (Hrsg.), Grenzen überwinden – Prinzipien bewahren: Festschrift für Bernd von Hoffmann zum 70. Geburtstag am 28. Dezember 2011, Bielefeld 2011, S. 364–377 (zit. *Rühl*, FS von Hoffmann).

dies., Party Autonomy in the Private International Law of Contracts – Transatlantic Convergence and Economic Efficiency, in: Gottschalk, Eckart/Michaels, Ralf u.a. (Hrsg.), Conflict of laws in a globalized world, Cambridge 2011, S. 153–183.

dies., Statut und Effizienz – Ökonomische Grundlagen des internationalen Privatrechts, Tübingen 2011 (zit. *Rühl*, Statut).

dies., Allgemeiner Teil und Effizienz – Zur Bedeutung des ökonomischen Effizienzkriteriums im europäischen Kollisionsrecht, in: Leible, Stefan/Unberath, Hannes (Hrsg.), Brauchen wir eine Rom-0-Verordnung? – Überlegungen zu einem Allgemeinen Teil des europäischen IPR, Jena 2013, S. 161–180.

dies., Wettbewerb der Rechtsordnungen im Vertragsrecht: Wunsch oder Wirklichkeit?, in: Kaal, Wulf A./Schmidt, Matthias/Schwartze, Andreas (Hrsg.), Festschrift zu Ehren von Christian Kirchner – Recht im ökonomischen Kontext, Tübingen 2014, S. 975–993 (zit. *Rühl*, FS Kirchner).

Rüthers, Bernd/Stadler, Astrid, Allgemeiner Teil des BGB, 20. Aufl., München 2020 (zit. *Rüthers/Stadler*, BGB).

Säcker, Franz/Rixecker, Roland/Oetker, Hartmut/Limperg, Bettina (Hrsg.), Münchener Kommentar zum Bürgerlichen Gesetzbuch

- Band 2: Schuldrecht – Allgemeiner Teil I, 8. Aufl., München 2019
- Band 4: Schuldrecht – Besonderer Teil I, §§ 433–534, Finanzierungsleasing, CISG, 8. Aufl., München 2019
- Band 12: Internationales Privatrecht I, Europäisches Kollisionsrecht, Einführungsgesetz zum Bürgerlichen Gesetzbuche (Art. 1–26), 8. Aufl., München 2020
- Band 13: Internationales Privatrecht II, Internationales Wirtschaftsrecht, Einführungsgesetz zum Bürgerlichen Gesetzbuche (Art. 50–253), 8. Aufl., München 2021 (zit. MüKo/*Bearbeiter*).

Sacksofsky, Ute, Was heißt: Ungleichbehandlung „wegen"?, in: Kempny, Simon/Reimer, Philipp (Hrsg.), Gleichheitssatzdogmatik heute – Beiträge und Ergebnisse des Gleichheitsrechtlichen Arbeitsgesprächs vom 3. bis 5. April 2016 in der Fritz-Thyssen-Stiftung, Köln, 63–90, Tübingen 2017.

Saenger, Ingo/Bendtsen, Ralf (Hrsg.), Zivilprozessordnung – Familienverfahren, Gerichtsverfassung, Europäisches Verfahrensrecht: Handkommentar, 9. Aufl., Baden-Baden 2021 (zit. Saenger/*Bearbeiter*).

Sakurada, Yoshiaki/Nishitani, Yuko/Schwittek, Eva, Die Novellierung des japanischen IPR – Eine kurze Einführung zum neuen Rechtsanwendungsgesetz, ZJapanR 22 (2006), 265–268.

Salewski, Sabrina, Der Verkäuferregress im deutsch-französischen Rechtsvergleich, Tübingen 2011 (zit. *Salewski*, Verkäuferregress).

Samtleben, Jürgen, Der Art. 23 EuGVO als einheitlicher Maßstab für internationale Gerichtsstandsvereinbarungen, in: Arkan, Sabih/Yongalık, Aynur (Hrsg.), Festschrift Tuğrul Ansay – Festschrift Tuğrul Ansay zum 75. Geburtstag, Alphen aan den Rijn 2006, S. 343–362 (zit. *Samtleben*, FS Ansay).

Sandrock, Otto, Die Bedeutung des Gesetzes zur Neuregelung des Internationalen Privatrechts für die Unternehmenspraxis, RIW 1986, 841–855.

Savigny, Friedrich Carl von, System des heutigen Römischen Rechts Band 1, Berlin 1840 (zit. *Savigny*, Römisches Rechts Bd. 1).

Schack, Haimo, Der Erfüllungsort im deutschen, ausländischen und internationalen Privat- und Zivilprozeßrecht, Frankfurt am Main 1985 (zit. *Schack*, Erfüllungsort).

ders., Entscheidungszuständigkeiten in einem weltweiten Gerichtsstands- und Vollstreckungsübereinkommen, ZEuP 1998, 931–956.

Schader, Norwin, Staatliche Steuerungsfähigkeit unter den Bedingungen der Globalisierung, Münster 2006 (zit. *Schader*, Steuerungsfähigkeit).

Schäfer, Hans-Bernd, Grenzen des Verbraucherschutzes und adverse Effekte des Europäischen Verbraucherrechts, in: Grundmann, Stefan (Hrsg.), Systembildung und Systemlücken in Kerngebieten des Europäischen Privatrechts, Tübingen 2000, S. 559–568.

Schäfer, Hans-Bernd/Lantermann, Katrin, Choice of Law from an Economic Perspective, in: Basedow, Jürgen/Kono, Toshiyuki (Hrsg.), An Economic Analysis of Private International Law, Tübingen 2006, S. 87–119.

Schäfer, Hans-Bernd/Ott, Claus, Lehrbuch der ökonomischen Analyse des Zivilrechts, 6. Aufl., Berlin/Heidelberg 2020 (zit. *Schäfer/Ott*, Ökonomische Analyse).

Schilling, Johannes, Das Internationale Privatrecht der Transportverträge – Die Bestimmung des Beförderungsvertragsstatuts im Spannungsfeld von Art. 5 Rom I-VO und materiellem Einheitstransportrecht, Tübingen 2016 (zit. *Schilling*, Transportverträge).

Schilling, Katrin, Binnenmarktkollisionsrecht, Berlin 2006.

Schilling, Theodor, Singularia non sunt extendenda – Die Auslegung der Ausnahme in der Rechtsprechung des EuGH, EuR 1996, 44–57.

Schmeding, Jörg G., Zur Bedeutung der Rechtswahl im Kollisionsrecht – Ein Beitrag zur funktionalen Methode nach von Mehren / Trautman, RabelsZ 41 (1977), 299–331.

Schmidt, Johannes, Rechtssicherheit im europäischen Zivilverfahrensrecht, Tübingen 2015 (zit. *Schmidt*, Rechtssicherheit).

Schmidtchen, Dieter, Territorialität des Rechts, Internationales Privatrecht und die privatautonome Regelung internationaler Sachverhalte – Grundlagen eines interdisziplinären Forschungsprogramms, RabelsZ 59 (1995), 56–112.

Schmidt-Trenz, Hans-Jörg/Schmidtchen, Dieter, Territoriality of Law and the International Trade Game: Towards a New Institutional Economics of International Transactions – CSLE Discussion Paper No. 2006-06, 2006, https://www.econstor.eu/bitstream/10419/23084/1/2006-06_NIEIT.pdf (geprüft am 30.9.2021).

Schmitz, Melanie, Die Rechtswahlfreiheit im europäischen Kollisionsrecht, Berlin 2017 (zit. *Schmitz*, Rechtswahlfreiheit).

Schmolke, Klaus Ulrich, § 5 – Vertragstheorie und ökonomische Analyse des Vertragsrechts, in: Towfigh, Emanuel V./Petersen, Niels (Hrsg.), Ökonomische Methoden im Recht, 2. Aufl., Tübingen 2017, S. 131–162.

Schneider, Stephan, Die Kapitalverkehrsfreiheit im Verhältnis zu Drittstaaten und ihre Auswirkung auf die Anerkennung ausländischer Gesellschaften, Baden-Baden 2018 (zit. *Schneider*, Kapitalverkehrsfreiheit).

Schröder, Martin, Der Unternehmerregress beim Verbrauchsgüterkauf im Falle von grenzüberschreitenden Handelskäufen – Eine rechtsvergleichende und kollisionsrechtliche Betrachtung unter Berücksichtigung des deutschen und österreichischen Rechts sowie des UN-Kaufrechts, des DCFR und des Vorschlags für ein GEK, Tübingen 2017 (zit. *Schröder*, Unternehmerregress).

Schulz, Patrick/Steiger, Andreas, Anmerkungen zu EuGH, Urt. v. 8.6.2017 – V-54/16 (Vinyls Italia SpA in Insolvenz/Mediterranea di Navigazione SpA, EuZW 2017, 692–697.

Schurig, Klaus, Kollisionsnorm und Sachrecht, Berlin 1981 (zit. *Schurig*, Kollisionsnorm).

ders., Zwingendes Recht, „Eingriffsnormen" und neues IPR, RabelsZ 1990, 217–248.

Schwarze, Jürgen/Becker, Ulrich/Hatje, Armin/Schoo, Johann (Hrsg.), EU-Kommentar, 4. Aufl., Baden-Baden 2019 (zit. Schwarze/*Bearbeiter*).

Schweitzer, Heike, Vertragsfreiheit, Marktregulierung, Marktverfassung: Privatrecht als dezentrale Koordinationsordnung, AcP 220 (2020), 544–586.

Schwemmer, Anja Sophia, Anknüpfungsprinzipien im Europäischen Kollisionsrecht, Tübingen 2018 (zit. *Schwemmer*, Anknüpfungsprinzipien).

Schwenzer, Ingeborg/Schroeter, Ulrich (Hrsg.), Kommentar zum UN-Kaufrecht (CISG) – Übereinkommen der Vereinten Nationen über Verträge über den internationalen Warenkauf, 7. Aufl., München 2019 (zit. Schlechtriem/Schwenzer/*Bearbeiter*).

Seitz, Jascha, Finanzinnovation und die Grenzen des Informationsmodells: die Swap Rechtsprechung des BGH, Berlin 2020 (zit. *Seitz*, Finanzinnovation).

Sendmeyer, Stefanie, Der Unternehmerregress nach Maßgabe der §§ 478, 479 BGB – Unter besonderer Berücksichtigung intertemporaler und internationalprivatrechtlicher Probleme, Berlin 2008 (zit. *Sendmeyer*, Unternehmerregress).

Siebert, Wolfgang (Hrsg.), Bürgerliches Gesetzbuch, 12. Aufl., Stuttgart u.a. 1996 (zit. *Bearbeiter*, in: Siebert (Hrsg.), Soergel 1996).

Siehr, Kurt, International Contracts, Party Autonomy and Mandatory Rules, RHDI 67 (2014), 801–828.

Siesby, Erik, Party Autonomy and the EC Draft Convention, in: Lando, Ole (Hrsg.), European Private International Law of Obligations, Tübingen 1975, S. 206–213.

Sommerfeld, Antonia, AGB-Reform und Rechtsflucht, Tübingen 2021 (zit. *Sommerfeld*, Rechtsflucht).

Sonnenberger, Hans Jürgen, Europarecht und Internationales Privatrecht, ZVglRWiss 95 (1996), 3–47.

ders., Eingriffsrecht – Das trojanische Pferd oder notwendige Ergänzung?, IPRax 2003, 104–116.

Spickhoff, Andreas, Reichweite und Grenzen der Rechtswahl im Internationalen Schuld- und Sachenrecht, in: ders. (Hrsg.), Symposium Parteiautonomie im Europäischen Internationalen Privatrecht, Bonn 2014, S. 29–44.

Staudinger, Julius von (Begr.), Kommentar zum Bürgerlichen Gesetzbuch

– Einführungsgesetz zum Bürgerlichen Gesetzbuche/IPR: Einleitung Rom I-VO, Art. 1–10 Rom I-VO (Internationales Vertragsrecht 1), Neubearb., Berlin 2016

– Einführungsgesetz zum Bürgerlichen Gesetzbuche/IPR: Art. 11–29 Rom I-VO (Internationales Vertragsrecht 2), Neubearb., Berlin 2016

– Einführungsgesetz zum Bürgerlichen Gesetzbuche/IPR, Einleitung zum Internationalen Privatrecht, Neubarb., Berlin 2019 (zit.: Staudinger/*Bearbeiter*).

Steinbach, Armin/van Aaken, Anne, Ökonomische Analyse des Völker- und Europarechts, Tübingen 2019 (zit. *Steinbach/van Aaken*, Ökonomische Analyse).

Steindorff, Ernst, EG-Vertrag und Privatrecht, Baden-Baden 1996 (zit. *Steindorff*, EG-Vertrag).

Stelmaszczyk, Peter, Grenzüberschreitender Formwechsel durch isolierte Verlegung des Satzungssitzes – EuGH präzisiert den Anwendungsbereich der Niederlassungsfreiheit, EuZW 2017, 890–894.

Stephan, Paul B., The Futility of Unification and Harmonization in International Commercial Law, Va. J. Int'l L. 39 (1999), 743–797.

Stern, Claudia, Das Staatsangehörigkeitsprinzip in Europa – Die Vereinbarkeit der kollisionsrechtlichen Staatsangehörigkeitsanknüpfung mit dem gemeinschaftsrechtlichen Diskriminierungsverbot, Baden-Baden 2008 (zit. *Stern*, Staatsangehörigkeitsprinzip).

Stöckli, Hubert/Schwery, Nadja, Teil C, in: Kronke, Herbert/Melis, Werner/Kuhn, Hans (Hrsg.), Handbuch Internationales Wirtschaftsrecht, 2. Aufl., Köln 2017, S. 126–296.

Stoll, Hans, Rechtliche Inhaltskontrolle bei internationalen Handelsgeschäften, in: Musielak, Hans-Joachim/Schurig, Klaus (Hrsg.), Festschrift für Gerhard Kegel – zum 75. Geburtstag am 26. Juni 1987, Stuttgart 1987, S. 623–662 (zit. *Stoll*, FS Kegel).

Stürner, Michael, Politische Interessen und Internationales Privatrecht, in: Benicke, Christoph/Huber, Stefan (Hrsg.), National, International, Transnational: Harmonischer Dreiklang im Recht – Festschrift für Herbert Kronke, Bielefeld 2020, S. 557–568 (zit. *Stürner*, FS Kronke).

ders., Europäisches Vertragsrecht – Institutionelle und methodische Grundlagen, materielles Recht, Kollisionsrecht, Berlin/Boston 2021 (zit. *Stürner*, Europäisches Vertragsrecht).

Symeonides, Symeon C., Codifying Choice of Law Around the World – An International Comparative Analysis, Oxford 2014 (zit. *Symeonides*, Choice of Law).

ders., Restatement (First and Second) of Conflict of Laws, in: Basedow, Jürgen/Rühl, Giesela u.a. (Hrsg.), Encyclopedia of Private International Law, Cheltenham 2017, S. 1545–1553.

Tang, Zheng, Law Applicable in the Absence of Choice – The New Article 4 of the Rome I Regulation, MLR 2008, 785–800.

Tassikas, Apostolos, Dispositives Recht und Rechtswahlfreiheit als Ausnahmebereiche der EG-Grundfreiheiten, Tübingen 2004 (zit. *Tassikas*, Dispositives Recht).

Taupitz, Jochen, Kaffeefahrten deutscher Urlauber auf Gran Canaria: Deutscher Verbraucherschutz im Urlaubsgepäck?, BB 1990, 642–652.

Thole, Christoph, Die Einrede des Anfechtungsgegners gemäß Art. 16 EuInsVO 2017 (Art. 13 EuInsVO 2002) zwischen lex causae und lex fori concursus – (zu EuGH, 8.6.2017 – Rs. C-54/16 – Vinyls Italia/Mediterranea di Navigazione), IPRax 2018, 388–392.

Thorn, Karsten, Termingeschäfte an Auslandsbörsen und internationale Schiedsgerichtsbarkeit – zu OLG Düsseldorf, 26.5.1995 – 17 U 240/94, IPRax 1997, 98–106.

Thorn, Karsten/Thon, Marian, Der Auslandsbezug im IPR, in: Benicke, Christoph/Huber, Stefan (Hrsg.), National, International, Transnational: Harmonischer Dreiklang im Recht – Festschrift für Herbert Kronke, Bielefeld 2020, S. 569–583 (zit. *Thorn/Thon*, FS Kronke).

Triebel, Volker/Vogenauer, Stefan, Englisch als Vertragssprache – Fallstricke und Fehlerquellen, München u.a. 2018 (zit. *Triebel/Vogenauer*, Vertragssprache).

Troge, Thorsten, Europarecht und das Staatsangehörigkeitsprinzip im Internationalen Privatrecht, Baden-Baden 2009 (zit. *Troge*, Staatsangehörigkeitsprinzip).

Trstenjak, Verica/Beysen, Erwin, Das Prinzip der Verhältnismäßigkeit in der Unionsrechtsordnung, EuR 2012, 265–284.

Valdini, Daniel, Gesetzesreform durch die Hintertür? Die Abwahl zwingenden Rechts durch Schiedsabrede bei Inlandssachverhalten, ZIP 2017, 7–12.

Valta, Stefanie, Grundfreiheiten im Kompetenzkonflikt, Berlin 2013 (zit. *Valta*, Kompetenzkonflikt).

Vischer, Frank, Das neue Restatement „Conflict of Laws", RabelsZ 38 (1974), 128–154.

Vogeler, Andreas, Die freie Rechtswahl im Kollisionsrecht der außervertraglichen Schuldverhältnisse, Tübingen 2013 (zit. *Vogeler*, Rechtswahl).

Volders, Bart, Culpa in Contrahendo in the Conflict of Laws – A Commentary on Article 12 of the Rome II Regulation, YPIL Volume 9 (2007), 127–135.

von Sachsen-Altenburg, Henning, § 7 Die ISDA Master Dokumentation, in: Zerey, Jean-Claude/Altrock, Frank (Hrsg.), Finanzderivate – Rechtshandbuch, 4. Aufl., Baden-Baden u.a. 2016, S. 165–205.

Vorwerk, Volker/Wolf, Christian (Hrsg.), BeckOK ZPO, 42. Aufl., München 2021 (zit. BeckOK-ZPO/*Bearbeiter*).

Voß, Wiebke, Zwischen vertraglicher Qualifikation und vertragsakzessorischer Anknüpfung: Gesetzliche Direktansprüche und culpa in contrahendo im europäischen IZPR, IPRax 2021, 236–245.

Wagner, Rolf, Der Grundsatz der Rechtswahl und das mangels Rechtswahl anwendbare Recht (Rom I-Verordnung) – Ein Bericht über die Entstehungsgeschichte und den Inhalt der Artikel 3 und 4 Rom I-Verordnung, IPRax 2008, 377–386.

ders., Grenzüberschreitender Bezug in der justiziellen Zusammenarbeit in Zivilsachen, ZZP 131 (2018), 183–223.

Wai, Robert, Transnational Liftoff and Juridical Touchdown: The Regulatory Function of Private International Law in an Era of Globalization, Colum. J. Transnat'l L. 40 (2002), 209–274.

Walter, Christian, § 1 Geschichte und Entwicklung der Europäischen Grundrechte und Grundfreiheiten, in: Ehlers, Dirk/Becker, Ulrich (Hrsg.), Europäische Grundrechte und Grundfreiheiten, 4. Aufl., Berlin, Boston 2014, 1–24.

Wedemann, Frauke, Die Verortung juristischer Personen im europäischen IPR und IZVR, in: von Hein, Jan/Rühl, Giesela (Hrsg.), Kohärenz im Internationalen Privat- und Verfahrensrecht der Europäischen Union, Tübingen 2016, S. 182–201.

Weidemeier, Mark/Scott, Robert/Gulati, Mitu, Origin Myths, Contracts and the Hunt for Pari Passu, L. & Soc. Inquiry 38 (2013), 72–105.

Weiler, Frank, Grammatikalische Auslegung des vielsprachigen Unionsrechts, ZEuP 2010, 861–880.

Weller, Marc-Philippe, Anknüpfungsprinzipien im Europäischen Kollisionsrecht: Abschied von der „klassischen“ IPR-Dogmatik?, IPRax 2011, 429–437.

Welter, Reinhard, § 28 Bankgeschäfte im Europäischen Binnenmarkt (anwendbares Recht, internationale Zuständigkeit, grenzüberschreitende Vollstreckung), in: Schimansky, Herbert/Bunte, Hermann-Josef/Lwowski, Hans-Jürgen (Hrsg.), Bankrechts-Handbuch Bd. 1, 5. Aufl., München 2017, S. 498–552.

Wenzel, Jens, Rechtsfragen internationaler Konsortialkreditverträge – Deutsches und englisches Recht, Baden-Baden 2006 (zit. *Wenzel*, Konsortialkreditverträge).

Wielsch, Dan, Global Law's Toolbox: Private Regulation by Standards, Am. J. Comp. L. 60 (2012), 1075–1104.

Wilhelmini, Rüdiger, Derivate und Internationales Privatrecht, RIW 2016, 253–259.

Wilke, Felix, Das internationale Erbrecht nach der neuen EU-Erbrechtsverordnung, RIW 2012, 601–609.

Wilke, Felix M., A conceptual analysis of European private international law – The general issues in the EU and its member states, Cambridge 2019 (zit. *Wilke*, Conceptual Analysis).

Wilmowsky, Peter von, Der internationalprivatrechtliche Verbrauchervertrag im EG-Binnenmarkt – Europarechtlicher Gestaltungsspielraum für kollisionsrechtlichen Verbraucherschutz, ZEuP 1995, 735–768.

ders., Europäisches Kreditsicherungsrecht – Sachenrecht und Insolvenzrecht unter dem EG-Vertrag, Tübingen 1996 (zit. *Wilmowsky*, Kreditsicherungsrecht).

ders., EG-Vertrag und kollisionsrechtliche Rechtswahlfreiheit, RabelsZ 62 (1998), 1–37.

Woitge, Evelyn, Die Wählbarkeit nichtstaatlicher Regelwerke europäischen Ursprungs im internationalen Vertragsrecht, Baden-Baden 2015 (zit. *Woitge*, Wählbarkeit).

Wollenschläger, Ferdinand, Grundfreiheit ohne Markt – Die Herausbildung der Unionsbürgerschaft im unionsrechtlichen Freizügigkeitsregime, Tübingen 2007 (zit. *Wollenschläger*, Unionsbürgerschaft).

ders., Binnemarktrelevanz statt grenzüberschreitender Aktivität – die Rs. Belgacom als Neujustierung in der Dogmatik der Grundfreiheiten?, in: Stumpf, Cordula/Baldus, Christian/Kainer, Friedemann (Hrsg.), Privatrecht, Wirtschaftsrecht, Verfassungsrecht – Privatinitiative und Gemeinwohlhorizonte in der europäischen Integration, Baden-Baden 2015, S. 443–450.

Wunderlich, Nina/Blaschke, Christoph, Die Gewährleistung der Kapitalverkehrsfreiheit in Bezug auf Drittstaaten – Neuere Entwicklungen in der Rechtsprechung des EuGH, IStR 2008, 754–762.

Würdinger, Markus, Das Prinzip der Einheit der Schuldrechtsverordnungen im Europäischen Internationalen Privat- und Verfahrensrecht – Eine methodologische Untersuchung über die praktische Konkordanz zwischen Brüssel I-VO, Rom I-VO und Rom II-VO, RabelsZ 75 (2011), 102–126.

Zedler, Friederike, Mehrsprachigkeit und Methode – Der Umgang mit dem sprachlichen Egalitätsprinzip im Unionsrecht, Baden-Baden 2015 (zit. *Zedler*, Mehrsprachigkeit).

Zobel, Petra, Schiedsgerichtsbarkeit und Gemeinschaftsrecht – Im Spannungsverhältnis zwischen Integration und Exklusion, Tübingen 2005 (zit. *Zobel*, Schiedsgerichtsbarkeit).

Zweigert, Konrad, Zum Abschlussort schuldrechtlicher Distanzverträge, in: Dölle, Hans/Rheinstein, Max/Zweigert, Konrad (Hrsg.), Festschrift für Ernst Rabel, Tübingen 1954, S. 631–654 (zit. *Zweigert*, FS Rabel).

Materialien

Hyhjmkm *hnmmmk* ijoklkpoop

Bundeskartellamt, Fallbericht: Amazon ändert weltweit seine Geschäftsbedingungen für Händler auf seinen Marktplätzen – Bundeskartellamt stellt Missbrauchsverfahren ein, B2-88/18, v. 17.7.2019.

Bundesregierung, Entwurf eines Gesetzes zu dem Übereinkommen vom 19. Juni 1980 über das auf vertragliche Schuldverhältnisse anzuwendende Recht, BT-Drucks. 10/503, v. 20.10.1983.

Bundesregierung, Entwurf eines Gesetzes zur Neuregelung des Internationalen Privatrechts, BT-Drucks. 10/504, v. 20.10.1983.

Bundesregierung, Entwurf eines Gesetzes zur Modernisierung des Schuldrechts, BT-Drucks. 14/6040, v. 14.5.2001.

Europäische Kommission, Vorschlag für eine Verordnung des Rates über die gerichtliche Zuständigkeit und die Anerkennung und Vollstreckung von Entscheidungen in Zivil- und Handelssachen (von der Kommission vorgelegt), KOM(1999) 348 endg., v. 14.7.1999 (zit. *Europäische Kommission,* Entwurf Brüssel I-VO)

Europäische Kommission, Vorschlag des Europäischen Parlaments und des Rates über das auf außervertragliche Schuldverhältnisse anzuwendende Recht („Rom II-VO") (von der Kommission vorgelegt), KOM(2003) 427 endg. (zit. *Europäische Kommission,* Entwurf Rom II-VO).

Europäische Kommission, Vorschlag für eine Verordnung des Europäischen Parlaments und des Rates über das auf vertragliche Schuldverhältnisse anzuwendende Recht („Rom I") (von der Kommission vorgelegt), KOM(2005) 650 endg. (zit. *Europäische Kommission,* Entwurf Rom I-VO).

Europäischer Wirtschafts- und Sozialausschuss, Stellungnahme des Wirtschafts- und Sozialausschusses zu dem „Vorschlag für eine Verordnung des Europäischen Parlaments und des Rates über das auf außervertragliche Schuldverhältnisse anzuwendende Recht (Rom II)", KOM(2003) 427 endg., v. 23.12.2006 (zit. *Europäischer Wirtschafts- und Sozialausschuss,* Stellungnahme Rom II-VO).

Europäisches Parlament (Rechtsausschuss; Berichterstatterin Cristian Cumitrescu), Bericht über den Vorschlag für eine Verordnung des Europäischen Parlaments und des Rates über das auf vertragliche Schuldverhältnisse anzuwendende Recht („Rom I"), KOM(2005) 0650, v. 21.11.2007 (zit. *Europäisches Parlament,* Bericht Rom I).

Europäisches Parlament, Protokoll der Sitzungen des Europäischen Parlaments vom 28. und 29.11.2007, ABl. EU, Nr. C 297 E, (zit. *Europäisches Parlament*, Protokoll Sitzungen v. 28./29.11.2007).

Giuliano, Mario/Lagarde, Paul, Bericht über das Übereinkommen über das auf vertragliche Schuldverhältnisse anzuwendende Recht, Abl. EG Nr. C 282/1, v. 31.10.1980 (zit. *Giuliano/Lagarde*-Bericht).

Hague Conference on Private International Law, The Draft Hague Principles on Choice of Law in International Commercial Contracts, Prel. Doc. No. 6, März 2014 (zit. *Haager Konferenz*, Prel. Doc. No. 6)

Jenard, Paul, Bericht zu dem Übereinkommen über die gerichtliche Zuständigkeit und die Vollstreckung gerichtlicher Entscheidungen in Zivil- und Handelssachen, Abl. EG Nr. 59/1, v. 5.4.1979 (zit. *Jenard*-Bericht).

Rat der Europäischen Union, 2794th Council Meeting, Justice and Home Affairs, Luxembourg 19.–20. April 2007, C/07/77 (zit. *Rat der Europäischen Union*, Ratstreffen 19–20. April 2007).

Rat der Europäischen Union, 2873rd Council meeting, Justice and Home Affairs, Luxembourg 5.–6. June 2008, C/08/146 (zit. *Rat der Europäischen Union*, Ratstreffen 5.–6. Juni 2008).

Schlosser, Paul, Bericht zu dem Übereinkommen des Königreichs Dänemark, Irlands und des Vereinigten Königreichs Großbritannien und Nordirland über den Beitritt zum Übereinkommen über die gerichtliche Zuständigkeit und die Vollstreckung gerichtlicher Entscheidungen in Zivil- und Handelssachen sowie zum Protokoll betreffend die Auslegung dieses Übereinkommens durch den Gerichtshof, Abl. EG Nr. C 59/71, v. 5.3.1979 (zit. *Schlosser*-Bericht).

www.ingramcontent.com/pod-product-compliance
Ingram Content Group UK Ltd.
Pitfield, Milton Keynes, MK11 3LW, UK
UKHW021925290926
8980IPUK00016B/1459

9 783631 912751